UECKER | DIE NEUE ALTE KÜCHE

WOLF UECKER

DIE NEUE ALTE KÜCHE

MIT FOTOS VON
REINHART WOLF

STERN BUCH
Herausgeber: Rolf Gillhausen · Gestaltung: Dietmar Meyer, Ekkhart Blunck
Produktion: Bernd Bartmann · Satz: Alster-Lichtsatz, Hamburg · Lithografie: Bütehorn KG, Hannover
Druck: Mohndruck, Gütersloh
 · 1. Auflage 1983 · ISBN: 3-570-03873-4

Mir sind bei diesem Buch
von so vielen Seiten Ratschläge und
Hilfe zugekommen, daß ich mich
nur pauschal bedanken kann.
Ohne eine Reihe von Mitarbeitern,
zu denen die Autoren
der stern-Küche gehören, wäre der
Rezeptteil kaum so umfangreich
und vielfältig geworden.
In der Versuchsküche halfen mir
viele Monate lang
Renate Dost und Daniel Uecker.
Die Arbeit an
Manuskripten und Redaktion
haben Harriet E. Krusemark
und Wolf Thieme übernommen.
Die Vorbereitung der Speisen
für die Kamera, die bildliche
Inszenierung des Kochvorganges
für Reinhart Wolf,
besorgte Marlies Klosterfelde.
Die Bücher, die ich für
meine Arbeit nutzte, können Lesern
Anregung zum Sammeln
von Kochbüchern und Literatur
über das Essen sein.
Die Buchtitel stehen im
Literaturverzeichnis.

WOLF UECKER

Gebrauchsanweisung statt eines Prologs

Man nehme außer 308
Petersilie, 436 Eiern,
Gemüse noch mehrere Zentner anderer Zutaten, koche 190 Tage lang alle Rezepte, die man in den letzten dreißig Jahren für besonders gut befunden hat, und verpflichte einen Protokollführer, der jede Verrichtung am Herd notiert: Ohne diese Vorarbeit kann man heute kein anspruchsvolles Kochbuch mehr schreiben. Dazu gehört auch, alle guten Kochbücher deutscher Sprache der letzten 150 Jahre als Ratgeber mit heranzuziehen und auch mal die Ergebnisse wochenlanger Küchenarbeit zu verwerfen. Erst dann kommt der Augenblick, in dem man sagen kann:
Ich garantiere für das Gelingen dieses Rezeptes.
Wer als Anfänger genau dem Rezeptablauf folgt, wird bisher unbekannte Erfolgserlebnisse haben: „Wie hast du das gemacht?" – „Kann ich das Rezept haben?" Diese Art Bestätigung ist ein Genuß, gegen den man nie abstumpft.
Die alte deutsche landsmannschaftliche Küche hat in den vergangenen drei Jahrzehnten mehrere Wandlungen und Anregungen erfahren: Die Freßwelle der fünfziger Jahre – Nachholbedarf der Kriegs- und Hungerzeit. Den aufkommenden Massentourismus der Sechziger, der uns mit den Küchen unserer westlichen und südlichen europäischen Nachbarn bekannt machte. Die Einkaufsquellen der Gastarbeiter, die mehr und mehr auch von einheimischen Käufern genutzt werden. Die Fülle neuer

kleiner Nationalitäten-Restaurants – griechische, italienische, spanische, chinesische, französische, jugoslawische, türkische – und schließlich der Wohlstand, der es Feinschmeckern ermöglichte, sich mit dem Schlaraffenland der Nouvelle Cuisine vertraut zu machen.
Eine junge ehrgeizige Brigade von begabten deutschen Köchen – wie lange hatte man in der Welt nichts von deutscher Küche gehört – stellt sich heute mit Erfolg der internationalen Fachkritik: Namen wie Witzigmann, Wodarz, Schmidt, Henkel, Scherrer, Koch, Wehlauer, Viehhauser, Wohlfahrt, Pflaum und Levy wurden für Feinschmecker zum Statussymbol. Das alles wirkte und wirkt auf unseren Speisezettel ein. Die neue deutsche Küche ist jetzt Wirklichkeit. Neu, weil sie – außer ernährungswissenschaftlichen Erkenntnissen – auch ausländische kulinarische Einflüsse in sich aufgenommen hat, und zugleich traditionell, weil sie das als gut Erkannte bewahrt und vieles aus der Vergangenheit wieder auf den Tisch bringt.
Ein Rat für Köchin und Koch: Jedes Rezept wird Ihnen gelingen, wenn Sie nicht gleich mit dem Kapitel „Die deutsche Drei-Sterne-Küche" beginnen. Mit der Zubereitung anderer Rezepte sollten Sie auf dieses Ziel hin trainieren. Schauen Sie sich Ihr Werkzeug, Töpfe und Pfannen, Messer, Bretter, Mixer, Kellen und Holzlöffel kritisch an. Haben Sie alles, was Sie brauchen? Auch da finden Sie fachmännischen Rat in diesem Buch.
Prüfen Sie Ihre Lager- und Konservierungsmöglichkeiten: Tiefkühlung macht das

Leben in der Küche leichter.
Lassen Sie Ihren Lieferanten keine Qualitätsmängel durchgehen, verlangen Sie energisch die Kräuter, die Fleischqualität, die unbehandelten Zitrusfrüchte, die Sie haben wollen – es gibt sie!
Nehmen Sie sich Zeit für die Informationen über Kräuter und Gewürze, über die verschiedenen Käsesorten und werfen Sie in Zweifelsfällen immer einen Blick in das Glossar (Erklärungen zu Warenkunde und Küchentechnik), eine sorgfältig zusammengestellte Mischung aus Information, Anregung, ernährungswissenschaftlichen Hintergründen und Tips, die den professionellen Praktikern abgeschaut wurden.

Maße und Gewichte

ZUTATEN	1 TEELÖFFEL (GESTRICHEN)	1 ESSLÖFFEL (GESTRICHEN)	1 TASSE
Zucker	3 g	15 g	150 g
Butter	–	14 g	160 g
Mehl	2,5 g	10 g	120–125 g
Stärkemehl	3 g	10 g	–
Reis	–	15 g	150 g
Salz	5 g	15 g	–
Paniermehl	–	10 g	65 g
Öl	4–5 g	8–10 g	–

Umrechnung Flüssigkeit

6 EL	1/10 l
8 EL	1/8 l
1 Tasse	1/8 l (reichlich)
1 Likörglas	4 cl = 0,04 l
1 Weinglas	1 dl = 0,1 l
1 Wasserglas	1/4 l

Temperaturen

	HERD MIT OBER- UND UNTERHITZE		HERD MIT HEISS-LUFT-BEHEIZUNG
Kleinste Hitze	75 Grad	entsprechen	75 Grad
Kleine Hitze	bis 120 Grad	entsprechen	120 Grad
Mittelhitze	bis 190 Grad	entsprechen	160 Grad
Große Hitze	bis 220 Grad	entsprechen	180 Grad
Größte Hitze (sehr heiß)	bis 250 Grad	entsprechen	190–200 Grad

Abkürzungen

TL = Teelöffel EL = Eßlöffel g = Gramm kg = Kilogramm l = Liter

Hinweis:

Ist nichts anderes angegeben, gelten die Rezeptmengen jeweils für 4 Personen.

Vorspeisen

„Vorspeisen sind wie Segel über Buchten,
schlank und zum Hafen schnellend
in erregter Fahrt."

CARL ZUCKMAYER

Als Zuckmayer 1926 in seinem Gedicht „Das Essen" die Vorspeisen so poetisch definierte, war das komplette Menü im Haushalt noch selbstverständlich.
Ohne Vor- und Nachspeise, ohne Suppe und Hauptgericht war's keine ordentliche Mahlzeit.
Die Verzehrgewohnheiten haben sich geändert. Das Menü – die Folge aufeinander abgestimmter Speisen – ist bei uns den Feiertagen oder gesellschaftlichen Anlässen vorbehalten. Dann reichen alle Mengenangaben dieses Kapitels für acht bis zehn kleine Portionen.
Soll die Vorspeise aber zur Hauptmahlzeit werden: vier Personen werden davon satt.

Pikante Buttermischungen

Sardellenbutter
2 TL Sardellenpaste
1 Schalotte, fein gehackt
1 EL Kapern, fein gehackt
100 g weiche Butter
Alles gut verrühren
Zubereitungszeit: 10 Minuten

Anchovisbutter
1 EL Anchovispaste
1 Schalotte, fein gehackt
1 EL Kapern, fein gehackt
100 g weiche Butter
Alles gut verrühren
Zubereitungszeit: 10 Minuten

Meerrettichbutter
1 EL geriebener Meerrettich
1 EL Zitronensaft
Prise Salz
Prise Zucker
100 g weiche Butter
Alles gut verrühren
Zubereitungszeit: 10 Minuten

Tomatenbutter
1 EL Tomatenmark
1 EL Basilikumblätter, in Streifen geschnitten
1 Schalotte, fein gehackt
3 Scheiben Tomaten, fein gewürfelt
100 g weiche Butter
Alles gut verrühren
Zubereitungszeit: 10 Minuten

Lachsbutter
2 EL Lachspaste
2 EL Zitronensaft
1 EL Dill, fein gezupft
100 g weiche Butter
Alles gut verrühren
Zubereitungszeit: 5 Minuten

Kräuterbutter
2 EL Kräuter, fein gehackt
(Dill, Petersilie, Estragon, Borretsch, Pimpinelle, Kerbel)
2 EL Zitronensaft
Prise Salz
1 Knoblauchzehe, zerdrückt
1 Eigelb
100 g weiche Butter
Alles gut verrühren
Zubereitungszeit: 15 Minuten

Senfbutter
1 EL Estragonsenf
2 hartgekochte Eidotter, zerdrückt
Prise Salz
Prise Zucker
100 g weiche Butter
Alles gut verrühren
Zubereitungszeit: 10 Minuten

Pfifferlingsbutter
3 EL Pfifferlinge, roh püriert
1 EL glatte Petersilie, gehackt
1 kleine Zwiebel (Schalotte), fein gehackt
1 hartgekochtes Eidotter, zerdrückt
Saft von 1/2 Zitrone
schwarzer Pfeffer aus der Mühle
Prise Salz
100 g weiche Butter
Alles gut verrühren
Zubereitungszeit: 15 Minuten

Currybutter
2 TL milder Curry
1 Schalotte, fein gehackt
1 TL Curry, scharf
1 EL Rosinen, gehackt
1 hartgekochtes Ei, fein gehackt
1/2 Banane, zerdrückt
Saft von 1/2 Zitrone
Salz nach Geschmack
100 g weiche Butter
Alles gut verrühren

Zubereitungszeit: 15 Minuten
Tip: Alle Buttermischungen halten sich 1 Woche im Kühlschrank. Mehrere Buttermischungen ergeben eine optisch reizvolle Platte mit bestrichenen Brotecken.
Getränk: Alle kalten Getränke mit und ohne Alkohol

Kräuter-Remoulade

Vorbereitung der Zutaten:
3 Eigelb
1 1/2 Tassen Pflanzenöl
3 EL Zitronensaft
3 EL verschiedene Kräuter, fein gehackt
(zum Beispiel: Dill, Petersilie, Estragon, Basilikum, Thymian, Kerbel, Pimpinelle, Borretsch)
weißer Pfeffer aus der Mühle nach Geschmack
Salz

1. Die 3 Eigelb mit dem Handmixer in einer Schüssel verrühren. Öl tropfenweise unter ständigem Rühren zugeben, bis die Masse dick und steif wird.

2. Unter die eingedickte Mayonnaise Kräuter und Zitronensaft rühren und mit Salz und Pfeffer abschmecken. Durch Säure und Flüssigkeit erhält die Masse jetzt die Konsistenz, die sie zur Remoulade macht.

Zubereitungszeit: 25 Minuten
Tip: Nach Geschmack 1 zerdrückte Knoblauchzehe unterrühren oder nur 1 EL Zitronensaft und 2 EL Weißwein zugeben. Oder mit 1 Spritzer Worcestershire-Sauce und 1 Messerspitze Paprika abschmecken.
Kräuterremoulade paßt zu allem kalten, mageren Fleisch (außer Wild), zu hartgekochten Eiern, zu Soleiern und Rohkost. Hält sich im Schraubglas im Kühlschrank 8–10 Tage.

Kerbeltäschchen

Vorbereitung der Zutaten:
Etwa 200 g Kerbel, gewaschen, gut abgetropft und gehackt
500 g möglichst trockener Magerquark
2 Päckchen tiefgekühlter Blätterteig, 20 Minuten bei Zimmertemperatur in 10 Platten ausbreiten
3 EL Butter
4 EL Paniermehl
2 EL Sahne mit 1 Eigelb verquirlt
2 EL Mehl
Prise Muskatnuß
Kümmelpulver oder angerösteter Sesamsamen
Pfeffer aus der Mühle
Salz

1. Das Paniermehl in der heißen Butter 5 Minuten bräunen. Anschließend den Kerbel bei mittlerer Hitze unter Rühren ganz kurz (1 Minute) mitdünsten.

2. Wenn der Kerbel etwas abgekühlt ist, die Masse mit dem Quark verrühren, mit Muskat, Pfeffer und Salz abschmecken.

3. Ofen auf 200 Grad vorheizen. Teigplatten auf bemehltem Küchentuch zu etwa 20 cm großen Quadraten ausrollen.

4. Auf jede Platte 1 gehäuften EL der Masse geben und zu viereckigen Taschen zusammenklappen, vorsichtig etwas andrücken.

5. Mit Ei-Sahne bepinseln, je nach Geschmack Kümmel oder Sesam daraufstreuen und auf gut befeuchtetem Blech etwa 30 Minuten bei 200 Grad Hitze in der Mitte des Ofens backen. Sofort servieren.

Zubereitungszeit: 60 Minuten
Tip: Kerbeltäschchen können am nächsten Tag auch kalt serviert werden.
Getränk: Mosel- oder Saar-Ruwer-Weine

Appetitbrötchen

Vorbereitung der Zutaten:
200 g süße Sahne, steifgeschlagen
2 TL Tomatenmark
2 TL Estragonsenf
1 Bund Dill, fein gezupft
1 Weißbrot oder Toastbrot, ca. 10 Scheiben, hell von beiden Seiten geröstet
1/2 Salatgurke, geschält, in dünne Scheiben gehobelt
150 g Sardellenfilets, 20 Minuten gewässert, dann abgetropft
Salz
2 hartgekochte Eier, in Scheiben geschnitten

1. Die eine Hälfte der geschlagenen Sahne mit Tomatenmark, die andere Hälfte mit Senf verrühren.

2. 5 Toastscheiben mit Butter und Tomatensahne, 5 mit Butter und Senfsahne bestreichen.

3. Tomatentoasts mit Gurkenscheiben belegen, salzen, Dill darüber streuen. Senftoasts mit Eierscheiben belegen und kreuzweise mit Sardellen garnieren (nicht salzen).

Zubereitungszeit: 30 Minuten
Tip: Das Weißbrot erst kurz vor dem Belegen toasten.
Getränk: Bier oder Rosé

Schinken-Kipfel

Vorbereitung der Zutaten: (für etwa 20 Stück)
3 Platten gefrorener Blätterteig, 30 Minuten bei Zimmertemperatur auftauen
8 Schalotten, fein gewürfelt
150 g roher Schinken, fein gewürfelt
1 Eigelb mit 2 EL Sahne verquirlt
1 Eigelb
1 EL glatte Petersilie, fein gehackt
1 El Senf, mittelscharf
1 EL Butter
2 EL Mehl
Prise Muskatnuß
Pfeffer
Salz
Beilage: Alle frischen grünen Salate

1. Ofen auf 220 Grad vorheizen.

2. Die 3 Teigplatten jede für sich der Länge nach auf bemehlter Unterlage ausrollen zu etwa 12 x 45 cm Streifen, daraus 6–7 gleich große Dreiecke schneiden.

3. Schalotten kurz in heißer Butter glasig dünsten (3 Minuten), den gewürfelten Schinken dazugeben, mit Muskat, Pfeffer und Salz würzen, Senf und Petersilie gut unterrühren und Eigelb zufügen. 3 Minuten bei mittlerer Hitze rühren.

4. Die Masse erkalten lassen und je 1 TL auf die vorbereiteten Blätterteigdreiecke geben. Zu Hörnchen rollen, mit Ei-Sahne bepinseln und auf befeuchtetem Blech im Ofen bei 220 Grad etwa 15 Minuten goldbraun backen.

Zubereitungszeit: 60 Minuten
Tip: Schinken-Kipfel lassen sich 6 Wochen einfrieren. Im Ofen bei 150 Grad auftauen, bis sie wieder knusprig werden.
Getränk: Trockener Weißwein

WURSTSALAT MIT RADIESCHEN
SEITE 28

BROCCOLI MIT KRABBEN UND JOHANNISBEER-DRESSING
SEITE 33

SALAT VON FISCH UND WARMEN GEMÜSEN
SEITE 34

SPARGEL-LACHS-SALAT AUF BRUNNENKRESSE
SEITE 32

Möhren-Apfelsinen-Kaltschale

Vorbereitung der Zutaten:
7 Möhren putzen, in dünne Scheiben schneiden
3 Zwiebeln schälen, in dünne Scheiben schneiden
1 l entfettete Hühnerbrühe
1 Bund Schnittlauch, fein geschnitten oder
4 Blätter Sauerampfer, fein geschnitten
3 Apfelsinen auspressen, Saft durchsieben
1 TL-Spitze Cayennepfeffer
1 TL Zucker
weißer Pfeffer aus der Mühle
Salz
Beilage: Toast dünn mit Knoblauchbutter bestrichen oder Meterbrot

1. Möhren und Zwiebeln im Topf mit Deckel 30 Minuten in der Hühnerbrühe weichkochen.

2. Das Ganze im Mixer pürieren und den Orangensaft dazugeben.

3. Mit Cayennepfeffer, Salz, weißem Pfeffer und Zucker pikant würzen. Mit Schnittlauch oder Sauerampfer bestreuen und gut gekühlt servieren.

Zubereitungszeit: 45 Minuten
Tip: Diese pikante Suppe ist bei jeder Party ein großer Erfolg. Sie hält sich 24 Stunden im Kühlschrank, sollte dann aber erst kurz vor dem Servieren mit Kräutern bestreut werden.
Getränk: Trockene Rot- oder Weißweine

Rohkostplatte

Vorbereitung der Zutaten:
1/2 Sellerie, 1/2 Rettich, 3 Möhren – gewaschen, geschält, grob gerieben
1/2 Salatgurke, geschält, gehobelt
1 große Fleischtomate, gewaschen, in dünne Scheiben geschnitten
1/4 Chinakohl, ohne Strunk und äußere Blätter, in sehr dünne Streifen geschnitten
200 g Spinat, gewaschen, abgetropft, in sehr dünne Streifen geschnitten
1 Lauchstange, nur das Weiße, gewaschen, in sehr dünne Röllchen geschnitten
1/2 Kopf Radicchio, gewaschen, abgetrocknet, in dünne Streifen geschnitten
1/2 Eisberg- oder krauser Endiviensalat, gewaschen, getrocknet, in dünne Streifen geschnitten
1 Zwiebel, halbiert, in dünne Ringe geschnitten
4 EL Zitronensaft
Salz
Sauce: 4 EL Öl, 2 EL flüssiger Honig, 8 EL Zitronensaft, 6 EL Mayonnaise
8 EL gemischte Kräuter, gehackt (zum Beispiel: Petersilie, Dill, Kresse, Schnittlauch, Kerbel)
weißer Pfeffer aus der Mühle, Salz
Beilage: Frisches Brot mit knackiger Kruste oder Knäckebrot, leicht gebuttert und sparsam mit Sardellenpaste bestrichen.

1. Alle Zutaten zur Sauce zusammenrühren.

2. Die Gemüse auf zwei Platten, farblich abwechselnd, anordnen. Salzen, mit Zitronensaft beträufeln.

3. Die glattgerührte Sauce extra dazu reichen.

Zubereitungszeit: 1 Stunde
Tip: Die Gemüsezutaten müssen frisch sein. Nichts aufbewahren.
Getränk: Frischer, leicht säuerlicher Riesling

Tomaten mit Reisfülle

Vorbereitung der Zutaten:
4 große, feste Fleischtomaten, gewaschen, Deckel abgeschnitten, mit Löffel aushöhlen, Fruchtfleisch aufheben
1 mittlere Zwiebel, fein gehackt
2 El Dill, gezupft
2 EL glatte Petersilie, fein gehackt
2 TL Oregano, getrocknet
1/2 TL Thymian
100 g Reis, kalt gewaschen
1/4 l Bouillon
2 EL Olivenöl
Zucker, weißer Pfeffer, Salz

1. Öl in kleinem Topf erhitzen und bei kleiner Hitze Zwiebel und Reis unter Rühren 3 Minuten anschwitzen.

2. Gleichzeitig das Tomatenfleisch mit 1 Tasse Wasser in kleinem Topf 3 Minuten bei mittlerer Hitze kochen lassen. Mit Salz, Pfeffer, Zucker abschmecken.

3. Tomatensud durch feines Sieb über den Reis passieren. Danach Oregano und Thymian einstreuen. Reis auf kleinster Hitze (Asbestplatte unterlegen), fest zugedeckt 15 Minuten fast gar quellen lassen.

4. Dill und Petersilie unterrühren, noch einmal abschmecken und den Reis in die Tomaten füllen. Mit Tomatendeckel verschließen.

5. Tomaten so in einen Topf oder eine Kasserolle einsetzen, daß wenig Zwischenraum bleibt. Brühe zugießen, bis die Tomaten fast bedeckt sind. Bei kleiner Hitze mit Deckel etwa 5 Minuten schmoren. Tomaten herausnehmen, warm oder kalt servieren.

Zubereitungszeit: 45 Minuten
Tip: Als kalte Vorspeise Reis mit Chili-Sauce nachwürzen. Halten sich zugedeckt 2 Tage im Kühlschrank. Restliche Brühe für andere Verwendung aufheben.
Getränk: Leichter Rotwein

Tomaten mit Sellerie gefüllt

Vorbereitung der Zutaten:
4 große feste Fleischtomaten, gewaschen, Deckel anschneiden, daß er an einer Seite noch hängenbleibt. Mit Löffel aushöhlen
3 EL Kräuter, fein gehackt (Dill, glatte Petersilie, Schnittlauch, Kerbel)
150 g Sellerie, in streichholzgroße Streifen geschnitten
2 EL Olivenöl
3/4 l Fleischbrühe (oder Wasser)
1 EL, gehäuft, Semmelbrösel
Pfeffer
Salz

1. Selleriestreifen in Öl bei Mittelhitze in der Pfanne weichdünsten, 10 Minuten, rühren.

2. Semmelbrösel, Salz und Pfeffer dazugeben, noch 3 Minuten unter Rühren bei mittlerer Hitze rösten.

3. Kräuter untermischen und in die Tomaten füllen. Diese so in einen Topf stellen, daß wenig Zwischenraum bleibt.

4. Brühe oder heißes Wasser zugießen, bis die Tomaten fast bedeckt sind, bei kleiner Hitze 5 Minuten zugedeckt schmoren, Tomaten herausnehmen, warm oder kalt essen.

Zubereitungszeit: 40 Minuten
Tip: Halten sich zugedeckt 2 Tage im Kühlschrank.
Getränk: Leichter Rotwein

Grüne Bohnen und Tomaten

Vorbereitung der Zutaten:
1 kg grüne Bohnen putzen, halbieren, waschen
1 EL glatte Petersilie, fein gehackt
1 EL Dill, gezupft
1 mittlere Zwiebel, fein gehackt
300 g Tomatenwürfel, Tomaten zum Enthäuten 30 Sekunden in kochendes Wasser legen, kalt abschrecken, schälen, vierteln, Kerne mit Teelöffel entfernen
1 TL Bohnenkraut, gerebelt
3 EL Olivenöl
1 TL gekörnte Brühe
1 TL Zucker
weißer Pfeffer
Salz
Je nach Geschmack: 1 Knoblauchzehe zerdrückt, und/oder 150 g durchwachsener Räucherspeck, fein gewürfelt beigeben, dann nur 1 EL Öl

1. In schwerem, etwa 3 l großen Topf unter Rühren Zwiebel, je nach Geschmack auch Knoblauch und Speck, in Öl bei mittlerer Hitze 3 Minuten anschwitzen.

2. Bohnen, Tomaten, Gewürze, Brühe und 1/2 Tasse Wasser dazugeben und bei kleiner Hitze mit Deckel etwa 20 Minuten garen. Die Kräuter dazugeben und noch 5 Minuten offen köcheln.

Zubereitungszeit: 45 Minuten
Tip: Die Vorspeise kann kalt oder warm gegessen werden.
Getränk: Rosé oder badischer Weißherbst

Kohlrabi und Tomaten

Vorbereitung der Zutaten:
4 Kohlrabi, geschält, in mundgerechte Scheiben geschnitten
1 kg Tomaten, enthäutet, geviertelt, entkernt, oder 3 EL Tomatenmark
1 mittelgroße Zwiebel, fein gehackt
2 EL Dill, gezupft
2 EL glatte Petersilie, fein gehackt
4 EL saurer Rahm
1 EL Öl
Zucker
Pfeffer aus der Mühle
Salz

1. Zwiebeln bei mittlerer Hitze unter Rühren 3 Minuten in Öl anschwitzen.

2. Tomatenmark dazugeben, kurz anschwitzen und mit 2 Tassen Wasser löschen. 5 Minuten bei kleiner Hitze köcheln, rühren. (Bei Verwendung von frischen Tomaten: ohne Wasser, mit Deckel bei großer Hitze kochen. Wenn sie 5 Minuten gekocht haben, durch ein Sieb streichen.)

3. Kohlrabi-Scheiben zugeben und 15–20 Minuten unter gelegentlichem Rühren offen bei kleiner Hitze garen. Rahm und Kräuter zufügen, mit Salz, Pfeffer und Zucker abschmekken. Heiß oder kalt servieren.

Zubereitungszeit: 40 Minuten
Tip: Mit geriebenem Parmesan- oder Gruyerekäse bestreuen. Hält sich im Kühlschrank 2 Tage.
Getränk: Rotwein

Italienischer Paprikasalat

Vorbereitung der Zutaten:
700 g grüne, rote und gelbe Paprika, entkernt, gewaschen, in dünne Streifen geschnitten
1 Knoblauchzehe, fein gewiegt
8 EL Essig
4 EL Olivenöl
2 El Zucker
schwarzer Pfeffer
1 TL Salz

1. Öl in großer Pfanne heiß werden lassen und Paprika mit Pfeffer und Salz 15 Minuten bei kleiner bis mittlerer Hitze unter gelegentlichem Rühren sanft braten.

2. Essig in die heiße Pfanne dazugießen, Knoblauch zufügen. Abdampfen lassen und mit Zucker abschmecken. Abkühlen lassen.

Zubereitungszeit: 20 Minuten
Tip: Paprikasalat schmeckt lauwarm so gut wie kalt. Hält sich 3 Tage im Kühlschrank. Eine Stunde vor Wiederverwendung herausnehmen.
Getränk: Italienischer Rotwein

Eva-Salat

Vorbereitung der Zutaten:
1/2 kleine Sellerieknolle (etwa 200 g), geschält, gewaschen, etwa 35 Minuten in wenig Salzwasser mit Deckel garen, grob hacken
6 große Äpfel mit Ausstecher oder Teelöffel aushöhlen, mit Zitronensaft ausreiben, ausgehöhltes Fruchtfleisch (ohne Kerngehäuse) grob hacken, mit Zitronensaft beträufeln
200 g Kartoffeln, gar gekocht, grob gehackt
4 EL Milch
6 EL süße Sahne
Saft von 1 1/2 Zitronen
Prise Zucker
weißer Pfeffer aus der Mühle
Salz

1. Grob gehackte Sellerie und Kartoffeln mit dem Apfelfleisch vermengen.

2. Milch mit Sahne verrühren und mit dem Salat vermengen.

3. Mit Salz, Pfeffer, Zucker, Zitronensaft abschmecken, gut verrühren und in die Äpfel füllen. 20 Minuten im Kühlschrank ziehen lassen.

Zubereitungszeit: 1 Stunde
Tip: Möglichst mürbe Äpfel zum Aushöhlen nehmen (zum Beispiel Boskop).
Getränk: Spätburgunder

Blumenkohlsalat Feinschmeckerart

Vorbereitung der Zutaten:
1 großer Blumenkohl, ohne Außenblätter
1 kleiner Kopf Endiviensalat, geputzt, gewaschen, getrocknet, kurz vor dem Anrichten in Streifen schneiden
4 hartgekochte Eier, in Scheiben geschnitten
4 kleine Tomaten, in Scheiben geschnitten
Zucker
weißer Pfeffer
Salz
3 EL Essig
9 EL Öl
zur Marinade:
5 EL saurer Rahm
1 EL Estragonsenf
1 EL Tomatenmark
Beilage: Kalter Braten in dünnen Scheiben

1. Blumenkohl in etwas kochendem Salzwasser bei kleiner Hitze mit Deckel etwa 10 Minuten garen. Abtropfen lassen und in Röschen zerpflücken. Dann in Essig, Öl, Salz, Pfeffer und Zucker einige Stunden ziehen lassen.

2. Blumenkohlröschen auf geschnittenem Endiviensalat anrichten und mit Ei und Tomate garnieren.

3. Marinade mit allen Zutaten zu einer dicken Sauce verrühren und über dem Salat verteilen.

Zubereitungszeit: 50 Minuten
Tip: Vor dem Servieren noch 5 Minuten durchziehen lassen.
Getränk: Halbtrockene Weißweine (Pfalz, Rheinhessen)

Riviera-Salat

Vorbereitung der Zutaten:
2 Sellerieknollen, etwa 800 g, schälen, in wenig Salzwasser 35 Minuten mit Deckel bei kleiner Hitze garen, in feine Streifen schneiden
4 Fleischtomaten, in mundgerechte Scheiben geschnitten
4 hartgekochte Eier, Gelb und Weiß getrennt, beides grob gehackt
4 EL gemischte Kräuter (Estragon, Petersilie, Dill, Schnittlauch, Kresse, Kerbel, Sauerampfer), fein gehackt
8 EL Öl
6 EL Essig oder Zitronensaft
5 Schalotten, fein gehackt
Prise Zucker
schwarzer Pfeffer aus der Mühle
Salz

1. Zutaten für die Sauce verrühren: Essig, Öl, Salz, Pfeffer, Eigelb, Kräuter, Schalotten.

2. Selleriestreifen, Tomatenscheiben und Eiweißwürfel unterziehen, wenden und mindestens 30 Minuten durchziehen lassen.

Zubereitungszeit: 1 Stunde
Tip: Reste lassen sich im Kühlschrank 24 Stunden aufheben.
Getränk: Roter Landwein mit Selter

Verlorene Eier in Tomate

Vorbereitung der Zutaten:
4 große feste Fleischtomaten, Deckel abschneiden und aufbewahren. Tomaten aushöhlen
4 verlorene Eier (Rezept Seite 102)
3 EL Öl
1 EL Essig } miteinander verrühren
Salz
4–6 EL Kräuterremoulade (Rezept Seite 15)

1. Die ausgehöhlten Tomaten 10 Minuten mit Essig, Öl und Salz marinieren. Dann zum Abtropfen umstülpen.

2. In jede Tomate – je nach Größe – 1–2 TL Remoulade einfüllen, die Eier einsetzen, mit etwas Remoulade bedecken, Deckel auflegen.

Zubereitungszeit: 25 Minuten

Frühlingseier

Vorbereitung der Zutaten:
8 hartgekochte Eier, geschält, der Länge nach halbiert, Eigelb herausnehmen, zerdrücken
4 EL weiche Butter
4 EL Zitronensaft
6 EL Kräuterremoulade (Rezept Seite 15)
4 Radieschen, in dünne Scheiben geschnitten
4 Gewürzgürkchen, in dünne Scheiben geschnitten
1/2 Endivien- oder Kopfsalat, gewaschen, abgetropft, in Streifen geschnitten
1 EL Essig, 2 EL Öl, Zucker, Pfeffer aus der Mühle, Salz

1. Die Eigelb mit 4 EL weicher Butter verrühren und mit Pfeffer, Salz und Zitronensaft abschmecken.

2. Paste in die Eihälften füllen oder sie damit bestreichen. Die Hälfte der Eier mit Radieschen-, die andere mit Gurkenscheiben belegen.

3. Den in Streifen geschnittenen Salat in 1 EL Essig und 2 EL Öl wenden, mit Zucker, Salz und Pfeffer abschmecken.

3. Den Salat auf einer Platte ringförmig anrichten. In die Mitte die 6 EL Remoulade geben und die Eihälften, abwechselnd rot und grün, auf den Salat setzen.

Zubereitungszeit: 40 Minuten
Tip: Nichts aufheben, der Salat welkt.
Getränk: Cidre, Apfelsaft mit Selter oder Rotwein

Toast mit Nierenfarce

Vorbereitung der Zutaten:
2 Kalbsnieren, in dünn geschnittenes Schweinefett (Spickfett) oder dünne fette Speckscheiben einwickeln
250 g mageres Kalbfleisch, ebenso einwickeln.
1 TL frische Minze, gehackt
1 TL frischer Majoran, gehackt
(oder 1/2 TL Pulver)
1 TL Fenchelsamen, gemahlen oder im Mörser zerkleinert
1/2 TL Nelkenpulver
1/2 TL Zimt, gemahlen
1/2 TL Muskatnußpulver
1 TL Zucker
3 EL Obstessig
8 Eigelb
8–10 dicke Scheiben Weißbrot
4 EL Zitronensaft
schwarzer Pfeffer aus der Mühle
Salz

1. Nieren und Fleisch in einer offenen Kasserolle etwa 10 Minuten braun-, aber nicht durchbraten. Zweimal wenden.

2. Nieren abkühlen lassen. Den weißen Kern entfernen. Nieren mit Fettmantel und Kalbfleisch fein hacken.

3. Minze, Majoran, Fenchelsamen, Nelken, Zimt, Muskatnuß, Zucker und Essig dazugeben und mit reichlich Pfeffer und Salz würzen. Das Eigelb daruntermischen. Ofen auf 220 Grad vorheizen.

4. Die Masse dick auf die Brotscheiben streichen, diese auf ein gefettetes Backblech legen und 15 Minuten bei 220 Grad backen.

5. Toast mit Zitronensaft beträufeln und sofort auftragen.

Zubereitungszeit: 1 Stunde 20 Minuten
Tip: Erst eine Scheibe servieren, die restlichen im ausgeschalteten Backofen warm halten.
Getränk: Beaujolais oder Primeur (junger, frischer französischer Rotwein), auch Valpolicella

Bayerischer Wurstsalat

Vorbereitung der Zutaten:
200 g Preßkopf, ohne Haut, klein gewürfelt
200 g Sülze, ohne Haut, klein gewürfelt
300 g Fleischwurst (oder harte Blutwurst), ohne Haut, klein gewürfelt
1 mittelgroße Zwiebel, fein gehackt
4 EL glatte Petersilie, fein gehackt
5 EL Essig
10 EL Öl
1 EL körniger Senf
Prise Zucker
grober schwarzer Pfeffer
Salz
Beilage: frische, gebutterte Roggenbrötchen

1. Essig, Öl, Salz, Pfeffer, Zucker, Zwiebel, Petersilie und Senf zu einer Sauce verrühren.

2. Wurst in die Sauce geben, mindestens 20 Minuten ziehen lassen.

Zubereitungszeit: 35 Minuten
Tip: Hält sich im Kühlschrank 24 Stunden
Getränk: Weizen- oder obergäriges Bier

Wurstsalat mit Radieschen

Vorbereitung der Zutaten:
300 g Fleischwurst (Breslauer), in Scheiben schneiden und vierteln
2 Bund Radieschen, in Scheiben schneiden
3 Zwiebeln, fein würfeln
2 EL Essig, 4 EL Öl, grober schwarzer Pfeffer, 1/2 TL Zucker, Salz

1. Fleischwurst, Radieschen und Zwiebeln vermischen.

2. Essig, Öl und Gewürze in kleiner Schüssel miteinander gründlich verrühren. Über die Wurst gießen und 20 Minuten ziehen lassen.

Zubereitungszeit: 15 Minuten
Getränk: Bier

Schneller Fleischsalat

Vorbereitung der Zutaten:
750 g kaltes Fleisch jeder Art, gekocht oder gebraten, in dünne Scheiben oder Streifen geschnitten
2 hartgekochte Eier, 1 in Scheiben geschnitten, 1 gehackt
2 Tomaten, in dünne Scheiben geschnitten
3 kleine Gewürzgurken, geschält, fein gehackt
4 EL gemischte Kräuter, fein gehackt (glatte Petersilie, Dill, Schnittlauch, Kerbel, Kresse)
10 EL Öl
1 EL scharfer Senf
5 EL Zitronensaft
1 EL Kapern
1 TL Zucker
schwarzer Pfeffer aus der Mühle
Salz
einige schöne Salatblätter zum Anrichten
Beilage: Schwarzbrot mit gesalzener Butter

1. Senf, Pfeffer, Salz, Zucker, Öl, Zitronensaft, Kräuter, Zwiebel, Gurken und gehacktes Ei zu einer Sauce verrühren.

2. Fleisch in die Sauce geben, mindestens 20 Minuten ziehen lassen. Gelegentlich wenden.

3. Auf einer Platte Salatblätter mit Fleischsalat belegen und mit Tomaten, Eischeiben und Kapern garnieren.

Zubereitungszeit: 35 Minuten
Tip: Weitere Zutaten wie Salatgurke, Radieschen, Salamiwürfel oder Remoulade sind geeignet.
Getränk: Rosé oder Bier und Korn

Zungensalat

Vorbereitung der Zutaten: (für 8 Personen)
1 kleine Rinder- oder Kalbszunge, etwa 1.500 g, (oder bereits gekochte Zunge kaufen)
1 mittelgroße Zwiebel, geschält
1 Lorbeerblatt
3 Wacholderbeeren
1 mittelgroße Zwiebel, fein gehackt
3–5 Gewürzgurken (je nach Größe), geschält, fein gewürfelt
4 EL gemischte Kräuter, fein geschnitten (glatte Petersilie, Schnittlauch, Kresse, Zitronenmelisse, frischer Estragon)
6 EL Essig
6 EL Olivenöl
1 TL Zucker
1 EL scharfer Senf
2 Eier, hartgekocht, gehackt (Weiß und Gelb getrennt)
schwarzer Pfeffer aus der Mühle
Salz
Beilage: Roggenbrot mit gesalzener Butter

1. Zunge in geschlossenem Topf mit Wasser bedeckt 2 1/2 Stunden auf kleiner Hitze mit der Zwiebel, Lorbeer und Wacholder (ohne Salz) garkochen. Kalt abspülen, Haut abziehen, Fett und Sehnen entfernen. Zunge in Streifen oder Würfel schneiden.

2. Aus Essig, Öl, Salz, Zucker, Pfeffer, Senf, dem gehackten Eigelb und Kräutern eine Salatsauce rühren.

3. Zunge, Zwiebelwürfel, Gurken und gehacktes Eiweiß in der Sauce wenden und mindestens 2 Stunden zugedeckt bei Zimmertemperatur ziehen lassen. Ab und zu wenden.

Zubereitungszeit: Mit Kochen der Zunge gut 3 Stunden, sonst 40 Minuten.
Tip: Hält sich 2 Tage im Kühlschrank.
Getränk: Alle hellen Biere

Chefsalat

Vorbereitung der Zutaten:
100 g alter Gouda, in dünnen Streifen
200 g gekochtes Hühnerfleisch } Scheiben oder
100 g Rinderzunge } kleine Würfel
2 kleine Zwiebeln, in Ringe geschnitten
4 hartgekochte Eier, in Achtel geschnitten
8 Sardellenringe, davon 4 kleingeschnitten
4 Artischockenherzen, halbiert
1 TL scharfer Senf
8 EL Olivenöl
1/2 TL Zucker
4 TL Weinessig
1/4 TL Salz
1 Prise weißer Pfeffer aus der Mühle

1. Senf, Essig, Salz und Zucker mit dem Schneebesen in einer Schüssel gut verrühren.

2. Nach und nach Öl unterrühren, bis alles dickflüssig wird.

3. Die vorbereiteten, geschnittenen Zutaten in einer zweiten Schüssel anrichten. Artischokkenherzen, Eier und die vier ganzen Sardellen oben auflegen.
Die Sauce in einem Extraschälchen bereitstellen, damit die Portionen bei Tisch damit beträufelt werden können.

Zubereitungszeit: 30 Minuten
Tip: Der Salat hält sich im Kühlschrank zugedeckt 2–3 Tage.
Getränk: Pilsener Bier

Spinatsalat mit Wachtelbrüstchen

Vorbereitung der Zutaten:
4 Wachteln
250 g Blattspinat, geputzt, gewaschen
1 Knoblauchzehe, durchgedrückt
1/8 l süße Sahne
1/2 TL grüne Pfefferkörner, im Mörser zerstoßen
1 EL Sherry-Essig
3 EL Walnußöl
1 EL Butter zum Braten
Pfeffer aus der Mühle
Salz
Beilage: Meterbrot mit gesalzener Butter

1. Wachteln häuten, Brustfilets auslösen, leicht salzen und in der Pfanne bei mittlerer Hitze etwa 2 Minuten in Butter braten, dann in feine Scheiben schneiden.

2. Aus Salz, Pfeffer, Walnußöl, Sherry-Essig und den gestoßenen Pfefferkörnern die Salatsauce rühren. Süße Sahne unterziehen, mit Knoblauch abschmecken.

3. Spinat in feine Streifen schneiden. Salatsauce und Spinatstreifen leicht vermischen, auf Tellern anrichten und mit Wachtelbrüstchen dekorieren.

Zubereitungszeit: 50 Minuten
Tip: Wachtelgerippe und Haut für eine Geflügelbouillon in Alufolie im Kühlschrank aufheben.
Getränk: Frischer Riesling

Champignonsalat

Vorbereitung der Zutaten:
500 g Champignons, geputzt, in hauchdünne Scheiben geschnitten
4 EL glatte Petersilie, fein gehackt
8 EL süße Sahne
8 EL Zitronensaft
4 EL Öl
2 EL Estragonsenf
weißer Pfeffer aus der Mühle
Salz

1. Senf, Sahne, Zitronensaft, Öl, Salz, Pfeffer in einem Schraubglas mixen (schütteln).

2. In einer Schüssel Champignons und Petersilie in der Sauce wenden, 20 Minuten ziehen lassen.

Zubereitungszeit: 30 Minuten
Tip: Als Beilage getoastete Weißbrot-Dreiecke, mit Knoblauch abgerieben. Butter erst bei Tisch aufstreichen.
Getränk: Bier oder ein leichter Weißwein

Pilzsalat

Vorbereitung der Zutaten:

250 g Pfifferlinge, 250 g Steinpilze, 250 g Champignons – geputzt, blättrig geschnitten
200 g saure Sahne (oder Crème fraîche)
2 EL Schnittlauch, klein geschnitten
2 EL glatte Petersilie, gehackt
1 mittelgroße Zwiebel, fein gehackt
8 EL Zitronensaft
Prise Zucker
weißer Pfeffer aus der Mühle
Salz

Beilage: Weißbrot, leicht gebuttert und in der Pfanne angeröstet.

1. Sahne, Zitronensaft, Zucker, Pfeffer, Salz, Zwiebeln und Kräuter zu einer glatten Sauce verrühren.

2. Pilze in der Sauce wenden und 20 Minuten ziehen lassen.

Zubereitungszeit: 30 Minuten
Tip: Pfifferlinge und Steinpilze können auch Konservenware sein, dann vorher abspülen und gut abtropfen lassen. Vom Salat keine Reste aufbewahren.

Geflügelsalat mit Spargel

Vorbereitung der Zutaten:

Fleisch vom Huhn, das für Bouillon gekocht wurde, von Haut und Knochen befreien und in kleine Würfel schneiden
300 g Spargel, schälen, etwa 15 Minuten in Wasser oder Brühe kochen, in 1 cm lange Stücke schneiden
3 hartgekochte Eier, in Scheiben schneiden
200 g Sellerie, schälen, in Wasser oder Brühe etwa 20 Minuten garen, fein würfeln
1 Apfel, schälen, entkernen, fein würfeln
Salz
3 EL Zitronensaft
3 EL Essig
3 EL Mayonnaise
3 EL süße Sahne
3 EL glatte Petersilie, fein hacken

1. Hühnerfleischwürfel und Spargelstücke, Apfel und Sellerie 2–3 Stunden in Essig, Salz, Zitronensaft unter gelegentlichem Wenden marinieren. Herausnehmen.

2. Mayonnaise mit Sahne und Petersilie verrühren und unter den Salat ziehen. Mit Eierscheiben garnieren.

Zubereitungszeit: 40 Minuten
Tip: Statt des Suppenhuhnes kann man auch zwei fertig gegrillte Hähnchen nehmen.
Getränk: Trockener Weißwein

Spargel-Lachs-Salat auf Brunnenkresse

Vorbereitung der Zutaten:
500 g Spargel schälen (evtl. grünen und weißen gemischt)
150 g geräucherter Lachs, in Streifen geschnitten
1 kleine Zwiebel, fein gehackt
Saft von 1 Zitrone
1 Bund Brunnenkresse, gezupft, gewaschen, getrocknet
2 EL gemischte Kräuter (Petersilie, Dill, Schnittlauch, Kerbel, Basilikum), fein geschnitten
6 EL kaltgepreßtes Öl (Oliven- oder Walnußöl)
Zucker
Pfeffer aus der Mühle
Salz
1 EL Butter
Beilage: Getoastetes Weißbrot

1. Spargel in 1 l Wasser mit 1 TL Salz, 1 TL Zucker, 1 EL Butter 15 Minuten kochen, dann in 3 cm lange Stücke schneiden, abtropfen.

2. Aus Salz, Pfeffer, Zitronensaft, Öl, Zucker, Zwiebel und 2 EL Kräutern eine Salatsauce rühren.

3. Spargel und Lachs vermischt auf einem Bett von Kresse mit der Sauce überziehen. Sofort servieren.

Zubereitungszeit: 35 Minuten
Getränk: Weißwein

Pommerscher Heringssalat

Vorbereitung der Zutaten:
4 Salzheringe ausnehmen, über Nacht wässern, entgräten, enthäuten und in kleine Würfel schneiden
200 g kalten Kalbs- oder Rinderbraten in Würfel oder Streifen schneiden
3 Äpfel, geschält, entkernt, in kleine Würfel schneiden
1 große Salzgurke, geschält, in kleine Würfel schneiden
500 g gekochte Kartoffeln pellen, in kleine Würfel schneiden
1 mittlere Zwiebel, fein gehackt
Sauce: 1 EL Kapern, mit der Gabel zerdrücken
1 EL Johannisbeergelee
1 EL Senf
4 EL Zitronensaft
2 EL Perlzwiebeln
4 EL Öl
2 EL Essig
1 TL Zucker
schwarzer Pfeffer aus der Mühle
Salz
je nach Geschmack bis zu 3 EL Dosenmilch
Garnitur: 2 hartgekochte Eier in Scheiben schneiden
2 Tomaten in Scheiben schneiden
Beilage: Leicht getoastetes Roggenbrot mit kalter Butter.

1. Zutaten für die Sauce verrühren.

2. Die vorbereiteten Äpfel, Gurken, Fleisch, Fisch, Kartoffeln und Zwiebeln in der Sauce wenden und mindestens 2 Stunden ziehen lassen.

3. Mit Eier- und Tomatenscheiben portionsweise garnieren.

Zubereitungszeit: 1 Stunde
Tip: Mit 200 g Rote Bete aus dem Glas, fein gewürfelt, kann man den Salat variieren.
Getränk: Bier

Fischsalat

Vorbereitung der Zutaten:
600 g Steinbeißerfilet, im Sieb 1 Minute in leise siedendes Salzwasser tauchen, abtropfen lassen, in mundgerechte Würfel schneiden
300 g Pellkartoffeln, kalt, in große Würfel schneiden
1 große Salzgurke, fein gewürfelt
1 mittlere Zwiebel, fein gewürfelt
6 Sardellenfilets, abgespült, gehackt
2 EL glatte Petersilie, fein gehackt
2 EL Dill, gezupft
1 EL Meerrettich, gerieben
8 EL saure Sahne
3 EL Essig
2 EL Olivenöl
Prise Zucker
schwarzer Pfeffer aus der Mühle
Salz

1. Mit dem Schneebesen Salz, Zucker, Pfeffer, Sahne, Essig, Öl und Meerrettich verrühren.

2. Gurke, Zwiebel, Kräuter, Sardellen und Kartoffeln unterrühren.

3. Fisch unterheben und mindestens 1 Stunde ziehen lassen.

Zubereitungszeit: 40 Minuten
Tip: Im Kühlschrank 2 Tage haltbar.
Getränk: Bier

Broccoli mit Krabben und Johannisbeer-Dressing

Vorbereitung der Zutaten:
600 g Broccoliröschen (entspricht 1 kg Broccoli mit Stiel), in kochendem Salzwasser 6–12 Minuten nicht zu weich garen und abtropfen
200 g Endiviensalat, gewaschen, zerpflückt
100 g Radicchio, gewaschen, zerpflückt
250 g Krabbenfleisch
1 EL glatte Petersilie, fein gehackt
1 kleine Knoblauchzehe, zerdrückt
8 EL Traubenkernöl oder Olivenöl
10 EL Johannisbeersaft
5 EL Essig
weißer Pfeffer aus der Mühle
1 TL Salz
Beilage: Mit Knoblauch abgeriebener Toast, leicht gebuttert.

1. Öl, Essig, Saft, Salz, Pfeffer, Knoblauch und Petersilie in großer Schüssel verrühren.

2. Broccoli, Krabben, Radicchio und Endivien vorsichtig mit der Sauce vermischen und 10 Minuten ziehen lassen.

Zubereitungszeit: 40 Minuten
Tip: Nichts aufheben
Getränk: Italienischer Rotwein

Feldsalat mit geräuchertem Lachs

Vorbereitung der Zutaten:
250 g kleiner Feldsalat (möglichst mit runden Blättern), geputzt, gewaschen, getrocknet
150 g Champignons oder Steinpilze, in schmale Streifen geschnitten
2 Schalotten, fein gehackt
200 g Räucherlachs, in fingerbreite Streifen geschnitten
Für die Vinaigrette:
1 EL Zitronensaft
1 TL scharfer Senf
5 EL Olivenöl
Zucker
schwarzer Pfeffer aus der Mühle
Salz

1. Die Wurzelenden des Feldsalates so abschneiden, daß die Pflanze noch zusammengehalten wird. Nur sehr großblättriger Feldsalat wird auseinandergelöst.

2. Die vorbereiteten Pilze mit Schalotten und der Hälfte der Lachsstreifen gut vermischen.

3. Zitronensaft mit Salz, Pfeffer und Zucker in einer kleinen Schüssel verrühren, bis das Salz aufgelöst ist.

4. Mit dem Schneebesen zuerst Senf, dann nach und nach Öl mit dem Zitronensaft verrühren, so daß eine glatte Sauce entsteht.

5. Sauce über den Salat gießen und diesen gut mit der Vinaigrette vermischen. Die restlichen Lachsstreifen als Garnitur darüberlegen.

Zubereitungszeit: 30 Minuten
Tip: Anstelle von Räucherlachs paßt auch geräucherter Stör, statt Feldsalat kann auch anderer Blattsalat verwendet werden.
Getränk: Bier oder badischer Weißwein

Salat von Fisch und warmen Gemüsen

Vorbereitung der Zutaten:
400 g Fischfilet, in 3 cm große Stücke geschnitten (zum Beispiel Steinbeißer, Lengfisch, Seelachs oder verschiedene Sorten, beim Händler nach Schnittresten fragen)
400 g Gemüse (mindestens 5 verschiedene Sorten, zum Beispiel Fenchel, Broccoli, Blumenkohl, Möhren, Champignons, Prinzeßbohnen, Radieschen)
3 EL Wein- oder Apfelessig
1 Knoblauchzehe, fein gehackt
2 EL frische, gehackte Kräuter (darunter Dill)
4 EL Olivenöl
1/2 TL Zucker
weißer Pfeffer aus der Mühle
Salz
Beilage: Frisches Stangenbrot, Butter

1. Aus Essig, Zucker, Öl, Salz, Pfeffer, Kräutern und Knoblauch in einer Schüssel die Salatsauce rühren.

2. Alle Gemüse, geputzt, gewaschen, einzeln in kochendem Salzwasser garen (knackig, mit Biß), Champignons und Radieschen roh lassen und in dünne Scheiben schneiden. Blumenkohl, Broccoli nach dem Kochen in kleine Röschen zerteilen. Die halbgare Möhre mit dem Sparschaber oder Hobel in dünne Streifen schälen. Das Kraut vor dem Kochen vom Fenchel trennen (es kommt roh zum Salat), Knolle vierteln und in ihre Schalen zerlegen. Die fertigen Gemüse zum Durchziehen in die Sauce geben.

3. Fischstücke in leise kochendem Salzwasser 1 Minute garen, abtropfen und zum Schluß unter den Salat geben.

Zubereitungszeit: 40 Minuten
Tip: Garzeiten der Gemüse liegen zwischen 7 und 13 Minuten, sie müssen einzeln probiert werden. Lauwarm essen. Kühl gelagert, zugedeckt, 24 Stunden haltbar.
Getränk: Trockener Weißwein

Krebse in Kräuterrahm

Vorbereitung der Zutaten:
32–40 Krebse, je nach Größe, gewaschen
300 g süße Sahne, steif geschlagen
2 EL Mayonnaise
2 EL Cognac
2 EL Zitronensaft
1 EL Dill, fein gezupft
1 EL Kerbel } fein gehackt
1 EL Petersilie } fein gehackt
1 EL Kümmel
Salz
Beilage: Frisches Stangenbrot, Butter

1. Krebse in 1 1/2 l kochendem Wasser mit je 1 TL Dill, Kümmel und Salz etwa 15 Minuten kochen. Scheren und Schwänze ausbrechen (Darm entfernen).

2. Kräuter und Mayonnaise unter die Sahne heben. Mit Cognac, Salz und Zitronensaft abschmecken.

3. Kräuterrahm auf Teller verteilen, darauf das Krebsfleisch anrichten.

Zubereitungszeit: 30 Minuten
Tip: Man kann auch frisch gekochte Krebse kaufen.
Getränk: Trockene Weißweine wie Chablis oder Meursault

Blinis (Plinsen)

Vorbereitung der Zutaten: (für 10 kleine Blinis)
4 Eier (Weiß und Gelb getrennt)
1 Tasse Milch
1 EL Zitronensaft
1 Päckchen Trockenhefe (7 g)
100 g Buchweizenmehl
75 g Weizenmehl
5 EL zerlassene, abgekühlte Butter
50 g Butter zum Braten
1 Prise Muskatnuß
Zucker, Pfeffer, Salz
Beilage: Salzhering, Anchovis, geräucherter Lachs, geräuchertes Forellenfilet, Caviar. Auf jeden Fall Sour-Cream (s. Tip)

1. Mehl, Buchweizenmehl und Trockenhefe (nach Vorschrift) in einer Schüssel vermischen.

2. 1/2 Tasse Wasser (falls nicht schon mit der Hefe verwendet), Milch, Eigelb, Zitronensaft, Gewürze und zerlassene Butter mit dem Mixer oder von Hand gründlich in den Teig arbeiten.

3. Mit einem Tuch zudecken und 1 Stunde bei Zimmertemperatur gehen lassen. Danach Eiweiß zu Schnee schlagen und vorsichtig in den Teig einarbeiten.

4. 1 TL Butter in einer kleinen Eierpfanne (etwa 10 cm Durchmesser) erhitzen. Eine kleine Kelle Teig gleichmäßig darin verteilen.

5. Blini in 4–5 Minuten von beiden Seiten goldbraun bei kleiner Hitze braten. Pfanne bleibt heiß, nur gelegentlich mit Küchenpapier auswischen. Zu jedem Blini 1 TL Butter in die Pfanne geben.

Zubereitungszeit: 1 Stunde 10 Minuten
Tip: Nach dem Belegen Blinis falten. Womit auch immer sie belegt werden – Sour-Cream gehört dazu.
Zutaten: 1/2 Becher saure Sahne, 100 g Frischrahm-Käse, 1/4 Becher süße Sahne, weißer Pfeffer, Salz. Alles mit dem Handmixer verrühren, bis die Masse cremig-flüssig wird.
Zubereitungszeit: 5 Minuten
Getränk: Meursault, Chablis oder Bier und eiskalter Wodka

Wachtelterrine

Vorbereitung der Zutaten:
Brüstchen von 4 Wachteln, auslösen, in Streifen schneiden
4–6 hauchdünne große Speckscheiben, fett
600 g feine Bratwurstmasse
25 g schwarze Trüffeln, in Scheiben schneiden
Salz
Pfeffer aus der Mühle
2 EL Cognac
100 g Geflügelleber, in Streifen schneiden (wenn möglich Gänsestopfleber)

1. Eine kleine längliche Kuchenform wird so mit Speckscheiben ausgelegt, daß diese am Schluß über die Füllung geklappt werden können. Dann zwei Drittel der Bratwurstmasse einfüllen und in der Mitte der Fleischmasse über die ganze Länge eine Mulde drücken. Ofen auf 180–200 Grad vorheizen.

2. Wachtelbrüstchen-Streifen, Trüffelstücke und Geflügelleber-Streifen (alles vorher in Cognac mit etwas Salz und Pfeffer gewendet) in die Mulde geben, mit der restlichen Bratwurstmasse bedecken und mit dem Speck zudecken.

3. Wasserbad vorbereiten. Kuchenform hineinstellen und im Ofen bei 180–200 Grad 60 Minuten lang ziehen lassen. Fett abgießen und mit Gewicht beschwert über Nacht im Kühlschrank abkühlen lassen. Stürzen und in Scheiben schneiden.

Zubereitungszeit: etwa 2 Stunden
Tip: Als Gewicht Küchenbrett mit vollen Konservendosen beschwert. Im Kühlschrank 1 Woche haltbar.

Theas Leberpastete

Vorbereitung der Zutaten:
750 g Rindsleber im Stück (leicht anfrieren und dann in etwa streichholzschachtelgroße Würfel schneiden
250 g Schweinebauch, 250 g durchwachsener Speck – so gewürfelt, daß es durch den Fleischwolf geht
250 g fetter grüner Speck, in möglichst große, sehr dünne Scheiben geschnitten
300 g Kalbsleber in Scheiben
2 TL getrockneter Salbei oder 6 frische Blätter klein geschnitten
3 Zwiebeln, geviertelt
1 1/2 EL Salz
1 TL Nelkenpfeffer oder Piment
3 EL süße Sahne
1 EL Zitronensaft
3 EL gehackte glatte Petersilie
5 EL Butter
1 Bund Frühlingszwiebeln, fein geschnitten
2 EL Mehl
1 EL Stärkemehl
2 Eier, mit dem Schneebesen leicht aufgeschlagen
1 EL getrockneter Thymian
1 EL getrockneter Majoran
2 Lorbeerblätter
1 TL feingeschnittener Knoblauch
1/2 Tasse Cognac, Armagnac oder Weinbrand
schwarzer Pfeffer aus der Mühle
Beilage: frisches Meterbrot, frisches Schwarzbrot, gesalzene Landbutter. Außerdem, je nach Geschmack: Salzgurken, süß-saurer Kürbis, Senfgurken, Rote Bete, Preiselbeeren, Apfelgelee, kleine Pfifferlinge in einer Vinaigrette (1 Teil Essig, 3 Teile Öl, feingewiegte Petersilie, Pfeffer und Salz), Estragonsenf, Cumberlandsauce, Apfelmus.

1. Rindsleber, Schweinebauch, durchwachsenen Speck und Zwiebelviertel nacheinander durch den Fleischwolf in eine große Schüssel drehen und miteinander vermischen.

2. 3 EL Butter in einer schweren Pfanne zerlassen, Frühlingszwiebeln und Knoblauch hineingeben und unter Rühren etwa 5 Minuten dünsten, ohne daß sie braun werden. Pfanne mit einem Holzlöffel auskratzen und alles in das durchgedrehte Fleisch geben.

Fortsetzung Seite 39

THEAS LEBERPASTETE
SEITEN 36/39

ENTENTERRINE
SEITE 40

3. Restliche Butter zerlassen, Kalbsleberscheiben und Salbei etwa 4 Minuten von beiden Seiten anbraten. Mit Löffeldruck prüfen, ob die Leberscheiben fest werden und sie dann sofort mit Schaumlöffel herausnehmen. Sie müssen innen noch rosa sein. Auf einem Teller beiseite stellen.

4. Cognac in die Pfanne gießen und solange kochen lassen, bis er auf die Hälfte reduziert ist. Dabei mit einem Spachtel allen braunen Satz aus der Pfanne abschaben. Sauce über die Fleischmasse gießen.

5. In die Fleischmischung alle Gewürze sowie Mehl und die leicht geschlagenen Eier geben. Diesen Teig mit beiden Händen durchkneten und mit Holzlöffel oder Küchenmaschine solange rühren, bis alle Zutaten gut vermischt sind und die Masse glatt und locker ist.

6. Pastetenform, etwa 2 l Inhalt, mit den dünnen Scheiben vom fetten Speck so auslegen, daß Boden und Seiten völlig bedeckt sind und noch soviel übersteht, daß man sie später über der Füllung zusammenklappen kann. Sind die Speckscheiben nicht lang genug, so viele aufheben, daß die Oberfläche der Terrine abgedeckt werden kann.

7. Backofen auf 180 bis 200 Grad vorheizen und etwa 3 l Wasser auf dem Herd zum Kochen bringen.

8. Die Hälfte der Form mit der Fleischmasse füllen und mit Holz- oder Gummispachtel fest andrücken.

9. Angebratene Kalbsleber in daumendicke Streifen schneiden und damit den eingefüllten Fleischteig belegen. Mit der restlichen Fleischmasse die Pastetenform bis zum Rand füllen.

10. Oberfläche glattstreichen und die Speckteile darüberklappen oder darauf legen. Lorbeerblätter auf den Speck legen. Die Form gut mit Alufolie abdecken und den Deckel aufsetzen.

11. Die Pastetenform in einen großen Bräter auf die mittlere Schiene des Backofens stellen und soviel kochendes Wasser in den Bräter gießen, daß es die Hälfte bis zwei Drittel der Form bedeckt.

12. Die Pastete bleibt 2 Stunden im siedenden Wasserbad. Sie ist fertig, wenn die Flüssigkeit, die sich in der Pastete bildet, nach oben steigt und hellgelb ist.

13. Die Terrine vorsichtig aus dem Ofen heben, Deckel und Folie entfernen und wieder mit frischer Folie verschließen. Auf die Folie ein Holzbrett legen und mit einem Ziegelstein beschweren. Ist keiner zur Hand, gefüllte Kilo-Konservendose verwenden, die entweder auf das Brett gestellt oder der Länge lang auf die Folie gelegt wird.

14. Pastete 1 Stunde abkühlen lassen und dann mit Gewicht mindestens 12 Stunden in den Kühlschrank stellen.

15. Eine Stunde vor dem Servieren aus dem Kühlschrank nehmen, Folie entfernen und direkt am Tisch fingerdicke Scheiben aus der Form schneiden und servieren.

Zubereitungszeit: 3 Stunden
Tip: Es lohnt sich, für dieses Gericht eine irdene feuerfeste Pastetenform oder eine gußeiserne, rundum emaillierte sogenannte französische Form anzuschaffen. Beide können für Aufläufe aller Art verwendet werden.
Falls Reste übrig bleiben, Schnittfläche mit einem Pergamentblatt bedecken, so hält sich die Pastete bis zu 10 Tagen im Kühlschrank.
Getränk: Mittelschwere Rotweine oder weißen Ruländer aus Baden. Bei Pastete ohne Beilagen: ein betont lieblicher Rheingau (Auslese)

Ententerrine

Vorbereitung der Zutaten:
1 Ente, etwa 1,8 kg, ausgenommen, mit Leber
1/8 l Rotwein
1 Bund Suppengrün, klein geschnitten
10 Pfefferkörner
2 Lorbeerblätter
2 Gläschen Cognac
3 EL Orangensaft
2 EL Öl
1 kleine Zwiebel, fein gewürfelt
1 Knoblauchzehe, zerdrückt
300 g grüner Speck (= fetter, ungesalzener, ungeräucherter Speck), davon
200 g grob gewürfelt
100 g fein gewürfelt
300 g mageres Schweinefleisch, enthäutet, grob gewürfelt
2 TL Pastetengewürz (fertig gekauft)
1 EL Thymian
1–2 TL Abgeriebenes einer ungespritzten Orange
2–3 TL Salz
1 Ei
400 g fetter Speck, mit der Maschine in dünne, große Scheiben schneiden lassen

1. Ente entbeinen, Brustteile auslösen, übriges Fleisch von Haut und Sehnen befreien.

2. Brust und Leber in ein enges Gefäß geben, mit Cognac und Orangensaft übergießen und 3 Stunden marinieren.

3. Knochen klein hacken, mit 1 1/2 l Wasser, Rotwein, Suppengrün, Pfefferkörnern, Lorbeer kalt aufsetzen, zum Kochen bringen und den Fond bei schwacher Hitze im offenen Topf langsam reduzieren. Zwischendurch abschäumen und entfetten. Bis auf 1/4 l Flüssigkeit einkochen. Dann durchpassieren.

4. Öl in der Pfanne erhitzen, Brustteile und Leber bei großer Hitze 1 Minute von allen Seiten anbraten, herausnehmen.

5. Zwiebelwürfel und zerdrückte Knoblauchzehe bei kleiner Hitze in dem Fett hell anschwitzen lassen und mit Marinade (von Stufe 2) sowie 2 Tassen Fond (von Stufe 3) aufgießen.
Bei schwacher Hitze nochmals auf etwa eine Tasse reduzieren, nach 15 Minuten durchseihen. Im Kühlschrank abkühlen lassen und entfetten.

6. Enten-, Schweinefleisch und grob gewürfelten Speck mischen und mit Thymian, Orangenschale und Pastetengewürz sowie Salz würzen und einmal durch die grobe, einmal durch die feine Scheibe des Fleischwolfes drehen. Dabei den Wolf mehrmals säubern, Fett und Sehnen wegwerfen. Alles mit dem Ei und dem erkalteten Fond zu einer glatten Farce verarbeiten.

7. Angebratene Leber klein würfeln, zusammen mit dem feingewürfelten Speck daruntermischen. Ofen auf 180 Grad vorheizen. Wasserbad im Ofen vorwärmen.

8. Terrine mit Speckscheiben so auslegen, daß diese etwas über den Rand hängen. Die Hälfte der Farce einfüllen, Brustteile hintereinander einlegen, restliche Farce auffüllen, mit den überhängenden Speckteilen zudecken. Mit Orangenscheiben garnieren.

9. Ins heiße Wasserbad stellen, so daß die Form 3/4 bedeckt ist. Nach 90 Minuten ist die Pastete gar.

10. Fett abgießen, mit Gewicht beschweren, über Nacht kaltstellen (Rezept Seite 39, Stufe 13 und 14).

Zubereitungszeit: etwa 4 1/2 Stunden
Tip: Die Pastete hält sich mit abgedeckter Schnittfläche bis zu 8 Tagen im Kühlschrank.
Getränk: Weißer Burgunder

Suppen

„Die Suppe bildet den ersten Trost für den noch leeren Magen."
BRILLAT-SAVARIN

Urmutter aller Suppen ist die Bouillon aus Rindfleisch. Sie ist nichts anderes als ein langsam kochender Auszug aus Fleisch, Knochen, Gemüse und Kräutern. Sie wird immer kalt und immer mit Salz aufgesetzt und muß während des Kochens regelmäßig abgeschäumt werden.
Alles, was zur Bouillon ausgekocht wurde, wird weggeworfen. Es hat weder Nährwert noch Geschmack. Ohne Bouillon schmecken die meisten Suppen leer, und viele Saucen gelingen einfach nicht.
Von den Suppen-Weltmeistern, den Franzosen, sollten wir lernen, daß jedes Wasser, in dem ein Gemüse gegart wurde – tiefgefroren – aufgehoben wird und so oft wieder verwandt wird, bis es selbst zu einem Konzentrat wird.
Zu Suppen soll man nichts trinken. Flüssigkeit verdünnt nur den Suppengeschmack.
Immer, wenn es Suppe gibt, zwei bis drei Sorten Brot auf den Tisch.

Einfache Rinder-Bouillon

Vorbereitung der Zutaten: (für 3 1/2 l)
1 kg Querrippe
1 kg Ochsenbein (Mark kalt ausschaben)
1 kg Knochen
1 Bund Suppengrün, grob schneiden
2 Lorbeerblätter
1 große Zwiebel, grob würfeln
5 ganze Petersilienstengel
1 Zweig Liebstöckel
3 EL Salz
3 Bouillon-Würfel

1. In einem 10-Liter-Topf alle Zutaten mit 5 l kaltem Wasser bei Mittelhitze aufsetzen.

2. Während der ersten 30 Minuten mit dem Schaumlöffel sauberhalten, dann mit Deckel 1 1/2 Stunden bei kleiner Hitze kochen (evtl. noch Schaum abschöpfen). Das Ochsenbein danach herausnehmen.

3. Noch 1 1/2 Stunden ohne Deckel bei kleiner Hitze kochen lassen. Inhalt durch ein feines Sieb gießen.

4. Langsam abkühlen lassen, dann in den Kühlschrank stellen. Nach Hartwerden die Fettschicht entfernen. Wenn dafür keine Zeit vorhanden ist, vorsichtig mit der Suppenkelle in kreisender Bewegung das Fett abschöpfen.

Zubereitungszeit: 3–4 Stunden
Tip: Als Grundzutat frisch verwenden oder für späteren Gebrauch in 1-Liter-Gefäßen einfrieren. Kalbsbrühe entsteht nach dem gleichen Rezept, wenn statt der Zutaten vom Rind die gleiche Menge Kalbfleischabfälle und kleingehackte Kalbsknochen mit kaltem Wasser aufgesetzt werden.

Klare Kraftbrühe (Consommé)

Vorbereitung der Zutaten: (für 2 1/2 l)
1 Tasse grüne Lauchteile, grob hacken
1 Tasse grob gehackte Möhren
1/2 Tasse Sellerieblätter, grob gehackt
1/2 Tasse glatte Petersilienblätter und Stengel
300 g feste Tomaten, grob hacken
Eiweiß und fein zerstoßene Schalen von 5 Eiern
2 1/2 l einfache Rinder-Bouillon

1. Alle Zutaten außer der Brühe in einem 5-Liter-Topf gut vermengen, dann Brühe dazugießen und Topf auf starke Hitze stellen.

2. Unter Rühren zum Kochen bringen, dann auf kleiner Hitze unbedeckt 20 Minuten sieden lassen.

3. Den heißen Topfinhalt durch ein großes Sieb (mit feuchtem Passier-Tuch ausgelegt) laufen lassen, ohne zu rühren oder die Flüssigkeit stark zu bewegen. Was im Sieb bleibt, wegschütten. (Wenn der Topfinhalt schwer durchläuft, vorsichtig klopfen und schütteln, damit die Brühe klar bleibt).

Zubereitungszeit: 40 Minuten
Tip: Als Einlage eignen sich Markklößchen (Rezept Seite 348), Reis (Rezept Seite 354) oder feine vorgekochte Suppennudeln. Als Passier-Tuch eignen sich waschbare Kinderwindeln vorzüglich.

Doppelte Kraftbrühe (Consommé double)

Vorbereitung der Zutaten:
1 l klare Kraftbrühe (Consommé)
zusätzlich:
500 g Rinderhack (bei Rinderbrühe) oder
500 g Hühnerklein, sehr klein gehackt
(bei Hühnerbrühe)
Beilage: Frisches Weißbrot oder Brötchen

1. Fleisch im 5-Liter-Topf mit Brühe gut vermengen. Auf starke Hitze stellen.

2. Unter Rühren zum Kochen bringen, Hitze vermindern und unbedeckt 45 Minuten sieden lassen.

3. Topfinhalt heiß durch feuchtes Passier-Tuch im Küchensieb laufen lassen. Nicht zu stark bewegen. Klare Brühe noch einmal langsam heiß werden lassen. Nicht mehr kochen!

Zubereitungszeit: 60 Minuten
Tip: Zum Einfrieren geeignet (8–10 Monate haltbar).
Entfettet (siehe Glossar, Seite 452) läßt sich diese Consommé double auch eiskalt trinken oder in den Cocktail „Bull Shot" verwandeln:
5 Teile Consommé double, 2 Teile Wodka, etwas weißer Pfeffer, 3 Spritzer Tabasco und 3 Spritzer Worcestershiresauce. Gut schütteln und kalt servieren.

Hühner-Bouillon

Vorbereitung der Zutaten: (für 2 1/2 l)
1 Suppenhuhn (1 1/2 kg)
500 g Hühnerklein
1 große Zwiebel mit 1 Nelke gespickt
1 Lorbeerblatt
1 Bund Suppengrün, grob schneiden
1 Stange Staudensellerie mit Blättern, grob hacken
3 EL glatte Petersilie mit Stengeln, grob hacken
2 TL Salz

1. Huhn und Hühnerklein in einem großen Topf mit genügend kaltem Wasser bedecken (etwa 3 l) und bei Mittelhitze aufsetzen.

2. Langsam zum Sieden bringen und Schaum mit Schaumlöffel abschöpfen.

3. Nach 30 Minuten restliche Zutaten dazugeben, Wasser nachfüllen bis alles bedeckt ist. Bei kleiner Hitze 1 Stunde mit Deckel sieden lassen. Ab und zu nachsehen und bei Bedarf abschäumen.

4. Huhn herausnehmen, entbeinen; Fleisch für Frikassee oder Geflügelsalat in den Kühlschrank, Haut und Knochen wieder in den Topf geben und noch 1 Stunde ohne Deckel bei kleiner Hitze sieden lassen.

5. Alles durch ein feines Sieb geben oder durch ein feuchtes Passier-Tuch klären. Mit der Kelle entfetten oder abkühlen lassen, bis sich das Fett abheben läßt.

Zubereitungszeit: 3 Stunden
Tip: Einlage: gekochter Reis (Rezept Seite 354) oder Eierstich (Rezept Seite 90) mit feinsten Dosen-Erbsen oder feine Gemüsestreifen, etwa 5 Minuten in Salzwasser (1 l Wasser, 2 TL Salz, 1 TL Zucker) gegart.

Klare Entenbrühe

Vorbereitung der Zutaten:
1 l Entenfond, (siehe Tip) im Kühlschrank abgekühlt und entfettet
Salz
weißer Pfeffer aus der Mühle
Prise Zucker
etwa 1 Tasse Weißwein
je 1 TL glatte Petersilie, Dill, Kresse, Kerbel, Pimpinelle, Borretsch, Schnittlauch (mindestens 4 davon)

1. Entenfond und Wein in kleinem Topf bei kleiner Hitze 15 Minuten unbedeckt sieden lassen.

2. Kräuter dazugeben, mit Salz, Pfeffer, Zucker abschmecken.

Zubereitungszeit: 25 Minuten
Tip: Entenfond wird durch Auskochen der Karkasse (Knochen-Gerippe) mit 1 1/2 l Wasser und einem Bund Suppengrün, kleingehackt, hergestellt. Ohne Deckel kochen (etwa 1 Std.) und dabei auf 1 l reduzieren. Als Einlage Wachteleier und blättrig geschnittene Champignons oder Markklößchen (Rezept Seite 348).

Nierensuppe

Vorbereitung der Zutaten:
200 g Schweinenieren, aufgeschnitten, das Weiße herausschneiden, gut waschen und trocknen, salzen und in dünne Scheiben schneiden
1 Tasse Rotwein mit 1 gestrichenen EL Stärkemehl verrühren
400 g Kartoffeln, in 1 cm großen Würfeln
400 g Suppengrün, in 1 cm großen Würfeln
4 EL Butter
4 EL süße Sahne
3 EL glatte Petersilie, fein gehackt
1 1/2 l Wasser mit 2 EL gekörnter Brühe oder einfache Rinder-Bouillon (S. 42)
Prise Zucker
Salz
weißer Pfeffer aus der Mühle

1. 4 EL Butter in großem Topf zerlassen. Nieren, Kartoffeln und Gemüse bei großer Hitze offen unter Rühren 5 Minuten braten.

2. Mit Wasser und gekörnter Brühe (oder Bouillon) auffüllen und 1 Stunde teilweise bedeckt unter gelegentlichem Rühren bei kleiner Hitze kochen.

3. Mit Salz, Pfeffer und Zucker abschmecken. Stärkemehl-Rotwein dazugeben, ohne Deckel bei großer Hitze unter Rühren aufkochen. 4 EL Sahne zufügen. Mit Petersilie bestreut servieren.

Zubereitungszeit: 1 1/2 Stunden

Wildsuppe

Vorbereitung der Zutaten:
500 g Wildgulasch, in kleinen Würfeln
50 g Butter
50 g mageren Speck, fein würfeln
2 Möhren, fein würfeln
1 Knoblauchzehe, hacken
schwarzer Pfeffer
2 Lorbeerblätter
1 TL Thymian
1 EL gekörnte Brühe
1 l Fleisch- oder Wildbrühe
1/8 l Rotwein
3 EL Preiselbeeren
1/8 l süße Sahne
3 EL Calvados
2 EL glatte Petersilie, fein hacken

1. Gulasch, Zwiebeln, Knoblauch und Möhren in mittlerem Topf bei großer Hitze unter Rühren in Butter und Speck 5 Minuten anbräunen.

2. Lorbeerblätter, Thymian, Pfeffer dazugeben und mit Brühe löschen. Auf kleiner Flamme mit Deckel 1 Stunde kochen. Ab und zu rühren.

3. Rotwein, Preiselbeeren, Calvados, gekörnte Brühe und Sahne dazugeben. 10 Minuten offen bei kleiner Hitze köcheln, rühren. Nach Bedarf noch salzen. Mit Petersilie bestreut servieren.

Zubereitungszeit: 80 Minuten
Tip: Hält sich im Kühlschrank 4 Tage im Porzellangefäß, beim Einfrieren auf Vorrat 6 Monate. Sahne, Calvados und Petersilie erst nach dem Auftauen verwenden.

Brennesselsuppe

Vorbereitung der Zutaten:
40 g Butter
30 g Mehl
3/4 l einfache Rinder-Bouillon (Rezept Seite 42)
500 g junge Brennesseltriebe, 10 Minuten in Salzwasser kochen und durch ein Sieb streichen (oder Handmixer)
1 Eigelb
4 EL süße Sahne
geröstete Weißbrotwürfel
weißer Pfeffer aus der Mühle

1. Aus Butter und Mehl eine hellbraune Schwitze bereiten und mit der Bouillon aufgießen. Rühren und 10 Minuten leise kochen lassen.

2. Die pürierten Brennesseln dazugeben und weitere 5 Minuten mäßig kochen lassen.

3. Eigelb und Sahne einrühren, Suppe vom Herd nehmen. Die in Butter gerösteten Weißbrotwürfel auf die Teller streuen. Erst ganz zum Schluß etwas Pfeffer aus der Mühle darübergeben.

Zubereitungszeit: 25 Minuten

Kerbelsuppe

Vorbereitung der Zutaten: (für 6 Personen)
40 g Butter
1 mittlere Zwiebel, fein hacken
1 1/2 l einfache Rinder-Bouillon (Rezept Seite 42)
3 EL Mehl
1/2 Tasse Sahne mit 2 Eigelb verquirlen
1/2 Tasse Weißwein
250 g Kerbel, ohne Stiele, waschen, fein hacken
Prise Muskatnuß
weißer Pfeffer aus der Mühle
Salz

1. Zwiebeln in großem Topf bei kleiner Hitze in der Butter goldgelb (3 Minuten) anschwitzen, unter Rühren mit Mehl bestäuben und mit Bouillon löschen. Mit Schneebesen glattrühren.

2. Mit Deckel bei kleiner Hitze etwa 50 Minuten kochen. Ab und zu rühren. Falls notwendig, zeitweise ohne Deckel kochen, bis die Suppe eine leicht sahnige Konsistenz hat.
Den Wein die letzten drei Minuten mitkochen.

3. Kerbel zugeben und Sahne-Eigelb einrühren. Nicht mehr kochen. Mit Salz, Pfeffer und Muskat abschmecken.

Zubereitungszeit: 1 Stunde

Tip: Die Suppe läßt sich ohne Fleischbrühe, Sahne, Eier und Wein als Fastenspeise verwenden – mit Wasser und 1 EL Pflanzenfett statt der Butter. Oder den gewaschenen, verlesenen Kerbel ganz mitkochen und die Suppe im Mixer pürieren, damit sie je nach Geschmack cremiger wird. Im Kühlschrank ist Kerbelsuppe im Porzellangefäß zwei Tage haltbar. Danach nur heiß werden lassen.
Nicht wieder kochen!

Sauerampfersuppe mit verlorenen Eiern

Vorbereitung der Zutaten:
500 g Sauerampfer, verlesen, waschen, abtropfen, fein hacken
1 l Bouillon (von Rind, Kalb oder Huhn)
1 Tasse saure Sahne mit 2 Eigelb verquirlt
50 g Butter
2 gehäufte EL Mehl
1 EL Liebstöckel, hacken
1 mittlere Zwiebel, fein würfeln
Salz
weißer Pfeffer aus der Mühle
Prise Muskatnuß
Zucker
1 TL Zitronensaft
4 Eier als Einlage

1. Zwiebelwürfel in mittlerem Topf bei Mittelhitze unter Rühren 3 Minuten in Butter glasig anschwitzen.

2. Mit Mehl bestäuben, mit dem Schneebesen rühren und dabei Bouillon auffüllen. Aufkochen lassen. Glattrühren.

3. Sauerampfer und Liebstöckel dazugeben und auf kleiner Hitze 15 Minuten offen kochen lassen. Rühren.

4. Die Eier in kochendes Essig-Salzwasser schlagen und 3 Minuten sieden (siehe Rezept Seite 102). In Suppenteller oder Tassen legen.

5. Suppe vom Feuer nehmen, Ei-Sahne einrühren. Mit Salz, Pfeffer, Prise Zucker, Prise Muskat und Zitronensaft abschmecken. Über die verlorenen Eier gießen.

Zubereitungszeit: 40 Minuten

Tip: Statt der Eier geröstete Brotwürfel als Einlage oder gewürfeltes Suppenfleisch (etwa 500 g), wenn man daraus gerade Bouillon hergestellt hat und ein Teil des Fleisches nicht ganz ausgekocht wurde. Im Kühlschrank 24 Stunden im Porzellangefäß haltbar. Beim zweiten Mal nicht aufkochen!

Gurkensuppe

Vorbereitung der Zutaten:
1 normal große Salatgurke
etwa 1/2 l Wasser
20 g Butter
1 EL Mehl
1 EL gekörnte Brühe
125 g mittelalter geriebener Gouda
2 EL Dill
1 TL Kerbel
Zucker
Salz
weißer Pfeffer aus der Mühle

1. Gurke von der Blüte zum Stiel hin schälen, längs halbieren und Kerne mit dem Löffel herausheben.

2. Gurke in Stücke schneiden und mit Handmixer pürieren. Das Püree mit Wasser auf 1 l Gesamtmenge auffüllen.

3. Butter bei kleiner Hitze zerlassen, Mehl mit dem Schneebesen einrühren und eine helle Schwitze herstellen. Mit dem Gurkenmix ablöschen, die gekörnte Bouillon zugeben und 5 Minuten kochen lassen. Rühren.

4. Geriebenen Gouda darunterrühren, mit den Gewürzen, den kleingeschnittenen Kräutern und Zucker abschmecken. Sofort servieren.

Zubereitungszeit: 25 Minuten
Tip: Statt Gouda je nach Geschmack andere feste Schnittkäse-Sorten nehmen.
Keinen Parmesan.

Kürbissuppe

Vorbereitung der Zutaten:
800 g Kürbisfleisch (ohne Schale, ohne Kerne), grob würfeln
1 Tasse einfache Rinder-Bouillon (Rezept Seite 42) oder 1 Brühwürfel mit Wasser
1 EL Zucker
1/2 l Milch
1/8 l süße Sahne, mit 4 Eigelb verquirlen
2 EL glatte Petersilie, hacken
1 Prise Muskatnuß
Salz
schwarzer Pfeffer aus der Mühle

1. Kürbisfleisch mit 1 Tasse Bouillon und 1 EL Zucker30 Minuten bei kleiner Hitze bedeckt garen. Ab und zu rühren.

2. Mit der Milch zusammen im Mixer pürieren. Nochmals unter Rühren ohne Deckel aufkochen (5 Minuten).

3. Vom Feuer nehmen, Sahne-Eigelb vermischen und unterrühren. Mit Salz, Pfeffer, Zucker und Muskat abschmecken. Mit Petersilie bestreuen (nicht mehr kochen).

Zubereitungszeit: 50 Minuten
Tip: Geröstete Weißbrotwürfel dazugeben.

Lauchsuppe

Vorbereitung der Zutaten:
4 große Stangen Lauch, waschen und bis zum Dunkelgrün in kleine Ringe schneiden
1 Petersilienwurzel, fein würfeln
1/2 l einfache Rinder-Bouillon (Rezept Seite 42)
1/4 l süße Sahne
Salz
weißer Pfeffer aus der Mühle
1 Prise Muskatnuß
2 EL Schnittlauch, fein schneiden

1. Rinder-Bouillon in einem 2-Liter-Topf mit Lauch und Petersilienwurzel kurz aufkochen und bei kleiner Hitze 1/2 Stunde bedeckt köcheln lassen, bis der Lauch sehr weich ist. Zwischendurch rühren und 1–2 Tassen Wasser dazugießen.

2. Alles durch ein feines Sieb streichen oder im Mixer pürieren.

3. Sahne, Salz, Pfeffer dazugeben, etwas Muskatnuß darüberreiben, noch einmal erhitzen und mit dem Schnittlauch bestreuen.

Zubereitungszeit: 45 Minuten
Tip: Läßt sich eingefroren 4 Wochen aufheben. Beim Auftauen auf dem Herd 2 Tassen Wasser zugeben.

Chinakohlsuppe

Vorbereitung der Zutaten:
1 kleiner Chinakohl (etwa 500 g), putzen, in feine Streifen schneiden
1 l Hühner-Bouillon (Rezept Seite 43)
1 Knoblauchzehe in wenig Salz zerdrücken
Brust von 1 Huhn, 10 Minuten in kochendem Wasser garen, vom Knochen lösen, in schmale Streifen schneiden, salzen, in 1 EL Mehl wenden
3 EL Soyasauce
2 EL Öl
1 mittelgroße Zwiebel, fein hacken
100 g ausgelöste Krabben
Salz
schwarzer Pfeffer aus der Mühle
Zucker

1. Öl in einem 3-Liter-Topf erhitzen und Hühnerstreifen bei großer Hitze unter Rühren 3 Minuten hell anbraten.

2. Soyasauce, Knoblauch, Zwiebel und Chinakohlstreifen zugeben. Unter Rühren bei Mittelhitze 5 Minuten dünsten.

3. Bouillon zugießen, einmal aufkochen und zugedeckt bei kleiner Hitze 10 Minuten sieden.

4. Krabben zugeben, 3 Minuten erhitzen und mit Salz, Pfeffer, Zucker abschmecken.

Zubereitungszeit: 1 Stunde

Blumenkohlsuppe

Vorbereitung der Zutaten:
1 Blumenkohl (400–500 g), von allen grünen Teilen befreien
3/4 l einfache Rinder-Bouillon (Rezept Seite 42)
Prise Muskatnuß
weißer Pfeffer aus der Mühle
Salz
3 EL Essig
2 TL Butter

1. Blumenkohl in passendem Topf mit Wasser bedecken, 3 EL Essig und 1 EL Salz dazugeben und zugedeckt bei Mittelhitze 15 Minuten kochen. Herausnehmen und im Durchschlag abtropfen lassen, mit kaltem Wasser kurz abspülen. Kochwasser weggießen.

2. Den Blumenkohl in kleine Röschen zerteilen. Währenddessen Fleischbrühe zum Sieden bringen. Röschen dazugeben und offen solange kochen, bis sie weich sind.

3. Mit weißem Pfeffer, frisch geriebener Muskatnuß und Salz abschmecken. Topf vom Feuer nehmen und mit dem Holzlöffel 2 TL kalte Butter einrühren.
Zubereitungszeit: 25 Minuten

Blumenkohlsuppe mit Krabben

Vorbereitung der Zutaten:
1 Blumenkohl (750 g), von allem Grün befreit
500 g Kalbsknochen
1 Tasse süße Sahne
100 g Nordseekrabbenfleisch
3 hartgekochte Eier, grob gehackt
1 Bund Schnittlauch, fein geschnitten
1 TL Zucker
2 TL Zitronensaft
Salz
weißer Pfeffer
Prise Cayennepfeffer

1. Kalbsknochen in 1 1/2 l Salzwasser eine Stunde auskochen. Brühe durchsieben.

2. Vorbereiteten Blumenkohl 25 Minuten in der Brühe kochen, herausheben. Blumenkohl halbieren, eine Hälfte im Mixer pürieren, die andere Hälfte in Röschen teilen.

3. Kohlpüree in die Brühe geben, aufkochen lassen. Abschmecken mit Salz, Zucker, Pfeffer, Cayennepfeffer, Zitronensaft. Sahne dazugeben und mit Deckel 5 Minuten kochen lassen.

4. Blumenkohl-Röschen, Krabbenfleisch und grob gehackte Eier einrühren, kurz in der Suppe erwärmen und vor dem Servieren mit fein geschnittenem Schnittlauch bestreuen.
Zubereitungszeit: 40 Minuten

Selleriesuppe

Vorbereitung der Zutaten:
1 Knolle Sellerie (etwa 500 g)
schälen, waschen, in 1 cm große Würfel schneiden
1/2 l Hühner-Bouillon, entfettet (Rezept Seite 43)
2 EL glatte Petersilie, fein hacken
1/4 l süße Sahne
Muskatblüte
Salz
weißer Pfeffer aus der Mühle

1. Hühner-Boullion und Selleriewürfel in einem 2-Liter-Topf kurz aufkochen und bei kleiner Hitze bedeckt 3/4 Stunde köcheln lassen, bis der Sellerie sehr weich ist. Zwischendurch rühren und 1–2 Tassen Wasser zugießen.

2. Topfinhalt durch ein feines Sieb streichen oder im Mixer pürieren.

3. Sahne hinzugeben, mit Salz, Pfeffer und einer Messerspitze Muskatblüte abschmecken. Noch einmal erhitzen und mit der Petersilie bestreuen.

Zubereitungszeit: 1 Stunde
Tip: Läßt sich für 4 Wochen einfrieren. Beim Auftauen nach Stufe 3 eine Tasse Wasser und frische Petersilie dazugeben.

Karottensuppe

Vorbereitung der Zutaten:
30 g Butter
500 g Möhren in 1 cm große Würfel schneiden
1 mittelgroße Zwiebel, würfeln
1 EL Estragonblätter, hacken
1 Bund glatte Petersilie, fein hacken
1 l Rinder- oder Hühnerbouillon (Rezept Seite 42/43)
100 g Reis
1/4 l süße Sahne
3 Weißbrotscheiben, ohne Rinde, in kleinen Würfeln
50 g Butter
5 EL Öl oder Pflanzenfett
1 Prise Zucker
1 Prise Salz
1 Prise Muskatnuß

1. In einer Kasserolle mit dickem Boden 30 g Butter bei kleiner Hitze schmelzen. Möhren, Zwiebeln, Salz und Zucker beigeben, rühren. Zugedeckt 5–7 Minuten sacht dünsten lassen, bis die Butter vom Gemüse aufgesaugt ist.

2. Brühe, Reis und Estragon zugeben, zum Kochen bringen, zugedeckt 30 Minuten sacht kochen.

3. Brotwürfel in restlicher Butter und Öl 5 Minuten bei Mittelhitze unter Rühren in der Pfanne von allen Seiten goldbraun rösten, vorsichtig salzen, auf Küchenkrepp abtropfen lassen und warmstellen.

4. Suppe durch ein Sieb laufen lassen und Karotten mit dem Löffel herausnehmen. Mit Handmixer pürieren oder durch ein Sieb streichen, wieder in die Kasserolle geben, nur eben zum Kochen bringen.

5. Nun die Sahne einrühren, sanft zum Kochen bringen und mit Salz, Pfeffer, Zucker und Muskat abschmecken. Die Brotwürfel auf dem Teller in die Suppe geben und mit Petersilie bestreuen.

Zubereitungszeit: 1 Stunde
Tip: Hält sich im Porzellangefäß 2 Tage im Kühlschrank.

Tomatensuppe

Vorbereitung der Zutaten:
6 große, reife Fleischtomaten
1/2 l kräftige Rinder-Bouillon (Rezept Seite 42)
2 EL Tomatenmark
1 Knoblauchzehe, mit Salz zerdrücken oder durch die Presse drücken
1/2 TL Thymian
1/2 TL Oregano
2 EL Gin
1 TL Zucker
Salz
weißer Pfeffer aus der Mühle

1. Tomaten zerschneiden und im Mixer pürieren.

2. In den Topf geben und mit Fleischbrühe auffüllen. Tomatenmark, Knoblauchmus, Thymian und Oregano dazugeben und mit Deckel bei kleiner Hitze etwa 20 Minuten köcheln lassen.

3. Alles durch ein feines Sieb passieren.

4. Salz, Pfeffer, Gin, Zucker dazugeben und noch einmal ganz kurz aufkochen lassen.

Zubereitungszeit: 40 Minuten
Tip: Für die Suppe kann man Fleischbrühe aus Würfeln oder gekörnter Brühe verwenden. Läßt sich für 6 Monate einfrieren.

Zwiebelsuppe

Vorbereitung der Zutaten:
600 g Zwiebeln, halbieren, in dünne Scheiben schneiden
2 Eigelb, mit 1/8 l Sahne verquirlt
1/8 l Weißwein
3/4 l einfache Rinder-Bouillon (Rezept Seite 42) (oder Hühner-Bouillon)
2 Knoblauchzehen, zerdrückt
50 g Butter
1 TL Thymian
Salz
schwarzer Pfeffer
100 g Gouda, reiben (oder andere, leicht schmelzende Käse)
4 Weißbrotscheiben

1. Butter in mittelgroßem Topf erhitzen und Zwiebeln unter Rühren bei Mittelhitze etwa 8 Minuten offen goldgelb bis hellbraun weichdünsten.

2. Mit Wein und Brühe ablöschen, Knoblauch, Thymian, Salz und Pfeffer dazugeben. Mindestens 15 Minuten bei kleiner Hitze bedeckt köcheln. Ab und zu rühren. Backofen vorheizen.

3. Im Grill oder Backofen 4 mit geriebenem Gouda belegte Weißbrotscheiben etwa 5–8 Minuten überbacken.

4. Suppe vom Feuer nehmen, Sahne-Eigelb vermischen und einrühren, nochmals abschmecken. Brotscheiben auf Teller geben (bei Bedarf Kruste abschneiden), mit der Suppe übergießen.

Zubereitungszeit: 45 Minuten
Tip: Mitternachtssuppe

Pürierte Kartoffelsuppe

Vorbereitung der Zutaten:
3 mittlere Zwiebeln, in Scheiben schneiden oder würfeln
50 g Butter
1 1/2 l Brühe von gut ausgekochten Räucherspeckschwarten
1 Stange Porree, waschen, schneiden
2 Möhren, waschen und würfeln (etwa 1 cm)
1 kg Kartoffeln, waschen und würfeln (etwa 1 cm)
1 Lorbeerblatt
2 TL Majoran
Salz
schwarzer Pfeffer aus der Mühle
1 Prise Muskatnuß
glatte Petersilie, hacken
Beilage: 1 Paar Frankfurter, Krakauer oder Kochwürste pro Person

1. Zwiebeln 5 Minuten bei Mittelhitze unter Rühren in Butter dünsten.

2. Mit Brühe auffüllen. Porree, Möhren, Kartoffeln, Majoran und Lorbeerblatt zufügen. 90 Minuten bedeckt bei kleiner Hitze garkochen lassen. Ab und zu rühren.

3. Durch ein Sieb streichen oder im Mixer pürieren (Lorbeer vorher herausnehmen). Mit Salz, Pfeffer, Muskat und Petersilie nach Geschmack würzen.

Zubereitungszeit: 130 Minuten

Spargelsuppe

Vorbereitung der Zutaten:
1 kg Spargel, schälen und wieder bündeln
1 l entfettete Rinder- oder Hühner-Bouillon (Rezept Seite 42/43)
1/4 l Weißwein
1/4 l Wasser
1 EL Butter
2 EL Zucker
2 Eigelb
6 EL Milch
1 Bund glatte Petersilie, fein hacken
Salz
weißer Pfeffer aus der Mühle
1 Messerspitze Muskatblüte

1. Aus den Spargelschalen ein Bett in einem kleinen Bräter machen. Darauf den zusammengebundenen Spargel legen und mit der Bouillon, dem Wasser, Weißwein, Butter, Salz und Zucker überdecken und zum Kochen bringen: Je nach Spargelqualität bis zum Garpunkt 20–30 Minuten.

2. Spargel herausnehmen. Schalen herausnehmen und wegwerfen. Spargelstangen auf einem Brett in 1 cm lange Stücke schneiden. Sud ohne Deckel weiterkochen lassen.

3. Die zwei Eigelb mit 6 EL Milch glattrühren. 1 Messerspitze Muskatblüte zufügen.

4. Den geschnittenen Spargel in den Topf zurückgeben, noch einmal aufkochen lassen und vom Feuer nehmen.

5. Eigelb und Petersilie einrühren. Pfeffern. Nicht mehr aufkochen lassen. Sofort servieren.

Zubereitungszeit: 35 Minuten
Tip: Will man die Suppe einfrieren (12 Wochen haltbar), Eigelb und Petersilie erst nach dem Auftauen hinzufügen.

Legierte Spargelsuppe mit Nordseekrabben

Vorbereitung der Zutaten:
500 g Stangenspargel, waschen, schälen, wieder bündeln (Abschnitte und Schalen dazugeben und mitkochen)
1 l einfache Rinder-Bouillon (Rezept Seite 42)
40 g Butter
3 EL Mehl
Salz
Prise Zucker
weißer Pfeffer aus der Mühle
2 EL Zitronensaft
5 EL Weißwein
5 EL süße Sahne
150 g Nordseekrabbenfleisch
2 EL gehackte glatte Petersilie

1. Spargelstangen in 1 l Bouillon etwa 20 Minuten mit Deckel bei kleiner Hitze gar kochen. Zum Abtropfen durch ein Sieb gießen, Spargelbrühe auffangen. Abschnitte und Schalen wegwerfen, Spargel mundgerecht zerkleinern.

2. Aus der zerlassenen Butter und mit dem Mehl eine goldgelbe Mehlschwitze rühren, mit Spargelbrühe löschen und unter ständigem Rühren auffüllen. Alles zehn Minuten lang gut durchkochen lassen.

3. Mit Salz und wenig Zitronensaft abschmecken. Mit 5 EL Weißwein und 5 EL Sahne verfeinern. Mit Zucker und Pfeffer abschmecken. Spargelstücke in der Suppe gut durchwärmen.

4. Nordseekrabben erst ganz zum Schluß in die Suppe geben und nur wenig erwärmen. Beim Servieren mit gehackter Petersilie bestreuen.

Zubereitungszeit: 40 Minuten
Tip: Hält sich 2 Tage im Kühlschrank. Dann langsam erhitzen, nicht kochen. Mit frischem Weißbrot servieren.

Krabbensuppe

Vorbereitung der Zutaten: (für 5–6 Personen)
300 g große gekochte Krabben (ohne Schale) oder 300 g Nordseekrabben
4 EL Butter
2 EL Mehl
1 große Zwiebel, fein würfeln
2 Möhren, fein würfeln
2 Lauchstangen, weiß und hellgrün, fein schneiden
1 1/2 l Fischbrühe (Rezept Seite 452)
4 EL Zitronensaft
1/4 l Weißwein
1/4 l süße Sahne
4 Eigelb mit 1 EL Sahne und 1TL Cognac verquirlen
4 EL Dill, zupfen
Salz
1 Prise Cayennepfeffer

1. Gemüsewürfel in der Butter in mittelgroßem Topf bei Mittelhitze unter Rühren 5 Minuten glasig anschwitzen.

2. Unter Rühren mit Mehl bestäuben und mit Fischfond löschen. Einmal aufkochen.

3. Bei kleiner Hitze offen 25 Minuten köcheln. Ab und zu rühren.

4. Zitronensaft, Krabben, Wein und Sahne dazugeben. 5 Minuten offen bei kleiner Hitze unter Rühren kochen.

5. Vom Feuer nehmen, die Eier-Cognac-Sahne mit dem Schneebesen einrühren, mit Salz und Cayennepfeffer abschmecken. Mit Dill bestreut servieren.

Zubereitungszeit: 50 Minuten
Tip: Bei jedem Kochfisch den Fischfond einfrieren und für diese Suppe auftauen. Nordseekrabben erst in die Suppe geben, wenn sie nicht mehr kocht.

Büsumer Krabbensuppe

Vorbereitung der Zutaten:
300 g Krabben, frisch ausgepult, Schalen aufheben
1 große Zwiebel, fein hacken
3 EL Butter
1/4 l Crème fraîche
1 Glas Weißwein
1 EL Cognac
2 Eigelb, verquirlen
3 EL weiche Butter mit 2 EL Mehl gut verkneten
2 EL Schnittlauch, sehr fein schneiden
2 EL Dill, zupfen
1 Spritzer Worcestershiresauce
2 EL Weißwein
Salz
weißer Pfeffer aus der Mühle
Beilage: Meterbrot

1. 3 EL Butter im Topf zerlassen und Zwiebel darin unter Rühren bei Mittelhitze 3 Minuten glasig anschwitzen. Krabbenschalen dazugeben und noch 2 Minuten weiterkochen.

2. Mit Weißwein und 1/2 l Wasser löschen und mit Deckel bei kleiner Hitze 20 Minuten köcheln. Ab und zu rühren. Dann im Mixer pürieren und durch ein feines Sieb passieren.

3. Mehl-Butter-Mischung in mittlerem Topf unter Rühren bei kleinster Hitze zergehen lassen und mit Cognac und 1 Tasse Wasser auffüllen.

4. Die durchpassierte Flüssigkeit und Crème fraîche dazugeben und noch einmal bei Mittelhitze unter Rühren aufkochen.

5. Vom Herd nehmen, Eigelb einrühren, Krabbenfleisch, Dill, Schnittlauch dazugeben. Mit Salz, Pfeffer, Worcestershiresauce und 2 EL Wein abschmecken.

Zubereitungszeit: 50 Minuten

Holsteinische Gerstensuppe

Vorbereitung der Zutaten:
200 g Gerstengrütze
1 l einfache Rinder-Bouillon (Rezept Seite 42)
80 g Butter
2 mittlere Zwiebeln, reiben
1 Bund Petersilie, hacken
1/4 l Sahne mit 2 Eigelb verquirlen
1 Blumenkohl (500–700 g), putzen, waschen
1 Prise Muskatnuß
Salz
weißer Pfeffer aus der Mühle

1. Gerstengrütze in mittlerem Topf in der Butter unter Rühren 3 Minuten bei Mittelhitze anrösten.

2. Mit Bouillon löschen und bei kleiner Hitze etwa 45 Minuten bedeckt gar ziehen lassen. Ab und zu rühren. Zwiebel in den letzten 10 Minuten dazugeben.

3. Inzwischen den geputzten Blumenkohl in reichlich kochendem Salzwasser etwa 15 Minuten bei Mittelhitze garen. Abtropfen lassen. 2 Tassen Blumenkohl-Wasser aufheben. Blumenkohl in Röschen zerteilen und in die Suppe legen. 5 Minuten köcheln.

4. Eiersahne, Petersilie in die Suppe geben, 2 Tassen Blumenkohl-Wasser zugießen und mit Salz, Pfeffer und Muskat abschmecken.

Zubereitungszeit: 60 Minuten
Tip: Hält sich 4 Tage im Kühlschrank. 1–2 Tassen Fleischbrühe dazugeben, da die Suppe nachdickt.

SPARGELSUPPE
SEITE 52

THÜRINGER PILZSUPPE
SEITE 61

FLIEDERBEERSUPPE MIT KLÜTEN
SEITE 62

GELIERTE KRAFTBRÜHE (KALT) MIT GEMÜSESTREIFEN
SEITE 63

Semmelsuppe

Vorbereitung der Zutaten: (für 6 Personen)
1 kg Rindfleisch (Brust)
500 g Knochen
1 Bund Suppengrün (auch Petersilienstengel dazu), waschen und grob schneiden
1 große Zwiebel, grob schneiden
500 g Möhren, grob schneiden
2 EL Salz
5 Pfefferkörner
1 Lorbeerblatt
4 Brötchen, in dünnen Scheiben, ohne Kruste
70 g Butter
Liebstöckel (einige Blätter), fein schneiden
1 TL Zimtpulver

1. Knochen und Fleisch in mittelgroßem Topf mit 3 l kaltem Wasser und 2 EL Salz aufsetzen und bei Mittelhitze langsam zum Kochen bringen. Abschäumen (30 Minuten).

2. Wenn das Wasser kocht, auf kleine Hitze stellen und noch weitere 20 Minuten lang abschäumen. Gemüse, Pfefferkörner und Lorbeer dazugeben und mit Deckel bei kleiner Hitze etwa 1 1/2 bis 2 Stunden kochen. Ab und zu nachsehen, rühren, bei Bedarf abschäumen.

3. Wenn das Fleisch weich ist, herausnehmen. Die Suppe durchs feine Sieb passieren.

4. Butter in einer kleinen Pfanne oder Topf bei kleiner Hitze bräunen, rühren (7 Minuten). Prise Salz und Liebstöckel zum Schluß in die Butter geben.

5. Brötchenscheiben auf Tellern oder in einer Suppenschüssel leicht mit brauner Butter übergießen und sehr dünn mit Zimt bestreuen.

6. Die Brötchen mit reichlich Brühe begießen.

Zubereitungszeit: etwa 2 1/2 Stunden
Tip: Restliche Brühe einfrieren.
Das Fleisch kann mit Meerrettich-, Rezept Seite 328 oder grüner Sauce, Rezept Seite 320 kalt oder warm gegessen werden.

Flädlesuppe

Vorbereitung der Zutaten:
3 Eier
200 g Mehl
reichlich 1/4 l Milch, erwärmt
Salz
weißer Pfeffer (1 Drehung aus der Mühle)
1 Prise Muskatnuß
2 EL Butterschmalz
1 l klare Kraftbrühe (Rezept Seite 42)
2 EL Schnittlauchröllchen oder fein gehackte Petersilie
1 Schuß Weißwein

1. In die warme Milch Mehl einrühren, leicht salzen. 15 Minuten stehen lassen. Dann Eier aufschlagen, einrühren und mit Schneebesen gründlich durcharbeiten.

2. In großer Pfanne bei großer Hitze nacheinander mit je 2 TL Butterschmalz dünne, krosse Pfannkuchen von beiden Seiten backen (pro Stück etwa 5 Minuten).

3. Pfannkuchen heiß aufrollen, abkühlen lassen und in sehr dünne Streifen schneiden. Kraftbrühe erhitzen, mit Salz, Pfeffer Muskatnuß und Wein abschmecken. Flädle in die Teller geben, mit Brühe auffüllen, mit Schnittlauch oder Petersilie bestreut servieren.

Zubereitungszeit: 35 Minuten

Fränkische Morchelsuppe

Vorbereitung der Zutaten:
1/4 l Frankenwein (Silvaner)
40 g getrocknete Morcheln, 1/2 Stunde in warmem Wasser einweichen, mehrmals ausdrücken und abspülen, in Ringe schneiden
1 l Kalbsbouillon (Rezept Seite 42)
1/2 l Sahne
4 Eigelb mit 4 EL Sahne verrühren
Salz
weißer Pfeffer aus der Mühle

1. Bouillon in einem mittelgroßen Topf zum Kochen bringen, Morchelringe zugeben und 25 Minuten offen bei kleiner Hitze unter Rühren einkochen lassen.

2. Sahne zugeben und noch 20 Minuten einkochen lassen. Weiter rühren. Zum Schluß den Wein zugießen und ohne Deckel die letzten 5 Minuten mitköcheln lassen.

3. Die vier Eigelb einrühren und mit Salz und Pfeffer abschmecken.

Zubereitungszeit: 60 Minuten

Steinpilzsuppe

Vorbereitung der Zutaten:
300 g frische Steinpilze (oder aus der Dose), waschen, blättrig schneiden
30 g Butter
1 EL Mehl
1 mittelgroße Zwiebel, sehr fein hacken
1 l klare Kraftbrühe (Rezept Seite 42)
1/2 TL Rosmarin
1/8 l Sahne
2 EL glatte Petersilie, fein hacken
1/4 Tasse Weißwein
Salz
weißer Pfeffer aus der Mühle
1 Prise Muskatnuß

1. Pilze und Zwiebel mit Butter in mittlerem Topf unter Rühren bei kleiner Hitze 3 Minuten anschmoren.

2. Mit Mehl bestäuben, rühren, mit Brühe löschen, aufkochen. Rosmarin zufügen.

3. Bei kleiner Hitze etwa 15 Minuten offen köcheln lassen. Ab und zu rühren.

4. Sahne und Weißwein dazugießen, aufkochen lassen. Mit Salz, Pfeffer und Muskat abschmecken. Noch 3 Minuten leise köcheln. Petersilie einrühren. Sofort servieren.

Zubereitungszeit: 40 Minuten
Tip: Zum Bestäuben das Mehl in kleines Küchensieb geben und durch Rütteln oder Klopfen gleichmäßig über die Pilze streuen.

Pilzsuppe mit Grünkernen

Vorbereitung der Zutaten:
1 l einfache Rinder- oder Hühner-Bouillon (Rezept Seite 42/43)
2 mittlere Zwiebeln, fein hacken
60 g Grünkernmehl
450 g Mischpilze (Champignons, Steinpilze, Pfifferlinge, Maronen)
Frische Pilze: gut putzen, möglichst nicht waschen, sonst gründlich abtropfen lassen, kleinschneiden
Aus der Dose: abspülen, abtropfen
2 Eigelbe mit 1/8 l Sahne verquirlen
2 EL Petersilie, hacken
Salz
weißer Pfeffer aus der Mühle

1. Bouillon, Zwiebeln und Grünkernmehl in kleinem Topf aufkochen und mit Deckel bei kleiner Hitze 50 Minuten unter gelegentlichem Rühren kochen.

2. Pilze dazugeben und unter gelegentlichem Rühren bei kleiner Hitze mit Deckel 20 Minuten kochen.

3. Vom Feuer nehmen. Eiersahne und Petersilie einrühren und mit Salz und Pfeffer abschmecken.

Zubereitungszeit: 80 Minuten

Thüringer Pilzsuppe

Vorbereitung der Zutaten:
500–700 g Waldpilze (Maronen, Butterpilze, Steinpilze, Birkenpilze, Pfifferlinge, Parasol und viele andere sind geeignet), eventuell waschen, sonst nur putzen, blättrig schneiden
300 g Kartoffeln, schälen, klein würfeln
80 g durchwachsener Speck, fein würfeln
1 mittelgroße Zwiebel, fein würfeln
1 EL Butter
1 Tasse Brühe aus gekörnter Bouillon
1 kl. Zweig Rosmarin oder Fichtennadel
1 EL Mehl
1/8 l süße Sahne
1 Bund glatte Petersilie, fein hacken
Salz
weißer Pfeffer aus der Mühle
1 Schuß Weißwein

1. Im emaillierten Topf (auch Keramik oder Glas) Speck und Zwiebel in der Butter langsam anbraten.

2. Das Rosmarin- oder Fichtenzweiglein dazulegen und die abgetropften Pilze etwa 3 Minuten im Topf schwenken (mit Holzlöffel rühren!).

3. Brühe dazugießen, Kartoffeln hineingeben und zugedeckt 15 Minuten bei mäßiger Hitze köcheln.

4. Mehl mit der Sahne glattrühren und in die Suppe gießen. Umrühren. Nochmals aufkochen lassen. Jetzt die Petersilie dazugeben und unmittelbar danach den Schuß Weißwein.

5. Vom Feuer nehmen und mit Salz und Pfeffer abschmecken.

Zubereitungszeit: 35 Minuten
Tip: Die Suppe in feuerfeste Tassen füllen, eine Scheibe Weißbrot ohne Rinde darauf und dick mit geriebenem Käse bestreuen. Obenauf Butterflöckchen. Bei 250 Grad 10–12 Minuten gratinieren.
Getränk: Herber, trockener Weißwein

Sauerkrautsuppe

Vorbereitung der Zutaten:
500 g Sauerkraut
3 EL Schweineschmalz
2 mittelgroße Zwiebeln, in feine Ringe schneiden
1 Lorbeerblatt
10 schwarze Pfefferkörner
1 Knoblauchzehe, zerdrücken
1/2 TL Kümmelpulver
1 TL getrockneter Thymian
6 EL Rote Bete mit Saft im Mixer pürieren
2 TL Zucker
2 EL Butter
3 EL Mehl
3/4 l klare Instant-Brühe
1 Becher saure Sahne verrühren mit
1 TL getrocknetem Dill

1. Schmalz im Schmortopf zerlassen. Sauerkraut, Zwiebeln, Lorbeer, Pfefferkörner, Kümmel, Zucker, Thymian dazugeben. Mit 2 Tassen Wasser übergießen und zugedeckt bei Mittelhitze 20 Minuten kochen.

2. Inzwischen Butter in der Pfanne zerlassen. Mehl einstreuen und unter Rühren hellgelb werden lassen. Mit etwas Brühe langsam ablöschen, dabei kräftig mit dem Schneebesen rühren. Bei kleiner Hitze 10 Minuten sämig köcheln lassen.

3. Restliche Brühe zum Sauerkraut gießen. Knoblauch und Rote Bete-Püree dazugeben und Mehlschwitze einrühren. Noch 10 Minuten köcheln lassen. Falls nötig noch salzen.

4. Auf jede Portion im Teller 1–2 EL saure Sahne geben.

Zubereitungszeit: 40 Minuten

Fliederbeersuppe mit Klüten

Vorbereitung der Zutaten:
1 l Fliederbeersaft
Saft und abgeriebene Schale einer ungespritzten Zitrone
1 Stange Zimt
80 g Zucker
1 EL Speisestärke mit etwas Wasser anrühren
3 Nelken
3 Äpfel, schälen, entkernen, vierteln, in dünne Scheiben schneiden
Salz
80 g Grieß
40 g Butter
2 Eier

1. Fliederbeersaft mit Nelken, Zimt und Zitronenschale aufkochen und mit Deckel 10 Minuten ziehen lassen. Durchsieben.

2. Vom Feuer nehmen, Stärke mit Schneebesen einrühren und dabei aufkochen.

3. Apfelscheiben mit Zucker, Zitronensaft und 1/8 l Wasser aufkochen und 5 Minuten bei kleiner Hitze ziehen lassen. Vom Feuer nehmen.

4. Für die Klüten 1/4 l Wasser mit Salz und Butter aufkochen, Grieß zugeben, bei kleiner Hitze rühren, bis sich der Teig vom Boden löst und sich ein Belag auf dem Topfboden bildet (etwa 3 Minuten). Topf vom Feuer nehmen und die mit der Gabel im Teller aufgeschlagenen Eier einrühren.

5. In einem mittleren Topf etwa 2 l Salzwasser zum Kochen bringen und mit einem nassen Eßlöffel Klöße abstechen. Im leise siedenden Wasser etwa 15–20 Minuten bei kleiner Hitze ziehen lassen. Zum Abtropfen mit dem Schaumlöffel herausnehmen.

6. Fliederbeersuppe mit den Äpfeln vermischen. Noch einmal aufkochen lassen.

Zubereitungszeit: 50 Minuten
Tip: Die Grießklöße getrennt servieren. Ohne Klöße und kalt ist Fliederbeersuppe eine schmackhafte Erfrischung. Man kann sie einfrieren und 4–5 Monate aufbewahren.

Gelierte Kraftbrühe (kalt) mit Gemüsestreifen

Vorbereitung der Zutaten:
2 l doppelte Kraftbrühe (Rezept Seite 43)
2 mittelgroße Tomaten, abbrühen, häuten, entkernen, würfeln
300 g Hackfleisch (gemischt 1/2 Schwein, 1/2 Rind)
1 Kalbsfuß, in 4 Teile gesägt (oder weiße Gelatine)
1/2 grüne Paprikaschote, in sehr dünne Streifen schneiden
1 Möhre, in sehr dünne Streifen schneiden
2 Stangen Lauch, in dünne Scheiben schneiden
4 EL trockener Sherry
1 EL Kerbel, hacken
Salz
weißer Pfeffer aus der Mühle

Beilage: Laugenbrot oder Zwiebelbrot, gebuttert

1. Kalte Fleischbrühe mit dem zersägten Kalbsfuß und Hack aufsetzen. Mit Deckel 50 Minuten bei kleiner Hitze kochen. Durchs feine Sieb gießen, entfetten und erneut aufkochen.

2. Gemüsestreifen (nicht die Tomaten) etwa 15 Minuten in der Brühe bei kleiner Hitze offen kochen.

3. Vom Feuer nehmen, Tomatenwürfel und Sherry einrühren, mit Salz und Pfeffer abschmecken. In Tassen füllen und kalt stellen.

4. Wenn die Brühe geliert, mit Kerbel bestreut servieren.

Zubereitungszeit: 70 Minuten
Tip: Wenn kein Kalbsfuß erhältlich ist, nimmt man weiße Gelatine. Menge und Anwendung nach Packungsvorschrift.
Getränk: Mosel

Kalte Möhrensuppe

Vorbereitung der Zutaten:
3/4 l entfettete Brühe (von Rind, Kalb oder Huhn) (Rezept Seite 42/43)
1 kg Möhren
2 TL getrocknete oder 2 EL frische Estragonblätter
1 Bund glatte Petersilie, hacken
1/2 Tasse Weißwein
Salz
weißer Pfeffer aus der Mühle
Zucker

1. Möhren putzen, in daumennagelgroße Stücke schneiden und 25 Minuten in der Bouillon mit den Estragonblättern zugedeckt kochen lassen. Vom Feuer nehmen.

2. Gemüse mit dem Schaumlöffel herausnehmen, gehackte Petersilie dazugeben und mit etwas Kochflüssigkeit im Mixer fein pürieren.

3. Püree in die erkaltende Bouillon einrühren, Weißwein dazugießen.

4. Mit wenig Salz und weißem Pfeffer und etwas Zucker abschmecken.

5. In den Kühlschrank stellen und eiskalt servieren.

Zubereitungszeit: 30 Minuten

Kalte Tomatensuppe

Vorbereitung der Zutaten:
1 kg Tomaten, 30 Sekunden in kochendem Wasser abbrühen, kalt abschrecken, häuten, vierteln, entkernen, Stielansätze entfernen
1 mittelgroße Zwiebel, reiben
1 große Knoblauchzehe, zerdrücken
2 EL Kerbel, fein hacken
2 EL glatte Petersilie, fein hacken
5 EL Öl
3 EL Zitronensaft
1/4 l Sahne, halbsteif schlagen
1/4 l Weißwein
1/4 l klare Instant-Brühe
Salz
1 TL Zucker
Paprika (scharf), vorsichtig dosieren

1. Tomaten, Zwiebel, Knoblauch, Öl, Zitronensaft, Wein und Brühe im Mixer pürieren.

2. Mit Salz, Zucker und Paprika abschmecken, die Hälfte der Kräuter einrühren.

3. In Tassen verteilen, Sahne daraufgeben und mit den restlichen Kräutern bestreuen.

Zubereitungszeit: 40 Minuten

Gazpacho

Vorbereitung der Zutaten: (für 8 Personen)
2 geschälte Knoblauchzehen, zerdrückt
500 g Fleischtomaten, brühen, enthäuten, entkernen, Stielansatz entfernen, in 1 cm große Würfel schneiden
1 kleine Salatgurke, schälen, der Länge nach halbieren, entkernen, in 1 cm große Würfel schneiden (Gurkeninneres beiseite stellen)
7 Scheiben Toastbrot, ohne Rinde
2 hartgekochte Eier, fein hacken
1 große Zwiebel, fein würfeln
5 EL Essig
5 EL Olivenöl
5 EL verschiedene Kräuter, nach Geschmack hacken und mischen (Schnittlauch, Petersilie, Dill, Kerbel, Kresse, Pimpinelle, Borretsch)
4 Scheiben Toastbrot in 1 cm großen Würfeln in 3 EL Olivenöl 10 Minuten bei kleiner Hitze unter Rühren in der Pfanne rösten
2 rote Paprikaschoten, fein würfeln, Kerne entfernen
2 grüne Paprikaschoten, fein würfeln, Kerne entfernen

1. Im Mixer mit einer Tasse Wasser den Knoblauch, die Hälfte der Tomatenwürfel, je 2 EL Gurken-, rote und grüne Paprika-Würfel und das Gurkeninnere sowie die 7 Scheiben Toast und 5 EL Essig pürieren.

2. Püree im Eisschrank gut durchkühlen lassen. Eier-, Zwiebel-, Tomaten-, Gurken-, rote und grüne Paprikawürfel kaltstellen. Geröstete Brotwürfel und Kräuter separat kalt stellen.

3. Vor dem Servieren das Olivenöl unterrühren und mit 1/2 l kaltem Wasser auffüllen. Mit Salz und Essig abschmecken.

4. In einer Suppenterrine servieren. Alle kaltgestellten Zutaten in die Suppe geben. Brotwürfel und Kräuter portionsweise zufügen.

Zubereitungszeit: 1 Stunde
Getränk: Französischer, italienischer oder spanischer Rotwein

Kalte Kartoffel-Lauch-Suppe (Vichyssoise)

Vorbereitung der Zutaten:
500 g Kartoffeln, schälen, grob würfeln
500 g Lauch, nur das Helle, waschen, in dünne Ringe schneiden (1 Tasse voll zum Garnieren wegstellen)
1 l Hühnerbrühe (Instant)
Salz
schwarzer Pfeffer aus der Mühle
1 Bund Schnittlauch, fein schneiden
1 Prise Muskatnuß
200 g süße Sahne
200 g Crème fraîche } verrührt
1 Tasse Milch
Beilage: Roggenbrot, getoastet

1. Kartoffelwürfel und Lauchringe 30 Minuten mit Deckel bei kleiner Hitze in kochender Brühe garen.

2. Durchs feine Sieb streichen oder im Mixer pürieren. Nochmals aufkochen.

3. Mit Schneebesen Sahne-Crème fraîche-Milch unterrühren, salzen, pfeffern und Muskat zugeben.

4. Mit Schnittlauchröllchen und Lauchringen garnieren und gut durchkühlen lassen.

Zubereitungszeit: 1 Stunde
Getränk: Rosé

Zwiebelkaltschale

Vorbereitung der Zutaten:
1 l Hühnerbrühe (Instant)
750 g enthäutete und geviertelte Zwiebeln
2 Stengel Liebstöckel, Blätter grob hacken
1 EL Kräuteressig
Salz
weißer Pfeffer aus der Mühle
1 TL Zucker
Beilage: Frisches Weißbrot

1. Zwiebeln in der Bouillon mit den Blättern von 2 Stengeln Liebstöckel zugedeckt 25 Minuten kochen lassen. Vom Feuer nehmen.

2. Zwiebeln und Liebstöckel mit dem Schaumlöffel herausnehmen. Mit etwas Kochflüssigkeit im Mixer fein pürieren.

3. Püree in die erkaltende Bouillon einrühren, Kräuteressig hinzufügen.

4. Mit wenig Salz und Pfeffer und etwas Zucker abschmecken.

5. In den Kühlschrank stellen und eiskalt servieren.

Zubereitungszeit: 30 Minuten
Getränk: Rosé

Kaltschale von Petersilienwurzeln

Vorbereitung der Zutaten:
1 l Rinderbrühe (Instant)
16–20 Petersilienwurzeln, putzen, in 2 cm lange Stücke schneiden
1 Knoblauchzehe, zerdrücken
Salz
weißer Pfeffer aus der Mühle
3 Tropfen Tabasco
1/2 TL Zucker

1. Petersilienwurzeln mit Knoblauch 35 Minuten zugedeckt in der Bouillon kochen lassen. Vom Feuer nehmen.

2. Petersilienwurzeln und Knoblauch mit dem Schaumlöffel herausnehmen. Mit etwas Kochflüssigkeit im Mixer fein pürieren.

3. Püree in die erkaltende Bouillon einrühren.

4. Mit wenig Salz und Pfeffer und etwas Zucker abschmecken.

5. In den Kühlschrank stellen und eiskalt servieren.

Zubereitungszeit: 40 Minuten
Tip: Gemüsekaltschalen lassen sich einfrieren. Haltbarkeit: 8 Wochen. Sie müssen über Nacht im Kühlschrank aufgetaut werden und dürfen nicht wieder aufgekocht werden.
Als Beilage eignen sich alle Brotsorten, auch Pumpernickel mit Salzbutter.

Gurken-Kaltschale mit Joghurt

Vorbereitung der Zutaten: (für 6 Personen)
3 Becher Joghurt à 175 g
1 EL Essig
3 EL Olivenöl
4 Walnußkerne, grob hacken
200 g Crème fraîche
1 kleine Salatgurke (etwa 500 g), entkernen, hauchdünn hobeln
2 EL Dill, zupfen
Salz
weißer Pfeffer aus der Mühle
2 Knoblauchzehen, zerdrücken
1/2 Tasse kaltes Wasser
1 Tasse Eiswürfel, zerkleinern
Beilage: Teile von kaltem Geflügel mit Rosenpaprika bestreut.

1. Joghurt, Crème fraîche, Wasser und Essig in einer Schüssel mit dem Schneebesen verrühren.

2. Nach und nach unter Rühren Öl zugeben.

3. Knoblauch, Gurken und Dill untermischen, mit Salz und Pfeffer abschmecken. Eis-Schnee einrühren.

4. Mit gehackten Walnüssen bestreuen.

Zubereitungszeit: 30 Minuten
Tip: Zum Eis-Schnee: die Würfel in ein Küchenhandtuch wickeln und mit Hammer oder Küchenbeil zu Schnee zerschlagen.

Avocado-Kaltschale

Vorbereitung der Zutaten:
2 reife Avocados, schälen, entkernen
2 Stengel Minze, die Blätter in Streifen schneiden
1 Tasse Weißwein
3/4 l Fleischbrühe (Instant)
200 g Crème fraîche
4 Scheiben Toastbrot, in Würfel schneiden
3 EL Olivenöl
3 TL Zitronensaft
Salz
schwarzer Pfeffer aus der Mühle

1. Avocadofleisch mit 1 Tasse Brühe im Mixer pürieren.

2. Wein und restliche Brühe aufkochen, vom Feuer nehmen.

3. Avocadopüree mit dem Schneebesen in die Suppe einrühren, dann Crème fraîche unterrühren.

4. Mit Zitronensaft, Salz und Pfeffer abschmecken und einige Stunden im Kühlschrank stehen lassen.

5. Toastbrotwürfel in der Pfanne unter Rühren bei kleiner Hitze in heißem Olivenöl 10 Minuten goldbraun rösten. Kaltschale mit Brotwürfeln und Minze bestreut servieren.

Zubereitungszeit: 35 Minuten
Getränk: Berliner Weiße mit Schuß

Rote Bete-Kaltschale

Vorbereitung der Zutaten:
1 großes Glas eingelegte Rote Bete (etwa 900 g Einwaage) oder 2 kleinere, geschält und 20 Minuten in Essigwasser mit 2 TL Zucker gekocht
3 Schalotten, fein hacken
1 Knoblauchzehe, zerdrücken
Salz
weißer Pfeffer aus der Mühle
Prise Zucker
1 großes Bund Dill, zupfen
200 g Crème fraîche mit
200 g süßer Sahne und
1 Tasse Milch verrühren
Beilage: Frisches Roggenbrot

1. Rote Bete vom Saft trennen, im Mixer pürieren und wieder mit dem Saft verrühren.

2. Crème fraîche-Sahne-Milch einrühren.

3. Schalotten, Knoblauch und Dill untermengen, mit Salz, reichlich Pfeffer und Zucker abschmecken. Gekühlt servieren.

Zubereitungszeit: 35 Minuten
Tip: 1 EL saure Sahne auf jede Portion geben.

Selleriecreme-Kaltschale

Vorbereitung der Zutaten:
1 l Rinderbrühe (Instant)
1 kg Sellerie, putzen, klein würfeln
2 El Kräuteressig
Salz
weißer Pfeffer aus der Mühle
1 TL Zucker
Beilage: Pumpernickel mit gesalzener Butter

1. Selleriestücke 20 Minuten in der Bouillon zugedeckt kochen lassen. Vom Feuer nehmen.

2. Gemüse mit dem Schaumlöffel herausnehmen. Mit etwas Kochflüssigkeit im Mixer fein pürieren.

3. Püree in die erkaltende Bouillon einrühren, Kräuteressig zufügen.

4. Mit wenig Salz, Pfeffer und Zucker abschmecken.

5. In den Kühlschrank stellen und eiskalt servieren.

Zubereitungszeit: 30 Minuten
Tip: Keine Kräuter verwenden.

Kaltschale von Zuckererbsen

Vorbereitung der Zutaten:
1 l Instant-Brühe von Rind oder Huhn
1 kg ganz junge flache Schoten, Fäden abziehen
1 EL Zucker
1 TL Estragonblätter
1 Zweig Bohnenkraut oder 1 TL Thymian
1 Bund glatte Petersilie, fein hacken
Salz
weißer Pfeffer aus der Mühle

1. Alle Zutaten außer der Petersilie in der Bouillon zugedeckt 15 Minuten kochen lassen.

2. Gemüse mit dem Schaumlöffel herausnehmen. Bohnenkraut wegwerfen. Alles andere mit etwas Kochflüssigkeit im Mixer fein pürieren. Beim Pürieren die feingehackte Petersilie zufügen.

3. Püree in die erkaltende Bouillon einrühren.

4. Mit wenig Salz und Pfeffer abschmecken.

5. In den Kühlschrank stellen und eiskalt servieren.

Zubereitungszeit: 20 Minuten

Salate

„Um einen guten Salat zu bereiten,
gehören vier Menschen:
- ein Verschwender, der das Öl gibt und gießt
- ein Geizhals für den Essig
- ein Weiser zum Salz
- ein Narr zum Wenden und Mengen"

EUGEN BARON VON VAERST,
„VON DEN FREUDEN DER TAFEL", 1840

Am Salat erkennt man die Qualität jeder Küche. Und an der Salatsauce. Komplizierte Marinaden (Vinaigrettes) passen nur zu aufwendigen Salaten. Frische Kräuter gehören an jeden Salat.

Grundregeln für die Zubereitung:

Alle Salate (außer Gurken) und alle pflanzlichen Zutaten gründlich zweimal waschen. Mit Küchenkrepp oder Handtuch trocknen. Dill und Basilikum nicht hacken, sondern kurz vor dem Anrichten klein zupfen. Nur Wein-, Apfel- oder Kräuter-Essig verwenden. Essig kann ganz oder teilweise durch Zitronensaft ersetzt werden (außer bei Kartoffelsalat).

Wird der Salat erst bei Tisch angerichtet, dann kommt das Öl zum Schluß. Öl imprägniert sonst den Salat gegen alle anderen Zutaten.

Kopfsalat

Vorbereitung der Zutaten:
1 Kopfsalat, geputzt, gewaschen, abgetrocknet
Sauce:
2 EL Weinessig
4 EL Öl
1 TL Senf
Salz
weißer Pfeffer
2 hartgekochte, feingehackte Eier
5 EL saure Sahne
Prise Zucker
1 Knoblauch-Zehe, halbiert
nach Geschmack: 1 EL Schnittlauch, feingeschnitten oder
2 EL gehackte Kräuter

1. Salatschüssel mit Knoblauch-Zehe ausreiben.

2. Zutaten für die Sauce vermischen.

3. Sauce über den Kopfsalat gießen und rasch durchmischen.

Zubereitungszeit: 15 Minuten
Tip: Salatsauce durch Schütteln in einem Schraubglas mischen.
Erst kurz vor dem Verzehr anrichten.

Endiviensalat

Vorbereitung der Zutaten:
1 Kopf Endiviensalat, verlesen, gewaschen, sorgfältig getrocknet, in Streifen geschnitten
Sauce Vinaigrette:
2 EL Weinessig (oder Gewürzessig oder Kräuteressig)
6 EL Olivenöl
Prise Zucker
Salz
schwarzer Pfeffer aus der Mühle
1 zerdrückte kleine Knoblauch-Zehe
2 EL verschiedene Kräuter, fein gehackt (Kerbel, Estragon, glatte Petersilie, Dill, Liebstöckel)

1. Zutaten für die Sauce verrühren.

2. Salat damit übergießen und 10 Minuten ziehen lassen.

Zubereitungszeit: 20 Minuten
Tip: Salatsauce durch Schütteln in einem Schraubglas mischen.
Erst kurz vor dem Verzehr anrichten.
Nach diesem Rezept lassen sich alle Blattsalate zubereiten.

Walnuß-Endivien-Salat

Vorbereitung der Zutaten:
1 Kopf krause Endivie, die weißen Rippen entfernen, lauwarm waschen, klein zerpflücken, abtrocknen
12 Walnüsse, so frisch wie möglich, grob gehackt
2 hartgekochte Eier, in Scheiben geschnitten
Sauce:
6 EL Walnuß-Öl
4 EL Sherry-Essig
Salz
weißer Pfeffer aus der Mühle
Prise Zucker
1 Knoblauch-Zehe, zerdrückt

1. Zutaten für die Sauce verrühren.

2. Salat und Nüsse darin wenden, 20 Minuten ziehen lassen.

3. Mit Eischeiben garnieren.

Zubereitungszeit: 40 Minuten
Tip: Mit frischem Schwarzbrot und gesalzener Butter eine komplette Mahlzeit.
Getränk: Frischer Riesling

Feldsalat mit Specksauce

Vorbereitung der Zutaten:
300 g Feldsalat, verlesen, gründlich gewaschen und im Küchenhandtuch getrocknet
150 g geräucherter, durchwachsener Speck, fein gewürfelt
Salz
weißer Pfeffer aus der Mühle
1 TL Zucker
5–6 EL Essig

1. Trockenen Salat in der Schüssel ausbreiten.

2. Speckwürfel in der Pfanne bei mittlerer Hitze unter Rühren etwa 3 Minuten anrösten und dann vom Feuer nehmen. Zucker, wenig Salz (Speck ist salzig), Pfeffer dazugeben und kurz erhitzen. Mit Essig löschen, kurz abdampfen lassen und über den Salat gießen, der gewendet und sofort gegessen wird.

Zubereitungszeit: 20 Minuten
Tip: Ideale Ergänzung zu kalten Platten oder Bratenresten.
Getränk: Bier

Gemischter Salat

Vorbereitung der Zutaten: (für 6 Personen)
1 Radicchiosalat, verlesen, gewaschen, getrocknet
1 Eichenlaubsalat, verlesen, gewaschen, getrocknet
1 reife Avocado, geschält, entkernt, in Scheiben oder Würfeln
3 große rosa/bräunliche, frische Champignons, in Scheiben
1 große Fleischtomate, abgebrüht, enthäutet, entkernt, gewürfelt
Sauce:
1 Knoblauchzehe, zerdrückt
Salz
schwarzer Pfeffer aus der Mühle
8 EL Olivenöl
2 EL Sherryessig
3 EL Zitronensaft
1 TL Zucker
4 EL gemischte Kräuter, feingehackt (Basilikum, Petersilie, Kerbel, Pimpinelle, Estragon)

1. Zutaten für die Sauce verrühren.

2. Salat in großer Schüssel mit der Sauce vermischen. 5 Minuten ziehen lassen.

Zubereitungszeit: 20 Minuten
Tip: Statt Champignons feingeschnittener grüner, roter oder gelber Paprika oder kurz gekochte Wachsbohnen.

Schnittlauchsalat

Vorbereitung der Zutaten:
400 g Schnittlauch (etwa 10 Bund), geputzt, in 1/2 cm lange Röllchen geschnitten und im Sieb in kochendem Wasser 3 Minuten gebrüht, gut mit Handtuch oder Küchenkrepp trocknen
8 hartgekochte Eier, gewürfelt
Sauce:
1/2 TL Senfpulver, mit Wasser angerührt oder
1 EL scharfer Senf
Prise Zucker
Salz
1/8 l Sahne
4 EL Essig
8 EL Öl
Glutamat (Aromat, Fondor)
Beilage: Kalter Braten

1. Zutaten für die Sauce verrühren. Zuerst Zucker, Salz und Senfpulver mit Essig glattrühren, dann den Rest.

2. Gewürfelte Eier und Schnittlauch untermischen. Mit Glutamat bestreuen. 10 Minuten ziehen lassen.

Zubereitungszeit: 25 Minuten
Tip: Erst kurz vor dem Verzehr anrichten.
Getränk: Bier oder Apfelwein (Cidre)

Kressesalat

Vorbereitung der Zutaten:
500 g Brunnenkresse, verlesen, gewaschen, abgetrocknet
Sauce:
7 EL Walnußöl
2–3 EL Zitronensaft
Salz
weißer Pfeffer aus der Mühle
1/2 TL Zucker

1. Zutaten für die Sauce verrühren.

2. Abgetropfte Kresse mit der Sauce übergießen. 5 Minuten ziehen lassen.

Zubereitungszeit: 20 Minuten
Tip: Die großblättrige Brunnenkresse hat viel Abfall. Man kann sie zu einem Viertel mit jungen Blättern von Kapuziner-Kresse anreichern. Nur zum sofortigen Verzehr geeignet.

Löwenzahnsalat

Vorbereitung der Zutaten: (pro Person)
etwa 100 g junge Löwenzahn-Blätter (3 Hände voll)
1 hartgekochtes Ei
1 gehäufter EL gewürfelter Schinkenspeck
1 Scheibe Weißbrot, in Würfel geschnitten
1 EL Nußöl
Zitronensaft oder Kräuteressig nach Geschmack
Salz
weißer Pfeffer aus der Mühle
Beilage: Schwarzes Landbrot mit leicht gesalzener Butter.

1. Löwenzahn-Blätter sauber waschen, wegen des bitteren Geschmacks 10 Minuten in kaltem Wasser liegenlassen. Mit Küchenkrepp sanft abtrocknen.

2. Das Ei in Würfel schneiden, über die Blätter streuen.

3. Weißbrotwürfel und Schinkenspeck in einer kleinen Pfanne gelb rösten. Überflüssiges Fett abgießen. Pfanneninhalt unter die Blätter mischen.

4. Mit wenig Zitronensaft oder Kräuteressig beträufeln. Danach Nußöl (pro Person 1 EL) zufügen und mit Salz und weißem Pfeffer abschmecken.

Zubereitungszeit: 15–20 Minuten
Tip: Dieser Salat läßt sich auch aus anderen Wildpflanzen herstellen: Wiesenschaumkraut (nur die blühende Pflanze), Taubnessel (nur die jungen, oberen Blätter).
Getränk: Leichter Riesling

Chicoréesalat

Vorbereitung der Zutaten:
500 g Chicorée, braune Blätter entfernen, mit spitzem Messer den bitteren Boden gründlich aushöhlen, der Länge nach halbieren und in knapp 1 cm breite Streifen schneiden.
Filets von 2 geschälten Apfelsinen, mit dem Messer zwischen den Häuten herausgeschnitten und geviertelt.

Sauce:
1 mittlere Zwiebel, fein gehackt
Salz
weißer Pfeffer aus der Mühle
2 EL Ketchup
4 EL Öl
2 EL Essig
1 TL flüssiger Honig
4 EL Apfelsinensaft (fällt bei den Filets an)

1. Zutaten für die Sauce verrühren.

2. Chicorée und Apfelsinenfilets darin wenden. 10 Minuten ziehen lassen.

Zubereitungszeit: 20 Minuten
Tip: Nur für den sofortigen Verzehr.

Fenchelsalat

Vorbereitung der Zutaten:
3 Knollen Fenchel (oder 4, je nach Größe) geschält, hauchdünn gehobelt
Fenchelkraut kleinschneiden (nur die hellgrünen Blätter)

Sauce:
Salz
weißer Pfeffer aus der Mühle
Prise Zucker
6 EL Olivenöl
3 EL Essig
3 EL Kräuter (Dill muß dabei sein)
je nach Geschmack: 1 Knoblauchzehe, zerdrückt
150 g Tomatenwürfel

1. Zutaten für die Sauce verrühren.

2. Fenchel und Fenchelkraut 10 Minuten in der Sauce ziehen lassen, wenden.

Zubereitungszeit: 20 Minuten
Tip: Gut zu Fischgerichten.

LÖWENZAHNSALAT
SEITE 73

LINSENSALAT
SEITE 83

Spinatsalat

Vorbereitung der Zutaten:
800 g Spinat, verlesen, ohne Stiele, gründlich gewaschen (je nach Geschmack und Zartheit des Spinats entweder roh oder ganz kurz in kochendem Salzwasser blanchiert und abgetropft)
Sauce:
4 EL feine Zwiebelwürfel
6 EL Olivenöl
4 EL Zitronensaft (oder Essig)
Salz
weißer Pfeffer aus der Mühle
Zucker
je nach Geschmack: 1 zerdrückte Knoblauchzehe

1. Salatsauce zusammenrühren.

2. Abgetropften Spinat 20 Minuten darin ziehen lassen. (Blanchierten Spinat noch etwas kleinschneiden, rohe Blätter ganz lassen).

Zubereitungszeit: 10 Minuten.
Tip: Nur für den sofortigen Verzehr.

Lauchsalat

Vorbereitung der Zutaten:
4 Lauchstangen (Porree), Wurzeln abschneiden, weißen Teil dünn schälen, der Länge nach halbieren und waschen
4 hartgekochte Eier, in Scheiben geschnitten
Sauce:
6 EL Öl
2 EL Obstessig (oder Zitronen- oder Sherryessig)
2 EL Schnittlauch, fein geschnitten
2 EL Kresse, grob gehackt
Salz
weißer Pfeffer aus der Mühle
Prise Zucker

1. Lauch in kochendem Salzwasser (1 Liter Wasser und 2 TL Salz) etwa 4 Minuten garen, herausnehmen und abgetropft in mundgerechte, gleichgroße Stücke schneiden.

2. Zutaten für die Sauce zusammenrühren.

3. Lauch in der Sauce wenden, anrichten, mit Eiern garnieren.

Zubereitungszeit: 30 Minuten
Tip: Lauch in Instant-Fleischbrühe statt in Wasser garen.

Möhrensalat

Vorbereitung der Zutaten:
600 g Möhren, grob geraspelt
8 EL Zitronensaft
3 EL glatte Petersilie, gehackt
3 gehäufte EL Mayonnaise oder
1/2 Becher Joghurt (bei Verwendung von Joghurt dreifacher Zuckeranteil)
Prise Zucker
Salz
weißer Pfeffer aus der Mühle

1. Mayonnaise oder Joghurt mit Zitronensaft, Salz, Pfeffer, Zucker, Petersilie verrühren.

2. Möhren-Raspeln in der Sauce wenden. 10 Minuten ziehen lassen.

Zubereitungszeit: 15 Minuten
Tip: Beilage zu Fleischfondue oder Kurzgebratenem.

Tomatensalat

Vorbereitung der Zutaten:
4 große Fleischtomaten, gewaschen, ohne Stielansätze
8 EL Olivenöl
3–4 EL Wein-, oder Kräuter-, oder Zitronenessig
3 EL Basilikum, in Streifen geschnitten
1 kleine Zwiebel, feingehackt
Prise Zucker
Salz
schwarzer Pfeffer aus der Mühle
(nach Geschmack können auch 1 zerdrückte Knoblauchzehe, 1 EL feingeschnittener Schnittlauch oder andere Kräuter verwendet werden)

1. Zwiebel, Öl, Essig, Salz, Pfeffer und Zucker verrühren.

2. Gewaschene Tomaten halbieren und in dünne Scheiben schneiden.

3. Tomaten mit Dressing vermengen und 5 Minuten stehen lassen. Vor dem Servieren Basilikum-Streifen untermischen.

Zubereitungszeit: 25 Minuten
Tip: Tomaten am Stengelansatz kreuzweise einschneiden, dann 30 Sek. in kochendem Wasser brühen, kalt abschrecken und die Haut abziehen. Die grün-roten italienischen Salat-Tomaten verwendet man mit Schale.

Gurkensalat mit saurer Dillsahne

Vorbereitung der Zutaten:
1 Salatgurke
4 EL Dill, gezupft
2 EL Crème fraîche
4 EL Magermilch-Joghurt
Saft von 1/2 Zitrone
1 TL Zucker
Salz
weißer Pfeffer aus der Mühle
nach Geschmack: 4 Blätter Borretsch, in feine Streifen geschnitten

1. Gurke schälen, der Länge nach halbieren, mit Löffel entkernen und in dünne Halbmonde schneiden. Salzen und 20 Minuten stehenlassen. Dann die Flüssigkeit abgießen.

2. In der Zwischenzeit die Sauce herstellen: Crème fraîche mit Joghurt, Salz, Pfeffer, Zucker, Dill und Zitronensaft verrühren.

3. Gurken in die Salatschüssel geben und mit der Sauce übergießen, mindestens 10 Minuten ziehen lassen und noch einmal durchmischen.

Zubereitungszeit: 35 Minuten
Tip: Statt Crème fraîche und Joghurt wahlweise saure oder süße Sahne. Man kann die Gurken mit dem Gurkenhobel schneiden und mit Essig und Öl, Salz, Pfeffer, Zucker und Dill anmachen.
Nur für den sofortigen Verzehr geeignet. Der gleiche Salat kann auch aus ungeschälten Zucchinis hergestellt werden.

Bohnensalat Grün-Weiß

Vorbereitung der Zutaten:
250 g grüne Bohnen
250 g Wachsbohnen
Fäden abziehen und in 3 cm lange Stücke schneiden
1 TL Bohnenkraut
3 EL Essig
6 EL Öl
1 Bund glatte Petersilie, fein schneiden
Weißer Pfeffer aus der Mühle
1/2 TL Zucker
Salz

1. Die vorbereiteten Bohnen in 1 l Wasser mit 1 EL Salz mit dem Bohnenkraut – je nach Sorte – 20 bis 25 Minuten kochen lassen, bis sie weich sind, aber noch Biß haben. Abgießen und im Sieb mit kaltem Wasser abschrecken.

2. Aus Öl, Essig und den Gewürzen in kleiner Schüssel die Salatsauce anrühren, über die Bohnen gießen und eine halbe Stunde in den Kühlschrank stellen.

3. Petersilie erst direkt vor dem Servieren untermischen.

Zubereitungszeit: 30 Minuten

Zucchinis Basil

Vorbereitung der Zutaten:
1 kg Zucchinis mit Schale, der Länge nach halbiert, Kerne mit dem Löffel ausschaben, fein geschnitten oder gehobelt
1 Bund Basilikum, Blätter gezupft, gewaschen, abgetropft zum Garnieren
Zur Vinaigrette:
6 EL Olivenöl
2 EL Essig
1/2 TL Zucker
1 Bund Basilikum, fein gezupft
2 EL glatte Petersilie, fein gewiegt
4 Drehungen weißer Pfeffer aus der Mühle
1 TL Tomatenketchup
1 Knoblauchzehe durchgedrückt
Beilage: Frisches trockenes Meterbrot

1. Geschnittene Zucchinis einsalzen und 20 Minuten ziehen lassen.

2. Vinaigrette in Extra-Schüssel mischen.

3. Salat-Schüssel mit Knoblauch ausreiben.

4. Eingesalzene Zucchinis im Sieb abtropfen lassen und gründlich mit kaltem Wasser abspülen. Wieder abtropfen lassen. Etwas ausdrücken.

5. Zucchinis in die Salatschüssel geben. Mit der Vinaigrette übergießen. Mit dem gezupften Basilikum bestreuen und gründlich durchmischen.

Zubereitungszeit: 30 Minuten
Tip: Der Salat kann bis zu 2 Tagen im Kühlschrank stehen und bleibt knackig. Als Beilage zu Fleisch- und Nudelgerichten oder als Vorspeise geeignet.
Getränk: Rosé, heller Pinot oder italienische trockene Weißweine

Rote Bete-Salat

Vorbereitung der Zutaten:
3–4 Knollen Rote Bete (etwa 500–700 g), etwa 20 Minuten in 1 l Wasser gar gekocht, dann geschält und in mundgerechte dünne Scheiben geschnitten
1 mittlere Zwiebel, fein gewürfelt
1 TL Meerrettich, gerieben
1 TL Kümmel (oder 1 knapper TL Kümmelpulver)
3 EL Öl
5 EL Essig
Prise Zucker
Salz

1. Zutaten für die Sauce verrühren: Öl, Essig, Salz, Zucker, Kümmel, Zwiebel, Meerrettich.

2. Rote Bete-Scheiben in der Sauce wenden und mindestens 30 Minuten ziehen lassen.

Zubereitungszeit: 40 Minuten.
Tip: Auch eingelegte Rote Rüben können verwendet werden. Zu gekochtem Rindfleisch oder kaltem Kalbsbraten empfehlenswert.

Krautsalat mit Speck und Zwiebeln

Vorbereitung der Zutaten:
800 g Weißkohl oder Chinakohl, ohne Strünke und äußere Blätter, waschen, abtropfen, in sehr dünne Streifen schneiden oder hobeln
100 g magerer Speck, fein gewürfelt
6 EL Zwiebeln, fein gewürfelt
1 TL Kümmel (oder 1 knapper TL Kümmelpulver)
6 EL Essig
2 EL Öl
Zucker
weißer Pfeffer aus der Mühle
Salz

1. Speck- und Zwiebelwürfel in der Pfanne bei großer Hitze unter Rühren 5 Minuten anrösten.

2. Kohlstreifen in Essig, Öl, Zucker, Salz, Pfeffer und Kümmel wenden. Zwiebeln und Speck daruntermischen. Mindestens 10 Minuten ziehen lassen.

Zubereitungszeit: 30 Minuten
Tip: Chinakohl kann man roh essen. Weißkohl ganz kurz in kochendem Salzwasser blanchieren. Blanchierte Weißkohl-Streifen mit 1 Tasse Essig, in der 1 Prise Salz, 2 TL Zucker, 1 Lorbeerblatt und 5 Pfefferkörner kochen, heiß übergießen, mit Teller und (Stein-) Gewicht beschweren, einige Stunden oder über Nacht ziehen lassen und mit gehackter Zwiebel und ausgelassenem durchwachsenem Speck anmachen.
Für Rohkostliebhaber: Weißkohlstreifen über Nacht mit Salz bestreuen, kühl und mit Gewicht beschwert stehen lassen und im Handtuch eingeschlagen mit dem flachen Küchenbeil mürbe klopfen. 4 Tage im Kühlschrank haltbar.
Getränk: Bier

Rotkrautsalat

Vorbereitung der Zutaten: (für 8 Personen)
1 kleiner Kopf Rotkohl (750 g), ohne äußere Blätter, geviertelt, Strunk entfernt, in sehr dünne Streifen geschnitten oder gehobelt
6 EL Weinessig
10 EL Öl
1 EL Zucker
weißer Pfeffer aus der Mühle
Salz
je nach Geschmack 1 TL Kümmel

1. Rotkohl-Streifen in etwa 2 l kochendem Salzwasser mit einem Schuß Essig 5 Minuten bei großer Hitze kochen. Sehr gut abtropfen lassen.

2. Sauce aus Essig, Öl, Salz, Pfeffer, Zucker rühren. Rotkohl warm darin wenden und einige Stunden, besser über Nacht, ziehen lassen. Noch einmal abschmecken.

Zubereitungszeit: 35 Minuten
Tip: Geschälte Apfelstücke (Scheiben oder Streifen) und Rosinen sind als Verfeinerung geeignet.
Im Kühlschrank bis zu 5 Tagen haltbar.
Beilage zu kurzgebratenem Fleisch.

Zwiebel-Champignon-Salat

Vorbereitung der Zutaten:
16 kleine weiße Zwiebeln, geschält
16 mittelgroße rosa/bräunliche, frische Champignons, Köpfe gehäutet, Stiele gewaschen und fein geschnitten
Reste von Braten oder Geflügel oder gekochtem Schinken
40 g Butter
1/4 l Crème fraîche
1 EL Zitronensaft
1 Bund fein gezupfter Dill
Worcestershire-Sauce
1/2 TL Zucker
schwarzer Pfeffer aus der Mühle
Salz

1. Bei Mittelhitze Zwiebeln in 20 g Butter golden anbraten und mit 1/2 Tasse Wasser ablöschen, salzen und zuckern. Mit Deckel 15 Minuten dünsten. Herausnehmen und in einer Schüssel zum Auskühlen stellen.

2. Champignons in der restlichen Butter bei kleiner Hitze 10 Minuten schwenken. Zu den Zwiebeln zum Auskühlen geben.

3. Sahne mit Zitronensaft, Salz, Pfeffer, Dill und 1 Prise Zucker zusammenrühren. 3 Spritzer Worcestershire-Sauce zugeben.

4. Erkaltete Zwiebeln und Champignons grob zerschneiden, nach Geschmack Geflügelreste oder kalten Braten oder gekochten Schinken fein schneiden und alles zusammen mit der Sauce vermengen. 15 Minuten ziehen lassen.

Zubereitungszeit: 40 Minuten
Tip: Mit Schinken, Geflügel oder kalten Bratenresten eine leichte Mahlzeit für den sofortigen Verzehr.
Getränk: Badische oder Pfälzer Weißweine

Spargelsalat

Vorbereitung der Zutaten:
2 kg Spargel, geschält, in Salzwasser oder Brühe etwa 12 Minuten gekocht, abgetropft, in 2 cm große Stücke geschnitten (Spargelabschnitte und -Schalen für Suppe verwenden)
4 hartgekochte Eier, gehackt
1 mittlere Zwiebel, fein gehackt

Sauce:
2 EL Schnittlauch, fein geschnitten
2 EL Dill, fein gezupft
6 EL Obstessig
10 EL Öl
Zucker
weißer Pfeffer aus der Mühle
Salz

1. Zutaten für die Sauce verrühren.

2. Eier, Zwiebel, Dill und Spargelstücke in der Sauce wenden und 30 Minuten ziehen lassen.

Zubereitungszeit: 20 Minuten.
Tip: Je nach Geschmack entkernte halbe geschälte Salatgurke und/oder gekochten Schinken (200 g) in kleinen Würfeln zugeben.
Im Kühlschrank nicht länger als 1 Tag haltbar.

Linsensalat

Vorbereitung der Zutaten:
500 g rosa Linsen (über Nacht in 2 l Wasser eingeweicht)
1 l Fleischbrühe (Instant)
2 mittelgroße Zwiebeln, fein gehackt
1 kleines Glas Perlzwiebeln
1 Bund glatte Petersilie, fein gehackt
4 EL Essig
5 EL Öl
1 TL Zucker
1 TL Salz
weißer Pfeffer aus der Mühle

1. Eingeweichte Linsen abgießen. Mit 1 l Fleischbrühe bedeckt bei kleiner Hitze 35–45 Minuten knackig garen, zwischendurch rühren. Durchs Küchensieb abgießen, 1/2 Tasse Brühe aufheben. Linsen abkühlen lassen.

2. Fein gehackte Zwiebeln in einer ausreichend großen Schüssel mit Salz, weißem Pfeffer, Essig, Öl und Zucker verrühren.

3. Abgekühlte Linsen mit 1/2 Tasse Fleischbrühe in die Sauce geben, Perlzwiebeln dazu mischen und einige Stunden ziehen lassen.

4. Vor dem Anrichten die Petersilie dazugeben.

Zubereitungszeit: 60 Minuten.
Tip: Statt der rosafarbenen können auch andere Linsen verwandt werden.
Als Vorspeise geeignet.

Weißer Bohnensalat

Vorbereitung der Zutaten: (für 6 Personen)
600 g weiße Bohnen, getrocknete, über Nacht einweichen
1 mittlere Zwiebel, mit 1 Lorbeerblatt und 1 Nelke gespickt
1/4 Tasse Essig
1 EL Salz

Sauce:
100 g magerer Speck, fein gewürfelt, kross ausgelassen
4 EL fein gehackte Zwiebeln
5 EL Kräuteressig
6 EL Öl
2 EL Schnittlauch, fein geschnitten
2 EL Kresse
Zucker
weißer Pfeffer aus der Mühle
Salz

1. Bohnen in kleinem Topf mit gespickter Zwiebel bei kleiner Hitze in 1 1/2 l Wasser mit 1 EL Salz und Essig zugedeckt etwa 45 Minuten garen. Gekochte Bohnen im Sud kalt werden lassen.

2. Zutaten für die Sauce zusammenrühren.

3. Bohnen auf Sieb abtropfen, in der Sauce wenden und 1 Stunde ziehen lassen.

Zubereitungszeit: 1 Stunde
Tip: Frische Bohnen müssen nicht eingeweicht werden. Als Beilage zu Braten und warmen Gerichten mit Tomaten geeignet. Oder mit Wurstbrötchen als komplettes Abendbrot.
Getränk: Rotwein oder Bier

Blumenkohl-Rohkost

Vorbereitung der Zutaten:
1 kleiner Blumenkohl, geputzt, gewaschen, Röschen fein geraspelt
1 mittelgroße Zwiebel, fein gehackt
2–4 Gewürzgurken (je nach Größe) fein gehackt
2 EL Dill, gezupft
4 EL Öl
5 EL Mayonnaise
4 EL Zitronensaft
Zucker
Paprika, edelsüß
Salz
Garnitur:
Salatblätter
1 Bund Radieschen, fein gewürfelt

1. Öl, Mayonnaise, Zitronensaft und Dill in einer Schüssel verrühren und mit Zucker, Paprika und Salz abschmecken.

2. Geraspelten Blumenkohl sowie Zwiebeln und Gurke untermengen und 30 Minuten ziehen lassen.

3. Nochmals abschmecken und auf Salatblättern mit Radieschen anrichten.

Zubereitungszeit: 25 Minuten.

Frühlingshähnchen kalt

Vorbereitung der Zutaten:
1 Hähnchen (etwa 1 kg)
1 Bund Suppengrün, gewaschen, geschnitten
1 große Zwiebel, grob geschnitten
10 Pfefferkörner
1 Lorbeerblatt
Salz
16 Radieschen, dünn geschnitten
200 g Blattspinat, entstielt, gewaschen, abgetropft,
1 kleine Salatgurke, geschält, der Länge nach halbiert, entkernt, in dünne Halbmonde geschnitten
4 Frühlingszwiebeln, dünn geschnitten
1 Paket Kresse
Marinade:
4 EL Olivenöl, 6 EL Kräuteressig
Paprika, edelsüß
1/2 Tasse Hühnerbrühe
Prise Zucker
sehr wenig Cayennepfeffer, Salz
alles miteinander verrühren
Beilage: Frisches Meterbrot

1. Am Tag vorher oder mittags für den Abend: Hähnchen mit Suppengrün, Zwiebel, Pfefferkörnern, Lorbeerblatt und Salz mit kaltem Wasser bedeckt aufsetzen und 1 Stunde mit Deckel kochen.

2. Hähnchen herausnehmen, enthäuten und entbeinen. Fleischteile mundgerecht zerschneiden, beiseite stellen. Haut und Knochen wieder in die Brühe geben, weitere 2 Stunden mit Deckel kochen. Durchs Sieb geben, abkühlen lassen, entfetten. Reste im Sieb wegwerfen.

3. Marinade in eine große Schüssel geben, Gurke, Radieschen, Hühnerfleisch, Spinat und Lauchzwiebeln untermischen und mindestens 1 Stunde ziehen lassen.

4. Nochmals abschmecken und mit Kresse bestreuen.

Zubereitungszeit: 3 1/2 Stunden
Tip: Restliche Brühe zur Weiterverwendung einfrieren.
Getränk: Rheinhessen Spätlesen

Sauerkrautsalat

Vorbereitung der Zutaten:
500 g rohes Sauerkraut
1 mittelgroße Sellerieknolle schälen, 20 Minuten in siedendem Wasser kochen, auskühlen und fein würfeln
2 Äpfel, geschält, entkernt, klein gewürfelt
200 g Weintrauben (kernlose) halbieren
3 EL Traubenkern- oder Sonnenblumenöl
1 TL Ingwerpulver
1 EL Zucker
1/2 TL Rosmarinpulver
Salz
1/2 Tasse Preiselbeer-Kompott

1. Sauerkraut, Sellerie, Äpfel, Weintrauben und Zucker in großer Schüssel vermischen.

2. Ingwer, Rosmarin und Salz darüberstreuen. Das Ganze mit Öl vermischen. 30 Minuten ruhen lassen.

3. Salat in Schüssel aufhäufeln, die Spitze mit Preiselbeeren krönen.

Zubereitungszeit: 15 Minuten
Tip: Paßt zu Gebratenem oder auf eine Rohkostplatte.

Sardellen-Cervelat

Vorbereitung der Zutaten:
200 g Cervelatwurst, fein würfeln
200 g Sardellenfilets, in Milch 30 Minuten entsalzen, abspülen, trocknen, fein hacken
6 hartgekochte Eier, Eigelb herausnehmen, beiseite stellen, Eiweiß hacken
6 kleine Gewürzgurken, fein hacken
2 mittlere Zwiebeln, fein hacken
2 EL Dill, zupfen
2 EL Petersilie, hacken
Sauce:
1 EL Zucker
1 EL Senf, mittelscharf
2 EL weiche Butter
8 EL Zitronensaft
6 Eigelb (siehe oben) zerdrücken
Beilage: Kartoffeln in der Schale

1. Zutaten für die Sauce glattrühren.

2. Wurst-, Fisch-, Eiweiß-, Zwiebel- und Gurkenwürfel mit den Kräutern vermischen und mindestens 1 Stunde ziehen lassen.

Zubereitungszeit: 30 Minuten
Tip: Schmeckt auch als Brotbelag.
Getränk: Bier, Aquavit

Berliner Heringssalat

Vorbereitung der Zutaten:
8 Matjesfilets, klein würfeln
2 saure Äpfel, schälen, entkernen, klein würfeln
2 Salzgurken, schälen, klein würfeln
1 große Zwiebel, klein würfeln
4 EL gezupfter Dill
300 g Pellkartoffeln, kochen, pellen, klein würfeln.
Salz
weißer Pfeffer aus der Mühle
4 EL Essig
5 EL Salatöl
1 TL Zucker
Beilage: Frische Semmeln oder frisches Roggenbrot mit Butter

1. Aus Essig, Öl, Salz, Pfeffer und Zucker eine Salatsauce rühren.

2. Dill, Matjes, Gurken, Zwiebeln, Kartoffelwürfel darin wenden und mindestens 1 Stunde ziehen lassen.

Zubereitungszeit: 30 Minuten
Tip: Alle Zutaten sollen gleich groß gewürfelt sein. Am besten schmeckt der Salat, wenn man ihn über Nacht durchziehen läßt.
Getränk: Bier und Aquavit

Hopfensprossensalat

Vorbereitung der Zutaten:
250 g frische Hopfensprossen, gewaschen und trocken geschwenkt.
Marinade:
4 EL Salatöl
2 EL Kräuteressig
1 Bund Schnittlauch, fein geschnitten
1 Ei, hartgekocht und fein gewürfelt
1/2 TL Senf, mittelscharf
1/2 TL Zucker
schwarzer Pfeffer aus der Mühle
Salz

1. Die Zutaten zur Marinade gut miteinander verrühren oder im Schraubglas schütteln. 10 Minuten ziehen lassen.

2. Hopfensprossen in der Salatschüssel ausbreiten. Mit Marinade übergießen und mit Holzlöffel vorsichtig wenden. Sofort servieren.

Zubereitungszeit: 10 Minuten
Tip:
Nach wildem Hopfen zu suchen lohnt sich, weil er so delikat schmeckt. Er wächst als Rankpflanze mit (ausnahmsweise!) rechtsdrehendem Stengel und ist an unseren Auwaldrändern häufig, gedeiht aber auch in Gebüsch und Niederwald, mit Vorliebe auf nassem Boden. Die hellgrünen Sprossen nur bis Mai sammeln.

Eier

„Das Ei ist das Fundament der Küche."

Karl Friedrich von Rumohr,
„Geist der Kochkunst", 1822

Bismarck war ein leidenschaftlicher Eier-Esser, der nach Bekundung seines Arztes Schweninger sechzehn Eier zum Frühstück aß. Ihn sollte man zwar nicht nachahmen; aber in der modernen, ausgewogenen Ernährung hat das Ei einen hohen Stellenwert: 1 Gramm Eiweiß je Kilo Körpergewicht braucht der gesunde Mensch täglich für seine Energie-Versorgung. Dieses Eiweiß muß natürlich nicht nur aus Hühnereiern stammen. Auch Milch, Kartoffeln, Geflügel, Quark und viele andere Lebensmittel enthalten das lebensnotwendige Eiweiß.
Nur: im Ei ist die Verteilung von Eiweiß und Fett, von ungesättigter Fettsäure und den Vitaminen A, B_1, B_2, C, D, E und K geradezu ideal proportioniert.
Die Frische der Eier prüft man auch heute noch zuverlässig nach altem Brauch:
Man legt die Eier in kaltes Wasser.
Frische Eier bleiben wegen der kleineren Luftkammern auf dem Boden liegen, ältere richten sich auf.

Klassische Rühreier

Sie stehen am Anfang dieses Kapitels, nicht nur, weil auch erfahrene Hausfrauen sie oft falsch zubereiten, sondern weil Rühreier die bekömmlichsten von allen Eierspeisen sind. Ein Tip vorweg: die besten Rühreier entstehen, wenn sie im Wasserbad abgerührt werden. Dieses Verfahren ist jedoch zeitaufwendig. Auf keinen Fall dürfen Rühreier bei großer Hitze möglichst rasch hergestellt werden. Hervorragend gelingen sie so:

Vorbereitung der Zutaten:
2 frische Eier pro Person
Salz
weißer Pfeffer aus der Mühle
3 EL kalte Butter
3 TL süße Sahne, je nach Geschmack
Beilage: Frisches trockenes Weißbrot.

1. Eier in eine Schüssel schlagen, etwas Salz und Pfeffer dazugeben und gut rühren oder quirlen, ohne daß sich Schaum bildet.

2. 1 1/2 EL Butter in einer flachen dickwandigen Kasserolle, möglichst aus Kupfer, wärmen (nicht erhitzen).

3. Eier in den Topf gießen und mit einem Holzlöffel bei mittlerer Hitze sorgfältig rühren, daß sich gleichmäßig feste Flocken bilden.

4. Sobald das Rührei fest wird, die restliche Butter in kleinen Stücken einrühren, je nach Geschmack Sahne dazugeben und es sogleich in einer vorgewärmten Schüssel anrichten.

Tip: Etwas weniger zeitaufwendig ist folgende Zubereitung: Rührei in der kalten Pfanne ansetzen. Einen Eßlöffel Sahne mit in die Pfanne rühren. Dadurch bekommt das Rührei einen seidigen Glanz.
Rührei nicht im Topf oder in der Pfanne lassen, weil es sonst weiter stockt und zu fest wird.
Ob es flockig oder cremig wird, hängt von der Intensität des Rührens ab.
Zu Rühreiern sollte man nichts trinken.

Omelett

Vorbereitung der Zutaten:
8 Eier
40 g Butter
1 TL Salz
Prise Muskatnuß
2 EL glatte Petersilie, gehackt

1. Eier mit 1 TL Salz und 1 Prise Muskat verquirlen.

2. Butter zerlassen und gleichmäßig über den Pfannenboden verteilen. Eier dazugeben. Bei großer Hitze etwa 1 Minute stocken lassen.

3. Omelettmasse bei ganz kleiner Hitze vorsichtig zur Mitte schieben. Mit Petersilie bestreuen und von beiden Seiten zur Mitte zuklappen.

Zubereitungszeit: 15 Minuten.
Tip: Als Beilage zu: Spargel, Kalbsragout, Nierchen, Pilzen, Ragoût fin.

Nudel-Omelett

Vorbereitung der Zutaten:
200 g flache Teigwaren (beliebige Form)
1 EL Öl
5 Eier
1 EL Zwiebeln, fein gewiegt
1 EL Petersilie, fein gehackt, oder Schnittlauch, fein geschnitten
1 EL Butter
50 g geriebener Käse (Gouda)
1/2 Tasse Tomatensaft
Salz
Beilage: Jeder frische, grüne Salat

1. 1 1/2 Liter Salzwasser mit einigen Tropfen Öl zum Kochen bringen.

2. Nudeln eingeben und 5–10 Minuten, je nach Art der Nudeln, knackig – mit Biß garen. Dann auf einem Sieb abtropfen lassen.

3. Eier mit etwas Salz verquirlen, Zwiebeln und Petersilie oder Schnittlauch darunterrühren.

4. 1 EL Butter in einer Pfanne erhitzen, Nudeln dazugeben, unter Wenden leicht knusprig braten.

5. Eimasse gleichmäßig über die Nudeln verteilen, Käse darüberstreuen und in zugedeckter Pfanne bei geringer Hitze 5 Minuten stocken lassen.

Zubereitungszeit: 30 Minuten
Tip: Man kann auch bereits gekochte Nudeln vom Vortag verwenden.
Getränk: Leichter italienischer Rotwein oder Beaujolais

Kaiserschmarrn

Vorbereitung der Zutaten:
4 EL Rosinen, in 6 EL Rum eingeweicht (nach 1 Stunde ausdrücken)
4 Eier
4 EL Butter
Puderzucker
Prise Salz
3 EL Zucker
3/8 l Milch
1 Messerspitze echten Vanillezucker oder Vanille-Puddingpulver
250 g gesiebtes Weizenmehl
Beilage: Konfitüren, Haselnuß-Streusel, Apfelmus

1. Eiweiß zu Schnee schlagen. Eigelb, Zucker und Salz schlagen, bis die Masse dickflüssig ist.

2. Milch, Vanillezucker oder Vanille-Puddingpulver und Mehl einrühren, bis die Masse glatt ist.

3. Rosinen unterrühren und Eischnee unterheben.

4. 1 EL Butter in der Pfanne schmelzen. Die Hälfte des Teiges einfüllen und etwa 5 Minuten bei kleiner Hitze aufgehen lassen und leicht bräunen.

5. Teig auf großem Topfdeckel wenden und die andere Seite ebenfalls mit 1 EL Butter 5 Minuten bei kleiner Hitze garen.

6. Kaiserschmarrn mit der Gabel in unregelmäßige Stücke reißen. Zweite Teighälfte zubereiten. Alle Stücke auf gewärmter Platte mit Puderzucker bestreut servieren.

Zubereitungszeit: 40 Minuten
Tip: Kann am gleichen Abend in der Pfanne mit etwas Butter, zugedeckt, noch einmal aufgewärmt werden.
Getränk: Dazu sollte man nur Kaffee trinken

Berliner Speckpfannkuchen

Vorbereitung der Zutaten:
200 g fetter Speck, fein gewürfelt
6 Eier
250 g Mehl
3/8 l Weißbier
Salz
Prise Muskatnuß
1 Messerspitze Backpulver
Beilage: Kopfsalat

1. Mehl im Bier glatt verrühren, dabei Eier, Salz, Muskatnuß und Backpulver dazugeben.

2. Für jeden Pfannkuchen extra: In großer Pfanne je 50 g Speck unter Rühren bei großer Hitze 3 Minuten knusprig auslassen.

3. Ein Viertel des Teigs in der Pfanne verteilen und etwa 4 Minuten von beiden Seiten bei mittlerer Hitze goldbraun braten.

4. Die bereits fertigen Speckpfannkuchen auf feuerfester Platte im Ofen bei 100–120 Grad heißstellen.

Zubereitungszeit: 50 Minuten
Getränk: Weizenbier mit 1 Scheibe Zitrone

Eierstich

Vorbereitung der Zutaten:
2 Eier
4 EL Milch (oder Brühe)
Salz
Prise Muskatnuß
1 TL Butter zum Ausfetten de

1. Kleine, feuerfeste, dünnw ausfetten. Milch mit Eiern, S verrühren, in die Form gieß

2. Form auf einer umgedr Wasserbad bei kleiner Hitz mit Deckel etwa 30 Minuten kochen, Masse stockt. Das Wasser soll im Topf so hoch stehen wie die Eimasse in der Form.

3. Stürzen, abkühlen lassen und in Würfel schneiden. Zu klaren Suppen als Einlage verwenden.

Zubereitungszeit: 35 Minuten

Eiereinlauf für Bouillon

Vorbereitung der Zutaten:
1 Ei
1 EL Sahne
Salz
2 gestrichene EL Mehl
3/4 l klare Kraftbrühe (Rezept Seite 42)

1. Ei, Sahne, Salz und Mehl gut verquirlen. Brühe zum Kochen bringen.

2. Die Masse über einen Schaumlöffel vorsichtig in die kochende Brühe laufen lassen. Sie soll gleich zu Flocken gerinnen. Einmal aufkochen, dann nur noch heiß halten.

Zubereitungszeit: 10 Minuten

Eier-Brunch

Vorbereitung der Zutaten: (für 1 Person)
1 Brötchen, in 1 cm große Würfel geschnitten
50 g durchwachsener Speck, fein gewürfelt
50 g Goudakäse, in 1 cm große Würfel geschnitten
1 TL glatte Petersilie, gehackt
3 Eier
3 EL Sahne
1 Prise Muskatnuß
Salz
Pfeffer
Beilage: Frische Krabben, alle grünen Salate, Kartoffelsalat ohne Mayonnaise

1. Backofen auf 180 Grad vorheizen.

2. Eier mit 3 EL Sahne verquirlen, Salz, Pfeffer, Prise Muskatnuß dazugeben.

3. Brötchen-, Speck- und Käsewürfel in kleiner, feuerfester Porzellanschüssel mischen und mit gewürztem Eier-Sahne-Gemisch begießen.

4. In der Mitte des Backofens bei 180 Grad etwa 30 Minuten garen.

Zubereitungszeit: 40 Minuten
Getränk: Frische kühle Milch oder Fruchtsäfte

Eier-Fiesta

Vorbereitung der Zutaten:
6 Eier, mit Salz, Pfeffer, Prise Muskatnuß verquirlt
3 mittelgroße Kartoffeln, mit der Schale 10 Minuten in Salzwasser gekocht, gepellt, in dünne Scheiben geschnitten
3 kleine Zwiebeln, geschält, in dünne Scheiben geschnitten
2 EL Butter
2 Eier hartgekocht, geviertelt
2 EL glatte Petersilie, gehackt
1 Bund Basilikum, Blätter fein gezupft
1 EL Tomatenmark

1. 1 EL Butter in großer Pfanne zerlassen. Zwiebeln und Kartoffeln etwa 6 Minuten bei mittlerer Hitze unter Rühren braten.

2. 1 EL Butter dazu, Eier zugießen, bei mittlerer Hitze etwa 5 Minuten stocken lassen.

3. Auf Topfdeckel wenden und noch einmal 3 Minuten bei kleiner Hitze von der anderen Seite braten.

4. Mit Tomatenmark dünn bestreichen, mit Basilikum belegen. In Portionen teilen und mit Eivierteln und Petersilie bestreut servieren.

Zubereitungszeit: 30 Minuten.
Getränk: Italienischer Rotwein

Kräuter-Eier

Vorbereitung der Zutaten:
8 Eier, hartgekocht
2 Päckchen Kresse
Salz
Pfeffer
1 Bund Dill, gezupft
1 Bund glatte Petersilie, gehackt
2 EL weiche Butter
1 Ei, verquirlt
etwa 1 l Öl für kleine Friteuse
3 EL Paniermehl } in einem Suppenteller
3 EL Mehl } vermengt
Beilage: Alle grünen, frischen Salate

1. Öl in der Friteuse auf 170–180 Grad erhitzen.

2. Eier halbieren, Eigelb herausnehmen, mit Butter, Petersilie, Dill, Salz und Pfeffer verrühren. Wieder in die Eier füllen. Eier zusammensetzen.

3. Eier in verquirltem Ei und dann in Mehl-Paniermehl-Mischung wenden.

4. 5 Minuten in heißem Fett schwimmend ausbacken. Auf Küchenkrepp abtropfen und im Kressenest anrichten.

Zubereitungszeit: 30 Minuten.
Tip: Das Öl ist heiß genug, wenn sich an einem Hölzchen, das in die Flüssigkeit gehalten wird, kleine Blasen bilden.
Getränk: Obergäriges Bier oder Weißwein-Schorle

Käse-Soufflé

Vorbereitung der Zutaten:
4 Eigelb
6 Eiweiß, steif geschlagen
3 gestrichene EL Mehl
Salz
schwarzer Pfeffer
1 1/2 Tassen heiße Milch
4 EL Butter
3 gehäufte EL geriebener Hartkäse
Prise Muskatnuß
Beilage: Alle grünen, frischen Salate

1. Backofen auf 200 Grad vorheizen. Eine feuerfeste Auflaufform (Ø und Höhe etwa 15 cm) mit 1 EL Butter fetten und mit 1 EL Käse ausstreuen.

2. 3 EL Butter in mittelgroßem Topf zergehen lassen und mit dem Schneebesen 3 EL Mehl einrühren. Bei kleiner Hitze 2 Minuten anschwitzen.

3. Vom Feuer nehmen und die heiße Milch langsam einrühren. Prise Muskat dazugeben, salzen und pfeffern. Rühren, bis alles glatt ist und dabei wieder aufkochen.

4. Topf vom Feuer nehmen, die 4 Eigelb einschlagen und das geschlagene Eiweiß löffelweise einrühren. Danach auch den Käse einrühren.

5. Masse in die Form geben, glatt streichen und in der Mitte des Ofens auf dem Grillgitter etwa 25 Minuten backen. Hitze auf 180 Grad herunterschalten. Wenn das Soufflé über den Rand aufgeht, sofort servieren.

Zubereitungszeit: 45 Minuten.
Getränk: Weißer Burgunder oder Gewürztraminer

FISCHERS EIERPFANNE
SEITE 96

FORELLE IM SCHLAFROCK
SEITE 97

Käse-Eier

Vorbereitung der Zutaten:
1 EL Butter
125 g geriebener Emmentaler Käse
8 Eier
3 EL kleingeschnittener Schnittlauch
1 Tasse süße Sahne
Salz
1/2 TL getrockneter Thymian
Beilage: Spinat und Salzkartoffeln

1. Butter in einer großen Pfanne (mit Deckel) erhitzen, bei kleiner Hitze den Käse dazugeben und die Eier nebeneinander – wie Spiegeleier – aufschlagen.

2. Schnittlauch mit etwas Salz und Thymian unter die Sahne mischen und über die Eier gießen.

3. Das Gericht zugedeckt bei kleinster Hitze in etwa 10 Minuten garen.

Zubereitungszeit: 20 Minuten
Getränk: Bier

Soleier

Vorbereitung der Zutaten: (Für die Sole)
1 1/2 l Wasser
100 g Salz
2 Lorbeerblätter
1 EL Senfkörner
30 g getrocknete Dilldolden
2 Nelken
15 Eier
Zum Eierkochen: 2 ungeschälte Zwiebeln
Beilage: Roggenbrot mit Butter

1. Wasser mit Salz und allen Gewürzen aufkochen. Diese Sole erkalten lassen.

2. Die Eier mit den Zwiebeln in Wasser 10 Minuten hartkochen bis sich die Schale färbt.

3. Eier kalt abspülen. Zwiebeln wegwerfen. Schale mehrfach anknicken, damit die Sole eindringen kann und dann die Eier in einem hohen Glasgefäß mit Deckel in die Flüssigkeit legen. Mindestens 2 Tage darin ziehen lassen.

Zubereitungszeit: 30 Minuten
Tip: Die Eier halten sich in der Sole bis zu 2 Wochen, sie werden durch Lagerung nur besser.
Zum Essen: Eier halbieren. Auf einem Teller Senf, Öl, feingehackte Zwiebel, Pfeffer und ein paar Tropfen Essig mischen und mit dem zerdrückten Eigelb vermengen.
Getränk: Bier und Korn

Pilz-Eier

Vorbereitung der Zutaten:
250 g Mischpilze (auch aus der Dose), abgetropft, fein gewürfelt
8 Blätterteigpasteten
1 mittelgroße Zwiebel, fein gehackt
50 g durchwachsener Speck, fein gewürfelt
50 g heiße Butter
1 gestrichener EL Mehl
8 Eigelbe, verquirlt
2 Scheiben Toastbrot, ohne Rinde, fein gewürfelt und in 1 Tasse heißer Milch eingeweicht und zerdrückt
Salz
weißer Pfeffer
1 Becher süße Sahne
3 EL Zitronensaft
4 EL gemischte gehackte Kräuter, (Petersilie, Pimpinelle, Schnittlauch, Dill, Kresse)

1. Backofen auf 180 Grad vorheizen (oder Grill verwenden). Speck in der Pfanne bei mittlerer Hitze in 4 Minuten unter Rühren auslassen. Zwiebelwürfel dazugeben und bei kleiner Hitze drei Minuten unter Rühren glasig dünsten.

2. Mehl vorsichtig einrühren und mit 1 Becher süße Sahne allmählich löschen, gut rühren.

3. Pilze und 3 EL Kräuter sowie Salz, Pfeffer und Zitronensaft dazugeben und 8 Minuten bei kleiner Hitze unter Rühren garen. Inzwischen Pasteten in Backofen oder Grill 5 Minuten bei mittlerer Hitze aufbacken.

4. Das in heißer Milch zerdrückte Toastbrot mit 50 g heißer Butter und den 8 verquirlten Eigelben glattrühren. In der Pfanne bei mittlerer Hitze 3–4 Minuten wie Rühreier in 1 TL Butter unter Rühren braten. Salzen und pfeffern.

5. Aufgebackene Pasteten mit Pilzmasse füllen und Eimasse obendrauf verteilen. Mit dem Rest Kräuter bestreuen.

Zubereitungszeit: 1 Stunde
Tip: Für 4 Personen eine komplette Mittag- oder Abendmahlzeit. Als Vorspeise die Hälfte der Zutaten nehmen.
Getränk: Spritziger Weißwein oder eine Schorle

Fischers Eierpfanne

Vorbereitung der Zutaten:
150 g große Krabben oder 8 Garnelen, ausgepult
200 g Räucheraal, in 8 Stücke geschnitten, ohne Haut und Gräten
40 g Butter
300 g frische Karotten und Erbsen, in Salzwasser gargekocht, oder tiefgefrorene Ware
8 Miesmuscheln
8 Eier
1 EL Butter
1 Bund Dill, gezupft
Salz
schwarzer Pfeffer aus der Mühle

1. Butter in großer Pfanne zerlassen und Karotten, Erbsen, Muscheln, Garnelen und Aal 5 Minuten bei mittlerer Hitze unter Rühren braten.

2. 8 Spiegeleier in großer Pfanne in 1 EL Butter braten – bei mittlerer Hitze etwa 5 Minuten.

3. Fisch-Gemüse und Eier salzen und pfeffern, in 4 Portionen teilen und mit Dill bestreuen.

Zubereitungszeit: 30 Minuten
Tip: Muscheln kann man auch weglassen. Dann 100 g mehr Krabben nehmen.
Getränk: Weiß- oder Rotwein, Hauptsache trocken. Auch Bier schmeckt gut dazu.

Forelle im Schlafrock

Vorbereitung der Zutaten:
2 mittelgroße Räucherforellen, enthäutet, entgrätet und in je 4 Teile filetiert
125 g eingemachte Preiselbeeren
1 Eigelb, das Eiweiß für den Teig aufheben
Für den Schlafrock: (8 Pfann- oder Eierkuchen)
200 g Mehl
1/2 l Milch oder Buttermilch
1/2 l Mineralwasser
1 TL Salz
7 Eier und 1 Eiweiß
100 g Pflanzenfett oder Butterschmalz
Beilage: Kopfsalat

1. Das Mehl und die Flüssigkeit vermengen und glattrühren (am besten mit dem Handmixer).

2. Die aufgeschlagenen Eier und das eine Eiweiß dazugeben und noch drei Minuten kräftig rühren.

3. Die Pfanne trocken erhitzen, dann ein nußgroßes Stück Fett zergehen lassen und so lange schwenken, bis der Pfannenboden überall fettig ist.

4. Von dem dünnflüssigen Teig eine volle Suppenkelle in die Pfanne gießen, durch Schwenken rasch auseinanderlaufen lassen und die Pfanne schütteln, damit der Eierkuchen nicht ansetzt.

5. Während des Bratens den Rand des Eierkuchens mit dem Holzspachtel von der Pfanne lösen. So etwa drei Minuten bei mittlerer Hitze backen. Bildet sich dabei Rauch, sofort noch etwas Fett unterheben.

6. Eierkuchen wenden und noch einmal zwei Minuten goldgelb braten. Auf einen Teller gleiten lassen.

7. Das Verfahren wiederholen, bis alle acht Pfannkuchen gebacken sind. Auskühlen lassen, bis sie nur noch lauwarm sind.

8. Ein Drittel jedes Eierkuchens mit einem Viertel der Forelle belegen, dann 1 EL Preiselbeeren daraufstreichen.

9. Die Füllung sorgfältig in den Pfannkuchen wickeln.

10. Das Eigelb mit 2 TL Wasser verquirlen und die gefüllten Pfannkuchen damit an der Oberseite einpinseln.

11. Jetzt mit der Eigelbseite nach oben rund fünf Minuten auf dem Blech unter den Grill oder bei 250 Grad Oberhitze in den Backofen (obere Schiene) geben, bis die Pfannkuchen leicht gebräunt sind.

Zubereitungszeit: 50 Minuten
Tip: Eier- oder Pfannkuchen setzen nicht an, wenn die Pfanne ganz sauber ist. Besonders geeignet sind Pfannen mit Rillenböden oder Teflonbeschichtung.
Getränk: Rosé

Jägerfrühstück

Vorbereitung der Zutaten: (Für 4–6 Personen)
150 g durchwachsener Speck, in dünnen, kleinen Scheiben
1 mittelgroße Zwiebel, fein gehackt
500 g Steinpilze, Mischpilze oder Pfifferlinge, gut gesäubert und blättrig aufgeschnitten
1 gestrichener TL Salz
1 reichliche Prise schwarzer Pfeffer aus der Mühle
10 Eier, mit der Hälfte des Salzes verquirlt, 1/2 Tasse Milch dazu
3 EL glatte Petersilie, gehackt
1/2 TL frische oder getrocknete Rosmarinblätter (siehe Tip)
Beilage: Bratkartoffeln oder Butterbrot

1. Speck in einer großen Pfanne unter Rühren bei mittlerer Hitze 5 Minuten hellbraun rösten.

2. Speckgrieben herausnehmen und Zwiebeln in dem Speckfett sofort glasig braten. Dann die Speckgrieben wieder in die Pfanne geben.

3. Die feuchten Pilze dazugeben. Mit dem restlichen Salz, Rosmarin und Pfeffer 10 Minuten bei kleiner Hitze zugedeckt schmoren. Gelegentlich schütteln.

4. Hitze steigern, die Eier darübergießen. Die fester werdende Eimasse leicht hin- und herschieben und etwa 2 Minuten stocken lassen. Petersilie darüberstreuen.

Zubereitungszeit: 40 Minuten
Tip: Nur sehr schmutzige Pilze waschen. Getrockneten Rosmarin 15 Minuten vorher im Eierbecher in Weißwein einweichen und mit der Flüssigkeit verwenden.
Getränk: Bier

Bauernfrühstück

Vorbereitung der Zutaten:
500 g gekochte Kartoffeln (nicht zu mehlige Sorte), in Scheiben geschnitten oder gewürfelt
1 große Zwiebel, fein gewürfelt
125 g durchwachsener Speck, gewürfelt
6 Eier
1 Salz- oder Gewürzgurke, geschält und klein gewürfelt
1/2 Tasse Milch
2 EL gehackte glatte Petersilie oder Schnittlauch, fein geschnitten
Salz
schwarzer Pfeffer

1. Speck in einer größeren Pfanne anbraten, bis er Fett abgibt und anfängt, kross zu werden.

2. Kartoffeln und Zwiebeln dazugeben. Bei mittlerer Hitze unter vorsichtigem Wenden goldbraun anrösten. Bei Bedarf noch etwas Butter dazugeben.

3. Eier mit Milch verquirlen, salzen, pfeffern. Gurke und Kräuter untermischen.

4. Eier bei mittlerer Hitze über die Kartoffeln gießen, 3 Minuten zugedeckt stocken lassen und dann unter sanftem Rühren in etwa 2 Minuten fertig braten.

Zubereitungszeit: 25 Minuten
Tip: Auch Kartoffeln vom Vortag eignen sich gut.
Getränk: Bier

Eier mit Schinkenschaum

Vorbereitung der Zutaten:
150 g gekochter Schinken
1/2 l ungesüßte Schlagsahne
8 Blatt weiße Gelatine
8 hartgekochte Eier, der Länge nach halbiert
2 Stengel Petersilie
Salz
weißer Pfeffer aus der Mühle
Beilage: Im Ofen angewärmtes Käsegebäck

1. Gelatineblätter nach Gebrauchsanweisung in etwas Wasser einweichen und verflüssigen lassen.

2. Gekochten Schinken in der Küchenmaschine pürieren. Eine Scheibe aufheben und in streichholzlange dünne Streifen schneiden.

3. Schlagsahne und Gelatine unter das Schinkenpüree rühren und zu einem elastischen Mousse verbinden. Salzen und pfeffern.

4. Den Schinkenschaum durch eine Rundtülle (Tortenspritze) auf die halbierten Eier häufeln.

5. Mit Schinkenstreifen und gezupften Petersilienblättern garnieren.

6. Eine Stunde im Kühlschrank durchkühlen.

Zubereitungszeit: 30 Minuten
Tip: Hält sich 24 Stunden im Kühlschrank. Als Unterlage (Bett) für die Eier eignen sich kalte Salate wie Waldorf- oder Gemüsesalat.
Getränk: Württemberger Trollinger oder Rosé

Feinschmecker-Ei mit Nieren

Vorbereitung der Zutaten:
8 Eier, mit Salz und Pfeffer verquirlt
6 Fleischtomaten, gebrüht, gehäutet, entkernt, gewürfelt
250 g Kalbsnieren, gewürfelt
60 g Butter
1 Bund Frühlingszwiebeln, klein geschnitten, mit etwas Grünanteil
1 EL Mehl
2 EL Petersilie, gehackt
1 EL Zucker
Salz
schwarzer Pfeffer aus der Mühle

1. Nieren in Pfeffer und Mehl wenden.

2. 30 g Butter in der Pfanne erhitzen und Nieren 5 Minuten bei großer Hitze unter Rühren anbraten. Danach salzen.

3. Frühlingszwiebeln dazugeben und bei kleiner Hitze unter Rühren 5 Minuten anbraten.

4. Tomaten und Zucker dazugeben und bei mittlerer Hitze 10 Minuten unter häufigem Rühren ohne Deckel einkochen.

5. Salz, Pfeffer und Petersilie dazugeben. Auf kleiner Flamme warm halten.

6. 30 g Butter in einer zweiten Pfanne zerlassen und die Eier bei mittlerer Hitze in 3 Minuten unter leichtem Rühren garen.

7. Auf einer Platte einen Kranz aus Rührei legen und Nieren in die Mitte geben.

Zubereitungszeit: 45 Minuten
Getränk: Sanfter Rotwein

Spiegeleier

Vorbereitung der Zutaten:
4 Eier
2 EL Butter
Salz
weißer Pfeffer aus der Mühle

1. Eier einzeln auf einen Teller oder in eine Tasse schlagen, ohne daß das Eigelb dabei verletzt wird.

2. Butter in einer Pfanne erhitzen und die Eier vorsichtig hineinlaufen lassen. Sobald das Ei zu stocken beginnt, das Ei mit etwas Salz bestreuen (nicht das Eigelb, weil es sonst helle Flecken bekommt). Langsam bei schwacher Hitze garen. Erst am Tisch pfeffern.

Zubereitungszeit: 8 Minuten
Tip: Will man die Eier überbacken, 1/2 TL Wasser in die Pfanne, wenn das Eiweiß schon stockt und sofort Deckel drauf.

Spiegeleier auf Lauch-Zwiebelsauce

Vorbereitung der Zutaten:
8 Eier
100 g Butter
1 große Stange Lauch, den helleren Teil grob geschnitten
3 mittelgroße Zwiebeln, halbieren, in Scheiben schneiden
1/2 l Milch
50 g Mehl
1 Prise Muskatblüte
Salz
schwarzer Pfeffer aus der Mühle
2 EL Schnittlauch, fein geschnitten
4 Scheiben Weißbrot, vor dem Servieren getoastet

1. Lauchstücke und Zwiebelscheiben mit 1 Tasse Milch und 1 TL Butter 15 Minuten bedeckt unter häufigem Rühren bei kleiner Hitze garen.

2. Inzwischen aus 50 g Butter, Mehl und reichlich 1 Tasse Milch eine Béchamelsauce zubereiten: Butter zerlassen, Mehl bei kleiner Hitze mit Schneebesen einrühren. Nicht braun werden lassen. Milch einrühren, unter Rühren aufkochen. Vom Feuer nehmen und glattrühren.

3. Lauch und Zwiebeln mit der Béchamelsauce verrühren und mit Salz, Pfeffer und Muskatblüte abschmecken.

4. Sauce bei kleiner Hitze offen noch etwa 5 Minuten unter Rühren einkochen. Falls die Sauce zu dick wird, noch etwas Milch dazugeben.

5. Währenddessen mit der restlichen Butter in großer Pfanne bei mittlerer Hitze 4 Minuten (mit Deckel) je 4 Spiegeleier braten (nur das Weiße salzen, auf das Gelbe eine Prise Pfeffer geben).

6. Bratfett in die Lauch-Zwiebelsauce rühren. Spiegeleier im tiefen Teller auf der Sauce anrichten, mit Schnittlauch bestreuen und mit Toast servieren.

Zubereitungszeit: 35 Minuten
Tip: Getoastetes Graubrot statt Weißbrot.
Getränk: Export-Bier

Vitamin-Ei

Vorbereitung der Zutaten:
8 weichgekochte Eier (5–6 Minuten)
250 g junge Erbsen
250 g Karotten, gewürfelt
200 g gekochte Kartoffeln, gewürfelt
4 große Champignons, blättrig geschnitten
3–4 Tomaten, in halbe Scheiben geschnitten
4 große Radieschen in Scheiben
1 Salatherz vom Kopfsalat, in Streifen geschnitten

verrührt:
1 großes Bund Dill, gezupft
1/4 l Crème fraîche
Salz
weißer Pfeffer
3 EL Zitronensaft

Beilage: Getoastetes Roggenbrot

1. Erbsen und Karotten nacheinander in 1 Liter Wasser mit 1 TL Salz und 1 TL Zucker garen (noch mit Biß). Abtropfen und kalt werden lassen.

2. Erbsen, Karotten und Kartoffeln in die Hälfte der Dillcreme einrühren.

3. Das Gemüse in die Mitte von 4 Tellern verteilen und je zwei abgepellte Eier darauflegen.

4. Den Tellerrand mit Radieschen, Champignons, Tomaten und Salatstreifen umlegen. Leicht salzen und die restliche Dillcreme über die Eier verteilen.

Zubereitungszeit: 45 Minuten.
Tip: Auch Kartoffeln vom Vortag können verwendet werden.
Getränk: Einfacher Weißwein mit einem halben Teelöffel Sirup von schwarzen Johannisbeeren (Cassis) pro Glas.

Verlorene Eier mit Senfsauce

Vorbereitung der Zutaten:
2 EL Butter
2 EL Mehl
1/8 l Wasser
2–3 EL scharfer Senf oder Estragon-Senf
1/8 l Milch
1/8 l süße Sahne
1 EL Zitronensaft
1 TL Zucker
Salz
weißer Pfeffer aus der Mühle
8 Eier
1/2 Tasse Essig
Beilage: Kartoffelpüree und grüner Salat

1. Aus Butter und Mehl in einem kleinen Topf bei kleiner Hitze eine Schwitze machen und mit dem Schneebesen unter ständigem Rühren mit Wasser ablöschen, bis die Masse sämig ist.

2. Mit dem Schneebesen Senf, Milch und Sahne einrühren, mit Zitronensaft, Salz, Zucker und Pfeffer herzhaft abschmecken. Warmstellen.

3. 2 Liter Wasser mit 1/2 Tasse Essig und 1 EL Salz in einem breiten Topf (Kasserolle) zum Kochen bringen.

4. Eier einzeln in eine Tasse schlagen und behutsam so ins Wasser gleiten lassen, daß sie nebeneinander liegen können, 3 Minuten sieden lassen. Sobald das Weiße der Eier gut zusammenhält, mit dem Schaumlöffel herausnehmen, ringsum glattschneiden, salzen und die warme Senfsauce darübergießen.

Zubereitungszeit: 30 Minuten
Tip: Eigelb beim Einschlagen in die Tasse nicht verletzen. Das Wasser muß simmern, ohne zu kochen. Die Eier dürfen den Boden der Kasserolle nicht berühren. Damit das Eigelb weich bleibt, nicht länger als 4 Minuten im Wasserbad lassen.

Gemüse

Gemüse richtig zu kochen, haben wir von den Franzosen gelernt. Hier hat die „Nouvelle Cuisine" erfreuliche Spuren hinterlassen. Ob Patent- oder Dampfkochtopf, spielt eigentlich keine Rolle, wenn man nur beherzigt, daß die Kochzeit im leicht gesalzenen Wasser mit einer Prise Zucker so kurz wie eben möglich und so lange wie gerade nötig dauern soll. Mehl hat im Gemüse nichts zu suchen. Kräuter sind fast immer ein Muß. Beim Gemüse wird besonders deutlich, was wir der Wissenschaft zu danken haben: Die größere Widerstandsfähigkeit gegen Krankheiten und Schädlinge sind ein Erfolg der Forschung. Züchtung hat es ermöglicht, daß Zuckerschoten, grüne Erbsen und harte Erbsen für Püree und Eintopf heute nicht mehr ein und dieselbe Sorte in verschiedenem Reifezustand ist, sondern drei Pflanzensorten sind. Das kommt der Küche zugute.

Sauerampfergemüse

Vorbereitung der Zutaten:
1 kg Sauerampfer, verlesen, waschen, sehr grob hacken
200 g Crème fraîche (oder saure Sahne)
5 EL Korinthen, 20 Minuten in Wasser einweichen
1 EL Butter
4 Eigelb, verquirlen
Salz
weißer Pfeffer aus der Mühle

1. Den tropfnassen Sauerampfer in großem Topf bei kleiner Hitze zusammen mit Butter, Korinthen und Crème fraîche während 5 Minuten mit Deckel dünsten. Dabei einmal pro Minute umrühren.

2. Noch 5 Minuten bei kleiner Hitze ohne Deckel unter Rühren kochen. Mit Salz und Pfeffer abschmecken.

3. Vom Feuer nehmen und die verquirlten Eigelb unterrühren.

Zubereitungszeit: 20 Minuten
Tip: Als Beilage zu Fischgerichten.

Ein besonderes Wildgemüse: Vogelmiere

Aus dem Unkraut Vogelmiere läßt sich fast das ganze Jahr über eine delikate Gemüsebeilage zubereiten. Eine Überraschung selbst für Feinschmecker, denn die Wildpflanze ist seit dem Mittelalter fast in Vergessenheit geraten.

Vorbereitung der Zutaten:
200 g Vogelmiere, ohne Wurzeln und braune Blätter
1 kleinere Zwiebel, fein hacken
1 EL Butter
Saft einer halben Zitrone
Salz
Zucker
weißer Pfeffer aus der Mühle

1. Vogelmiere waschen, nicht abtrocknen. Mit der Hand rupfen.

2. Butter in einer kleinen Pfanne zergehen lassen, Zwiebel, Vogelmiere und Zitronensaft zufügen. Auf kleiner Hitze mit Deckel 5 Minuten schmoren lassen.

3. Mit wenig Salz, einer Prise Zucker und einer Drehung aus der Pfeffermühle abschmecken.

Zubereitungszeit: 15 Minuten
Tip: Zerkleinerte rohe Vogelmiere kann in vielen Suppen auch als sanftes Gewürz verwendet werden.

Spargel „Mailänder Art"

Vorbereitung der Zutaten: (für 6 Personen)
1 1/2 – 2 kg Spargel, schälen, knackig in 2 l Wasser mit 1 TL Salz, 1 EL Zucker, 1 EL Butter garen (etwa 15 Minuten)
120 g Butter, schmelzen
100 g Parmesankäse, frisch reiben
600 g neue Kartoffeln, gar kochen
Salz
schwarzer Pfeffer aus der Mühle
2 EL glatte Petersilie, fein hacken
2 EL Butter
Beilage: Parmaschinken oder gekochter Schinken

1. Spargel und Kartoffeln garen. Ofen auf 220 Grad vorheizen, feuerfeste Form mit 1 EL Butter ausreiben.

2. 120 g Butter schmelzen, 100 g Parmesan reiben.

3. Spargel in der feuerfesten Form aufschichten. Jede Schicht salzen, pfeffern und mit Parmesan bestreuen. Mit der geschmolzenen Butter übergießen und etwa 15 Minuten in der Mitte des Ofens überbacken.

4. Gepellte Kartoffeln in 1 EL Butter und Petersilie schwenken.

Zubereitungszeit: 45 Minuten
Tip: Je nach Geschmack statt kaltem Schinken ein kleines warmes Kalbsschnitzel natur (unpaniert) oder Rühreier als Beilage reichen.

Spargel mit holländischer Sauce

Vorbereitung der Zutaten: (für 6 Personen)
1 1/2 – 2 kg Spargel, vorbereitet und gekocht, (Rezept Seite 106)
Zubereitung einer holländischen Sauce nach Grundrezept I, Seite 322
einige Tropfen Worcestershiresauce
1 EL Weißwein
Beilage: Neue Kartoffeln (Pellkartoffeln)

1. Während der Spargel etwa 20 Minuten gar zieht, holländische Sauce herstellen.

2. Die Sauce, die nach Zugabe der Butter die Konsistenz dicker Mayonnaise erhält, mit Zitronensaft, Worcestershiresauce und Weißwein abschmecken.

Zubereitungszeit: 40 Minuten

Spargel altdeutsch

Vorbereitung der Zutaten:
700 g Spargel, gegart (schälen, die Enden abschneiden, in Salz, Zucker und 1 l Wasser mit etwas Butter aufkochen und 15–25 Minuten je nach Dicke garen), in 2–3 cm große Stücke schneiden
200 g Krabben
80 g Butter
1 EL Mehl
1 Tasse Weißwein
1/8 l süße Sahne
4 hartgekochte Eier, vierteln
Salz
weißer Pfeffer
1 EL Zucker
Estragon (getrocknet: 1 TL, frisch: 1 EL)
1/4 l Spargelwasser
2 EL Zitronensaft
4 EL Dill, zupfen

1. Krabben in mittlerem Topf in der Butter etwa 4 Minuten dünsten. Mit Schaumlöffel herausnehmen, Butter drinlassen.

2. Mehl mit dem Schneebesen einrühren, 2 Minuten bei kleiner Hitze anschwitzen.

3. Mit Wein und Spargelwasser löschen, bei Mittelhitze aufkochen, rühren.

4. Bei kleiner Hitze Sahne zugeben, unter Rühren 5 Minuten einkochen. Mit Salz, Zucker, Pfeffer und Estragon würzen.

5. Spargel, Eier und Krabben und 2 EL Zitronensaft in der Sauce erhitzen. Mit Petersilie bestreuen.

Zubereitungszeit: 40 Minuten
Tip: Beim Spargelkochen müssen die Stangen mit Wasser bedeckt sein.
Getränk: Trockener Weißwein

Spargel mit Zunge und Haselnuß-Sauce

Vorbereitung der Zutaten:
1 kg Spargel, schälen und portionsweise bündeln
8–12 Scheiben Pökelzunge
Salz
1 TL Zucker
1 Stich Butter
4 EL fein gehackte Petersilie
Für die Sauce:
2 gehäufte EL geriebene Haselnüsse
1/4 l Instant-Brühe
1/4 l Milch
2 EL Zitronensaft
1 Eigelb mit 2 EL süßer Sahne verquirlt
4 EL Butter
2 EL Mehl
Salz
1 TL Zucker
weißer Pfeffer aus der Mühle
1 Prise Muskatnuß
Beilage: Neue Kartoffeln in der Schale

1. Spargel in länglichem Topf in etwa 3 l leicht gesalzenem, kochendem Wasser mit einer Prise Zucker und einem Stich Butter 15–20 Minuten garen.

2. 4 EL Butter in kleinem Topf bei kleiner Hitze zerlassen. Haselnüsse dazugeben und unter Rühren 2 Minuten anrösten. Mehl darüberstäuben und noch 1 Minute rühren. Mit Milch und Brühe löschen; mit Schneebesen rühren und bei kleiner Hitze 10 Minuten kochen.

3. Sauce vom Feuer nehmen, Eigelb einrühren und mit Zitronensaft, Zucker, Salz, Pfeffer und Muskatnuß abschmecken.

4. Abgetropften Spargel mit den Zungenscheiben auf einer vorgewärmten Platte anrichten. Etwas heiße Sauce darübergießen und mit Petersilie garnieren. Die übrige Sauce extra reichen.

Zubereitungszeit: 45 Minuten
Getränk: Lieblicher Weißwein (z. B. Rheingau)

Schwarzwurzeln

Vorbereitung der Zutaten:
1 kg Schwarzwurzeln, waschen, schaben, in 3 cm lange Stücke schneiden und sofort einlegen in Mischung aus:
1 l Wasser
2 EL Mehl, das mit
2 EL Essig verrührt wird.
1/2 Tasse Milch mit 1 EL Mehl verrühren
1 TL Zitronensaft
3 EL Butter
2 EL glatte Petersilie, fein hacken
Salz
1 Prise Muskatnuß

1. Abgespülte Schwarzwurzeln in kochendes Salzwasser geben und je nach Jahreszeit und Dicke 30–60 Minuten bei Mittelhitze zugedeckt garen. Dem Wasser die Milch zufügen.

2. Ergibt die Probe mit der Messerspitze am dickeren Teil der Wurzeln, daß sie gar sind, im Durchschlag abtropfen lassen.

3. Butter im Topf zergehen lassen. Sofort nach dem Aufschäumen Wurzeln und Zitronensaft dazugeben. Alles gründlich durchschwenken und mit etwas Salz und Muskatnuß würzen.

Zubereitungszeit: 1 Stunde
Tip: Als Beilage für alle Fleischarten geeignet; aber auch mit neuen Kartoffeln ohne Fleisch eine delikate Mahlzeit.

Broccoli in Weißweinsauce

Vorbereitung der Zutaten:
1 kg Broccoli, gewaschen, in Röschen mundgerecht geteilt, Stengel geschält und in Stücke geschnitten, ohne holzige Endstücke
1 1/2 Tassen Weißwein
1/4 Tasse Olivenöl
1 Knoblauchzehe, fein gehackt
1 gestrichener EL Zucker
1 TL gekörnte Brühe
Salz
schwarzer Pfeffer

1. Olivenöl in großer Pfanne heiß werden lassen. Knoblauch unter Rühren bei Mittelhitze anschwitzen. Broccolistengel dazugeben, 3 Minuten später die Broccoliröschen im Öl wenden und 3 Minuten mit Deckel dünsten.

2. Wein, gekörnte Brühe, Salz und Pfeffer dazugeben und bei kleiner Hitze ohne Deckel unter gelegentlichem Rühren 5 Minuten schmoren.

3. Pfanne zudecken und bei kleiner Hitze noch etwa 15 Minuten dünsten, bis der Broccoli weich ist.

4. Broccoli mit Schaumlöffel herausnehmen und warm halten. Sauce bei großer Hitze offen unter Rühren mit dem Zucker auf eine halbe Tasse einkochen. Broccoli mit der Sauce übergießen.

Zubereitungszeit: 35 Minuten
Tip: Beilage zu kurzgebratenem Fleisch.

Gebratener Broccoli

Vorbereitung der Zutaten:
1 kg Broccoli, waschen, Röschen von den Stielen trennen, Stiele schälen (ohne holzige Endstücke) und in mundgerechte Stücke schneiden
6 EL Hühnerbrühe (Instant)
3 EL Öl
1 EL Speisestärke in 4 EL Brühe lösen
1 EL Zitronensaft
2 TL Zucker
Salz
schwarzer Pfeffer

1. Öl in großer Pfanne erhitzen. Broccoli-Stiele 2 Minuten unter Rühren bei Mittelhitze anbraten. Broccoliröschen dazugeben und bei kleiner Hitze noch 1 Minute rühren.

2. Salz, Pfeffer, Zucker, Zitronensaft und Brühe dazugeben. Mit Deckel etwa 8 Minuten bei kleiner Hitze köcheln. Die Pfanne ab und zu schütteln.

3. Wenn der Broccoli gar, aber noch fest ist, Stärkelösung zugießen, ohne Deckel noch 1 Minute rühren, bis das Ganze mit Glasur überzogen ist.

Zubereitungszeit: 25 Minuten
Getränk: Rosé

Schwarzwälder Maisvesper

Vorbereitung der Zutaten:
4 Maiskolben, waschen, abtropfen
100 g Schwarzwälder Schinken, sehr fein würfeln
2 EL Petersilie, hacken
80 g Butter
Salz
schwarzer Pfeffer aus der Mühle

1. Mais in kochendem Salzwasser 20 Minuten bei kleiner Hitze mit Deckel leise kochen. Gut abtrocknen.

2. Maiskolben in der Pfanne unter häufigem Wenden in Butter bei Mittelhitze etwa 7 Minuten goldbraun braten. Herausnehmen und warmstellen.

3. Schinkenwürfel in dem Fett 2 Minuten unter Rühren bei Mittelhitze anschwitzen. Pfeffern und Petersilie untermischen. Über die Maiskolben verteilen.

Zubereitungszeit: 40 Minuten
Tip: Vor dem Servieren kleine dreizackige Maisgabeln links und rechts in die Kolben drücken. Sie lassen sich dadurch besser halten.
Getränk: Badischer oder Württemberger Sylvaner

Maiskolben in der Folie

Vorbereitung der Zutaten:
4 Maiskolben, waschen, abtropfen
80 g Butter
Salz
Pfeffer
1 Knoblauchzehe, zerdrücken
1 EL scharfer Senf
1 EL geriebener Meerrettich
1 EL Petersilie, hacken

1. Backofen auf 220 Grad vorheizen.

2. Zutaten mit der Butter gut vermengen.

3. Maiskolben einzeln mit der gewürzten Butter bestreichen und in Alufolie einwickeln.

4. 50 Minuten im Backofen garen und in der Folie servieren.

Zubereitungszeit: 1 Stunde
Tip: Vor dem Servieren kleine dreizackige Maisgabeln links und rechts in die Kolben drücken. Sie lassen sich dadurch besser halten.
Getränk: Badischer oder Württemberger Sylvaner

Artischocken

Vorbereitung der Zutaten:
4 Artischocken, waschen, Stiele sowie harte Blätter und Blattspitzen mit der Schere entfernen, Schnittstellen mit Essig oder Zitronensaft bestreichen
1 TL Kardamomsamen
3 TL Salz
etwa 2 l Wasser
Saft von 1 Zitrone oder 4 EL Essig

1. Artischocken mit dem Boden nach unten in etwa 2 l kochendem Wasser mit Salz, Kardamom, Essig oder Zitronensaft etwa 45 Minuten bei Mittelhitze sprudelnd kochen (sie sind gar, wenn sich die Blätter leicht abreißen lassen).

2. Mit der Schaumkelle herausnehmen und mit dem Boden nach oben auf ein Sieb zum Abtropfen legen.
Heiß oder kalt mit verschiedenen Saucen essen (z. B. Vinaigrette, Rezept Seite 463)

Zubereitungszeit: 50 Minuten
Tip: Für die italienische Variante:
Nur die Hälfte Salzwasser, sonst wie oben.
Mitkochen: 4 kleine zerschnittene Knoblauchzehen, 1 Bund Petersilie (ganz), 2 EL Minze, gut gehackt, 6 schwarze Pfefferkörner.
Getränk: Riesling

Auberginen gebacken

Vorbereitung der Zutaten:
1 kg Auberginen, ungeschält, der Länge nach in 1/2 cm dicke Scheiben schneiden
6 EL Mehl mit 6 EL geriebenem Parmesan
2 TL Salz und 4 EL Paniermehl mischen
1 Tasse Olivenöl
3 Eier mit Gabel im tiefen Teller verschlagen

1. Auberginenscheiben von beiden Seiten salzen, 20–30 Minuten ausgebreitet liegen lassen, Flüssigkeit abgießen. Scheiben ausdrücken, abspülen und mit Küchenkrepp trocknen.

2. Scheiben erst im Ei, dann in der Panade wälzen.

3. Ein Viertel vom Öl in großer Pfanne stark erhitzen. Auberginen 10 Minuten bei Mittelhitze von beiden Seiten goldbraun braten, zweimal wenden. Vor jeder neuen Einlage Öl in die Pfanne gießen.

4. Fertig gebratene Scheiben kreuzweise in eine Schüssel legen und vorsichtig mit wenigen Tropfen Essig besprengen (Daumen auf die Flaschenöffnung!).

5. Scheiben warm, lauwarm oder kalt servieren.

Zubereitungszeit: 1 Stunde
Tip: Zum Panieren zwei Suppenteller nehmen, links Ei, Mitte Panade, rechts großes Brett zum Ablegen der vorbereiteten Scheiben.
Getränk: Italienischer Weiß- oder Rotwein sowie Bier oder Cidre

Fritierte Kürbisschnitzel

Vorbereitung der Zutaten:
etwa 800 g – 1 kg Kürbisfleisch (ohne Schale, ohne Kerne, in 2 cm lange Keile schneiden
2 Eier mit Salz und schwarzem Pfeffer verquirlen
Paniermehl (ein halbvoller Suppenteller)
2 TL Piment, gemahlen
etwa 1 l Öl für die Friteuse

1. Öl in der Friteuse heiß werden lassen. Das Öl in der Friteuse hat die richtige Temperatur, wenn sich an einem Holzstäbchen kleine Blasen bilden.

2. Paniermehl mit Piment vermischen. Kürbisstücke in mit Salz und Pfeffer verquirltem Ei und anschließend in Paniermehl wenden.

3. Gemüsestücke in der Friteuse in 2 Portionen in etwa 5 Minuten goldbraun knusprig ausbacken. Auf Küchenkrepp trocknen. Nochmals salzen und pfeffern.

Zubereitungszeit: 40 Minuten
Tip: Das Öl läßt sich wieder zum Fritieren verwenden (Seite 453).
Als Beilage zu Schweinebraten, Koteletts und Schnitzeln. Restlicher Kürbis läßt sich zu Kürbissuppe (Rezept Seite 47) weiterverarbeiten.
Getränk: Alle Spätlesen

SCHWARZWÄLDER MAISVESPER
SEITE 108

GEFÜLLTE ZWIEBEL MIT SPECK UND KÄSE
SEITE 113

Sellerie fritiert

Vorbereitung der Zutaten:
etwa 800 g – 1 kg Sellerie, schälen, waschen, trocknen, in mundgerechte Scheiben schneiden
2 Eier mit Salz und Pfeffer verquirlen
Paniermehl (1 Suppenteller voll)
etwa 1 l Öl zum Fritieren
Beilage: alle grünen Salate.

1. Fett in der Friteuse heiß werden lassen.

2. Selleriescheiben in mit Salz und Pfeffer verquirltem Ei wenden. Danach in Paniermehl wenden.

3. Gemüsestücke in der Friteuse bei Mittelhitze in zwei Portionen in etwa 5 Minuten goldbraun knusprig ausbacken. Auf Küchenkrepp trocknen. Nochmals salzen und pfeffern.

Zubereitungszeit: 40 Minuten
Tip: Das Fett in der Friteuse hat die richtige Temperatur, wenn sich an einem Holzstäbchen kleine Blasen bilden. Fett kann wieder verwendet werden (siehe Seite 453).
Getränk: Frische kühle Milch oder Mineralwasser mit 2 TL Calvados pro Glas

Zwiebelringe fritiert

Vorbereitung der Zutaten:
etwa 800 g Zwiebeln, mittelgroß, in 1/2 cm dicke Scheiben schneiden und in Ringe teilen
100 g Mehl
Salz
etwa 1 l Öl zum Fritieren

1. Fett in der Friteuse auf etwa 180 Grad erhitzen.

2. Zwiebelringe in Mehl wenden, überflüssiges Mehl in Sieb abschütteln.

3. In etwa 8 Minuten bei Mittelhitze in 2 Portionen goldbraun knusprig fritieren. Auf Küchenkrepp abtrocknen, salzen.

Zubereitungszeit: 20 Minuten
Tip: Beilage zu kurzgebratenem Fleisch. (Fritier-Technik siehe oben).

Gefüllte Zwiebel mit Speck und Käse

Vorbereitung der Zutaten:
125 g fetter Räucherspeck, fein würfeln,
1 Brötchen (altbacken), in Scheiben, einweichen, ausdrücken
1 Ei
375 g gemischtes Hack
Salz
schwarzer Pfeffer
Muskatnuß
1 TL Liebstöckel, fein hacken
4 große Gemüsezwiebeln, schälen, aushöhlen und 5 Minuten in siedendes Wasser legen
100 g Gouda, in Streifen schneiden
Beilage: Safran-Reis oder Pilzrisotto

1. Gewürfelten Räucherspeck in einem großen Topf auslassen. Bei Mittelhitze 5 Minuten rühren. Fett im Topf lassen.

2. Speckgrieben mit dem eingeweichten und ausgedrückten Brötchen, Ei, Hack und Liebstöckel verkneten. Mit Pfeffer, Salz und Muskatnuß abschmecken.

3. Zwiebeln aushöhlen, mit dem Fleischteig füllen und bei Mittelhitze 5 Minuten im Speckfett anbraten.

4. Im geschlossenen Topf gut eine Stunde bei kleiner Hitze garen lassen. 1 Tasse Wasser zugeben. Backofen auf 220 Grad vorheizen (oder Grill).

5. Käsestreifen über die Zwiebeln legen und in feuerfester Form im Grill etwa 10 Minuten überbacken, bis der Käse geschmolzen ist.

Zubereitungszeit: etwa 1 1/2 Stunden
Getränk: Bier oder Cidre (Apfelwein)

Glasierte Schalotten

Vorbereitung der Zutaten:
600 g Schalotten, schälen
Salz
schwarzer Pfeffer
knapp 2 EL Zucker
1/2 Tasse Hühnerbrühe (Instant)
1 Tasse Weißwein
2 TL Estragonblätter
2 EL Butter
2 EL Öl

1. Schalotten in einer Pfanne mit 2 EL Butter und Öl bis zur leichten Bräunung anziehen lassen. Rühren, dann mit Weißwein und Brühe ablöschen.

2. Zucker, Salz, Pfeffer und Estragon einrühren.

3. Auf kleiner Flamme bedeckt 20 Minuten kochen. Ab und zu rühren oder schwenken.

4. Nach etwa 20 Minuten sollten die Schalotten weich und die Sauce sämig sein. Je nach Konsistenz Brühe nachgießen oder Schalotten warmstellen und Sauce auf großer Hitze unter Rühren offen reduzieren. Schalotten in der Sauce schwenken.

Zubereitungszeit: 35 Minuten
Tip: Schalotten warm als Beilage zu Fleisch servieren, kühl als kleinen Salat (Zimmertemperatur).

Zwiebelkuchen

Vorbereitung der Zutaten:
300 g Blätterteig, tiefgekühlt
1 kg Zwiebeln, schälen, in Ringe schneiden
100 g durchwachsener Speck, fein würfeln
100 g Butter
4 Eier
1/4 l saure Sahne
2 EL Stärkemehl mit etwas saurer Sahne glattrühren
1 TL Kümmelpulver (oder Samen)
Salz
weißer Pfeffer
1/2 TL Zucker
1 Prise Muskatnuß

1. Backform oder -Blech gut anfeuchten. Aufgetauten Teig in Form-/Blechgröße auf bemehltem Untergrund ausrollen, einlegen und mit Gabel mehrfach einstechen.

2. Speckwürfel mit 1 TL Butter in der Pfanne auslassen. Kross braten und herausnehmen. Restliche Butter bei Mittelhitze in die Pfanne geben, zerlassen und Zwiebelringe darin zugedeckt mit etwas Salz und 1/2 TL Zucker 15 Minuten dünsten, ohne daß sie Farbe annehmen. Pfanne beiseite stellen. Backofen auf 220 Grad vorheizen.

3. Eier mit saurer Sahne, Stärkemehl und Gewürzen gut verquirlen, Zwiebeln dazugeben und die Masse auf dem Teig verteilen. Mit Speckgrieben bestreuen.

4. Auf der Mittelschiene des Ofens etwa 30 Minuten backen, bis die Oberfläche leicht bräunt. Warm servieren.

Zubereitungszeit: 1 Stunde
Tip: Tiefgekühlt hält sich dieser Zwiebelkuchen (der klassische, badische wird mit Hefeteig zubereitet) 4–6 Wochen. Kalten Zwiebelkuchen vor dem Verzehr im Backofen lauwarm werden lassen.
Getränk: Alle jungen Weine wie Sauser, Federweißer, Primeur. Auch Most oder Apfelwein (Cidre)

Geschmorte Paprika, Tomaten und Zwiebeln

Vorbereitung der Zutaten:
400 g Zwiebeln, in dünne Scheiben schneiden
400 g grüne Paprikaschoten, waschen, entkernen, in Streifen schneiden
400 g rote Paprikaschoten, waschen, entkernen, in Streifen schneiden
500 g Tomaten, abbrühen, enthäuten, entkernen, grob hacken
Salz
schwarzer Pfeffer
1 EL Wein- oder Sherry-Essig
3 EL Olivenöl
1 EL Butter
2 TL Zucker
1 TL Rosenpaprika

1. Öl und Butter in großer Pfanne erhitzen.

2. Zwiebeln unter Rühren bei Mittelhitze 5 Minuten leicht bräunen.

3. Paprikagemüse und -Pulver dazugeben und auf kleiner Hitze zugedeckt 10 Minuten schmoren.

4. Tomaten, Essig, Zucker, Salz und Pfeffer dazugeben und offen unter Rühren 5 Minuten bei kleiner Hitze schmoren.

5. Bei großer Hitze zugedeckt unter Rühren etwa drei Minuten einkochen lassen, bis kaum noch Flüssigkeit vorhanden ist.

Zubereitungszeit: 30 Minuten
Getränk: Beaujolais

Süßsaure Tomaten

Vorbereitung der Zutaten:
1 kg kleine Tomaten, waschen
1 Pfund Zucker
3/8 l Weinessig
Abgeriebenes einer ungespritzten Zitrone
2 TL Salz
1 Zimtstange
15 Pfefferkörner, weiß
5 Nelken
2 Lorbeerblätter
1 TL Ingwerpulver
1/4 Vanilleschote, aufgeschnitten

1. Zucker mit Essig, Zitronenschale, Salz und allen Gewürzen aufkochen und 7 Minuten offen bei kleiner Hitze ziehen lassen.

2. Tomaten dazugeben und 4 Minuten mit Deckel bei kleiner Hitze ziehen lassen.

3. In Gläser füllen und mit heißer Flüssigkeit (alle Gewürze bleiben drin) bedecken. Gut verschließen. Kühl aufbewahren. Nach 14 Tagen schmecken sie köstlich.

Zubereitungszeit: 30 Minuten
Tip: Als pikante Beilage zu gebratenem Fleisch, Aufschnitt und ländlicher Wurst. Nach diesem Rezept kann auch Kürbis, in 2 cm lange Keile geschnitten, verarbeitet werden.
Haltbarkeit: 6 Wochen im Kühlschrank.

Gefüllte Tomaten

Vorbereitung der Zutaten:
8 große Tomaten
150 g gemischtes Hack
1 Zwiebel, fein hacken
70 g geriebener Gouda
1 Ei
1/2 Semmel, in Milch einweichen
1 EL Reiskörner
Salz
weißer Pfeffer

1. Tomaten waschen, trocknen, Deckel abschneiden und Fruchtfleisch herauslösen. Salzen, pfeffern.

2. Hackfleisch mit Zwiebel, Salz, Pfeffer, Ei und dem ausgedrückten Brötchen vermengen.

3. In jede Tomate 6–8 rohe Reiskörner einlegen, damit sie beim Garen den Saft aufnehmen können, dann mit der Masse füllen und geriebenen Käse darüberstreuen.

4. Backofen auf 200 Grad vorheizen.

5. Tomatendeckel aufsetzen und einzeln gut in Alufolie einpacken.

6. 20 bis 25 Minuten bei Mittelhitze in der Mitte des Ofens garen.

Zubereitungszeit: 45 Minuten
Getränk: Rotwein

Gefüllte Schmorgurke

Vorbereitung der Zutaten:
2 Schmorgurken (etwa je 600–700 g), dünn schälen, der Länge nach halbieren, mit Löffel Kerne ausschaben
1 Semmel (altbacken), in Scheiben, 20 Minuten in Milch einweichen, ausdrücken
400 g gemischtes Hack
1 Ei
1 TL Rosenpaprika
1 TL Tomatenmark
1 TL Zucker
1 EL Essig
50 g Butter
1 mittelgroße Zwiebel, fein hacken
2 EL glatte Petersilie, hacken
1/4 l Brühe (Instant)
6 EL Sahne mit 1 EL Speisestärke verrühren
4 EL Weißwein
Salz, schwarzer Pfeffer
Beilage: Salzkartoffeln

1. Hack mit Semmel, Ei, Salz, Pfeffer, Paprika und Tomatenmark gut verkneten und abschmecken. In die Gurken füllen. Gefüllte Gurkenhälften mit Bindfaden zusammenbinden.

2. Butter im Bräter zerlassen und Zwiebelwürfel dazugeben. Gurken unter gelegentlichem vorsichtigem Wenden bei Mittelhitze in 5 Minuten von allen Seiten anbraten.

3. Brühe dazugeben und bei kleiner Hitze mit Deckel in 30 Minuten unter gelegentlichem Wenden garen. Gurken herausnehmen und warmstellen.

4. Sahne-Stärke in die Sauce rühren und unter Rühren noch einmal aufkochen. Auf kleine Hitze stellen und mit gekörnter Brühe, Pfeffer, Zucker und Essig süß-sauer abschmecken.

5. Bindfäden von den Gurken lösen. Weißwein und Petersilie einrühren und über die Gurken geben.

Zubereitungszeit: 45 Minuten
Tip: Gurken nicht zusammenbinden, wenn sie zu reif (sehr weich) sind, sondern die Hälften nebeneinander anbraten. Brühe dann nur bis zum Rand der Gurke nachfüllen.
Getränk: Trockener Weißwein

Tomatengemüse italienisch

Vorbereitung der Zutaten:
750 g große, feste Tomaten
3 EL Olivenöl
1 mittelgroße Zwiebel, fein hacken
1 Knoblauchzehe, zerdrückt
1 TL Oregano (getrockneter)
Salz
1 TL Zucker
weißer Pfeffer aus der Mühle

Beilage: Spaghetti, Bandnudeln mit Ei aufgebraten.

1. 1 1/2 l Wasser zum Kochen bringen.

2. Tomaten kreuzweise einritzen und 30 Sekunden brühen, mit dem Schaumlöffel herausnehmen, sofort mit kaltem Wasser abschrecken.
Haut abziehen, halbieren und Kerne vorsichtig mit einem Teelöffel oder scharfem Messer herausnehmen. Tomatenfleisch in grobe Würfel schneiden.

3. Öl in einem Topf erhitzen und Zwiebeln bei kleiner Hitze unter Rühren 5 Minuten anschwitzen.

4. Knoblauch, Oregano und Tomaten dazugeben, Salz, Pfeffer, Zucker einrühren und bei kleiner Hitze 10 Minuten dünsten.

Zubereitungszeit: 20 Minuten
Getränk: Italienischer Rotwein

Provençalische Tomaten

Vorbereitung der Zutaten:
8 große oder 8 kleine feste Tomaten
1 Knoblauchzehe, fein gehackt
1 Bund glatte Petersilie, fein gehackt
4–5 EL Paniermehl
4 EL Olivenöl
Salz
schwarzer Pfeffer aus der Mühle

1. Backofen auf 220 Grad vorheizen.

2. Knoblauch und Petersilie mit dem Paniermehl und 3 EL Olivenöl verrühren. Salzen und pfeffern.

3. Tomaten waschen und halbieren, salzen und auf den Schnittflächen dick mit der Masse bestreichen.

4. In eine geölte feuerfeste Form dicht nebeneinander setzen und mit 1 EL Olivenöl beträufeln. Auf der Mittelschiene des Ofens etwa 25 Minuten backen, bis sich eine goldbraune Kruste gebildet hat.

Zubereitungszeit: 35 Minuten
Tip: Als Beilage zu kurzgebratenem Fleisch.
Getränk: Herber Cidre

Gurken-Tomaten-Gemüse

Vorbereitung der Zutaten:
800 g Schmorgurken, schälen, der Länge nach halbieren, entkernen, in 1 cm große Würfel schneiden
600 g Fleischtomaten, brühen, enthäuten, entkernen, grob hacken
50 g Butter
1 EL Mehl
1/8 l Milch
Salz
schwarzer Pfeffer aus der Mühle
2 EL Essig
1 Prise Zucker
2 EL Dill, zupfen (oder getrockneter Dill)
Beilage: Reis oder Salzkartoffeln

1. Butter in 2 l-Topf zerlassen und mit dem Schneebesen Mehl bei kleiner Hitze einrühren. 1 Minute anschwitzen, vom Feuer nehmen und langsam Milch einrühren.

2. Gurken dazugeben und bei kleiner Hitze 15 Minuten offen unter gelegentlichem Rühren kochen.

3. Tomaten, Salz, Pfeffer, Essig und Zucker dazugeben und noch 5 Minuten offen bei kleiner Hitze kochen.

4. Mit Dill bestreut servieren.

Zubereitungszeit: 40 Minuten
Getränk: Rosé oder Pinot Grigio

Gurkengemüse

Vorbereitung der Zutaten:
2 Salatgurken (oder Schmorgurken), schälen, der Länge nach halbieren, Kerne entfernen, dann nochmals der Länge nach halbieren, in mundgerechte Würfel schneiden
3 mittelgroße Zwiebeln, in Würfel schneiden
30 g Butter
3 EL Zitronensaft
Prise Zucker
1 Tasse süße Sahne
1 TL Speisestärke in wenig Wasser gelöst
Salz
weißer Pfeffer aus der Mühle
1 Bund Dill, zupfen
Beilage: Salzkartoffeln

1. Gurkenwürfel mit 1 TL Salz bestreuen und 20 Minuten stehen lassen. Währenddessen die Zwiebelwürfel in der Butter unter Rühren bei kleiner Hitze in mittelgroßem Topf 5 Minuten anschwitzen. Gurkenwürfel im Sieb abspülen und abtropfen lassen.

2. Abgetropfte Gurken und Sahne dazugeben und 20 Minuten bei kleiner Hitze bedeckt dünsten. Ab und zu rühren.

3. Speisestärke dazugeben, unter Rühren einmal aufkochen. Mit Zitronensaft, Salz, Pfeffer und Zucker abschmecken, dann Dill dazugeben.

Zubereitungszeit: 45 Minuten

Spinat mit Pinienkernen und Mandeln

Vorbereitung der Zutaten:
700 g Blattspinat, frisch gekocht (etwa 8 Minuten), abtropfen, mittelgrob hacken (oder tiefgefroren)
40 g gestiftelte Mandeln
40 g Pinienkerne
1 Knoblauchzehe, zerdrücken
1/4 Tasse Olivenöl
40 g magerer Räucherschinken, fein würfeln
Salz
schwarzer Pfeffer aus der Mühle
Prise Muskatnuß
Beilage: 2 Spiegeleier pro Person.

1. Öl in einer großen Pfanne erhitzen. Bei kleiner Hitze Knoblauch, Mandeln, Pinienkerne und Schinken unter Rühren 3 Minuten anbraten.

2. Spinat dazugeben und bei kleiner Hitze unter Rühren 5 Minuten erhitzen. Mit Salz, Pfeffer und Prise Muskatnuß abschmecken.

Zubereitungszeit: 30 Minuten
Getränk: Rotweinschorle oder Bier

Blattspinat

Vorbereitung der Zutaten:
750 g – 1 kg Spinat, mehrfach waschen, nur von älteren Blättern Stiele entfernen, 1 Handvoll Blätter hacken und beiseite legen
1 Tasse Milch
3 EL Butter
1/2 TL Sardellenpaste (statt Salz)
1/2 Zwiebel, reiben
weißer Pfeffer aus der Mühle
1 Messerspitze Muskatblüte

1. Spinat portionsweise in kochendes Salzwasser tauchen und sofort wieder herausnehmen. Entweder grob hacken oder ganz lassen.

2. Milch, Butter, Sardellenpaste, Zwiebel und Muskatblüte im schweren Topf bei Mittelhitze vermischen. Aufkochen lassen. Hitze auf kleinste Stufe herunterschalten und Spinat dazugeben. Kräftig durchrühren und 6 Minuten zugedeckt köcheln lassen. Mit Pfeffer abschmecken.

3. Vor dem Servieren die roh gehackten Blätter untermischen.

Zubereitungszeit: 15 Minuten
Tip: Außer Eiern in jeder Zubereitungsart eignen sich als Beilage auch Kochfisch oder knusprig gebratener Schweinebauch.

Petersilienwurzeln mit Tomaten und Spinatfritaten

Vorbereitung der Zutaten:
1 kg Petersilienwurzeln, schaben, in Scheiben oder Würfel schneiden
1 mittelgroße Zwiebel, fein hacken
1/2 Stange Lauch, fein schneiden
20 g Butter
1 große Dose geschälte Tomaten (800 g netto) mit Saft
2 EL glatte Petersilie, hacken
1 TL Curry, mild
Streuwürze (Glutamat), Salz

Für die Spinatklöße:
800 g frischen oder 400 g tiefgekühlten Spinat, fein hacken
je eine Prise Muskatnuß und Curry
6 verquirlte Eier
200 g Mehl
1/2 Stange Lauch, fein hacken
1 mittelgroße Zwiebel, fein hacken
3 Brötchen (altbacken), fein gerieben
Salz
30 g Butter

1. Petersilienwurzeln mit fein gehackter Zwiebel und Lauch in mittelgroßem Topf in der Butter bei Mittelhitze mit dem Curry etwa 5 Minuten andämpfen. Rühren.

2. Tomaten dazugeben und Gemüse langsam garen lassen. Mit Deckel bei kleiner Hitze etwa 40 Minuten weiterkochen, ab und zu rühren. Falls notwendig etwas Wasser zugießen. Mit Streuwürze und Salz abschmecken und 2 EL Petersilie einrühren.

3. Spinat mit den gequirlten Eiern, Lauch und 2 EL Petersilie sowie fein gehackter Zwiebel vermengen.

4. Fein geriebenes Brötchen, 200 g Mehl, Salz, Muskatnuß und Curry unterrühren, bis die Masse fest wird. Dann zu Klößchen formen.

5. 20 Minuten in leicht siedendem Salzwasser garen. Abtropfen und abkühlen lassen.

6. Klöße in Scheiben schneiden und mit 30 g Butter in Teflonpfanne von beiden Seiten hellbraun anbraten (pro Seite 4 Minuten).

Zubereitungszeit: etwa 1 1/2 Stunden
Tip: Die Spinatklöße können auch nach dem Abtropfen (Stufe 5.) gegessen werden. Sie halten sich im Kühlschrank 24 Stunden. Dann nach Stufe 6. verfahren und kurz vor Schluß des Bratens 1–2 verquirlte, gesalzene Eier darübergießen, stocken lassen.
Getränk: Spätburgunder (Weißherbst)

Spinattorte

Vorbereitung der Zutaten:
2 Packungen fertiger Blätterteig (= 600 g)
2 EL Mehl zum Ausrollen
Füllung:
800 g Blattspinat, putzen, waschen
50 g Butter
1 fein gehacktes Sardellenfilet
5 Schalotten oder 1 große Zwiebel, fein würfeln
1 Knoblauchzehe, zerdrücken
Salz
weißer Pfeffer
1 Prise Muskatnuß
5 Eigelb, mit 1/2 Tasse Sahne verquirlen

1. Ofen auf 180 Grad vorheizen.

2. Teigplatten etwa 20 Minuten bei Zimmertemperatur ausgebreitet auftauen lassen. Tisch und Nudelholz (Kuchenrolle) einmehlen. Mit dem Nudelholz ausrollen, so daß zwei runde Teigplatten entstehen; eine davon so groß wie der Boden der feuerfesten Form, die andere etwas größer.

3. Die kleine Teigplatte legt man auf die mit wenig Wasser benetzte Form, so daß ein zwei Fingerbreit hoher Rand entsteht. Teig mit Gabel einstechen und im vorgeheizten Backofen 15 Minuten lang backen. Herausnehmen.

4. Spinat tropfnaß in einen Topf mit 1/2 l siedendem Wasser geben. Spinat unter gelegentlichem Wenden in 3 bis 4 Minuten bei Mittelhitze „zusammenfallen", dann abtropfen lassen.

5. Inzwischen in einem zweiten Topf die Butter schmelzen und darin die fein gewürfelten Schalotten und Knoblauch anschwitzen. Kleine Hitze, rühren, 3 Minuten.

6. Spinat in den Topf geben, Sardellenfilet dazugeben, gut durchmischen. Bei kleiner Hitze unter Rühren 1 Minute weiterkochen. Mit den Gewürzen abschmecken.

7. Spinat vom Herd nehmen, Eigelbsahne (etwas übrig lassen) unterrühren und Masse auf dem vorgebackenen Teigboden verteilen.

8. Die zweite, größere Teigplatte über den Spinat decken und die Enden ringsum zusammendrücken.

9. Teigdecke mehrmals mit einer Gabel einstechen und mit der Eigelbsahne bestreichen. Teigreste können zur Verzierung des Teigdeckels verwendet werden.

10. In den heißen Ofen stellen und die Torte bei 180 Grad etwa 45 Minuten goldbraun backen.

Zubereitungszeit: 1 1/2 Stunden
Tip: Falls der Teig noch nicht ganz gar ist und die Torte zu braun wird, mit Alufolie abdecken. Hitze vermindern und noch etwa 10 Minuten länger backen.
Getränk: Rosé

Kohlrabischnitzel

Vorbereitung der Zutaten:
1 großer Kohlrabi, schälen, quer und so dünn wie möglich in Scheiben schneiden
3 Scheiben gekochter Schinken, vierteln
3 Scheiben schmelzender Käse (zum Beispiel Gouda), vierteln
Salz
2 EL Mehl zum Bestäuben
etwa 10 Holzspießchen (Zahnstocher)
6 EL Fett zum Ausbacken (Öl, Butterschmalz oder Schweineschmalz)
Für den Pfannkuchenteig:
100 g Mehl
1 Tasse Milch
3 Eier
Prise Salz
} alles gut verrühren
Beilage: Dick eingekochte Tomatensauce (Rezept Seite 329).

1. Je 3 Scheiben Kohlrabi mit je 1 Scheibe Käse und 1 Scheibe Schinken schichten und mit Spieß feststecken.

2. Leicht salzen, einmehlen. Pfanne mit Fett erhitzen.

3. Schnitzel in dem Pfannkuchenteig wälzen und in das heiße Fett setzen. Bei Mittelhitze 5 Minuten backen. Nach 5 Minuten Spießchen entfernen, vorsichtig wenden, Hitze reduzieren und noch einmal 7 Minuten bei kleiner Hitze braten.

Zubereitungszeit: 1 Stunde
Getränk: Roter Burgunder

Kohlrabi in Sahnesauce

Vorbereitung der Zutaten:
4–5 Kohlrabi, schälen, in dünne Scheiben schneiden oder hobeln
2 EL Butter
1 EL Mehl
5 EL Sahne
Salz
weißer Pfeffer aus der Mühle
Muskatblüte
Zucker
1 EL glatte Petersilie, hacken
junge Blätter vom Kohlrabi, fein hacken

1. Kohlrabischeiben so in siedendes Salzwasser geben, daß alles bedeckt ist und mit Deckel bei kleiner Hitze 10 Minuten garen. Abtropfen lassen. 3/8 l Kochwasser (etwa 2 Tassen) aufheben.

2. 2 EL Butter im Topf schmelzen, Mehl bei kleiner Hitze mit dem Schneebesen einrühren und unter Rühren mit dem Kohlrabiwasser aufgießen.

3. Aufkochen und unter häufigem Rühren bei kleiner Hitze etwa 10 Minuten offen sahnig einkochen. Sahne einrühren und mit Salz, Pfeffer, Muskatblüte und einer Prise Zucker abschmecken.

4. Kohlrabischeiben und gehackte Blätter einlegen, heiß werden lassen. Mit Petersilie bestreut servieren.

Zubereitungszeit: 30 Minuten

Hopfengemüse

Vorbereitung der Zutaten:
400–500 g Hopfensprossen
1 Bund glatte Petersilie, fein gehackt
1 TL Zucker
1 Messerspitze Muskatblüte
Für die Sauce:
3 EL Butter
100 g magerer Speck, sehr fein würfeln
3 EL Mehl
1/4 l heiße Fleischbrühe (Instant)
1/4 l heiße Milch
6 EL Sahne, steif geschlagen
Salz
weißer Pfeffer aus der Mühle
Beilage: Pellkartoffeln oder Kalbsbraten

1. 1 l Wasser mit 1 EL Salz zum Kochen bringen und die Hopfensprossen darin ohne Deckel knackig garen (mindestens 8 Minuten, dann Probebiß machen). Das fertige Gemüse in einem Durchschlag abtropfen lassen.

2. Butter zerlassen, den sehr fein gewürfelten Speck darin ausbraten. Das Mehl überstäuben und gut mit durchschwitzen; es kann ganz leicht Farbe annehmen.

3. Mit Brühe und Milch ablöschen und gut durchkochen.

4. Den Hopfen in die kochende Sauce geben. Petersilie, Zucker und Muskat einrühren. Mit Salz und weißem Pfeffer abschmecken.

Zubereitungszeit: 30 Minuten
Tip: Am besten eignet sich wilder Hopfen, der als Rankpflanze an unseren Auwäldern, in Gebüsch und Niederwald vorkommt. Die hellgrünen Sprossen nur bis Mai sammeln.
Getränk: Frischer Riesling

Rettichgemüse

Vorbereitung der Zutaten:
800 g weißer Rettich, putzen, waschen, in 3 cm lange dünne Streifen schneiden
2 EL Olivenöl
1/2 TL Ingwerpulver
Salz
Prise Zucker
1/4 TL Paprikapulver, scharf
1/4 l Fleischbrühe (Instant)
1 mittelgroße Zwiebel, fein hacken
1 Knoblauchzehe, fein hacken
1 gestrichener EL Speisestärke in 5 EL süßer Sahne oder Dosenmilch glattrühren
2 EL glatte Petersilie, fein hacken
Beilage: Salzkartoffeln

1. Öl in 2 l-Topf erhitzen, Zwiebel und Knoblauch unter Rühren bei kleiner Hitze 3 Minuten anschwitzen.

2. Rettich, Brühe, Salz, Zucker, Ingwerpulver, Paprika dazugeben und bei kleiner Hitze mit Deckel etwa 20 Minuten garen. Ab und zu rühren.

3. Speisestärke-Sahne einrühren, nochmals unter Rühren aufkochen, mit Petersilie bestreuen.

Zubereitungszeit: 40 Minuten
Tip: Paßt zu Frikadellen oder Kochfisch.

Teltower Rübchen

Vorbereitung der Zutaten:
500 g Teltower Rübchen, dünn schälen, waschen, abtropfen
2 EL Zucker
2 EL Butter oder Pflanzenfett
1/4 l gekörnte Fleischbrühe
1 TL Stärkemehl in etwas Wasser glattrühren
1 EL glatte Petersilie, fein hacken
Salz

1. Fett im schweren Topf bei Mittelhitze zerlassen und mit dem Zucker unter Rühren hellbraun werden lassen.

2. Die nassen Rübchen dazugeben und kräftig durchrühren. Farbe annehmen lassen. Nach 4–5 Minuten Brühe dazugießen und zugedeckt bei kleiner Hitze 30–40 Minuten schmoren. Ab und zu rühren. Eventuell etwas Wasser nachgießen.

3. In den Kochsaft, der etwa 1 cm hoch im Topf stehen soll – sonst offen etwas eindampfen – die Stärke einrühren, noch ganz kurz köcheln und zum Schluß mit der Petersilie bestreuen. Mit Salz abschmecken.

Zubereitungszeit: 1 Stunde
Tip: Beilage zu Gans, Ente, Zunge, Kurzgebratenem vom Schwein.

Lauch überbacken

Vorbereitung der Zutaten:
2 kg Lauch, nur die weißen Teile, in fingerlange Streifen schneiden
100 g Paniermehl
150 g Butter
1 Knoblauchzehe, der Länge nach geteilt
100 g Gouda, reiben
1/8 l saure Sahne mit 2 Eigelb verquirlen
Salz
weißer Pfeffer

1. Backofen auf 220 Grad vorheizen.

2. Lauch in 3 l kochendem Salzwasser (3 TL Salz) 5 Minuten sprudelnd garkochen und abtropfen lassen.

3. Feuerfeste Form mit Knoblauchzehen-Hälften ausreiben und mit 2 EL Butter einfetten.

4. Paniermehl in der Pfanne bei kleiner Hitze mit der Hälfte der Butter goldbraun rösten.

5. Abwechselnd Lauch und Paniermehl in die Form schichten, jede Schicht salzen und pfeffern, mit Lauch abschließen.

6. Sahne-Eigelb-Mischung darübergießen, mit geriebenem Käse bedecken.

7. Butterflocken daraufgeben und 20 Minuten auf der mittleren Schiene des Ofens ohne Deckel überbacken.

Zubereitungszeit: 40 Minuten
Tip: Beilage zu gebratenem Schweine- oder Kalbfleisch.
Getränk: Riesling

Lauch Hessische Art

Vorbereitung der Zutaten:
500 g Lauch, nur die weißen Teile, waschen, in mundgerechte Stücke schneiden
2 EL Schweineschmalz
1/2 l einfache Rinder-Bouillon (Rezept Seite 42)
400 g feste, gewürzte Leberwurst, in 1 cm große Scheiben schneiden (mit Haut)
6 Scheiben Toastbrot ohne Rinde, grob würfeln
Salz
weißer Pfeffer aus der Mühle
Muskatnuß
Beilage: Salzkartoffeln oder Semmelklöße

1. Lauch in 1 EL Schmalz in mittlerem Topf offen unter Rühren 4 Minuten bei Mittelhitze anschwitzen. Toastbrot dazugeben, mit Brühe löschen und bei kleiner Hitze 10 Minuten unter Rühren garen.

2. 1 EL Schmalz in der Pfanne erhitzen. Wurstscheiben bei großer Hitze von jeder Seite etwa 2 Minuten braten.

3. Wurst zum Lauch geben (oder getrennt servieren). Mit Salz, Pfeffer und 1 Prise Muskatnuß abschmecken.

Zubereitungszeit: 25 Minuten
Tip: Wurstscheiben, wie unter Stufe 2. zubereitet, eignen sich auch als Zwischenmahlzeit auf Weiß- oder Roggenbrot. Beilage: Gurkensalat.
Getränk: Bier

Gedünsteter Lauch

Vorbereitung der Zutaten:
8 Lauchstangen, nur das Helle, gründlich waschen, abtropfen lassen
2 EL Butter
1 1/2 Tassen Fleischbrühe (Instant)
1 TL Zucker
Prise Muskatnuß
Salz
weißer Pfeffer
Beilage: Salzkartoffeln

1. Backofen auf 200 Grad vorheizen. Passende feuerfeste Form ausbuttern.

2. In 1 oder 2 Schichten Lauch einlegen, Butter, Brühe, Salz, Pfeffer und Muskatnuß dazugeben und auf der Mittelschiene des Ofens 40 Minuten mit Deckel garen. Nach 20 Minuten Lauch wenden. Ab und zu übergießen.

3. Form aus dem Ofen nehmen. Lauch herausnehmen und warm stellen. Flüssigkeit bei großer Hitze in einer Pfanne offen mit 1 TL Zucker unter Rühren einkochen. Lauch mit der Sauce übergießen. Sie soll sirupartige Konsistenz haben.

Zubereitungszeit: 1 Stunde
Getränk: Weißwein

Lauch-Torte

Vorbereitung der Zutaten:
Grundteig:
250 g Mehl
1 Ei
1 Prise Salz
150 g Butter
Speckschwarte oder Schweineschmalz zum Fetten der Form

1. Zutaten auf Tisch oder Backbrett vermengen und zu festem Teig verkneten.

2. Teig zu einer Kugel formen und 1/2 Stunde im Kühlschrank ruhen lassen.

Belag:
1 kg Lauch
150 g durchwachsener Räucherspeck oder Schinken, fein würfeln
Salz
weißer Pfeffer
1 TL Kümmelpulver
1 Prise Muskatnuß
1/4 l Sahne oder Crème fraîche
2 TL Speisestärke, in wenig Wasser gelöst
1 Eigelb
50 g Allgäuer Emmentaler, fein würfeln

1. Lauch putzen, gründlich waschen, der Länge nach halbieren und in fingerdicke Stücke schneiden. Nur das Weiße und Zartgrüne verwenden.

2. Wasser zum Kochen bringen, salzen und Lauch etwa 2–3 Minuten bei großer Hitze blanchieren. Herausnehmen und gut abtropfen lassen.

3. Feingewürfelten Speck in eine schwere Pfanne geben und bei Mittelhitze unter Rühren 2 Minuten anbraten.

4. Lauch ins heiße Speckfett geben, sofort gut rühren, salzen und pfeffern. Kümmelpulver und Muskatnuß dazugeben und 10 Minuten bei kleiner Hitze zugedeckt dünsten.

5. Sahne angießen, gut verrühren. Die in wenig kaltem Wasser verquirlte Speisestärke einrühren und Pfanne vom Herd nehmen. Zuletzt das Eigelb unter die Speck-Lauch-Masse rühren.

6. Backofen auf 200 Grad vorheizen. Runde Backform mit niedrigem Rand mit Schmalz oder Schwarte ausfetten.

7. Mürbeteig vorsichtig ausrollen, in die gefettete Form geben und dabei einen gut zwei Fingerbreit hohen Rand andrücken.

8. Teig mehrere Male mit einer Gabel einstechen (sonst bläht er sich beim Backen) und 15 Minuten im vorgeheizten Backofen bei 200 Grad vorbacken.

9. Form aus dem Ofen nehmen und die Speck-Lauch-Mischung gut darauf verteilen. Emmentaler daraufgeben.

10. Torte 20 Minuten bei gleicher Hitze fertig backen. Sie soll schön goldbraun werden.

Zubereitungszeit: 90 Minuten
Getränk: Trollinger oder Rosé

Blumenkohl

Vorbereitung der Zutaten:
1 Blumenkohl bis 750 g, mit spitzem Messer von allen grünen Teilen befreit, 5 Minuten in kaltem Salzwasser stehenlassen, dann waschen und abtropfen
4 EL Butter
1 EL Zitronensaft
1 EL Paniermehl
Muskatnuß
Salz

1. In einem Topf, in dem der Blumenkohl aufrecht stehen kann, 1/2 l Wasser mit 2 TL Salz, 1 EL Butter und dem Zitronensaft zum Kochen bringen, dann den Blumenkohl mit den Röschen nach oben einsetzen. Zudecken und bei mittlerer Hitze nach 25–30 Minuten Garprobe mit der Messerspitze. Er soll mürbe, aber nicht ganz weich sein.

2. Den garen Blumenkohl herausnehmen, im Durchschlag abtropfen lassen. Währenddessen die restliche Butter in einer Pfanne zerlassen, sie darf nur ganz leicht bräunen. Blumenkohl in eine passende Schüssel stellen, mit Paniermehl bestreuen, eine Prise Muskatnuß darüberreiben und mit der heißen Butter übergießen.

Zubereitungszeit: 30 Minuten
Tip: Zum Blumenkohl paßt auch Holländische Sauce (Rezept Seite 322) oder man bestreut ihn mit Parmesankäse, übergießt ihn dann mit Butter und backt ihn 10 Minuten im Ofen bei 220 Grad, Mittelleiste, bis er sich leicht bräunt.

Ausgebackener Blumenkohl mit Senfmayonnaise

Vorbereitung der Zutaten:
1 großer Blumenkohl, in Röschen teilen (ohne Strünke), waschen, in leicht kochendem Salzwasser etwa 15 Minuten knackig garen, gut abtropfen
200 g Mehl
1/2 TL Salz
1/8 l helles Bier
2 Eier
1 EL Öl
zu Teig glattrühren und 30 Minuten stehen lassen
1/2 Tasse Öl zum Braten
2 harte Eigelb, zerdrücken
2 EL Senf, mittelscharf
3 EL trockener Weißwein
5 EL Mayonnaise
1 EL Kapern, mit der Gabel zerdrücken
Salz
weißer Pfeffer aus der Mühle
1 TL Zucker
glattrühren und abschmecken
Beilage: Meterbrot

1. Gegarte, abgetrocknete Blumenkohlröschen durch den Bierteig ziehen und in einer großen Pfanne in das heiße Öl geben.

2. Bei Mittelhitze 10 Minuten goldbraun backen. Nach den ersten 3 Minuten wenden. Danach vorsichtig schwenken.

3. Auf Küchenkrepp abtropfen lassen und mit der Mayonnaise servieren.

Zubereitungszeit: 1 Stunde
Tip: Man kann den Blumenkohl auch in der Friteuse ausbacken.
Getränk: Pilsener

Gefüllter Weißkohl und Kohlrouladen

Vorbereitung der Zutaten: (für 6–8 Personen)
1 Weißkohl-Kopf (1,8–2,5 kg)
375–500 g (je nach Kohlgröße) Schweinemett (2 x durchgedrehter Schweinebauch)
2 Zwiebeln, fein schneiden
100 g Buchweizengrütze
3 EL getrocknete Pilze (Misch- oder Steinpilze)
1/4 l Bouillon (Instant)
60 g Butter
1/4 l Sauerrahm (saure Sahne)
2 Prisen Kümmelpulver
1/2 TL Thymian (getrocknet) oder einen frischen Zweig
2 l Wasser
schwarzer Pfeffer, Salz
Beilage: Salzkartoffeln
Für die Kohlrouladen, die als Nebenprodukt entstehen:
3 EL Schweineschmalz
1/8 l süße Sahne oder Dosenmilch
1/8 l saure Sahne
gekörnte Fleischbrühe (Instant)
Beilage: Salzkartoffeln

1. Buchweizengrütze (gibt es in jedem Reformhaus) mit einer Tasse kochendem Wasser zusammen mit den getrockneten Pilzen einweichen. 30 Minuten stehen lassen. Abseihen.

2. Einen Kochtopf wählen, in dem der Kohlkopf gerade Platz hat. Beschädigte Außenblätter entfernen. Den überstehenden Strunk abschneiden. 2 l Wasser mit 3 EL Salz zum Kochen bringen und den ganzen Kohl 5 Minuten darin kochen lassen. Herausnehmen und alle äußeren Blätter, die kräftiges Grün zeigen, vorsichtig ablösen und beiseite legen.

3. Kohl mit einem scharfen Messer quer zum Strunk in zwei Hälften schneiden und weitere 10 Minuten in Salzwasser kochen, noch 5 Minuten ziehen lassen. Im Sieb abtropfen und abkühlen lassen.

4. Mit scharfem spitzem Messer das Herz und so viele Innenblätter entfernen, daß eine etwa daumenbreite Außenhülle stehenbleibt. Dabei den Kohl nicht durchstechen und den Strunk stehen lassen.

5. Aus Schweinemett, Zwiebeln, Buchweizen und Pilzen, dem Kümmelpulver, Thymian einen Teig kneten. Mit Pfeffer und Salz herzhaft abschmecken. Teig in die beiden Kohlhälften fest einstreichen, restlichen Teig und entfernte Innenblätter für Kohlrouladen-Füllung aufheben.

6. Füllung glattstreichen. Schnittflächen beider Hälften mit den abgelösten Blättern zudecken und mit Küchengarn sternförmig festbinden. Backofen auf 200 Grad vorheizen.

7. Auf dem Herd in emailliertem Bräter die Butter erhitzen, beide Kohlhälften mit der Schnittfläche nach unten einlegen und 10 Minuten anbraten lassen. Dabei vorsichtig mit Holzlöffel bewegen. Mit einem Schuß Bouillon ablöschen und nun im vorgeheizten Backofen zugedeckt 1 Stunde schmoren lassen.

8. Alle 20 Minuten je einen EL saure Sahne über die Kohlhälften geben und Bouillon nachfüllen.

Fortsetzung Seite 133

PROVENÇALISCHE TOMATEN
SEITE 117

GEFÜLLTER WEISSKOHL UND KOHLROULADEN
SEITEN 128/133

FRISCHE ERBSEN MIT KOPFSALAT UND ZWIEBELN
SEITE 136

GLASIERTE MÖHREN
SEITE 139

9. Nach 2 Stunden Deckel abnehmen und Kohl so lange weiterschmoren lassen, bis die obere Kuppe anfängt, sich zu bräunen, was je nach Oberhitze bis zu 1/2 Stunde dauern kann. Dabei Begießen mit Sahne und Bouillon fortsetzen. Zum Schluß restliche Bouillon und Sahne dazugeben, durchrühren und Sauce – falls notwendig – mit Fleischextrakt oder gekörnter Brühe abschmecken.

Zubereitungszeit: 2 1/2 Stunden.

Für die Kohlrouladen, während die Kohlhälften im Ofen schmoren:

---

1. Entfernte innere Kohlblätter klein hacken und mit restlicher Füllmasse vermischen.

2. In die äußeren abgeschnittenen grünen Kohlblätter Masse einrollen und mit Küchengarn päckchenförmig zusammenbinden.

3. Schweineschmalz in Bräter sehr heiß werden lassen. Dann Rouladen nebeneinander einlegen und so scharf anbraten, daß der Kohl auf seiner Auflagefläche eine dunkelbraune Farbe annimmt. Diesen Vorgang durch Umdrehen mit dem Holzlöffel einige Minuten lang wiederholen.

4. Jetzt mit Wasser und Sahne (auch Dosenmilch eignet sich) ablöschen, etwas gekörnte Fleischbrühe dazugeben, schwarzen Pfeffer aus der Mühle und zugedeckt etwa 20 bis 30 Minuten bei kleiner Hitze schmoren lassen.

Zubereitungszeit: 45 Minuten
Tip: Der gefüllte Kohl sollte zuerst gegessen werden. Die fertigen Rouladen halten sich 3 Tage im Kühlschrank, können aufgewärmt oder portionsweise tiefgefroren werden. Lagerzeit bis zu 8 Wochen.
Getränk: Für beide Gerichte Bier, Wodka oder Korn dazu. Auch leichter Rotwein

---

Blumenkohl-Auflauf

Vorbereitung der Zutaten:
1 kg Blumenkohl, putzen, waschen, in Röschen teilen
4 EL geriebener Allgäuer Emmentaler
1/8 l Milch
60 g weiche Butter
2 EL Zitronensaft
2 EL Mehl
1 EL Butter
3 Eigelb
3 Eiweiß zu Schnee schlagen
Salz
weißer Pfeffer
Muskatnuß

---

1. Ofen auf 220 Grad vorheizen. Große, feuerfeste Form ausbuttern.

2. Blumenkohlröschen bei kleiner Hitze mit 1/2 Tasse Wasser und Salz 10 Minuten bedeckt kochen. Abtropfen lassen.

3. Weiche Butter mit Mehl, Käse, Eigelb, Salz, Pfeffer und Muskatnuß verrühren. Dann Milch und Zitronensaft einrühren. Eischnee unterheben.

4. Gemüse nach und nach in die gebutterte Form geben. Teig vorsichtig untermischen und zum Schluß glattstreichen.

5. Auf Mittelschiene des Ofens bei 220 Grad etwa 40 Minuten goldbraun überbacken. Nach 25 Minuten nachsehen und, falls notwendig, mit Alufolie abdecken und Hitze reduzieren.

Zubereitungszeit: 1 Stunde
Getränk: Lieblicher Weißwein

Weißkohl süß-sauer

Vorbereitung der Zutaten:
750 g Weißkohl, in dünne Streifen gehobelt (ohne Strünke)
3 große Fleischtomaten, abgebrüht, enthäutet, entkernt, grob gehackt
1 gehäufter EL Zucker
3 EL Essig
3 EL Olivenöl
1 mittelgroße Zwiebel, in dünnen Scheiben
Salz
schwarzer Pfeffer

1. Das Öl in einer großen Pfanne erhitzen. Bei kleiner Hitze Zwiebeln unter Rühren 3 Minuten anschwitzen.

2. Tomaten, Kohl und Essig dazugeben und unter häufigem Rühren etwa 20 Minuten bei kleiner Hitze unbedeckt kochen, bis der Kohl weich ist.

3. Salz, Pfeffer und Zucker dazu, noch 3 Minuten bei kleiner Hitze unter Rühren köcheln.

Zubereitungszeit: 40 Minuten
Getränk: Italienischer Rotwein

Rotkohl

Vorbereitung der Zutaten: (für 6 Personen)
1 1/2 kg Rotkohl, ohne äußere Blätter und Strünke, vierteln, fein schneiden (oder hobeln)
2 Lorbeerblätter (mit Nadel und Faden zusammenheften oder im Leinensäckchen)
5 EL Essig
1/4 l Rotwein
4 EL rotes Johannisbeergelee
3 EL Schmalz
1 EL Zucker
1 mittlere Zwiebel, fein hacken
1 geschälte Zwiebel mit 6 Nelken spicken
2 Äpfel, schälen, entkernen, in Scheiben schneiden
1 Tasse Apfelsaft oder Cidre
1 1/2 EL gekörnte Brühe
1/4 Stange Zimt
Salz
weißer Pfeffer aus der Mühle

1. Schmalz in großem Topf erhitzen, Äpfel und Zwiebel 3 Minuten bei Mittelhitze anschwitzen. Rotkohl dazugeben und unter Rühren 2 Minuten weiterbraten.

2. Mit Essig und Wein löschen, alle Zutaten außer Salz in den Topf geben. Mit schräg aufgelegtem Deckel unter gelegentlichem Rühren 30 Minuten bei kleiner Hitze dünsten. Weitere 1 1/2 Stunden bei allerkleinster Hitze zugedeckt garen lassen. Falls notwendig, etwas Wasser nachgießen und gelegentlich umrühren. Zum Abdampfen noch 10 Minuten offen köcheln lassen.

3. Lorbeerblätter und gespickte Zwiebel herausnehmen. Pfeffern und salzen.

Zubereitungszeit: 1 1/2 Stunden
Tip: Rotkohl glänzt besonders schön, wenn in den letzten 5 Minuten eine geriebene, rohe Kartoffel untergerührt wird.
Am besten schmeckt Rotkohl aufgewärmt am nächsten Tag. Zum Einfrieren nach 1 Stunde Kochzeit abfüllen. Haltbarkeit: 3 Monate.
Lorbeerblätter lassen sich besser aus dem Kohl entfernen, wenn sie zusammengeheftet oder im Leinensäckchen mitgekocht werden.

Sauerkraut

Vorbereitung der Zutaten:
700 g Sauerkraut, frisch oder aus der Dose (1/1 Dose)
2 EL Schweineschmalz
3 mittelgroße Zwiebeln, in dünne Scheiben schneiden
8 Wacholderbeeren im Mörser zerstampfen
1/2 l Fleischbrühe (Instant)
1 Lorbeerblatt
2–3 Pfefferkörner
Salz
schwarzer Pfeffer aus der Mühle
1 Apfel schälen, entkernen, würfeln oder
1 Tasse Apfelsaft
1 EL Zucker
2 EL Essig, nach Geschmack
Beilagen wie Rauchfleisch, geräucherter Schweinebauch, Kochwürste oder Blutwurst im Sauerkraut garkochen.

1. Schmalz in mittelgroßem Topf erhitzen und Zwiebeln unter Rühren 3 Minuten anbraten.

2. Sauerkraut, Lorbeer, Wacholder, Salz, Pfefferkörner, Brühe und Apfel dazugeben.

3. Mit Deckel bei kleiner Hitze unter gelegentlichem Rühren 70 Minuten kochen. Lorbeerblatt herausnehmen. Mit Salz, Pfeffer, Zucker, Essig abschmecken.

Zubereitungszeit: 1 1/2 Stunden
Tip: Je nach Verwendungsart zum Schluß 1/2 Glas Sekt und/oder 3 EL Ananassaft in das Sauerkraut geben. Dann noch einmal ganz kurz erhitzen.
Rauchfleisch und andere Fleischbeilagen getrennt mit Senf servieren.
Getränk: Bier, Gewürztraminer

Rosenkohl

Vorbereitung der Zutaten:
500 g Rosenkohl, die lockeren Blätter entfernen
1 EL Zucker
60 g durchwachsener Speck, fein würfeln
2 EL Butter oder Gänseschmalz
Salz
schwarzer Pfeffer aus der Mühle
1 Messerspitze Muskatblüte

1. Rosenkohl in 1 l kochendes Salzwasser mit 1 EL Zucker geben und nicht zu weich gar kochen (10–15 Minuten). Garprobe durch Biß. Abgießen, abtropfen lassen.

2. Speck im Topf mit der Butter auslassen bis er fast kross wird. Rosenkohl dazugeben. Mit Salz, Pfeffer und Muskatblüte würzen und zugedeckt 2 Minuten dämpfen. Dabei schütteln.

Zubereitungszeit: 20 Minuten
Tip: Soll der Rosenkohl ganz grün bleiben, dem Kochwasser 1 Messerspitze Natron beifügen. Frost verbessert den Geschmack von Rosenkohl. 20 Minuten nach dem Putzen im Tiefkühlfach genügen.

Frische Erbsen mit Kopfsalat und Zwiebeln

Vorbereitung der Zutaten:
3 Tassen frische grüne Erbsen
1 großer fester Kopfsalat, von äußeren Blättern und Strunk befreit, gewaschen, in 4 Keile geschnitten und mit Garn jedes für sich zusammengebunden
1 gestrichener EL Zucker
1 1/2 Tassen Brühe (Instant)
100 g Butter
1 Bund Petersilie, gehackt; Stiele zusammenbinden.
12 kleine weiße Zwiebeln oder Schalotten, geschält, halbiert
Salz
weißer Pfeffer aus der Mühle

1. Erbsen, Brühe, Zucker und 75 g Butter im Schmortopf zum Kochen bringen. Zwiebeln und Petersilienstiele dazugeben und mit Deckel bei kleiner Hitze 20 Minuten unter gelegentlichem Rühren garen.

2. Salatkeile dazugeben und mit Deckel bei kleiner Hitze unter gelegentlichem vorsichtigen Schwenken 10 Minuten garen.

3. Petersilienstiele herausnehmen und wegwerfen. Salat von Fäden befreien. Mit Salz, Pfeffer und Zucker abschmecken, mit Petersilie bestreuen und restliche Butter einrühren. Falls notwendig, noch 2–3 Minuten ohne Deckel einkochen.

Zubereitungszeit: 30 Minuten
Getränk: Frischer Riesling

Geschmorte grüne Erbsen mit Schinken

Vorbereitung der Zutaten:
600 g frische grüne zarte Erbsen (etwa 1.200 g in Schoten)
1 mittelgroße Zwiebel, fein hacken
50 g magerer, roher Schinken, in dünne Streifen schneiden
1 1/2 Tassen Hühnerbrühe (Instant)
2 EL Butter
3 EL Crème fraîche oder Dosenmilch
2 EL glatte Petersile, fein hacken
1 TL Estragonblätter
1 Prise Zucker
Salz
schwarzer Pfeffer aus der Mühle

1. Butter in einem 2 l-Topf bei Mittelhitze zergehen lassen und Zwiebeln unter gelegentlichem Rühren 5 Minuten anschwitzen.

2. Erbsen, Brühe und Estragon dazugeben und mit Deckel unter gelegentlichem Rühren bei kleiner Hitze nach Qualität der Erbsen 15–20 Minuten oder länger garen.

3. Schinken dazugeben und Flüssigkeit unter Rühren ohne Deckel 5 Minuten bei kleiner Hitze reduzieren.

4. Mit Salz, Pfeffer und Zucker abschmecken und mit Petersilie bestreut servieren.

Zubereitungszeit: 50 Minuten
Tip: Als Beilage zu Wiener Schnitzel oder anderem Gebratenen. Oder mit frisch gekochten breiten Nudeln als Schnellgericht.

Erbspüree

Vorbereitung der Zutaten:
500 g gelbe Erbsen, geschält, 12 Stunden in Wasser einweichen (1 Fingerbreit mit Wasser bedeckt)
250 g Speckschwarte
1 große Kartoffel, schälen, klein würfeln
100 g magerer Räucherspeck, fein würfeln
1 große Zwiebel, fein würfeln
Salz
schwarzer Pfeffer aus der Mühle

1. Eingeweichte Erbsen mit der Schwarte im Einweichwasser aufsetzen. Falls notwendig, noch Wasser zugeben. Die Erbsen sollen gut bedeckt sein. 50 Minuten bei kleiner Hitze unter gelegentlichem Rühren mit Deckel kochen.

2. Kartoffelwürfel zugeben und noch 10 Minuten mitkochen. Dabei oft rühren (falls zuviel Flüssigkeit, etwa 5 Minuten ohne Deckel kochen, rühren). Es muß die Konsistenz von dickem Brei erreicht werden, sonst offen einkochen, bis es dick ist.

3. Mit Mixstab (oder Kartoffelpresse) pürieren und mit Salz und Pfeffer abschmecken. Sehr feines Püree: durchs Haarsieb streichen.

4. Würfelspeck in einer Pfanne bei Mittelhitze unter Rühren 3 Minuten anbraten.

5. Zwiebelwürfel dazugeben und mit dem Speck noch 5 Minuten unter Rühren kross braten. Auf dem Erbspüree verteilen.

Zubereitungszeit: 1 1/2 Stunden
Tip: Als Beilage zu Kassler, Eisbein und verschiedenen Gerichten mit Sauerkraut. Bei Erbspüree als Beilage keine Kartoffeln servieren.
Getränk: Bier

Dicke Bohnen

Vorbereitung der Zutaten:
1 1/2 kg frische dicke Bohnen in Schoten, Bohnenkerne auslösen
3 EL Butter
1 EL Olivenöl
2 TL Oregano
3 EL fein gehackte glatte Petersilie
2 mittelgroße Zwiebeln, fein gewürfelt
1 Tasse Weißwein
1 Knoblauchzehe, zerdrückt
1/2 TL getrocknete Peperoni, ohne Kerne
125 g gekochter Schinken, in kleine Streifen geschnitten
2 Gläschen Cognac (4 cl)
Salz
Zucker
weißer Pfeffer aus der Mühle
Beilage: Salzkartoffeln, kurzgebratenes Fleisch oder nur frisches Meterbrot

1. Bohnen in eine Schüssel mit kaltem Wasser legen. In einer großen Kasserolle Butter und Öl erhitzen, die Zwiebeln unter Rühren darin glasig dünsten. Bohnen durch ein Sieb ablaufen lassen und naß zu den Zwiebeln geben, kurz umrühren, mit Oregano, Knoblauch und Peperoni vermischen, mit Wein ablöschen, zudecken und bei kleiner Hitze 30 Minuten köcheln lassen.

2. Bißprobe an einer Bohne machen. Wenn sie noch nicht gar ist, noch weiter köcheln lassen. Dann den gekochten Schinken und den Cognac einrühren. Ohne Deckel noch 5 Minuten bei kleiner Hitze einkochen und in der letzten Minute die Petersilie einrühren. Mit Zucker, Salz und weißem Pfeffer abschmecken.

Zubereitungszeit: 40 Minuten
Tip: Wer die Bohnen weniger scharf möchte, kann die Peperoni-Beigabe reduzieren und zu Beginn der Stufe 2. noch einen halben Becher süße Sahne einrühren. Aus den Schoten gepulte Bohnen kann man roh einfrieren. Sie halten sich bis zu 4 Monaten.
Getränk: Kräftiger Weißwein

Grüne Bohnen einfach und überbacken

Vorbereitung der Zutaten:
750 g Brechbohnen, abfädeln, waschen, brechen
3 EL Butter
1 kleine Zwiebel, fein gehackt
1 TL Bohnenkraut
1/2 TL gekörnte Brühe (Instant)
1/2 TL Zucker
2 EL fein gehackte glatte Petersilie
Salz
weißer Pfeffer aus der Mühle

1. Butter in einem emaillierten Topf zerlassen. Zwiebel darin bei Mittelhitze hellgelb dünsten.

2. Bohnen naß dazu geben. Bohnenkraut einstreuen. 1/8 l Wasser und 1/2 TL Salz sowie Zucker und gekörnte Brühe dazugeben und bei schwacher Hitze mit Deckel 20 Minuten dünsten.

3. Deckel abnehmen. Noch 5 Minuten köcheln lassen. Gelegentlich rühren. Flüssigkeit fast ganz verdunsten lassen. Mit Salz und Pfeffer abschmecken und die Petersilie einrühren.

Zubereitungszeit: 25 Minuten

Überbacken mit Käse

Vorbereitung der Zutaten: wie oben, dazu:
150 g geriebener Allgäuer Emmentaler
2 EL Butter

1. Bohnen wie oben – Stufe 1 – behandeln und bei Stufe 2 (oben) nach 15 Minuten vom Feuer nehmen. Backofen auf 200 Grad vorheizen.

2. Die fast garen Bohnen salzen und pfeffern, mit dem Reibekäse und der Petersilie vermischen, in eine feuerfeste Form füllen, oben mit Käseschicht bedecken und Butterflocken aufsetzen.

3. Im heißen Backofen (Mittelschiene) 15 Minuten überbacken, bis die Käseschicht leicht bräunt.

Zubereitungszeit: 30 Minuten

Grüne Bohnen in Tomatensauce

Vorbereitung der Zutaten:
600 g grüne Bohnen, putzen, waschen, in 4 cm große Stücke schneiden
600 g Fleischtomaten, brühen, häuten, entkernen, fein hacken
1 EL Olivenöl
1 Knoblauchzehe, fein hacken
1 mittelgroße Zwiebel, fein würfeln
Zucker
1 TL Bohnenkraut
1 EL Tomatenmark
1 Tasse Brühe
1 TL Oregano
2 EL Petersilie, fein hacken
Salz
schwarzer Pfeffer aus der Mühle

1. Bohnen in 2 l kochendem Salzwasser bei Mittelhitze ohne Deckel etwa 15 Minuten garen. Abtropfen lassen.

2. Öl in der Pfanne erhitzen. Zwiebeln und Knoblauch bei kleiner Hitze unter Rühren 5 Minuten schmoren.

3. Tomaten, Tomatenmark, Brühe, Oregano, Zucker und Bohnenkraut dazugeben, aufkochen, bei kleiner Hitze unter Rühren 5 Minuten offen einkochen.

4. Bohnen dazugeben und unter Rühren 5 Minuten erhitzen. Mit Salz, Pfeffer abschmekken. Petersilie unterrühren.

Zubereitungszeit: 45 Minuten
Tip: Als Beilage zu kurz gebratenem Fleisch.

Möhren-Selleriegemüse

Vorbereitung der Zutaten:
1 Sellerieknolle, ca. 600 g, geputzt, geschält, gewaschen, in 1 cm-Würfel geschnitten
500 g Möhren, geschält, gewaschen, 1 cm-Würfel
1 mittelgroße Zwiebel, fein gehackt
2 EL Butter
Salz
schwarzer Pfeffer
1 TL Zucker
gut 1/4 l Hühnerbrühe (Instant)
4 EL glatte Petersilie, fein gehackt
6 EL Sahne oder Dosenmilch mit 1 EL Speisestärke verrührt

1. In einem 2 l-Topf die Butter bei mäßiger Hitze zerlassen und unter gelegentlichem Rühren Zwiebel 5 Minuten anschwitzen.

2. Gemüsewürfel dazu, unter gelegentlichem Rühren 5 Minuten bei kleiner Hitze anschwitzen.

3. Salzen, zuckern, pfeffern, mit Brühe löschen und bedeckt 20 Minuten bei kleiner Hitze unter gelegentlichem Rühren garen.

4. Speisestärke-Sahne dazu und bei kleiner Hitze unter Rühren noch einmal offen aufkochen.

5. Nochmals abschmecken und Petersilie unterrühren.

Zubereitungszeit: 50 Minuten

Glasierte Möhren

Vorbereitung der Zutaten:
1 kg Möhren, geschält, der Länge nach halbiert und in kleine Stücke geschnitten
1 1/2 Tassen Fleisch- oder Hühnerbrühe (Instant)
3 EL Butter
2 EL Zucker
3 EL Petersilie, gehackt
Salz

1. Möhren, Brühe, Butter, Salz und Zucker in der Pfanne zum Kochen bringen. Dann zugedeckt 30 Minuten bei kleiner Hitze köcheln. Pfanne gelegentlich schütteln.

2. Wenn die Flüssigkeit zu schnell verkocht noch etwas Brühe nachgießen. Wenn sie am Schluß nicht genug reduziert ist, Möhren herausnehmen, Sauce offen bei großer Hitze einkochen. Möhren dann in der Sauce schwenken, um sie mit der Glasur zu überziehen.
In vorgewärmter Schüssel mit Petersilie bestreut servieren.

Zubereitungszeit: 40 Minuten
Tip: Geht auch mit weißen Rüben oder Petersilienwurzeln.

Gemüse-Auflauf mit baltischer Sauce

Vorbereitung der Zutaten:
500 g gekochte Blumenkohlröschen (15 Minuten in kochendem Salzwasser), abtropfen
250 g Erbsen, extra fein, aus der Dose, abgießen
1 EL glatte Petersilie, fein hacken
1 EL Schnittlauch, fein schneiden
3 EL Butter
4 Eier mit 1 1/2 Tassen Milch, Salz, Pfeffer und einer Prise Muskatnuß verrühren
6 EL geriebener Allgäuer Emmentaler
Beilage: Baltische Sauce (Rezept Seite 316)

1. Backofen auf 170 Grad vorheizen.

2. Feuerfeste Form mit 1 EL Butter ausfetten.

3. Blumenkohlröschen, Erbsen, Kräuter in die Form geben und vermischen. Mit Eiermilch übergießen.

4. Restliche Butter in Flocken daraufgeben und etwa 45 Minuten (falls notwendig 5–10 Minuten länger, bis die Masse stockt und die Farbe goldbraun ist) in der Mitte des Ofens unbedeckt backen.

Zubereitungszeit: 1 Stunde
Tip: Sauce zubereiten während der Auflauf im Ofen ist.
Getränk: Lieblicher Weißwein

Champignons mit Kräutern

Vorbereitung der Zutaten:
500 g Champignons, putzen, waschen, blättrig schneiden
Salz
schwarzer Pfeffer aus der Mühle
2 EL feingewiegte Kräuter (Petersilie und/oder Kerbel und/oder Pimpinelle)
3 EL Butter
1 EL Olivenöl

1. Butter und Öl in großer Pfanne erhitzen.

2. Champignons offen bei Mittelhitze 10 Minuten unter Schwenken oder Rühren garen. Salzen, pfeffern. Kräuter überstreuen. 1 Minute später servieren.

Zubereitungszeit: 15 Minuten
Tip: Beilage zu gebratenem Fleisch.

Pfifferlinge

Vorbereitung der Zutaten:
500 g Pfifferlinge (frische putzen und gründlich waschen, abtropfen; aus der Dose: abspülen, abtropfen)
2 EL Petersilie, fein gehackt
3 EL Zwiebel, fein gehackt
3 EL durchwachsener Speck, fein gewürfelt
3 EL Crème fraîche
2 EL Weißwein
1 TL Rosmarin oder 1 kleines Zweiglein Fichtennadeln
Salz
weißer Pfeffer

Beilage: Gestampfte Kräuterkartoffeln (Rezept Seite 335) oder Semmelknödel (Rezept Seite 353)

1. Speck bei mittlerer Hitze unter Rühren 1 Minute auslassen.

2. Zwiebeln bei kleiner Hitze unter Rühren 3 Minuten im Speck anschwitzen.

3. Pfifferlinge und Rosmarin (oder Fichtennadelzweig) dazugeben und mit Deckel 8 Minuten bei kleiner Hitze dünsten. Rühren.

4. Crème fraîche, Salz, Pfeffer und Petersilie dazugeben und bei kleiner Hitze bedeckt noch 4 Minuten köcheln. Rühren.

Zubereitungszeit: 20 Minuten
Getränk: Frischer Mosel

Geschmorte Steinpilze

Vorbereitung der Zutaten:
500 g Steinpilze, gründlich geputzt, nicht gewaschen, in fingerdicke Stücke geschnitten
1 mittelgroße Zwiebel, fein gewürfelt
4 EL Olivenöl oder 3 EL Butter
Saft von 1 Zitrone
1 EL Streuwürze (Glutamat)
4 EL glatte Petersilie, gehackt
1 Zweig frischer Rosmarin (ersatzweise Fichtennadeln)
Salz
schwarzer Pfeffer aus der Mühle
1 Tasse Weißwein

Beilage: Kartoffelpüree (Rezept Seite 335)

1. Olivenöl (oder Butter) in der Pfanne erhitzen, gehackte Zwiebel in das Öl legen, glasig dünsten (1 Minute) und die Steinpilze mit dem Rosmarin (oder Fichtennadeln) zufügen.

2. Mit Zitronensaft, Streuwürze, Salz und Pfeffer würzen. Weißwein dazugießen.

3. Pilze einige Male durchschwenken, Pfanne zudecken und Pilze bei kleiner Hitze 5 Minuten leicht schmoren lassen. Dann ohne Deckel noch 2 Minuten köcheln. Rühren. Petersilie untermischen und die Pilze auf vorgewärmten Tellern servieren.

Zubereitungszeit: 10 Minuten
Tip: Statt Zwiebel 2 EL durchwachsener Schinkenspeck, fein gewürfelt. Dann aber nur 1 EL Butter und kein Öl.

Pilzgemüse I

Vorbereitung der Zutaten:
1 kg Mischpilze (Steinpilze, Pfifferlinge, Maronen und andere Waldpilze), gut putzen, klein schneiden
Salz
schwarzer Pfeffer
1 TL Kümmelpulver
30 g Butter
4 EL gehackte Petersilie
1 EL Mehl
4 EL gehackte Zwiebel
Beilage: Salzkartoffeln oder Weißbrot.

1. Zwiebeln in mittlerem Topf in Butter bei Mittelhitze unter Rühren 4 Minuten anschwitzen.

2. Pilze dazugeben. Bei kleiner Hitze mit Deckel unter gelegentlichem Rühren 10 Minuten dünsten. Mit Salz, Pfeffer und Kümmel abschmecken.

3. Mit Mehl überstäuben, noch 3 Minuten bei kleiner Hitze rühren. Zum Schluß mit Petersilie vermischen.

Zubereitungszeit: 20 Minuten
Tip: Wenn Dosenpilze verwendet werden, abspülen und gut abtropfen lassen.
Getränk: Weißwein

Pilzgemüse II

Vorbereitung der Zutaten:
1 kg Mischpilze (Steinpilze, Pfifferlinge, Maronen und andere Waldpilze), putzen, klein schneiden
4 EL gehackte Petersilie
1/2 Tasse Brühe (Instant)
3 EL Semmelbrösel
Saft von 1/2 Zitrone
1 EL Sahne
1 TL Rosmarin
Salz
schwarzer Pfeffer aus der Mühle
Beilage: Salzkartoffeln oder trockener Reis

1. Pilze in mittlerem Topf mit Brühe 10 Minuten bei kleiner Hitze mit Deckel dünsten. Rosmarin mitdünsten.

2. Semmelbrösel und Sahne dazugeben und noch 3 Minuten ohne Deckel bei kleiner Hitze köcheln, rühren. Petersilie untermischen. Mit Salz, Pfeffer und Zitronensaft abschmecken.

Zubereitungszeit: 15 Minuten
Tip: Wenn Dosenpilze verwendet werden, abspülen und gut abtropfen lassen.
Getränk: Weißwein

Pilzpfanne

Vorbereitung der Zutaten:
400 g Mischpilze (Champignons, Pfifferlinge, Maronen, Steinpilze), putzen
1 EL Butter
1 Semmel, in Scheiben, in 1 Tasse Milch einweichen, ausdrücken
4 EL Mehl
4 Eier
30 g Butter
Salz
weißer Pfeffer
2 EL gehackte Petersilie
1 TL Thymian

1. Pilze und 1 EL Butter ohne Deckel in kleinem Topf unter Rühren 10 Minuten dünsten, im Sieb abtropfen lassen und fein hacken.

2. Pilzmasse mit Brötchen, Eiern, Mehl, Salz, Pfeffer, Thymian und Petersilie gut vermischen. Butter in der Pfanne erhitzen.

3. Teig in der Pfanne verteilen und 5 Minuten bei großer Hitze von beiden Seiten (auf Topfdeckel wenden) goldbraun braten.

Zubereitungszeit: 25 Minuten
Tip: Frische Pilze möglichst nicht waschen. Dosenpilze abspülen und gut abtropfen lassen. Das Abgetropfte von Stufe 1. im Kühlschrank aufheben und zur Saucenverfeinerung verwenden.
Getränk: Bier

Gebratene Mischpilze

Vorbereitung der Zutaten:
800 g Mischpilze (Pfifferlinge, Maronen, Steinpilze und ander Waldpilze), putzen, klein schneiden
1 große Zwiebel, fein hacken
4 EL glatte Petersilie, hacken
50 g Butter
Salz
weißer Pfeffer aus der Mühle
1 Prise Muskatnuß
Saft einer halben Zitrone

1. Pilze und Zwiebeln in großer Pfanne bei großer Hitze knapp 10 Minuten unter Rühren braten.

2. Mit Salz, Pfeffer und Muskatnuß abschmecken. Petersilie unterrühren. Nach Geschmack mit Zitronensaft beträufeln.

Zubereitungszeit: 15 Minuten
Tip: Frische Pilze möglichst nicht waschen. Dosenpilze abspülen und gut abtropfen lassen.
Getränk: Bier

Champignon-Schinken-Auflauf

(nach Katzenberger)

Vorbereitung der Zutaten:
500 g frische, kleine Champignons, putzen, waschen
375 g roher Schinken, würfeln
1 EL Butter
1/4 l süße Sahne
5 Eier
150 g geriebener Allgäuer Emmentaler

Beilage: Grüner Salat

1. Backofen auf 220 Grad vorheizen.

2. Feuerfeste Form ausbuttern.

3. Eier, Sahne und Käse zu einer Creme rühren.

4. Schinken und Champignons in die Form geben und Creme darüber verteilen.

5. Butterflöckchen draufsetzen und etwa 25 Minuten auf der Mittelschiene des Ofens unbedeckt backen, bis die Masse hochgegangen und fest geworden ist.
Bei kleiner Hitze, falls notwendig, noch 5 Minuten länger backen.

Zubereitungszeit: 40 Minuten
Getränk: Trockener Weißwein

Fisch

„Zum Fischkochen helfen keine Lehren,
Übung macht den Meister."

Georg Hesekiel,
„Mitteilungen eines Gourmands", 1862

Aus dem Wasser stammt alles biologische Leben unserer Erde. Der hohe Gehalt an Nähr- und Aufbaustoffen im Fischfleisch ist Zeuge für die Kraft des nassen Elements. Von neun lebenswichtigen Aminosäuren enthält Fisch acht; Vitamine, Spurenelemente, Jod und Fluor liefern uns die geschuppten Freunde frei Haus. An Fisch kann man sich satt essen und dabei schlank bleiben. Ob See- oder Süßwasserfisch – beide sind Delikatessen, die man nicht nur freitags auf den Tisch bringen sollte.

Aal blau
Aal grün
Hamburger Aalsuppe
Räucheraal, gebacken
Baby-Steinbutt in Schnittlauchsauce
Dorsch auf Fenchel
Dorsch mit Zitrone
Forelle blau
Forellenstrudel mit Spinat
Forelle „Müllerin"
Mandelforelle
Hechtklöße
Forellenklöße in Riesling
Bismarckhering
Bratheringe
Schmandhering
Karpfen in Biersauce
Karpfen gebacken
Karpfen sächsisch
Krebse in Dillsauce
Lachs mit Kerbel im Teigmantel
Pochierter Lachs mit Sahne-Reis
Makrelen im Sud
Makrele mit Gurken
Matjes klassisch
Heringshäckerle
Matjes mit Schneidebohnen
Muscheln „Hamburger Art"
Muscheln rheinisch
Muschelsuppe
Scholle „Finkenwerder Art"
Seezunge vom Rost
Zander im Wurzelbett
Spanische Fischsuppe (Zarzuela)
Paella (Safranreis mit Meerestieren, Geflügel und Fleisch)
Pfannfisch
Reste-Essen mit Kochfisch
Fischragout mit Makkaroni
Fischfilet mit Krabben in Weinsauce
Heilbutt-Auflauf
Spinatauflauf mit Fisch

Aal blau

Vorbereitung der Zutaten:
4 Stücke Aal (à 200 g), waschen, nicht abwischen oder trocknen, sonst wird er nicht blau

Sud:
1/2 l Weißwein
3/4 l Wasser
3 EL Kräuteressig
1 EL Salz
2 Lorbeerblätter
1/2 TL Senfkörner
10 schwarze Pfefferkörner
1 TL Salbeiblätter
100 g Zwiebeln, in Scheiben schneiden
100 g Karotten, in Scheiben schneiden
100 g Sellerieknolle, klein schneiden
100 g Lauch, klein schneiden
1 Bund Petersilie, waschen und wieder zusammenbinden

Beilage: Petersilienkartoffeln
Gurkensalat mit Joghurtsauce und Dill

1. Alle Zutaten (außer dem Aal) in großem Topf 20 Minuten bei Mittelhitze kochen.

2. Fisch hineinlegen und bei kleiner Hitze offen etwa 15 Minuten sanft ziehen lassen. Fisch erst auf dem Teller enthäuten.

Zubereitungszeit: 40 Minuten
Getränk: Bier

Aal grün

Vorbereitung der Zutaten:
800–1000 g Aal (ausgenommen, ohne Kopf), waschen, trocknen, in 4 Portionen teilen
1 EL Salz
4 EL Essig
1 EL Salbeiblätter
40 g Butter
1 EL Mehl
1/8 l süße Sahne
Saft einer Zitrone
3 EL Petersilie, hacken
4 EL Dill, zupfen
1 Eigelb
weißer Pfeffer aus der Mühle
Zucker
Salz

Beilage: Petersilienkartoffeln, Gurkensalat in saurer Sahne

1. 1 1/2 l Wasser mit Salz, Essig und Salbei in passendem Topf zum Kochen bringen. Aalstücke etwa 15 Minuten offen bei kleiner Hitze ziehen lassen. Das Wasser darf nicht sprudeln. Aal im Kochwasser warmhalten.

2. Butter in kleinem Topf zerlassen. Mehl einrühren und unter Rühren bei Mittelhitze anschwitzen. Mit 1/4 l Fischbrühe löschen. Mit Schneebesen glattrühren und Sahne dazugeben. Noch 3 Minuten offen bei kleiner Hitze unter Rühren einkochen.

3. Mit Salz, Pfeffer, Zucker, Zitronensaft abschmecken. Sauce vom Herd nehmen und Eigelb und Kräuter unterrühren.

4. Aalstücke mit Schaumlöffel aus dem Sud herausnehmen, häuten, anrichten und mit der Sauce übergießen.

Zubereitungszeit: 40 Minuten
Getränk: Bier oder trockener Weißwein

Hamburger Aalsuppe

Vorbereitung der Zutaten: (für 8–10 Personen)
1 Schinkenknochen (1 1/2 kg)
1 kg Ochsenbein
300 g frische Erbsen
5 Petersilienwurzeln, schälen, würfeln
5 Möhren, schälen, würfeln
1 Kohlrabi, schälen, würfeln
1/2 Sellerieknolle, schälen, würfeln
250 g getrocknetes Mischobst und
125 g getrocknete Äpfel, 1 Stunde in heißem Wasser einweichen
500 g Kochbirnen, schälen, entkernen, vierteln
1 kg frischer Aal, waschen, Schleim abbürsten, in etwa 5 cm lange Stücke teilen
3 EL Zucker, 1 EL Salz
1/8 l Essig (nach Geschmack auch weniger)
1/8 l Weißwein mit 1 EL Stärkemehl verrühren
1 große Stange Lauch, in Ringe schneiden
1 Tasse gemischte gehackte Kräuter (Petersilie, Dill, Thymian, Estragon, Sauerampfer, Borretsch, Kerbel)
Beilage: Schwemm- oder Mehlklößchen (Rezept Seite 349)

1. Schinkenknochen und Ochsenbein mit 4 l Wasser bei großer Hitze in sehr großem Topf zum Kochen bringen. Abschäumen und mit Deckel bei kleiner Hitze 2 1/2 Stunden kochen.

2. Sellerie, Möhren, Kohlrabi, Petersilienwurzeln dazugeben und 30 Minuten bei kleiner Hitze mit Deckel weiterkochen.

3. Erbsen, Lauch, Birnen, Äpfel, Mischobst mit dem Einweichwasser dazugeben und 15 Minuten bei kleiner Hitze mit Deckel weiterkochen.

4. Aalstücke, Salz, Zucker und Essig dazugeben. Bei kleiner Hitze noch weitere 15 Minuten mit Deckel kochen.

5. Fleisch und Knochen herausnehmen. Wegwerfen. Kräuter, Wein-Stärke dazugeben und noch 10 Minuten ohne Deckel unter Rühren kochen.

Zubereitungszeit: 4 Stunden
Tip: Klößchen als Einlage erst zum Schluß in die heiße Suppe geben, dann nicht mehr kochen.
Getränk: Bier und Korn, auch Rotwein

Räucheraal gebacken

Vorbereitung der Zutaten:
600 g Räucheraal, in 10 cm lange Stücke teilen, der Länge nach halbieren, enthäuten, entgräten (Rückengräte herausnehmen)
50 g Butter oder Öl
1 verquirltes Ei
4 EL Semmelbrösel
1 Zitrone, vierteln
4 große Salatblätter zur Garnitur
schwarzer Pfeffer aus der Mühle
Beilage: Dillkartoffeln, Gurkensalat

1. Fett in der Pfanne erhitzen. Aalstücke erst in Ei und dann in Semmelbrösel wenden.

2. Aal in 6 Minuten von beiden Seiten bei großer Hitze goldbraun braten, pfeffern und auf Salatblättern mit Zitronenstücken anrichten.

Zubereitungszeit: 30 Minuten
Getränk: Bier und Aquavit

Baby-Steinbutt in Schnittlauchsauce

Vorbereitung der Zutaten:
1 frischer Baby-Steinbutt, Filets auslösen, häuten
1/4 l trockener Weißwein
1 kleine Zwiebel, fein hacken
150 g Crème fraîche
2 Bund Schnittlauch, sehr fein geschnitten
6 frische Champignons, in feine Scheiben schneiden
2 Eigelb
Salz
Beilage: Salzkartoffeln

1. Weißwein und Zwiebel in der Pfanne zum Kochen bringen. Fischstücke dazugeben und mit Deckel bei kleinster Hitze in etwa 5 Minuten garen. Fisch herausnehmen und warmstellen.

2. Mit Schneebesen Crème fraîche in den Weißweinsud einrühren und bei großer Hitze unter Rühren etwa 8 Minuten offen einkochen, bis die Sauce cremig ist.

3. Champignons und Schnittlauch dazugeben und noch 2 Minuten unter Rühren bei Mittelhitze einkochen.

4. Vom Herd nehmen, Eigelb einrühren und mit Salz abschmecken. Filets mit der Sauce auf Tellern anrichten.

Zubereitungszeit: 40 Minuten
Getränk: Riesling

Dorsch auf Fenchel

Vorbereitung der Zutaten:
2 Dorsche à 900 g, säubern, mit dem Saft von 1 Zitrone säuern, innen und außen salzen und pfeffern
1 Zitrone, halbieren
Salz
weißer Pfeffer
3 kleine Fenchelknollen (oder 2 große), putzen, waschen, in dünne Scheiben schneiden
3 EL Olivenöl
1 Tasse Fleischbrühe (Instant) oder Fischfond
1/2 Tasse Weißwein
2 EL Mehl
5 EL Öl oder 50 g Butterschmalz zum Braten
50 g geriebener Käse, z. B. Emmentaler
1 Bund Dill, fein zupfen
Beilage: Salzkartoffeln

1. Ofen auf 220 Grad vorheizen.

2. Olivenöl in der Bratenpfanne des Ofens erhitzen. Fenchelscheiben nebeneinander hineinlegen. Salzen, pfeffern und 10 Minuten im heißen Ofen braten.

3. Fleischbrühe oder Fischfond und Wein darübergießen.

4. Dorsche in Mehl wenden und in großer Pfanne von beiden Seiten braun braten. Bei großer Hitze von jeder Seite 3 Minuten. Dann auf den Fenchel im Ofen legen.

5. Im Ofen etwa 25 Minuten fertig braten. Zwischendurch mit Fenchelsud übergießen.

6. Käse und Dill in den letzten 10 Minuten darüberstreuen und überkrusten, bis der Käse schmilzt und goldbraun wird. Mit den Zitronenhälften anrichten und nach Geschmack beträufeln.

Zubereitungszeit: 60 Minuten
Getränk: Italienischer Rotwein

LACHS MIT KERBEL IM TEIGMANTEL
SEITE 160

MAKRELE MIT GURKEN
SEITE 162

MATJES KLASSISCH
SEITE 162

MUSCHELN „RHEINISCH"
SEITE 164

Dorsch mit Zitrone

Vorbereitung der Zutaten:
2 Dorsche (1 kg), säubern, in 5–6 cm breite Stücke schneiden
3 EL Olivenöl
1 Knoblauchzehe, zerdrücken
4 EL Zitronensaft
1 Zitrone (ungespritzt), in Scheiben schneiden
1/4 l Fleischbrühe (Instant) oder Fischfond
Salz
1/2 TL Curry
Beilage: Petersilien-Kartoffeln und Senfsauce (Rezept Seite 328)

1. Öl in einer flachen Kasserolle erhitzen, Knoblauch bei kleiner Hitze 2 Minuten darin anrösten.

2. Zitronensaft und Zitronenscheiben und Fleischbrühe oder Fischfond dazugeben. Mit Salz und Curry würzen. Aufkochen.

3. Fischstücke etwa 15 Minuten bei kleinster Hitze mit Deckel in diesem Sud gar ziehen lassen.

Zubereitungszeit: 45 Minuten
Tip: Auch holländische Sauce (Rezept Seite 322) paßt gut dazu. Kabeljau wird genau wie Dorsch zubereitet.
Getränk: Bier

Forelle blau

Vorbereitung der Zutaten:
4 frische Forellen (ausgenommen), nur ganz vorsichtig mit kaltem Wasser abspülen, nicht abtrocknen!
2 l Wasser
1 EL Salz
5 EL Weinessig oder Zitronensaft
2 EL glatte Petersilie, hacken, die Stiele zum Fischsud geben
1/2 Möhre, klein geschnitten
1/2 Lorbeerblatt
3 weiße Pfefferkörner
Beilage: Zerlassene Butter, Petersilienkartoffeln, Meerrettichsahne

1. Wasser in großem, länglichen Topf mit Salz, Essig, Petersilienstengeln, Pfefferkörnern, Möhre und Lorbeerblatt 5 Minuten offen kochen. Forellen mit dem Kopf voran ins kochende Wasser legen und bei kleinster Hitze offen je nach Größe etwa 10 Minuten ziehen lassen.

2. Die Forellen sind gar, wenn sich die Kopfflosse leicht herausziehen läßt und die Augen heraustreten. Mit Schaumlöffel vorsichtig herausnehmen, abtropfen lassen und mit Petersilie bestreut servieren.

Zubereitungszeit: 20 Minuten
Tip: Die Schleimschicht des frischen Fisches darf nicht zerstört werden, sonst wird die Forelle nicht blau. Das Kochwasser kann man ganz oder teilweise durch Weißwein ersetzen. In diesem Fall die Forelle vorher mit kochendem Essig übergießen, um das schimmernde Blau hervorzurufen. Wenn die fertige Forelle mit etwas zerlassener Butter bestrichen wird, geht die Farbe nicht in ein häßliches Schwarzblau über. Schleie werden am besten wie „Forelle blau“ oder „Müllerin“ (Seite 155) zubereitet.
Getränk: Riesling oder elsässischer Muscadet

Forellenstrudel mit Spinat

Vorbereitung der Zutaten:
1 kg frischer Blattspinat, putzen, waschen
Salz
Pfeffer
1 Prise Muskatblüte
2 mittelgroße Zwiebeln, fein hacken
30 g Butter
1 EL Butter für die feuerfeste Form
2 Knoblauchzehen, zerdrücken
100 g süße Sahne

2 geräucherte kleinere Forellen (oder 1 große), enthäuten, entgräten, in 4 gleich große Portionen teilen
2 Scheiben Weißbrot, würfeln
80 g Kräuterbutter (Rezept Seite 14)
2 EL gehobelte Mandeln
2 EL Petersilie, hacken

100 g Mehl
4 Eier
Salz
1/2 Tasse Milch
4 TL Butter

1. Mehl, Eier, Salz mit 1/2 l Milch zu einem Pfannkuchenteig gut verrühren.

2. Tropfnassen Spinat in großem Topf bei Mittelhitze in etwa 10 Minuten mit Deckel zusammenfallen lassen. Ab und zu rühren. Abtropfen lassen.

3. Butter erhitzen, Zwiebeln und 1 Knoblauchzehe 5 Minuten bei kleiner Hitze unter Rühren anschwitzen. Spinat und Sahne dazugeben und unter Rühren 10 Minuten ohne Deckel bei kleiner Hitze einkochen. Mit Salz, Pfeffer und Muskatblüte abschmecken.

4. Aus dem Pfannkuchenteig in großer Pfanne mit je 1 TL Butter in je 3 Minuten 4 Pfannkuchen backen. Backofen auf 200 Grad vorheizen.

5. Feuerfeste Form ausbuttern. Abgetropften Spinat auf die Pfannkuchen verteilen, Fisch auf den Spinat legen. Pfannkuchen zuammenrollen und in die Form einlegen.

6. Weißbrotwürfel mit Mandeln, Kräuterbutter, 1 Knoblauchzehe und Petersilie mischen und über die Pfannkuchenrollen verteilen. Im Ofen noch offen 15 Minuten überbacken.

Zubereitungszeit: 1 Stunde 20 Minuten
Tip: Statt Forellen eignen sich auch andere, möglichst frisch geräucherte Fische wie z. B. Felchen, Makrelen, Bücklinge.
Getränk: Frischer Riesling

Forelle „Müllerin"

Vorbereitung der Zutaten:
4 frische Forellen (ausgenommen), waschen, trocknen, mit Salz und Saft von 1/2 Zitrone innen und außen leicht einreiben und in
2 EL Mehl wenden
Saft 1/2 Zitrone
3 EL Öl
4 EL Butter
2 EL gehackte Petersilie
1 TL Worcestershiresauce
4 große Salatblätter
1 Zitrone, vierteln
Beilage: Butterkartoffeln mit Kerbel bestreut

1. Backofen auf 150 Grad vorheizen zum Warmstellen der Forellen.

2. Öl in einer großen Pfanne erhitzen und Forellen von beiden Seiten etwa 8 Minuten bei kleiner bis Mittelhitze braten. Die Fische sind gar, wenn sich das Fleisch von der Hauptgräte leicht lösen läßt. Forellen warm stellen. (Wenn die Pfanne zu klein ist, in zwei Arbeitsgängen braten.)

3. Nach dem Braten der Forellen Butter in die Pfanne geben und bei großer Hitze aufschäumen lassen. Zitronensaft und Worcestershiresauce dazugeben und die Forellen damit übergießen.

4. Auf Salatblättern mit Zitronenvierteln und mit Petersilie bestreut servieren.

Zubereitungszeit: 30 Minuten
Tip: Während des Bratens die Pfanne ab und zu schräg halten und die Fische mit dem heißen Öl (Teelöffel) begießen. Sind die Forellen besonders groß, vor dem Panieren von beiden Seiten mit scharfem Messer je zweimal schräg bis zur Hauptgräte einschneiden.
Getränk: Bier oder Mosel

Mandelforelle

Vorbereitung der Zutaten: (für 1 Forelle)
1 Forelle, waschen, trocknen
1/2 TL Salz
2 EL Zitronensaft
Zum Panieren:
1 EL Mehl
1 Ei, verquirlen
2 EL Mandelblättchen
Öl oder Butterschmalz zum Braten
Beilage: Neue Kartoffeln in der Pelle oder Petersilienkartoffeln

1. Die Forelle innen und außen salzen und mit Zitronensaft beträufeln.

2. Einmehlen, gut in dem verquirlten Ei wenden und in Mandelblättchen wälzen, bis sie gleichmäßig anhaften.

3. Fett in großer Pfanne heiß werden lassen. Forelle bei Mittelhitze in je 8 Minuten beidseitig mittelbraun braten. Durch die Mandelschicht bleibt das Fleisch saftig.

4. Zitronensaft in das heiße Bratfett einrühren, etwas salzen und über die Forelle gießen.

Zubereitungszeit: 40 Minuten
Tip: Man kann die gebratene Forelle am nächsten Tag in Alufolie im vorgeheizten Grill 20–30 Minuten in der Mitte des Grills aufwärmen und mit etwas brauner Butter übergießen.
Getränk: Mosel

Hechtklöße

Vorbereitung der Zutaten:
250 g Hechtfilet, ohne Haut und Gräten, leicht anfrieren
1 Ei
100 g süße Sahne
Salz
weißer Pfeffer
1 Prise Muskatblüte
1 EL Dill, zupfen
1 l Fischfond (Rezept Seite 452)
Beilage: Dillsauce (Rezept Seite 320)
Krebssauce (Rezept Seite 327)
Sauerampfersauce (Rezept Seite 329)

1. Hechtfilet zweimal durch die feine Scheibe des Fleischwolfes drehen. Mit kalter Sahne, Ei, Dill, Salz, Pfeffer und wenig Muskatblüte verrühren. Kalt stellen (30 Minuten Tiefkühlfach).

2. Fischfond in mittelgroßem Topf erhitzen. Mit nassem Eßlöffel Klöße aus der Farce abstechen und im leise siedenden Fond 10 Minuten bedeckt ziehen lassen. Auf keinen Fall kochen!

Zubereitungszeit: 30 Minuten
Getränk: Chablis

Forellenklöße in Riesling

(nach Udo Lukas, Winterberg)

Vorbereitung der Zutaten:
4 Forellen, entgrätet, enthäutet (etwa 700 g Filet), anfrieren und 2 x durch die feine Scheibe des Fleischwolfes drehen oder im Mixer pürieren
1/4 l trockener Riesling oder anderer trockener Weißwein
1/2 l Fischfond (Rezept Seite 452)
1 TL Speisestärke
knapp 1/4 l süße Sahne
1/8 l Crème fraîche
65 g Butter, kalt
Salz
Muskatnuß, frisch gerieben
weißer Pfeffer aus der Mühle
2 EL Dill, gezupft
3 Eier
Beilage: Reis

1. Pürierte Forellen mit Eiern, Sahne, Salz, Muskat und Pfeffer gut vermengen und 30 Minuten sehr kalt stellen.

2. Fischfond und Riesling leise köcheln lassen.

3. Mit einem Eßlöffel sticht man Klößchen ab und läßt sie vorsichtig im Fond gar ziehen (10 Minuten) bei kleiner Hitze. Klößchen herausnehmen und warm stellen. Da es sich um wenig Flüssigkeit handelt, nimmt man einen kleinen Topf und gart die Klöße in zwei Durchgängen. So können sie schwimmen und bleiben heil.

4. Crème fraîche in die Brühe einrühren und bei großer Hitze 10 Minuten einkochen. Dabei Butter mit dem Schneebesen in kleinen Flocken unterrühren und mit 1 TL Stärke, in etwas Sauce gelöst, binden.

5. Mit Salz und Pfeffer abschmecken und zum Schluß Dill vorsichtig einrühren. Klöße mit der Sauce übergießen.

Zubereitungszeit: 50 Minuten
Getränk: Mosel/Saar/Ruwer

Bismarckhering

Vorbereitung der Zutaten:
4 große ausgenommene, frische Heringe, waschen, trocknen
2 Tassen Essig
2 Tassen Weißwein
1 große Möhre, schälen, in dünne Scheiben schneiden
1 mittelgroße Zwiebel, in dünne Scheiben schneiden
1 Lorbeerblatt
5 weiße Pfefferkörner
2 Pimentkörner
1 EL Senfkörner
1 TL Salz
1 EL Zucker
schwarzer Pfeffer aus der Mühle (3 Umdrehungen)
Beilage: Schwarzbrot oder Vollkornbrot mit Butter

1. Alle Zutaten außer den Heringen 15 Minuten bei kleiner Hitze mit Deckel kochen, dann abkühlen lassen.

2. Heringe in einer Schüssel mit lauwarmer Beize bedecken, bei Bedarf etwas Essig mit Wasser zugießen. Mindestens drei Tage zugedeckt an kühlem Ort stehen und durchziehen lassen.

Zubereitungszeit: 20 Minuten
Getränk: Bier

Bratheringe

Vorbereitung der Zutaten:
8–10 grüne Heringe, ausnehmen, schuppen, ohne Kopf, mit Salz und Pfeffer einreiben und mit 2 EL Essig und 1 EL Worcestershiresauce bespritzen
4 EL Öl
125 g Mehl
1 EL Salz
schwarzer Pfeffer
1 EL Zucker
1 Lorbeerblatt
3 Gewürzkörner (Piment)
5 schwarze Pfefferkörner
3 Wacholderbeeren
2 mittelgroße Zwiebeln, in dünne Scheiben schneiden
2 Tassen Essig
1/4 l Weißwein
1 EL Senfkörner
Beilage: Bratkartoffeln

1. Mehl 5 Minuten bei Mittelhitze in trockener Pfanne bräunen. Beiseite stellen.
1/2 l Wasser, Essig, Salz, Pfeffer, Zucker, Senfkörner, Piment, Zwiebel und Lorbeer in einem Topf 15 Minuten bei kleiner Hitze mit Deckel aufkochen. Abkühlen lassen.

2. Heringe in gebräuntem Mehl wenden. Öl in der Pfanne erhitzen und Heringe bei großer Hitze etwa 6 Minuten von beiden Seiten kräftig braun braten. Heringe herausnehmen, abtropfen. Öl weggießen.

3. Heringe mit der abgekühlten Beize begießen. Falls notwendig, etwas Wasser zugießen und mindestens zwei Tage an kühlem Ort stehen und durchziehen lassen.

Zubereitungszeit: 30 Minuten
Tip: Heringe möglichst bei offenem Fenster und geschlossener Küchentür braten. Der Bratgeruch ist hartnäckig und unbeliebt.
Getränk: Bier, Wodka

Schmandhering

Vorbereitung der Zutaten:
4 Salzheringe, mindestens 1/2 Tag in Milch einlegen, entgräten, in 2-fingerdicke Streifen schneiden
1/2 l saure Sahne vermischt mit:
2 Lorbeerblättern
5 Wacholderbeeren
1 kleine Zwiebel, halbieren und fein schneiden
1 TL Zucker
über Nacht stehen lassen
1 großer saurer Apfel, schälen, entkernen, fein würfeln
1 große Zwiebel in Ringe geschnitten
1 Salzgurke (je nach Größe auch 2), fein würfeln
Beilage: Pellkartoffeln mit frischer Butter oder Bratkartoffeln

1. Heringsstücke mit den Apfel-, Gurkenwürfeln und Zwiebelringen in einen Steinguttopf geben. Mit dem gewürzten Rahm bedecken und noch einige Stunden ziehen lassen.

Zubereitungszeit: 40 Minuten
Tip: Hält sich 3–4 Tage im Kühlschrank.
Getränk: Bier, Korn

Karpfen in Biersauce

Vorbereitung der Zutaten:
1 Karpfen (etwa 1 kg), gesäubert, in 4 Stücke teilen
500 g Gemüse (Karotten, Zwiebeln, Sellerie, Lauch), alles klein würfeln
1/2 l helles Bier
1/2 l Malzbier
Salz
weißer Pfeffer
1 TL Zucker
1 Lorbeerblatt
10 Pfefferkörner
1 TL Salz
4 Wacholderbeeren
4 Stück Saucenlebkuchen (z. B. Kemm'sche Kuchen), fein reiben
40 g eiskalte Butter

1. Aus Gemüse, Bier und Gewürzen einen Fond bei kleiner Hitze mit Deckel 40 Minuten kochen. Ab und zu rühren und noch offen 10 Minuten weiterkochen.

2. Karpfen in den Fond legen und mit Deckel etwa 5 Minuten bei kleinster Hitze leicht kochen lassen, herausnehmen und warm stellen.

3. Lebkuchen einstreuen und offen bei Mittelhitze unter Rühren 5 Minuten verkochen lassen. Vom Feuer nehmen und durch ein Sieb passieren. Butter in Flocken unterrühren und mit Salz, Pfeffer und Zucker abschmecken. Über den Karpfen gießen und sofort servieren.

Zubereitungszeit: 1 Stunde
Getränk: Exportbier

Karpfen gebacken

Vorbereitung der Zutaten: (für 6–8 Personen)
2 ausgenommene, geschuppte Karpfen (zusammen etwa 1 1/2 kg), waschen, der Länge nach halbieren, mit Salz einreiben, in 8 Portionsstücke schneiden
8 EL Mehl
1/8 l Malzbier
1 TL Salz
2 Eiweiß, zu Schnee schlagen
1/8 l Öl
1 Zitrone, vierteln
Beilage: Kartoffelsalat, Feldsalat

1. Mehl, Bier, Salz zu einem glatten Teig verrühren und Eischnee unterheben.

2. Öl in großer Pfanne erhitzen, Karpfenstücke im Teig wenden.

3. Karpfen im Teig je nach Größe der Pfanne in 2 Arbeitsgängen 12–15 Minuten bei Mittelhitze von beiden Seiten goldbraun braten. Die letzten 5 Minuten mit Deckel. Mit Zitronenvierteln anrichten.

Zubereitungszeit: 35 Minuten
Getränk: Bier oder Weißherbst

Karpfen sächsisch

Vorbereitung der Zutaten:
4 Stücke Karpfen (à 250 g), säubern, salzen, pfeffern
100 g Butter
1 große Zwiebel, fein hacken
1 kleine Sellerieknolle, fein würfeln
1 EL Mehl
40 g geriebener Fischpfefferkuchen (Kemm'sche Kuchen)
1/2 l Bier (Mischung aus 3/8 l Malzbier, 1/8 l helles Bier)
Saft einer Zitrone
1 TL Zucker
Salz
weißer Pfeffer aus der Mühle
Beilage: Thüringer Klöße (Rezept Seite 351)

1. 4 EL Butter in einem kleinen Topf zerlassen. Zwiebel- und Selleriewürfel unter Rühren bei Mittelhitze 4 Minuten anschwitzen. Mit Mehl bestäuben und unter Rühren mit Bier-Mischung löschen.

2. Fischpfefferkuchen dazugeben, bei kleiner Hitze mit Deckel etwa 20 Minuten unter gelegentlichem Rühren kochen.

3. Restliche Butter in großer Pfanne erhitzen und Karpfen bei großer Hitze 5 Minuten von beiden Seiten anbraten. Bei kleinster Hitze mit Deckel noch 10 Minuten dünsten. Fisch aus dem Fett herausnehmen, falls erforderlich noch salzen und pfeffern.

4. Die Sauce mit Zitronensaft, Salz, Pfeffer, Zucker abschmecken.

Zubereitungszeit: 40 Minuten
Getränk: Bier oder Beaujolais

Krebse in Dillsauce

Vorbereitung der Zutaten:
32–40 Krebse (je nach Größe), waschen, Darm entfernen, Scheren und Schwänze ausbrechen
1 1/2 l Wasser
2 TL Salz
1 EL getrockneter Dill
1 TL Kümmel
Sauce:
1/4 l Krebssud
40 g Butter
1 EL Mehl
1/8 l süße Sahne
1 Eigelb
1 Bund Dill, zupfen
Saft von 1/2 Zitrone
4 EL Weißwein
Salz
Beilage: Reis oder Meterbrot

1. Wasser, Salz, Dill und Kümmel zum Kochen bringen und Krebse etwa 15 Minuten siedend garen. Fleisch auslösen und beiseite stellen.

2. Butter in der Pfanne zerlassen. Mehl einrühren. Bei Mittelhitze unter Rühren 3 Minuten anschwitzen, aber keine Farbe annehmen lassen.

3. Mit 1/4 l Krebssud und Sahne löschen und unter Rühren bei kleiner Hitze 3 Minuten offen einkochen.

4. Krebsfleisch dazugeben und noch 2 Minuten bei kleiner Hitze köcheln. Mit Salz, Zitronensaft und Weißwein abschmecken. Vom Herd nehmen und Eigelb und Dill unterrühren.

Zubereitungszeit: 40 Minuten
Tip: Wenn man die Krebse frisch gekocht beim Händler kauft, 1/4 l Sud mitbestellen.
Getränk: Weißer Burgunder oder Riesling

Lachs mit Kerbel im Teigmantel

Vorbereitung der Zutaten:
700–800 g Lachsfilet (2 große Stücke, vom Fischhändler schneiden lassen)
Saft 1/2 Zitrone, Salz, weißer Pfeffer, 1 Eigelb, 1 Eiweiß, 6 Scheiben Blätterteig, auftauen
1 EL Mehl, 3 Handvoll Kerbel, fein hacken
1 EL Öl
Sauce: 40 g Butter, 1 EL Mehl, 1/8 l süße Sahne, 1 Eigelb, 1 Bund Dill, zupfen, Salz, Saft 1/2 Zitrone, 4 EL Weißwein, 1/4 l Fischfond

1. Lachs mit Salz, Pfeffer, Zitronensaft einreiben. 30 Minuten einziehen lassen. Backblech mit 1 EL Öl bepinseln.

2. Ofen auf 200 Grad vorheizen. Je 3 Scheiben Blätterteig auf bemehltem Brett zu Rechtecken ausrollen.

3. 1 Lachsfilet auf 1 Teigrechteck legen, Kerbel daraufgeben, 2. Lachsfilet drauflegen, mit zweitem Teigrechteck bedecken. Teigränder mit Eiweiß bestreichen und fest zusammendrücken. Aus überschüssigem Teig Verzierungen ausstechen und mit Eiweiß auf den Teig kleben.

4. Das Ganze auf ein gefettetes Backblech legen, mit Eigelb bestreichen, mit einem Zahnstocher einige Löcher einstechen und etwa 35–40 Minuten goldbraun backen.

5. Inzwischen Sauce zubereiten. Butter im Topf bei Mittelhitze zerlassen, Mehl einrühren, 3 Minuten unter Rühren anschwitzen.

6. Mit Fischfond und Sahne löschen, weiterrühren und 3 Minuten offen bei kleiner Hitze einkochen. Vom Herd nehmen und Eigelb und Dill unterrühren. Mit Salz, Zitronensaft und Wein abschmecken.

Zubereitungszeit: 1 Stunde
Getränk: Weißer Burgunder, Traminer oder Loire-Weine

Pochierter Lachs mit Sahne-Reis

Vorbereitung der Zutaten:
1 l Fischfond (siehe Tip)
4 Scheiben roher Lachs, 2–3 cm dick
2 Tassen Langkornreis
1 Becher (200 ccm) süße Sahne, steif schlagen
1 Bund Dill, zupfen
1 Zitrone, vierteln
1 TL Kaviar zum Garnieren

1. Reis in 1 l Salzwasser bei Mittelhitze mit Deckel knapp 20 Minuten kochen. Auf einem Sieb abtropfen lassen.

2. Lachsscheiben in den Fischfond geben und etwa 5 Minuten bei kleiner Hitze mit Deckel vorsichtig ziehen lassen. Herausnehmen und warmstellen.

3. Reis, Sahne und Dill vermischen und zum Lachs servieren. Lachsscheiben mit Sahnetupfern, Zitronenvierteln und Kaviar garnieren.

Zubereitungszeit: 30 Minuten
Tip: Wenn kein Fischfond vorhanden ist, herstellen:
1 Zwiebel, 4 Nelken, 2 Lorbeerblätter, Pfefferkörner, 1 TL Estragonblätter, in Scheiben geschnittene ungespritzte Zitrone, 1/4 l Weißwein, 250 g Fischabfälle, 1 l Wasser, Salz.
Alles bei Mittelhitze zugedeckt in 20 Minuten zu einem Sud kochen. Durch ein Sieb abseihen. Fischsud zur Wiederverwendung einfrieren.
Getränk: Trockener Weißwein

Makrelen im Sud

Vorbereitung der Zutaten:
4 Makrelen (ausgenommen) – etwa à 400 g – waschen, trocknen
2 mittelgroße Zwiebeln, in Scheiben schneiden
1 gestrichener EL Salz
1 EL Pfefferkörner
1/4 l Kräuteressig
1 Lorbeerblatt
1 Bund Dill, zupfen (oder 1 EL getrocknet) einige Zweige zur Garnitur beiseite legen
1 Zitrone, vierteln
Beilage: Salzkartoffeln, braune Butter oder holländische Sauce, Feldsalat oder Brunnenkresse

1. Makrelen in passendem Topf eng nebeneinander legen. Zwiebel, Dill, 1 l kaltes Wasser, Essig, Salz, Pfeffer und Lorbeerblatt dazugeben und mit Deckel bei kleiner bis Mittelhitze zum Kochen bringen.

2. Wenn das Wasser leise siedet und nicht sprudelnd kocht, noch etwa 12 Minuten mit Deckel ziehen lassen. Fisch vorsichtig herausnehmen, abtropfen lassen und mit Zitronenvierteln und einigen Dillzweigen anrichten.

Zubereitungszeit: 40 Minuten
Tip: Fischsud zur Wiederverwendung einfrieren.
Getränk: Weißwein oder Rosé

Makrele mit Gurken

Vorbereitung der Zutaten:
2 große Makrelen (ausgenommen), waschen, trocknen, mit Zitronensaft einreiben
125 g durchwachsener Speck, fein würfeln
2 Zwiebeln, fein würfeln
2 Salatgurken, schälen, entkernen, würfeln
20 g Kapern mit Flüssigkeit
1/8 l Fleischbrühe (Instant)
Salz
Pfeffer
Zucker
1/8 l süße Sahne mit 2 TL Stärkemehl verrühren
1 Bund Dill, zupfen
Beilage: Salzkartoffeln, Endiviensalat mit Nüssen

1. Speckwürfel unter Rühren in großer länglicher Kasserolle 4 Minuten bei Mittelhitze auslassen.

2. Zwiebel- und Gurkenwürfel unter Rühren 4 Minuten bei kleiner Hitze dazugeben und dünsten.

3. Kapern mit Flüssigkeit, Brühe, Salz, Pfeffer, Zucker dazugeben und die gesäuerten Makrelen oben drauflegen.

4. Mit Deckel bei kleiner Hitze etwa 20 Minuten garen. Fisch herausnehmen und warm stellen.

5. Sahne-Stärke in das Gemüse rühren und bei Mittelhitze unter Rühren offen noch 3 Minuten kochen. Mit Dill bestreuen und neben dem Fisch anrichten.

Zubereitungszeit: 50 Minuten
Getränk: Weizenbier mit 1 Scheibe Zitrone

Matjes klassisch

Vorbereitung der Zutaten:
10 Matjesfilets, kurz wässern
2 mittelgroße Zwiebeln, in Ringe schneiden
1 Bund Dill, zupfen
200 g süße Sahne, schlagen, 200 g saure Sahne
4 saure Äpfel, schälen, entkernen, fein würfeln
einige Salatblätter als Garnitur
Beilage: Pellkartoffeln mit Schnittlauch
Grüne Bohnen mit Speck und Zwiebelwürfeln gedünstet oder
lange grüne Bohnen, gegart und in dünne Speckscheiben gewickelt, in Butter angebraten

1. Auf Salatblättern den Matjes auf einer Platte anrichten. Mit Dill bestreuen und mit Zwiebelringen belegen.

2. Geschlagene Sahne mit saurer Sahne mischen, Äpfel unterheben und dazu reichen.

Zubereitungszeit: 30 Minuten
Getränk: Exportbier

Heringshäckerle

Vorbereitung der Zutaten:
4 Salzheringe (ausgenommen), 3–5 Stunden wässern, häuten, entgräten, in sehr kleine Würfel schneiden
schwarzer Pfeffer aus der Mühle
4 EL Zitronensaft
150 g Butter, am Herd weich rühren
1 Salzgurke, schälen, fein würfeln
4 kleine Zwiebeln, fein hacken
100 g magerer Räucherspeck, sehr fein würfeln
1 Bund glatte Petersilie, fein hacken
Beilage: Pellkartoffeln

1. Herings-, Speck-, Zwiebel- und Gurkenwürfel in einer Schüssel mit Zitronensaft verrühren. Petersilie dazugeben.

2. Die weiche Butter einrühren.

Zubereitungszeit: 30 Minuten
Tip: Schmeckt auch als Brotaufstrich. Dafür alle Zutaten einmal durch die feine Scheibe des Fleischwolfes drehen. Im Kühlschrank eine Woche haltbar.
Getränk: Bier, Wodka

Matjes mit Schneidebohnen

Vorbereitung der Zutaten:
800 g Schneidebohnen, putzen, in schräge dünne Streifen schneiden
4 Matjes, entgräten, häuten, waschen, trocknen
1 TL Bohnenkraut
1 TL Salz
1/2 Tasse Fleischbrühe (Instant)
1 Tasse Milch
20 g Butter
Prise Zucker
1 gestrichener EL Mehl
Beilage: Pellkartoffeln mit frischer Butter oder ausgelassenem Räucherspeck

1. Butter, Brühe, Milch, Salz und Zucker in mittlerem Topf erhitzen und Bohnen mit Bohnenkraut mit Deckel etwa 25 Minuten bei kleiner Hitze gar kochen.

2. Mehl über die Bohnen stäuben und noch 3 Minuten bei kleiner Hitze ohne Deckel rühren.

3. Matjesfilets auf einer Platte anrichten. Dazu die Bohnen servieren.

Zubereitungszeit: 40 Minuten
Tip: Den ausgelassenen Räucherspeck mit den Grieben im Fett in der Sauciere extra servieren.
Getränk: Bier

Muscheln „Hamburger Art"

Vorbereitung der Zutaten:
2 kg Miesmuscheln, gründlich waschen, falls notwendig bürsten
1 große Zwiebel
1 Stange Lauch
2 Möhren
1/2 Sellerieknolle
1 Petersilienwurzel
} waschen, putzen, klein würfeln
2 Lorbeerblätter
2 Nelken
1/4 l Weißwein
4 Eigelb, verquirlen
2 EL Brühe (Instant)
4 EL Dill, zupfen
4 EL glatte Petersilie, hacken
Salz
weißer Pfeffer aus der Mühle
Beilage: Geröstetes Weißbrot

1. Die Muscheln 10–15 Minuten in sehr großem Topf mit Deckel bei kleiner Hitze in 1 l Wasser kochen.

2. Brühe aufheben und durchsieben. Geschlossene Muscheln wegwerfen, die anderen auspulen und den Bart, das kleine haarige Büschel in der Mitte der Muschel entfernen.

3. Gemüse in der Muschelbrühe mit Lorbeer und Nelken 30 Minuten ohne Deckel bei kleiner Hitze kochen.

4. Wein, gekörnte Brühe und Muschelfleisch dazugeben und noch 5 Minuten ziehen lassen. Nicht mehr kochen.

5. Topf vom Herd nehmen, Eigelb und Kräuter einrühren. Mit Salz und Peffer abschmecken.

Zubereitungszeit: 1 1/2 Stunden
Getränk: Bier oder trockener Weißwein

Muscheln „rheinisch"

Vorbereitung der Zutaten:
2 kg frische Miesmuscheln, unter fließendem Wasser gründlich waschen oder bürsten
1 mittelgroße Zwiebel, in dünne Scheiben schneiden
20 g Butter
1/2 l trockener Weißwein
2 Lorbeerblätter
1 gestrichener EL Salz
1 TL Thymian
4 EL Petersilie, hacken
1 TL weißer Pfeffer
Beilage: Schwarzbrot mit Butter bestrichen oder Weißbrot

1. Mit dem Wein Muscheln und alle Zutaten (außer Petersilie) in großem Topf mit Deckel zum Kochen bringen. Etwa 10 Minuten bei Mittelhitze kochen.

2. Muscheln herausnehmen, auf tiefen Tellern servieren. Sud durchseihen und mit Salz und Pfeffer abschmecken, Petersilie einrühren. Sud portionsweise über die Muscheln im Teller gießen. Der Sud wird mit Weißbrot aufgestippt.

Zubereitungszeit: 30 Minuten
Tip: Alle Muscheln, die vor dem Kochen geöffnet sind und sich im kalten Wasser nicht mehr schließen oder nach dem Kochen noch geschlossen sind, sind ungenießbar!
Getränk: Obergäriges Bier oder Weißwein

Muschelsuppe

Vorbereitung der Zutaten:
2 kg Miesmuscheln, gründlich gewaschen und gebürstet. Alle Muscheln, die vor dem Kochen geöffnet bzw. nach dem Kochen noch geschlossen sind, wegwerfen!
1/2 l Weißwein
1 EL Olivenöl
2 Zwiebeln, fein gehackt
1 Knoblauchzehe, fein gehackt
150 g Langkornreis
1 l Fleischbrühe (Instant)
10 Pfefferkörner
1/2 TL Safranfäden
1 TL Estragon, getrocknet
3 EL glatte gehackte Petersilie (Stengel aufheben)
1/2 Tasse süße Sahne
3 EL trockener Vermouth
Salz
weißer Pfeffer aus der Mühle
Beilage: Geröstetes oder frisches Weißbrot

1. Muscheln im Weißwein mit Petersilienstengeln und 10 Pfefferkörnern kalt aufsetzen und 10 Minuten mit Deckel bei Mittelhitze kochen. Muscheln beiseite stellen. Sud durch ein Tuch gießen.

2. 1 EL Olivenöl in großem Topf erhitzen. Zwiebel- und Knoblauchwürfel 3 Minuten unter Rühren bei Mittelhitze anschwitzen. Reis dazugeben und 1 Minute weiter rühren.

3. Mit Muschelsud und Brühe löschen. Bei großer Hitze aufkochen. Safran, Estragon, Salz und Pfeffer dazugeben und mit Deckel noch 15 Minuten bei kleiner Hitze kochen.

4. Inzwischen Muscheln abspülen und säubern und aus der Schale lösen.

5. Muscheln, Sahne und gehackte Petersilie in die Suppe einrühren, erhitzen und nochmals mit Salz, weißem Pfeffer und Vermouth abschmecken.

Zubereitungszeit: 1 Stunde
Getränk: Trockener Weißwein

Scholle „Finkenwerder Art"

Vorbereitung der Zutaten:
4 Schollen, säubern, waschen, trocknen, mit 1 EL Essig beträufeln, salzen und in etwa 4 EL Mehl wenden
250 g durchwachsener Speck, fein würfeln
1 Zitrone, vierteln
2 EL glatte Petersilie, hacken
Beilage: Kartoffelsalat, grüner Salat

1. Speckwürfel in großer Pfanne unter Rühren bei Mittelhitze 5 Minuten auslassen. Speck im Sieb abtropfen lassen, Fett in der Pfanne lassen. Speckwürfel beiseite stellen.

2. Schollen bei Mittelhitze in etwa 10 Minuten, jede Seite 5 Minuten, goldbraun braten (oder je nach Größe in 2 Portionen oder 2 Pfannen braten). Speckwürfel und Petersilie darübergeben, Zitronenviertel zum Beträufeln dazulegen.

Zubereitungszeit: 30 Minuten
Getränk: Bier

Seezunge vom Rost

Vorbereitung der Zutaten:
4 Seezungen (ausgenommen), waschen, trocknen, mit der Hälfte des Zitronensaftes beträufeln
Saft von 1 1/2 Zitronen
2 Knoblauchzehen, zerdrücken
4 EL Paniermehl
1 Zitrone, vierteln
Salz
schwarzer Pfeffer aus der Mühle
2 EL gehackte Petersilie
2 EL gehacktes Basilikum
8 EL Olivenöl
4 Zweiglein Rosmarin

1. Knoblauchzehen mit Paniermehl, Salz, Pfeffer, Kräutern, restlichem Zitronensaft und Olivenöl vermischen.

2. Fische in der Marinade wenden und 5 Minuten ziehen lassen. Grill vorheizen.

3. Marinade mit nassen Händen gut andrücken und die Fische auf heißem Grill mit je einem Zweig Rosmarin belegt von jeder Seite etwa 4 Minuten garen. Mit Zitronenvierteln umlegen.

Zubereitungszeit: 30 Minuten
Tip: Wo der Grill fehlt, geht es auch in der offenen Pfanne auf dem Herd oder im Backofen bei 220 Grad: Pfanne möglichst weit oben einschieben. In beiden Fällen 2 EL Butter in der heißen Pfanne zerlassen.
Getränk: Trockener Weißwein

Zander im Wurzelbett

Vorbereitung der Zutaten:
1 kg Zander (ausgenommen), schuppen, waschen, salzen und pfeffern
2 große Zwiebeln, fein schneiden
2 Stangen Lauch, fein schneiden
2 Fenchelknollen, fein schneiden
4 Möhren, fein schneiden
3 Stangen Staudensellerie, fein schneiden
40 g Butter
2 Tassen trockener Weißwein
2 EL Zitronensaft
1 EL gekörnte Brühe (Instant)
Salz
weißer Pfeffer aus der Mühle
Zucker
Beilage: Salzkartoffeln

1. Gemüse mischen und würzen. Mit Butter und Wein 20 Minuten in großer Kasserolle köcheln lassen.

2. Zander mit Bauch nach unten auf das Gemüsebett legen und etwa 25 Minuten mit Deckel unter gelegentlichem vorsichtigem Rühren des Gemüses auf sehr kleiner Hitze garen.

3. Fisch vorsichtig herausnehmen und häuten. Gemüse mit Salz, Pfeffer, Zucker, Brühe und Zitronensaft abschmecken.

Zubereitungszeit: 1 Stunde
Getränk: Weißwein

Spanische Fischsuppe (Zarzuela)

Vorbereitung der Zutaten:
200 g gekochtes Hummerfleisch, in mundgerechte Stücke schneiden
300 g Rotbarschfilet, mundgerecht würfeln
20 Miesmuscheln, gut waschen
4 EL Olivenöl
2 Knoblauchzehen, zerdrücken
2 mittelgroße Zwiebeln, fein hacken
je 1 rote und grüne Paprikaschote, entkernen, fein würfeln
100 g gekochter Schinken, fein würfeln
500 g Tomaten, brühen, häuten, entkernen, grob hacken
1 Lorbeerblatt
Salz
Pfeffer
1/2 TL Safran
1/2 l Weißwein
Saft 1/2 Zitrone
3/4 l Fischfond oder Rinderbrühe (Instant)
2 EL Dill, zupfen
2 EL glatte Petersilie, hacken
Beilage: Meterbrot

1. Olivenöl mit Zwiebel, Knoblauch, Paprika und Schinkenwürfeln in großem Topf unter Rühren 5 Minuten bei Mittelhitze anschwitzen.

2. Tomaten, Lorbeerblatt, Salz, Pfeffer und Safran dazugeben. Mit Wein, Fischfond (oder Brühe) und Zitronensaft ablöschen. Einmal aufkochen und 20 Minuten bei kleiner Hitze mit Deckel köcheln.

3. Muscheln, Hummer und Fisch dazugeben und noch etwa 10 Minuten mit Deckel bei kleinster Hitze kochen. Ungeöffnete Muscheln und Lorbeerblatt wegwerfen. Nochmals abschmecken und Kräuter einrühren.

Zubereitungszeit: 1 Stunde
Getränk: Spanischer oder italienischer Rotwein

Paella (Safranreis mit Meerestieren, Geflügel und Fleisch)

Vorbereitung der Zutaten: (für 8 Personen)
6 Hähnchenkeulen, salzen pfeffern
12 Hummerkrabben, ohne Schale und Darm, roh, mittelgroß (ersatzweise Langustenschwänze, Scampi)
6 frische Muscheln, waschen, ohne Bart oder aus der Dose
250 g geräucherte, harte Schweinewurst mit Knoblauch (Chorizo)
2 magere Schweineschnitzel, klein würfeln
200 g frische oder tiefgekühlte Erbsen
500 g Langkornreis, kalt waschen
1 grüne Paprikaschote, in Streifen schneiden
1 rote Paprikaschote, in Streifen schneiden
1 große Tomate, schälen, entkernen, würfeln
2 Rotbarschfilets (oder anderen festkochenden Fisch)
1/8 l Olivenöl
Salz
schwarzer Pfeffer
1/2–1 TL Safranpulver
4 EL gemischte gehackte Kräuter (Basilikum, Estragon, Thymian, Oregano)
2 Knoblauchzehen, fein hacken
125 g Zwiebeln, fein hacken
2 Zitronen, in Sechstel schneiden

1. Die Hälfte des Öls in der Pfanne erhitzen und Hähnchenkeulen bei Mittelhitze unter Wenden von allen Seiten 10 Minuten goldbraun braten. Fett in der Pfanne lassen. Keulen beiseite stellen.

2. Knoblauchwurst in kleinem Topf mit kaltem Wasser bedecken, einige Male einstechen. Bei großer Hitze aufkochen, bei kleiner Hitze 5 Minuten ziehen lassen. Abtropfen und in Scheiben schneiden.

3. Wurstscheiben im Hähnchenfett 3 Minuten bei Mittelhitze von allen Seiten anbraten. Auf Küchenkrepp abtrocknen. Fett in der Pfanne lassen.

4. Fischfilets im gleichen Fett bei großer Hitze in 3 Minuten von beiden Seiten anbraten. Auf Küchenkrepp trocknen und in mundgerechte Würfel schneiden. Fett wegschütten.

5. Restliches Olivenöl erhitzen. Schweinefleischwürfel unter Rühren bei großer Hitze 3 Minuten braten. Paprikastreifen, Zwiebel, Knoblauch und Tomate dazu und unter Rühren bei Mittelhitze noch etwa 5 Minuten dünsten bis fast alle Flüssigkeit weg ist. Salzen und pfeffern. Ofen auf 200 Grad vorheizen.

6. Im Bräter (mindestens 30 cm lang und 8 cm hoch) auf dem Herd Reis mit Fleisch, Paprika, Safran und 1 TL Salz vermischen. Knapp 11/2 Liter Wasser mit 1 EL Salz zum Kochen bringen.

7. Kochendes Wasser zugießen und unter Rühren bei großer Hitze aufkochen. Vom Herd nehmen. Huhn, Fisch, Muscheln, Krabben, Erbsen auf dem Reis verteilen.

8. Auf dem Boden des Backofens etwa 30 Minuten offen garen, bis der Reis die Flüssigkeit aufgenommen und noch Biß hat. Wenn der Reis im Ofen steht, nicht mehr rühren.

9. Bräter aus dem Ofen nehmen, mit Küchenhandtuch abdecken und 5 Minuten stehen lassen. Mit Zitronenstücken garnieren, mit gemischten Kräutern bestreuen und im Bräter servieren.

Zubereitungszeit: etwa 2 Stunden
Tip: Statt Schweineschnitzel passen auch Kalbsschnitzel. Soll die Paella weniger reichhaltig sein, eine Meeres-Zutat oder eine Fleischsorte weglassen. Für jede fehlende Zutat 50 g Reis einsparen und bei Stufe 6 die entsprechende Wassermenge reduzieren.
Getränk: Italienischer oder spanischer Rotwein

Pfannfisch

Vorbereitung der Zutaten:
500 g Salatkartoffeln, in der Schale fast gar kochen, pellen, abkühlen lassen und in dünne Scheiben schneiden
500 g geräucherter Fisch (Makrele, Bückling oder Heilbutt), enthäuten, entgräten, in mundgerechte Stücke teilen
4 Eier mit 1/2 Tasse Milch, etwas Salz und schwarzem Pfeffer aus der Mühle verquirlen
100 g durchwachsener Speck, fein würfeln
4 EL Butter
2 EL Petersilie, hacken

1. Butter mit Speckwürfeln in der Pfanne zerlassen, Kartoffeln dazugeben und 15 Minuten bei Mittelhitze braten. Leicht salzen und immer wieder wenden.

2. Fischstücke dazugeben und mit der Eier-Milch-Mischung begießen. Bei kleiner Hitze in 10 Minuten stocken lassen. Nicht rühren. Pfeffer darüber mahlen (1 x), mit Petersilie bestreuen und in der Pfanne servieren.

Zubereitungszeit: 45 Minuten
Tip: Statt Räucherfisch können auch Krabben oder beides verwendet werden.
Getränk: Bier und Korn

Reste-Essen mit Kochfisch

Vorbereitung der Zutaten:
300 g (oder mehr) gekochter Fisch, in mundgerechte Stücke zerteilen
500 g Kartoffeln, kochen, in dünne Scheiben schneiden
3 EL Butter
1/4 l Fischfond (oder halb Wasser und Weißwein) mit 3 EL Senf verrühren
4 EL glatte Petersilie, hacken
Salz
Pfeffer

1. Butter in der Pfanne erhitzen. Kartoffeln bei großer Hitze 5 Minuten unter Wenden anbraten.

2. Fischstücke und Senf-Mischung zugeben. 10 Minuten ohne Deckel bei kleiner Hitze unter gelegentlichem Rühren kochen. Mit Salz und Pfeffer abschmecken und mit Petersilie bestreuen.

Zubereitungszeit: 35 Minuten
Getränk: Bier

ZANDER IM WURZELBETT
SEITE 166

SPANISCHE FISCHSUPPE (ZARZUELA)
SEITE 166

Fischragout mit Makkaroni

Vorbereitung der Zutaten:
500 g kurze Makkaroni (Penne)
3/4 l Fischfond oder 1/2 l Fleischbrühe (Instant)
300 g Seeaal
300 g Lachsforelle
300 g Steinbutt
} ohne Haut und Gräten, mundgerecht würfeln
1/8 l Weißwein mit 2 TL Stärkemehl glatt rühren
1/8 l Crème fraîche
4 EL gemischte, gehackte Kräuter (Dill, Estragon, Schnittlauch, Kerbel)
1 EL glatte Petersilie, fein hacken
Salz
weißer Pfeffer aus der Mühle

1. Falls kein Fischfond vorhanden ist, Fleischbrühe, Weißwein, Wasser, Zwiebel, Lorbeerblatt und Salz im zugedeckten Topf 20 Minuten kochen lassen. Durch ein Sieb passieren. In zweitem Topf 2 Liter gesalzenes Wasser für die Makkaroni aufsetzen.

2. 3/4 l Fischfond oder den Sud von Stufe 1. zum Kochen bringen. Fischstücke darin 3 Minuten bei kleiner Hitze offen ziehen lassen, mit Schaumlöffel herausnehmen und beiseite stellen. Makkaroni aufsetzen, Topf offen lassen, durchrühren.

3. In den siedenden Fischsud Crème fraîche, Weißwein-Stärkemehl und die Kräuter einrühren. Mit Pfeffer und Salz abschmecken und die Fischstücke wieder einlegen.

4. Bißprobe bei den Makkaroni machen. Wenn sie "al dente" sind, sofort abgießen, abtropfen lassen und in vorgewärmte Schüssel geben. Das Fischragout über die Nudeln gießen und mit feingehackter Petersilie bestreuen.

Zubereitungszeit: 40 Minuten
Getränk: Leichter Rotwein

Fischfilet mit Krabben in Weinsauce

Vorbereitung der Zutaten:
4 Fischfilets, waschen, trocknen, mit dem Saft
1/2 Zitrone beträufeln und salzen
2 EL Mehl
Saft 1/2 Zitrone
5 EL Butter
1/4 l trockener Weißwein
200 g süße Sahne
1 Bund Dill, zupfen
5 EL frische Krabben
1 TL Zucker
Salz
weißer Pfeffer aus der Mühle

1. Fischfilets in der Pfanne mit Deckel in 1 EL Butter bei kleiner Hitze etwa 10 Minuten dünsten. Warm stehen lassen.

2. 4 EL Butter in kleinem Topf zergehen lassen. Mehl bei Mittelhitze einrühren und unter Rühren mit dem Schneebesen 2 Minuten anschwitzen.

3. Wein und Sahne einrühren und 5 Minuten ohne Deckel bei kleiner Hitze unter Rühren einkochen.

4. Mit Salz, weißem Pfeffer, Zucker und Zitronensaft abschmecken. Dill und Krabben in die Sauce geben. Flüssigkeit aus der Fischpfanne in die Sauce einrühren. Fisch mit Sauce bedeckt servieren.

Zubereitungszeit: 25 Minuten
Getränk: Trockener Weißwein

Heilbutt-Auflauf

Vorbereitung der Zutaten:
500 g gesäuberter Heilbutt
40 g Butter, 40 g Mehl
1 l Fischfond
1/8 l süße Sahne
125 g geriebener junger Gouda (oder Allgäuer Emmentaler)
3 EL Weinbrand verrührt mit 1/2 TL Safranpulver
1 Eigelb
125 g Krabbenfleisch
250 g gekochte Spargelstücke (oder 1 kleine Dose)
1 Zitrone, vierteln
2 EL Dill, zupfen
Salz, weißer Pfeffer aus der Mühle
Beilage: Salzkartoffeln, Kopfsalat

1. Heilbutt im Fischfond etwa 20 Minuten bei kleinster Hitze bedeckt ziehen lassen. Falls kein Fischfond vorhanden ist, 1 l Salzwasser mit 1 kleinen Zwiebel und 1 Lorbeerblatt vorher 20 Minuten lang kochen. Fisch herausnehmen und in Flocken teilen (1/4 l Kochflüssigkeit aufheben).

2. Butter in kleinem Topf zerlassen. Mehl unter Rühren 2 Minuten bei kleiner Hitze darin anschwitzen. Mit Sahne und dem 1/4 l Fischfond ablöschen. Aufkochen und noch 5 Minuten köcheln lassen.

3. 100 g Käse unter Rühren bei kleiner Hitze in der Sauce schmelzen. Weinbrand-Safran dazugeben und noch 3 Minuten unter Rühren bei kleiner Hitze kochen. Vom Herd nehmen. Eigelb einrühren. Mit Salz und Pfeffer abschmecken.

4. Krabben, Spargel und Fisch mischen, salzen und pfeffern, in eine feuerfeste Form füllen und mit der Käsesauce übergießen. Restlichen Käse obendrauf streuen.

5. Im Grill oder Backofen 10–15 Minuten überbacken. Mit Dill bestreuen und mit Zitronenvierteln servieren.

Zubereitungszeit: 1 Stunde
Getränk: Badischer Weißwein

Spinatauflauf mit Fisch

Vorbereitung der Zutaten:
500 g gekochte Salzkartoffeln, zerstampfen
2 Eigelb
Salz
weißer Pfeffer
1 Prise Muskatnuß
4 geräucherte Fischfilets, ohne Haut und Gräten, in große Stücke geteilt (Forelle, Makrele)
300 g Blattspinat, putzen, waschen, 3 Minuten in Salzwasser gekocht und abgetropft
20 g Butter
1/2 Tasse süße Sahne
1 mittelgroße Zwiebel, fein hacken
1 kleine Knoblauchzehe, fein hacken
4–6 EL geriebener Allgäuer Emmentaler
1 TL Butter

1. Feuerfeste Form mit 1 TL Butter ausfetten.

2. Zerstampfte Kartoffeln mit Eigelb, Salz, Pfeffer und Muskat verrühren. Brei in die Form geben und glattstreichen, so daß die Form zur Hälfte gefüllt ist. Ofen auf 250 Grad vorheizen.

3. 20 g Butter in kleinem Topf zerlassen. Zwiebel und Knoblauch 3 Minuten unter Rühren bei Mittelhitze anschwitzen. Spinat, Sahne, Salz, Pfeffer und Muskat dazugeben und bei kleiner Hitze unter gelegentlichem Rühren mit Deckel 10 Minuten dünsten. Vom Herd nehmen.

4. Fischfilet auf dem Kartoffelboden verteilen. Mit Spinat bedecken.

5. Dick mit Käse bestreuen und etwa 15 Minuten im Ofen überbacken.

Zubereitungszeit: 1 Stunde
Getränk: Leichter Rotwein oder Bier

Fleisch

„Wenn solch ein Fleischchen weiß und mild
Im Kraute liegt, das ist ein Bild
Wie Venus in den Rosen."
LUDWIG UHLAND

Rind

Rinderschmorbraten

Vorbereitung der Zutaten:
750 g Schwanzrolle
250 g frische braune Champignons, fein blättrig schneiden
4 EL Butter
2 Zwiebeln, fein gehackt
1 Knoblauchzehe, fein gehackt
1 Scheibe Toastbrot ohne Rinde
2 EL glatte Petersilie, fein gehackt
1 Ei
1/8 l saure Sahne
1/4 l helles Bier oder Rotwein
1 EL Madeira
Salz
schwarzer Pfeffer

Beilage: Semmelknödel (Rezept Seite 353) oder Salzkartoffeln, alle frischen Salate

1. Fleisch mit Salz und Pfeffer einreiben. 2 EL Butter im schweren Bratentopf bei großer Hitze zerlassen. Fleisch darin von allen Seiten braun braten. Mit Bier oder Rotwein ablöschen. Topf zudecken und das Fleisch unter gelegentlichem Wenden 2 Stunden bei kleiner Hitze schmoren lassen.

2. Restliche Butter in einer Pfanne aufschäumen lassen, Zwiebel und Knoblauch darin glasig dünsten. Champignons hinzufügen und unter Rühren weiterdünsten, bis die Flüssigkeit verdampft ist. Pfanne beiseite stellen.

3. Toastbrot zerkrümeln, mit Ei und Petersilie vermischen, mit Salz und Pfeffer abschmecken und in die Pilzmischung geben.

4. Das geschmorte Fleisch aus dem Topf nehmen. Im Abstand von 2 cm tief einschneiden, so daß die Scheiben noch zusammenhängen. Die Pilzfüllung in die Einschnitte verteilen und das Fleischstück wie ein Paket verschnüren. Wieder in den Brattopf legen, weitere 30 Minuten bei kleiner Hitze mit Deckel sanft schmoren. Falls notwendig, etwas heißes Wasser nachgießen. Dann herausnehmen und im Ofen bei 100 Grad heiß halten.

5. Sahne in den Bratenfond gießen. Mit dem Schneebesen verrühren, dabei alle Rückstände im Topf lösen. Sauce abschmecken, eventuell einen EL Madeira einrühren und in eine vorgewärmte Sauciere seihen.

6. Bindfaden vom Fleisch entfernen, Scheiben vollständig durchschneiden und servieren.

Zubereitungszeit: 2 1/2 Stunden
Getränk: Bier oder leichter Rotwein

Rindfleischfarce

Vorbereitung der Zutaten:
300 g Rindfleischreste (gekocht oder gebraten) im Mixer püriert
1 mittelgroße Zwiebel, fein hacken
40 g Butter
3 altbackene Brötchen, würfeln und mit
1 Tasse kochender Milch übergießen und zerdrücken
2 Eier
50 g geriebener Käse
Salz
schwarzer Pfeffer
1 TL Thymian
2 EL glatte gehackte Petersilie

1. Zwiebel in Butter bei Mittelhitze in einer Pfanne 3 Minuten unter Rühren anschwitzen.

2. Alle Zutaten zu einer glatten Farce verrühren.

3. Kleine Frikandellen daraus formen und braten oder als Füllung für Teigtaschen, Pfannkuchen, Zucchinis oder Kohlroulade verwenden.

Zubereitungszeit: 30 Minuten

Filetsteak gekocht

Vorbereitung der Zutaten:
4 Filetsteaks à 200 g, gut abgehangen
2 Petersilienwurzeln, halbiert, in je 4 Stifte geschnitten
2 Möhren, halbiert, in je 4 Stifte geschnitten
1 Sellerieknolle, etwa 150 g, in 4 Teile geschnitten
2 Stangen Lauch, das Weiße in 4 Teile geschnitten
1 Stange Meerrettich (200 g), grob geraffelt mit
1 TL Zitronensaft überspritzt
3/4 l einfache Rinder-Bouillon (Rezept Seite 42)
500 g Kartoffeln, geschält, gewaschen
schwarzer Pfeffer
Salz
Beilage: Bouillonkartoffeln

1. Kartoffeln kalt mit 1 l Wasser und 1 EL Salz aufsetzen.

2. Fleischbrühe mit Petersilienwurzeln, Möhren und Sellerie 20 Minuten zugedeckt bei mittlerer Hitze kochen lassen. Dann erst Lauch zugeben. Weitere 5 Minuten kochen lassen.

3. Steaks in die kochende Brühe legen und bei mittlerer Hitze offen je nach Größe 8–10 Minuten garen.

4. Salzkartoffeln abgießen und abdampfen lassen.

5. Steaks herausnehmen und in 3 Suppenkellen heißer Fleischbrühe warmhalten. Den Rest Brühe durchsieben, zu anderweitiger Verwendung aufheben und nur das Gemüse zu den Steaks legen.

6. Steaks aus der Bouillon nehmen. Dick mit Meerrettich belegt servieren. Die fertigen Salzkartoffeln in die Bouillon mit dem Gemüse legen. 1 Minute vollsaugen lassen. Dann zu den Steaks als Beilage servieren.

Zubereitungszeit: 30 Minuten
Getränk: Bier oder herber Weißwein

Rindergulasch

Vorbereitung der Zutaten:
1 kg Gulaschfleisch in großen Würfeln
3 EL Öl
2 Lorbeerblätter
750 g Zwiebeln, grob hacken
1/2 l Rotwein
1 EL Paprika, edelsüß
3 Tomaten, brühen, häuten, entkernen, grob würfeln
1 EL gekörnte Brühe (Instant)
1 TL Kümmelpulver
3 EL Tomatenmark
1 Becher saure Sahne
1 TL Zucker
Salz
schwarzer Pfeffer aus der Mühle
Beilage: Salzkartoffeln (Rezept Seite 334)

1. 3 EL Öl in mittlerem Topf bis zum Rauchen erhitzen und Gulasch unter Rühren 4 Minuten scharf anbraten.

2. Zwiebeln, Salz, Pfeffer und Paprika dazugeben und bei großer Hitze unter Rühren 3 Minuten goldgelb braten. Hitze herunterschalten.

3. Lorbeer, die Hälfte des Rotweins und Tomaten dazugeben und bei kleiner Hitze mit Deckel gut 2 Stunden schmoren lassen. Ab und zu rühren. Während des Schmorens allmählich den restlichen Rotwein dazugießen.

4. Gekörnte Brühe und saure Sahne dazugeben. Tomatenmark und Kümmelpulver einrühren und 10 Minuten mit Deckel bei kleiner Hitze unter gelegentlichem Rühren kochen. Falls notwendig, etwas heißes Wasser dazugießen.

5. Mit Zucker, Salz und Pfeffer abschmecken. Noch 5 Minuten ohne Deckel bei kleiner Hitze köcheln lassen.

Zubereitungszeit: 2 1/2 Stunden
Tip: Läßt sich 4 Wochen einfrieren. Ohne Sahne bis zu 3 Monaten haltbar.
Getränk: Pilsener

Kürbis-Gulasch

Vorbereitung der Zutaten:
700 g Rindergulasch
50 g Schmalz
700 g Zwiebeln, in Scheiben
1/2 TL getrockneter Thymian
1/2 TL Ingwerpulver
1/2 l Fleischbrühe (Instant)
1 Glas Kürbis (220 g Einwaage), abtropfen, würfeln
1 gestrichener EL Stärkemehl in 1/8 l Sherry gelöst
Salz
weißer Pfeffer aus der Mühle
1 Prise Zucker
Beilage: Reis (Rezept Seite 354) oder Semmelknödel (Rezept Seite 353)

1. Gulasch in heißem Schmalz in großem Schmortopf 10 Minuten bei großer Hitze unter Rühren braten.

2. Zwiebeln, Thymian und Ingwerpulver dazugeben und noch 5 Minuten unter Rühren braten.

3. Mit Brühe ablöschen und etwa 2 Stunden mit Deckel bei kleiner Hitze kochen. Ab und zu rühren. Falls notwendig, etwas Wasser nachgießen.

4. Kürbiswürfel und Sherry-Stärkemehl dazugeben. Noch etwa 8 Minuten ohne Deckel bei kleiner Hitze unter Rühren kochen. Mit Salz, Pfeffer und Zucker abschmecken.

Zubereitungszeit: 2 1/2 Stunden
Getränk: Bier

Porree-Gulasch mit Curry

Vorbereitung der Zutaten:
750 g Rindfleisch, aus der Blume, würfeln
4 EL Öl
3 mittelgroße Zwiebeln, grob hacken
2 EL Tomatenmark, 1/2 l Fleischbrühe
3 mittelgroße Tomaten brühen, häuten, entkernen, grob hacken
6 Stangen Lauch, nur das Helle, in kleine Ringe schneiden
1–2 TL (je nach Schärfe) Currypulver
Salz
weißer Pfeffer aus der Mühle
Zucker
Beilage: Salzkartoffeln

1. Fleisch in mittlerem Topf bei großer Hitze in heißem Öl unter Rühren 4 Minuten anbraten.

2. Zwiebeln, Tomatenmark, Salz und Currypulver dazugeben und 2 Minuten bei Mittelhitze unter Rühren braten. Mit Brühe ablöschen und 50 Minuten mit Deckel unter gelegentlichem Rühren bei kleiner Hitze garen.

3. 1/2 Tasse Wasser mit dem Lauch dazugeben und noch 15 Minuten mit Deckel bei kleiner Hitze unter gelegentlichem Rühren weiterkochen. Tomaten einrühren.

4. Alles noch weitere 5 Minuten offen köcheln lassen. Mit Salz, Pfeffer und Zucker abschmecken.

Zubereitungszeit: 80 Minuten
Getränk: Leichter Rotwein

Rindfleisch süß-sauer

Vorbereitung der Zutaten:
800 g Rindfleisch (Zungenstück oder Mittelbug, falsches Filet), mundgerecht würfeln
3 Zwiebeln, grob würfeln
500 g Äpfel, schälen, entkernen, grob würfeln
4 EL Öl
1 Knoblauchzehe, zerdrücken
1 Lorbeerblatt
1/2 TL Paprika, edelsüß
1 Messerspitze Piment
3/4 l Brühe (Instant)
3 EL Rosinen
2 EL gehackte Mandeln
2 EL Apfelmus oder 1 EL Apfelgelee
1 EL Essig
1 EL Stärkemehl in 4 EL Rotwein gelöst
1 TL Zucker
Salz
schwarzer Pfeffer aus der Mühle
Beilage: Kartoffelklöße (Rezept Seite 350) oder Bratkartoffeln (Rezept Seite 337)

1. Öl im Schmortopf bei großer Hitze erhitzen und Fleisch unter Rühren 4 Minuten anbraten. Zwiebeln dazugeben und noch 3 Minuten unter Rühren braten.

2. Mit Brühe löschen. Knoblauch, Salz, Pfeffer, Paprika, Lorbeer, Piment dazugeben und 1 Stunde bei kleiner Hitze mit Deckel unter gelegentlichem Rühren schmoren lassen.

3. Äpfel, Rosinen und Mandeln dazugeben. Noch 10 Minuten bei kleiner Hitze mit Deckel schmoren.

4. Stärke-Wein einrühren. Einmal ohne Deckel ohne Rühren aufkochen. Apfelmus und Essig einrühren. Nach Geschmack mit Salz, Zucker, Pfeffer abrunden.

Zubereitungszeit: 1 1/2 Stunden
Getränk: Rotwein oder obergäriges Bier

Hochrippensteak

Vorbereitung der Zutaten:
1,6 kg Steak aus der Hochrippe (4 Stücke)
800 g geschälte Tomaten mit Saft (Dose)
3/8 l Fleischbrühe (Instant)
2 EL Schweineschmalz
1/8 l Rotwein
4 EL gemischte, gehackte Kräuter (Basilikum, Estragon, Thymian, Rosmarin)
2 TL Piment, gemahlen
2 Knoblauchzehen, grob hacken
Salz
schwarzer Pfeffer aus der Mühle

1. Steaks mit Salz, Pfeffer, Piment von beiden Seiten kräftig würzen und 20 Minuten stehen lassen.

2. Schmalz in großem, niedrigem Schmortopf erhitzen und Steaks von beiden Seiten bei großer Hitze in 6 Minuten anbraten.

3. Mit Brühe ablöschen, Knoblauch dazugeben und mit Deckel 45 Minuten bei kleiner Hitze köcheln. Ab und zu rühren. Steaks herausnehmen. Warmstellen. Backofen auf 200 Grad vorheizen.

4. Tomaten mit Saft im Bratensaft des Schmortopfes zum Kochen bringen und alles heiß in einen Bräter füllen. Die Steaks hinein legen und auf der Mittelschiene des Ofens in etwa 30 Minuten von beiden Seiten braun werden lassen.

5. Wenn die Steaks fertig sind, den Bräter auf den Herd stellen, Fleisch herausnehmen und im abgeschalteten Ofen warmhalten. In die Tomaten jetzt Kräuter und Wein einrühren und offen bei Mittelhitze 5 Minuten kochen lassen. Mit Salz und Pfeffer abschmecken und zu den Steaks servieren.

Zubereitungszeit: 1 3/4 Stunden
Getränk: Bier

Bierbraten

Vorbereitung der Zutaten:
1 kg Rinderbraten (Bugschaufelstück, falsches Filet, Mittelbug oder Zungenstück), kräftig mit Salz und Pfeffer einreiben
1 Flasche helles Bier
1/8 l süße Sahne mit 1 EL Stärkemehl verrühren
1 Lauchstange, putzen, waschen, in Stücke schneiden
250 g Champignons, putzen, waschen, in Scheiben schneiden
250 g Zwiebeln, schälen, in Scheiben schneiden
1 TL Zucker
2 grüne Paprikaschoten, waschen, entkernen, in dünne Streifen schneiden
2 Möhren, schälen, in kleine Würfel schneiden
1/4 Sellerieknolle, schälen, in kleine Würfel schneiden
3 EL Schmalz oder Pflanzenfett
Salz
schwarzer Pfeffer aus der Mühle
Beilage: Petersilienkartoffeln

1. Schmalz oder Pflanzenfett in großem Schmortopf erhitzen. Fleisch bei großer Hitze unter Wenden von allen Seiten in 7 Minuten anbraten. Mit 1/4 l Bier löschen und 40 Minuten mit Deckel bei kleiner Hitze schmoren.

2. Zwiebel, Paprika, Möhren, Sellerie dazugeben und 40 Minuten bei kleiner Hitze mit Deckel weiterschmoren. Ab und zu rühren.

3. Lauch, Champignons und das restliche Bier dazugeben und noch 20 Minuten mit Deckel schmoren. Ab und zu rühren.
Fleisch herausnehmen, in Scheiben schneiden, warmstellen.

4. Sahne-Stärkemehl einrühren, nochmals aufkochen. Mit Salz, Pfeffer und Zucker abschmecken. Fleich wieder in die Sauce geben und erst wenn die Sauce wieder zu köcheln beginnt, servieren.

Zubereitungszeit: 2 Stunden
Getränk: Bier

Bugschaufelstück geschmort

Vorbereitung der Zutaten:
1 kg Bugschaufelstück vom Jungrind
60 g fetter Räucherspeck, in 8 cm lange, dünne Streifen schneiden, mit 1 EL Wodka beträufeln und 30 Minuten ins Gefrierfach stellen
50 g Schweineschmalz
2 mittelgroße Zwiebeln, in Ringe schneiden
1/2 l Fleischbrühe (Instant), 200 g saure Sahne
4 Scheiben Rote Bete aus dem Glas, in sehr feine Streifen schneiden
1/2 Salatgurke, schälen, entkernen, in sehr feine Streifen schneiden
1 Bund Dill, zupfen
1/2 Tasse Rotwein mit 1 TL Stärkemehl verrühren, 1 EL scharfer Senf
Salz, schwarzer Pfeffer aus der Mühle
1 Prise Zucker
Beilage: Salzkartoffeln, Gurkensalat

1. Speckstreifen mit der Spicknadel in Faserrichtung durch den Braten ziehen (spicken). Fleisch mit Salz und Pfeffer einreiben. Schmalz in einem Schmortopf erhitzen.

2. Den gespickten Braten bei großer Hitze unter Wenden von allen Seiten 5 Minuten lang anbraten. Zwiebeln dazugeben und noch 2 Minuten unter Rühren weiterbraten.

3. Mit 1/4 l Brühe ablöschen und bedeckt unter gelegentlichem Rühren 2 Stunden schmoren lassen. Nach 50 Minuten restliche Brühe dazugeben.

4. Fleisch herausnehmen, gegen die Faser in Scheiben schneiden und warm stellen.

5. Wein-Stärke in den Bratensatz einrühren, Gurken und Rote Bete dazugeben, Senf und saure Sahne einrühren und 5 Minuten bei kleiner Hitze unter Rühren ohne Deckel kochen.

6. Sauce mit Salz, Pfeffer und Zucker abschmecken. Fleisch mit der Sauce übergießen und mit Dill bestreuen.

Zubereitungszeit: knapp 3 Stunden
Getränk: Bier und Wodka

Rinderschulter gekocht

Vorbereitung der Zutaten:
1 1/2 kg Rindfleisch aus dem Mittelbug
1 kg Suppengrün, geputzt, grob geschnitten
2 Zwiebeln, geschält, geviertelt
1 kleine Zwiebel mit 5 Nelken gespickt
6 Pfefferkörner, weiß
6 Wacholderbeeren
2 Lorbeerblätter
1 Bund glatte Petersilie, gewaschen, mit Küchengarn zusammengebunden
1/4 l Bier (hell)
Salz
weißer Pfeffer
Beilage: Grüne Sauce (Rezept Seite 320) oder andere kalte Kräutersauce, Salzkartoffeln (Rezept Seite 334)

1. Soviel Wasser zum Kochen bringen, daß das Fleisch davon bedeckt wird. Dann alle anderen Zutaten mit dem Fleisch (außer Bier) in das kochende Wasser geben und bei kleiner Hitze mit Deckel 2 Stunden garen.

2. Kurz vor Ende der Garzeit Backofen auf 200 Grad vorheizen. Am Ende der Garzeit Fleisch herausnehmen, auf das Fettfang-Blech legen und in die Mittelschiene des Ofens schieben und mit Bier übergießen. Etwa 10 Minuten leicht bräunen lassen.

3. Das fertige Fleisch in Scheiben schneiden und mit der Kräutersauce servieren.

Zubereitungszeit: 2 Stunden, 20 Minuten
Tip: Das Kochwasser durchseihen, kalt stellen oder einfrieren und für andere Zubereitungen als Brühe verwenden.
Getränk: Bier

Rinderrouladen

Vorbereitung der Zutaten:
4 große Scheiben Rouladenfleisch (dünn aus dem Schlegel geschnitten)
4 EL Schmalz
1 Bund Frühlingszwiebeln, weiße Teile im Längsschnitt halbieren
1 große Zwiebel, halbieren und in dünne Scheiben schneiden
2 Scheiben durchwachsener Speck, der Länge nach halbieren
2 EL mittelscharfer Senf
1 EL Paprika, edelsüß
1 kleine Salzgurke, schälen und längs in vier Teile schneiden
1 Becher saure Sahne
1/2 Tasse Rotwein
1 EL Tomatenmark
1 EL Sojasauce
Salz
schwarzer Pfeffer aus der Mühle

Beilage: Salzkartoffeln oder Kartoffelpüree, Mischgemüse, Rot- oder Rosenkohl

1. Jede Roulade flach legen und in folgender Reihenfolge würzen und belegen:
a) dünn mit Senf bestreichen
b) mit Paprika bestäuben
c) Speckscheibe in Längsrichtung auflegen und
d) mit Zwiebelringen belegen
e) quer das Salzgurkenteil auflegen
f) davor und dahinter je 1 Streifen Frühlingszwiebel legen
g) jetzt salzen und pfeffern
Roulade vorsichtig einrollen und mit Küchengarn zusammenbinden.

2. Schmalz in großem Schmortopf sehr heiß werden lassen und Rouladen mit Küchenzange (Spritzgefahr) einlegen. So scharf anbraten, daß sich dunkelbraune Röststreifen zeigen. Topf während des Anbratens immer wieder bedecken, aber dennoch die Rouladen jede Minute einmal bewegen. Anbratzeit etwa 8 Minuten. Mit Rotwein und gleicher Menge Wasser ablöschen. Hitze auf kleine Stufe regulieren.

3. Saure Sahne und Tomatenmark einrühren und mit Deckel 30–40 Minuten köcheln lassen. Wenn die Rouladen beim Einstich mit der 2zinkigen Gabel keinen Widerstand bieten, sind sie gar. Rouladen herausnehmen und warmstellen.

4. Sojasauce dazugeben. Je nach Konsistenz der Rouladensauce noch 2–3 EL Dosenmilch oder Créme fraîche oder süße Sahne einrühren und noch einmal kurz aufkochen lassen.

5. Fäden von den Rouladen entfernen und das Fleisch in der Sauce servieren.

Zubereitüngszeit: 2 Stunden
Tip: Kaum ein Gericht eignet sich so gut zum Einfrieren wie Rouladen. Da sie sich 6 Monate halten, macht man am besten 12 Stück auf einmal und friert sie in 2er- und 4er-Portionen mit Sauce ein. Für das Gefriergut bei Stufe 4 nach der Soyasauce nichts mehr zufügen.
Getränk: Bier oder trockener Rotwein

Sauerbraten

Vorbereitung der Zutaten: (für 6 Personen)
Marinade:
1/2 l Wasser
1/4 l Rotweinessig
1 TL Salz
10 Pfefferkörner, im Mörser zerdrücken
10 Wacholderbeeren, im Mörser zerdrücken
5 Nelken
1/2 TL Senfkörner
3 Zwiebeln, in Scheiben
1 Möhre, in Scheiben
2 Lorbeerblätter
1 Tasse Rotwein
1/2 TL Koriander
1/2 TL Majoran
1/2 TL Rosmarinpulver
1 1/2 kg Rinderbraten, aus der Brust geschnitten
2–3 Tage in der Marinade ziehen lassen, dreimal täglich wenden, dann herausnehmen und gut trocknen
1 EL Schmalz und 2 EL Butter zum Anbraten (oder 3 EL Butterschmalz)
Sauce:
1 EL Johannisbeergelee
1/4 l süße Sahne
2 mittelgroße fein gehackte Zwiebeln
4 geriebene Lebkuchen (z. B. Kemm'sche Kuchen)
1 Tasse Rosinen, in Wasser einweichen } ge-
1 Tasse Korinthen, in Wasser einweichen } trennt
1/2 Tasse Rotwein
Beilage: Kartoffelklöße (Rezept Seite 350) oder Kartoffelpüree (Rezept Seite 335), Apfelmus, geschmortes Backobst

1. Butter und Schmalz (oder Butterschmalz) im schweren Bräter erhitzen. Fleisch 5 Minuten bei großer Hitze von allen Seiten anbraten.

2. Korinthen und Zwiebelwürfel dazugeben und bei kleiner Hitze unter Rühren 5 Minuten braten. Etwas Marinade dazugießen.

3. Immer wieder Marinade nachgießen und mit Deckel unter gelegentlichem Rühren und Wenden des Bratens gut 2 Stunden bei kleiner Hitze garen. Braten herausnehmen und warmstellen.

4. Sauce durch ein feines Sieb passieren. Bei kleiner Hitze geriebenen Lebkuchen, Sahne und Rosinen dazugeben und unter Rühren ohne Deckel 10 Minuten aufkochen.

5. Mit Salz, schwarzem Pfeffer, Johannisbeergelee und Rotwein abschmecken.

Zubereitungszeit: 2 1/2 Stunden
Tip: Rinderbrust eignet sich besser für Sauerbraten als Keule, da das Fleisch saftiger ist. Wer keine Vorurteile hat, sollte dieses Rezept mit Pferdefleisch versuchen. Es ist unglaublich gut.
Getränk: Gewürztraminer oder Chablis

Bunter Rinderbraten

Vorbereitung der Zutaten:
1 kg Rindfleisch vom Schwanzstück, gewaschen und abgetrocknet
4 EL Schmalz, 1/2 l Rotwein
1/4 l Fleischbrühe (Instant)
2 Knoblauchzehen, zerdrückt
500 g Zwiebeln, geschält, geviertelt
500 g Äpfel, geviertelt, entkernt, in Spalten geschnitten
1 Dose Maronen oder Mischpilze (500 g Einwaage), abgegossen und abgetropft
2 EL Preiselbeeren
1 TL Thymian
Salz, schwarzer Pfeffer aus der Mühle
Beilage: Kartoffelklöße (Rezept Seite 350) oder Salzkartoffeln

1. Fleisch mit Knoblauch, Salz, Pfeffer und Thymian einreiben. Ofen auf 200 Grad vorheizen.

2. Schmalz in das Fettfang-Blech geben, im Ofen heiß werden lassen, Fleisch einlegen und von allen Seiten kräftig anbraten. Mit der Hälfte vom Rotwein ablöschen.

3. Während der Bratzeit – 1–1 1/2 Stunden – allmählich 2/3 der heißen Brühe dazugießen und mit dem Bratensatz das Fleisch regelmäßig alle 10 Minuten begießen.

4. Nach einer Stunde Bratzeit die Zwiebeln in die Fettfang-Schale in die Flüssigkeit legen. Nach weiteren 30 Minuten die Äpfel und die abgetropften Pilze dazugeben. Am Ende der Bratzeit Fleisch und Beilagen herausnehmen. Im abgeschalteten Ofen warm halten.

5. Mit Holzspatel den Bratensatz vom Blech in eine Kasserolle schaben, mit restlichem Rotwein und Fleischbrühe bis zu 1/2 l Saucenflüssigkeit auffüllen. 5 Pilzstücke und 5 Apfelscheiben aus dem Ofen nehmen, durch ein Sieb passieren und die Sauce damit binden. Bei kleiner Hitze offen kurz köcheln lassen. Mit Preiselbeeren, Salz und Pfeffer abschmecken. Sauce zum Braten extra reichen.

Zubereitungszeit: 2 Stunden
Getränk: Rotwein

Rinderkeule, gespickt und geschmort

Vorbereitung der Zutaten:
Am Tag vorher:
1 kg Schwanzrolle vom Rind
200 g fetter, geräucherter Speck
5 EL Öl
2 EL Cognac
1 TL Thymian
Salz
schwarzer Pfeffer aus der Mühle
den Speck in bleistiftdicke, lange Streifen schneiden, mit einer Spicknadel längs zur Faser durch das Fleisch ziehen, alle anderen Zutaten miteinander verrühren und damit das Fleisch fest einreiben. In Alufolie verpacken und 1 Tag kaltstellen.
4 EL Öl oder Schmalz
2 Möhren, grob geschnitten
2 Zwiebeln, grob gehackt
1 Knoblauchzehe, fein gehackt
1 Bund glatte Petersilie, fein gehackt
1 Lorbeerblatt
2 Gewürznelken
1 Petersilienwurzel, fein gehackt
1/8 l süße Sahne
Salz, weißer Pfeffer aus der Mühle
Beilage: Petersilienkartoffeln, frisches Gemüse wie Möhren (Rezept Seite 139), grüne Bohnen (Rezept Seite 138) oder Rosenkohl (Rezept Seite 135)

1. Fett im schweren Bräter heiß werden lassen. Fleisch von allen Seiten gut anbraten. Sämtliche Gemüse und Gewürze dazugeben, mit Rotwein ablöschen und 1 1/2 Stunden mit Deckel schmoren lassen. Gelegentlich, falls notwendig, etwas heißes Wasser dazugeben.

2. Nach der Schmorzeit Fleisch herausnehmen, warmstellen, den Bratensatz mit etwas heißem Wasser loskochen, Sahne einrühren und 3 Minuten offen köcheln lassen. Mit Salz und Pfeffer und einer Prise Zucker abschmecken. Sauce durch ein Sieb passieren und getrennt zum Braten servieren.

Zubereitungszeit: 1 Stunde 40 Minuten
Getränk: Obergäriges Bier oder italienischer Rotwein

Geschmorter Ochsenschwanz

Vorbereitung der Zutaten:
1 Ochsenschwanz (in Portionsstücke – 5–8 cm lang, geschnitten)
60 g Butter
6 mittelgroße Zwiebeln, fein hacken
3 Knoblauchzehen, zerdrücken
3 Stengel Stangensellerie, fein schneiden
1 mittelgroße Dose Tomatenmark
1 Flasche guten Tafelrotwein
1 Schnapsglas Madeira
1 Schnapsglas Sherry
1 l ungesalzene Kalbsbrühe (Tip Seite 42) oder Hühnerbrühe (Instant)
2 TL Thymian
2 EL Paprika, edelsüß
6 EL Mehl
Salz
schwarzer Pfeffer aus der Mühle

Beilage: Salzkartoffeln, breite Nudeln oder frisches Meterbrot

1. Vor dem Salzen der Ochsenschwanzstücke den 'Tip' lesen. Dann von allen Seiten mit Paprika bestäuben und auf dem Brett in Mehl wenden. So abschütteln, daß nur ein dünner Mehlfilm haften bleibt.

2. Butter in einem schweren, möglichst gußeisernen Bräter heiß werden lassen, dann Ochsenschwanz, Zwiebeln, Knoblauch und Stangensellerie zugeben und unter ständigem Rühren mit dem Holzlöffel bei starker Hitze Farbe annehmen lassen.

3. Wenn sich Bratgut am Boden ansetzen will, eine Tasse kochendes Wasser angießen und Thymian dazugeben. Hitze reduzieren und Topf zudecken. Wenn das Fleisch zu braten anfängt, vorsichtig kochendes Wasser oder Kalbsbrühe dazugießen. Zwei Stunden bei kleiner Hitze köcheln lassen.

4. Nach 2 Stunden Rotwein und Sherry dazugießen und Tomatenmark einrühren. Die Sauce ist nun dünnflüssig. Hitze auf kleinste Stufe reduzieren und nach einer weiteren Stunde restliche Bouillon zugießen. Mit Deckel noch mindestens 2 weitere Stunden köcheln lassen. Nicht in den Backofen stellen. Ist die Hitze richtig reduziert, kann man das Gericht sich selbst überlassen. Eine Stunde mehr Schmorzeit schadet nicht.

5. Nach 4 Stunden mit dem Schaumlöffel Fleischteile herausnehmen und in eine große Schüssel zum Abkühlen legen. Fleisch mit spitzem Küchenmesser von den Wirbeln lösen.

6. Die ohne Deckel leise weiterkochende Sauce vom Herd nehmen und mit Küchenlöffel oder Fettspritze entfetten. Abgeschöpftes Fett im Kühlschrank aufheben. Es erstarrt zu einer karottenfarbigen Paste, die sich zum Anbraten von Gulasch und anderen Fleischgerichten vorzüglich eignet.

7. Ausgelöstes Fleisch in die Sauce zurücklegen und ohne Deckel langsam aufkochen lassen, bis die Sauce sämig und ganz dunkelbraun ist. Mit Madeira, Pfeffer aus der Mühle, falls notwendig etwas Salz und 1 Prise Zucker abschmecken.

Zubereitungszeit: 4 bis 5 Stunden
Tip: Bei der Verwendung von Hühnerbrühe (Instant) statt Kalbsbouillon am Anfang wenig salzen. Knoblauch läßt sich auch ohne Presse leicht zerdrücken. Geschälte Zehen auf etwas Salz legen und mit flacher Messerklinge zerquetschen.
Das Gericht ist tiefgefroren 4 Monate haltbar. Eine erstklassige Ochsenschwanzsuppe entsteht nebenbei, wenn man mit dem Schaumlöffel bei Stufe 6. alle festen Teile aus der Sauce herausnimmt und mit den Wirbelknochen, 1/2 l Rotwein, 1/2 l Wasser 1 1/2 bis 2 Stunden im Topf zugedeckt köcheln läßt. Mit Madeira abschmekken. Auch die Suppe hält sich tiefgefroren 4 Monate.
Getränk: Pilsener oder Rotwein, trockener Cidre

Ragout aus Ochsenbein

Vorbereitung der Zutaten:
350 g gekochtes Ochsenbein, würfeln
1 Salz- oder Gewürzgurke, schälen, würfeln
125 g durchwachsener Speck, würfeln
1 mittelgroße Zwiebel, würfeln
2 EL Zitronensaft
1 TL Worcestershire-Sauce
1/2 Tasse Weißwein
1 1/2 Tassen Brühe
2 TL Stärkemehl
Salz
Zucker
weißer Pfeffer
gezupfter Dill oder
gehackte glatte Petersilie
Beilage: Kartoffelpüree (Rezept Seite 335) und Bohnensalat Grün-Weiß (Rezept Seite 79)

1. Speckwürfel in großer Pfanne bei Mittelhitze unter Rühren ausbraten.

2. Zwiebeln dazugeben und glasig andünsten, umrühren.

3. Fleisch dazugeben, dabei umrühren, 5 Minuten braten lassen.

4. Mit Wein, Brühe, Zitronensaft, Worcestershire-Sauce löschen, ohne Deckel bei kleiner Hitze etwa 10 Minuten einkochen.

5. In Wasser gelöstes Stärkemehl unterrühren, Gurken dazugeben. Mit Salz, Pfeffer und Zucker abschmecken. Nach 5 Minuten Köcheln mit Dill oder Petersilie servieren.

Zubereitungszeit: 35 Minuten
Tip: Dieses Ragout macht man am besten, wenn man am Vortag Rinderbrühe gekocht hat und dabei das Ochsenbein übrig bleibt (siehe Rezept Seite 42)
Getränk: Rosé

Ochsenbein Feinschmeckerart

Vorbereitung der Zutaten:
2 Ochsenbeinscheiben (zusammen etwa 600 g)
2 Scheiben durchwachsener Speck
1 Zwiebel, grob gehackt
1 Knoblauchzehe, grob gehackt
1 TL Thymian, 1 EL Delikateßpaprika
3 EL Öl, 1 Bund glatte Petersilie, fein gehackt
4 Möhren, in sehr dünne Scheiben geschnitten
1 Stange Lauch, das Helle in feine Scheiben geschnitten
1/2 l Rotwein, 1 EL gekörnte Brühe (Instant)
1 TL Rosmarinpulver
Abgeriebenes einer 1/2 ungespritzten Zitrone
1/4 l süße Sahne
Salz, weißer Pfeffer aus der Mühle
Am Tag vorher:
Beinscheiben mit scharfem Messer rundum einritzen, mit Speck umwickeln und festbinden. Rotwein mit Zwiebel, Knoblauch, etwas Pfeffer, Paprika und gekörnter Brühe kurz aufkochen. Auskühlen lassen und die Beinscheiben 24 Stunden darin einlegen.
Beilage: Nudeln oder Reis (Rezept Seiten 354/55), Tomatensalat mit Basilikum (Rezept Seite 78)

1. Fleisch aus der Beize nehmen, abtropfen lassen, abtrocknen. Öl mit Thymian und Rosmarin verrühren. Beinscheiben damit von beiden Seiten einreiben. Restliches Öl darübergießen und im Bräter bei großer Hitze Fleisch von jeder Seite 5 Minuten anbraten.

2. Mit Rotweinbeize übergießen und bei kleiner Hitze mit Deckel 40 Minuten schmoren.

3. Deckel abnehmen, Möhren und Lauch dazugeben und offen unter gelegentlichem Rühren bei Mittelhitze weitere 10 Minuten schmoren. Dann Sahne dazugeben, mit Pfeffer und Salz abschmecken. Küchengarn entfernen. Gehackte Petersilie mit der abgeriebenen Zitronenschale vermischen und direkt vor dem Servieren über den Markknochen der Beinscheibe streuen.

Zubereitungszeit: 1 Stunde
Getränk: Leichter Rotwein

Ochsensteak mit Kräutersauce

Vorbereitung der Zutaten:
2 T-Bone-Steaks (je 500 g)
4 EL Öl
Salz
schwarzer Pfeffer aus der Mühle

Kräutersauce:
1 Becher saure Sahne
1 mittelgroße Zwiebel, gerieben
1 Bund Petersilie
1 Bund Dill fein gehackt
6 Blatt Salbei
1/2 Tasse Rotwein
1 TL Zucker
Salz
weißer Pfeffer aus der Mühle

Beilage: Frisches Stangenbrot, grüner Salat

1. Ofen auf 200 Grad vorheizen. Öl in flachem, schwerem Bräter erhitzen und noch auf dem Herd die Steaks von jeder Seite 5 Minuten anbraten. Dann salzen und pfeffern und auf Mittelschiene in den vorgeheizten Ofen schieben.

2. Nach zehn Minuten Bratzeit Steaks wenden und nochmals 10 Minuten braten. Herausnehmen und im abgeschalteten Ofen warmstellen.

3. Den Bratensatz mit Rotwein lösen und aufkochen. Die saure Sahne einrühren, die gehackten Kräuter und geriebene Zwiebel dazugeben, ganz kurz aufkochen lassen, mit Salz und Pfeffer abschmecken und sofort zu den Steaks servieren.

Zubereitungszeit: 35 Minuten
Getränk: Rotwein oder Bier

Rostbraten mit mitgebratenen Kartoffeln

Vorbereitung der Zutaten:
4 Scheiben Rostbraten à 150–200 g (aus dem Roastbeef geschnitten), flach klopfen, die Schwarten am Rand einschneiden
4 EL Öl oder Pflanzenfett
1 TL mittelscharfer Senf
1 TL Paprika, edelsüß
Salz
Pfeffer
2 Zwiebeln, in dünne Scheiben schneiden
1 EL Butter
16 kleine, kalte Pellkartoffeln, pellen
1/2 TL Thymian

Beilage: Grüner Salat

1. Fleischscheiben zunächst nur auf einer Seite dünn mit Senf einreiben und mit Paprika bestreuen.

2. Öl in großer Pfanne sehr heiß werden lassen. Flach aufliegende Fleischscheiben bei großer Hitze von beiden Seiten je 2 Minuten braten. Dann erst salzen und pfeffern.
Mit Deckel bei kleiner Hitze weitere 3 Minuten braten. Ist die Pfanne zu klein, in 2 Portionen braten.

3. Fleisch herausnehmen und im Ofen bei 100 Grad ruhen lassen.

4. Butter in das Bratfett geben. Die unzerteilten Kartoffeln und die Zwiebelscheiben dazugeben und unter Rühren bei Mittelhitze von allen Seiten hellbraun braten. Zum Schluß Thymian darüberstreuen. Fett von Kartoffeln und Zwiebeln im Küchensieb abtropfen und mit dem Fleisch sofort servieren.

Zubereitungszeit: 25 Minuten
Getränk: Herber Weißwein oder Bier

Zungenragout niedersächsisch

Vorbereitung der Zutaten: (für 8 Personen)
1 Ochsenzunge (etwa 1 1/2 kg)
2 Bund Suppengrün, gewaschen, geputzt
1 Bund glatte Petersilie, gewaschen, zusammengebunden
1 große Zwiebel mit Schale
3 EL Salz
Beilage: Salzkartoffeln, Zuckergurken, Bohnen- oder grüner Salat

1. Im großen Suppentopf die Zunge mit kaltem Wasser bedecken, alle anderen Zutaten dazugeben. Zum Kochen bringen und bei kleiner Hitze mit Deckel – je nach Größe der Zunge – etwa 3 1/2 Stunden köcheln lassen. Wenn sich Schaum bildet, abschöpfen. Die Zunge ist gar, wenn man mit einer Gabel die Zungenspitze mühelos durchstechen kann.

2. Zunge herausnehmen, Brühe durchseihen, Gemüse wegwerfen. Alle Knorpelteile von der Zunge entfernen, die Haut abziehen und das Fleisch in mundgerechte Scheiben schneiden. Alles beiseite stellen.

Weitere Zutaten:
500 g gemischtes Hack (1/2 Rind, 1/2 Schwein)
2 mittelgroße Zwiebeln, geschält, gerieben
1 Ei
schwarzer Pfeffer aus der Mühle
Salz

3. 1 Pfanne ohne Fett heiß werden lassen und die Zwiebeln unter ständigem Rühren darin braun werden lassen. Herausnehmen.

4. Geröstete Zwiebeln mit Hack, Ei, Pfeffer und Salz nach Geschmack vermischen. Mit nassen Händen kirschgroße Klößchen formen. Beiseite stellen.

Weitere Zutaten:
125 g Butterschmalz
2 EL Mehl
1/2 l Rotwein
500 g Cocktailwürstchen (in Niedersachsen nennt man sie Sisschen oder Saucissen)
4 EL gekörnte Brühe (Instant) in
2 1/2 – 3 l kochendem Wasser auflösen.

5. Butterschmalz bis auf 2 EL in großem schwerem Topf – möglichst Eisen oder Kupfer – heiß werden lassen. Mehl einstreuen und solange mit dem Schneebesen rühren, bis es intensiv braune Farbe annimmt. Unter ständigem Rühren kellenweise mit der Bouillon ablöschen, bis sich etwa 2 1/2 bis 3 l Flüssigkeit gebildet hat. Bei kleiner Hitze offen sehr heiß halten.

6. Restliches Butterschmalz in eine Pfanne geben, Cocktailwürstchen in dem heißen Fett unter Rühren anbraten, bis sie Farbe annehmen.

7. Jetzt Zunge, Würstchen und Klöße in die braune Sauce geben und Rotwein dazugeben. Einmal aufkochen und weitere 15 Minuten offen köcheln lassen.

Zubereitungszeit: 4 1/2 Stunden
Tip: Statt der Fleischklößchen oder zusätzlich kann auch die gleiche Menge kleiner Champignons verwandt werden. Sie müssen dann genau wie die Fleischklößchen angebraten und mit etwas Petersilie bestreut werden, bevor sie mit den anderen Zutaten zusammen kommen.
Getränk: Rotwein oder Bier

RINDERROULADEN
SEITE 180

FILETSTEAK GEKOCHT
SEITE 175

BUNTER RINDERBRATEN
SEITE 182

GESCHMORTER OCHSENSCHWANZ
SEITE 183

Rinderbrust mit Meerrettichsauce

Vorbereitung der Zutaten:
1 kg Rinderbrust, ohne Knochen (zusammenbinden)
1 Zwiebel, vierteln
150 g Möhren
150 g Sellerie
1 Petersilienwurzel
1 Stange Lauch, ohne Dunkelgrünes
} in grobe Würfel oder Scheiben schneiden
1 Knoblauchzehe
5 Pfefferkörner
2 TL Salz
1 Lorbeerblatt
1 Bund Petersilie, fein hacken (die Stengel mit in die Brühe)
Sauce:
2 EL Butter
1 EL Mehl
1/2 Tasse Milch
4 TL (50–70 g) Meerrettich, frisch gerieben oder konserviert
Saft von 1/2 Zitrone
Salz
weißer Pfeffer
1 1/2 TL Zucker
Beilage: Bouillonkartoffeln, Rote Bete, Gewürzgurke, Senfgurke, Kürbis

1. Alle Zutaten in mittelgroßem Topf mit 2 l Wasser kalt aufsetzen und zum Kochen bringen. Petersilienstengel mitkochen.

2. Bei kleiner Hitze mit Deckel 1 1/2 bis 2 Stunden kochen.

3. Fleisch herausnehmen und zugedeckt warmhalten. Brühe durch feines Sieb passieren. Aufheben.

4. Butter in kleinem Topf zerlassen und Mehl einrühren. Nur kurz anziehen lassen. Mit Schneebesen 2 Tassen Brühe einrühren. Bei kleiner Hitze unter Rühren 5 Minuten kochen lassen.

5. Milch und Meerrettich dazugeben und mit Salz, Pfeffer, Zucker, Zitronensaft abschmecken. Noch 2 Minuten bei kleinster Hitze unter Rühren kochen.

6. Fleisch in Scheiben schneiden, mit der Sauce übergießen und mit Petersilie bestreuen.

Zubereitungszeit: 2 1/2 Stunden
Tip: Auch gepökelte Rinderbrust ist für dieses Gericht gut geeignet.
Getränk: Bier

Fleisch- und Champignonrollen

Vorbereitung der Zutaten: (für 10 Rollen)
1 Paket Blätterteig, 30 Minuten ausgebreitet bei Zimmertemperatur auftauen lassen.
2 EL Mehl
1 Ei, Eiweiß und Eigelb trennen
Fleischfüllung:
8 fein gehackte Schalotten
1 EL Butter
150 g Beefsteakhack
1 TL Worcestershiresauce
1 Eigelb mit 2 EL Sahne verquirlen
1 EL fein geschnittener Schnittlauch
1 Prise weißer Pfeffer
Salz
Champignonfüllung:
200 g frische Champignons, putzen, waschen, blättrig schneiden
1 EL Butter
2 EL Semmelbrösel
100 g magerer gekochter Schinken, fein würfeln
Saft von 1/2 Zitrone
1 Prise Salz
1 TL Currypulver
1 EL glatte fein gehackte Petersilie
Beilage: Alle grünen Salate, Tomatensalat

1. Blätterteigplatten halbieren, auf bemehltem Brett etwa zwei Millimeter stark ausrollen. Ränder mit Eiweiß bestreichen.

2. Schalotten bei Mittelhitze unter Rühren 3 Minuten in Butter andünsten. Dann mit Beefsteakhack, Salz, Pfeffer, Worcestershiresauce und Schnittlauch verkneten.

3. Masse auf 5 Teigplatten verteilen, jeweils zwei Teigränder nach innen schlagen, dann den Teig zusammenrollen. Mit der geschlossenen Seite nach oben auf ein gefettetes Blech legen. Oberfläche mit einer Gabel mehrmals einstechen.

4. Backofen auf 220 Grad vorheizen.

5. Champignons bei Mittelhitze unter Rühren 3 Minuten in Butter andünsten. Semmelbrösel, fein gewürfelten Schinken, Salz, Curry, Petersilie und Zitronensaft dazugeben.

6. Champignons auf die restlichen Teigplatten verteilen und wie die Fleischrollen schließen. Mit Gabel oben einstechen.

7. Alle Rollen mit verquirltem Eigelb bestreichen und bei 220 Grad im vorgeheizten Backofen 15–20 Minuten goldbraun backen. Vom Blech nehmen und heiß servieren.

Zubereitungszeit: 1 Stunde
Tip: Übriggebliebene Rollen können im Backofen bei 100 Grad 10 Minuten aufgewärmt werden.
Getränk: Weiß- oder Rotwein

Jägerfilet

Vorbereitung der Zutaten:
4 Rinderfilets (je 250 g)
1 EL Butter
2 EL Öl
50 g durchwachsener Speck, fein gewürfelt
1 kleine Zwiebel, fein gewürfelt
1 Knoblauchzehe, zerdrückt
4 EL Sahne
1 TL Oregano } Kräuter frisch oder getrocknet
1/2 TL Estragon
1/2 TL Rosmarin
100 g Pfifferlinge (aus der Dose: abspülen, abtropfen)
Salz
schwarzer Pfeffer aus der Mühle
Beilage: Frisches Meterbrot

1. Speckwürfel mit Butter bei kleiner Hitze unter Rühren 3 Minuten auslassen.

2. Zwiebel, zerdrückte Knoblauchzehe, Oregano, Estragon, Rosmarin und Pfifferlinge dazugeben. Vermengen und mit Salz und Pfeffer würzen. 10 Minuten mit Deckel köcheln.

3. Rinderfilets salzen und pfeffern, nach Wunsch blutig (4 Minuten), mittel (7 Minuten) oder ganz durchbraten (10 Minuten). Dazu Öl in schwerer Pfanne sehr heiß werden lassen. Je nach Wunsch entsprechend lange braten. Hitze abschalten und die Filets 5 Minuten zugedeckt warm ruhen lassen. Dann auf vorgewärmte Platte legen.

4. Zu den Pfifferlingen jetzt die 4 EL Sahne geben und noch 3 Minuten bei kleiner Hitze rühren.

5. Pfifferlinge über die Filets geben und servieren.

Zubereitungszeit: 40 Minuten
Tip: Beim Filet ist die warme Ruhezeit (Stufe 3.) nach dem Braten besonders wichtig. Dabei sammelt sich der Saft in der Fleischmitte.
Getränk: Rotwein oder Bier

Geschnetzeltes

Vorbereitung der Zutaten:
200 g Rindfleisch } in dünne Scheiben schneiden
200 g Schweinefleisch
200 g Kalbfleisch
3 EL Öl
3 EL Butter
30 g getrocknete Morcheln, in 1/4 l Flüssigkeit (1/2 Wasser, 1/2 Milch) einweichen, danach 2 x gründlich waschen und klein schneiden
1 Tasse trockener Weißwein
1/2 Tasse süße Sahne
1 EL gekörnte Brühe
2 TL Sojasauce
1 TL Stärkemehl
Salz
weißer Pfeffer aus der Mühle
1 Bund glatte Petersilie, fein hacken
Beilage: Rösti (Rezept Seite 338) oder Reis (Rezept Seite 354)

1. Öl in einer großen Pfanne sehr heiß werden lassen und Fleischsorten nacheinander unter Rühren bei großer Hitze anbraten (je Sorte 5 Minuten). Falls notwendig, Öl nachgießen.

2. Fleisch mit dem Schaumlöffel herausnehmen und beiseite stellen. Den Bratensaft abgießen und in einem Gefäß beiseite stellen. Mit 4 EL Saft das Stärkemehl glattrühren und zum Fleischsaft gießen.

3. Zwiebel in Butter in der Pfanne bei Mittelhitze 5 Minuten unter Rühren andünsten.

4. Morcheln und Wein dazugeben und mit Deckel bei kleiner Hitze 5 Minuten dämpfen.

5. Fleischbrühe und Bratensaft dazugeben und unter Rühren kurz aufkochen lassen.

6. Sahne, Sojasauce und 3 EL Wein einrühren. Fleisch in die Sauce geben, salzen und pfeffern.

7. Bei kleiner Hitze unter Rühren noch 5 Minuten köcheln. Mit gehackter Petersilie bestreut servieren.

Zubereitungszeit: 1 Stunde
Getränk: Badischer Landwein oder Trollinger

Walliser Filetspitzen

Vorbereitung der Zutaten:
500 g Rinderfiletspitzen, in 3 cm lange Streifen schneiden
2 EL Butterschmalz oder 2 EL Öl
5 EL Cognac
2 EL Butter
3 Scheiben durchwachsener Speck, fein würfeln
6 Schalotten, fein hacken
250 g Pfifferlinge, frisch oder aus der Dose (dann ohne Saft)
1 Tasse herber Rotwein
1 Tasse Bratensaft oder Bratensauce (Würfel)
1 Tasse süße Sahne
1 Bund glatte Petersilie, fein hacken
Salz
schwarzer Pfeffer aus der Mühle
Beilage: Rösti (Rezept Seite 338)

1. Fett in großer Pfanne sehr heiß werden lassen und Filet bei großer Hitze 3 Minuten braten. Rühren. Cognac dazugießen und anzünden. Während des Bratens Pfanne schütteln. Fleisch und Bratensaft warmstellen.

2. Butter, Speck, Schalotten in der gleichen Pfanne bei Mittelhitze 3 Minuten unter Rühren andünsten. Pfifferlinge dazugeben und noch 5 Minuten dünsten.

3. Je eine Tasse Rotwein, Bratensaft und Sahne dazugießen und 10–15 Minuten bei Mittelhitze offen unter Rühren einkochen.

4. Fleisch wieder dazugeben und einmal aufkochen. Mit Salz und Pfeffer abschmecken und Petersilie direkt vor dem Anrichten unterrühren.

Zubereitungszeit: 45 Minuten
Getränk: Weißherbst

Tafelspitz

Vorbereitung der Zutaten:
800 g Tafelspitz (Steertstück, Hüftdeckel)
1 Bund Suppengrün, waschen, würfeln
1 Zwiebel, würfeln
1 kleiner Kopf Wirsing
2 l einfache Rinder-Bouillon (Rezept Seite 42)
1 TL Safranfäden
1 Lorbeerblatt
Beilage: Bouillonkartoffeln und Grüne Sauce (Rezept Seite 320) und Schnittlauchsauce (Rezept Seite 328) und Senfsauce, kalt (Rezept Seite 328) und Rote Bete aus dem Glas

1. Fleischbrühe in mittelgroßem Topf mit Deckel bei großer Hitze zum Kochen bringen.

2. Fleisch, Safran und Lorbeer in die kochende Brühe geben und mit Deckel bei kleinster Hitze 1 Stunde sieden lassen.

3. Gemüse dazugeben und mit Deckel noch eine weitere Stunde langsam sieden lassen.

4. Fleisch herausnehmen und quer zur Faser in fingerdicke Scheiben schneiden. Mit entsprechenden Beilagen servieren.

Zubereitungszeit: 2 1/2 Stunden
Tip: Die Brühe (Stufe 4) durchseihen und in Tassen zum Tafelspitz servieren. Das Gemüse aus dem Sieb, ohne Lorbeerblatt, für die Bouillon-Kartoffeln verwenden (Rezept Seite 346)
Getränk: Chablis

Leberrouladen

Vorbereitung der Zutaten:
4 große, sehr dünne Scheiben Jungrindleber, enthäutet
Salz
schwarzer Pfeffer
1 TL Majoran
8 Backpflaumen ohne Kerne, 20 Minuten in warmem Wasser eingeweicht, fein gehackt
1 Schuß Apfelschnaps (Calvados)
4 EL Apfelmus
1/8 l Brühe (Instant)
1/8 l Apfelwein (Cidre)
50 g Butter
1 Apfel, entkernt, geschält, geraspelt
40 g durchwachsener Räucherspeck, fein gewürfelt
4 EL Crème fraîche
Beilage: Kartoffelpüree (Rezept Seite 335), Gurkensalat (Rezept Seite 79)

1. Leberscheiben von einer Seite salzen, pfeffern und mit Majoran einreiben.

2. Geriebenen Apfel, Pflaumen und Speck mischen und auf der gewürzten Seite verteilen. Scheiben aufrollen, zusammenbinden oder mit Stäbchen feststecken.

3. Butter im Topf erhitzen und Rouladen bei Mittelhitze 5 Minuten unter Wenden von allen Seiten bräunen.

4. Wein und Brühe dazugeben und 15 Minuten, zeitweise mit Deckel, schmoren. Ab und zu wenden. Rouladen aus dem Topf nehmen.

5. Sauce mit Apfelmus und Crème fraîche binden, mit Apfelschnaps, Salz, Pfeffer abschmecken und 5 Minuten bei Mittelhitze unter Rühren ohne Deckel einkochen. Rouladen in der Sauce servieren.

Zubereitungszeit: 40 Minuten
Getränk: Leichter Rotwein

Jungrindleber mit Chicorée-Gemüse

Vorbereitung der Zutaten:
4 Scheiben Jungrindleber, enthäutet, waschen, trocknen, in Mehl wenden
5 Kolben Chicorée, der Länge nach halbieren, den bitteren Kern am Fuß herausschneiden
4 große Fleischtomaten, brühen, häuten, entkernen, grob hacken
2 große Zwiebeln, grob hacken
70 g Butter
Saft einer Zitrone
2 EL glatte Petersilie, hacken
Salz
schwarzer Pfeffer aus der Mühle
1 Prise Zucker
Beilage: Salzkartoffeln

1. Hälfte der Butter im Topf zerlassen. Zwiebeln 3 Minuten bei Mittelhitze unter Rühren anschwitzen. Tomaten dazugeben und noch 4 Minuten bei kleiner Hitze rühren. Mit Salz, Pfeffer und Zucker abschmecken, Petersilie untermischen. Warm stellen.

2. Chicorée in Salzwasser mit Zitronensaft etwa 10 Minuten sieden. Warm stellen.

3. Restliche Butter in großer Pfanne erhitzen und Leber bei großer Hitze 4–5 Minuten von beiden Seiten braten. Dann erst salzen und pfeffern.

4. Leber mit den abgetropften Chicoréehälften belegen. Zwiebel-Tomaten-Gemüse getrennt servieren.

Zubereitungszeit: 40 Minuten
Getränk: Trollinger, Weißherbst oder Rosé

Jungrindleber mit Reisgratin

Vorbereitung der Zutaten:
4 Scheiben Jungrindleber, enthäutet
5 EL Butter
3 EL Öl
2 EL Mehl
2 Tassen Langkornreis
100 g geriebener Allgäuer Emmentaler
2 EL Dill, klein gezupft
1 TL Thymian
1 mittelgroße Zwiebel, in dünne Halbringe schneiden
1/2 l Fleischbrühe (Instant)
Salz, schwarzer Pfeffer aus der Mühle

1. 2 Liter Salzwasser zum Kochen bringen. Reis einstreuen und bei kleiner Hitze 15 Minuten mit Deckel köcheln lassen. Abgießen und mit kaltem Wasser im Sieb abspülen.

2. Während der Reis kocht, weiße Sauce herstellen: Brühe bei Mittelhitze zum Sieden bringen. Währenddessen Butter in einem größeren Topf bei schwacher Hitze zerlassen.

3. Topf vom Herd nehmen und Mehl mit dem Schneebesen in die Butter schlagen. Backofen auf 250 Grad vorheizen.

4. Topf wieder bei schwacher Hitze auf den Herd stellen und 2 Minuten ständig rühren, bis der Inhalt leicht schäumt. Siedende Brühe unter ständigem kräftigem Rühren dazugießen. Aufkochen lassen, weiter rühren, bis die Sauce andickt und den Schneebesen leicht überzieht.

5. Geriebenen Käse, Dill in die Sauce mischen, dann den Reis unterziehen, falls notwendig etwas salzen und die Mischung in eine feuerfeste Form füllen. Mit Butterflöckchen belegen und 15–20 Minuten auf der Mittelschiene des Ofens ohne Deckel überkrusten lassen.

6. In der Zwischenzeit Leber waschen und mit Küchenkrepp gut trocken tupfen.

7. Öl mit Salz, Pfeffer, Thymian mischen und die Leberscheiben beidseitig damit bepinseln. Restliches Öl in die Pfanne gießen.

8. Leber mit der Zwiebel in einer großen Pfanne bei großer Hitze 2 Minuten pro Seite anbraten (je nach Stärke der Leberscheiben Bratzeit etwas verlängern), dann bei Mittelhitze unter Wenden garbraten. Hitze abschalten. Mit Deckel 2 Minuten ruhen lassen.

Zubereitungszeit: 80 Minuten
Getränk: Trockener Rotwein oder obergäriges Bier

Jungrindleber in Senfrahmsauce

Vorbereitung der Zutaten:
750 g frische Jungrindleber, häuten, ohne Sehnen, in dünnen kleinen Scheiben
30 g Butterschmalz oder 3 EL Öl
1 mittelgroße fein gehackte Zwiebel
1/8 l süße Sahne
1/2 EL Senf, extra scharf
1/2 Tasse Brühe (Instant)
1 TL Stärkemehl in etwas Brühe gelöst
Salz
weißer Pfeffer aus der Mühle

1. Fett in großer Pfanne bei großer Hitze heiß werden lassen. Erst Zwiebeln hineingeben, 2 Minuten später Leber dazugeben und unter Rühren 2 Minuten von allen Seiten bei starker Hitze braten. Mit Salz und Pfeffer würzen, herausnehmen und warmstellen.

2. Brühe, Stärke, Sahne und Senf in die Pfanne geben, mit Salz und Pfeffer abschmecken und 5 Minuten bei kleiner Hitze unter Rühren offen einkochen. Über die Leber gießen und servieren.

Zubereitungszeit: 25 Minuten
Getränk: Trockener Weißwein oder Bier

Bouletten

Vorbereitung der Zutaten:
125 g durchgedrehtes Rindfleisch
125 g durchgedrehtes Schweinefleisch
125 g durchgedrehtes Kalbfleisch
125 g feine Bratwurstmasse
2 altbackene Semmeln, zerschnitten, 20 Minuten in 1 Tasse heißer Milch einweichen, ausdrücken
2 EL Haferflocken
2 EL gehackte Petersilie
4 EL fein gehackte Zwiebeln
2 Eier
2 EL Mehl vermischt mit 3 EL Paniermehl
Salz
schwarzer Pfeffer
6 EL Butter oder Schmalz
Beilage: Bratkartoffeln (Rezept Seite 337)

1. Zwiebeln mit 1 EL Butter in kleinem Topf glasig dünsten. Kalt werden lassen.

2. Zwiebeln und alle anderen Zutaten, gut mit der Hand vermischen, abschmecken und flache Bouletten formen. Im Paniermehl vorsichtig wälzen.

3. Butter in großer Pfanne erhitzen, Bouletten einlegen und bei Mittelhitze etwa zehn Minuten, je nach Stärke der Bouletten, von allen Seiten braun braten.

Zubereitungszeit: 45 Minuten
Tip: Bouletten lassen sich gut einfrieren. Bis zu 6 Monaten haltbar. Sie heißen nur in Berlin so. Allgemein sagt man Frikadellen.
Getränk: Pils

Feinschmecker-Bouletten

Vorbereitung der Zutaten:
200 g Reste von gekochtem oder gebratenem Kalbfleisch
50 g fetter Speck
Fleisch und Speck durch die feine Scheibe des Fleischwolfes drehen
2 altbackene Semmeln mit 1/4 l heißer Milch übergießen, nach 10 Minuten fest ausdrücken
1 mittelgroße Zwiebel, fein hacken
2 EL glatte Petersilie, fein hacken
2 EL Butter
1 Ei, verquirlen
50 g Walnußkerne, grob hacken
1 EL grüner Pfeffer, grob zerkleinert
100 g zerbröckelter Roquefort
3 EL Semmelbrösel
1 Ei, verquirlen
3 EL Öl
Salz
Beilage: Warmer Kartoffelsalat (Rezept Seite 341)

1. Zwiebel in 2 EL Butter in der Pfanne 3 Minuten unter Rühren bei Mittelhitze anschwitzen. Kalt werden lassen.

2. Das durchgedrehte Fleisch mit den angeschwitzten Zwiebeln, Brötchen, Milch, Ei, Nüssen, grünem Pfeffer, Petersilie, Salz und Roquefort gut verkneten.

3. Mit nassen Händen flache Klopse formen (2 cm dick), durch verquirltes Ei ziehen, in Semmelbrösel wenden und 1 Stunde im Tiefkühlfach ruhen lassen.

4. Öl in großer Pfanne erhitzen und Bouletten bei Mittelhitze etwa 10 Minuten unter Wenden braten. Dann bei kleinster Hitze noch 3 Minuten zugedeckt stehen lassen.

Zubereitungszeit: 30 Minuten
Getränk: Herber Weißwein

Falscher Hase (Hackbraten in Rahmsauce)

Vorbereitung der Zutaten:
500 g gemischtes Hackfleisch (250 g Rind, 250 g Schwein)
1 Ei
weißer Pfeffer, Salz
1 Prise Muskatnuß
100 g fetter Räucherspeck, fein gewürfelt
1 mittelgroße Zwiebel, fein gehackt
3 Scheiben durchwachsenen Speck
1 altbackenes Brötchen, zerschnitten und 10 Minuten in heißer Milch eingeweicht, ausgedrückt
1 EL Schmalz
1 TL Stärkemehl mit gut 1/2 Tasse Brühe verrührt
200 g saure Sahne
Saft von 1/2 Zitrone

Beilage: Kartoffelpüree (Rezept Seite 335), Rotkohl (Rezept Seite 134) oder grüne Bohnen (Rezept Seite 138)

1. Speck- und Zwiebelwürfel in der Pfanne unter Rühren bei Mittelhitze 3 Minuten anschwitzen. Fett abgießen.

2. Hack mit Ei, Salz, Pfeffer, Muskat, Zwiebel-und Speckwürfeln und ausgedrücktem Brötchen gut verkneten. Mit nassen Händen einen brotähnlichen Laib formen. Backofen auf 220 Grad vorheizen.

3. 2 Scheiben vom Speck mit Schmalz im Bräter erhitzen, Hackbraten einlegen. Im Ofen unter gelegentlichem Begießen mit dem eigenen Fett insgesamt 40 Minuten braun braten. Nach 20 Minuten vorsichtig wenden. Die dritte Speckscheibe auf den Hackbraten legen. Hackbraten und Speckscheiben herausnehmen und im abgeschalteten Ofen warmstellen.

4. Brühe-Stärke in den Bräter einrühren und auf dem Herd bei kleiner Hitze unter Rühren offen aufkochen. Sahne dazugeben und noch 5 Minuten rühren.

5. Mit Salz, Pfeffer, Zucker, Zitronensaft abschmecken und falls notwendig, Fett abschöpfen. Braten aufschneiden und mit Sauce begießen.

Zubereitungszeit: 1 Stunde
Tip: Hackbratenscheiben schmecken auch kalt mit Senf als Brotbelag.
Eine schmackhafte Variante:
Falscher Hase in Wirsing
Einen kleinen Kopf Wirsingkohl putzen und 5 Minuten in kochendem Salzwasser blanchieren. Hackbraten nach Stufe 1. zubereiten. Dann Bräter mit Schmalz dünn ausstreichen, den Boden mit Kohlblättern dünn auslegen und vier Außenblätter aufheben. Hackbraten einlegen. Restlichen Kohl sehr fein hacken und Raum zwischen Braten und Bräter damit ausfüllen. Mit den 4 Blättern oben abdecken und 4 dünne Scheiben fetten Speck auflegen. Bei 200 Grad zugedeckt 1 1/2 Stunden im Ofen braten. Noch 15 Minuten offen bräunen lassen. 2 Zwiebeln in Ringen mit Schmalz anrösten und über den fertigen Braten geben. Im Bräter servieren.
Getränk: Bier

Deutsches Beefsteak (Hacksteak)

Vorbereitung der Zutaten:
500 g Tatar mit 4 EL kaltem Wasser, schwarzem Pfeffer und Salz verkneten und zu 4 runden, fingerdicken Scheiben formen
2 EL Butter
100 g saure Sahne

Beilage: Kartoffelpüree (Rezept Seite 335) oder Bratkartoffeln (Rezept Seite 337), alle frischen Salate

1. Butter in der Pfanne erhitzen. Hacksteaks bei großer Hitze von jeder Seite 3–4 Minuten braten. Nach dem Wenden mit Butter begießen.

2. Steaks herausnehmen und warmstellen. Sahne in den Bratensatz rühren und 3 Minuten bei Mittelhitze einkochen. Über die Steaks geben.

Zubereitungszeit: 20 Minuten
Tip: Wer keine Sauce dazu möchte, serviert Deutsches Beefsteak mit in Butter und Pflanzenfett (je zur Hälfte) angerösteten Zwiebeln oder mit Spiegeleiern.
Getränk: Bier

Gefüllte Zucchini

Vorbereitung der Zutaten:
4 große Zucchini, waschen, der Länge nach halbieren, mit Teelöffel aushöhlen, so daß alle Kerne entfernt sind
500 g Tomaten, zerschneiden
1/4 Tasse Olivenöl
250 g gemischtes Hack (halb Rind, halb Schwein)
1 mittelgroße Zwiebel, fein hacken
100 g roher Schinken, fein würfeln
1/4 Tasse Paniermehl
1 Ei, verquirlen
1 Knoblauchzehe, fein hacken
Salz, weißer Pfeffer aus der Mühle
1 TL Oregano
6 EL Parmesan
1 TL Zucker, Saft von 1/2 Zitrone
Beilage: Frisches Meterbrot

1. Tomatenstücke im Topf bei kleiner Hitze mit 1 Tasse Wasser unter Rühren 10 Minuten zu Brei kochen. Mit Salz, Pfeffer und Zucker abschmecken und durch ein feines Sieb passieren.

2. Hackfleisch, Zwiebeln und Knoblauch in einer Pfanne in 3 EL Olivenöl 15 Minuten bei kleiner Hitze unter Rühren braten. In den letzten 5 Minuten Schinken mitbraten.

3. Masse mit Paniermehl, 1 EL Parmesan, Zitronensaft und Ei verrühren, mit Salz, Oregano und Pfeffer abschmecken. Backofen auf 200 Grad vorheizen.

4. Masse gehäuft in die Zucchini füllen und in eine feuerfeste Form stellen. Tomatensauce einfüllen.

5. Zucchinis mit 5 EL Parmesan bestreuen, mit 1 EL Öl beträufeln und fest mit Alufolie abdecken.

6. 30 Minuten auf der Mittelschiene des Backofens garen, die letzten 5 Minuten ohne Folie.

Zubereitungszeit: 70 Minuten
Getränk: Italienischer Rotwein

Spargelfrikassee mit Fleischklößchen

Vorbereitung der Zutaten:
750 g Spargel, geschält, in Stücke geschnitten
500 g gemischtes Hack (halb Rind, halb Schwein)
1 altbackene Semmel, zerschnitten, 20 Minuten in Milch eingeweicht, ausgedrückt
1 Eiweiß
1 Prise Muskat
Salz
1 Prise Zucker
weißer Pfeffer aus der Mühle
2 gehäufte EL Butter
2 gehäufte EL Mehl
2 Eigelb
Saft einer Zitrone
1 EL Zucker
4 EL glatte Petersilie, gehackt
Beilage: Reis oder Salzkartoffeln

1. Spargel in etwa 1 l Wasser mit etwas Salz und einer Prise Zucker 20 Minuten bei kleiner Hitze ohne Deckel garkochen. Auf einem Sieb abtropfen lassen. Wasser aufheben.

2. Hackfleisch, Semmel, Eiweiß, Salz, Muskat und Pfeffer miteinander verkneten.
Klößchen formen, ins kochende Spargelwasser geben. Wenn sie nach oben steigen, mit Schaumlöffel herausheben. (Kleine Hitze, ohne Deckel, etwa 15 Minuten).

3. Aus Butter und Mehl mit 3–4 Tassen Spargel-Fleisch-Brühe eine helle Sauce kochen:
In der Pfanne Mehl bei kleiner Hitze mit dem Schneebesen in die heiße Butter einrühren.
Mit Brühe ablöschen und aufkochen.
Unter Rühren noch 10 Minuten bei kleiner Hitze köcheln lassen.

4. Vom Herd nehmen, Eigelbe mit Schneebesen einrühren und mit Zitronensaft,
Salz, Pfeffer, Muskat und nach Geschmack mit einer Prise Zucker abschmecken. Klößchen und Spargel in der heißen Sauce anrichten und mit Petersilie bestreuen.

Zubereitungszeit: 60 Minuten
Getränk: Weißwein/Rheingau

Königsberger Klopse

Vorbereitung der Zutaten:
600 g gemischtes Hackfleich (300 g Kalb, 300 g Schwein)
1 altbackene Semmel, zerschneiden, 20 Minuten in heißer Milch einweichen, ausdrücken
4 Sardellenfilets, 20 Minuten wässern, fein hacken
1/2 Tasse süße Sahne mit
2 Eigelb verquirlen
1 Ei
Saft einer Zitrone
4 EL Butter
1 EL Kapern, abgetropft
4 EL Mehl
1/2 Tasse fein gewürfelte Zwiebeln
2 EL glatte gehackte Petersilie
1 Lorbeerblatt
3 Pimentkörner
1 Prise Muskatnuß
Zucker
Salz
weißer Pfeffer aus der Mühle
1 Spritzer Worcestershiresauce
Beilage: Salzkartoffeln, Senfgurke oder eingelegte Rote Bete

1. Hackfleisch, Zwiebel, Petersilie, 1 ganzes Ei, Brötchen, Salz, Pfeffer, Sardellenfilets gut verkneten. 2 Liter Wasser mit Lorbeerblatt, 2 EL Salz und Pimentkörnern in mittlerem Topf zum Kochen bringen.

2. Mit nassen Händen 8 Klöße formen und bei kleiner Hitze im leise siedenden Wasser etwa 20 Minuten ziehen lassen. Wenn sie oben schwimmen, herausnehmen, warmstellen und zudecken. 3/4 l der Kloßbrühe durchsieben und beiseite stellen.

3. Butter in großer Kasserolle bei Mittelhitze zergehen lassen. Mit Schneebesen Mehl einrühren und 1 Minute anschwitzen. Nach und nach die Kloßbrühe dazugießen und unter ständigem Rühren aufkochen, bis die Sauce dicklich wird.

4. Kapern und Zitronensaft dazugeben und bei kleiner Hitze 15 Minuten ohne Deckel einkochen. Häufig rühren. Mit Salz, Pfeffer, Zucker, Worcestershiresauce und einer Prise Muskatnuß abschmecken.

5. Vom Herd nehmen, Eiersahne einrühren und die Klopse in die heiße Sauce legen und servieren.

Zubereitungszeit: 1 1/2 Stunden
Getränk: Lieblicher Weißwein oder Weizenbier

Kalb

Kalbshaxe

Vorbereitung der Zutaten:
1 große gehäutete Kalbshaxe
1 Bund Suppengrün, klein geschnitten
1 große Zwiebel, würfeln
1/8 l Bier
40 g Butter oder Schmalz
1 EL Salz
10 Pfefferkörner
2 Lorbeerblätter
1 Zitronenscheibe
Beilage: Meterbrot, grüner Salat

1. Haxe in großem Topf mit 2 l kaltem Wasser bei großer Hitze zum Kochen bringen. Abschäumen. Bei kleiner Hitze mit Salz, Pfefferkörnern, Lorbeer, Zitronenscheibe, der halben Zwiebel und der Hälfte vom Suppengrün mit Deckel 40 Minuten kochen. Kalbsbrühe aufheben.

2. Ofen auf 220 Grad vorheizen. Fett in schwerem Bräter zerlassen. Restliches Gemüse dazugeben. Haxe auf das Gemüse legen, mit Fett und 4 EL der Kalbsbrühe begießen.

3. Haxe unter häufigem Wenden und Begießen etwa 1 Stunde knusprig braun backen. Die letzten 20 Minuten mit etwas hellem Bier begießen. In den letzten 10 Minuten Backofentür etwas offen lassen (hölzernen Kochlöffel dazwischen stecken).

Zubereitungszeit: 2 Stunden
Tip: Pfeffern aus der Mühle erst portionsweise am Tisch.
Getränk: Export- oder obergäriges Bier

Kalbskotelett Gutsherrenart

Vorbereitung der Zutaten:
4 Kalbskoteletts à 150 g
400 g Möhren, geviertelt und in dünne Streifen geschnitten
1 Zwiebel, in Ringe geschnitten
250 g Stangensellerie, in dünne Streifen geschnitten
6 EL Butter
1 EL frischer, fein gewiegter Estragon oder
1 TL getrockneter Estragon, zerrieben
2 EL Mehl
1/4 l Fleischbrühe (Instant)
3 EL Weißwein
Salz
weißer Pfeffer
Beilage: Rösti (Rezept Seite 338), Pommes frites (Rezept Seite 343) oder frisches Weißbrot, grüne Bohnen (Rezept Seite 138)

1. 3 EL Butter in der Pfanne heiß werden lassen. Möhren, Zwiebel und Sellerie darin 5 Minuten dünsten, mit Pfeffer und Salz abschmecken und als Bett in eine feuerfeste Form füllen. Ofen auf 220 Grad vorheizen.

2. Koteletts salzen und pfeffern, in Mehl wenden, abschütteln und mit der restlichen Butter bei starker Hitze von beiden Seiten je 3 Minuten anbraten. Dann auf das Gemüse legen, mit Estragon bestreuen und Bratensaft über die Koteletts gießen. Fleischbrühe an das Gemüse gießen, den Weißwein über die Koteletts verteilen.

3. Auflaufform zudecken und 20 Minuten auf der Mittelschiene des Ofens backen lassen.

Zubereitungszeit: 30 Minuten
Getränk: Weißwein

Kalbsbraten mit Sherry-Rahm

Vorbereitung der Zutaten:
1 kg ausgelöster Kalbsrücken
250 g Kalbsknochen, vom Metzger zerkleinert
1 Bund Suppengrün, geputzt, klein geschnitten
3 Tomaten, gebrüht, enthäutet, gewürfelt
1 Lorbeerblatt, 1 TL weiße Pfefferkörner
1/2 TL Thymian
1 Zwiebel, fein gewürfelt
2 EL Butter
1/8 l trockener Sherry
1 TL Speisestärke in wenig Wasser aufgelöst
1 TL Zucker, 5 EL flüssige Schlagsahne
1 Prise Cayennepfeffer, Salz
Beilage: Mischgemüse oder gedünstete Tomaten, Kartoffelpüree (Rezept Seite 335)

1. Ofen auf 200 Grad vorheizen. Kalbsknochen in einen schweren Bräter mit Deckel legen, das leicht gesalzene Fleisch darauf legen, Suppengrün, Tomaten, Lorbeer, Pfefferkörner und Thymian rund um das Fleisch verteilen und die Oberfläche des Bratens mit Butter bestreichen. Topf fest verschließen und auf der unteren Schiene für 1 1/2 Stunden in den Backofen stellen.

2. Deckel abnehmen, Braten mit dem Fond begießen. Falls notwendig, einen Schuß kochendes Wasser dazugeben und noch etwa 10 Minuten offen bräunen lassen. Fleisch herausnehmen, im abgeschalteten Ofen mit Alufolie bedeckt warmstellen.

3. 1 EL Butter in kleinem Topf zerlassen, fein gewürfelte Zwiebel darin glasig andünsten, Sherry dazugeben und 3 Minuten bei großer Hitze stark kochen lassen. Beiseite stellen. Knochen und Gemüse aus dem Bräter wegwerfen. Den Bratenfond mit wenig heißem Wasser abschaben und durch ein Sieb zu den Sherry/Zwiebeln rühren. Zucker, Sahne und Stärkemehl einrühren, mit Salz und wenig Cayennepfeffer abschmecken. Sauce getrennt zum in Scheiben geschnittenen Kalbsbraten servieren.

Zubereitungszeit: 2 Stunden
Getränk: Rheinwein

Kalbsfrikandeau mit Cognac

Vorbereitung der Zutaten:
1 kg Oberschale (Frikandeau)
4 EL Butter
1 Zwiebel, grob gehackt
1 Bund Suppengrün, grob zerkleinert
1/2 l Fleischbrühe (Instant)
1 TL Speisestärke mit wenig Wasser glattgerührt
1 TL grüner Pfeffer
je 2 EL süße und saure Sahne
1 TL Zucker
1/2 Bund glatte Petersilie, gehackt
2 Glas (4 cl) Cognac
Salz, weißer Pfeffer aus der Mühle
Beize: 1 Tasse Weißwein
4 Glas (8 cl) Cognac
1/8 l Wasser
Für die Beize Weißwein, Cognac und Wasser verrühren und das Fleisch darin 2 Stunden ziehen lassen. Zwischendurch gelegentlich wenden.
Beilage: Spätzle und feine, grüne Erbsen in Butter geschwenkt

1. Fleisch aus der Beize nehmen, abtrocknen, mit Salz und Pfeffer einreiben. Beize wegschütten.

2. Butter in einem Bräter bei großer Hitze zerlassen und das Fleisch von allen Seiten 15 Minuten anbraten. Zwiebeln und Suppengrün dazugeben, Fleischbrühe angießen und bei kleiner Hitze mit Deckel etwa 1 1/2 Stunden schmoren lassen. Zwischendurch immer wieder begießen.

3. Fleisch herausnehmen, im Ofen bei 80–100 Grad mit Alufolie bedeckt warmstellen.

4. Sauce mit Holzlöffel durch ein Sieb passieren. Sahne, Stärke und grünen Pfeffer dazugeben und 5 Minuten offen köcheln lassen. Dann Cognac einrühren, Sauce heiß halten, aber nicht mehr kochen lassen. Mit Zucker, Salz und weißem Pfeffer abschmecken, die Hälfte der Petersilie in die Sauce rühren, den Rest über das aufgeschnittene Fleisch verteilen.

Zubereitungszeit: 2 Stunden
Getränk: Weißwein

Cordon bleu (Kalbsschnitzel mit Käse)

Vorbereitung der Zutaten:
8 hauchdünn geschnittene, gleichgroße Kalbsschnitzel
4 Scheiben gekochter Schinken
4 Scheiben Allgäuer Emmentaler
2 EL Mehl
2 Eier, verquirlen
4 EL Paniermehl
100 g Butter
Salz
weißer Pfeffer aus der Mühle
Beilage: Rosenkohl (Rezept Seite 135), Salzkartoffeln

1. Auf 4 Schnitzel je 1 Scheibe Schinken und Käse legen. Mit den 4 anderen Schnitzeln bedecken und mit Holzspießchen zusammenstecken, so daß eine Art Sandwich entsteht. Von außen pfeffern und salzen.

2. Die Schnitzelpakete leicht mit Mehl bestäuben, im Ei wenden und mit den Semmelbröseln panieren.

3. Die Butter in großer Pfanne bei Mittelhitze zerlassen, Schnitzel darin von jeder Seite 6 Minuten sanft braten. Kleinste Hitze einstellen und zugedeckt noch 3 Minuten weiterbraten lassen.

Zubereitungszeit: 35 Minuten
Tip: Die Holzspießchen mit der Küchenschere so abknipsen, daß sie nicht über das Fleisch hinausragen.
Getränk: Weißherbst

Kälberstall mit Eiern

Vorbereitung der Zutaten:
750 g Gulaschfleisch vom Kalb
6 Eier
1 EL Paniermehl
1 EL Stärkemehl
1 altbackenes Brötchen in Milch eingeweicht
3 mittelgroße Zwiebeln, geviertelt
50 g Butter
50 g durchwachsener Speck, in dünne Streifen geschnitten
2 TL Zitronensaft
Muskatblüte
Salz
weißer Pfeffer aus der Mühle
Beilage: Grüner Salat, pro Person eine Salzkartoffel

1. Kalbfleisch und Zwiebeln durch die feine Scheibe des Fleischwolfes drehen.

2. Die Farce mit 2 Eiern, dem ausgedrückten Brötchen, dem Paniermehl, der Stärke, dem Zitronensaft und den Gewürzen (nach Geschmack) gut durchkneten.

3. Eine Auflaufform, in der 6 oder mehr aufgeschlagene Eier nebeneinander Platz hätten, mit Butter ausreiben, die Farce ca. 8 cm dick einstreichen. Backofen auf 160–180 Grad vorheizen.

4. Mit dem Löffel vier Vertiefungen in die Masse drücken, in jedes Loch ein Ei einschlagen und mit Pfeffer und Salz bestreuen. Die übrige Oberfläche mit den Speckstreifen belegen.

5. Die restliche Butter zerlassen und über den Auflauf verteilen.

6. In der mittleren Schiene des Ofens ca. 30 Minuten (bis das Fleisch gar ist) überbacken.

Zubereitungszeit: 45 Minuten
Tip: Die Zahl der aufgeschlagenen Eier richtet sich nach der Anzahl der Esser. Bei 6 Teilnehmern Fleischanteil auf 1 kg erhöhen und von allem anderen ein wenig mehr nehmen.
Getränk: Einfacher Weißwein, Weizenbier

Kalbsvögerl

Vorbereitung der Zutaten:
4 große, dünngeschnittene Kalbsschnitzel, geklopft
4 Schalotten, fein hacken
1 kleine Knoblauchzehe, zerdrücken
20 g getrocknete Morcheln, 30 Minuten lauwarm in 1/2 Wasser, 1/2 Milch einweichen, 2 x gründlich waschen, fein schneiden
Mark von 400 g Kalbsmarkknochen, auskratzen, hacken
3 EL Butter
Saft von einer 1/2 Zitrone
3 EL saure Sahne
1/8 l Fleischbrühe (Instant)
1 TL Zucker
abgeriebene Schale einer 1/2 ungespritzten Zitrone
1/2 TL Thymian, getrocknet
1/8 l süße Sahne
1 EL Stärkemehl in wenig Wasser glattrühren
Salz
weißer Pfeffer aus der Mühle
Beilage: Kartoffelpüree (Rezept Seite 335) und grüne Bohnen (Rezept Seite 138) oder Reis mit feinen Erbsen

1. Gehacktes Mark in kleinem Topf 2 Minuten unter Rühren bei kleiner Hitze auslassen. Zwiebel und Knoblauch dazugeben und 3 Minuten anschwitzen. Morcheln dazugeben und noch 5 Minuten rühren.

2. Saure Sahne, Thymian und Zitronenschale dazugeben und 20 Minuten bei kleiner Hitze unter Rühren offen dick einkochen. Im Kühlschrank abkühlen und erstarren lassen (30 Minuten).

3. Die Masse auf dem Fleisch verstreichen, dann zusammenrollen und festbinden.
Butter in schwerer Kasserolle erhitzen. Die Rouladen in der heißen Butter solange von allen Seiten anbraten, bis sie hellbraune Streifen zeigen.

4. Mit Fleischbrühe löschen und 15 Minuten ohne Deckel garen. Rouladen herausnehmen und warmstellen.

5. Sauce bei kleiner Hitze mit Stärke-Sahne verrühren. Aufkochen und unter ständigem Rühren mit Salz, 1 TL Zucker, Zitronensaft und Pfeffer abschmecken. Die Rouladen in der Sauce servieren.

Zubereitungszeit: 1 1/2 Stunde
Tip: Kalbsvögerl lassen sich mit der Sauce einfrieren. Haltbarkeit: 8 Wochen.
Getränk: Leichter Rotwein

Schnitzel Holstein

Vorbereitung der Zutaten:
4 Kalbsschnitzel, nicht zu dünn
4 Eier
4 Scheiben Weißbrot, ohne Rinde, jede in 2 Dreiecke schneiden
4 Sardellenfilets, der Länge nach halbieren
4 Ölsardinen
4 Scheiben Räucherlachs
4 Pfeffergürkchen, der Länge nach halbieren
1 kleine Dose Kaviar
1 Röhrchen Kapern
1 Zitrone, vierteln
5 EL Butter
Salz
weißer Pfeffer aus der Mühle
Beilage: Bratkartoffeln (Rezept Seite 337)

1. 3 EL Butter in großer Pfanne heiß werden lassen. Schnitzel von beiden Seiten bei Mittelhitze 4–5 Minuten hellbraun braten. Salzen und pfeffern und auf 4 große flache, vorgewärmte Teller legen. Bei 50 Grad im Ofen warmstellen.

2. Eier im Bratenfett zu 4 Spiegeleiern verarbeiten. Jedes Spiegelei auf ein Schnitzel legen.

3. 2 EL frische Butter zum Bratenfett geben und die 8 Weißbrotdreiecke darin goldgelb rösten.

4. Garnieren: Sardellen kreuzweise auf die Spiegeleier legen, dazwischen je 4 Kapern. Je 1 Brotdreieck mit 1 Ölsardine und zwei halben Gürkchen belegen. Auf die anderen Brotdreiecke je eine Scheibe Lachs mit 1 TL Kaviar garniert legen.

5. Den Tellerrand mit den Dreiecken garnieren.

Zubereitungszeit: 30 Minuten
Tip: Als Belag für weitere Brotdreiecke eignen sich Hummerscheiben, Gänseleberpastete, gedünstete Austern.
Getränk: Mosel

Kalbsschnitzel mit Schinken und Salbei

Vorbereitung der Zutaten:
8 Kalbsschnitzel, dünn geschnitten
8 ganze Salbeiblätter, frisch oder getrocknet
8 Scheiben roher Schinken
1 1/2 EL Mehl
4 EL Butterschmalz
1 EL kalte Butter
1/8 l Weißwein, Spätlese
Salz
weißer Pfeffer aus der Mühle
1 Zitrone, geviertelt
Beilage: Gurken- oder Kopfsalat (Rezept Seiten 79/70)

1. Schnitzel von beiden Seiten salzen und pfeffern. Jedes Schnitzel mit einer Scheibe Schinken und einem Salbeiblatt belegen. Mit einem Holzspießchen flach feststecken. Fleisch von beiden Seiten sehr dünn mit Mehl bestäuben.

2. Butterschmalz in großer Pfanne bei Mittelhitze heiß werden lassen und Schnitzel von beiden Seiten je 3 Minuten anbraten. Die Hälfte des Weißweins an den Rand gießen, heiß werden lassen und Schnitzel mehrfach darin wenden. Herausnehmen und im Ofen zugedeckt bei 80–100 Grad warmstellen.

3. Bratenfond mit restlichem Wein aufkochen, zu einer cremigen Sauce eindampfen lassen und mit dem Schneebesen die kalte Butter stückchenweise darunter schlagen. Mit Salz und Pfeffer abschmecken.

4. Schnitzel auf vorgewärmter Platte anrichten, Sauce darüber gießen. Am Tisch nach Geschmack mit Zitronensaft beträufeln.

Zubereitungszeit: 20 Minuten
Tip: 1 EL Madeira verfeinert die Sauce noch.
Getränk: Weißherbst oder Rosé

Faschiertes Butterschnitzel

Vorbereitung der Zutaten:
500 g Kalbfleisch, zweimal durch die feine Scheibe des Fleischwolfes drehen
2 alte Brötchen, 20 Minuten in 1/4 l heißer Milch einweichen, ausdrücken und beim zweiten Mal mit dem Fleisch durch den Fleischwolf drehen
2 Eier
1 Prise Muskatnuß
1 TL Zucker
5 EL Butter
5 EL Fleischbrühe (Instant)
4 EL Paniermehl
5 EL Weißwein mit 1 TL Speisestärke verrühren
5 EL Sahne
1 EL gehackte Petersilie
Salz
weißer Pfeffer
Beilage: Petersilienkartoffeln, frische Gemüse

1. Durchgedrehtes Fleisch, Brötchen mit Eiern, Salz, Pfeffer, Muskat und etwas von der Einweichmilch gut verkneten.

2. Aus der Masse mit nassen Händen ovale Schnitzel formen und in Paniermehl wenden. 4 EL Butter in der Pfanne erhitzen.

3. Schnitzel bei großer Hitze 5 Minuten von allen Seiten goldbraun braten. Ofen auf 200 Grad vorheizen.

4. Feuerfeste Form mit der restlichen Butter fetten, Schnitzel einlegen und mit 4 EL Brühe begießen. Auf der Mittelschiene des Ofens 15 Minuten backen. Dabei ab und zu begießen.

5. Schnitzel herausnehmen und warmstellen. Bei kleiner Hitze Wein-Stärke und Sahne in die Sauce einrühren. 5 Minuten unter Rühren köcheln. Mit Salz, Zucker und Petersilie abschmecken. Sauce über die Schnitzel geben.

Zubereitungszeit: 1 Stunde
Getränk: Riesling

Rahmschnitzel

Vorbereitung der Zutaten:
4 Scheiben Kalbfleisch à 180 g (Schnitzelstück)
1 EL Butter
1 EL Pflanzenfett
1 EL Mehl
Salz
weißer Pfeffer
Sauce:
50 g magere Speckwürfel
4 EL Zwiebelwürfel
1 TL Tomatenmark
1/8 l Fleischbrühe (Instant)
1/8 l saure Sahne
1 EL Stärkemehl in Wasser glattrühren
1 TL Paprika, edelsüß
2 EL Zitronensaft
1/4 Tasse Weißwein
Salz
Beilage: Bandnudeln (Rezept Seite 355), Spätzle oder Rösti (Rezept Seite 338)

1. Speck und Zwiebeln in einem Topf 3 Minuten unter Rühren bei Mittelhitze anschwitzen.

2. Tomatenmark einrühren und mit Fleischbrühe löschen. Unter Rühren einmal aufkochen.

3. Mit Stärkemehl binden, noch einmal aufkochen, dabei rühren und Sauerrahm bei kleiner Hitze einrühren.

4. Mit Salz, Zitronensaft und Wein abschmecken.

5. Kalbfleisch beidseitig salzen, pfeffern, mit Paprika bestreuen und in Mehl wenden (überflüssiges Mehl abschütteln). Gleichzeitig das Fett bei großer Hitze in der Pfanne sehr heiß werden lassen.

6. Schnitzel von jeder Seite bei großer Hitze 3 Minuten braten. Hitze sofort ganz wegnehmen und weitere 3 Minuten mit Deckel stehen lassen.

7. Sauce über die Schnitzel gießen und 5 Minuten bei kleiner Hitze ziehen lassen.

Zubereitungszeit: 45 Minuten
Getränk: Deutsche Spätlesen

KÖNIGSBERGER KLOPSE
SEITE 200

KALBSMILCH (BRIES) NACH FINANZMANNS ART
SEITE 216

Wiener Schnitzel

Vorbereitung der Zutaten:
4 große Kalbsschnitzel, aus der Keule sehr dünn geschnitten, breitgeklopft, vorsichtig mit Salz und weißem Pfeffer eingerieben
1 Ei
2 gehäufte EL Mehl
3 gehäufte EL Paniermehl
125 g Butter
1 Zitrone, die Hälfte in dünne Scheiben geschnitten
4 Sardellenfilets, kurz gewässert
Beilage: Salzkartoffeln, Blumenkohl (Rezept Seite 127), grüner Salat

1. Das Ei in einem tiefen Teller verquirlen, Mehl in einen zweiten Teller schütten, in einen dritten das Paniermehl. Jedes Schnitzel erst im Ei herumdrehen, dann von beiden Seiten in Mehl wälzen, durch Schütteln überflüssiges Mehl entfernen und zum Schluß von beiden Seiten im Paniermehl wenden. Die Panade mit der Handfläche etwas andrücken.

2. In einer großen Pfanne Butter erhitzen. Wenn sie aufgeschäumt hat, die Schnitzel einlegen und bei mittlerer Hitze von beiden Seiten etwa 5 Minuten zart braten. Schnitzel aus der Pfanne nehmen, mit Zitronensaft beträufeln. Auf jedes Schnitzel eine dünne Zitronenscheibe und 1 Sardellenfilet legen; auf vorgewärmter Platte servieren.
Zubereitungszeit: 25 Minuten
Tip: Bratfett entweder in einer Sauciere dazu geben oder zur Fertigstellung des Blumenkohls verwenden.
Getränk: Weißwein/Rheingau

Kalbsgeschnetzeltes mit Rösti

Vorbereitung der Zutaten:
600 g Kalbfleisch, in schmale, etwa 4 cm lange Streifen geschnitten
4 EL Öl
4 EL Butter
1 fein gehackte Zwiebel
125 g Champignons, geviertelt
1 Tasse Weißwein
1/4 l süße Sahne
1 Bund glatte Petersilie, fein gehackt
1 TL Stärkemehl in etwas Weißwein gelöst
1 TL Sojasauce
Salz
weißer Pfeffer aus der Mühle
Beilage: Rösti (Rezept Seite 338) und frische Salate

1. Fleisch salzen und pfeffern, Öl in einer Pfanne sehr heiß werden lassen.

2. Fleisch darin 5–10 Minuten unter Rühren bei großer Hitze braun anbraten. Wenn sich dabei reichlich Saft bildet, diesen abgießen und aufheben. Dann weiterbraten.

3. Butter, Zwiebel und Champignons dazugeben, bei Mittelhitze unter Rühren 5 Minuten anschwitzen.

4. Stärkemehl und Fleischsaft (falls entstanden) dazugeben, kurz aufkochen lassen.

5. Sahne, Sojasauce dazugeben und bei kleiner Hitze offen 20 Minuten leicht einkochen. Rühren.

6. Mit Salz und Pfeffer abschmecken und mit Petersilie bestreuen.
Zubereitungszeit: 50 Minuten
Getränk: Rosé

Eingemachtes Kalbfleisch

Vorbereitung der Zutaten:
600 g Kalbfleisch, ohne Knochen, aus der Schulter oder vom Hals, in mundgerechte Würfel schneiden
50 g Butter
8 EL Zwiebelwürfel
2 Lorbeerblätter
4 EL Mehl
1/8 l Weißwein
1/2 l Fleischbrühe (Instant)
Salz
weißer Pfeffer aus der Mühle
1 Prise Muskatnuß
2 EL Zitronensaft
2 EL gehackte Petersilie
2 Eigelb mit 1/8 l süßer Sahne verquirlen
1 TL Zucker

1. Fleisch in einer großen Pfanne bei Mittelhitze unter Rühren in Butter 3 Minuten anbraten. Nicht braun werden lassen.

2. Zwiebeln dazugeben und 2 Minuten bei kleiner Hitze unter Rühren mitdünsten.

3. Mehl darüberstreuen und 1 Minute bei kleiner Hitze unter Rühren mitdünsten.

4. Mit Weißwein löschen, ständig rühren und mit Brühe auffüllen. Lorbeerblätter einlegen.

5. Bei kleiner Hitze ohne Deckel 15–20 Minuten unter Rühren weichkochen. Die Sauce soll sämig werden.

6. Mit Zitronensaft, Zucker, Salz, Muskat und Pfeffer abschmecken.

7. Vom Feuer nehmen und Sahne mit Eigelb einrühren. Nicht mehr kochen! Lorbeerblätter herausnehmen. Mit Petersilie bestreuen.

Zubereitungszeit: 40 Minuten
Getränk: Herber Weißwein

Kalbsnieren gedünstet

Vorbereitung der Zutaten:
2 ganze Kalbsnieren, waschen, halbieren, von Sehnen und Fett (bis auf eine dünne Schicht) befreien und wenden in einer Mischung aus:
1/2 – 1 TL Rosmarinpulver
Salz
weißem Pfeffer
1 EL Mehl
3 EL Olivenöl
1 zerdrückte Knoblauchzehe
3 EL Cognac
2 EL glatte gehackte Petersilie
1 TL Fleischextrakt
1/2 Tasse süße Sahne
Prise Zucker
Salz
Beilage: Kartoffelpüree (Rezept Seite 335)

1. Öl in der Pfanne erhitzen. Nieren bei großer Hitze unter Wenden 5 Minuten stark anbraten.

2. Knoblauch, Fleischextrakt, 1/2 Tasse Wasser, Sahne und Cognac dazugeben und unter gelegentlichem Rühren und Abschaben des Bratensatzes 10–12 Minuten mit Deckel bei kleiner Hitze garen. Die Nieren sollen innen noch rosa sein.

3. Mit Salz und Zucker abschmecken und mit Petersilie bestreut servieren.

Zubereitungszeit: 30 Minuten
Getränk: Weißer Pinot oder Rosé

Kalbsnieren flambiert

Vorbereitung der Zutaten:
500 g Kalbsnieren, aufgeschnitten, von Fett, Sehnen und Röhren befreit, gewaschen, 1 Stunde in 1/2 l Milch eingelegt, getrocknet, in dünne, mundgerechte Scheiben geschnitten
1/8 l Weißwein
4 EL Öl
4 EL gehackte Petersilie
1 mittelgroße Zwiebel, fein gehackt
1 grüne Paprikaschote
1 rote Paprikaschote
von Stengelansätzen und Kernen befreit, gewaschen, in dünne Streifen geschnitten
1/2 TL Rosenpaprika
6–8 EL Weinbrand
250 g Pfifferlinge (Dose) abgetropft oder frisch, gewaschen, klein geschnitten
1 Prise Zucker
Salz
weißer Pfeffer aus der Mühle
Beilage: Reis oder Nudeln (Rezept Seiten 354/55)

1. Butter in einer Pfanne erhitzen und Zwiebeln und Paprikastreifen unter Rühren bei Mittelhitze 7 Minuten anrösten.

2. Pfifferlinge und Wein dazugeben, mit Salz, Pfeffer, Paprika und einer Prise Zucker würzen und 10 Minuten bei kleiner Hitze dünsten. Ab und zu rühren.

3. In zweiter Pfanne Öl heiß werden lassen und Nieren unter Rühren bei Mittelhitze 5 Minuten braten. Nieren herausnehmen, salzen und pfeffern und warmstellen. Saft in der Pfanne lassen.

4. Saft und Gemüse in den Bratensaft geben und noch 3 Minuten bei kleiner Hitze kochen. Nieren in die Mitte des Gemüses häufen.

5. Weinbrand in kleinem Topf erhitzen, über die Nieren gießen und anzünden. Ausbrennen lassen. Mit Petersilie bestreuen.

Zubereitungszeit: 40 Minuten
Getränk: Weißherbst

Gedünstetes Kalbsherz

Vorbereitung der Zutaten:
2 Kalbsherzen, Sehnen, Fett, Röhren innen und außen entfernen, 15 Minuten in Wasser legen, trocknen, in mundgerechte Würfel schneiden
50 g fetter Räucherspeck, fein würfeln
1 große Zwiebel, fein hacken
1 TL Koriander, gemahlen
1 EL Zitronensaft
250 g saure Sahne mit 2 Eigelb verquirlt
2 EL Tomatenmark (oder 4 Tomaten, brühen, häuten, entkernen, grob hacken)
1/2 Tasse Weißwein
1/2 Tasse Brühe (Instant)
20 g Butter
Salz
weißer Pfeffer aus der Mühle
Beilage: Kartoffelpüree (Rezept Seite 335), Gurkensalat (Rezept Seite 79)

1. Speckwürfel in mittlerem Topf in Butter unter Rühren bei großer Hitze in 2 Minuten auslassen.

2. Herz dazugeben und bei großer Hitze unter Rühren 5 Minuten braten. Zwiebeln dazugeben und noch 3 Minuten braten.

3. Mit 1/2 Tasse Brühe ablöschen. Tomaten, Weißwein und Koriander dazugeben und mit Deckel 1 1/2 Stunden bei kleiner Hitze unter gelegentlichem Rühren dünsten. Die letzten 30 Minuten ohne Deckel dünsten, öfter rühren.

4. Vom Herd nehmen, Eier-Sahne einrühren. Mit Salz und Pfeffer würzen.

Zubereitungszeit: 2 Stunden
Getränk: Weißwein

Crêpes mit Kalbsnieren in Kräutersauce

Vorbereitung der Zutaten:
2 Kalbsnieren (etwa 600 g), einmal kurz in Wasser aufkochen und abgießen
1 Lorbeerblatt
1 geschälte Zwiebel
Salz
1/2 TL Pfefferkörner
1/2 TL Senfkörner

Sauce:
2 EL Butter
3 EL Mehl
1/8 l süße Sahne mit 3 Eigelb verquirlt
2 EL gehackte Petersilie
2 EL gehackter Kerbel
2 EL gehackter Estragon
4 EL Zitronensaft
4 EL Weißwein
Salz
weißer Pfeffer aus der Mühle

Teig:
100 g Mehl
2 Eier
Prise Salz
gut 1/8 l Milch
} gut verrühren
1 EL und 4 TL Butter zum Ausbacken

Beilage: Gemischter Salat (Rezept Seite 72)

1. Nieren mit 1 1/2 l Wasser, Zwiebel, Salz, Pfeffer-, Senfkörnern und Lorbeerblatt zum Kochen bringen und 50 Minuten mit Deckel bei kleiner Hitze kochen. Nieren herausnehmen, Fett, Sehnen und weißen Kern entfernen, in dünne Scheiben schneiden. Brühe durchsieben.

2. 2 EL Butter in mittlerem Topf zerlassen, 3 EL Mehl mit Schneebesen einrühren, 1 Minute bei kleiner Hitze anschwitzen. Unter Rühren 1/2 l Nierenbrühe zugießen und 5 Minuten unter Rühren bei kleiner Hitze köcheln.

3. Sauce warmhalten (nicht mehr kochen) und Eier-Sahne, Petersilie, Estragon, Zitronensaft und Wein einrühren. Mit Salz und Pfeffer abschmecken, warm stellen.

4. Aus dem vorbereiteten Teig 4 dünne kleine Pfannkuchen (Crêpes) mit je 1 TL Butter bei großer Hitze in je 2–3 Minuten backen. Warm stellen.

5. Nierenscheiben in der Pfanne mit 1 EL Butter bei großer Hitze 2 Minuten braten. Salzen, pfeffern und zum Schluß mit Kerbel überstreuen.

6. Nieren in die Crêpes verteilen, zusammenrollen und mit der Sauce überziehen.

Zubereitungszeit: 1 1/2 Stunden
Tip: Aufwärmen: die gefüllten Crêpes im Elektro-Grill – kleine Stufe – mit Alufolie bedeckt 10 Minuten erhitzen, dann umdrehen und ohne Folie noch 5 Minuten grillen. Mit der erwärmten Sauce übergießen.
Getränk: Badischer Weißwein

Tiroler Leber

Vorbereitung der Zutaten:
4 Scheiben Kalbsleber (zusammen 800 g), waschen, trocknen
60 g durchwachsener Speck, fein würfeln
2 mittlere Zwiebeln, fein würfeln
2 EL Cognac
1/4 l Rotwein
Saft von 1/2 Zitrone
1/8 l süße Sahne mit 1 TL Speisestärke verquirlt
2 EL glatte Petersilie, fein hacken
1 TL Thymian
1 TL Rosmarin, getrocknet oder 1 frischer Zweig
3 Lorbeerblätter
3 Nelken
3 Wacholderbeeren
Salz
schwarzer Pfeffer aus der Mühle
1 Prise Zucker
Beilage: Rösti (Rezept Seite 338) oder Spätzle

1. Speckwürfel in passender Kasserolle bei Mittelhitze unter Rühren 2 Minuten auslassen. Zwiebel dazugeben und noch 3 Minuten braten. Rühren.

2. Mit Cognac und Wein löschen. Leber, Lorbeer, Pfeffer, Wacholder, Nelken, Thymian, Rosmarin und Salz dazugeben. Mit Deckel bei kleiner Hitze 25 Minuten dünsten. Ab und zu wenden und rühren.

3. Leber herausnehmen, warmhalten. Lorbeer, Wacholder und Nelken ebenfalls aus der Kasserolle herausnehmen. Sauce mit Zitronensaft und Sahne-Stärke verrühren und ohne Deckel unter Rühren einmal aufkochen. Noch 3 Minuten bei kleiner Hitze köcheln und rühren.

4. Mit Salz, Pfeffer und Zucker abschmecken. Leber in dünne Scheiben aufschneiden, in die Sauce legen und mit Petersilie bestreuen.

Zubereitungszeit: 45 Minuten
Getränk: Rotweine wie Kalterer See oder Dôle

Geschmorte Kalbsleber mit Sherry

Vorbereitung der Zutaten:
4 Scheiben Kalbsleber, gewaschen, getrocknet und in Mehl gewendet
60 g Butter
1 zerdrückte Knoblauchzehe
2 mittelgroße Zwiebeln, fein gehackt
1/4 l Sherry
2 EL glatte Petersilie, gehackt
Salz
weißer Pfeffer aus der Mühle
Beilage: Kartoffelpüree (Rezept Seite 335)

1. Butter in einer Pfanne erhitzen. Leber bei großer Hitze in 3 Minuten von beiden Seiten anbraten. Aus der Pfanne nehmen.

2. Knoblauch und Zwiebeln in der Butter 2 Minuten unter Rühren bei kleiner Hitze anschwitzen.

3. Leber wieder dazugeben, mit Sherry ablöschen und mit Deckel bei kleiner Hitze 10 Minuten dünsten.

4. Mit Salz und Pfeffer abschmecken. Mit Petersilie bestreuen.

Zubereitungszeit: 30 Minuten
Getränk: Badischer Weißherbst

Kalbsherz pikant gefüllt

Vorbereitung der Zutaten:
1 Kalbsherz, aufgeklappt (nicht durchtrennt), innen und außen von Fett, Häuten und Adern befreien, 10 Minuten in Wasser legen, abtrocknen und von allen Seiten mit
Salz
weißem Pfeffer
1/2 TL Thymian
1 TL Rosmarin
einreiben.
Füllung:
1 kleine Zwiebel, fein hacken
1 kleiner Apfel, schälen, entkernen, fein würfeln
100 g Streichmettwurst
1 Ei
Salz
weißer Pfeffer
1/2 TL Thymian
1/2 TL Rosmarinpulver
2 EL glatte Petersilie, fein hacken
Sauce:
1/4 l Rotwein
1/4 l Fleischbrühe (Instant)
1/4 l süße Sahne
100 g durchwachsener Speck, fein würfeln
250 g Schalotten, schälen
2 Möhren, schälen, in Scheiben schneiden
2 Lauchstangen, putzen, in Scheiben schneiden
40 g Butter
2 EL glatte Petersilie, fein hacken
1 Prise Zucker
Beilage: Salzkartoffeln

1. Alle Zutaten für die Füllung gut verkneten, in das Herz einfüllen und zunähen. Ofen auf 220 Grad vorheizen.

2. Herz und Speck in schwerem Bräter mit 1/4 Tasse Rotwein übergießen und im Ofen 1 Stunde schmoren. Ab und zu wenden und alle 10 Minuten den Saft durchrühren. Abwechselnd mit Brühe und Rotwein übergießen. Falls notwendig, noch 1 Tasse heißes Wasser nachgießen.

3. Möhren und Schalotten dazugeben und noch 25 Minuten schmoren. Ab und zu rühren.

4. Lauch dazugeben und noch weitere 15 Minuten schmoren. Falls notwendig, noch 1/2 Tasse Wasser dazugießen. Herz aus dem Bräter herausnehmen und warmstellen. Bräter kurz vom Herd nehmen und das Gemüse im Sieb in einen Schmortopf abtropfen lassen.

5. Gemüse warmstellen und 40 g Butter untermischen.

6. Schmorflüssigkeit im Bräter mit der Sahne verrühren, Bratensatz mit Holzlöffel lösen und 5 Minuten bei großer Hitze ohne Deckel einkochen, rühren und mit Salz, Pfeffer, Zucker abschmecken.

7. Fleisch wegen der Fülle vorsichtig mit sehr scharfem Messer in dicke Scheiben schneiden, mit 2 EL Petersilie bestreuen, auf Gemüsebett anrichten. Sauce extra dazu servieren.

Zubereitungszeit: 1 3/4 Stunden
Tip: Statt der etwas umständlichen Eigenvorbereitung beim Metzger ein gesäubertes Herz bestellen, das nicht sehr zerschnitten ist und sich zum Füllen eignet.
Getränk: Weißer Bordeaux, Muscadet

Herz mit Gemüsepüree

Vorbereitung der Zutaten:
1 Kalbsherz (1 kg), halbieren, innen und außen von Fett, Sehnen und Adern befreien, abspülen und 15 Minuten wässern. Abtrocknen und mit Salz, Pfeffer und 1 TL Rosmarinpulver einreiben.
1/4 l Weißwein, 1/4 l Brühe (Instant)
120 g durchwachsener Speck, fein würfeln
2 EL Öl, 1/8 l saure Sahne
4 EL gemischte, gehackte Kräuter (Petersilie, Dill, Kresse, Kerbel, Schnittlauch)
400 g Möhren, schälen, grob würfeln
400 g Sellerie, schälen, grob würfeln
3 Zwiebeln, fein hacken, 4 EL Portwein
1/2 TL Korianderpulver, Prise Zucker
Beilage: Salzkartoffeln

1. Öl im Schmortopf erhitzen und Speckwürfel darin 2 Minuten auslassen. Herz dazugeben und bei großer Hitze unter Wenden 4 Minuten von allen Seiten braun anbraten.

2. Zwiebeln dazugeben und noch 2 Minuten unter Rühren braten. Mit Wein und Brühe löschen, Bratensatz lösen, mit Deckel bei kleiner Hitze unter gelegentlichem Rühren 1 Stunde schmoren.

3. Gemüse dazugeben, noch 1 Tasse Wasser oder Brühe nachgießen und 1 weitere Stunde mit Deckel bei kleiner Hitze unter gelegentlichem Rühren kochen.

4. Herz aus dem Topf nehmen, in Scheiben schneiden, warmstellen. Verbliebene Flüssigkeit (etwa 1 Tasse voll) aufheben und beiseite stellen. Gemüse etwas abtropfen lassen, mit Mixer pürieren oder durchs Haarsieb streichen.

5. Gemüsepüree mit Sahne und Kräutern verrühren und mit Salz und Pfeffer und einer Prise Zucker abschmecken. Warmhalten.

6. Die Tasse Brühe im Topf mit Salz, Zucker, Korianderpulver und 4 EL Portwein abschmecken und bei kleiner Hitze unter Rühren etwa 7 Minuten offen einkochen und etwas davon über das Herz geben.
Mit dem Gemüsepüree, der restlichen Sauce und den Salzkartoffeln servieren.

Zubereitungszeit: 2 1/2 Stunden
Getränk: Weißherbst oder Rosé

Lungenhaschee (Beuscherl)

Vorbereitung der Zutaten:
1 Kalbslunge, beim Metzger vorbestellen
1 Kalbsherz, Sehnen und Adern herausgeschnitten
1 große Zwiebel, vierteln
1 große Zwiebel, grob hacken
1 Bund Suppengrün, putzen, klein hacken
1 Lorbeerblatt
6 Gewürzkörner (Piment)
4 EL Butter
3 EL Mehl
1 TL Thymian
1 TL Majoran
weißer Pfeffer
Salz
2 EL Weinessig
1 EL Zucker
Beilage: Salzkartoffeln oder Kartoffelpüree (Rezept Seite 335)

1. 2 l Wasser mit 2 EL Salz zum Kochen bringen. Lunge und Herz einlegen. Abschäumen und Suppengrün, Zwiebelviertel und Gewürze zufügen. 1 3/4 Stunden bei kleiner Hitze mit Deckel kochen lassen.

2. Herz und Lunge herausnehmen, abkühlen lassen. Kochwasser durchsieben und 1 l aufheben. Lunge in kleine Würfel, Herz in kleine Scheiben schneiden.

3. Butter in großer Kasserolle erhitzen, Mehl mit dem Schneebesen einrühren, leicht bräunen lassen und allmählich mit soviel Kochwasser unter Rühren ablöschen, daß eine sämige Sauce entsteht. Bei kleiner Hitze 5 Minuten köcheln lassen. Dann mit Salz, Pfeffer, Thymian, Majoran, Essig und Zucker leicht süßsauer abschmecken.

4. Lunge und Herz dazugeben und bei kleinster Hitze etwa 10 Minuten ziehen lassen.

Zubereitungszeit: 2 Stunden
Tip: Im Hotel Sacher in Wien war das „Salonbeuscherl" berühmt. Das ist nichts anderes, als daß jede Portion Lungenhaschee mit einem Spiegelei gekrönt wird.
Getränk: Bier, Veltliner

Kalbsmilch (Bries) nach Finanzmanns Art

Vorbereitung der Kalbsmilch am Tag vorher:

1. 1 1/4 kg Kalbsmilch (Bries) 3 Stunden in mehrfach erneuertes kaltes Wasser legen.

2. 2 l Wasser mit 2 EL Salz und 1 EL Essig bei großer Hitze zum Kochen bringen, Bries einlegen, 3 Minuten kochen lassen. Mit Schaumlöffel herausnehmen und 2 Minuten in eiskaltes Wasser legen. Mit Küchenkrepp vorsichtig abtrocknen.

3. Mit scharfem Messer möglichst viel Außenhaut abziehen, ohne die Brieschen zu zerreißen. Die Röhre, die zwischen den einzelnen Lappen liegt, von beiden Seiten freischneiden und wegwerfen. Sichtbare Adern und Nervenstränge ebenfalls entfernen.

4. Bries-Teile auf ein entsprechend großes Küchenbrett legen, mit zweitem Brett bedecken und mit einem Kilogewicht (volle Konservendose) beschweren. Über Nacht im Kühlschrank stehen lassen.

Vorbereitung der weiteren Zutaten:
250 g kalte Butter
3 Schalotten, fein gehackt
4 Möhren, geschält, klein gewürfelt
1 kleine Dose Pfifferlinge, abgegossen, abgespült, abgetropft
1 Dose junge Erbsen 'extra fein', im Sieb abgetropft
1 TL Estragonblätter, frisch oder getrocknet
2 EL fein gehackte glatte Petersilie
1/8 l Crème fraîche oder süße Sahne
1/2 Tasse weißer Burgunder oder trockener Weißwein
1/2 TL Fleischextrakt oder gekörnte Brühe
1 TL Zucker
Salz
weißer Pfeffer aus der Mühle
1 großer Bogen Pergamentpapier, ersatzweise Alufolie

1. 4 EL Butter im großen emaillierten oder rostfreien Topf aufschäumen lassen. Schalotten und Möhren darin unter Rühren 3 Minuten leicht andünsten.

2. Brieschen von allen Seiten salzen und pfeffern und bei Mittelhitze mitbraten, mit dem Holzlöffel wenden. Topf vom Herd nehmen. Hitze auf ganz klein schalten.

3. Pergamentpapier so zuschneiden, daß es genau in den Topf paßt. Eine Seite des Papiers mit Butter bestreichen und mit dieser Seite auf das Bries legen. Topf mit Deckel fest verschließen.

4. Topfinhalt, ohne den Deckel abzunehmen, bei allerkleinster Hitze 20–25 Minuten ziehen lassen. Dann Papier entfernen, Kalbsmilch herausnehmen und im Ofen, mit Alufolie bedeckt, bei 75 Grad warmstellen.

5. Pfifferlinge einrühren. Estragon, Zucker und Crème fraîche und Wein dazugeben. Unter ständigem Rühren die Flüssigkeit bei Mittelhitze 10–15 Minuten reduzieren. Fleischextrakt einrühren und bei kleiner Hitze noch 5 Minuten mit Deckel köcheln lassen.

6. Erbsen dazugeben und 1 EL Petersilie untermischen. Kurz köcheln lassen.

7. Topf vom Herd nehmen und teelöffelweise soviel kalte Butter mit dem Schneebesen unterziehen, bis das Gemüse sämig wird. Nochmals mit Salz und Pfeffer abschmecken.

8. Kalbsmilchteile in fingerdicke Scheiben schneiden.

9. Restliche Petersilie über das Gemüse streuen und servieren.

Zubereitungszeit: Gut 1 Stunde
Getränk: Weißer Burgunder oder trockener Weißwein

Schwein

Schweinebraten in Milch geschmort

Vorbereitung der Zutaten: (für 6 Personen)
Etwa 1 kg marmoriertes, nicht zu mageres Schweinefleisch, flach geschnitten, aus der Nuß oder Oberschale
1 zerquetschte Knoblauchzehe
6–10 Körner Koriander, im Mörser zerstampft oder 1 TL Korianderpulver
1 Lorbeerblatt
einige gehackte Fenchelblätter,
Majoran oder Basilikum (getrocknet je 1 TL)
40 g Butter
1 – 1 1/2 l Milch
Salz, schwarzer Pfeffer aus der Mühle
Küchengarn

Beilagen: Salzkartoffeln, in Butter angebratene Champignons oder Mischgemüse oder Rotkohl (Rezept Seite 134). Anstelle von Gemüse auch alle Arten von Salat.

---

1. Fleisch auf der Innenseite salzen, pfeffern und mit Knoblauch und Koriander einreiben.

2. Eine dicke Rolle machen und mit Küchengarn zusammenbinden.

3. In schwerem Topf, gerade groß genug für die Rolle, die Butter schmelzen lassen und bei Mittelhitze Fleisch von allen Seiten anbräunen.

4. Daneben Milch ganz kurz aufkochen lassen und vom Feuer nehmen.

5. Zur angebratenen Rolle Milch gießen, bis das Fleisch bedeckt ist.

6. Ohne Deckel 1 Stunde in der Milch leise schmoren lassen. Kräuter und Lorbeerblatt dazugeben.

7. Immer wieder mit Holzspatel gut durchrühren. Fleisch gelegentlich wenden – es setzt leicht an. 40 Minuten weiter schmoren. Danach Fleisch herausnehmen und warmstellen.

8. Milch bei stärkerer Hitze auf etwa 1 Tasse einkochen.

9. Alle Bratenrückstände vom Boden des Topfes kratzen und die Sauce im Topf mit dem Schneebesen durchrühren. Sie sollte jetzt hellbraun und leicht sämig sein. Falls nicht, noch kurze Zeit unter ständigem Rühren weiterkochen.

10. Sauce durchsieben und über das in Scheiben geschnittene Fleisch gießen. Das Gericht kann heiß oder kalt serviert werden.

Zubereitungszeit: 2 Stunden
Tip: Als kalter Imbiß halten sich die Reste bis zu 2 Tagen im Kühlschrank. 1 Stunde vor Verzehr herausnehmen.
Getränk: Nicht zu trockener Weißwein (deutsche Spätlesen), auch Apfelwein (Cidre) oder – je nach Beilage – Bier

---

Schweinebraten

Vorbereitung der Zutaten:
1 1/4 kg Schweinebraten (Nacken, Schinken oder Schulter), Schwarte kreuzweise einschneiden, mit Pfeffer und Salz einreiben
2 Bund Suppengrün, waschen, klein schneiden
3 Backpflaumen, in Wasser einweichen
1 Streifen Graubrot-Rinde
1 große Gemüsezwiebel, würfeln
2 Tomaten, waschen, vierteln
30 g Schweineschmalz
1 Prise Zucker
3 EL glatte gehackte Petersilie
1 Tasse helles Bier
Salz
weißer Pfeffer aus der Mühle
Beilage: Kartoffelklöße (Rezept Seite 350) oder Salzkartoffeln

1. Ofen auf 250 Grad vorheizen. Schmalz im Bräter zerlassen, Braten einlegen, Gemüse dazugeben und 1/2 Stunde im sehr heißen Ofen ohne Deckel braten.

2. Hitze auf 180 Grad reduzieren. Braten wenden und mit 1 Tasse heißem Wasser begießen. Ab und zu mit Bratensaft begießen. Etwa 1 Stunde mit Deckel braten.

3. Braten nochmals wenden, Schwarte nach oben, mit 1 Tasse Bier begießen, Brotrinde und Backpflaumen dazugeben und weitere 30 Minuten ohne Deckel braten. Regelmäßig mit Bratensaft begießen.

4. Braten herausnehmen und im Ofen 5 Minuten bei 150 Grad auf dem Rost trocknen. Bratensaft und Gemüse durch ein Sieb passieren und im Topf mit Salz, Pfeffer und Prise Zucker abschmecken. Noch 5 Minuten köcheln lassen.

5. Braten aufschneiden, mit Petersilie bestreuen. Sauce extra servieren.

Zubereitungszeit: 2 1/2 Stunden
Getränk: Export- oder Weizenbier mit Zitronenscheibe, Rheinwein

Schweineschnitzel

Vorbereitung der Zutaten:
4 Schweineschnitzel
8 Salbeiblätter
2 EL Butter
Saft einer Zitrone
Salz
weißer Pfeffer aus der Mühle
Beilage: Petersilienkartoffeln, grüner oder Gurkensalat

1. Aus 1 EL Zitronensaft, Pfeffer und Salz eine Marinade rühren und die Schnitzel damit bestreichen.

2. Butter in großer Pfanne heiß werden lassen. Jedes Schnitzel mit 2 Salbeiblättern belegen und von beiden Seiten je 5 Minuten bei Mittelhitze braten. Schnitzel herausnehmen und warmstellen.

3. Restlichen Zitronensaft zum Bratfond in die Pfanne gießen, kurz aufkochen lassen und über die auf einer Platte angerichteten Schnitzel gießen.

Zubereitungszeit: 20 Minuten
Tip: Schnitzel sollten immer quer zur Faser geschnitten sein. Nur so wird es zart und saftig.
Getränk: Rheinwein Spätlese

Sonntagsbraten vom Schwein

Vorbereitung der Zutaten:
1,5 kg Kotelettstück, etwas durchwachsen, vom Metzger auslösen u. flach schneiden lassen
4 Stangen frischer Lauch, mit einem Stück Grünanteil, in dünne Streifen schneiden
1 Petersilienwurzel, putzen, in dünne Streifen schneiden
5 dünne Scheiben geräucherter durchwachsener Speck
1 TL Paprika, edelsüß
10 g Mandelblättchen
2 TL brauner Zucker
1/2 l trockener Weißwein
Salz
schwarzer Pfeffer aus der Mühle
Beilage: Salzkartoffeln, junge Erbsen, extrafein

1. Das flache Kotelettfleisch auf einer Seite mit Salz, Paprika und frisch gemahlenem Pfeffer einreiben.

2. Lauchstreifen und Petersilienwurzel auf das Fleisch legen. Backofen auf 180 Grad vorheizen.

3. Fleisch einrollen, von außen mit den Speckscheiben belegen und mit Küchengarn zusammenbinden.

4. Im Bräter in den vorgeheizten Ofen geben, mit etwas Weißwein begießen und mit Deckel 1/2 Stunde braten lassen.

5. Deckel abnehmen, Fleisch alle 15 Minuten mit Weißwein begießen und gelegentlich drehen.

6. Nach insgesamt 1 1/2 Stunden Rolle mit braunem Zucker und Mandelblättchen bestreuen, Hitze bis auf 225 Grad steigern und das Fleisch etwa 20 Minuten überkrusten lassen.

7. Restlichen Wein angießen, noch 10 Minuten im heißen Ofen lassen, Hitze abschalten und 5 Minuten ruhen lassen.

8. Fäden entfernen und Fleisch mit scharfem Messer in daumendicke Scheiben schneiden. Mit dem Bratensatz übergießen.

Zubereitungszeit: 2 1/2 Stunden
Tip: Nur so viele Scheiben aufschneiden, wie benötigt werden. Der Rest hält sich im Kühlschrank mindestens 4 Tage und ist in dünnere Scheiben geschnitten ein schmackhafter Brotbelag.
Getränk: Spätlese von Rhein, Nahe oder Mosel-Saar-Ruwer

Schweinefilet in Blätterteig

Vorbereitung der Zutaten:
600 g Schweinefilet, salzen, pfeffern
2 EL Öl zum Braten
4 große Wirsingblätter, 5 Minuten in Salzwasser kochen, abtropfen
200 g Champignons, putzen, waschen, fein hacken
2 mittelgroße Zwiebeln, schälen, fein hacken
1 EL süße Sahne
300 g Blätterteig, tiefgefroren, 30 Minuten auftauen, Scheiben einzeln legen
1 Eigelb
6 Tomaten, brühen, häuten, entkernen, grob hacken
3 EL Schnittlauch, fein schneiden
1 EL Butter
1 EL Olivenöl
Salz
weißer Pfeffer aus der Mühle

Beilage: Kartoffelpüree (Rezept Seite 335) mit brauner Butter

1. Schweinefilet in heißem Öl in der Pfanne bei großer Hitze 6 Minuten von allen Seiten anbraten. Fleisch herausnehmen und beiseite stellen. Wirsingkohlblätter in Salzwasser 5 Minuten wellen lassen, herausnehmen.

2. Champignons und eine gehackte Zwiebel in der Fleischpfanne 10 Minuten unter Rühren bei Mittelhitze dünsten, bis alle Flüssigkeit verdunstet ist. Dann Sahne dazugeben, 2 Minuten offen bei Mittelhitze einkochen und auf die Seite stellen.

3. Blätterteig mit 1–2 TL Mehl auf Backbrett etwa 3 Millimeter dick ausrollen. Schweinefilet mit Champignon-Zwiebelmasse bestreichen, fest in die Wirsingblätter einpacken und in den Blätterteig rollen. Ofen auf 220 Grad vorheizen.

4. Die überlappenden Blätterteigteile mit Eigelb bestreichen. Zusätzlich die ganze Rolle mit dem verquirlten Eigelb bestreichen und auf dem nassen Blech im Ofen bei 220 Grad 20–30 Minuten backen, bis der Teig gar und goldbraun ist. Nach 15 Minuten mit Alufolie abdecken. Erst in den letzten Minuten wieder entfernen.

5. Zwiebel in der Pfanne in 1 EL Öl drei Minuten bei großer Hitze anschwitzen. Dann Tomaten dazugeben und noch 10 Minuten ohne Deckel bei kleiner Hitze braten. Rühren. Pfeffer, Salz und Schnittlauch dazugeben und als Beilage zum Filet servieren.

Zubereitungszeit: 1 1/2 Stunden
Getränk: Spätlesen vom Rheingau

Schweinefilet mit Steinpilzen und Spinatspätzle

Vorbereitung der Zutaten:
6–8 Stücke Schweinefilet zu 50–60 g, geklopft, gesalzen
200 g Mehl
150 g Blattspinat, 5 Minuten in Salzwasser abgekocht und fein gehackt
2 Eier
4 EL Butter
200 g süße Sahne
1 mittelgroße fein gehackte Zwiebel
250 g Steinpilze, putzen, blättrig aufgeschnitten (Dosenpilze siehe Tip)
1 Ei mit 1 EL geriebenen Haselnüssen verquirlt
1 EL Mehl zum Panieren
1 Prise Muskatnuß
2 EL glatte gehackte Petersilie
Salz
weißer Pfeffer aus der Mühle

1. Spätzle-Teig aus 200 g Mehl, 2 Eiern, gehacktem Spinat, etwas Salz und Muskat kneten. Ruhen lassen, bis in einem großen Topf 2–3 l Salzwasser kocht. Das Wasser soll fast bis zum Rand des Topfes sprudeln.

2. Spätzle vom Brett ins Wasser schaben (nur für Könner zu empfehlen) oder durch die Spätzlepresse drücken und portionsweise etwa 10 Minuten sieden lassen. Die aufsteigenden Spätzle mit dem Schaumlöffel herausnehmen und im Sieb mit kaltem Wasser abschrecken. Abtropfen lassen.

3. 2 EL Butter in großer Pfanne erhitzen. Zwiebel und Pilze unter Rühren 5 Minuten bei Mittelhitze braten. Mit Sahne ablöschen.

4. Die abgetropften Spätzle zu den Pilzen geben und 10 Minuten bei kleiner Hitze unter gelegentlichem Rühren ohne Deckel erhitzen. Mit Salz, Pfeffer und Muskat abschmecken.

5. Daneben 2 EL Butter in einer zweiten Pfanne erhitzen. Filetstücke erst leicht mit Mehl (1 EL) bestäuben, dann in Ei-Nuß-Masse wälzen und in 5 Minuten bei großer Hitze von beiden Seiten braten.

6. Filetstücke auf Pilzen und Spätzle anrichten und mit Petersilie überstreuen.

Zubereitungszeit: 1 Stunde
Tip: Pilze aus der Dose abspülen und abtropfen lassen.
Getränk: Württemberger Trollinger oder Rosé

Kotelett natur

Vorbereitung der Zutaten:
4 Koteletts
weißer Pfeffer aus der Mühle
Salz
3 EL Butter
Beilage: Salzkartoffeln und in Butter geschwenkte frische Gemüse der Jahreszeit

1. Butter bei großer Hitze in der Pfanne zerlassen. Nach dem Aufschäumen die gesalzenen und gepfefferten Koteletts einlegen und von beiden Seiten je 2 Minuten anbraten. Temperatur sofort auf kleine Hitze reduzieren.

2. Fleisch bei schwacher Hitze unter mehrfachem Wenden durchbraten (10–15 Minuten). Neben dem Feuer 3 Minuten in der heißen Pfanne ruhen lassen. Bratfett in kleinem Töpfchen für die Kartoffeln mit servieren.

Zubereitungszeit: 20 Minuten
Tip: Wenn panierte Koteletts vorgezogen werden, bleibt der Bratvorgang gleich. Für das Panieren 1 Ei verquirlen und 3 EL Paniermehl in einen Suppenteller schütten. Koteletts erst im Ei, dann im Paniermehl wenden.
Getränk: Bier

Schweinekotelett in Zwiebelgemüse

Vorbereitung der Zutaten:
4 große Koteletts mit Fettrand
12 Zwiebeln, mittelgroß, in Scheiben geschnitten
1 Lorbeerblatt
3 Gewürznelken
2 EL Zucker
1 EL gekörnte Brühe (oder 2 Bouillonwürfel)
schwarzer Pfeffer aus der Mühle
Salz
Beilage: Salzkartoffeln

1. 3/4 l Wasser mit Zwiebeln, Lorbeer, Nelken und gekörnter Brühe zum Kochen bringen.

2. Koteletts einlegen, Zucker einstreuen und bei kleiner Hitze 20–25 Minuten offen köcheln lassen, bis sich das Fleisch leicht vom Knochen lösen läßt.

3. Lorbeer und Gewürznelken herausnehmen. Koteletts mit Brühe und Zwiebeln servieren.

Zubereitungszeit: 30 Minuten
Tip: Wer statt Zwiebeln Schalotten verwenden will, muß die Zuckermenge halbieren.
Getränk: Apfelwein, herber Weißwein

Schweinekotelett mit Schmorapfel-Sauce

Vorbereitung der Zutaten:
4 Schweinekoteletts
2 saure Äpfel, schälen, entkernen, vierteln, in Scheiben schneiden
1 EL geriebener Meerrettich
100 g geriebener Allgäuer Emmentaler
1 Tasse Weißwein
1 TL Zucker
1/2 Tasse süße Sahne
Salz
weißer Pfeffer aus der Mühle
Beilage: Butterkartoffeln, gemischter Salat (Rezept Seite 72)

1. Butter in der Pfanne erhitzen und Koteletts in 10 Minuten beidseitig bei großer Hitze knusprig braun braten. Aus der Pfanne nehmen und warmstellen.

2. Bratensatz mit 1/2 Tasse Wein ablöschen, Käse, Meerrettich und Sahne dazugeben. Bei kleiner Hitze unter Rühren 10 Minuten einkochen. Mit Salz und Pfeffer abschmecken. Gleichzeitig Apfelscheiben in Weißwein und Zucker bei kleiner Hitze mit Deckel 10 Minuten schmoren.

3. Fleisch mit Äpfeln und Sauce anrichten.

Zubereitungszeit: 35 Minuten
Getränk: Bier

Schweinebauch paniert mit Zwiebelsauce

Vorbereitung der Zutaten:
4 Scheiben Schweinebauch (etwa 750 g)
1 Ei, verquirlt
4 EL Paniermehl
4 EL Schmalz
Salz
weißer Pfeffer
Sauce:
4 Zwiebeln, fein gewürfelt
2 säuerliche Äpfel, geschält, entkernt, fein gewürfelt
3 EL Butter
1 TL Estragon, getrocknet
1/2 TL Thymian
1/2 TL Korianderpulver
1 Tasse Weißwein
2 TL gekörnte Brühe (Instant)
1 TL Zucker
Salz
weißer Pfeffer aus der Mühle
Beilage: Kartoffelpüree (Rezept Seite 335)

1. Schweinebauch mit Salz und Pfeffer einreiben, erst in verquirltem Ei, dann in Paniermehl wenden. Beiseite stellen.

2. Butter in der Pfanne heiß werden lassen, Zwiebeln, Äpfel und Kräuter dazugeben und unter Rühren goldgelb braten. Mit Wein aufgießen und bei kleiner Hitze köcheln lassen. Mit gekörnter Brühe, Zucker, Salz und weißem Pfeffer abschmecken.

3. Schmalz in einer 2. Pfanne erhitzen und bei mittlerer bis großer Hitze die panierten Bauchscheiben von jeder Seite 6 Minuten goldbraun braten. Sauce getrennt servieren.

Zubereitungszeit: 30 Minuten
Getränk: Kalte Buttermilch oder Bier

Eisbein mager

Für dieses supermagere Eisbein müssen gleichzeitig getrennt Sauerkraut, ohne Fleischbeilage (Rezept Seite 135) und Kartoffelpüree (Rezept Seite 335) zubereitet werden.

Vorbereitung der Zutaten:
1 Eisbein, angepökelt
2 Lorbeerblätter
3 Zwiebeln, in Ringe schneiden
2 EL Schmalz
Salz

1. Wenn das Sauerkraut halb fertig ist, das Eisbein mit den Lorbeerblättern mit kochendem Wasser bedeckt 1 Stunde (je nach Größe länger) gar ziehen lassen. Aus dem Kochwasser nehmen. Abtropfen. Kartoffeln für das Püree aufsetzen.

2. Fleisch vom Knochen lösen und in mundgerechte Stücke schneiden. Sämtliche Fett-Teile entfernen.

3. Kartoffelpüree fertig machen. Dann in einer Auflaufform mit 5 cm hohem Rand ein Bett aus dem fertigen Sauerkraut machen. Die Fleischstücken darauf verteilen. Ofen auf 180 Grad vorheizen.

4. Alles mit Kartoffelpüree gut bedecken und ohne Deckel etwa 25 Minuten im Ofen überbacken, bis das Püree Bräunungsspuren zeigt.

5. Währenddessen die Zwiebelringe im heißen Schmalz in der Pfanne braun werden lassen. Salzen. Wenn das Eisbein aus dem Ofen kommt, Schmalz abgießen und Zwiebelringe auf dem Püree verteilen.

Zubereitungszeit: 1 1/2 Stunden
Tip: Das Kartoffelpüree kann man halb oder ganz durch Erbspüree (Rezept Seite 137) ersetzen. In diesem Falle das heiße Schmalz vom Zwiebelbräunen über das Erbspüree träufeln.
Getränk: Bier oder Gewürztraminer

Schweinshaxe bayerisch

Vorbereitung der Zutaten:
1 Hinterhaxe vom Schwein (etwa 1.800 g)
Schwarte in Quadraten einschneiden
miteinander vermischen:
1 TL Salz
1 TL Beifuß
1/2 TL Kümmelpulver
3 zerdrückte Wacholderbeeren
1/2 TL schwarzer Pfeffer aus der Mühle
Beilage: Sauerkraut (Rezept Seite 135), Brot oder Kartoffelpüree (Rezept Seite 335)

1. Eingeschnittene Schwarte sehr fest mit der Gewürzmischung einreiben und 3 Stunden stehen lassen.

2. Ofen auf 180 Grad vorheizen.

3. Haxe auf Backblech mit Schwarte nach oben auf der unteren Schiene 2 Stunden braten lassen. Alle 20 Minuten mit dem eigenen Fett übergießen.

4. Ergibt der Probestich mit der 2zinkigen Gabel oder dünnem Rouladenspieß, daß kein rötlich gefärbter Saft mehr austritt, ist die Haxe gar. Jetzt mit 1/2 Tasse eiskaltem Wasser übergießen und noch 5 Minuten im ausgeschalteten Ofen ruhen lassen.

Zubereitungszeit: 2 Stunden, 20 Minuten
Getränk: Bier und Korn

SCHWEINEBRATEN IN MILCH GESCHMORT
SEITE 217

SCHWEINEKOTELETT IN ZWIEBELGEMÜSE
SEITE 222

SONNTAGSBRATEN VOM SCHWEIN
SEITE 219

BEAMTENGANS
SEITE 230

Schweinshaxe mit Honig

Vorbereitung der Zutaten:
2 Vorderhaxen vom Schwein, Schwarte etwas einritzen
1/2 l Bier
3 EL flüssiger Honig mit 1 TL Salz, einem Schuß Bier, 1/2 TL Pfeffer, 1/2 TL Paprika verrührt
Beilage: Roggenbrot, Senf

1. Haxen mit der Hälfte vom Bier-Honig-Gemisch kräftig einreiben. Backofen auf 220 Grad vorheizen.

2. Haxen im Bräter bei großer Hitze unter Wenden auf dem Herd etwa 8 Minuten von allen Seiten braun anbraten.

3. Mit einem Schuß Bier ablöschen und halb zugedeckt im Ofen 30 Minuten braten.

4. Wenden und noch einmal mit 1/4 l Bier begießen und weitere 30 Minuten braten.

5. Nochmals wenden, rundum mit Honiggemisch bestreichen und ohne Deckel 20 Minuten braten. Mit dem restlichen Bier übergießen und weitere 10–20 Minuten braten.

Zubereitungszeit: etwa 1 1/2 Stunden
Getränk: Bier

Schweinerippchen gegrillt

Vorbereitung der Zutaten:
750 g Schweinerippen im Stück
2 EL Gewürzmischung, bestehend aus: Salz, Rosmarinpulver, getrockneter Salbei, Thymian und wenig Majoran
Beilage: Frisches Landbrot, grüner Salat

1. Ofen auf 180 Grad vorheizen. Rippenstück mit der Gewürzmischung fest von allen Seiten einreiben. Fetteile dabei mit dem Küchenmesser einritzen.

2. Rippenstück aufs Grillgitter legen, auf das Fettblech setzen und in der Mittelleiste einschieben.

3. Nach 20 Minuten das Fleisch mit dem abgetropften Fett übergießen und solange im Ofen lassen, bis nur noch wenig Fett aus dem Rippenstück abtropft. Wenn sich im Ofen Rauch bildet, Hitze reduzieren.

4. Vor dem Servieren mit scharfem Messer zwischen den Rippenknochen entlang Portionsstücke schneiden.

Zubereitungszeit: 30–40 Minuten
Tip: Reste sind ein vorzüglicher kalter Imbiß mit scharfem Senf und Pfeffer.
Getränk: Bier

Beamtengans

Vorbereitung der Zutaten: (für 6 Personen)
1 kg Rippenstück von der Brust oder dicke Schweinerippe
(vom Metzger eine Tasche einschneiden lassen)
3–4 mürbe, saure Äpfel
100 g Rosinen, 1 Stunde vorher in lauwarmem Wasser einweichen
2 EL Paniermehl
1 TL frischen oder getrockneten Majoran
1 TL Zucker
1/2 Becher Crème fraîche oder Sahne
1 Brühwürfel
Salz
schwarzer Pfeffer aus der Mühle

Beilage: Salzkartoffeln

1. Backofen auf 220–250 Grad vorheizen.

2. Füllung vorbereiten: Äpfel schälen, Kernhaus entfernen, in Scheiben schneiden. Mit Rosinen, Paniermehl, Majoran, Zucker und etwas Salz in einer Schüssel mischen.

3. Mischung in die Tasche füllen, jedoch nur 3/4 voll – sonst platzt sie beim Schmoren – Tasche mit Küchengarn zunähen.

4. Braten mit der Tasche nach oben in den Bräter legen, mit etwas heißem Wasser übergießen und in den Backofen stellen.

5. Nach etwa 30 Minuten wird das Fleisch braun, Hitze herunterschalten auf 160 Grad und etwa 1 Stunde – davon 30 Minuten zugedeckt – weiterschmoren lassen. Falls notwendig etwas heißes Wasser nachgießen. In dieser Zeit den Braten gelegentlich mit dem Fond übergießen.

6. Backofen abschalten. Beamtengans auf feuerfester Platte zum Warmhalten in den Ofen stellen und auf dem Herd bei Mittelhitze Bratensatz mit etwas Wasser und Brühwürfel loskochen. Mit Holzlöffel gründlich alles Angesetzte abschaben.

7. Mit Schneebesen Crème fraîche oder Sahne in die Sauce einrühren und mit Pfeffer abschmecken.

Zubereitungszeit: 2 Stunden
Tip: Bevor die Sauce gebunden wird, läßt sich die Beamtengans ohne weiteres für 2 Monate einfrieren.
Getränk: Kaltes Bier oder herber Rotwein

Weinfleisch im Römertopf

Vorbereitung der Zutaten:
300 g Schweineschulter
300 g Schweinenacken
300 g Rinderbrust
grob würfeln, über Nacht in 1/2 l Weißwein einlegen
375 g Zwiebeln, in dünne Scheiben schneiden
1 kg rohe Kartoffeln, schälen, in dünne Scheiben schneiden
1 Bund Petersilie zusammenbinden mit
1 Zweig Thymian, 1 Lorbeerblatt
1 Zweig Majoran
1 Knoblauchzehe
1 EL Butter
Salz, schwarzer Pfeffer aus der Mühle

Beilage: Salzkartoffeln

1. Fleisch aus der Marinade nehmen, abtropfen lassen und mit Küchenkrepp abtupfen. Weinmarinade beiseite stellen.

2. Feuerfeste Form oder Römertopf mit der Hälfte der rohen Kartoffelscheiben auslegen, eine Lage Fleisch daraufgeben, Zwiebelscheiben, jede Schicht leicht salzen und pfeffern.

3. Kräuterbündel und Lorbeerblatt obenauf legen und die Knoblauchzehe darüber auspressen. Backofen auf 220 Grad vorheizen.

4. Mit restlichen Kartoffelscheiben abdecken. Weinmarinade darübergießen und Form schließen. 1 1/2 Stunden auf der unteren Schiene des Ofens bei 220 Grad backen.

5. Dann 1 Tasse Weißwein dazugießen und bei kleiner Hitze (160 Grad) mit Deckel noch 1 Stunde auf der mittleren Schiene des Ofens garen.

6. Kräuterbündel entfernen, mit Salz und Pfeffer noch einmal abschmecken.

Zubereitungszeit: 3 Stunden
Getränk: Badischer Weißwein

Geschnetzeltes mit Curry

Vorbereitung der Zutaten:
600 g Schweinenacken, in kleine Streifen geschnitten
2 EL Currypulver
6 Schalotten, geschält, halbiert
1 kleine Salatgurke, geschält, halbiert, entkernt, in Streifen geschnitten
1 EL Tomatenmark
2 EL Sojasauce
5 EL Öl
1 Messerspitze Piment
1 TL Zucker
1 Tasse Rotwein
2 TL gekörnte Brühe (Instant)
1 Becher saure Sahne
Salz

Beilage: Reis

1. Fleischstreifen mit Currypulver pudern. Öl in der Pfanne erhitzen, Fleisch darin bräunen. Wenn die Bräunung beginnt, Schalotten mitdünsten, die Gurkenstücke kurz mitschmoren, mit Rotwein auffüllen. Gekörnte Brühe, Tomatenmark, Sojasauce, Piment und Zucker einrühren. Mit Deckel 15 Minuten bei kleiner Hitze köcheln lassen.

2. Sahne einrühren, mit Salz abschmecken und nach Geschmack eventuell noch 1 TL Curry dazugeben.

Zubereitungszeit: 30 Minuten
Tip: Die Gurke kann auch durch geschälte Apfelstückchen ersetzt werden. In diesem Falle 1 EL Mango-Chutney, 1 EL helle Rosinen und 1 TL Kokosraspel mitkochen.
Getränk: Italienischer Rotwein

Schweinerouladen mit Lauch und Butterkäse

Vorbereitung der Zutaten:
4 flache Scheiben aus der Schulter, für Rouladen schneiden lassen
100 g Butterkäse, zerkrümelt
1 grüne oder rote Paprikaschote, entkernt, in dünne Streifen geschnitten
2 Stangen Lauch, das Weiße in feine Scheiben geschnitten
1/8 l saure Sahne
1 Bund Dill, fein gezupft
3 EL Öl
2 EL Tomatenmark
1 TL Senf, scharf
3 EL Portwein
1 TL schwarzer Pfeffer
1 TL Paprika, edelsüß
Salz
Beilage: Salzkartoffeln

1. Fleischscheiben waschen, mit Küchenkrepp trocknen. Tomatenmark, Senf, schwarzen Pfeffer, Paprikapulver miteinander zu einer Paste verrühren und auf die leicht gesalzenen Fleischscheiben streichen. Lauch, Paprikastreifen und Butterkäse darauf verteilen, mit Dill bestreuen und zusammenrollen. Mit Küchengarn festbinden.

2. Öl in schwerem Topf sehr heiß werden lassen, die Rouladen von allen Seiten anbraten, bis sie braune Streifen zeigen. Dann mit heißem Wasser ablöschen, Hitze reduzieren und mit Deckel bei kleinster Hitze 1 1/2 Stunden köcheln lassen.

3. Während des Schmorens nach Bedarf etwas Wasser nachgießen. Saure Sahne einrühren, mit Portwein und Salz abschmecken. Rouladen in der Sauce servieren.

Zubereitungszeit: 2 Stunden
Tip: Rouladen lassen sich in der Sauce ohne Sahne gut einfrieren. Haltbarkeit: 6 Monate.
Getränk: Rotwein oder Bier

Kasseler geschmort

Vorbereitung der Zutaten:
750 g Kasseler
3 EL Öl oder Pflanzenfett
1 TL Paprika, edelsüß
1 Lorbeerblatt
3 schwarze Pfefferkörner
2 Wacholderbeeren, zerdrücken
2 Gewürznelken
2 Möhren, grob würfeln
2 Zwiebeln, grob würfeln
4 mittelgroße säuerliche Äpfel, grob würfeln
1/8 l Weißwein
1/2 Becher süße Sahne
2 EL Sherry
schwarzer Pfeffer aus der Mühle
Beilage: Sauerkraut (Rezept Seite 135), Kartoffelpüree (Rezept Seite 335)

1. Kasseler mit Paprika einreiben.

2. Öl in schwerem Topf oder Bräter sehr heiß werden lassen. Kasseler von allen Seiten 3–5 Minuten anbraten lassen. Mit Weißwein und gleicher Menge Wasser ablöschen.

3. Lorbeer, Pfefferkörner, Wacholder, Nelken, Möhren, Zwiebeln und Äpfel dazugeben. Bei kleiner Hitze zugedeckt 60–75 Minuten schmoren lassen.

4. Fleisch herausnehmen und warmstellen. Bratensatz abschaben und bei Mittelhitze durchkochen. Topf vom Herd nehmen und Inhalt durch ein Sieb passieren.

5. Sauce wieder in den Topf geben, Sherry und Sahne einrühren, aufbrodeln lassen und mit Salz, Pfeffer und Paprika abschmecken. Fleisch aufschneiden. Sauce getrennt servieren.

Zubereitungszeit: 1 1/2 Stunden
Getränk: Herber Weißwein oder Bier

Bauernterrine mit grünen Bohnen

Vorbereitung der Zutaten:
400 g marmoriertes Schweinefleisch vom Rücken
200 g Poulardenbrust
mit 1 TL Salz bestreut
Fleisch in Streifen schneiden
80 g Karotten, fein würfeln
80 g Sellerie, fein würfeln
4 Schalotten, fein würfeln
1 Knoblauchzehe
10 weiße Pfefferkörner
4 Pimentkörner
1 Lorbeerblatt
10 Korianderkörner
} alles im Mörser zerstoßen
1/2 TL Rosmarinpulver
1 TL Salz
40 g Butter
1 Tasse Madeira (200 ccm)
1/2 l Geflügelbrühe (Instant)
150 g Kalbsleber, gehäutet
300 g frischer, fetter Speck, möglichst nicht geräuchert, in feine Streifen schneiden
100 g Prinzeßbohnen, knapp 10 Minuten in Salzwasser kochen und abtropfen
1 Eiweiß
450 g fetter Speck, große dünne Scheiben (mit der Maschine vom Metzger machen lassen)
1/2 TL Pastetengewürz

Beilage: Landbrot mit Butter und frischen Radieschen

1. Butter in der Pfanne erhitzen. Gemüsewürfel unter Rühren 5 Minuten bei Mittelhitze anbraten.

2. Knoblauch und Gewürze dazu und noch 2 Minuten mitrösten. Mit Madeira und Brühe löschen und bedeckt bei kleiner Hitze unter gelegentlichem Rühren 15 Minuten kochen.

3. Marinade abkühlen lassen, über das Fleisch geben und 12 Stunden im Kühlschrank ziehen lassen.

4. Durchs Küchensieb abgießen. Fleisch abtropfen lassen, Marinade offen auf kleiner Hitze auf etwa 1/2 Tasse einkochen lassen. Abkühlen.

5. Fleisch, Leber und Speckstreifen zweimal durch die feine Scheibe des Fleischwolfes drehen. Mit 1 Eiweiß und Pastetengewürz verrühren. Marinade unterrühren und mit Salz und Pfeffer abschmecken.

6. Ofen auf 170 Grad vorheizen. Terrine mit Speckscheiben auslegen (Wände und Boden, Speck zum Abdecken überhängen lassen). Hälfte der Farce einfüllen.

7. Bohnen in 2 Bündeln in je 1 Speckscheibe einrollen, auf die Farce legen, mit restlicher Farce bedecken und den Specklappen zudecken. Deckel auf die Form legen.

8. Wasserbad vorbereiten: großen Bräter mit soviel kochendem Wasser füllen, daß die Form 3/4 hoch bedeckt ist, und die Terrine etwa 60 Minuten im Wasserbad offen im Ofen garen. Fett abgießen. Mit Gewicht beschwert einige Stunden (über Nacht im Kühlschrank) abkühlen lassen. Speck wegschneiden. In Scheiben geschnitten servieren.

Zubereitungszeit: 2 Stunden

Tip: Wenn keine Terrine vorhanden ist, gleichgroße Kastenform (1,5–2 l Inhalt) oder Auflaufform mit mindestens 10 cm Randhöhe nehmen. Zum Beschweren des Terrinen-Inhaltes ein kleines Küchenbrett auflegen und 2 Konservendosen (1 kg) draufstellen.

Getränk: Bier oder Rotwein

Schinkenauflauf Chorherren-Art

(Rezept von „Katzenbergers Adler", Rastatt)
Vorbereitung der Zutaten:
500 g frische Champignons, putzen, waschen, abtropfen
375 g roher Schinken, klein würfeln
1 EL Butter
1/4 l süße Sahne
5 Eier
150 g geriebener Allgäuer Emmentaler
Beilage: Grüner Salat

1. Feuerfeste Form ausbuttern, Champignons und Schinkenwürfel einfüllen. Ofen auf 220 Grad vorheizen.

2. Eier, süße Sahne und geriebenen Käse zu einer Creme verschlagen und vorsichtig über Schinken und Champignons geben.

3. Auflauf bei 220 Grad etwa 25 Minuten im Ofen backen, bis die Masse aufgegangen und fest geworden ist.

Zubereitungszeit: 35 Minuten
Getränk: Trockener Weißwein

Schlesisches Himmelreich

Vorbereitung der Zutaten:
900 g geräucherter, durchwachsener Schweinebauch oder Kasseler Rippenspeer
1 große Zwiebel
1 Lorbeerblatt
4 Nelken
8 Pfefferkörner
500 g gemischtes Backobst, 2 EL Sultaninen und 4–6 getrocknete Feigen über Nacht mit Deckel in kaltem Wasser einweichen
Saft und abgeriebene Schale einer ungespritzten Zitrone
3 EL Zucker
1 TL Speisestärke in wenig Kochbrühe gelöst
2 EL Weinbrand
Beilage: Semmel- oder Kartoffelklöße (Rezepte Seiten 353/350)

1. Nelken durch das Lorbeerblatt in die Zwiebel spicken. Fleisch zusammen mit der Zwiebel, 1 TL Salz und Pfeffer in 1 1/2 l kochendes Wasser geben. 80 bis 90 Minuten bei kleiner Hitze mit Deckel köcheln lassen. 1 Tasse Kochbrühe aufheben. Man kann das Fleisch auch in Fleischbrühe garen, die dadurch noch kräftiger wird.

2. Trockenfrüchte mit Einweichwasser unter Zugabe der abgeriebenen Zitronenschale bei kleiner Hitze mit Deckel 30 Minuten weichkochen. Ab und zu rühren.

3. 1 Tasse Kochbrühe dazugießen, damit sich der Rauchgeschmack mit dem süß-säuerlichen Backobstaroma vereint. Ohne Deckel 5 Minuten bei kleiner Hitze einkochen. Mit Zucker, 2 EL Weinbrand und 2 EL Zitronensaft abschmecken.

4. Leicht mit angerührtem Stärkemehl binden, kurz aufkochen lassen und das Fleisch in Scheiben oder Würfeln dazugeben.

Zubereitungszeit: 1 1/2 Stunden
Getränk: Bier

Duckefett

Vorbereitung der Zutaten:
125 g fetten Räucherspeck, fein würfeln
1 große Zwiebel, fein hacken
1/4 l Milch
2 EL glatte Petersilie, fein hacken
Salz
Pfeffer
Beilage: Pellkartoffeln

1. Pellkartoffeln mit Salzwasser aufsetzen.

2. Speck in Pfanne oder Topf unter Rühren bei Mittelhitze 2 Minuten auslassen.

3. Zwiebel dazugeben und unter Rühren bei großer Hitze etwa 8 Minuten goldgelb rösten.

4. Bei kleiner Hitze 1/4 l Milch zugießen, umrühren. Noch 5 Minuten köcheln und 2 EL Petersilie einstreuen. Mit Salz und Pfeffer abschmecken.

5. Pellkartoffeln auf Garung prüfen. Abgießen und vor dem Pellen kurz mit kaltem Wasser abschrecken.

Zubereitungszeit: 20 Minuten
Tip: Mit Gurkensalat (Rezept Seite 79) ist Duckefett ein komplettes, schnelles Mittagessen für heiße Tage.
Getränk: Alles, was kalt ist: Buttermilch, Weizenbier, Fruchtsaft, leichte Landweine

Grünkohl mit Röstkartoffeln

Vorbereitung der Zutaten: (für 6 Personen)
2 kg Grünkohl, Stiele und Strünke entfernen, gründlich waschen, abtropfen, grob hacken (oder 1 kg tiefgekühlten Grünkohl)
100 g Schmalz
1 große Gemüsezwiebel, fein hacken
500 g Kasseler
300 g geräucherter Bauchspeck
500 g Pinkelwurst (oder Brägen- oder Kochwurst)
3/4 l Fleischbrühe (Instant) oder Wasser
5 EL Gerstengrütze
1 EL Zucker
800 g kleine runde Kartoffeln, gekocht, gepellt, abgekühlt
50 g Schmalz
1 EL Puderzucker
Salz
schwarzer Pfeffer aus der Mühle
1 Prise Muskatnuß

1. Schmalz in großem Topf erhitzen, Zwiebelwürfel unter Rühren bei Mittelhitze 3 Minuten anschwitzen. Kohl dazugeben und unter Rühren weitere 3 Minuten anschwitzen.

2. Gerstengrütze, Speck, Kasseler, 2 TL Salz und 3/4 l Brühe (oder Wasser) dazugeben und 1 Stunde mit Deckel bei kleiner Hitze unter gelegentlichem Rühren dünsten.

3. Kochwurst dazugeben und noch 30 Minuten ohne Deckel bei kleiner Hitze köcheln. Ab und zu rühren. In den letzten 15 Minuten nebenbei 50 g Schmalz in einer Pfanne erhitzen, Kartoffeln bei großer Hitze 10 Minuten im Schmalz schwenken. Mit Salz und Puderzucker bestreuen und noch 1 Minute schwenken.

4. Kohl mit Salz, Pfeffer, Zucker und Muskatnuß abschmecken.

Zubereitungszeit: 2 Stunden
Getränk: Bier und Korn

Saure Nieren

Vorbereitung der Zutaten:
1 kg Schweinenieren, aufgeschnitten, von Sehnen und Röhren befreit, 1 Stunde in 1 l Milch eingelegt, abgespült und getrocknet, in Scheiben schneiden
2 mittelgroße Zwiebeln, fein hacken
3 EL Schmalz oder Pflanzenfett
2 EL Mehl
1 EL Zitronensaft
1/2 TL Thymian
1/2 TL Majoran
Salz
schwarzer Pfeffer
1/2 Becher saure Sahne
2 EL Weinessig
3 EL Petersilie, hacken
3/4 Tasse Milch
2 TL Zucker
Beilage: Kartoffelpüree (Rezept Seite 335) oder Reis (Rezept Seite 354)

1. Schmalz in der Pfanne erhitzen, Zwiebel unter Rühren bei Mittelhitze 2 Minuten anschwitzen. Nieren dazugeben und 5 Minuten unter Rühren anbraten.

2. Bei kleiner Hitze mit Mehl überstäuben, rühren und 2 Minuten anschwitzen. Mit saurer Sahne und Milch ablöschen.

3. Salz, Pfeffer, Thymian, Majoran, Zitronensaft, Zucker und 2 EL Essig dazugeben und bei kleiner Hitze unter gelegentlichem Rühren ohne Deckel 8 Minuten köcheln.

4. Mit Petersilie bestreuen. Sofort servieren.
Zubereitungszeit: 35 Minuten
Getränk: Bier oder Rotwein

Nieren-Taschen

Vorbereitung der Zutaten:
Pfannkuchenteig:
1/4 l Milch
Salz
1 Prise Muskatnuß
3 Eier
250 g Mehl
1 Schuß Bier
} glatt verrühren
2 Schweine- oder Kalbsnieren, 10 Minuten in Salzwasser abkochen, das Weiße innen entfernen und mit bis zu
250 g Bratenresten und
2 mittelgroßen Zwiebeln durch die grobe Scheibe des Fleischwolfes drehen
1/2 Tasse Bratensauce
Salz,
3 Eier
125 g Butter
200 g Paniermehl
1/2 Tasse Sahne
3 EL gehackte Petersilie
Beilage: Preiselbeeren

1. 2 EL Butter in der Pfanne erhitzen und die durchgedrehte Masse 6 Minuten bei großer Hitze unter Rühren anrösten. Mit Bratensauce und Sahne ablöschen und bei kleiner Hitze noch 6 Minuten rühren.

2. Vom Herd nehmen, etwas abkühlen lassen, salzen, pfeffern, Petersilie und 1 verquirltes Ei dazugeben und alles gut vermischen.

3. 4 dünne Pfannkuchen mit je 1 TL Butter bei Mittelhitze backen, jedoch nur von einer Seite 2 Minuten braten.

4. Fleischfüllung auf der hellen Seite der Pfannkuchen verteilen und zu Taschen zusammenklappen.

5. Taschen in 2 verquirlten Eiern und dann in Paniermehl wenden.

6. Je 2 (oder alle 4 Taschen) mit der restlichen Butter in großer Pfanne bei Mittelhitze in 8–10 Minuten beidseitig goldbraun braten.
Zubereitungszeit: 1 Stunde
Getränk: Cidre oder Weizenbier mit 1 Zitronenscheibe

Nieren mit Schinken

Vorbereitung der Zutaten:
500 g Schweinenieren, waschen, aufschneiden, von Sehnen und Röhren befreien, 1 Stunde in 1/2 l Milch einlegen, abtrocknen, in dünne Scheiben schneiden
80 g durchwachsener Speck, fein würfeln
1 mittelgroße Zwiebel, fein würfeln
1 kleiner Apfel, schälen, entkernen, vierteln, in dünne Scheiben schneiden
120 g Pfifferlinge (oder 1 kleine Dose), putzen, waschen, abtropfen
4 EL Butter
100 g gekochter Schinken, in schmale Streifen schneiden
1 TL Salbeiblätter
200 g süße Sahne
4 EL glatte gehackte Petersilie
Salz
schwarzer Pfeffer aus der Mühle
4 EL Weinbrand
Beilage: Breite Nudeln oder Kartoffelpüree

1. Butter in der Pfanne erhitzen. Nieren bei Mittelhitze unter Wenden 5 Minuten braten. Herausnehmen, warmstellen. Bratensaft in der Pfanne lassen.

2. Zwiebel und Speck bei Mittelhitze unter Rühren 3 Minuten anschwitzen. Pfifferlinge, Schinken und Apfel dazugeben und unter Rühren 3 Minuten bei Mittelhitze braten.

3. Mit Salz, Pfeffer, Salbei und 2 EL Weinbrand würzen. Sahne dazugeben und bei kleiner Hitze noch 5 Minuten einkochen.

4. Nieren in die Sauce geben. Noch 2 Minuten erhitzen. Falls notwendig, noch mit Salz, Pfeffer und Weinbrand abschmecken. Mit Petersilie bestreuen.

Zubereitungszeit: 40 Minuten
Getränk: Badischer Muscadet oder Gutedel

Nieren-Nudelauflauf mit Rosenkohl

Vorbereitung der Zutaten:
400 g Schweinenieren, 2 Minuten in kochendem Wasser blanchiert, in mundgerechte Scheiben schneiden, alle Sehnen und Fett entfernen
250 g Bandnudeln, in Salzwasser gekocht, (10 Minuten), abtropfen lassen
300 g Rosenkohl, in wenig Salzwasser 15 Minuten bedeckt garen (Tiefkühl-Rosenkohl: kürzere Garzeit)
Salz
weißer Pfeffer
1 TL Paprika, edelsüß
1 TL getrockneter Thymain
1 Löffelspitze Muskatblüte
1/8 l Brühe (Instant)
4 EL Butter
1/4 l saure Sahne
4 gehäufte EL geriebener Gouda
2 EL Paniermehl
60 g Schmelzkäse, in Flöckchen

1. Backofen auf 200 Grad vorheizen.

2. 3 EL Butter in der Pfanne erhitzen und Nierenscheiben in 5 Minuten unter Rühren bei großer Hitze anbraten. Salzen.

3. Alle Gewürze dazugeben und mit Brühe löschen. Bei Mittelhitze Schmelzkäseflöckchen und Sahne dazugeben und glattrühren. Rosenkohl dazugeben. Mit Pfeffer abschmecken.

4. Große feuerfeste Form mit 1 EL Butter ausfetten. Nudeln etwas salzen und die Hälfte der Nudeln hineingeben, Nierenscheiben daraufgeben, die Mischung von Stufe 3 mit dem Rosenkohl einschichten und mit den restlichen Nudeln abdecken.

5. Mit Paniermehl bestreuen, geriebenen Gouda darüberstreuen und mit Butterflöckchen belegen. Bei 200 Grad auf der Mittelschiene des Ofens etwa 25 Minuten backen.

Zubereitungszeit: 1 Stunde
Getränk: Pinot oder Rosé

Schweineleber geröstet

Vorbereitung der Zutaten:
500 g Schweineleber, waschen, trocknen, anfrieren und dann fein blättrig schneiden, mit Pfeffer und Majoran bestreuen
90 g fetter Räucherspeck, fein würfeln
4 größere Zwiebeln, fein würfeln
1 EL Mehl
1 Tasse Apfelsaft
1/4 l saure Sahne
Salz
weißer Pfeffer aus der Mühle
1 EL Majoran
Beilage: Reis (Rezept Seite 354) oder Bratkartoffeln (Rezept Seite 337)

1. Erst Speck, dann Zwiebeln in einer tiefen Pfanne bei Mittelhitze 3 Minuten unter Rühren anrösten.

2. Sobald die Zwiebeln Farbe annehmen, Leber dazugeben und etwa 8 Minuten bei Mittelhitze unter Wenden gut anbraten.

3. Mehl überstäuben und kurz bei kleiner Hitze unter Rühren mitrösten. Majoran einstreuen. Mit Apfelsaft und Sahne ablöschen. Noch 3 Minuten köcheln, dann salzen, pfeffern und sofort servieren.

Zubereitungszeit: 30 Minuten
Getränk: Rotwein

Leberauflauf

Vorbereitung der Zutaten:
180 g Schweineleber, waschen, trocknen, einmal durch die feine Scheibe des Fleischwolfes drehen
3 alte Brötchen 10 Minuten in Milch einweichen, ausdrücken und durch die feine Scheibe des Fleischwolfes drehen
80 g weiche Butter
150 g saure Sahne
6 Eier, trennen, Eiweiß zu Schnee schlagen
120 g Paniermehl
Salz
schwarzer Pfeffer
1 TL Majoran
2 zerquetschte Wacholderbeeren
1 EL Mehl
1 EL Butter
2 EL glatte gehackte Petersilie
Beilage: Sauerkraut (Rezept Seite 135)

1. Feuerfeste Form mit 1 EL Butter ausfetten und mit 1 EL Mehl ausstreuen.

2. Eigelbe in die weiche Butter einrühren, durchgedrehte Leber und Brötchen dazugeben und Paniermehl einrühren. Ofen auf 180 Grad vorheizen. Wasserbad vorbereiten. Dazu großen Bräter mit heißem Wasser soweit füllen, daß die Form (bei Stufe 4.) 3/4 bedeckt ist.

3. Salz, Pfeffer, Majoran, Petersilie, Wacholderbeeren und saure Sahne einrühren.

4. Eischnee unterheben und die Masse in die Form füllen. Im Wasserbad 1 Stunde mit Deckel leise kochen. Die ersten und die letzten 10 Minuten ohne Deckel kochen.

Zubereitungszeit: 1 1/2 Stunden
Tip: Läßt sich einfrieren und ist 2 Monate haltbar.
Getränk: Bier oder Apfelwein (Cidre)

Schweineleber mit Lauch in Ingwer-Madeira-Sauce

Vorbereitung der Zutaten:
500 g Schweineleber, waschen, trocknen, feinblättrig schneiden
500 g Lauch, waschen in etwa 1 cm dicke Rädchen schneiden
2 TL fein gehackte, frische Ingwerwurzel
Salz
2 EL Öl
1 gestrichener EL Stärkemehl in 1/8 l Madeira oder Sherry lösen
3/8 l Fleischbrühe (Instant)
Beilage: Reis (Seite 354)

1. 2 EL Öl in großer Pfanne erhitzen. Bei großer Hitze Ingwer unter Rühren 2 Minuten anrösten.

2. Leber und Lauch dazugeben und bei Mittelhitze 5 Minuten unter Rühren braten.

3. Mit der in Wasser gelösten gekörnten Brühe löschen und unter gelegentlichem Rühren 5 Minuten bei Mittelhitze schmoren.

4. In Madeira oder Sherry gelöstes Stärkemehl dazugeben und unter Rühren bei kleiner Hitze noch 5 Minuten garen.

Zubereitungszeit: 30 Minuten
Getränk: Rotwein oder Cidre

Kaninchen

Kaninchenrücken mit Kräutern in Rotweinbutter

Vorbereitung der Zutaten:
2 Kaninchenrücken, Filets ausgelöst, Sehnen entfernt, gesalzen und gepfeffert
1 EL Butterschmalz zum Braten
1/4 l guter, trockener Rotwein
4 EL frische gehackte Kräuter (Petersilie, Estragon, Kerbel, Kresse, Basilikum, Oregano oder 1 Thymianzweig, Schnittlauch)
3 EL fein gehackte Schalotten
1 TL Zucker
100 g kalte Butter, in Flocken
Salz
schwarzer Pfeffer aus der Mühle
Beilage: Reis oder Salzkartoffeln, Tomatengemüse (Rezept Seite 117)

1. Ofen auf 100 Grad vorheizen. Butterschmalz in der Pfanne erhitzen. Filets bei Mittelhitze von allen Seiten in 6–8 Minuten anbraten. Im vorgeheizten Ofen warmstellen.

2. Schalotten und 1 TL Zucker in die Pfanne geben, 3 Minuten anziehen lassen, dann den Bratensatz mit Rotwein ablöschen und unter Rühren bei großer Hitze 8 Minuten offen einkochen.

3. Sauce mit Salz und Pfeffer abschmecken. Kräuter dazugeben und die kalten Butterflocken mit Schneebesen einrühren. Nicht mehr kochen! Filets mit der Sauce begießen.

Zubereitungszeit: 40 Minuten
Getränk: Bordeaux oder Dôle

Kaninchen in Burgunder

Vorbereitung der Zutaten: (für 4–6 Personen)
1 Kaninchen, in 6–8 Stücke zerteilt
150 g geräucherter durchwachsener Speck, fein gewürfelt
2 EL Olivenöl
12 Schalotten, geschält
1 Prise Zucker
4 EL Cognac
je 1 EL Butter und Öl
2 EL gehackte Schalotten
250 g Möhren, in Scheiben
1–2 Knoblauchzehen, zerdrückt
1 Tasse Bouillon (Instant)
1 l guter roter Burgunder, davon 1 Tasse mit
1 EL Stärkemehl verrührt
1 EL Tomatenmark
1 TL getrockneter Thymian
Bouquet garni, gebunden aus:
3 Petersilienstengeln, 1 Lorbeerblatt,
1 Rosmarinzweig, 2 Thymianzweigen
150 g Crème fraîche
1 Prise Muskatblüte
1 Bund glatte Petersilie, hacken
Salz
schwarzer Pfeffer aus der Mühle
Beilage: Salzkartoffeln

1. Speck in sehr großer Pfanne im erhitzten Olivenöl 3 Minuten unter Rühren bei kleiner Hitze ausbraten.

2. Schalotten zugeben und bei Mittelhitze unter häufigem Wenden in etwa 8 Minuten goldbraun braten. Mit einer Prise Zucker bestreuen und weitere 8 Minuten bei kleiner Hitze mit Deckel schmoren. Die knapp garen Schalotten gut abgetropft aus der Pfanne nehmen und beiseite stellen. Speck und Fett in der Pfanne lassen.

3. Kaninchenteile in derselben Pfanne bei Mittelhitze in 6–8 Minuten goldgelb anbraten. Salzen und pfeffern.

4. Speck aus der Pfanne nehmen. Fett abgießen. Fleischstücke in der heißen Pfanne mit Cognac begießen, anzünden und die Flamme ausbrennen lassen. Fleischstücke in großen Schmortopf legen.

5. Butter und Öl in derselben Pfanne zerlassen. Gehackte Schalotten mit Möhren und den durchgedrückten Knoblauchzehen bei Mittelhitze unter Rühren in 6 Minuten leicht Farbe annehmen lassen und zu den Kaninchenstücken geben.

6. Bouillon in die Pfanne gießen. Allen Bratensatz abschaben, den Wein angießen und bei großer Hitze unter Rühren kräftig aufkochen lassen. Ofen auf 180 Grad vorheizen.

7. Tomatenmark und Thymian einrühren, erneut mit Salz und Pfeffer, Zucker und Muskat würzen und alles über die Fleischstücke schütten, bis sie fast von der Sauce bedeckt sind. Falls notwendig, Wein nachgießen.

8. Bouquet garni dazugeben. Den Schmortopfinhalt auf dem Herd zum Kochen bringen und zugedeckt in den Backofen stellen. Fleisch in 1 1/4 bis 1 1/2 Stunden sanft köchelnd garen. Nach der halben Garzeit rühren und wenden.

9. Um den zarten Rücken vor dem Austrocknen zu bewahren, nimmt man ihn eine Viertelstunde eher als die anderen Teile aus dem Topf und stellt ihn warm.

10. Nach der Garzeit alle Fleischstücke und Schalotten herausnehmen und zum Rücken legen. Warmhalten.

11. Auf dem Herd Crème fraîche in die Sauce einrühren und bei großer Hitze ohne Deckel etwa 10 Minuten einkochen.

12. Stärkemehl-Wein in die Sauce einrühren, aufköcheln lassen. Kaninchenstücke und Schalotten wieder dazugeben und nach 5 Minuten mit Salz, Pfeffer und Zucker abschmecken. Mit der gehackten Petersilie bestreuen und sehr heiß servieren.

Zubereitungszeit: 2 1/2 Stunden
Getränk: Den gleichen guten Burgunder, den man zum Kochen genommen hat

Gefülltes Kaninchen

Vorbereitung der Zutaten:
1 Kaninchen, zum Füllen geeignet (1.200–1.500 g), waschen, trocknen
2 Flaschen trockener Weißwein
5 zerdrückte Wacholderbeeren
2 Lorbeerblätter
Salz
weißer Pfeffer
Füllung:
100 g Putenleber
200 g mageres Schweinefleisch durch die feine Scheibe des Fleischwolfes drehen
25 g getrocknete Pilze, waschen und zusammen mit 1 Scheibe Weißbrot, ohne Rinde, 20 Minuten in wenig lauwarmem Wasser einweichen, ausdrücken, Pilze hacken
1 TL Pastetengewürz
2 TL roter Pfeffer, im Mörser zerstoßen
Salz
2 EL Cognac
2 Schalotten, fein hacken
150 g durchwachsener Speck in sehr dünnen Scheiben

150 g Crème fraîche mit 1 EL Stärkemehl verrühren
2 EL Petersilie, hacken
Salz
weißer Pfeffer aus der Mühle
Prise Zucker
Beilage: Salzkartoffeln, Gemüse der Jahreszeit, Maronen, Steinpilze oder Pfifferlinge (Rezepte Seiten 141/42)

1. Kaninchen mindestens 24 Stunden in Wein mit Salz, Pfeffer, Wacholderbeeren und Lorbeerblatt einlegen.

2. Kaninchen aus der Beize herausnehmen, abtrocknen, Ofen auf 200 Grad vorheizen. Durchgedrehtes Schweinefleisch und Putenleber mit Salz, Pastetengewürz, rotem Pfeffer, Weißbrot, Schalotten, Pilzen und 2 EL Cognac verkneten. Kaninchen mit der Farce füllen und zunähen.

3. Kaninchen in schweren Bräter legen und mit den Speckscheiben bedecken. Etwas durchgesiebte Marinade angießen und auf der Mittelschiene des Ofens ohne Deckel gut eine Stunde braten. Nach und nach die Hälfte der Marinade dazugeben. Kaninchen häufiger begießen.

4. Speck entfernen, Kaninchen wenden, noch etwa 30 Minuten bräunen und begießen. Herausnehmen und warm stellen.

5. Crème fraîche-Stärkemehl in die Sauce einrühren und noch 15 Minuten offen auf dem Herd bei großer Hitze unter Rühren auf 1/4 l einkochen. Mit Salz, Pfeffer, Zucker und Cognac abschmecken. Mit Petersilie bestreuen.

Zubereitungszeit: 2 Stunden
Tip: Besonders gut schmecken dazu frische, blättrig geschnittene Pilze mit Butter, fein gehackten Schalotten, weißem Pfeffer und Salz 6 Minuten gedünstet und mit frisch gehackter glatter Petersilie bestreut.
Getränk: Gewürztraminer

Lamm

Lammkoteletts in Wein- und Tomatensauce

Vorbereitung der Zutaten:
8 Lammkoteletts mit Salz, schwarzem Pfeffer und 1 TL Rosmarinpulver einreiben
1 Knoblauchzehe, zerdrücken
1/8 l Weißwein
2 EL Butter
1 TL Zucker
1 EL Tomatenmark
2 EL glatte Petersilie, hacken
8 kleine Tomaten, waschen, Stielansätze herausschneiden, salzen, pfeffern
2 TL Calvados

1. Grill vorheizen. Koteletts bei großer Hitze von beiden Seiten 5 Minuten ohne zusätzliches Fett braun braten. Mit 2 TL Calvados übergießen und sehr warmhalten.

2. Tomaten in feuerfeste Form stellen und 7 Minuten im Grill überbacken. Zu den Koteletts warmstellen.

3. Butter in einer Pfanne zerlassen. Knoblauch dazugeben und bei kleiner Hitze 1 Minute anschwitzen. Mit Wein ablöschen und Tomatenmark einrühren. 3 Minuten bei kleiner Hitze rühren. Mit Salz und Pfeffer und 1 Prise Zucker abschmecken.

4. Sauce über die Koteletts geben, mit Petersilie bestreuen und mit den Tomaten garnieren.

Zubereitungszeit: 35 Minuten
Getränk: Beaujolais

Gekochte Lammkeule

Vorbereitung der Zutaten:
1 kleine Lammkeule, alles Fett abschneiden
Salz
1 TL grober schwarzer Pfeffer
1/2 TL Muskatnuß
1 TL Thymian
5 Lorbeerblätter

Sauce:
1/2 Tasse Crème fraîche
1/2 Tasse Joghurt
1 EL Zucker
Salz
weißer Pfeffer
1 Zwiebel, fein gerieben
1 Tasse fein gehackte Kräuter (Borretsch, Petersilie, Pimpinelle, Kerbel, Schnittlauch)

Beilage: Salzkartoffeln, frisches Gemüse

1. Zuerst die kalte Sauce zubereiten, damit sie noch eine Weile durchziehen kann. Dazu alle Zutaten gut miteinander vermengen und in den Kühlschrank stellen.

2. Lammkeule mit Salz, Pfeffer und geriebener Muskatnuß kräftig einreiben, in 1 1/2 bis 2 l sprudelnd kochendes Wasser geben, mit Lorbeerblättern, Thymian und grob gestoßenem Pfeffer etwa 1 1/2 Stunden mit Deckel kochen.

3. Fleisch herausnehmen und auf einer großen Platte aufschneiden und servieren. Die grüne Sauce zum heißen Fleisch reichen.

Zubereitungszeit: 2 Stunden
Getränk: Bordeaux oder Chianti

Lammkoteletts mit Kartoffelgratin

Vorbereitung der Zutaten:
Pro Person 2–3 magere Lammkoteletts
500 g Kartoffeln, schälen, in sehr dünne Scheiben schneiden
1/8 l süße Sahne
1/8 l Milch
Allgäuer Emmentaler: 70 g gewürfelt, 6 EL gerieben
4 EL gemischte Kräuter, fein hacken
100 g Paniermehl
60 g weiche Butter
Salz
schwarzer Pfeffer
frisch geriebene Muskatnuß

1. 2 l Wasser mit 2 EL Salz in großem Topf zum Kochen bringen. Kartoffelscheiben 5 Minuten darin kochen, abgießen, abspülen und abtropfen.

2. Feuerfeste Form mit 1 TL Butter ausreiben. Backofen auf 200 Grad vorheizen.

3. Kartoffeln mit Sahne, Milch, Käsewürfeln, Salz, Pfeffer und Muskat gut vermengen und in der Form verteilen. Mit Butterflöckchen besetzen.

4. Ohne Deckel auf der Mittelschiene des Ofens 25 Minuten backen, bis sich eine goldbraune Kruste bildet. Im Ofen warm halten.

5. Geriebenen Käse, Paniermehl, Butter, Kräuter und Salz gut verkneten. Grill vorheizen.

6. Koteletts von einer Seite salzen und pfeffern und im Grill 5 Minuten braten. Gewürzte Seite nach oben. Wenden. Die ungewürzte Seite jetzt mit der Panade bestreichen, fest andrücken und weitere 5 Minuten grillen.

7. Wenn die Panade braun wird, sofort servieren.

Zubereitungszeit: 1 Stunde
Getränk: Bier oder kräftiger Rotwein

Lammcurry

Vorbereitung der Zutaten:
750 g Lammfleisch (aus Schulter, Hals oder Kamm) würfeln
2 EL Trockenpilze, 30 Minuten in lauwarmem Wasser einweichen
5 große Zwiebeln, grob hacken
1 Tasse Rotwein
2 EL Tomatenmark
1 TL Sweet Chilisauce
2 EL Currypulver, mild (vom scharfen Curry 1 EL)
1 EL Mehl
1 TL Ingwerpulver oder 1 EL frische fein gewiegte Ingwerwurzel
1/2 Apfel mit der Schale gerieben
2 Paprikaschoten, rot, entkernen, würfeln
2 Knoblauchzehen, durchpressen
8 EL Öl oder Pflanzenfett
Salz
Zucker
Beilage: Reis (Seite 354)

1. Öl im Schmortopf bei großer Hitze heiß werden lassen. Zwiebelwürfel und Currypulver dazugeben. Unter Rühren andünsten bis alle Zwiebeln glasig sind. Lammfleischwürfel dazugeben und 5 Minuten weiterrühren.

2. Mit Rotwein und gleicher Menge Wasser ablöschen. Pilze, Tomatenmark, Chilisauce, Ingwerpulver, geriebenen Apfel, Paprikawürfel, Knoblauch einrühren. Hitze auf klein bis mittel reduzieren. Mit Deckel 45 Minuten schmoren lassen.

3. Mehl durch ein Teesieb überstäuben und durchrühren. Falls notwendig noch etwas Wasser dazugeben. Mit Salz und etwas Zucker abschmecken. Wem das Ragout zu scharf schmeckt, der kann auch statt Wasser Dosenmilch verwenden.

Zubereitungszeit: 1 Stunde
Tip: Mit Meterbrot ein zünftiges Mitternachtsessen. Tiefgefroren bis zu 6 Wochen haltbar.
Getränk: Rotwein oder Bier

FÜNFSTUNDEN-LAMM
SEITE 247

GEKOCHTE LAMMKEULE
SEITE 243

Fünf-Stunden-Lamm

Vorbereitung der Zutaten: (für 6–8 Personen)
1 Lammkeule mit Knochen
5 große Knoblauchzehen, in spitze Stifte geschnitten
4 EL Pflanzenöl
1 Zweig Rosmarin, 8 Blättchen Salbei
1 Bund Suppengrün, kleingeschnitten
2 Zwiebeln, halbiert
10 getrocknete Aprikosen
1 Flasche roter Burgunder oder Bordeaux
2 Becher saure Sahne
Salz, schwarzer Pfeffer, Sojasauce, Fleischextrakt

Für den Dip:
2 Becher Joghurt
2 TL flüssiger Honig
125 g geriebene Nüsse (Hasel- und Walnüsse gemischt)
1 Prise Cayennepfeffer

1. Alle dickeren Fettschichten von der Keule entfernen. Mit einem spitzen Messer etwa zwei Zentimeter tief von allen Seiten einstechen und in jedes Loch einen Knoblauchstift tief eindrücken. Das Fleisch mit 2 EL Öl beträufeln, mit dem Handballen einmassieren.

2. Suppengrün und Zwiebeln in einer Pfanne mit wenig Öl leicht anrösten. Backofen auf 150 Grad vorheizen.

3. Einen für die Keule passenden Bräter mit dem restlichen Öl auf dem Herd so stark erhitzen, daß sich leichter Rauch bildet. Keule einlegen und von allen Seiten scharf anbraten, bis die Oberfläche bräunt. Dann salzen und pfeffern.

4. Das Fleisch mit 1/4 l Rotwein ablöschen. Das angeröstete Suppengrün, Zwiebeln, Rosmarin, Salbei und Aprikosen dazugeben. Vom Herd nehmen und fest zugedeckt in den vorgeheizten Ofen stellen.

5. Die Lammkeule jede Stunde wenden, dabei mit 2 EL saurer Sahne übergießen und Rotwein nachfüllen.

6. Deckel nach 4 1/2 Stunden abnehmen, restlichen Rotwein angießen und den Rest der sauren Sahne vom 1. Becher dazugeben.

7. Während der Bratzeit Joghurt mit Nüssen, Cayennepfeffer und Honig vermischen und je nach Anzahl der Portionen in kleine Schalen füllen.

8. Nach 5 Stunden mit einem Eßlöffel probieren, ob sich das Fleisch vom Knochen lösen läßt. Bei stärkerem Widerstand noch 1/2 Stunde Bratzeit mit gelegentlichem Begießen zugeben.

9. Keule aus dem Bräter herausnehmen, Ofenhitze auf 50 Grad zurückschalten und das Fleisch auf einem Blech im Ofen warmhalten, während die Sauce zubereitet wird.

10. Bräter auf dem Herd erhitzen, falls notwendig, etwas kochendes Wasser zugeben und mit Holzspatel den Bratensatz von Boden und Wänden abschaben und aufkochen lassen.

11. Bratensatz durch ein Sieb gießen. Den Rückstand gut ausdrücken.

12. Fett von der Sauce abschöpfen. Den 2. Becher saure Sahne mit dem Schneebesen einrühren, nochmals kurz aufkochen und mit Fleischextrakt und der Sojasauce abschmecken.

13. Keule im Stück servieren und am Tisch ohne Messer mit einem großen Löffel zerlegen.

14. Fleischbissen in die Joghurt-Nuß-Sauce dippen.

Zubereitungszeit: 5 Stunden
Tip: Reste sollte man wegen der butterweichen Konsistenz nicht einfrieren. Sie können jedoch als Ragout verwendet werden. Man gibt dann noch 1 TL Ingwerpulver und 3 TL Currypulver als Würze dazu. Dieses Ragout hält sich 3 Tage im Kühlschrank.
Getränk: Der gleiche Rotwein, der zum Kochen verwendet wurde

Lammkeule auf jungem Gemüse

Vorbereitung der Zutaten:
1 Lammkeule, entbeint kaufen
125 g Butter
Mischung herstellen aus:
2 TL Thymian
1 TL Rosmarin
2 TL Salz
1 TL schwarzer Pfeffer
2 durchgepreßte Knoblauchzehen

1 Tasse Rotwein
1 TL Stärkemehl mit wenig Wasser glattrühren
1 Tasse saure Sahne
500 g Gemüse der Jahreszeit
Beilage: Reis

1. Gewürzmischung mit dem Handballen fest in die Lammkeule einreiben. Ofen auf 200 Grad vorheizen.

2. Lammkeule in einen Bräter mit Deckel legen. Butter in kleinem Topf schmelzen lassen und über die Keule gießen. Im Ofen zugedeckt 60 Minuten garen.

3. Nach der Bratzeit Deckel abnehmen, Oberhitze einschalten oder Bräter höher stellen und das Fleisch noch 10 Minuten bräunen lassen. Herausnehmen und im ausgeschalteten Ofen warmhalten.

4. Bräter bei Mittelhitze auf den Herd stellen. Alle Bratenreste abschaben und die Sauce mit Rotwein und Sahne aufkochen. Stärkemehl einrühren und bei kleiner Hitze 5 Minuten offen köcheln. Mit Salz abschmecken. Sauce getrennt servieren.

5. Während des Schmorens (Stufe 2.) Gemüse der Jahreszeit in wenig Wasser mit 1 TL Salz und 1 TL Zucker fast weich kochen und, während die Sauce (Stufe 4.) köchelt, in großer Kasserolle in Butter schwenken. Lammkeule auf dem Gemüse servieren.

Zubereitungszeit: 1 1/2 Stunden
Tip: Besonders eignen sich als Bett für die Keule: Fenchel, Wirsing, Zucchinis.
Getränk: Italienischer Rotwein

Heidschnuckenbraten

Vorbereitung der Zutaten:
1 Heidschnuckenkeule, entbeint, salzen und pfeffern
2 EL Öl
2 Möhren in Scheiben
2 Zwiebeln in Scheiben
100 g magerer Speck, fein würfeln
5 Wacholderbeeren, zerdrückt
1/2 l Rotwein (Beaujolais)
2 Knoblauchzehen, vierteln
1 Lorbeerblatt
1 Becher saure Sahne
1 Prise Zucker
1–2 EL Cognac
Salz
schwarzer Pfeffer aus der Mühle
Beilage: Salzkartoffeln, grüne oder weiße Bohnen, Pfifferlinge, Erbsen und Möhren

1. Öl in großer Kasserolle erhitzen. Fleisch in 7 Minuten bei großer Hitze von allen Seiten scharf anbraten.

2. Zwiebel, Möhren, Speck, Knoblauch, Lorbeer, Wacholder dazugeben und noch 3 Minuten unter Rühren bei großer Hitze kochen.

3. Mit Wein ablöschen und etwa 1 1/2 Stunden mit Deckel bei kleiner Hitze garen. Ab und zu wenden, rühren und begießen. Falls notwendig 1/4 Tasse heißes Wasser nachgießen.

4. Fleisch herausnehmen, warmstellen. Sauce durch ein Sieb passieren, Sahne dazugeben und unter Rühren bei großer Hitze 5 Minuten offen einkochen. Mit Salz, Pfeffer, Zucker und Cognac abschmecken.

Zubereitungszeit: 2 Stunden
Tip: Pfirsiche oder gekochte Birnenhälften, gefüllt mit Preiselbeeren, sind eine delikate Beilage zur Heidschnucke.
Getränk: Beaujolais

Geflügel

„Ich glaube fest an glückliche Zufälle und bin daher überzeugt, daß das ganze Geschlecht der Hühnervögel einzig zu dem Zwecke geschaffen worden ist, um unsere Speisekammern zu füllen und unsere Festessen zu bereichern."

BRILLAT-SAVARIN,
„PHYSIOLOGIE DES GESCHMACKS"

Feinschmecker wissen, daß ein knusprig gebratenes Hähnchen, welches nur mit Butter, Salz und Pfeffer in Berührung kam, eine der großen Delikatessen der Tafel ist. Geflügel erlaubt dem Koch zur Freude des Essers immer neue Ausflüge in kulinarische Phantasien. Kein anderes Fleisch ist in der Küche so geduldig, so anpassungs- und entwicklungsfähig.
Der Berliner Schriftsteller Adolf Glassbrenner schrieb den Satz, der für alles zahme Federvieh gilt: „Eene jut jebratne Jans is ne jute Jabe Jottes."

- Hähnchen in Burgunder (Coq au vin)
- Hähnchen südländisch
- Hähnchenkeulen rustikal
- Hähnchenschenkel in Aspik
- Hähnchenkeulen für Schlemmer
- Hähnchenkeulen im Gemüsebett
- Salbei-Poularde
- Gebeizte Poularde
- Großmutters Poularde
- Poularde mit Trauben
- Poularde in der Terrine
- Poularde Försterin Art
- Brathuhn, gefüllt mit Roquefort
- Huhn Marengo
- Geflügelfrikassee bürgerlich
- Berliner Hühnerfrikassee
- Perlhuhn rustikal
- Perlhuhn normannisch
- Ente „Romantica"
- Gedämpfte Ente
- Honig-Ente
- Entenbrust in Honigessig
- Ente mit Pfirsichen
- Gänsebraten klassisch
- Gekochte Gans
- 7 verschiedene Füllungen für Gänsebraten
- Gänseklein mit Petersiliensauce
- Putensteaks mit Käse
- Putenkeule Jägerart
- Putenleber gebraten
- Truthahn gefüllt („Welscher Hahn")
- Geflügelleber mit Apfelreis
- Geflügelleber mit Zwiebeln

Hähnchen in Burgunder (Coq au vin)

Vorbereitung der Zutaten: (für 6 Personen)
2 schwere Hähnchen (1,2–1,5 kg), waschen, trocknen, in 6–8 Teile zerlegen (Rückgrat herausnehmen), mit Salz, schwarzem Pfeffer einreiben und in 1 EL Mehl wenden (überflüssiges Mehl abklopfen)
125 g Champignons, waschen, vierteln
250 durchwachsener Speck, in 1/2 cm breite, 3 cm lange Streifen schneiden
12 Schalotten, schälen
1 Flasche roter Burgunder
2 kleine Gläser Cognac
1 Knoblauchzehe, zerdrücken, 1 TL Thymian
1 Prise Zucker, 1 TL Estragon (getrocknet)
4 EL glatte Petersilie, fein hacken, die Stengel mit 1 Lorbeerblatt zusammenbinden
4 EL Butter, 2 EL Mehl
Öl oder Pflanzenfett bereitstellen
Beilage: Frisches Meterbrot

1. Speckstreifen in passender Kasserolle 1 Minute in Wasser kochen lassen. Abtropfen und auf Küchenkrepp trocknen.

2. Den getrockneten Speck in einer Pfanne mit 1 EL Butter unter Rühren bei Mittelhitze bis zum Anbräunen auslassen. Speck herausnehmen. Auf Küchenkrepp erneut abtrocknen. Ofen auf 220 Grad vorheizen.

3. In dem Speckfett die Schalotten bräunen. Dabei immer wieder schütteln, damit sie von allen Seiten etwas Farbe annehmen.

4. Schalotten aus dem Fett nehmen – Fett in der Pfanne stehen lassen – in ein flaches, feuerfestes Gefäß legen, mit 2 EL Speckfett beträufeln und ohne Deckel für 25 Minuten in den Ofen stellen, bis sie weich gedünstet sind. Dabei zweimal wenden. Anschließend herausnehmen, Fett in die Speckpfanne abgießen. Die Schalotten beiseite stellen.

5. 2 EL Butter bei Mittelhitze in einer emaillierten Pfanne zergehen lassen. Nach dem Aufschäumen die Champignons hinzufügen, mit 2 EL Petersilie bestreuen und 3 Minuten mit Holzlöffel rühren. Pfanneninhalt über die beiseite gestellten Schalotten geben.

6. Backofen-Temperatur auf 180 Grad einstellen. Die Hähnchenteile bei großer Hitze portionsweise im Fett der Speckpfanne von allen Seiten anbraten (falls notwendig, noch etwas Öl oder Pflanzenfett dazugeben). Wenn alle Stücke angebraten sind, das Fett aus der Pfanne weggießen und die Hähnchenteile nebeneinander in die Pfanne legen.

7. Cognac im kleinen Topf anwärmen, anzünden und über die Hähnchenteile gießen. Dabei Pfanne schütteln.

8. Alle Hähnchenteile in einen schweren Bräter legen. Thymian, Knoblauch, Petersilienstengel-Lorbeer und ausgebratenen Speck dazugeben.

9. 1 EL Butter in der Flambierpfanne zerlassen, mit 2 EL Mehl verrühren, hellbraun werden lassen und allmählich mit der Hälfte des Burgunders ablöschen. 10 Minuten kochen lassen. Pfanneninhalt über die Hähnchen gießen, Bräter auf den Herd stellen. Restlichen Burgunder dazugeben und ohne Deckel zum Kochen bringen. Falls notwendig, noch etwas Fleischbrühe (Instant) nachgießen (bis zu 1/4 l), damit alle Hähnchenteile von Flüssigkeit bedeckt sind.

10. Bräter zudecken und auf Mittelschiene in den 180 Grad heißen Ofen stellen. Nach 30 Minuten Schalotten, Champignons und Estragon einrühren und mit der Sauce benetzen. Mit Deckel 10–15 Minuten weiterschmoren, bis die Hähnchenteile weich sind.

11. Petersilienstengel-Lorbeer herausnehmen. Sauce mit Zucker, schwarzem Pfeffer und Salz abschmecken, mit restlicher Petersilie überstreuen.
Coq au vin wird im Bräter serviert.

Zubereitungszeit: 2 Stunden
Tip: Das Blanchieren (kurz aufkochen) von Speck reduziert den Salzgehalt. In Burgund sagt man, daß Coq au vin erst aufgewärmt richtig schmeckt. Nur, es bleibt leider nie etwas übrig.
Getränk: Guter roter Burgunder

Hähnchen südländisch

Vorbereitung der Zutaten:
2 Hähnchen, waschen, trocknen, in 10–12 Portionsstücke teilen
3 EL Olivenöl
2 große Zwiebeln, in dünne Scheiben schneiden
3 Knoblauchzehen, hacken
1/8 l Hühnerbrühe (Instant)
500 g Tomaten, brühen, häuten, entkernen, vierteln
1 EL Zitronensaft
Prise Zucker
1/8 l Weißwein
1 EL Speisestärke in etwas Weißwein glattrühren
500 g Zucchini, in dünnen Scheiben oder kleinen Würfeln
4 EL gemischte Kräuter (Basilikum, Oregano, Thymian, Estragon, Rosmarin)
Salz
weißer Pfeffer

1. Öl in großem Bräter erhitzen und Hähnchen in 5 Minuten auf großer Hitze unter Rühren anbraten.

2. Zwiebeln und Knoblauch dazu und noch 3 Minuten bei großer Hitze unter Rühren braten.

3. Zucchini dazu und noch einmal 3 Minuten bei großer Hitze rühren.

4. Wein, Kräuter und Brühe dazu und etwa 35 Minuten bedeckt auf kleiner Hitze kochen. Ab und zu rühren. Hähnchen herausnehmen, warmstellen.

5. Tomaten dazu. Mit Salz, Pfeffer, Zucker und Zitronensaft abschmecken. Weiter köcheln.

6. Mit Stärkemehl-Wein einmal offen unter Rühren aufkochen (noch 3 Minuten). Sauce über die Hähnchen gießen.

Zubereitungszeit: 1 Stunde
Getränk: Leichter Rotwein, Weißherbst

Hähnchenkeulen rustikal

Vorbereitung der Zutaten:
4 Hähnchenkeulen, waschen, trocknen, mit 1 TL Rosmarinpulver, Salz und Pfeffer einreiben
50 g Butter
1 TL Öl
1 EL Soyasauce
2 EL Ketchup oder Tomatenmark
4 Tomaten, brühen, enthäuten, entkernen
4 mittlere Zwiebeln mit je 1 Nelke gespickt
125 g Frühstücksspeck, in dünne Streifen schneiden
1 TL Zucker
1/2–1 TL Delikateßpaprika
3 EL gehackte Petersilie
Beilage: Reis

1. Butter und Öl in großer Pfanne erhitzen. Keulen in 6 Minuten bei großer Hitze von allen Seiten anbraten.

2. Speck und Zwiebeln dazugeben und noch 3 Minuten unter Rühren bei Mittelhitze braten.

3. Tomaten, Ketchup und Soyasauce dazugeben, rühren, und bei kleiner Hitze 15 Minuten mit Deckel schmoren. Ab und zu rühren.

4. Keulen wenden, dann noch 20 Minuten ohne Deckel schmoren. Ab und zu rühren.

5. Mit Salz, Paprika, Zucker abschmecken und Petersilie unterrühren.

Zubereitungszeit: 50 Minuten
Tip: Wenn Tomatenmark verwendet wird, 1 TL Zucker mehr nehmen.
Getränk: Bier

Hähnchenschenkel in Aspik

Vorbereitung der Zutaten:
4 Hähnchenschenkel, waschen, trocknen
gut 1/2 l Wasser
3/8 l Weißwein
1/8 l Kräuteressig
6 Pfefferkörner
6 Pimentkörner
1 Lorbeerblatt
1 Zwiebel
150 g Blumenkohl, putzen, waschen
150 g Kohlrabi, schälen
1–2 EL Zucker
1 gestrichener EL Salz
1 Bund Suppengrün, waschen, putzen
Für Aspik und Garnitur:
3/4 l Kochbrühe
1/8 l Weißwein
Salz,
Zucker
4 EL Kräuteressig
2 hartgekochte Eier, in Scheiben schneiden
4 EL Kerbel, hacken
etwa 15 Gelatine-Blätter
Beilage: Remoulade, Bratkartoffeln, Bauernbrot

1. Alle Zutaten (außer die für Aspik und Garnitur) in großem Topf auf großer Hitze zum Kochen bringen und bei kleiner Hitze bedeckt 45 Minuten kochen.

2. Schenkel und Gemüse herausnehmen und aufheben. Brühe durchsieben. Suppengrün und Zwiebel wegwerfen. 3/4 l Kochbrühe abmessen und entfetten.

3. Kohlrabi und Blumenkohl in Scheiben oder mundgerechte Stücke schneiden und salzen. Keulen enthäuten. Haut wegwerfen. Brühe mit Wein und Essig verrühren. Mit Zucker und Salz abschmecken.

4. Gelatine 5 Minuten in kaltem Wasser einweichen, ausdrücken und in 1/2 Tasse kochender Brühe (von der Kochbrühe) verrühren. Zu der Wein-Essig-Brühe geben.

5. In eine große Form 1 cm Geleespiegel gießen und im Tiefkühlfach fest werden lassen. Hähnchenkeulen, Kerbel, Eischeiben und Gemüse in der Form verteilen und mit Gelee bedecken. Im Tiefkühlfach fest werden lassen.

Zubereitungszeit: 2 Stunden
Tip: Hält sich bis zu einer Woche im Kühlschrank.
Getränk: Bier, Weißwein, Obstsäfte

Hähnchenkeulen im Gemüsebett

Vorbereitung der Zutaten:
4 Hähnchenkeulen, waschen, trocknen, mit Salz, schwarzem Pfeffer und Paprika edelsüß einreiben
50 g Butter
1 Knoblauchzehe, fein gehackt
600 g Tomaten, brühen, häuten, entkernen, grob hacken
600 g Salatgurke, schälen, der Länge nach halbieren, entkernen, vierteln, in 2 cm Stücke schneiden
2 mittelgroße Zwiebeln, in Ringe schneiden
1/8 l süße Sahne
4 EL glatte Petersilie, gehackt
Beilage: Salzkartoffeln

1. Butter in großer Pfanne erhitzen, Hähnchen bei Mittelhitze 10 Minuten unter Wenden anbraten.

2. Zwiebeln und Knoblauch dazu und bei Mittelhitze unter Rühren 5 Minuten braten.

3. Gurken dazu und weiter offen bei Mittelhitze 15–20 Minuten kochen lassen. Ab und zu rühren und Hähnchen wenden.

4. Tomaten, Sahne, Petersilie dazu. Mit Salz, Pfeffer und Paprika abschmecken, noch 5 Minuten bei kleiner Hitze unter Rühren kochen.

Zubereitungszeit: 45 Minuten
Tip: Ob Keulen vom Brathuhn oder Hähnchen bestimmt der Appetit.
Getränk: Trockener Weißwein

Hähnchenkeulen für Schlemmer

Vorbereitung der Zutaten:
4 Hähnchenkeulen, gewaschen, getrocknet mit Salz, schwarzem Pfeffer und 1 TL Thymian eingerieben
30 g Butter
100 g durchwachsener Speck, gewürfelt
250 g Trockenpflaumen, entsteint, 4 Stunden vorher eingeweicht
in 1/4 l Rotwein
1/8 l Wasser
3 EL Weinbrand
1/8 l Portwein
300 g Birnen, geschält, geviertelt, entkernt, in Scheiben geschnitten
1 TL Speisestärke in 1/8 l süßer Sahne gelöst
Beilage: Salzkartoffeln

1. In großer Pfanne Butter zerlassen und Hähnchen in 5 Minuten bei großer Hitze goldbraun anbraten. Dabei wenden.

2. Speck dazu und 4 Minuten bei kleiner Hitze unter Rühren braten.

3. Pflaumenflüssigkeit zugießen und 10 Minuten offen bei kleiner Hitze schmoren.

4. Hähnchen wenden, Pflaumen und Birnen dazu, aufkochen und noch 10 Minuten bei kleiner Hitze offen garen.

5. Hähnchen herausnehmen, in die Sauce Sahne-Speisestärke einrühren, aufkochen, mit Salz und Pfeffer abschmecken. Hähnchen mit der Sauce übergießen.

Zubereitungszeit: 45 Minuten
Getränk: Bier oder Cidre

Salbei-Poularde

Vorbereitung der Zutaten:
1 Poularde (1 1/2 kg), waschen, gut trocknen, innen und außen mit Salz und weißem Pfeffer einreiben
1 Brötchen, 10 Minuten in lauwarmer Milch einweichen, ausdrücken
2 Knoblauchzehen, zerdrücken
1 EL grob gehackte Salbeiblätter
1 Glas Weißwein
1 mittlere Zwiebel, fein hacken
Hühnerherz und -Leber, fein hacken
1 Eigelb
3 EL Olivenöl (oder 3 EL Schweineschmalz)
Beilage: Reis

1. Brötchen mit Salbei, Salz, Pfeffer, Eigelb, Herz und Leber, Zwiebel und Knoblauch verkneten. Huhn damit füllen und zunähen.

2. Öl oder Schmalz in schwerer Kasserolle erhitzen und Huhn bei großer Hitze von allen Seiten goldbraun anbraten.

3. Mit Wein löschen und bei kleiner Hitze mit Deckel etwa 45 Minuten schmoren. Ab und zu wenden und rühren. Fett abschöpfen.

4. Poularde herausnehmen und zerteilen. Den heißen Bratensaft über die Füllung gießen.

Zubereitungszeit: 70 Minuten
Getränk: Italienischer Rotwein

Gebeizte Poularde

Vorbereitung der Zutaten:
1 Poularde (1,5 kg), gewaschen, über Nacht in der Beize ziehen lassen, abtrocknen, salzen
Beize:
3/8 l Rotwein
2 EL Weinessig
2 Zwiebeln, in Scheiben geschnitten
1 Knoblauchzehe, zerdrückt
6 Pfefferkörner
6 Wacholderbeeren, zerdrückt
1 TL Majoran, 1 TL Thymian, 1 TL Salz
4 Äpfel, Kerngehäuse entfernen
1 Rotkohl (750 g), geputzt, in 8 gleichgroße Stücke geschnitten, Strünke entfernt
2 Zwiebeln, in Scheiben schneiden
Saft einer halben Zitrone
50 g Schmalz, flüssig
5 EL Weinessig
Salz, weißer Pfeffer aus der Mühle, Zucker
1/2 TL Pimentpulver
1/8 l süße Sahne mit 1 EL Speisestärke verquirlt
Beilage: Bratkartoffeln (Rezept Seite 337) oder Kartoffelpüree (Rezept Seite 335)

1. Ofen auf 200 Grad vorheizen. Poularde in großer Kasserolle mit flüssigem Schmalz begießen und im Ofen zugedeckt 30 Minuten braten.

2. Inzwischen Rotkohlstücke in kochendem Salzwasser mit 3 EL Essig 10 Minuten kochen. Abtropfen lassen und mit Salz und Pimentpulver bestreuen.

3. Zum Huhn geben und mit 2 Tassen von der Beize 20 Minuten schmoren.

4. Äpfel und Zwiebelscheiben sowie restliche Beize dazugeben und noch 30 Minuten kochen lassen.

5. Poularde herausnehmen und zerteilen. Äpfel herausnehmen, Rotkohl und Zwiebeln in einem Küchensieb abtropfen lassen und in die Sauce geben. Sahne/Stärke einrühren und einmal aufkochen lassen. Mit Salz, Zucker und Pfeffer abschmecken.

Zubereitungszeit: 1 1/2 Stunden
Getränk: Rotweinschorle oder Bier

Großmutters Poularde

Vorbereitung der Zutaten:
1 Poularde, etwa 1,5 kg, innen und außen waschen, mit Küchenkrepp oder Handtuch gut trocknen
150 g durchwachsener Speck, fein gewürfelt
30 g Butter
8 mittlere Zwiebeln, geschält, halbiert
500 g kleine Kartoffeln, geschält, halbiert
1 Tasse Fleischbrühe (Instant), 1 Bund glatte Petersilie, fein gehackt, 4 Blatt Salbei, Salz, weißer Pfeffer, 1 TL Kümmelpulver
Beilage: Sauerkraut oder Wirsingkohl

1. Backofen auf 200 Grad vorheizen.

2. Poularde innen und außen mit einer Mischung aus 2 TL Salz, 1/2 TL weißem Pfeffer und 1 TL Kümmelpulver fest einreiben.

3. Schenkel und Flügel mit Küchengarn zusammen- und eng an den Körper binden. In jede Schenkelbeuge 2 Blatt Salbei einlegen. Wenn nur getrockneter Salbei zur Hand, diese Stellen gründlich damit einreiben.

4. Poularde in großen Bräter legen, gewürfelten Speck mit Butter in einer Pfanne glasig werden lassen und über das Geflügel gießen.

5. Sofort in den vorgeheizten Backofen auf Mittelschiene offen einschieben.

6. Nach 20 Minuten Kartoffeln und Zwiebeln um die Poularde herum in den Bräter legen. Mit einem Schluck Fleischbrühe übergießen.

7. Während der restlichen Bratzeit von 40 Minuten alle 10 Minuten einen Schuß Fleischbrühe über das Geflügel gießen. Nehmen die Kartoffeln zuviel Flüssigkeit auf, noch heißes Wasser zum Übergießen verwenden.

8. Nach 60 Minuten insgesamt ist die Poularde fertig. Probe: Einstich mit einer 2zinkigen Gabel oder Hölzchen am dicken Schenkel. Jetzt erst die Kartoffeln und Zwiebeln mit der fein gehackten Petersilie bestreuen. Sofort servieren.

Zubereitungszeit: 1 Stunde 20 Minuten
Getränk: Leichter Weißwein oder Schorle

Poularde mit Trauben

Vorbereitung der Zutaten:
1 Poularde (1,2 kg)
weißer Pfeffer, Salz
2 EL Senf
150 g Bratwurstmasse
3 EL Mandeln, gestiftelt
750 g Trauben, blau und grün, gewaschen, halbiert, entkernt
2 EL Öl
1/4 l Traubensaft (weiß)
1 EL Bratensaft (Würfel)
4 EL Sahne
1 EL Sojasauce
Beilage: Reis (Seite 354)

1. Backofen auf 200 Grad vorheizen.

2. Abgetrocknete Poularde innen und außen mit Pfeffer, Salz und Senf einreiben. Von außen keinen Senf, der verbrennt beim Anbraten.

3. Mit Bratwurstmasse, Mandeln und der Hälfte der entkernten Trauben füllen und zunähen.

4. In Schmortopf Öl heiß werden lassen und Poularde von allen Seiten anbraten. Mittelhitze, 5 Minuten.

5. Traubensaft angießen und alles im Backofen bei 200 Grad ohne Deckel auf Mittelschiene des Ofens 50 Minuten garen. Dabei mehrmals begießen. Falls nötig heißes Wasser angießen. Poularde nach 20 Minuten wenden.

6. Restliche Trauben nach 45 Minuten Garzeit zum Bratfond geben und weitere 10 Minuten mitschmoren lassen.

7. Poularde aus dem Ofen nehmen und den Fond mit Bratensaft, Sahne und Sojasauce abschmecken. Im ausgeschalteten Backofen den Reis offen warmstellen.

Zubereitungszeit: 1 Stunde 20 Minuten
Getränk: Alle trockenen Weißweine

Poularde Försterin Art

Vorbereitung der Zutaten:
1 Poularde (1,3 kg), gewaschen, getrocknet, mit Salz und weißem Pfeffer von innen und außen eingerieben
Füllung:
2 Zwiebeln, fein gehackt
50 g durchwachsener Speck, fein gewürfelt
250 g Champignons (oder Steinpilze, Maronen), geputzt, klein geschnitten
Herz, Magen, Leber, fein gewürfelt
1/2 TL Thymian
2 EL glatte Petersilie, gehackt
2 Scheiben Weißbrot (ohne Rinde), fein gewürfelt
1/8 l Weißwein, 2 Tassen Fleischbrühe (Instant)
1/8 l süße Sahne, 4 EL Butter
Salz, weißer Pfeffer aus der Mühle
Beilage: Semmelklöße oder Bandnudeln, Rosenkohlgemüse

1. In der Pfanne in 2 EL Butter, Speck- und Zwiebelwürfel unter Rühren bei Mittelhitze 4 Minuten anschwitzen. Backofen auf 200 Grad vorheizen.

2. Innereien und Pilze dazu und 3 Minuten bei Mittelhitze rühren. Mit Salz, Pfeffer, Thymian würzen. Mit Weißbrot und Petersilie verrühren. Abkühlen lassen.

3. Poularde mit der Masse füllen und zunähen. 2 EL Butter in kleinem Topf zerlassen.

4. Poularde in schwerer Kasserolle mit der Butter bepinseln und im Backofen 20 Minuten bei 200 Grad braten.

5. Mit Wein und einer Tasse Brühe löschen. Auf Mittelschiene des Ofens bei 200 Grad offen 60 Minuten garen. Nach 30 Minuten zweite Tasse Brühe zugießen. Ab und zu rühren und begießen.

6. Poularde herausnehmen. Sahne einrühren. Sauce abschmecken mit Salz, Pfeffer, Zucker.

Zubereitungszeit: 1 1/2 Stunden
Getränk: Riesling

Poularde in der Terrine

Vorbereitung der Zutaten: (für 4–6 Personen)
1 Poularde (1.300 g), waschen, trocknen, salzen und pfeffern, innen und außen. Beim Zusammenbinden von Flügeln und Schenkeln Bürzel abschneiden.
125 g frische Erbsen
125 g frische Prinzeßbohnen
80 g Butter
1 Möhre, schälen, in Stäbchen schneiden
1 kl. Kohlrabi, schälen, in Stäbchen schneiden
Salz
weißer Pfeffer
Zucker
3 Platten aufgetauter Blätterteig, mit 1 EL Mehl zu einer Platte ausrollen
4 Lauchzwiebeln (nur das Helle)
Alufolie
2 EL Petersilie, gehackt
Beilage: Frisches Weißbrot

1. Backofen auf 200 Grad vorheizen. Poularde in große feuerfeste Terrine legen, Gemüse herum legen. Butterflocken darauf verteilen. Salzen, pfeffern, 1 Prise Zucker.

2. Terrine mit Blätterteig verschließen. An den Rändern gut andrücken.

3. Im vorgeheizten Backofen Terrine mit Teigdeckel 10 Minuten bei 200 Grad backen. Dann Teig mit Alufolie abdecken und weitere 45 Minuten garen. Ofen ausschalten und Terrine noch 15 Minuten ruhen lassen.

4. Bei Tisch Terrine öffnen, Poularde tranchieren und Teig, Huhn und Gemüse verteilen. Mit Petersilie bestreuen.

Zubereitungszeit: 1 1/2 Stunden
Getränk: Weißer Pinot oder Beaujolais

Brathuhn, gefüllt mit Roquefort

Vorbereitung der Zutaten:
1 Brathuhn oder 1 Poularde (1 1/2 kg), waschen, trocknen
1/8 l süße Sahne
1 1/2 Tassen Weißwein
1 kleines Glas und 1 EL Cognac
1 Paket Kresse
50 g Rosinen, in Wasser 15 Minuten weichen
1 Prise Zucker
2 EL Öl
Salz
weißer Pfeffer aus der Mühle
Füllung:
Poulardenleber, fein hacken
1 kleine Zwiebel, fein hacken
50 g Walnüsse, grob hacken
100 g Bratwurstmasse
60 g Roquefort, zerdrücken
1 Tasse Semmelbrösel in
1/2 Tasse Milch einweichen, im Sieb ausdrücken
1 Eigelb
Salz
weißer Pfeffer
1 TL Thymian
Beilage: Grüne Bandnudeln (Seite 355)

1. Alle Zutaten für die Füllung gut vermengen, Poularde füllen, zunähen und von außen mit Salz einreiben. Restliche Füllung aufheben. Ofen auf 220 Grad vorheizen.

2. Öl im Bräter erhitzen und Poularde bei großer Hitze von allen Seiten 5 Minuten anbraten. Fett abgießen, dann mit dem Glas Cognac übergießen und anstecken (flambieren), dabei leicht schütteln.

3. 1 Tasse Wein zufügen, salzen, pfeffern, mit Deckel 1 Stunde im Backofen garen. Ab und zu rühren und begießen.

4. Hitze etwas zurücknehmen, noch 15 Minuten offen im Ofen lassen, ab und zu begießen. Poularde herausnehmen und im ausgeschalteten Ofen warmstellen. Von der Sauce das Fett abschöpfen.

5. 1/2 Tasse Wein, Sahne, Rest der Füllung und Rosinen in die Sauce geben und auf dem Herd bei Mittelhitze unter Rühren 5 Minuten einkochen. Mit Salz, Pfeffer, Prise Zucker und 1 EL Cognac abschmecken.

6. Poularde tranchieren, mit Kresse anrichten. Sauce extra dazu reichen.

Zubereitungszeit: 1 1/2 Stunden
Getränk: Rhein- oder Mosel-Spätlesen

Huhn Marengo

Vorbereitung der Zutaten:
1 Brathuhn oder 1 Poularde, waschen, trocknen, in 4–6 gleichgroße Stücke teilen
3 Knoblauchzehen, zerdrücken
1 Lorbeerblatt
2 EL Cognac
1/2 l Weißwein
1 TL Salz
1/2 TL weißer Pfeffer
2 TL Zucker
1 TL Thymian
2 EL Tomatenmark
6 Tomaten, brühen, enthäuten, entkernen
4 EL gehackte glatte Petersilie
150 g Champignon-Köpfe, putzen, waschen
6 EL Olivenöl
Beilage: pro Person 1 Spiegelei auf geröstetem Weißbrot

1. Hühnerteile in Kasserolle bei großer Hitze im heißen Olivenöl 6 Minuten von allen Seiten anbraten. Knoblauch und Tomatenmark dazugeben und bei kleiner Hitze unter Rühren 2 Minuten anschwitzen.

2. Mit Wein und Cognac löschen. Lorbeer, Salz, Pfeffer, Zucker, Thymian dazugeben und offen bei kleiner Hitze unter gelegentlichem Rühren 30 Minuten garen.

3. Tomaten und Champignons dazugeben und unter gelegentlichem Rühren noch 20 Minuten ohne Deckel bei kleiner Hitze kochen. Sauce mit Salz, Pfeffer abschmecken und mit Petersilie bestreuen.

Zubereitungszeit: gut 1 Stunde
Getränk: Herber Wein, weiß oder rot

Geflügelfrikassee bürgerlich

Vorbereitung der Zutaten: (für 6 Personen)
1 Poularde, 1,3 kg
4 EL glatte gehackte Petersilie
500 g Suppengrün, putzen, grob würfeln
2 Zwiebeln, grob würfeln
1/8 l süße Sahne mit 4 Eigelb verquirlen
1 Lorbeerblatt
5 Pfefferkörner
Saft einer Zitrone
4 EL Weißwein mit 2 gehäuften EL Speisestärke verquirlen
500 g Steckrüben, in Stifte schneiden
500 g Schwarzwurzeln, in Stifte schneiden
Schwarzwurzeln bis zum Gebrauch in kaltem Wasser mit 2 EL Mehl verrührt, aufheben
Salz, weißer Pfeffer
Zucker
Prise Muskat
Beilage: Salzkartoffeln oder Reis

1. Im Schmortopf Poularde mit Zwiebeln, Suppengrün, 2 l Wasser, Salz, Pfefferkörnern, Lorbeer zum Kochen bringen und 1 Stunde bei kleiner Hitze mit Deckel kochen. Brühe durchsieben und Poularde entbeinen und enthäuten. Fleisch würfeln.

2. Inzwischen Schwarzwurzeln mit reichlich Salz-Essig-Wasser bedeckt 10 Minuten mit Deckel auf kleiner Hitze kochen. Steckrüben dazu und weitere 30 Minuten, kleine Hitze, mit Deckel. Herausnehmen und abtropfen lassen. Kochwasser weggießen.

3. 3/4 der Brühe von Stufe 1. im Topf erhitzen. Stärke-Wein-Zitrone einrühren, unter Rühren aufkochen. Noch 5 Minuten offen bei kleiner Hitze kochen und unter Rühren das Hühnerfleisch, Rüben und Wurzeln dazugeben.

4. Vom Feuer nehmen, Ei-Sahne einrühren, Petersilie untermischen. Mit Salz, Pfeffer, Zucker und Muskat abschmecken.

Zubereitungszeit: 2 Stunden
Getränk: Bier

Berliner Hühnerfrikassee

Vorbereitung der Zutaten: (für 8 Personen)
Gegartes Fleisch von 1 Suppenhuhn (1,5–2 kg), gewürfelt
500 g gekochte, geputzte Kalbszunge, gewürfelt
500 g frischer, geschälter, gekochter Spargel (10 Minuten in Salzwasser gekocht), in 2 cm Stücke geschnitten (oder beste Dosenqualität, dann nicht kochen)
250 g Krabbenfleisch
250 g frische kleine Champignons, geputzt, in dünne Scheiben geschnitten
1 Tasse getrocknete Morcheln, 30 Minuten einweichen und mehrmals spülen, in Ringe geschnitten
3 EL Mehl
100 g Butter
3 Eigelb
5 EL Zitronensaft
1 1/2 l Hühnerbrühe (vom Suppenhuhn)
1 Tasse Weißwein
2 EL Worcestersauce
Salz
weißer Pfeffer
fein geschnittener Schnittlauch oder gehackte Petersilie

1. Hühnerfleisch, Kalbszunge, Krabbenfleisch, Spargel, Champignons, Morcheln in einen großen, schweren Topf geben. Mit 3 Tassen noch nicht entfetteter Hühnerbrühe zugedeckt 15 Minuten sieden lassen. Heiß stellen.

2. Jetzt von der Hühnerbrühe das Fett abschöpfen.

3. In einem 2 Liter-Topf die Butter bei Mittelhitze zergehen lassen. Mehl mit dem Schneebesen unterrühren und rasch mit 1 1/2 l Brühe ablöschen. Unter kräftigem Rühren zum Kochen bringen. Wenn die Sauce dickflüssig und glatt ist, noch 5 Minuten bei kleiner Hitze kochen lassen.

4. Die Eigelbe mit 4 EL Sauce mit der Gabel verrühren. Eigelbmischung in den Topf schlagen, unter ständigem Rühren noch einmal 30 Sekunden erhitzen und vom Herd nehmen. Mit 5 EL Zitronensaft abschmecken.

5. Sauce über die Zutaten in großen Topf gießen, vorsichtig verrühren und abschmecken mit weißem Pfeffer, Salz, Worcestersauce, Weißwein. Schnittlauch (oder Petersilie) darüberstreuen.

Zubereitungszeit: 2 Stunden
Tip: Das Suppenhuhn am besten am Abend vorher mit Suppengrün, 2 1/2 l Wasser und 1 EL Salz in 1 1/2 Stunden garkochen. Huhn enthäuten und entbeinen. Knochen und Haut wegwerfen. Die Bouillon durchseihen und mit dem Fleisch im Kühlschrank aufheben.
Zitronensaft auf geschnittene Champignons geträufelt verhindert das Braunwerden.
Getränk: Riesling oder Weizenbier mit einer Scheibe Zitrone

Perlhuhn rustikal

Vorbereitung der Zutaten: (für 6 Personen)
2 Perlhühner à 1,2 kg, gehäutet, Brustfilets ausgelöst, Keulen abgetrennt, den Rest grob hacken
2 EL fein gehackte Schalotten
80 g Sellerie, in Würfeln
80 g fetter Speck, fein gewürfelt
8 kleine weiße Zwiebeln
8 mittelgroße rosa Champignons, Köpfe gehäutet, Stiele gewaschen
40 g Butter
1 EL gekörnte Brühe (Instant)
1/2 Tasse Sahne
1/2 l Weißwein
800 g Kartoffeln, geschält, geviertelt
Salz
weißer Pfeffer
Zucker
1 TL Worcestersauce

1. In einem großen Schmortopf den Speck bei kleiner Hitze unter Rühren auslassen bis er leicht Farbe annimmt (5 Minuten). Speckgrieben mit Schaumlöffel herausnehmen und beiseite stellen.

2. In dem Fett bei großer Hitze die Hühnerteile und Knochen unter Rühren braun anbraten (5 Minuten).

3. Mit dem Wein und 2 Tassen Wasser löschen. Champignonstiele, Sellerie und gekörnte Brühe dazugeben und mit Deckel bei kleiner Hitze 35 Minuten schmoren. Ab und zu rühren, dann die Keulen und Brüste herausnehmen und warmstellen.

4. Sauce mit den Knochen noch 15 Minuten ohne Deckel einkochen lassen (Mittelhitze), dann durchs feine Sieb passieren. Sahne einrühren, mit Salz, Pfeffer und Worcestersauce abschmecken.

5. Während die Sauce langsam köchelt, die Kartoffeln in Salzwasser 10 Minuten garen, abgießen und 10 Minuten in den ausgelassenen Speckwürfeln schwenken.

6. Zwiebeln mit der Hälfte der Butter und 1/2 Tasse Wasser, Salz und Zucker 15 Minuten auf kleiner Hitze mit Deckel dünsten.

7. Champignons in der restlichen Butter bei kleiner Hitze 10 Minuten schwenken.

Zubereitungszeit: 2 Stunden
Getränk: Italienischer Rotwein

Perlhuhn normannisch

Vorbereitung der Zutaten:
1 Perlhuhn, waschen, trocknen, innen und außen mit Salz und Pfeffer einreiben
1/4 l Cidre, herb (Apfelwein)
150 g Crème fraîche
40 g Walnüsse, grob hacken
4 Äpfel, schälen, entkernen, in dünne Schnitze schneiden
4 EL Korinthen, 30 Minuten in warmem Wasser einweichen
2 Gläschen Calvados (oder Obstbranntwein)
3 EL Öl oder Schmalz
2 EL Butter
Salz
weißer Pfeffer
1 EL Zucker
Beilage: Rösti (Rezept Seite 338)

1. Ofen auf 200 Grad vorheizen. 2 EL Öl (oder Schmalz) in schwerem Schmortopf erhitzen.

2. Perlhuhn bei großer Hitze von allen Seiten in 7 Minuten anbraten. Fett bis auf 1 EL abgießen.

3. Nüsse im gleichen Topf 3 Minuten unter Rühren bei kleiner Hitze rösten. Mit 1 Glas Calvados, Cidre und Crème fraîche löschen. Kurz aufkochen.

4. Topf mit Alufolie luftdicht abschließen, Deckel auflegen und im Ofen 45 Minuten bei 200 Grad garen.
Inzwischen die Apfelscheiben in 2 EL Butter, 1 EL Zucker und 1 Glas Calvados 7 Minuten bei kleiner Hitze offen schmoren. Warmstellen.

5. Perlhuhn aus dem Topf nehmen und auf Blech oder Grillgitter im Backofen auf der Mittelschiene noch 5 Minuten bei 220 Grad bräunen lassen.

6. Topf auf den Herd stellen. Bei mittlerer bis großer Hitze die abgetropften Korinthen einrühren und Sauce ohne Deckel noch 5 Minuten unter Rühren einkochen.

7. Perlhuhn vor dem Tranchieren noch 5 Minuten im ausgeschalteten Backofen ruhen lassen.

8. Perlhuhn zerlegen. Bratensatz vom Blech mit einem Schuß kochendem Wasser ablösen und zur Sauce geben. Die Teile des Huhns mit der Sauce übergießen und mit Apfelstücken umlegen.

Zubereitungszeit: etwa 1 Stunde
Tip: Besonders saftig wird das Perlhuhn, wenn man auf beiden Brustseiten eine Scheibe durchwachsenen Speck befestigt und mitbrät.
Getränk: Weißer Burgunder oder Riesling

Gedämpfte Ente

Vorbereitung der Zutaten:
1 Ente, ausgenommen, gewaschen, getrocknet
10 Kapern
5 Pfefferkörner
5 Pimentkörner
2 Nelken
1 EL Essig
5 Sardellenfilets, gehackt
1 mittelgroße Zwiebel, gehackt
1/2 l Fleischbrühe (Instant)
1/2 l Weißwein
25 g Butter
2 EL Speisestärke in etwas Weißwein glatt gerührt
4 EL Crème fraîche
Salz
weißer Pfeffer aus der Mühle
1 TL Zucker
Beilage: Salzkartoffeln, grüner Salat

1. Im Bräter 25 g Butter zergehen lassen, Ente und 1 Tasse heißes Wasser dazu, aufkochen und bei kleiner Hitze bedeckt 40 Minuten dämpfen.

2. Wein und Brühe, Nelken, Piment, Pfefferkörner, Zwiebel und Sardellenfilets dazu, bedeckt noch 40 Minuten bei kleiner Hitze schmoren.

3. Ente herausnehmen, zerteilen und warmstellen.

4. Sauce durchs Haarsieb streichen, entfetten, mit Salz, Pfeffer, Essig, Zucker, Kapern abschmecken.

5. In die Sauce Speisestärke und Crème fraîche einrühren. Unter Rühren, große Hitze, offen noch 5–10 Minuten bis zur gewünschten Konsistenz einkochen und über die Ententeile geben.

Zubereitungszeit: etwa 2 Stunden
Getränk: Bier oder Weißwein

Ente „Romantica"

Vorbereitung der Zutaten:
1 frische Ente (1 1/2 kg), waschen, trocknen, mit Salz, schwarzem Pfeffer und 1 EL Butter innen einreiben
1 Bund Suppengrün, fein schneiden
1 Tasse Fleischbrühe (Instant)
1/2 l Rotwein
2 Birnen, schälen, halbieren, entkernen
Saft von 1/2 Zitrone
1 TL Speisestärke in 1/2 Tasse süßer Sahne gelöst
1 TL Zucker
4 TL Johannisbeergelee
Salz
Zucker
schwarzer Pfeffer aus der Mühle
Beilage: Kartoffelklöße (Rezept Seite 350)

1. Ofen auf 220 Grad vorheizen. Ente in passender Kasserolle 10 Minuten mit 1 Tasse Wasser im Ofen anbraten.

2. Suppengrün und Brühe dazugeben und unter gelegentlichem Begießen mit dem eigenen Saft, Rühren und Wenden in 60 Minuten offen garen. In den letzten 20 Minuten sollte die Brust oben liegen. Dabei nach und nach den halben Liter Wein zugießen.

3. Während die Ente brät, Birnen in Topf mit Deckel, 1/4 Tasse Wasser und Zitronensaft 10 Minuten bei kleiner Hitze dünsten. Abkühlen lassen und je einen TL Johannisbeergelee in die Kernmulde füllen. Beiseite stellen.

4. Ente warmstellen. Sauce durchsieben und entfetten. Stärke/Sahne einrühren. Einmal aufkochen, 5 Minuten bei kleiner Hitze ohne Deckel rühren. Mit Salz, Pfeffer, Zucker und einem Schuß Rotwein abschmecken.

Zubereitungszeit: 1 1/2 Stunden
Getränk: Beaujolais

GROSSMUTTERS POULARDE
SEITE 255

POULARDE IN DER TERRINE
SEITE 256

PERLHUHN NORMANNISCH
SEITE 261

GEKOCHTE GANS
SEITE 269

Honig-Ente

Vorbereitung der Zutaten:
1 Ente (1,5 kg), waschen, trocknen, mit Salz, Pfeffer, 1 TL Majoran, 1 EL Butter einreiben
1 Tasse Brühe
1 Tasse (+ 1 Schuß) Weißwein
Saft von 2 Orangen
1 Tasse Wasser
2 EL Honig
250 g Trauben, halbieren, entkernen
1 TL Speisestärke in 1/2 Tasse süßer Sahne gelöst
Beilage: Salzkartoffeln

1. Ofen auf 220 Grad vorheizen. Ente in passender Kasserolle mit Wasser und Brühe 40 Minuten braten. Dabei ab und zu begießen.

2. Ente wenden, Wein und Orangensaft dazugeben. 30 Minuten unter häufigem Begießen mit dem eigenen Saft braten.

3. Ente kurz herausnehmen, mit Honig bestreichen, in den Bräter zurücklegen. Trauben dazugeben und noch gut 30 Minuten unter häufigem Begießen braten. Dabei Brust nach oben legen.

4. Ente warmstellen. Sauce entfetten (!), mit Stärke-Sahne verrühren. Einmal aufkochen und bei kleiner Hitze ohne Deckel 5 Minuten rühren. Mit Salz, Pfeffer und einem Schuß Wein abschmecken.

Zubereitungszeit: 1 1/2 Stunden
Getränk: Rotwein oder Gewürztraminer

Entenbrust in Honigessig

Vorbereitung der Zutaten:
4 Entenbrüste, salzen, pfeffern
1 mittlere Zwiebel, fein hacken
1/4 l Weißwein
4 EL Essig
2 EL Honig
1 EL Öl
Salz
weißer Pfeffer aus der Mühle
Beilage: Gemüsereis (Rezept Seite 355)

1. Öl in Teflonpfanne erhitzen und Brüste beidseitig etwa 10 Minuten bei Mittelhitze braten.

2. Gleichzeitig in zweiter Pfanne Zwiebel, Essig, Wein und Honig etwa 10 Minuten unter Rühren bei Mittelhitze einkochen.

3. Bratensaft von der Entenbrust zur Sauce gießen. Salzen, pfeffern. Entenbrüste in Scheiben schneiden und mit der Sauce begießen.

Zubereitungszeit: 30 Minuten
Tip: Schmeckt auch kalt auf Weißbrot.
Getränk: Rosé

Ente mit Pfirsichen

Vorbereitung der Zutaten:
1 junge Ente (1 1/2 kg), waschen, gut trocknen, von innen mit 2 TL Salz, weißem Pfeffer und 1/2 TL Ingwerpulver ausreiben
Hals, Flügel, Magen, Herz, grob hacken
1 Bund Suppengrün, grob schneiden
1,5 kg reife Pfirsiche, halbieren, entkernen, schälen, in Scheiben schneiden
1 EL Speisestärke mit 2 EL Weinessig und 2 EL Wasser verrühren
5 EL Butter, 2 EL Zucker
1 Gläschen Kirschwasser oder Mirabellengeist
1/2 TL Ingwerpulver
Beilage: Reis (Seite 354) oder Salzkartoffeln

1. Entenklein mit Suppengrün, Salz und 1 l Wasser etwa eine Stunde bei kleiner Hitze mit Deckel kochen. Backofen auf 220 Grad vorheizen.

2. 3 EL Butter in passendem Schmortopf zerlassen und Ente bei großer Hitze auf dem Herd in 6 Minuten von allen Seiten anbraten. Dann mit Deckel 40 Minuten im Backofen garen. Dabei mit Bratensaft begießen.

3. Pfirsichscheiben in 2 EL Butter unter Wenden bei kleiner Hitze 5 Minuten schmoren, dann 2 EL Zucker, 1/2 TL Ingwerpulver und 1 Gläschen Kirschwasser dazugeben und karamelisieren lassen. Bei kleiner Hitze 3 Minuten rühren.

4. Ente noch 5 Minuten ohne Deckel im Ofen braten, dann aus dem Topf nehmen und im ausgeschalteten Ofen warmstellen.

5. Entenbrühe durchsieben. Suppengrün und Entenklein wegwerfen. Brühe zum Bratensatz gießen, unter Rühren bei großer Hitze 5 Minuten ohne Deckel einkochen.

6. Stärke-Essig einrühren. Noch 5 Minuten bei kleiner Hitze ohne Deckel kochen, ab und zu rühren, mit Salz und Pfeffer abschmecken. Ein Drittel der Pfirsiche in die Sauce geben.

7. Ente tranchieren, auf einer Platte mit Pfirsichen umlegen, Sauce extra dazu reichen.
Zubereitungszeit: 1 1/2 Stunden
Getränk: Bordeaux oder Gewürztraminer

Gänsebraten klassisch

Vorbereitung der Zutaten: (für 4–6 Personen)
1 ausgenommene junge Gans (etwa 4 kg), waschen, trocknen, innen und außen mit Salz einreiben, Hals und Flügel abschneiden
2 Äpfel
1 Sträußchen getrockneter Beifuß
Salz
Pfeffer
Zucker
1 TL Speisestärke mit etwas Wasser glattrühren
1 Tasse Rotwein
1/2 Tasse süße Sahne
Beilage: Kartoffelklöße (Rezept Seite 350), Salzkartoffeln, Rotkohl (Rezept Seite 134) oder Rosenkohl (Rezept Seite 135)

1. Ofen auf 220 Grad vorheizen. Äpfel und Beifuß in die Gans füllen und zunähen.

2. Gans im schweren Bräter mit dem Rücken nach oben einlegen und mit 1/2 Tasse heißem Wasser begießen. 2–3 Stunden, je nach Größe und Alter der Gans, offen braten. Sie ist gar, wenn man auf den Keulen mit dem Daumen bis zum Knochen drücken kann. Während des Bratens alle 15 Minuten mit dem eigenen Saft begießen und alle 30 Minuten wenden. Nach 1 Stunde 1 Tasse Rotwein dazugeben. Die letzten 30 Minuten Brust nach oben legen. Bratensatz am Boden und an den Wänden abkratzen, bevor er schwarz wird.

3. Gans herausnehmen, warmstellen. Sauce entfetten. 1/2 Tasse Sahne dazugeben. Stärkemehl einrühren und unter Rühren 10 Minuten ohne Deckel bei kleiner Hitze kochen.

4. Sauce mit Salz, Pfeffer, Zucker und einem Schuß Rotwein abschmecken. Gans zerlegen und möglichst ohne Knochen servieren. Sauce und Äpfel dazu reichen.
Zubereitungszeit: etwa 3 Stunden
Getränk: Rotwein, aber auch Gewürztraminer

Gekochte Gans

Vorbereitung der Zutaten: (für 6 Personen)
1 ausgenommene Gans (4–5 kg), auch tiefgefroren
1 Handvoll Trockenpilze (Misch- oder Steinpilze)
2 Bund Suppengrün, geputzt, fein gehackt
2 Lorbeerblätter
2 Zwiebeln, geviertelt
20 weiße Pfefferkörner
1 Bund glatte Petersilie, fein gehackt
1 Bund Dill, fein gezupft
1 TL getrocknete Estragonblätter
50 g Butter
2 EL Mehl
1/8 l süße Sahne
50 g getrocknete Morcheln
2 TL Speisestärke
Salz
Beilage: Salzkartoffeln

1. Die Morcheln mit 1/2 l lauwarmen Wasser und 1/2 l Milch einweichen und beiseite stellen.

2. Die rohe oder aufgetaute Gans (auftauen am Abend vorher über Nacht) wie folgt zerlegen: Keulen abtrennen. Seitlich am Körper vor dem Schenkel mit flachem Einschnitt beginnen, am Oberschenkelknochen tiefer einschneiden, dann Schenkel nach außen biegen, bis das Gelenk sichtbar wird. Das läßt sich leicht mit scharfem Messer durchtrennen. Wegen Knochensplitter keine Geflügelschere verwenden. Links und rechts vom Brustbein mit der Messerspitze der Länge lang einschneiden und mit der flachen Klinge das Brustfleisch in je einem Stück vom flachen Knochen lösen. Flügel mit Gelenk (wie beim Oberschenkel) abschneiden. Rippen vom Rückgrat trennen, Gurgel mit der Hand ausbrechen und Rückgrat in zwei Teile hacken (hier ist auch mangels Küchenbeil die Geflügelschere erlaubt).

3. Alle Teile der Gans in einen schweren Kochtopf oder Bräter schichten. Geschnittenes Suppengrün mit Zwiebeln, Lorbeerblättern, Trockenpilzen und Pfefferkörnern zur Gans geben. Salzen. Wasser auffüllen, bis alles Fleisch bedeckt ist (mindestens 2 l).

4. Geschlossenen Topf zum Kochen bringen und mindestens eine Stunde langsam sieden lassen. Bei schnellem Kochen wird Gänsefleisch hart.

5. Mit spitzer, 2zinkiger Gabel oder Holzspießchen prüfen, ob das Fleisch weich ist. Aus der Brühe nehmen und abkühlen lassen.

6. Bouillon durchseihen. Gemüse im Sieb ausdrücken, wegwerfen und auch die Brühe abkühlen lassen. Danach Brühe gründlich entfetten.

7. Abgekühltes, lauwarmes Gänsefleisch in möglichst großen Stücken von den Knochen ablösen, Haut abziehen und mit Knochen wegwerfen. Kleinere Fleischstücke gesondert aufheben.

8. Morcheln abgießen, mehrfach kalt waschen und immer wieder ausdrücken. In grobe Stücke hacken, mit der vorbereiteten Petersilie, Dill und Estragonblättern vermischen und in Butter leicht anbraten. Mit 2 EL Mehl bestäuben, umrühren und mit der Bouillon unter Rühren ablöschen, bis zur Dünnflüssigkeit. Es muß etwa 1 l Sauce entstehen. Jetzt Sahne mit Schneebesen einrühren.

9. Größere Fleischteile in die leicht köchelnde Morchelsauce legen und bei offenem Topf etwa 15 Minuten weiterköcheln lassen. Die Sauce kann noch mit 2 TL Speisestärke – in wenig Wasser kalt glattgerührt – angedickt werden. Dann endgültig abschmecken und auftragen.

Zubereitungszeit: 2 Stunden
Tip: Kleinere Fleischstücke in restliche Bouillon zurücklegen. Ergibt für die nächsten Tage noch die Basis für eine exzeptionelle Nudelsuppe oder kann zu verschiedenen Eintöpfen weiterverarbeitet werden (Kohl, Möhren, Steckrüben, grüne Bohnen usw.).
Bouillon kann bis zu vier Wochen eingefroren werden.
Getränk: Apfelmost, Weißwein oder Bier

7 verschiedene Füllungen für Gänsebraten

Vorbereitung der Zutaten: (für 6–8 Personen)
1 junge Gans (etwa 4 kg), ausnehmen, waschen, trocknen, von innen und außen salzen
500 g Eßkastanien (Maronen), seitlich einkerben, 10 Minuten im Ofen bei 200 Grad backen, schälen, 20 Minuten mit Deckel bei kleiner Hitze in 1/2 l Fleischbrühe kochen, dann grob hacken
Salz
schwarzer Pfeffer
Zucker
2 Gläschen Cognac
2 EL gehackte Petersilie
1/8 l Bier
1/2 TL Majoran
1/2 Tasse süße Sahne
1 EL Stärkemehl mit 1/2 Tasse Fleischbrühe (Instant) verquirlt
1 Gänseherz
1 Gänseleber
200 g Bratwurstmasse
2 Scheiben Toastbrot
1 große Zwiebel
1 Knoblauchzehe
} alles zweimal durch die feine Scheibe des Fleischwolfes drehen
1/2 Tasse Weißwein

Beilage: Kartoffelklöße (Rezept Seite 350), Rosenkohl (Rezept Seite 135)

1. Ofen auf 200 Grad vorheizen. Durchgedrehtes Herz, Leber, Bratwurstmasse, Toast, Zwiebel und Knoblauch mit Salz, Pfeffer, Petersilie, 1 kl. Glas Cognac sowie den grobgehackten Kastanien gut verrühren. Gans damit füllen und zunähen.

2. Gans mit der Brust nach unten in passender Kasserolle mit 1 Tasse heißem Wasser begießen, 1 Stunde braten. Haut mehrmals einstechen, damit das Fett austreten kann.
Alle 15 Minuten mit dem eigenen Saft begießen.

3. Mit 1/8 l Bier begießen. Bratensatz lösen. Gans wenden und unter gelegentlichem Begießen mit dem eigenen Saft noch etwa 1 1/2 Stunden braten. Dabei noch zweimal wenden. In den letzten 15 Minuten Brust nach oben legen. Gans herausnehmen, warmstellen.

4. Bratfond entfetten, mit restlichem Cognac, 1/2 Tasse von der Fleischbrühe, 1/2 Tasse Weißwein löschen. 1/2 Tasse süße Sahne dazugeben und in kleinem Topf 10 Minuten bei kleiner Hitze ohne Deckel unter Rühren einkochen.

5. Mit Salz, Pfeffer, Zucker und Majoran abschmecken. Gans zerlegen, Knochen auslösen und Füllung portionieren. Sauce extra reichen.

Zubereitungszeit: etwa 3 Stunden
Vorschläge für ganz besondere Füllungen:

Nr. 1: Hamburger Art
300 g eingeweichte, entsteinte Backpflaumen
400 g Kochäpfel, geschält, ohne Kerngehäuse, in Spalten geschnitten
60 g festes, geriebenes Schwarzbrot
Vermischen und in die Gans einfüllen.

Nr. 2: Dänische Art
750 g Kochäpfel, geschält, ohne Kerngehäuse, in Spalten geschnitten
300 g gekochte Eßkastanien
60 g eingeweichte Rosinen (30 Minuten)
50 g Paniermehl
Magen und Herz, kleingehackt
1 EL Zucker
1 EL Butter
Äpfel und Rosinen vermischen. Gekochte Kastanien enthäuten und kleinschneiden. Mit allen anderen Zutaten in der zerlassenen Butter in einer Pfanne unter Rühren andünsten. Zuletzt das Paniermehl untermischen. Gans damit füllen.

Nr. 3: Bordelaiser Art
100 g Semmelmehl, vermischt mit der gehackten Gänseleber
5 entsteinte, gehackte Oliven
4 gehackte, gewässerte Sardellen
4 gehackte, hartgekochte Eier
200 g Steinpilze, blättrig geschnitten, in Butter 5 Minuten angebraten
weißer Pfeffer aus der Mühle
ganz wenig Salz
Alle Zutaten kalt vermischen und in die Gans einfüllen.

Nr. 4: Mecklenburger Art
4 Semmeln, altbacken (ohne Rinde), 30 Minuten in Milch eingeweicht und ausgedrückt
Leber der Gans gewürfelt und 3 Minuten mit 1 EL Gänseschmalz angebraten
50 g Rosinen in 2 EL Rum eingeweicht
500 g Äpfel, geschält, entkernt, gewürfelt, in 1 Tasse Weißwein 5 Minuten geköchelt, mit 1 TL gekörnter Brühe gewürzt.
Alles kalt vermischen, mit Salz und weißem Pfeffer abschmecken und in die Gans einfüllen.

Nr. 5: Normannische Art
250 g Zwiebeln, gehackt und in 1 Tasse Wasser weichgekocht
6 gehackte Salbeiblätter, kurz im Sieb mit kochendem Wasser überbrüht
60 g geschmolzene Butter
2 Eigelb, verquirlt
Mit soviel Weißbrotkrumen vermischen, daß ein geschmeidiger Teig entsteht. Abschmecken mit Salz und schwarzem Pfeffer und in die Gans einfüllen.

Nr. 6: Russische Art
750 g gekochte Kartoffeln, zerdrückt
1 mittelgroße Zwiebel, fein gehackt
125 g durchwachsener Speck, gewürfelt
gehackte Gänseleber
1 EL gehackte glatte Petersilie
1 TL getrockneter Beifuß oder Ysop oder Salbei.
Alle Zutaten kalt vermischen, leicht pfeffern und in die Gans einfüllen. Vorsicht beim Abschmecken mit Salz – der Speck ist schon salzig.

Gänseklein mit Petersiliensauce

Vorbereitung der Zutaten:
Flügel, Hals, Magen und Herz von der Gans
1 Bund Suppengrün
1 EL gekörnte Brühe (Instant)
1 Lorbeerblatt, 1 TL Zucker
1 EL Mehl, 2 EL Butter, 2 TL Zitronensaft,
2 Bund glatte Petersilie, Stiele und Blätter getrennt fein hacken
2 Petersilienwurzeln, in dünne Scheiben schneiden
3 Möhren, in dünne Scheiben schneiden
Salz, weißer Pfeffer aus der Mühle
Beilage: Salzkartoffeln

1. Gänseteile mit 1 l Wasser, Lorbeerblatt und Suppengrün bei großer Hitze aufsetzen. 5 Minuten sprudelnd kochen lassen. Abschäumen. Danach bei Mittelhitze 45 Minuten zugedeckt kochen lassen.

2. Fleisch herausnehmen. Brühe durch ein Sieb gießen und beiseite stellen. Suppengrün wegwerfen. Fleisch von den Knochen lösen.

3. Etwas Brühe abnehmen und in kleinem Topf darin die Petersilienstengel, Möhren und Petersilienwurzeln 20 Minuten köcheln. Gekörnte Brühe dazugeben.

4. Butter im Suppentopf zerlassen, Mehl durch ein kleines Sieb darüberstäuben. Rühren. Sowie sich das Mehl mit der Butter verbunden hat, mit Brühe unter Rühren ablöschen und köcheln lassen.

5. Gekochtes Gemüse mit Brühe und Fleisch dazugeben. Durchrühren und bei kleiner Hitze offen noch 10 Minuten köcheln lassen. In den letzten 2 Minuten die gehackte Petersilie einrühren. Mit Zitronensaft, Zucker, Salz und weißem Pfeffer (nach Geschmack eine Prise Muskatnuß) abschmecken.

Zubereitungszeit: 75 Minuten
Tip: Ententeile (von 2 Enten) lassen sich genauso zubereiten. Einfrieren ist möglich. Haltbarkeit: 8 Wochen.
Getränk: Bier oder Obstsaft

Putenkeule Jägerart

Vorbereitung der Zutaten:
1 Putenkeule (bis 1 kg)
1 EL Rosmarin (Blätter oder Pulver)
1 TL Oregano, 1 TL Salbei
2 TL Salz
1 TL getrocknete Peperoni
3 EL Butterschmalz, 2 EL Öl
1/2 l trockener Weißwein
2 Knoblauchzehen, längs halbiert
1 Zwiebel, geviertelt
1 EL Sojasauce
Beilagen: Salzkartoffeln, Brechbohnen (Rezept Seite 138) oder Rosenkohl (Rezept Seite 135)

1. Putenkeule mit Gemisch aus Salz, Rosmarin, Oregano und Salbei von allen Seiten einreiben. Was nicht haften bleibt, aufheben.

2. Backofen auf 220 Grad vorheizen. Butterschmalz und Öl im Bräter sehr heiß werden lassen und die Keule von allen Seiten auf dem Herd hellbraun anbraten.

3. Mit einem Schuß Wein ablöschen, Peperoni, Zwiebel, Knoblauch sowie die Reste von Rosmarin, Oregano und Salbei dazugeben und offen auf der unteren Schiene des Backofens garen lassen. Haut nach oben legen.

4. Wenn die Flüssigkeit verdampft und die Zwiebeln sich färben, einen Schuß heißes Wasser dazugießen und erneut eindampfen lassen.

5. Bei 150 Grad 1 Stunde im Ofen lassen. Alle 15 Minuten Wein nachgießen und die Keule mit der Bratflüssigkeit übergießen.

6. Hitze auf 100 Grad reduzieren. Keule herausnehmen und auf einem großen Stück Alufolie wieder in den Ofen legen.

7. Den Satz mit Holzlöffel abschaben und mit dem restlichen Wein auf dem Herd bei Mittelhitze etwas einkochen. Sauce entfetten und zur Keule getrennt servieren.

Zubereitungszeit: 1 1/2 Stunden
Getränk: Trockener Weißwein oder Rosé

Putensteaks mit Käse

Vorbereitung der Zutaten:
4 Putensteaks, mit Salz und Pfeffer einreiben
3 EL Öl
2 verquirlte Eier
4 EL geriebener Allgäuer Emmentaler mit
6 EL Semmelmehl vermischen
Beilage: Schwäbischer Kartoffelsalat (Rezept Seite 341) oder Bratkartoffeln (Rezept Seite 337), Gurkensalat mit saurer Dill-Sahne (Rezept Seite 79)

1. Öl in der Pfanne erhitzen. Steaks erst in Ei, dann in Semmel-Käse-Mischung wenden.

2. Steaks anfangs bei großer Hitze von beiden Seiten in 6 Minuten knusprig goldbraun braten. Nach 3 Minuten wenden und Hitze reduzieren. 2 Minuten zugedeckt ruhen lassen.

Zubereitungszeit: 20 Minuten
Getränk: Trollinger oder Rosé

Putenleber gebraten

Vorbereitung der Zutaten:
600 g Putenleber, in 4 Portionsstücke geschnitten, abspülen und trockentupfen
250 g Champignons, frisch oder aus der Dose, halbiert oder geviertelt, je nach Größe
2 Zwiebeln, fein gewürfelt
4 Tomaten, überbrüht, enthäutet, geviertelt, entkernt
2 EL Öl
3 EL Butter
1/8 l süße Sahne
2 EL Cognac
1 Bund glatte Petersilie, fein gehackt
1 TL Currypulver
1/2 TL Thymian
weißer Pfeffer aus der Mühle
Salz
Beilage: Meterbrot oder Kartoffelpüree (Rezept Seite 335)

1. Butter in der Pfanne heiß werden lassen, Zwiebeln darin glasig andünsten, dann Champignons und Tomaten zufügen, Curry und Thymian zugeben und bei kleiner Hitze mit Deckel 10 Minuten dünsten lassen.

2. Währenddessen die Putenleber in einer 2. Pfanne im heißen Öl von beiden Seiten insgesamt 7 Minuten scharf anbraten. Die angebratene Leber in die Zwiebelmischung geben, Sahne dazugießen und nochmals mit Deckel 5 Minuten köcheln. Jetzt den Cognac dazugießen, mit Salz und Pfeffer abschmecken und die Petersilie über das fertige Gericht streuen.

Zubereitungszeit: 25 Minuten
Getränk: Italienischer Rotwein oder leichter Weißwein

Truthahn gefüllt („Welscher Hahn")

Vorbereitung der Zutaten: (für 8–10 Personen)
1 kleiner Truthahn (Pute, etwa 3–4 kg), waschen, trocknen, Innereien (Herz, Leber, Magen, Halshaut) zweimal durch die feine Scheibe des Fleischwolfes drehen.

125 g fetter Räucherspeck 2 Brötchen, 20 Minuten in knapp 1/4 l Milch einweichen und ausdrücken 1 mittlere Zwiebel, schälen	} zweimal durch die feine Scheibe des Fleischwolfes drehen

2 EL Petersilie, hacken
2 Eier
2 Eigelb, 1 Prise Muskatnuß
500 g geschälte Eßkastanien, grob gehackt
1/2 Tasse süße Sahne
2 Tassen Fleischbrühe (Instant)
3 Tassen Wasser, Salz, Zucker
weißer Pfeffer aus der Mühle
Beilage: Salzkartoffeln, junge Erbsen und Blumenkohl

1. Ofen auf 200 Grad vorheizen. Durchgedrehten Speck, Innereien, Brötchen und Zwiebel mit Ei und Eigelb vermengen.

2. Masse mit Salz, Pfeffer, Muskatnuß und Petersilie abschmecken und mit den Maronen vermischen. Truthahn damit füllen und zunähen. Von außen mit Salz einreiben.

3. Truthahn in großem, schwerem Bräter unten in den Ofen stellen und unter häufigem Begießen und gelegentlichem Wenden etwa 3 Stunden braten. Dabei nach und nach Fleischbrühe und Wasser zufügen. Falls der Truthahn zu schnell bräunt, mit Alufolie abdecken. Die letzten 20 Minuten mit der Brust nach oben braten.

4. Truthahn herausnehmen, warmstellen. 1/2 Tasse Sahne in die Sauce einrühren und mit Salz, Pfeffer und Zucker abschmecken.

5. Truthahn zerlegen. Sauce getrennt servieren.

Zubereitungszeit: 4 Stunden
Tip: Geschälte Eßkastanien gibt es in Dosen.
Getränk: Badischer Spätburgunder

Geflügelleber mit Apfelreis

Vorbereitung der Zutaten:
2 Tassen Langkornreis
500 g Geflügelleber (auch gefroren)
3 Zwiebeln, fein gehackt
4 EL Butter
1–3 EL Curry (nach Geschmack)
1/8 l Fleischbrühe (Instant)
6 EL Sahne
4 Äpfel, geschält, entkernt, geviertelt und in dünne Scheiben geschnitten
1 TL Zucker
Salz

1. Reis in 2 l Salzwasser 19 Minuten bei kleiner Flamme im geschlossenen Topf kochen. Abgießen und abtropfen. Warmstellen.

2. Inzwischen Hähnchenleber waschen und abtrocknen.

3. 2 EL Butter in großer Pfanne zerlassen, Leber und Zwiebeln bei Mittelhitze 5 Minuten anbraten. Curry dazugeben, dabei ständig rühren.

4. Hitze zurücknehmen, mit Brühe und Sahne auffüllen und 5 Minuten ziehen lassen, dann salzen.

5. In einer zweiten Pfanne Äpfel mit 2 EL Butter und 1 TL Zucker goldbraun braten, mit Reis mischen, noch einen Stich kalte Butter dazu und zur Curry-Hähnchenleber servieren.

Zubereitungszeit: 40 Minuten
Tip: Es schadet nichts, wenn die Leber noch nicht ganz aufgetaut ist, dann unter Stufe 3. drei Minuten länger anbraten.
Getränk: Württemberger Trollinger

Geflügelleber mit Zwiebeln

Vorbereitung der Zutaten:
5 EL Olivenöl
250 g Zwiebeln, in Scheiben geschnitten
750 g Geflügelleber, gewaschen, getrocknet, mundgerecht geschnitten
2 Knoblauchzehen, gehackt
1 kleines Glas Sherry
4 EL Petersilie, gehackt
1 TL Majoran
1/8 l Brühe
2 EL Mehl
1 TL geriebene Zitronenschale (ungespritzt)
Salz
weißer Pfeffer aus der Mühle
Beilage: Kartoffelpüree (Rezept Seite 335), Apfelmus

1. In großer Pfanne bei großer Hitze Öl erhitzen, Fleisch, Zwiebeln und Knoblauch etwa 8 Minuten unter Rühren braten.

2. Mit Brühe und Sherry löschen, Zitronenschale und Majoran dazu, kurz aufkochen lassen und mit Salz und Pfeffer abschmecken. Mit Petersilie bestreuen.

Zubereitungszeit: 35 Minuten
Getränk: Von kalter Milch bis Bier und Weiß- oder Rotwein geht alles

Wild

„Wildbret: Du Perle Cumberlands,
von edler Fäule,
Und nackter Horden rohgebratner Fraß!
Wohl dem, der Schneehuhn
oder Renntierkeule
(Gespickt, mit Sahne) hoch im Norden aß."

CARL ZUCKMAYER

Als der Dichter diesen Vers 1924 schrieb, liebte man beim Wild noch den „Hautgoût", der bei längerem Abhängen des Tieres im Fell oder Federkleid durch Zersetzung des Fleischeiweißes entsteht. Heute bevorzugt man eine sanftere Art des Wildgeschmacks, die im abgehangenen Fleisch von Natur aus vorhanden ist.

Fasan

Vorbereitung der Zutaten: (für 4–6 Personen)
1 Fasan, waschen, trocknen, von innen und außen salzen und pfeffern
2 mittlere Zwiebeln, fein hacken
1 Becher saure Sahne
200 g fetter Speck, in dünnen großen Scheiben
1 Glas Kirschlikör mit 1 TL Speisestärke verrühren
60 g Butter
1 Gläschen Calvados
Salz
schwarzer Pfeffer aus der Mühle
Beilage: Kartoffelpüree (Rezept Seite 335), Sauerkraut (Rezept Seite 135) mit Weintrauben, Apfelmus

1. Butter in schwerer Kasserolle erhitzen. Fasan mit Speckscheiben umwickeln (mit Küchengarn festbinden) und bei großer Hitze 4 Minuten anbraten. Zwiebeln dazugeben und noch 2 Minuten bei großer Hitze unter Rühren braten.

2. Mit 2 Tassen Wasser ablöschen und etwa 50 Minuten mit Deckel bei kleiner Hitze garschmoren. Speckscheiben entfernen, Fasan auf ein Blech legen, mit 1 Gläschen Calvados übergießen, flambieren und im Ofen bei 80–100 Grad warmstellen.

3. Saure Sahne und Kirschlikör/Stärke in die Sauce einrühren und offen aufkochen. Noch 5 Minuten bei kleiner Hitze unter Rühren ohne Deckel weiterkochen. Mit dem abgetropften Saft vom warmgestellten Fasan, mit Salz und Pfeffer abschmecken.

Zubereitungszeit: 1 Stunde
Tip: Je länger und dicker die Sporen an den Füßen sind, desto länger ist die Bratzeit. Als Beilage zum Fasan entfällt beim Sauerkraut (Rezept Seite 135) das Mitkochen der verschiedenen Beilagen. Sekt bzw. Ananassaft paßt auch zum Fasan.
Getränk: Gewürztraminer

Fasan in Rahmlinsen

Vorbereitung der Zutaten: (für 6 Personen)
1 Fasan küchenfertig – auch tiefgefroren, über Nacht im Kühlschrank auftauen lassen
250 g Linsen, waschen, über Nacht in kaltem Wasser einweichen, vor dem Zubereiten im Sieb abtropfen lassen
6 EL Butter
2 Möhren, fein gewürfelt
2 Stangen Lauch, fein geschnitten
2 Zwiebeln, fein gewürfelt
1/2 Sellerieknolle, fein gewürfelt
2 l einfache Rinderbouillon, heiß (Rezept Seite 42)
1 Zwiebel mit 6 Nelken gespickt
125 g durchwachsener Speck, gewürfelt
1/4 l saure Sahne
1/2 Tasse Portwein
Beilage: Salzkartoffeln

1. Butter in schwerem Topf bei großer Hitze zerlassen. Nachdem sie aufgeschäumt ist, das klein geschnittene Gemüse unter Rühren mit einem Holzlöffel darin anbraten. Linsen und die Hälfte der Brühe dazugeben, Topf zudecken, auf kleine Hitze reduzieren und etwa 1 Stunde köcheln lassen. Backofen auf 200 Grad vorheizen.

2. Den abgetrockneten Fasan von innen und außen salzen, in einen Bräter legen, mit der restlichen heißen Brühe übergießen, die mit Nelken gespickte Zwiebel dazulegen und das Ganze bei starker Hitze zum Kochen bringen. Bräter gut zudecken, in den Backofen stellen und etwa 1 Stunde kochen lassen. Dann Fasan aus der Brühe nehmen, Fleisch von den Knochen lösen, in größere Würfel schneiden.

3. Gewürfelten Speck in einer Pfanne anbraten bis er kross ist, geschnittenes Fasanenfleisch zugeben und saure Sahne einrühren. Aufkochen lassen.

4. Alles in den Topf mit den Linsen schütten, kurz aufkochen, Portwein zugeben, mit Salz abschmecken.

Zubereitungszeit: 1 Stunde, 40 Minuten
Getränk: Roter Burgunder

Hasenpfeffer „Walterspiel"

Die hier verwendeten Hasenstücke gibt es in Wildgeschäften, da die meisten Käufer gerade auf diese Teile verzichten.

Vorbereitung der Zutaten:
6 Hasen-Vorderläufe, im Gelenk zerschnitten
3 Hasenlebern
6 Hasenlungen
6 Hasennieren
1/2 Tasse Hasenblut (wenn möglich)
24 kleine geschälte Zwiebeln
250 g magerer, milder Speck, in 1 cm dicke Streifen geschnitten
4 Knoblauchzehen, zerdrückt, 1 EL Mehl, 2 EL Butter, 1/2 l roter Burgunder, 1/4 l kräftige Kalbsbrühe, 1 Zweig Rosmarin, 1 Zweig Thymian, 1/2 Lorbeerblatt, 2 Nelken, 1 EL Weinessig, 1 EL Johannisbeergelee, 1 TL gehackte Schalotten, Salz, schwarzer Pfeffer aus der Mühle, 1 Gläschen Kirschwasser

Beilage: Croutons, 3eckig aus Weißbrotscheiben geschnitten und in Butter oder Olivenöl braun geröstet,
Nudeln (Seite 355) oder frische Spätzle

1. Speckscheiben 5 Minuten in Wasser kochen, herausnehmen, abtropfen lassen, mit Küchenkrepp trocknen.

2. Vorderläufe salzen und pfeffern, in Mehl wenden und mit Speck, Zwiebeln und Knoblauch in einer Pfanne mit Butter Farbe annehmen lassen.

3. Mit Burgunder und Brühe ablöschen. Rosmarin, Thymian, Lorbeerblatt, Nelken, Weinessig, Johannisbeergelee und gehackte Schalotten dazugeben. Bei schwacher Hitze etwa 1 1/2 Stunden mit Deckel langsam kochen.

4. Lebern, Nierchen und Lungen anbraten, durch ein Sieb passieren und – falls vorhanden das Hasenblut – kurz vor Ende der Kochzeit einrühren. Mit einem Gläschen Kirschwasser abschmecken.

Zubereitungszeit: 1 3/4 Stunden
Getränk: Roter Burgunder

Gebratene Hasenkeulen

Vorbereitung der Zutaten:
4 gespickte Hasenkeulen
200 g saure Sahne (oder Crème fraîche)
1 Tasse Rotwein
5 Wacholderbeeren, zerdrücken
1 TL Speisestärke mit 4 EL Cognac verquirlen
2 EL Öl
Salz
schwarzer Pfeffer aus der Mühle
1 Prise Zucker

Beilage: Kartoffelklöße (Rezept Seite 350) oder Salzkartoffeln, Rotkohl (Rezept Seite 134)

1. Keulen mit Salz, Pfeffer und Wacholder einreiben. Öl in einer Kasserolle erhitzen. Keulen hineinlegen und bei großer Hitze unter Wenden etwa 5 Minuten von allen Seiten stark anbraten.

2. Mit Rotwein löschen und mit Deckel bei kleiner Hitze etwa 50 Minuten gar schmoren. Ab und zu wenden und mit dem eigenen Saft begießen.

3. Keulen herausnehmen und warmstellen. Saure Sahne (oder Crème fraîche) und Speisestärke-Cognac-Mischung dazugeben und offen unter Rühren 5 Minuten bei großer Hitze einkochen. Mit Salz, Pfeffer und Zucker abschmecken.

Zubereitungszeit: 1 Stunde
Getränk: Deutscher Rotwein

Sautierte Hasenfilets

Vorbereitung der Zutaten:
2 ungespickte, gehäutete Hasenrücken, Fleisch vom Knochen lösen und in 1 cm dicke Scheiben schneiden, Knochen grob hacken
1 Zwiebel, grob würfeln
1 Möhre, grob würfeln
1/4 l Brühe
1/4 l Rotwein
1/4 Tasse süße Sahne mit 1 TL Stärkemehl verrühren
1/4 Tasse saure Sahne
1 EL Johannisbeergelee
5 EL Rotwein
2 EL Öl
2 EL Butter
3 zerdrückte Wacholderbeeren
10 zerdrückte schwarze Pfefferkörner
Salz
Beilage: Kartoffelklöße (Rezept Seite 350), Waldpilze (Rezept Seiten 141/142), Kompott von Sauerkirschen

1. Öl in einem Topf erhitzen. Knochen, Möhre und Zwiebel 5–7 Minuten bei großer Hitze unter Rühren scharf anbraten.

2. Pfeffer, Salz, Wacholderbeeren dazugeben und mit Wein und Brühe ablöschen.
Gut 40 Minuten bei kleiner Hitze mit Deckel kochen. Ab und zu umrühren.

3. Sauce durch ein Sieb passieren (Rückstände wegwerfen), süße und saure Sahne-Stärkemehl einrühren und unter Rühren aufkochen. Unter gelegentlichem Rühren bei kleiner Hitze offen auf etwa 1 Tasse Flüssigkeit einkochen. Mit Salz, schwarzem Pfeffer, Johannisbeergelee und Rotwein abschmecken.

4. Butter in großer Pfanne erhitzen und Fleischstücke bei großer Hitze unter ständigem Wenden etwa 3–4 Minuten braten. Salzen und pfeffern. Mit der Sauce anrichten.

Zubereitungszeit: 1 Stunde
Getränk: Ahr-Burgunder oder Rhône-Weine (rot)

Damhirsch-Filet mit Pilzen

Vorbereitung der Zutaten:
4 Damhirsch-Medaillons à 100 g
je 1 TL Thymian, Majoran, Wacholder (zerstoßen)
pro Medaillon 1 Scheibe hauchdünner durchwachsener Speck (vom Metzger mit der Maschine schneiden lassen)
400 g Steinpilze oder 500 g Konserve, abgießen, abtropfen lassen
150 g durchwachsener Speck, fein würfeln
1 mittelgroße Zwiebel, fein hacken
2 EL glatte Petersilie, fein gehackt
20 Pflaumen, frisch oder konserviert, halbieren, entkernen
1/2 Tasse Rotwein
2 EL Cognac
3 EL Butter
1 TL Öl
Salz, weißer Pfeffer aus der Mühle
Beilage: Spätzle

1. Für die Steinpilze 75 g Speck und 1 Zwiebel in der Pfanne bei Mittelhitze unter Rühren anbraten, bis der Speck glasig wird. Pilze hinzufügen und 8 Minuten bei kleiner Hitze mit Deckel dünsten. Ab und zu rühren. Mit Salz und Pfeffer würzen. Am Schluß mit Petersilie überstreuen. Warm stellen.

2. In kleinem Topf 75 g Speck im Rotwein glasig werden lassen (3 Minuten bei kleiner Hitze unter Rühren). Pflaumen dazugeben und in 5 Minuten gar kochen. Mit Zucker, Salz, Pfeffer und einem Schuß Cognac abschmecken.

3. Butter und Öl in der Pfanne erhitzen. Die Medaillons bei großer Hitze 4 Minuten von jeder Seite scharf anbraten. Nach dem Wenden mit Salz, Pfeffer, Thymian, Majoran und Wacholder würzen und mit hauchdünner Speckscheibe belegen. Nach Ablauf der Bratzeit vom Herd nehmen, zudecken und 5 Minuten warm ruhen lassen.

Zubereitungszeit: 35 Minuten
Tip: Anstelle von Steinpilzen schmecken auch Maronen oder Pfifferlinge (Rezept Seite 141)
Getränk: Roter Burgunder

Rehkeule

Vorbereitung der Zutaten: (für 6 Personen)
Marinade:
1 l herber Rotwein
6 zerdrückte Wacholderbeeren
1 Lorbeerblatt
1 EL zerdrückter grüner Pfeffer
1 TL Thymian
1 TL Oregano
1 TL Salz

1 Rehkeule (1 1/2–2 kg), gehäutet, 1 Tag vorher in Marinade einlegen
2 EL Öl
1 Becher Crème fraîche
1 EL Mehl mit
1 EL Butter verknetet
250 g fetter Speck, in großen dünnen Scheiben
1 EL Johannisbeergelee
Salz
schwarzer Pfeffer aus der Mühle
1 Prise Zucker
Beilage: Spätzle oder Klöße, Preiselbeeren, Pfifferlinge (Rezept Seite 141)

1. 2 EL Öl in großem Bräter erhitzen. Keule auf dem Herd bei großer Hitze von allen Seiten in etwa 5 Minuten anbraten. Backofen auf 200 Grad vorheizen.

2. Mit etwas Marinade ablöschen. Die Rehkeule mit Speckscheiben belegen und im Ofen auf der Mittelschiene 1 1/2 bis 2 Stunden garen. Nach und nach restliche Marinade dazugießen. Fleisch ab und zu begießen. Nach 1 Stunde Speckscheiben entfernen und Keule wenden. Dann herausnehmen und warmstellen.

3. Sauce entfetten, durchsieben, Mehl-Butter und Crème fraîche einrühren und unter Rühren aufkochen. Noch 10 Minuten unter Rühren bei kleiner Hitze weiterkochen. Mit Salz, Pfeffer, Johannisbeergelee und 1 Prise Zucker abschmecken.

Zubereitungszeit: 2 Stunden
Getränk: Bordeaux

Rehrücken Waidmannsart

Vorbereitung der Zutaten: (4–6 Personen)
1 Rehrücken, 1 1/2 kg, waschen, trocknen
4 Scheiben fetter Speck, 4 Scheiben durchwachsener Speck, zusammen etwa 200 g
1 Bund Suppengrün, geputzt, gewürfelt, 1 Lorbeerblatt, 2 Zwiebeln, eine geviertelt, 1 mit 6 Nelken gespickt, 5 EL weiche Butter, 6 Wacholderbeeren, im Mörser zerdrückt, 1/4 l saure Sahne, 2 EL Stärkemehl, mit etwas kaltem Wasser glattgerührt, 2 Gläschen Calvados, 1 Tasse herber Weißwein, Salz, schwarzer Pfeffer aus der Mühle
Beilagen: Kartoffelpüree (Rezept Seite 335), Rosenkohl (Rezept Seite 135) oder Sauerkraut (Rezept Seite 135)

1. Rehrücken vorsichtig salzen. Mit der weichen Butter bestreichen. Ofen auf 220 Grad vorheizen. Die fetten Speckscheiben in den mit kaltem Wasser ausgespülten Bräter legen, Rehrücken darauf legen und mit den durchwachsenen Speckscheiben belegen. Diese mit kleinen Holzspießchen feststecken.

2. Bräter offen auf der unteren Leiste in den Backofen schieben. Wenn der Speck am Boden sich bräunt, einen Schuß heißes Wasser zugießen. Fleisch immer wieder mit dem Bratensatz begießen und verdampftes Wasser durch Nachgießen ersetzen.

3. Nach 20 Minuten Bratzeit Suppengrün, Zwiebeln und alle Gewürze dazugeben und den Rücken noch weitere 20 Minuten braten lassen. In den letzten 5 Minuten 2 EL von der sauren Sahne oben auf dem Fleisch verteilen. Garprobe mit zweizinkiger Gabel, die sich leicht einstechen lassen muß, vornehmen.

4. Rücken aus dem Bräter nehmen, im ausgeschalteten Ofen warmstellen. In den Bräter auf dem Herd bei großer Hitze restliche Sahne einrühren, 1/2 Tasse heißes Wasser dazufügen und den Batensatz gründlich loskochen. Sauce durch ein Sieb in eine Kasserolle gießen, mit dem Stärkemehl binden, mit Weißwein, Calvados, Salz und Pfeffer abschmecken.

Zubereitungszeit: 1 Stunde
Getränk: Weißer Bordeaux

Wildente, gebraten

Vorbereitung der Zutaten:
2 junge Wildenten, waschen, trocknen, innen und außen einreiben mit Mischung aus:
1 TL Salz
weißer Pfeffer
Saft einer Zitrone
6 zerdrückten Wacholderbeeren
1 gestrichener EL Salbei (getrocknet)

2 EL Öl
150 g saure Sahne mit 1 TL Speisestärke verrühren
1/2 l Brühe (Instant)
1 Tasse Weißwein
1 Prise Zucker
Beilage: Kartoffelpüree (Rezept Seite 335), Rotkohl (Rezept Seite 134)

1. Ofen auf 200 Grad vorheizen. Öl in passender Kasserolle erhitzen und Enten bei großer Hitze 5 Minuten von allen Seiten anbraten.

2. Mit der Hälfte der Brühe ablöschen und im Ofen unter gelegentlichem Wenden und häufigem Begießen 1 Stunde braten. Während des Bratvorganges nach und nach restliche Brühe dazugeben. Enten herausnehmen und warmstellen. Bratensatz entfetten.

3. Saure Sahne/Stärke in die Sauce einrühren und offen einmal aufkochen. Unter Rühren bei kleiner Hitze noch 5 Minuten weiterkochen. Mit Salz, Pfeffer und Zucker abschmecken.

Zubereitungszeit: 1 1/2 Stunden
Getränk: Roter Burgunder

Wildente in Rotwein

Vorbereitung der Zutaten:
1 junge Wildente, gewaschen, getrocknet, zwei Tage vorher einlegen in:
1/8 l Essig
1/4 l Rotwein
1/2 l Wasser
1 Bund Suppengrün, klein geschnitten
2 Zwiebeln, grob gewürfelt
6 Wacholderbeeren, zerdrückt
1 Lorbeerblatt
Marinade warm über die Ente gießen

Saft 1/2 Zitrone
1 Zweig Rosmarin oder 1/2 TL getrocknet
1 EL Speisestärke gelöst in
1/2 Tasse süße Sahne
2 EL Butter
4 EL Rotwein
Salz
schwarzer Pfeffer aus der Mühle
Prise Zucker
Beilage: Kartoffelpüree (Rezept Seite 335), Apfel- oder Sauerkirschkompott

1. Ente aus der Marinade herausnehmen, trocknen und mit etwas Salz und Zitronensaft einreiben. Rosmarinzweig in die Ente stecken.

2. Ofen auf 200 Grad vorheizen. Butter in passendem Bräter erhitzen. Ente auf dem Herd bei großer Hitze 7 Minuten unter Wenden anbraten. Mit einem Teil der Beize löschen. Das Gemüse mitverwenden, nicht herausnehmen.

3. Ente im Ofen etwa 1 Stunde mit Deckel garen. Nach und nach restliche Marinade dazugießen. Ab und zu wenden und häufig begießen. Ente herausnehmen, warmstellen.

4. Sauce entfetten und durch ein feines Sieb passieren. Sahne/Stärke einrühren und unter Rühren offen aufkochen. Mit Salz, Pfeffer, Prise Zucker und 4 EL Rotwein abschmecken.

Zubereitungszeit: 2 Stunden
Getränk: Leichter Rotwein

Wildenten-Terrine mit Pilzen

Vorbereitung der Zutaten:
2 große Wildenten
3 rosa Champignons
1 kleine Dose Pfifferlinge, abgießen, abtropfen
1 kleine Dose Steinpilze, abgießen, abtropfen
beide Pilzsorten miteinander vermischen
3 Schalotten, grob hacken
3 EL Butter
6 EL Cognac
Herz und Magen von 2 Enten, grob würfeln
150 g Kalbfleisch, grob würfeln
150 g fetter Speck, grob würfeln
1 TL getrockneter Thymian
1 TL gemahlener Piment
Salz
weißer Pfeffer aus der Mühle
1 Ei
1 Eigelb
50 g weiche Butter
300 g Speck, in großen, dünnen Scheiben (vom Metzger schneiden lassen)
1 Lorbeerblatt

1. Enten häuten, waschen, trocknen. In Brust und Keulen teilen. Brustfilets auslösen und 3 EL Cognac darüber geben. 1 Stunde kaltstellen.

2. Fleisch von den Keulen lösen und grob würfeln. Mit Speck, Kalbfleisch und Innereien, Salz, Pfeffer, Thymian und Piment vermischen und für 1 Stunde kaltstellen.

3. Pilze mit 3 EL Butter und Schalotten bei kleiner Hitze unter Rühren 5 Minuten schmoren. Beiseite stellen.

4. Ofen auf 180 Grad vorheizen. Wasserbad vorbereiten: Bräter auf die Mittelschiene setzen und soviel kochendes Wasser einfüllen, daß später die Terrine zu 3/4 im Wasser steht.

5. Die Hälfte der Pilze mit Schalotten sowie das Fleisch, ohne Brustfilets einmal durch die feine Scheibe des Fleischwolfes drehen.

6. Restlichen Cognac, Ei und Eigelb mit der weichen Butter und dem Püree verkneten. Mit Salz und Pfeffer abschmecken und beiseite stellen.

7. Terrine (oder längliche Form) mit dünnen, großen Scheiben fetten Speck auslegen, so daß er über den Rand der Form hängt.

8. Hälfte der Farce einfüllen, Brustfilets aufeinander legen, dazwischen restliche Pilze füllen, in die Terrine legen und mit der restlichen Farce bedecken.

9. Überhängenden Speck darüberklappen. Mit Lorbeerblatt und Rosmarin- oder Thymianzweiglein verzieren und zugedeckt im Wasserbad 55 bis 60 Minuten bei 180 Grad garen. Fett vom Speck abgießen und mit Gewicht beschwert 3 Tage im Kühlschrank durchziehen lassen.

Zubereitungszeit: 21/2 Stunden
Tip: Zum Beschweren der Terrine Holzbrettchen auflegen und 2 volle Konservendosen draufstellen.
Getränk: Deutsche Spät- oder Auslesen. Hautes Sauternes, aber auch trockene Weißweine oder kräftiger roter Burgunder.

Salmi von Wildente

Vorbereitung der Zutaten:
2 Wildenten, gewaschen, getrocknet
6 Schalotten, sehr fein gehackt
6 Möhren, sehr fein gewürfelt
3/4 Flasche guter Rotwein
4 EL Butter
1 EL Öl
1 TL Stärkemehl in wenig kaltem Wasser gelöst
1 TL Thymian
Salz
schwarzer Pfeffer aus der Mühle
Beilage: Croutons, 3eckig aus Weißbrotscheiben geschnitten und in Butter oder Olivenöl braun geröstet oder Salzkartoffeln

1. Ofen auf 220 Grad vorheizen. Fett im Bräter heiß werden lassen. Enten mit Thymian und Salz ausreiben, einlegen und im Ofen etwa 15 Minuten dreiviertel gar braten, dabei 2 x wenden. Das Fleisch soll innen noch leicht blutig sein.

2. Ente herausnehmen und in 8–10 Stücke schneiden. Rücken, Flügel und Hals abschneiden. Schenkel, Brust und andere Fleischteile in einem gebutterten Bräter bei 100 Grad im Ofen warm stellen.

3. Rücken, Flügel, Hals und Knochen fein hacken. Zusammen mit Schalotten und Möhren im Eisen- oder Kupfertopf auf dem Herd im Bratfett von Stufe 1. kräftig anrösten. Mit Rotwein ablöschen. Mit Thymian, Salz und Pfeffer gut würzen und 45 Minuten (halb zugedeckt) bei kleiner Hitze unter gelegentlichem Rühren köcheln lassen. Falls notwendig, etwas Wein nachgießen. Hitze im Backofen auf 150 Grad erhöhen.

5. Topfinhalt durch ein feines Sieb passieren und die Sauce über die im Ofen stehenden Entenstücke gießen. Stärkemehl einrühren. Alles noch einmal kurz aufkochen lassen und servieren.

Zubereitungszeit: 1 1/2 Stunden
Getränk: Guter roter Bordeaux oder Burgunder, den man auch zur Herstellung der Sauce verwandt hat.

Wildschweinkeule in saurer Sahne

Vorbereitung der Zutaten:
1 kg Wildschweinkeule, waschen, trocknen, salzen, pfeffern
1/2 l Fleischbrühe (Instant)
2 Zwiebeln, würfeln
2 Möhren, würfeln
1/2 Sellerieknolle, würfeln
80 g Butter
1 EL Tomatenmark
200 g saure Sahne
1/2 Tasse Rotwein
Saft 1/2 Zitrone
Salz
1 TL Zucker
1 Prise Muskatnuß
schwarzer Pfeffer aus der Mühle
Beilagen: Salzkartoffeln, Waldpilze (Rezept Seite 141/42) oder Maronenmus, süß-saurer Kürbis

1. Butter im Bräter erhitzen. Fleisch bei großer Hitze von allen Seiten 7 Minuten gut anbraten. Gemüse dazugeben und noch 3 Minuten bräunen. Backofen auf 170 Grad vorheizen.

2. Mit Brühe ablöschen und im Ofen mit Deckel 1 bis 1 1/2 Stunden schmoren. Ab und zu wenden, begießen und Bratensatz umrühren.

3. Tomatenmark, saure Sahne und Wein dazugeben und noch 20 Minuten bei 150 Grad ohne Deckel schmoren.

4. Fleisch herausnehmen, warmstellen. Sauce durch ein Sieb passieren und mit Zitronensaft, Salz, Pfeffer, Muskatnuß und Zucker abschmecken.

Zubereitungszeit: 2 Stunden
Getränk: Beaujolais

SAUTIERTE HASENFILETS
SEITE 278

WILDSCHWEIN IN BROT UND LINSEN
SEITEN 286/287

Wildschwein im Gemüsebett

Vorbereitung der Zutaten: (für 4–6 Personen)
etwa 2 kg Wildschweinrücken mit Fett, kreuzweise eingeritzt mit 6 Nelken spicken und 1 Tag vorher marinieren in:
1 Flasche Cidre (Apfelwein)
2 gestrichene EL Salbeiblätter, getrocknet
1 Lorbeerblatt
2 TL getrockneter grüner Pfeffer
2 EL Zucker
2 TL Salz

400 g Maronen (Eßkastanien), geschält
400 g Möhren, geschält, in Scheiben geschnitten
400 g weiße Rüben, geschält, in Scheiben geschnitten
400 g Frühlingszwiebeln, Grün in 4 cm lange Stücke geschnitten, Zwiebelchen ganz lassen
6 EL Butter
1/2 Tasse Sahne
1 TL gekörnte Brühe (Instant)
3 EL glatte Petersilie, gehackt
3 EL Weißwein
Salz
schwarzer Pfeffer aus der Mühle
1 Prise Zucker

1. Fleisch aus der Marinade herausnehmen, trocknen und leicht mit Salz einreiben. Ofen auf 200 Grad vorheizen. 2 EL Butter im Bräter erhitzen und Fleisch bei großer Hitze auf dem Herd etwa 7 Minuten von allen Seiten anbraten. Mit etwas Beize löschen.

2. Im Ofen knapp 2 Stunden braten. Ab und zu wenden und begießen. Nach und nach Marinade dazugießen. Zum Schluß Fettkruste nach oben legen und kross backen.

3. Inzwischen die Gemüsesorten einzeln in je 1 EL Butter in einem Topf mit Deckel bei kleiner Hitze gar dünsten. Möhren und weiße Rüben: etwa 20 Minuten; Frühlingszwiebeln: etwa 15 Minuten. Salzen, nach Geschmack eventuell pfeffern und 1 Prise Zucker dazugeben. Mit Petersilie bestreuen.

4. Maronen 10 Minuten in Wasser kochen, abschrecken und von braunen Häuten befreien. In 1 EL Butter, 1 EL Zucker und 1 TL gekörnter Brühe 10 Minuten unter Schwenken bei kleiner Hitze karamelisieren.

5. Ofen abschalten. Fleisch aus dem Bräter nehmen und warm stellen. Sauce entfetten, durchsieben, Sahne einrühren und bei Mittelhitze ohne Deckel auf dem Herd noch 5 Minuten einkochen. Mit Salz, Pfeffer, Zucker und 3 EL Weißwein abschmecken.

6. Fleisch portionieren und auf dem Gemüse anrichten. Sauce dazu extra reichen.

Zubereitungszeit: 2 1/2 Stunden
Getränk: Bordeaux oder Bier

Wildschwein in Brot und Linsen

Vorbereitung der Zutaten: (für 6 Personen)
2 kg Wildschweinkeule, vom Knochen lösen
100 g Schweineschmalz
150 g durchwachsener Speck in dünnen Scheiben
100 g fetter Speck in dünnen Scheiben
1 TL Pimentpulver
10 Wacholderbeeren und 1 TL Koriander im Mörser zerdrücken
1 TL Rosmarin
2 Bund Suppengrün, putzen, fein schneiden
1 Flasche guter Rotwein, in der offenen Kasserolle bis auf die Hälfte der Flüssigkeit einkochen
250 g zerkleinerte Wildknochen
1 EL Speisestärke
1 EL Zitronensaft
1 TL Worcestersauce
1 EL Sojasauce
Für den Teig aus Brot und Linsen:
500 g Linsen, über Nacht einweichen
2 Speckschwarten
300 g Schwarzbrot, in Stücke brechen, im Backofen bei 150 Grad steinhart trocknen, im Mixer zu Paniermehl zerkleinern
Salz
schwarzer Pfeffer aus der Mühle
Zucker
Kräuteressig
Beilagen: Alle weißen Kohlarten, vor allem Sauerkraut (Rezept Seite 135)

1. Die Linsen mit den Speckschwarten im Einweichwasser – mindestens fingerbreit über den Linsen stehend – sehr weich kochen, dann mit etwas Kochflüssigkeit im Mixer pürieren und im feinen Küchensieb über einer Schüssel abtropfen lassen.

2. Dieses Püree mit Salz, Zucker und Essig süßsauer abschmecken.

3. Zerriebenes Schwarzbrot dazumengen und von dem abgeflossenen Linsenwasser soviel zugeben, bis ein fester, geschmeidiger Teig entsteht. Beiseite stellen und ruhen lassen.

4. Fleisch – in faustgroßen Stücken – mit Salz, Pfeffer, Koriander und Wacholder fest massieren. So stehen lassen.

5. Backofen vorheizen auf 220 Grad.

6. Auf dem Herd in schwerem Bräter (mit ca. 20 cm hohem Rand) das Schmalz erhitzen, Wildknochen und Suppengrün unter Rühren scharf anbraten. Alles in eine Ecke der Bratpfanne schieben, fetten Speck einlegen, auslassen und herausnehmen. Im Speckfett die Fleischstücke bei voller Hitze von allen Seiten kräftig anbraten.

7. Nach 20–25 Minuten die Fleischstücke mit der Küchenzange herausnehmen und getrennt beiseite stellen. Röstwerk in einen Kochtopf geben und im Bräter 1/2 l Wasser kurz aufkochen lassen. Diese Flüssigkeit auf das Röstwerk im Kochtopf gießen, Rosmarin zugeben und zugedeckt bei kleiner Hitze kochen lassen.

8. Der Boden des Bräters wird jetzt mit dem durchwachsenen Speck ausgelegt, der vorsichtig mit schwarzem Pfeffer bestreut wird. Darauf legt man die angebratenen Fleischstücke und hüllt alles in den Linsenteig ein. Fest andrücken, so daß kein Fleisch mehr zu sehen ist und zwischen Bräter-Rand und Teig keinen Abstand lassen. Obenauf den bereits angebratenen fetten Speck legen. Bräter offen in die Mittelschiene des heißen Ofens stellen.

9. Nach 30 Minuten Hitze auf 160 Grad reduzieren und – falls der Teig schon zu braun wird – mit Alufolie abdecken.

10. Kasserolle mit Knochen vom Feuer nehmen und den Inhalt durch ein Sieb in eine Schüssel gießen. Dabei Suppengemüse mit Holzlöffel gut ausdrücken. Dann Knochen und alle anderen festen Substanzen wegwerfen.

11. Fett mit flachem Löffel aus der Schüssel vorsichtig abschöpfen und wegwerfen. Entfettete Flüssigkeit in den Kochtopf zurück, Rotwein und Pimentpulver dazu, aufkochen lassen und mit Worcestersauce und Sojasauce abschmecken. Sauce bei kleinster Hitze zugedeckt stehenlassen.

12. Wenn das Fleisch nun 80 Minuten im Ofen war, Alufolie entfernen und den Bräter so hoch wie möglich in den Ofen setzen. Hitze für 10 Minuten auf 200–220 Grad steigern. Gelegentlich mit Holzlöffel prüfen, ob der Teig Kruste bildet. Diese soll schön kroß werden. Ist das erreicht, Ofen ausschalten und Bräter bei offener Backofentür noch 10 Minuten stehenlassen.

13. Speisestärke mit 3 EL kaltem Wasser und Zitronensaft auflösen und langsam in die köchelnde Sauce einrühren, bis sie sämig wird.

Zubereitungszeit: 3 1/2 Stunden
Tip: Wenn Reh verwendet wird, Anbratzeit auf 15 Minuten reduzieren. Hirsch genau wie Wildschwein behandeln. Beim Servieren darauf achten, daß jeder etwas von der Teigkruste bekommt. Der Teig läßt sich für 4–6 Wochen einfrieren.
Getränk: Der beste rote Bordeaux oder Burgunder, den Sie kriegen können

Wildragout in Blätterteig-Pasteten

Vorbereitung der Zutaten:
150 g Reste von Wildbraten (Reh, Hase), fein würfeln
10 g getrocknete, lauwarm eingeweichte Steinpilze, fein hacken, Einweichwasser (1 Tasse) aufheben
40 g Schinkenspeck, fein würfeln
1 Zwiebel, fein würfeln
1 EL Butter
1 EL Mehl
1/8 l Wildbrühe (oder Fleischbrühe)
1/8 l Rotwein
1 TL abgeriebene Zitronenschale (ungespritzt)
1 Lorbeerblatt
1 TL grüne Pfefferkörner
Salz
schwarzer Pfeffer aus der Mühle
4 EL Crème fraîche
2 EL Cognac
1 Spritzer Worcestershiresauce
8 Blätterteigpasteten
Beilage: Preiselbeeren oder Apfelkompott

1. Butter zerlassen, Schinkenspeck und Zwiebel 3 Minuten bei kleiner Hitze darin glasig dünsten. Mehl hinzufügen und weitere 3 Minuten bei kleiner Hitze hellbraun rösten. Unter ständigem Rühren mit Brühe, Pilzwasser und Rotwein aufgießen.

2. Gewürze und Pilze dazugeben und die Sauce offen bei kleiner Hitze unter Rühren 10 Minuten einkochen.

3. Ofen auf 150 Grad vorheizen. Crème fraîche und Wildfleisch dazugeben. Weitere 10 Minuten offen bei kleiner Hitze unter Rühren kochen lassen. Mit Salz, Pfeffer, Cognac und Worcestershiresauce abschmecken.

4. Pasteten 10 Minuten im Backofen erhitzen, herausnehmen und mit dem Ragout füllen.

Zubereitungszeit: 40 Minuten
Getränk: Roter Burgunder

Rotkohl-Rouladen

Vorbereitung der Zutaten:
300–400 g Reste von Reh-, Hasen-, Hirsch- oder Wildschweinbraten
1/2 saurer Apfel, geschält, entkernt, in Würfel geschnitten
1 Zwiebel, geviertelt
1 Zehe Knoblauch, in 4 Teile geschnitten
6 Wacholderbeeren, im Mörser zerdrückt
Alle bis jetzt genannten Zutaten im Mixer miteinander zerkleinern oder durch die grobe Scheibe vom Fleischwolf lassen.
4 EL Schmalz
2 Eier, verquirlt
1 EL Speisestärke
8 große Blätter vom Rotkohl, direkt am Strunk abgeschnitten
2 Tassen Rotwein
1/2 TL Senf
1/4 l süße Sahne
3 EL Paniermehl
1 EL Tomatenmark
1 EL Sojasauce
1 TL Fleischextrakt
2 TL Zucker
weißer Pfeffer
Salz
Beilage: Salzkartoffeln, Rösti (Rezept Seite 338) oder Semmelklöße (Rezept Seite 353)

1. 1/2 l Wasser mit 1 EL Salz zum Kochen bringen, Rotkohlblätter darin 2 Minuten blanchieren, herausnehmen, abtropfen, Mittelrippe am unteren Ende mit spitzem Messer etwa 3 cm weit einschneiden.

2. Die durchgedrehten Zutaten mit den Eiern und der Speisestärke zu einem Teig verkneten, dabei das Paniermehl und etwas Pfeffer aus der Mühle mit einarbeiten. Mit Salz abschmecken.

3. Rotkohlblätter an der breitesten Stelle mit der Fleischteigmasse so füllen, daß links und rechts ein Rand frei bleibt, dann vorsichtig einrollen und mit Küchengarn zusammenbinden.

4. Schmalz in einem schweren Schmortopf erhitzen und bei großer Hitze die Rotkohl-Rouladen einlegen und von allen Seiten scharf anbraten. Mit Holzlöffel wenden.

5. Hitze auf klein reduzieren. Rouladen mit Rotwein ablöschen und alle anderen Zutaten mit Holzlöffel vorsichtig einrühren. Ohne Deckel unter vorsichtigem gelegentlichen Rühren 35–40 Minuten schmoren lassen.

6. Vor dem Servieren Garn aufschneiden und entfernen.

Zubereitungszeit: 1 Stunde
Tip: Rotkohl-Rouladen lassen sich in der Sauce einfrieren. Haltbarkeit ohne Sahne 3 Monate.
Getränk: Rotwein

Eintöpfe

„Wo nischt ein is, kommt nischt aus.“
MAX LIEBERMANN ÜBER EINTÖPFE

Der „Drei-Sterne-Koch“ Eckart Witzigmann, mit allen teuren Delikatessen dieser Welt vertraut, hat über die Frage nach seinem Lieblingsgericht nicht lange nachdenken müssen. „Eintopf“, antwortete er. Das Rezept „Graupensuppe mit Lammschulter“ in diesem Kapitel stammt von ihm.
In den landsmannschaftlichen Küchen Deutschlands kennt man über 250 Eintopfgerichte. Keine Küche anderer Länder kann da mithalten.
Es ist ein weitverbreiteter Irrtum zu glauben, der Eintopf koche sich von selbst.
Er braucht genausoviel Zuwendung und Aufmerksamkeit wie jedes andere Gericht – nur so wird er zur Delikatesse.

Pichelsteiner Topf

(Rezept: Bundeskanzler Ludwig Erhard)

Vorbereitung der Zutaten: (für 8 Personen)

250 g Hammelfleisch (Schulter)
250 g Kalbfleisch (Schulter)
250 g Schweinefleisch (Schulter)
250 g Rindfleisch (Brust)
} In Gulaschgröße geschnitten

200 g Rindermark, 20 Minuten gewässert, in Scheiben geschnitten
3/4 l einfache Rinder-Bouillon (Rezept Seite 42) oder Instant-Fleischbrühe
250 g Möhren, in dünne Scheiben geschnitten
250 g Sellerie, in dünne Scheiben geschnitten
250 g Zwiebeln, in dünne Scheiben geschnitten
250 g Kartoffeln, roh, gewürfelt
1 kleiner Kopf Wirsingkohl, ohne Strunk, in 4 cm lange Streifen geschnitten
4 EL glatte Petersilie, fein gehackt
Prise Muskatnuß
weißer Pfeffer aus der Mühle
Salz

1. Backofen auf 200 Grad vorheizen.

2. Boden eines großen schweren Topfes oder Bräters mit Markscheiben auslegen. Bei mittlerer Hitze auf dem Herd schmelzen lassen. Bouillon in Kasserolle erhitzen.

3. Schichtweise die mit Petersilie bestreuten Gemüse, Kartoffeln und verschiedenen Fleischsorten einlegen. Mit Hammelfleisch beginnen.

4. Mit Bouillon übergießen. Zugedeckt im Backofen bei 200 Grad etwa 50 Minuten dünsten.

5. Aus dem Ofen nehmen, einmal durchrühren und mit Salz, Pfeffer und Muskatnuß abschmecken.

Zubereitungszeit: 2 Stunden
Tip: Messer in heißem Wasser anfeuchten und damit das Mark schneiden.
Tiefgefroren hält sich Pichelsteiner 2 Monate.
Getränk: Export- oder Weizenbier

Irish Stew

Vorbereitung der Zutaten: (für 6–8 Personen)

500 Lammfleisch aus der Keule oder Schulter, in grobe Würfel geschnitten (sind Knochen dabei, mit auskochen und am Schluß herausnehmen)
500 g mageres Rindfleisch, wie Lammfleisch vorbereiten
250 g Zwiebeln, in Scheiben geschnitten
2 dicke Stangen Lauch, nur das Helle, in fingerdicke Stücke geschnitten
2 Möhren, in Scheiben geschnitten
5 Schalotten, geschält
300 g Kartoffeln, geschält, in Scheiben geschnitten
600 g Weißkohl, ohne Strünke und Deckblätter, in 3–4 cm lange Stücke geschnitten
1 Bund Petersilie, fein gehackt
2 Knoblauchzehen, fein gehackt
1 EL Fleischextrakt, 5 Pfefferkörner
2 Lorbeerblätter, 2 Nelken
1 TL Majoran, 1 TL Thymian
1 EL Speisestärke, in 1 Tasse Rotwein aufgelöst
schwarzer Pfeffer aus der Mühle, Salz

1. Fleisch in einem hohen Topf mit etwa 1 l Wasser kalt aufsetzen. Bei mittlerer Hitze etwa 30 Minuten aufkochen lassen. Abschäumen.

2. Zwiebeln, Weißkohl, Knoblauch, Salz und Gewürze zugeben und bei kleiner Hitze mit Deckel 1 Stunde weiterkochen lassen. Ab und zu rühren.

3. Nach 1 Stunde Lauch, Möhren, Schalotten und Kartoffeln zugeben. Bei kleiner Hitze offen etwa 30 Minuten weiterkochen. Ab und zu rühren.

4. Fleischextrakt und aufgelöste Stärke zufügen und einmal aufkochen. Mit Salz und Pfeffer abschmecken. Mit Petersilie bestreut servieren.

Zubereitungszeit: 2 Stunden
Tip: Wer kein Lamm mag, kann die gleiche Menge Schweinefleisch (Hals oder Nacken) nehmen. Stew läßt sich (ohne Petersilie) 8 Wochen einfrieren.
Getränk: Einfacher kräftiger Rotwein oder dunkles Bier (Stout)

Kartoffelsuppe Bauern-Art

Vorbereitung der Zutaten:
500 g Kartoffeln
1/2 Sellerieknolle
1 Stengel Lauch
1 Möhre
1 Zwiebel
2 Tomaten
1–2 Knoblauchzehen
} geputzt gewürfelt oder klein-geschnitten
125 g durchwachsener Speck, gewürfelt
1 1/2 l einfache Rinder-Bouillon (Rezept Seite 42) oder Instant-Fleischbrühe
1/8 l süße Sahne
1 Scheibe Schwarzbrot, zerkrümelt
2 Stengel glatte Petersilie: Blätter gehackt, Stiele aufheben
2 EL Schmalz
schwarzer Pfeffer aus der Mühle
Salz

1. Schmalz in einem großen Topf erhitzen. Sellerie, Lauch, Möhre, Zwiebel, Knoblauch, Tomaten, Petersilienstiele, Kartoffeln darin dämpfen und unter Rühren auf kleiner Hitze 5 Minuten Farbe annehmen lassen.

2. Mit Brühe auffüllen und das zerkrümelte Schwarzbrot dazugeben.

3. Mit Deckel bei kleiner Hitze etwa 60 Minuten weichkochen.

4. Speckwürfel in der Pfanne kross auslassen. Fett abgießen. Speckgrieben warm beiseite stellen.

5. Suppe durch ein Sieb passieren, falls notwendig, noch verdünnen. Unter Rühren noch einmal aufkochen lassen, Sahne dazugeben. Mit Salz und Pfeffer abschmecken.

6. Speckgrieben auf die Teller verteilen. Suppe einfüllen und mit Petersilie bestreuen.

Zubereitungszeit: 90 Minuten
Tip: Mit Beilage – jede Art Kochwurst – von Bockwurst bis Debrecziner – auch für mehr als 4 Personen ausreichend.
Getränk: Bier

Bunter Eintopf

Vorbereitung der Zutaten:
750 g Rindfleisch (Querrippe, Nacken oder Bauchlappen)
1 Zwiebel
300 g Kartoffeln, gekocht, gepellt, grob gewürfelt
3 EL Schmalz
250 g kleine Zwiebeln, halbiert
1 grüne Paprikaschote, geputzt, klein geschnitten
1 mittelgroße Schmorgurke, geschält, entkernt, gewürfelt
250 g Tomaten, gebrüht, Haut abgezogen, geviertelt und entkernt
1 Bund Dill, gezupft
1 Bund glatte Petersilie, fein gehackt
1 TL Rosenpaprika
1 TL Estragonblätter, getrocknet
2 EL Tomatenmark
schwarzer Pfeffer aus der Mühle
Salz

1. Fleisch in 1 1/2 l kaltem Wasser mit 2 TL Salz aufsetzen, mit der Zwiebel etwa 90 Minuten im kochenden Salzwasser garen. Herausnehmen und in große Würfel schneiden.

2. Schmalz in der Pfanne zerlassen. Halbierte Zwiebeln, Paprikaschnitzel, Gurkenwürfel mit dem Paprikapulver 5 Minuten andünsten.

3. Tomatenviertel zum Gemüse geben, kurz mitdünsten.

4. Angedünstetes Gemüse und Kartoffelwürfel sowie Tomatenmark in die Brühe geben und weitere 10 Minuten köcheln.

5. Zum Schluß das geschnittene Fleisch zufügen. Mit Pfeffer und Salz abschmecken, Kräuter einrühren.

Zubereitungszeit: etwa 2 Stunden
Tip: Im Kühlschrank 2 Tage, tiefgefroren 1 Monat haltbar.
Getränk: Bier

Saure Suppe

Vorbereitung der Zutaten: (für 6 Personen)
1 Katenschinken-Knochen mit reichlich Fleischresten
1 Petersilienwurzel
1 große Zwiebel
250 g Möhren
1 Stange Lauch
1/2 Sellerieknolle
} geputzt, gewürfelt oder kleingeschnitten
250 g frische Erbsen
1 Tasse gemischte Kräuter, gehackt (Dill, Sauerampfer, Kerbel, Estragon, Majoran)
250 g getrocknetes Mischobst
125 g getrocknete Äpfel
} in heißem Wasser 1 Stunde eingeweicht, dann abgegossen
1 Lorbeerblatt
1 EL gekörnte Brühe (Instant)
8 EL Essig
1 TL Zucker
weißer Pfeffer aus der Mühle
Salz
Beilage: Kartoffel- oder Mehlklöße (Rezept Seiten 349/50), die in der Suppe garziehen.

1. Schinkenknochen und Lorbeerblätter in großem Topf mit etwa 2 l kaltem Wasser bei großer Hitze zum Kochen bringen und bei kleiner Hitze bedeckt 1 Stunde kochen. Abschäumen.

2. Das Gemüse zugeben und bei kleiner Hitze noch 30 Minuten bedeckt kochen, ab und zu rühren und, falls notwendig, abschäumen.

3. Knochen herausnehmen, Fleischreste abschaben und in die Suppe zurückgeben. Kräuter und Trockenfrüchte zufügen. Noch 5 Minuten bei kleiner Hitze köcheln.

4. Mit Salz, Pfeffer, Essig, Zucker und gekörnter Brühe süß-sauer abschmecken.

Zubereitungszeit: etwa 2 Stunden
Getränk: Helles Bier

Doppel-Rezept: Echter Labskaus und Gepökelte Rinderbrust mit Meerrettich-Rosinen-Sauce

Das norddeutsche Traditionsgericht Labskaus wird nach Seemanns-Art zusammen mit einem Zweitgericht zubereitet. Gepökelte Rinderbrust für beide Gerichte beim Metzger vorbestellen. Gewicht zusammen etwa 2 kg.

Labskaus

Vorbereitung der Zutaten: (für 6 Personen)
2 kg gepökelte Rinderbrust, von allem überflüssigen Fett befreit, in 2 gleichgroße Stücke geschnitten (davon 1 kg später für das zweite Rezept)
2 Matjesfilets, 1 Stunde gewässert, grob geschnitten
2 Bund Suppengrün, fein gewürfelt
1 Lorbeerblatt, 1/2 TL Senfkörner
10 weiße Pfefferkörner
6 Zwiebeln, geviertelt
1/2 TL Koriander-Körner
500 g Rote-Bete-Knollen, in gesalzenem Wasser weichgekocht, geschält, oder gleiche Menge aus dem Glas
1 kg mehlig kochende Kartoffeln in der Schale
Salz
6 Eier, 60 g Butter
6 kleine bis mittelgroße Salzgurken, grob geschnitten
6 Rollmöpse
Essig nach Geschmack

1. Suppengrün, Lorbeerblatt, Gewürze und Zwiebelviertel in einem großen schweren Topf mit soviel Wasser zum Kochen bringen, daß die beiden Rinderbrust-Stücke beim Einlegen bedeckt sind.

2. Beide Fleischstücke in das kochende Wasser legen und zugedeckt solange kochen lassen, bis der Stich mit einer zweizinkigen Gabel keinen Widerstand mehr im Fleisch findet. Ein Fleischstück für das zweite Gericht herausnehmen, beiseite stellen. Das andere in der Bouillon abkühlen lassen.

3. Kartoffeln in der Schale aufsetzen, Kochwasser salzen, weichkochen. Kurz mit kaltem Wasser abschrecken, schälen und zu Brei stampfen.

4. Das in der Bouillon abgekühlte Fleischstück für den Fleischwolf in Würfel schneiden und durch die mittelfeine oder grobe Scheibe drehen.

5. Bouillon durch ein Haarsieb gießen, Rest aus dem Sieb - ohne Lorbeerblatt - in den Fleischwolf geben und mit den Gurken, Rote Beten und Matjesfilets durchdrehen.

6. Zweites Fleischstück in die nunmehr klare Brühe legen, vollständig abkühlen lassen. Danach in der Bouillon über Nacht in den Kühlschrank stellen. 1 Tasse Bouillon für Labskaus reservieren.

7. Zerstampfte Kartoffeln in die durchgedrehte Masse mischen und soviel von der Brühe zugießen, daß der Labskaus dicklich wird. Er darf nicht zu fest sein.

8. Labskaus gut vermischen, nach Geschmack 2 EL Essig und Pfeffer zufügen und in einem feuerfesten, mit Alufolie verschlossenen Gefäß im sehr heißen Wasserbad warmhalten.

9. Butter in einer Pfanne erhitzen, aufschäumen lassen und Eier als Spiegelei einschlagen. Nur das Weiße salzen und auf das Gelbe eine Prise weißen Pfeffer geben.

10. Wenn die Eier gar sind - das Weiße muß fest und das Gelbe noch flüssig sein - wird der Labskaus auf Tellern portionsweise angerichtet: Zuerst eine Kelle Labskaus, darauf ein Spiegelei, daneben der Rollmops. Pfeffern auf dem Teller.

Zubereitungszeit: 80 Minuten
Tip: Labskaus läßt sich einfrieren, muß dann aber sehr langsam im Wasserbad aufgetaut und darin wieder erhitzt werden.
Getränk: Alle Biersorten, Aquavit, Korn, Wodka

Rinderbrust mit Meerrettich-Rosinen-Sauce

Vorbereitung der Zutaten: (für 6 Personen)
1 kg der gepökelten Rinderbrust vom Vortag
1 Tasse frisch geriebener Meerrettich mit 1 TL Zitronensaft besprengt
3 Tassen Rinderbrust-Bouillon
50 g Butter, 1 Tasse helle Rosinen
2 EL Weizenmehl, 1/8 l Milch
1 TL Zucker Salz
1 kg Kartoffeln, geschält
Beilage: Bouillonkartoffeln

1. Kalte Bouillon mit dem Fleisch bis zum Siedepunkt langsam erwärmen und 20 Minuten so halten.

2. 2 Tassen Brühe mit Meerrettich (2 TL aufheben) und Rosinen in einem kleinen Topf offen köcheln lassen.
Daneben Butter in einer Kasserolle erhitzen. Wenn sich der Schaum legt, Mehl durch ein Haarsieb ins Fett schütteln, sofort mit Holzlöffel rühren, damit sich keine Klumpen bilden. Mehl darf nicht bräunen. Wenn die Masse glatt ist, solange 1 Tasse Brühe langsam dazugießen, bis sich eine dickflüssige Sauce bildet. Vom Herd nehmen.

3. Weiße Mehlsauce in den Topf mit Meerrettich und Rosinen einrühren, langsam weiterköcheln lassen und soviel Milch zugießen, bis sich eine sämige, aber nicht zu dicke Sauce bildet. 2 TL Meerrettich jetzt einrühren. Vorsichtig salzen, den Zucker zugeben.

4. Salzkartoffeln kochen, abgießen, trockendämpfen und mit soviel Bouillon übergießen, daß sie sich vollsaugen.

5. Das heiße Rindfleisch quer zur Faser in dünne Scheiben schneiden und mit Kartoffeln und Meerrettich-Rosinen-Sauce servieren.

Zubereitungszeit: 30 Minuten
Tip: Etwaige Reste der Rinderbrust aufheben und mit scharfem Senf oder dünnen Scheiben Salzgurke servieren.
Getränk: Bier

Pfefferpothast

Vorbereitung der Zutaten: (für 6 Personen)
1 kg Rindfleisch (aus der Oberschale), ohne Fett, gewürfelt
1 kg Zwiebeln, in dünne halbe Scheiben geschnitten
50 g Butterschmalz
1/2 l Brühe (Instant)
2 Lorbeerblätter, mit Salz im Mörser zerstoßen
2 Nelken
6–8 Pfefferkörner
2 Zitronenscheiben
schwarzer Pfeffer aus der Mühle
Salz
Beilage: Salzkartoffeln

1. Fleisch im schweren Topf in heißem Butterschmalz bei großer Hitze unter Rühren 5 Minuten anbraten.

2. Zwiebelscheiben dazugeben und unter Rühren 5 Minuten bei großer Hitze glasig dünsten.

3. Gewürze, Zitrone und Brühe zufügen und bedeckt bei kleiner Hitze 2 Stunden schmoren. Ab und zu rühren. Zitronenscheiben nach 45 Minuten herausnehmen. Zum Schluß mit Salz und Pfeffer abschmecken.

Zubereitungszeit: 2 1/2 Stunden
Tip: Läßt sich portionsweise für 6 Wochen einfrieren. Wird beim Auftauen schärfer.
Getränk: Bier und Klarer

Hammel-Eintopf

Vorbereitung der Zutaten:
1 kg mageres Hammelfleisch
400 g Petersilienwurzeln, geschabt, fein geschnitten
200 g Sellerie, geschält, gewürfelt
4 mittelgroße Zwiebeln, geschält, gewürfelt
200 g Möhren, geputzt, gewürfelt
1 Lauchstange, nur das Weiße, gewaschen, in Ringe geschnitten
2 EL glatte Petersilie, gehackt
1 EL Basilikumblätter, in Streifen geschnitten
1 EL gekörnte Brühe (Instant)
1 EL Speisestärke, in 1/2 Tasse Rotwein gelöst
schwarzer Pfeffer aus der Mühle
Salz
Einlage: In Salzwasser gekochte Kartoffelwürfel

1. Fleisch in 1 1/2 l kaltem Wasser in mittelgroßem Topf bei mittlerer Hitze zum Kochen bringen.

2. Abschäumen und mit Deckel bei kleiner Hitze knapp 1 Stunde kochen.

3. Gemüse (außer Lauch) dazugeben und bei kleiner Hitze mit Deckel unter gelegentlichem Rühren 50 Minuten kochen.

4. Lauch dazugeben und noch 10 Minuten bei kleiner Hitze ohne Deckel kochen. Ab und zu rühren. Falls notwendig, entfetten.

5. Die in Rotwein gelöste Speisestärke und 1 EL gekörnte Brühe einrühren. Unter Rühren noch einmal aufkochen und 5 Minuten bei kleiner Hitze offen köcheln.

6. Fleisch in mundgerechte Bissen schneiden und wieder unterrühren. Dann Kräuter untermengen und mit Salz und Pfeffer abschmecken.

Zubereitungszeit: etwa 2 Stunden
Tip: Hält sich 3 Monate tiefgefroren. Für Gefriergut Lauch, Petersilie und Basilikum erst bei Stufe 4 und 6 zufügen.
Getränk: Kräftiger Rotwein

Lammragout „Frühlingsart"

Vorbereitung der Zutaten:
800 g Lammfleisch (Keule oder Schulter), in grobe Würfel geschnitten
3/4 l Instant-Brühe oder Wasser
4 Knoblauchzehen, gehackt
250 g Schalotten
250 g Zwiebeln
150 g Möhren,
300 g Kartoffeln
100 g weiße Rüben
} geschält, gewürfelt
100 g frische Perlzwiebeln (oder aus dem Glas, 2 Stunden gewässert)
1/4 l trockener Rotwein
1 Lorbeerblatt
1 EL Tomatenmark
2 EL Olivenöl
1 Bund Schnittlauch, fein geschnitten (oder Petersilie)
schwarzer Pfeffer aus der Mühle
Salz

1. Fleisch in einem Topf bei großer Hitze in heißem Öl scharf anbraten, davon 3 Minuten unter Rühren.

2. Schalotten und Zwiebeln zugeben, bei mittlerer Hitze 5 Minuten unter Rühren leicht braun werden lassen. Tomatenmark einrühren und mit Rotwein ablöschen.

3. Mit etwa 3/4 l Brühe (oder Wasser) auffüllen. Gewürze und Knoblauch zugeben und bei kleiner Hitze 1 1/2 Stunden mit Deckel langsam kochen lassen. Ab und zu rühren.

4. 25 Minuten vor Ende der Kochzeit Gemüse und Kartoffeln zugeben. Perlzwiebeln nur die letzten 5 Minuten mitkochen.

5. Vor dem Servieren mit Pfeffer und Salz abschmecken und mit Schnittlauch oder Petersilie bestreuen.

Zubereitungszeit: 2 Stunden 20 Minuten
Tip: Läßt sich für 4 Wochen einfrieren.
Getränk: Herber Rotwein

Grünkernsuppe mit Einlage

Vorbereitung der Zutaten:
150 g Grünkerngrieß, in der kalten Bouillon 1 Stunde quellen lassen
1 1/2 l einfache Rinder-Bouillon (Rezept Seite 42)
2 EL Schnittlauch, fein geschnitten
1/4 l süße Sahne
Muskatnuß, frisch gerieben
weißer Pfeffer aus der Mühle
Salz
Einlage: Markklößchen (Rezept Seite 348)

1. Vorgeweichten Grünkern mit der Bouillon zugedeckt bei kleiner Hitze 1 1/2 Stunde köcheln. Ab und zu umrühren.

2. Sahne dazugeben, mit Muskat, Salz und Pfeffer abschmecken. Warmstellen.

3. Klößchen herstellen (Rezept Seite 348)

4. Klößchen in die Grünkernsuppe geben. Mit Schnittlauch bestreut servieren.

Zubereitungszeit: 2 Stunden (mit Einlage)
Tip: Hält sich 3 Tage im Porzellangefäß aufbewahrt im Kühlschrank.

Niedersächsischer Gersten-Eintopf

Vorbereitung der Zutaten:
100 g durchwachsener Speck, gewürfelt
2 große Zwiebeln, gewürfelt
1 Bund Suppengrün, klein geschnitten
1 l Fleischbrühe (Instant)
300 g Kartoffeln, gewürfelt
200 g geräucherte Blutwurst, in Scheiben mit Pelle
100 g Gerstengraupen, gewaschen, abgetropft
1 EL Schweineschmalz
2 EL glatte Petersilie, gehackt
1 kleine Zwiebel, fein gehackt
schwarzer Pfeffer
Salz

1. In einem größeren Topf (etwa 5 l) Speck, Zwiebeln, Suppengrün bei mittlerer Hitze kurz anbraten, bis der Speck Farbe annimmt und die Gemüse glasig sind (5 Minuten unter Rühren).

2. Mit der Brühe löschen, Kartoffeln, Blutwurst und Graupen zugeben. Salzen und pfeffern.

3. Bei kleiner Hitze 40 Minuten mit Deckel köcheln lassen. Ab und zu umrühren.

4. Fein gehackte Zwiebel mit Schmalz bis zur leichten Bräunung anbraten und über den Eintopf geben.

5. Vor dem Servieren mit gehackter Petersilie bestreuen.

Zubereitungszeit: 60 Minuten
Tip: Hält sich im Kühlschrank 2–3 Tage, eingefroren 1–2 Monate, wird dabei dicker. Beim Aufwärmen 1 Tasse Wasser zugeben und bei kleiner Hitze gut durchrühren, da Graupen leicht anbrennen.
Getränk: Bier und Korn

Witzigmanns Graupensuppe

Vorbereitung der Zutaten: (für 8 kleine Portionen)
250 g Lammschulter (ohne Knochen), in 1 cm große Würfel geschnitten
75 g weiße Rübchen
1 mittelgroße Zwiebel
1 kleine Möhre
40 g Sellerie
1 kleine Stange Lauch (ohne Grün)
} geputzt, in gleichgroße Würfel geschnitten
100 g Parmaschinken, mundgerecht zerkleinert
1/2 Knoblauchzehe, mit Salz zerrieben
1 kleines Bund glatte Petersilie, gehackt
40 g Graupen
100 g Kartoffeln in 1 cm großen Würfeln
1/4 l süße Sahne
1/2 Tasse einfache Rinder-Bouillon (Rezept Seite 42)
15 g Schinkenfett (das Weiße vom Parmaschinken fein gehackt)
Majoran, Prise Muskatnuß
weißer Pfeffer aus der Mühle, Salz

1. Schinkenfett in einem mittelgroßen Topf unter Rühren bei kleiner Hitze auslassen und Zwiebeln darin unter Rühren 5 Minuten glasig dünsten.

2. Fleisch und Graupen unter Rühren dazugeben und 3 Minuten andünsten.

3. Gemüse und Knoblauch dazufügen und unter Rühren 2 Minuten andünsten.

4. Mit 3/4 l Wasser aufgießen und mit Deckel 75 Minuten bei kleiner Hitze köcheln. Ab und zu rühren.

5. Kartoffelwürfel zufügen und weitere 20 Minuten bei kleiner Hitze mit Deckel leise kochen. Falls notwendig, 1/2 Tasse Brühe nachgießen, ab und zu rühren.

6. Sahne, Schinken und Petersilie darunterrühren und mit Muskat, Pfeffer und Salz sowie einer Prise Majoran abschmecken.

Zubereitungszeit: 2 Stunden
Getränk: Pilsner oder Beaujolais

Graupeneintopf

Vorbereitung der Zutaten: (für 6 Personen)
250 g Perlgraupen, mehrfach gewaschen und abgetropft
800 g Schweinerippchen
2 Möhren geschält, in 1 cm große Würfel geschnitten
2 Stangen Lauch, das Helle in 1 cm große Ringe geschnitten
1 große Zwiebel, gewürfelt
4 EL glatte Petersilie, gehackt
2 EL gekörnte Brühe (Instant)
Prise Zucker
schwarzer Pfeffer aus der Mühle
Salz

1. Graupen mit 2 l Wasser in großem Topf zum Kochen bringen. Fleisch und Zwiebeln zufügen, bei kleiner Hitze 1 Stunde mit Deckel kochen. Ab und zu rühren.

2. Rippchen herausnehmen, Fleisch ablösen und gewürfelt beiseite stellen. Knochen wegwerfen.

3. Möhren und Kartoffeln dazugeben, 30 Minuten mit Deckel bei kleiner Hitze weiterkochen.

4. Gewürfeltes Fleisch und Lauch dazugeben, 15 Minuten bei kleiner Hitze mit Deckel köcheln. Ab und zu rühren.

5. Mit gekörnter Brühe, Zucker, Pfeffer und Salz abschmecken. Mit Petersilie bestreut servieren.

Zubereitungszeit: 2 Stunden
Tip: Läßt sich – ohne Petersilie – für 6 Wochen einfrieren. Beim Auftauen nur bis zum Siedepunkt erhitzen, dann frische Petersilie zugeben.
Getränk: Bier oder Apfelwein (Cidre)

Zwiebelsuppe mit Fleischklößchen

Vorbereitung der Zutaten: (für 4–6 Personen)
1 kg Zwiebeln, klein geschnitten
125 g Beefsteak-Hack (Tatar)
4 EL Olivenöl
1 kleine Dose Tomatenmark
1 l Fleischbrühe (Instant)
1/4 l trockener Weißwein
1 Tasse Sahne
1 EL Estragonblätter, fein gehackt oder 1 TL getrocknet
1 Ei
1 kleine Zwiebel, fein gehackt
1 Scheibe Weißbrot
Zucker
weißer Pfeffer aus der Mühle
Salz

1. Weißbrot in Wasser einweichen.

2. Zwiebeln in Öl 5 Minuten bei großer Hitze unter Rühren in einem großen Topf anbräunen.

3. 1 Tasse Sahne zugeben und unter Rühren 5 Minuten bei kleiner Hitze köcheln.

4. Weißbrot ausdrücken und mit Hack, Ei und fein gehackter Zwiebel verkneten. Salzen, pfeffern.

5. Zu den angebräunten Zwiebeln Brühe, Wein, Tomatenmark, Estragon und restliche Sahne geben und mit Salz, Zucker, Pfeffer abschmecken. Mit Deckel auf kleiner Flamme 20 Minuten köcheln lassen.

6. Mit dem Teelöffel kleine Hackklößchen abstechen und in der Suppe bei kleinster Hitze etwa 15 Minuten garziehen lassen.

Zubereitungszeit: 70 Minuten
Tip: Im Porzellangefäß im Kühlschrank 2 Tage haltbar.
Getränk: Trockener Weißwein

Zwiebeltopf

Vorbereitung der Zutaten:
125 g durchwachsener Räucherspeck, fein gewürfelt
500 g Fleischwurst, in 1 cm große Würfel geschnitten
750 g kleine Zwiebeln, gepellt, im Ganzen
1/4 l Fleischbrühe (Instant)
1/2 Tasse Weißwein
1 Lorbeerblatt
1 TL Zucker
schwarzer Pfeffer aus der Mühle
Salz
Beilage: Pellkartoffeln

1. Speckwürfel in einem mittelgroßen Topf bei kleiner Hitze unter Rühren 3 Minuten auslassen.

2. Zwiebeln dazugeben und unter Rühren 10 Minuten Farbe annehmen lassen. Mit Wein ablöschen.

3. Brühe und Lorbeerblatt dazugeben, mit Deckel bei kleiner Hitze 20 Minuten köcheln. Mit Zucker, Pfeffer, Salz abschmecken.

4. Wurstwürfel 5 Minuten vor dem Servieren unterheben.

Zubereitungszeit: 40 Minuten
Getränk: Herber Weißwein

Gurken-Tomaten-Eintopf

Vorbereitung der Zutaten:
1 kg große Fleischtomaten, gebrüht, geschält, entkernt, in Würfel geschnitten
1 kg Schmorgurken, geschält, der Länge nach halbiert, entkernt, in Halbmonde geschnitten
250 g Schinkenspeck, fein gewürfelt
500 g Kartoffeln, geschält, roh in Scheiben geschnitten
1 EL Butter
2 EL Dill, gezupft
2 EL glatte Petersilie, gehackt
1 TL Oregano
2 TL Tomatenmark
2 TL Zucker
3 EL Olivenöl
gekörnte Brühe (Instant), nach Geschmack
weißer Pfeffer
1 TL Salz

1. Schinkenspeck und Kartoffeln in mittelgroßem Topf unter Rühren bei Mittelhitze mit 1 EL Butter 5 Minuten anschwitzen.

2. Gurken und Oregano dazugeben und bei kleiner Hitze 15 Minuten mit Deckel garen. Ab und zu rühren und 1/2 Tasse Wasser dazugießen.

3. Tomaten, Dill, Tomatenmark, Salz, Pfeffer und Zucker zufügen, mit gekörnter Brühe abschmecken, noch 3 Minuten offen bei kleiner Hitze köcheln.

Zubereitungszeit: 25 Minuten
Getränk: Italienischer roter Landwein

Grüne Bohnen mit Hammelfleisch

Vorbereitung der Zutaten: (für 6 Personen)
1 kg Hammelrippchen oder -keule, ohne Fett in 6–8 Teilen
1 1/2 l Fleischbrühe (Instant)
100 g magerer Speck, fein gewürfelt
1 große Zwiebel, grob gewürfelt
800 g grüne Bohnen, geputzt, gewaschen, abgetropft, in 3–4 cm große Stücke geschnitten
800 g Kartoffeln, geschält, mundgerecht gewürfelt
4 Möhren, in Scheiben geschnitten
4 EL glatte Petersilie, fein gehackt
1 TL Liebstöckel, fein gehackt
1 EL Bohnenkraut, fein gehackt (oder getrocknet)
2 Knoblauchzehen, fein geschnitten
1 Lorbeerblatt
1 Nelke
Prise Zucker
schwarzer Pfeffer aus der Mühle
Salz

1. Speck, Hammel, Möhren, Zwiebel, Lorbeerblatt, Nelke im großen Topf in 1 1/2 l Flüssigkeit zum Kochen bringen und mit Deckel bei kleiner Hitze 1 Stunde kochen. Ab und zu rühren. Nach 30 Minuten Knoblauch und Liebstöckel zufügen.

2. Bohnen, Kartoffeln und Bohnenkraut dazugeben. Noch 30 Minuten bei kleiner Hitze mit Deckel unter gelegentlichem Rühren garen.

3. Mit Salz, Pfeffer und Zucker abschmecken und mit Petersilie bestreuen.

Zubereitungszeit: 1 1/2 Stunden
Tip: Für diesen Eintopf eignen sich auch Wachsbohnen. Dann bei Stufe 2. nur 20 Minuten Kochzeit. Im Kühlschrank im Porzellangefäß 24 Stunden haltbar.
Getränk: Bier

Rote-Bete-Eintopf

Vorbereitung der Zutaten: (für 6 Personen)
4 Rote-Bete-Knollen, geschält, gewürfelt
500 g Rindfleisch zum Kochen
250 g durchwachsener Speck
500 g Weißkohl, geputzt, klein geschnitten, Strunk entfernt
1/2 Sellerieknolle, klein gewürfelt
2 große Möhren, klein gewürfelt
2 Stangen Lauch, das Weiße in dünne Streifen geschnitten
2 mittelgroße Zwiebeln, gewürfelt
4 EL glatte Petersilie, gehackt
2 EL gekörnte Brühe (Instant)
1 Lorbeerblatt
15 Pfefferkörner
1 EL getrocknete Dillspitzen
5 EL Essig
1 EL Tomatenmark
1/4 l saure Sahne
weißer Pfeffer aus der Mühle
Salz

1. Fleisch, Speck und Gemüse sowie Pfefferkörner, Lorbeerblatt und Salz in großem Topf mit etwa 2 l (oder mehr) kaltem Wasser bedecken.

2. Bei großer Hitze mit Deckel zum Kochen bringen. Bei kleiner Hitze etwa 1 1/2 Stunden mit Deckel garen, ab und zu rühren.

3. Fleisch und Speck herausnehmen, in 1 cm große Stücke würfeln und wieder in den Topf geben.

4. Mit Salz, Dillspitzen, Essig, Tomatenmark, Pfeffer, gekörnter Brühe, Petersilie und saurer Sahne abschmecken.

Zubereitungszeit: gut 2 Stunden
Tip: Läßt sich für 4 Wochen einfrieren.
Getränk: Bier, Wodka

Bauernplatte

Vorbereitung der Zutaten: (für 6 Personen)
600 g Schweinerippchen (frisch, gepökelt oder geräuchert), in je 4 Stücke zerteilt
400 g durchwachsener Speck, geviertelt
1 kg grüne Bohnen, geputzt, gewaschen, in 3–4 cm große Stücke geschnitten
1 mittelgroße Zwiebel, fein gehackt
1 Knoblauchzehe, fein gehackt
1 TL Bohnenkraut, frisch klein geschnitten oder getrocknet
2 EL glatte Petersilie, gehackt
2 EL Öl
1 EL Speisestärke
Prise Zucker
schwarzer Pfeffer aus der Mühle
Beilage: Kümmelbrot, süßer und scharfer Senf.

1. Rippen und Speck in mittlerem Topf bei kleiner Hitze in 1/2 l kochendem Wasser mit Deckel 50 Minuten ziehen lassen.

2. In großem Topf Öl heiß werden lassen. Bei kleiner Hitze Zwiebeln und Knoblauch unter Rühren 3 Minuten anschwitzen.

3. Bohnen dazugeben und unter Rühren 5 Minuten bei kleiner Hitze anschwitzen.

4. Fleisch mit dem Kochwasser dazugeben. Bohnenkraut zufügen und noch 45 Minuten bei kleiner Hitze je nach gewünschter Flüssigkeitsmenge mit oder ohne Deckel kochen. Ab und zu rühren.

5. Etwas von der Flüssigkeit abschöpfen und mit 1 EL Speisestärke vermischt wieder einrühren. Einmal aufkochen, rühren. Pfeffer und Prise Zucker zugeben. Petersilie darüberstreuen. (Nicht salzen, Speck ist salzig genug!).

Zubereitungszeit: 1 1/2 Stunden
Tip: Im Kühlschrank im Porzellangefäß 24 Stunden haltbar.
Getränk: Bier

Weißkohl-Eintopf

Vorbereitung der Zutaten: (für 6 Personen)
600 g mageres Rindfleisch, grob gewürfelt
1 kg Weißkohl, ohne Strunk und Deckblätter, in 3–4 cm lange, fingerdicke Streifen geschnitten
1 große Zwiebel, grob gewürfelt
800 g Kartoffeln, geschält, mundgerecht gewürfelt
1 EL Schmalz
1 EL gekörnte Brühe (Instant)
2 TL Kümmel (Pulver oder Samen)
schwarzer Pfeffer aus der Mühle oder
1/2 TL grob geschrotet
Salz

1. Fleisch und Zwiebeln in schwerem Topf mit Schmalz bei großer Hitze unter Rühren 5 Minuten anbraten.

2. Mit 1/2 l Wasser löschen und 40 Minuten mit Deckel bei kleiner Hitze garen. Ab und zu rühren.

3. Kartoffeln, Kohl, Kümmel und gekörnte Brühe dazugeben und – falls notwendig – noch etwas heißes Wasser aufgießen, weitere 40 Minuten mit Deckel bei kleiner Hitze garen. 1/2 TL grob geschroteten Pfeffer jetzt dazugeben. (Pfeffer aus der Mühle erst unter Stufe 4.).

4. Mit Salz und Pfeffer aus der Mühle und Zucker abschmecken.

Zubereitungszeit: 1 1/2 Stunden
Tip: 6 Kochwürste 20 Minuten mitkochen. Dazu Senf. Hält sich tiefgefroren 2–3 Monate.
Getränk: Starkbier oder Pilsener

KARTOFFELSUPPE BAUERN-ART
SEITE 291

LABSKAUS-ZUTATEN
SEITEN 292/293

Weißkohltopf mit Schweinebauch

Vorbereitung der Zutaten: (für 6 Personen)
1 1/2 kg Schweinebauch, in dicke Scheiben geschnitten
1 Kopf Weißkohl (etwa 1 kg), in 3–4 cm lange Streifen geschnitten (ohne Strunk und Deckblätter)
1 EL gekörnte Fleischbrühe (Instant)
1 TL Kümmel
1/2 TL schwarzer grober Pfeffer
1 TL Salz

1. Im großen Topf etwa 2 l Wasser zum Kochen bringen.

2. Fleisch dazugeben, mit Deckel bei kleiner Hitze etwa 1 Stunde kochen lassen.

3. Kohl und Gewürze dazugeben und noch 1 Stunde bei kleiner Hitze, teils mit Deckel, kochen. Ab und zu rühren.

4. Mit gekörnter Fleischbrühe, Pfeffer und Salz abschmecken. Mit Senf servieren.

Zubereitungszeit: 2 Stunden
Tip: 2–3 Monate in der Tiefkühltruhe haltbar. Wenn der Weißkohl gehobelt wird, verkürzt sich die Kochzeit (Stufe 3.) um 20 Minuten.
Getränk: Starkbier oder Pilsener

Wirsing-Eintopf

Vorbereitung der Zutaten:
1 Wirsingkohl, 1 kg, geviertelt, Strunk entfernen, die Viertel in grobe Streifen schneiden, waschen, abtropfen
3 Markknochen
1 Scheibe geräucherter Schinkenspeck
500 g Rindfleisch oder Hammelfleisch vom Bug
1 Lorbeerblatt
1 Zwiebel, halbiert
1 Möhre, fein gewürfelt
1 Petersilienwurzel, fein gewürfelt
4 Sellerieblätter, fein geschnitten
schwarzer Pfeffer aus der Mühle
Salz
1 EL gekörnte Brühe (Instant)
Einlage: In Salzwasser gekochte Kartoffelwürfel

1. Markknochen in großem Topf mit 1 1/2 l kaltem Wasser aufsetzen. Wenn das Wasser sprudelt, Fleisch, Gemüse, Schinkenspeck und Zwiebel zufügen. Hitze reduzieren und zugedeckt reichlich 1 Stunde köcheln lassen. Schaum abschöpfen.

2. Nun den Kohl dazugeben und eine weitere halbe Stunde mit allen anderen Zutaten köcheln lassen.

3. Fleisch und Knochen herausnehmen, Fleisch würfeln, Mark ausschaben und zusammen mit den inzwischen gekochten Kartoffeln in den Kohltopf einrühren. Mit Salz und Pfeffer abschmecken. Vor dem Servieren noch einmal kurz aufkochen lassen.

Zubereitungszeit: 1 1/2 Stunden
Tip: Zum Einfrieren das Gericht nur 3/4 garkochen. Haltbarkeit 2 Monate.
Getränk: Bier

Rindfleisch und Chinakohl

Vorbereitung der Zutaten:
750 g Rindfleisch (Ochsenbein)
1 kg Chinakohl, geviertelt, Strunk entfernt, in Streifen geschnitten, gewaschen
3 Möhren, klein geschnitten
1 Stange Lauch, klein geschnitten, gewaschen
125 g Sellerie, gewürfelt
2 TL Delikateßpaprika
weißer Pfeffer
Salz
Einlage: In Salzwasser gekochte Kartoffelwürfel

1. Rindfleisch in 1/2 l Wasser mit 1 TL Salz 40 Minuten zugedeckt kochen.

2. Nach 40 Minuten Kochzeit Gemüse auf das Fleisch schichten.

3. Mit Salz, Pfeffer und Paprika würzen.

4. Weitere 30–40 Minuten kochen. Fleisch herausnehmen, zerkleinern und in den Eintopf geben.

Zubereitungszeit: etwa 1 1/2 Stunden
Getränk: Pilsner

Borstsch

Vorbereitung der Zutaten:
500 g Rinderbrust
125 g Räucherspeck, gewürfelt
300 g Rote Bete, in Streifen geschnitten
250 g Weißkohl, klein geschnitten
2 Bund Suppengrün, geputzt, gewürfelt
125 g Tomaten, enthäutet, geachtelt
1 Petersilienwurzel, gewürfelt, 1 Zwiebel, gehackt
1 EL Zucker, 1 EL Essig, 3 EL Schmalz
1 Lorbeerblatt, 1 EL Tomatenmark, Salz
schwarzer Pfeffer, 1/8 l saure Sahne
Zum Färben: 1 Rote Bete in Scheiben, 1 EL Essig

1. Fleisch mit 2 1/2 l Wasser zum Kochen bringen, abschäumen, bei kleiner Hitze zugedeckt weiter kochen.

2. Räucherspeck, Suppengrün, Zwiebel, Petersilienwurzel mit 2 EL Schmalz in großer, heißer Pfanne 4 Minuten andünsten. Dann Weißkohl, Tomaten und Rote-Bete-Stäbchen mit 1 EL Schmalz, 1/4 l der Fleischbrühe von der Rinderbrust, Essig und Zucker dazugeben und mit Deckel 20 Minuten schmoren. Beiseite stellen.

3. Mit 1/4 l Fleischbrühe und 1 EL Essig die in Scheiben geschnittene zweite Rote Bete bei kleiner Hitze mit Deckel 15 Minuten kochen. Beiseite stellen.

4. Wenn das Rindfleisch gar ist (Gabelprobe nach etwa 1 Stunde Kochzeit), herausnehmen und in dünne kleine Scheiben schneiden. Bouillon dabei offen weiter kochen lassen.

5. Pfanneninhalt in die Brühe geben, langsam 10 Minuten ohne Deckel kochen lassen. Geschnittenes Fleisch hineinlegen und Tomatenmark einrühren. Mit Salz und Pfeffer abschmecken. 5 Minuten ziehen lassen.

6. Den Saft der extra gekochten Rote Bete einrühren. Von der sauren Sahne je 1 EL auf jeden gefüllten Teller geben.

Zubereitungszeit: 1 1/2 Stunden
Tip: Als Einlage eignen sich auch gekochter Schinken, kleingeschnitten, oder Scheiben von Würstchen. Tiefgefroren bis 4 Monate haltbar.
Getränk: Bier, Wodka

Bayerischer Spargeltopf

Vorbereitung der Zutaten: (für 6 Personen)
500 g Spargel in leicht gesalzenem Wasser mit 1 TL Zucker 20 Minuten gegart, in 3 cm große Stücke geschnitten
200 g Champignons, geputzt, blättrig geschnitten
1/4 l des Spargelkochwassers mit 2 EL Speisestärke verquirlt
200 g saure Sahne
4 EL glatte Petersilie, gehackt
200 g gekochter Schinken, fein gewürfelt
4 Weißbrotscheiben, 80 g Butter
3 Eier mit 3 EL Mehl, 3/8 l Milch, 1 Prise Salz verquirlt
Zucker
weißer Pfeffer aus der Mühle, Salz

1. Champignons in mittlerem Topf bei kleiner Hitze unter Rühren 4 Minuten in 40 g heißer Butter anschwitzen.

2. Verquirltes Spargelwasser dazugeben und unter Rühren 2 Minuten bei großer Hitze offen aufkochen.

3. Sahne dazugeben, 5 Minuten offen bei kleiner Hitze unter Rühren einkochen. 2 EL Petersilie und Spargelstücken dazugeben, mit Salz, Pfeffer und Zucker abschmecken. Warmhalten.

4. Weißbrotscheiben 1 Minute in der Eiermilch quellen lassen. 40 g Butter in großer Pfanne erhitzen.

5. Brotscheiben in die Pfanne geben, Schinkenwürfel darüberstreuen und Eiermilch darübergießen.

6. Bei mittlerer Hitze 5 Minuten stocken lassen, auf Topfdeckel wenden, noch einmal 3 Minuten mittlere Hitze, dann auf einer Platte anrichten, Gemüse auffüllen und mit 2 EL Petersilie bestreuen.

Zubereitungszeit: 60 Minuten
Tip: Zum sofortigen Verzehr
Getränk: Kräftiger deutscher Weißwein (Baden, Pfalz, Rheinhessen)

Porreetopf (Laucheintopf)

Vorbereitung der Zutaten: (für 4–6 Personen)
1 kg Lauch, nur das Helle, geputzt, gewaschen und in fingerlange Stücke geschnitten
400 g Kartoffeln, geschält, gewaschen, in Scheiben geschnitten
4 grobe Bratwürste
1 EL Butter
1 1/2 Tassen Fleischbrühe (Instant)
Prise Zucker
weißer Pfeffer aus der Mühle
Salz

1. Lauch und Kartoffeln in mittelgroßem Topf bei mittlerer Hitze unter Rühren in der Butter 3 Minuten anschwitzen.

2. Brühe zugießen, Bratwürste obenauf legen, mit Deckel 20 Minuten bei kleiner Hitze garen. Gelegentlich rühren.

3. Bratwürste häuten und in Scheiben schneiden, unterrühren, salzen und pfeffern und mit 1 Prise Zucker abschmecken.

Zubereitungszeit: 45 Minuten
Tip: Im Kühlschrank 3 Tage haltbar. Nicht zum Einfrieren geeignet.
Statt Bratwurst können auch Reste von Lamm (Schulter oder Keule) verwendet werden.
Getränk: Herber Weißwein (bei Verwendung von Lamm Rotwein)

Linsentopf

Vorbereitung der Zutaten:
500 g Linsen, über Nacht oder mindestens 6 Stunden eingeweicht, dann abgießen
2 l einfache Rinder-Bouillon (Rezept Seite 42)
200 g durchwachsener Räucherspeck, fein gewürfelt
200 g geräucherte Würstchen, in Scheiben geschnitten
200 g Räucherschwarten, gewaschen
200 g Sellerieknolle, fein gewürfelt
3 Möhren, in dünne Scheiben geschnitten
2 mittelgroße Lauchstangen, geputzt, in dünne Ringe geschnitten, beiseite stellen
4 EL Weinessig
1 EL Zucker
Salz
weißer Pfeffer aus der Mühle

1. Linsen, Brühe, Schwarten in großem Topf zum Kochen bringen und bedeckt 20 Minuten bei mittlerer Hitze kochen. Abschäumen.

2. Gemüse-, Speckwürfel und Wurstscheiben dazugeben und bei kleiner Hitze unter gelegentlichem Rühren noch knapp 40 Minuten mit Deckel kochen. Falls notwendig, abschäumen.

3. Schwarten entfernen, dann mit Zucker, Salz, Pfeffer, Essig süß-sauer abschmecken. Lauchringe dazugeben und noch 2 Minuten bei kleiner Hitze offen stehen lassen.

Zubereitungszeit: 80 Minuten
Tip: Nur im Kühlschrank bis zu 3 Tagen haltbar.
Getränk: Rotwein

Zwiebel-Linsen-Topf

Vorbereitung der Zutaten:
200 g Linsen, am Vorabend eingeweicht
3/4 l Fleischbrühe (Instant)
250 g durchwachsener Speck, fein gewürfelt
500 g Frühlingszwiebeln, das Grün in Ringe geschnitten, die Zwiebeln ganz lassen
1 EL Butter
4 EL Essig
Zucker
2 TL Salz
Beilage: Auf Extra-Teller: Wiener Würstchen oder Kochwurst mit Senf

1. Linsen abgießen, im Topf mit Brühe auffüllen und 40 Minuten mit Deckel leise köcheln. Ab und zu umrühren.

2. Speck in einer großen Pfanne bei mittlerer Hitze unter Rühren auslassen, glasig werden lassen.

3. Zwiebeln mit 1 EL Butter dazugeben und unter Rühren 5 Minuten anbräunen.

4. Alles zu den Linsen geben und mit Salz, Zucker, Essig abschmecken.

Zubereitungszeit: 50 Minuten
Tip: Hält sich im Kühlschrank 2 Tage
Getränk: Württemberger Trollinger

Klassische Erbsensuppe

Vorbereitung der Zutaten: (für 6 Personen)

250 g gelbe Erbsen, geschält 250 g grüne Erbsen, ungeschält	über Nacht in 1 1/2 l Wasser eingeweicht

250 g Spitzbein oder Schweineöhrchen, oder magerer Schweinebauch, in 1 cm große Würfel geschnitten
250 g geräucherter, durchwachsener Speck, gewürfelt
1 große Zwiebel, fein gehackt
250 g rohe, geschälte Kartoffeln, in 1 cm große Würfel geschnitten
1 Knoblauchzehe, fein gehackt
2 EL gekörnte Brühe (Instant)
1 TL Majoran
1 TL Zucker
schwarzer Pfeffer aus der Mühle
Salz

1. Erbsen mit Einweichwasser in großem Topf mit Fleisch, Speck, Zwiebel, Kartoffeln, Knoblauch und Majoran (falls notwendig, noch Wasser auffüllen, damit alles gut bedeckt ist) zum Kochen bringen. 15 Minuten bei mittlerer Hitze, dabei abschäumen.

2. Bei kleiner Hitze mit Deckel unter gelegentlichem Rühren 2 Stunden kochen lassen.

3. Mit Salz, Pfeffer, gekörnter Brühe und einer Prise Zucker abschmecken. Noch 5 Minuten unter Rühren köcheln lassen.

Zubereitungszeit: 2 1/2 Stunden
Tip: Als Beilage geröstete Weißbrotwürfel oder Kochwürste, die eine Stunde mitkochen, kross gebratene Speck- und Zwiebelwürfel oder 1 EL rohes Sauerkraut in jeden Teller.
Läßt sich für 8 Wochen einfrieren.
Getränk: Bier, Korn

Frische Erbsensuppe

Vorbereitung der Zutaten:
500 g frische grüne Zuckererbsen (1 1/2 kg Erbsen in Schoten)
1 1/2 l einfache Rinder-Bouillon (Rezept Seite 42)
100 g roher Schinken, gewürfelt
4 rohe Kartoffeln, geschält, klein gewürfelt
2 EL Butter
1/8 l Sahne
1 EL Estragon gehackt (oder 1 gehäufter TL getrocknet)
2 EL glatte Petersilie, gehackt
Zucker
weißer Pfeffer aus der Mühle
Salz

1. Erbsen auspalen, unter Rühren 5 Minuten in 1 EL Butter andünsten und mit der Brühe ablöschen. Estragon dazugeben.

2. Gewürfelte Kartoffeln dazugeben und alles in etwa 20 Minuten garkochen.

3. Sahne und Schinken einrühren. Vom Feuer nehmen, 1 EL kalte Butter stückweise mit dem Schneebesen einschlagen. Mit Zucker, Salz, Pfeffer abschmecken, Petersilie darüberstreuen.

Zubereitungszeit: 35 Minuten
Tip: Statt Erbsen kann man auch junge Schoten nehmen: Fäden abziehen und viermal durchschneiden.
Getränk: Badischer oder Elsässer Wein

Brandenburger Erbsensuppe

Vorbereitung der Zutaten: (für 4–6 Personen)
350 g gelbe, ungeschälte Erbsen, über Nacht in 1 l Wasser eingeweicht
1/2 l Fleischbrühe (Instant)
etwa 1 kg Schweineohren, geputzt, grob zerschnitten
100 g geräucherte Speckschwarte (oder Speckstückchen)
2 EL Suppengrün, fein geschnitten
2 Zwiebeln, fein gehackt, in 1 EL Butter gebräunt
1 TL Majoran
schwarzer Pfeffer
Salz
nach Geschmack: 1/4 l süße Sahne
Beilage: Frisches oder leicht getoastetes Kümmelbrot

1. Schweineohren und Speckschwarte mit den Erbsen im Einweichwasser (falls notwendig, auffüllen, damit alles gut bedeckt ist) 90 Minuten kochen lassen. Zwischendurch abschäumen.

2. Schweineohren herausnehmen.

3. Die in Butter gebräunten Zwiebeln und Majoran zu den Erbsen geben. 10 Minuten mitkochen lassen. Speckschwarte herausnehmen und wegwerfen.

4. Erbsen durch ein Sieb treiben. Mit Salz und Pfeffer abschmecken.

5. Nach Geschmack 1/4 l süße Sahne einrühren und Schweineohren wieder eingeben. Noch einmal aufkochen lassen.

Zubereitungszeit: 2 Stunden
Tip: Statt Majoran kann man auch Thymian oder Oregano nehmen.
Getränk: Bier

Weiße Bohnensuppe

Vorbereitung der Zutaten:
375 g getrocknete weiße Bohnen, über Nacht in 1 l Wasser eingeweicht
2 Bund Suppengrün, geputzt und wieder zusammengebunden
2 große Möhren, fein gewürfelt
500 g gepökelte Rinderbrust
1 tiefgefrorene Gänsekeule, aufgetaut
2 Zwiebeln, in halbe Ringe geschnitten
2 EL Öl
1 TL Bohnenkraut
1 TL Thymian
1 EL glatte Petersilie, fein gehackt
2 TL Paprika, edelsüß
1 TL Tomatenmark
schwarzer Pfeffer aus der Mühle
Salz

1. Bohnen mit dem Einweichwasser zum Kochen bringen. 1/2 Stunde langsam bei kleiner Hitze kochen lassen.

2. Suppengrün, Gänsekeule und Pökelbrust zufügen. Alles zusammen noch 1 Stunde kochen lassen. Falls notwendig, Wasser nachgießen. Fleisch herausnehmen.

3. Gänsefleisch vom Knochen lösen, Haut abtrennen, mit den Knochen wegwerfen. Suppengrün herausnehmen, ebenfalls wegwerfen. Gänse- und Rindfleisch klein schneiden und mit Zwiebeln, Bohnenkraut, Thymian und gewürfelten Möhren in die Suppe geben. Noch 25 Minuten mit Deckel köcheln lassen.

4. Inzwischen Zwiebeln mit 2 EL Öl glasig dünsten und mit dem Tomatenmark in die Suppe rühren. Mit Salz, Pfeffer und Paprika abschmecken und mit Petersilie bestreuen.

Zubereitungszeit: 2 Stunden
Tip: Bei frischen weißen Bohnen ist das Einweichen überflüssig. Statt 375 g trockene 500 g frische Bohnen nehmen.
Getränk: Junger Beaujolais

Hühner-Eintopf „Julienne"

Vorbereitung der Zutaten: (für 6 Personen)
1 Poularde oder Suppenhuhn (1 1/2 kg), gewaschen, getrocknet
3-4 Kalbsknochen
1 Bund Suppengrün, grob geschnitten
1 Zwiebel, grob gehackt
6 Pfefferkörner
5 Pimentkörner
1 Lorbeerblatt
1/2 TL Safran
2 EL Schnittlauch, fein geschnitten
2 EL glatte Petersilie, gehackt
1 Möhre } geputzt, in sehr feine streichholz-
1/4 Wirsing } dünne Streifen geschnitten
1 Knoblauchzehe, grob gehackt
Zucker
weißer Pfeffer aus der Mühle
Salz
Einlage: Gekochter Reis (Seite 354) oder schmale Nudeln (Seite 355)

1. Huhn und Knochen in großem Topf mit kaltem Wasser (2 l) aufsetzen und bei mittlerer Hitze zum Kochen bringen, abschäumen. 20 Minuten kochen lassen.

2. Suppengrün, Zwiebeln, Knoblauch und Gewürze dazugeben und 1 Stunde mit Deckel bei kleiner Hitze unter gelegentlichem Rühren kochen.

3. Inzwischen Möhren und Wirsingstreifen in 1/2 l kochendem Salzwasser (1/2 TL Salz, 1/2 TL Zucker) etwa 5 Minuten knackig garen, abtropfen lassen.

4. Huhn herausnehmen, enthäuten und entbeinen, Fleisch in feine Streifen schneiden. Brühe durch feines Sieb passieren und etwas entfetten.

5. Wirsing, Möhren und Fleischstreifen in die Brühe geben, noch 3 Minuten ohne Deckel bei kleiner Hitze köcheln. Mit Salz, Pfeffer, Prise Zucker abschmecken. Mit Schnittlauch und Petersilie bestreuen.

Zubereitungszeit: knapp 2 Stunden

Berliner Hühnersuppe

Vorbereitung der Zutaten: (für 8 Personen)
1 Poularde, ausgenommen, gewaschen
3 Markknochen
6 Möhren, in Scheiben geschnitten
2 Lauchstangen, in Scheiben geschnitten
1/2 Sellerieknolle, in Streifen geschnitten
1 Bund glatte Petersilie, gehackt
1 EL gekörnte Brühe (Instant)
1 TL Zucker
Prise Muskatnuß
weißer Pfeffer aus der Mühle
Salz
125 g Nudeln (Bandnudeln oder Spaghetti, durchgebrochen), ca. 10 Minuten in Salzwasser gekocht, abgegossen, kalt abgespült und abgetropft.

1. Poularde und Knochen in großem Topf mit 1 gestrichenen EL Salz und ca. 2 l kaltem Wasser bei großer Hitze zum Kochen bringen, abschäumen. 30 Minuten bei kleiner Hitze mit Deckel kochen.

2. Gemüse dazugeben und noch 30 Minuten mit Deckel bei kleiner Hitze kochen.

3. Poularde herausnehmen, Fleisch von Haut und Knochen lösen, mundgerecht zerkleinern und in die Suppe zurückgeben. Knochenmark auslösen, ebenfalls in die Suppe geben. Alle Knochen sowie Haut wegwerfen.

4. Nudeln dazugeben, mit Salz, Pfeffer, Muskat, 1 EL gekörnte Brühe und 1 TL Zucker abschmecken. Mit Petersilie bestreut servieren.

Zubereitungszeit: 1 1/2 Stunden

Gemüse-Eintopf (kalt oder warm)

Vorbereitung der Zutaten:

3 Möhren 3 Stangen Sellerie (nur die inneren hellen Teile) 3 Zucchini, entkernt 4 Frühlingszwiebeln	in dünne Scheiben schneiden

150 g junge, zarte Brechbohnen, in Stücke brechen
100 g junge grüne Erbsen (evtl. tiefgekühlt)
3 große Fleischtomaten, brühen, enthäuten, entkernen, würfeln
1 1/2 l Fleischbrühe (Instant)
4 EL Olivenöl
100 g Reis
1 Stengel Rosmarin
2 EL glatte Petersilie, gehackt
1 EL Basilikumblätter, in Streifen schneiden
1 Knoblauchzehe, zerdrücken
1/2 Tasse Weißwein
Salz
weißer Pfeffer aus der Mühle

1. Öl in großem Topf heiß werden lassen und unter Rühren bei kleiner Hitze die Gemüse (ohne Tomaten) und Knoblauch 5 Minuten anschwitzen.

2. Mit Brühe löschen. Salz und Rosmarinzweig dazugeben. Mit Deckel bei kleiner Hitze 35 Minuten kochen. Ab und zu rühren.

3. Reis einrühren und bei kleiner Hitze mit Deckel unter gelegentlichem Rühren noch 15 Minuten kochen.

4. Rosmarinzweig herausnehmen, Tomatenwürfel und Wein dazugeben. Kurz aufkochen.

5. Mit Salz und Pfeffer abschmecken, Kräuter dazugeben und einige Stunden im Kühlschrank stehen lassen.

Zubereitungszeit: 80 Minuten
Tip: Der Eintopf schmeckt auch warm sehr gut. Dann mit Käse (Parmesan) bestreuen.

Steckrüben (Kohlrüben) mit Gänsekeule

Vorbereitung der Zutaten: (für 6–8 Personen)
1 Steckrübe, 1 kg oder schwerer, schälen, würfeln, waschen, abtropfen
500 g gepökelter Schweinebauch (Kasseler Bauch)
2 Gänsekeulen, tiefgefroren
1 EL Majoran
2 EL gekörnte Fleischbrühe (Instant)
schwarzer Pfeffer aus der Mühle
Salz
Einlage:
6 Kartoffeln, geschält, gewürfelt, gekocht

1. Schweinebauch und gefrorene Gänsekeulen in 1 1/2 l Wasser etwa 25 Minuten zugedeckt kochen lassen. Dann die gewürfelten Steckrüben, Majoran und gekörnte Brühe dazugeben. Mit Deckel bei kleiner Hitze 40 Minuten kochen lassen.

2. Wenn die Steckrüben gar sind, Fleisch herausnehmen, von Knochen und Fett befreien und ebenso gewürfelt wie die Steckrüben wieder in den Topf zurücklegen. Währenddessen die Kartoffelwürfel in Salzwasser kochen. (Gewürfelte haben eine wesentlich kürzere Garzeit als ganze Kartoffeln.) Die garen Kartoffelstückchen abdampfen und kurz vor dem Servieren in die Steckrüben und das Fleisch hineingeben. Mit Salz und schwarzem Pfeffer abschmecken.

Zubereitungszeit: 1 Stunde, 20 Minuten
Getränk: Bier

ECHTER LABSKAUS
SEITEN 292/293

GRAUPENEINTOPF
SEITE 297

KLASSISCHE ERBSENSUPPE
SEITE 307

WEISSE BOHNENSUPPE
SEITE 308

Saucen

„Saucen verhalten sich zu anderer eßbarer Materie wie der Geist zum Körper."

KARL FRIEDRICH VON RUMOHR,
„GEIST DER KOCHKUNST"

In jeder Küchenbrigade ist der Saucier die wichtigste Person unter den Köchen. Von seinem Geschmack hängt der Ruf der Küche ab. Absolute Sicherheit im Salzen und Würzen ist Vorbedingung. Den typischen Geschmack aller Saucen muß er auswendig kennen, sonst geht es ihm wie dem Laien bei einer Weinprobe: Nach Verkosten von fünf Sorten schmecken ihm alle gleich. Oft ist ein kleines, raffiniert zubereitetes Sößchen, das man am liebsten mit Brotkruste austunken würde, der Höhepunkt eines Menüs. Gerade bei Saucen gilt: Nicht auf die Menge, auf die Güte kommt es an.

Baltische Sauce

Vorbereitung der Zutaten:
2 EL Butter
2 EL Mehl
1 Bund Schnittlauch, fein schneiden
1/4 l saure Sahne
250 g Tomaten, brühen, enthäuten, entkernen, in kleine Würfel schneiden
Salz
weißer Pfeffer aus der Mühle
1 TL Zucker

1. Butter im kleinen Topf bei kleiner Hitze zergehen lassen. Mit dem Schneebesen Mehl einrühren. Unter ständigem Rühren saure Sahne und etwas Wasser zugießen. 5 Minuten leise kochen und rühren.

2. Schnittlauch, Tomatenwürfel, Salz, Pfeffer, Zucker dazu und noch 3 Minuten bei kleiner Hitze köcheln.

Zubereitungszeit: 10 Minuten
Tip: Paßt hervorragend zu Gemüseauflauf (Rezept Seite 140).

Apfelsinensauce

Vorbereitung der Zutaten:
2 ungespritzte Apfelsinen, auspressen von einer die Schale dünn abschälen (ohne Weißes) und in feine Streifen schneiden
1/4 l Portwein
1/4 l klare Kraftbrühe (Rezept Seite 42), falls erforderlich, Brühe mit Fleischextrakt verstärken
2 TL Speisestärke mit etwas Rotwein glattrühren
1 TL Zucker
2 EL Grand Marnier oder Curacao weiß
Salz
weißer Pfeffer aus der Mühle

1. Apfelsinenschalen kurz in kochendes Wasser legen (1 Minute). Wasser abgießen.

2. Schalen mit Portwein in einer Kasserolle mit Deckel 15 Minuten bei Mittelhitze kochen.

3. Im zweiten Topf gleichzeitig Fleischbrühe ohne Deckel bei Mittelhitze 15 Minuten durch Kochen reduzieren.

4. Portwein durch das Sieb in die Fleischbrühe geben. Schalen wegwerfen. Topfinhalt noch 15 Minuten ohne Deckel köcheln lassen. Kleine Hitze.

5. Apfelsinensaft, Likör, Zucker und Speisestärke einrühren. Noch 5 Minuten köcheln.

6. Mit Salz und Pfeffer abschmecken.

Zubereitungszeit: 50 Minuten
Tip: Ideale Sauce zu Enten- und Gänsebraten. Dafür bei Stufe 4. soviel wie möglich entfetteten Bratensatz und -Saft dazurühren.
Apfelsinensauce kalt oder lauwarm auch zu kaltem Schweinebraten oder warmem Schinken servieren.
Im Kühlschrank 4–5 Tage haltbar.

Sauce Béarnaise

Vorbereitung der Zutaten:
4 EL trockener Weißwein
2 Schalotten, fein hacken
etwas Estragon, fein hacken
1 EL weißer Weinessig
4 Eigelb
150–200 g Butter
Salz
weißer Pfeffer aus der Mühle

1. Wein, gehackte Schalotten und Estragon mit dem Weinessig langsam aufkochen, dabei auf etwa 2 EL reduzieren. Durch ein Sieb gießen.

2. Abgekühlt mit Eigelb verrühren, beides in einer Kasserolle bei kleiner Hitze schaumig-cremig aufschlagen.

3. In einer zweiten Kasserolle geklärte Butter herstellen (Siehe Seite 451) und tropfenweise dazugeben. Dabei ständig mit dem Schneebesen rühren.

4. Mit Salz und Pfeffer abschmecken.

Zubereitungszeit: 20 Minuten
Tip: Beim Einrühren der geklärten Butter darauf achten, daß keine Molke (Bodensatz) mit in die Sauce gelangt. Sie paßt vor allem zu gebratenem dunklem Fleisch und zu Fisch.

Béchamelsauce

Vorbereitung der Zutaten:
3 EL Butter
100 g magerer Speck, sehr fein würfeln
3 TL Mehl
1/4 l einfache Rinder-Bouillon (Rezept Seite 42)
1/4 l heiße Milch
6 EL Sahne, steifgeschlagen
Salz
weißer Pfeffer aus der Mühle

1. Butter zerlassen, den sehr fein gewürfelten Speck darin ausbraten. Das Mehl überstäuben und gut mit durchschwitzen; es kann ganz leicht Farbe annehmen.

2. Mit Brühe und Milch ablöschen und gut durchkochen.

3. Mit Salz und frisch gemahlenem Pfeffer würzen. Kurz vor dem Servieren die geschlagene Sahne unterziehen.

Zubereitungszeit: 15 Minuten
Tip: Zu Spargel oder, wie in Dänemark, zu Pellkartoffeln und Räucherlachs rührt man 2 Bund fein gezupften Dill bei Stufe 3 in die Sauce ein.

Brombeersauce

Vorbereitung der Zutaten:
250 g reife Brombeeren
2 EL Zucker
1 TL Senf
1/2 Glas Rotwein
1 Prise gemahlener Zimt
abgeriebene Schale 1/4 unbehandelten Orange
1/2 Glas Weinbrand
1 Spritzer Angostura Bitter
1 EL fein gemahlene Mandeln

1. Brombeeren durch ein Sieb streichen.

2. Bei Mittelhitze unter Rühren in etwa 15 Minuten zu einer dicklichen Sauce einkochen.

Zubereitungszeit: 20 Minuten
Tip: Statt reifer Brombeeren eignet sich auch Brombeer-Gelee. Dann auf die 2 EL Zucker verzichten. Warm oder kalt zu Wild, gekochtem Rindfleisch, kaltem Braten oder Aufschnitt servieren.
Die Sauce hält sich tiefgefroren 2 Monate.

Burgundersauce

Vorbereitung der Zutaten:
1/2 Flasche guten roten Burgunder
2 Möhren, in dünne Scheiben schneiden
2 Petersilienwurzeln, in dünne Scheiben schneiden
2 Zwiebeln, in dünne Scheiben schneiden
1 EL Essig
2 EL Zucker
1/2 Lorbeerblatt
6 Champignons, putzen, blättrig schneiden
1/2 TL Thymian
1 EL glatte Petersilie, fein hacken
2 Tassen klare Kraftbrühe (Rezept Seite 42), falls erforderlich, mit Fleischextrakt verstärken
1 TL gekörnte Brühe (Instant)
2 EL Butter, sehr kalt in Flocken
Salz
Cayennepfeffer

1. Gemüse (ohne Champignons) unter Rühren in schwerem Topf bei großer Hitze mit Essig und Zucker kochen, bis der Zucker zu bräunen beginnt und das Wurzelwerk darin anröstet.

2. Sofort mit Rotwein ablöschen. Lorbeer, Thymian, Champignons, Petersilie und gekörnte Brühe dazugeben und ohne Deckel bei Mittelhitze kochen bis die Flüssigkeit auf die Hälfte reduziert ist. Gelegentlich rühren.

3. Kraftbrühe dazugeben. Noch 10 Minuten bei kleiner Hitze ohne Deckel köcheln.

4. Topfinhalt durchs Sieb passieren. Wieder auf den Herd setzen und nochmals aufkochen lassen.

5. Die kalten Butterflocken mit Schneebesen einrühren. Nicht mehr kochen und mit Salz und Cayennepfeffer abschmecken.

Zubereitungszeit: 50 Minuten
Tip: Burgundersauce paßt zu Kalbsherz, Rinderschmorbraten, Hammelbraten oder gebratenem Hähnchen.
Die Sauce hält sich tiefgefroren 2 Monate.

Cumberlandsauce

Vorbereitung der Zutaten:
1 kleines Glas rotes Johannisbeergelee
2 EL scharfer Senf
2 EL trockener Rotwein
1 EL Orangensaft
1–2 TL Zitronensaft
2–3 Schalotten, sehr fein würfeln
Schale einer unbehandelten Zitrone, ohne weiße Haut, in hauchdünne Streifen schneiden
Salz

1. Johannisbeergelee leicht erwärmen bis es flüssig wird, mit Senf und Rotwein verrühren. Dann Zitronenschale und Schalotten einrühren.

2. Mit Zitronensaft, Orangensaft und Salz abschmecken.

Zubereitungszeit: 15 Minuten
Tip: Cumberlandsauce schmeckt nicht nur zu Wild und Wildgeflügel; auch als Beilage zum Fleischfondue gut geeignet.
Hält sich im Kühlschrank 14 Tage.

Currysauce

Vorbereitung der Zutaten:
3 EL Butter
1–2 Schalotten, fein hacken
2–3 EL Currypulver, scharf oder mild
1/4 l Brühe (Instant)
1/8 l süße Sahne
1 Apfel, fein reiben, mit 1 TL Zitronensaft vermengen
1/2 TL Ingwerpulver
1/2 TL Sternanis (zerkleinern s. Tip)
2 TL Zucker
Salz

1. In der eben zerlassenen Butter bei Mittelhitze Schalotten in der Pfanne glasig dünsten. Dann Currypulver dazugeben und kurz mit anschwitzen.

2. Mit Fleischbrühe ablöschen. Apfel, Ingwerpulver und Sternanis einrühren und bei kleiner Hitze 10 Minuten köcheln lassen. Gelegentlich rühren.

3. Sahne dazugießen. Noch 5 Minuten köcheln. Mit Salz und Zucker abschmecken und zu Lamm- oder Kalbfleisch oder gekochtem Huhn servieren.

Zubereitungszeit: 20 Minuten
Tip: Sternanispulver stellt man her, indem man einen Anisstern in ein Tuch einwickelt und ihn mit dem Hammer zerkleinert. Nach Geschmack können bei Stufe 2 noch 4 TL helle Rosinen und 1 TL geraspelte Kokosnuß mitgekocht werden. Wer die Sauce strenger, schärfer mag, verzichtet auf die süße Sahne und die 2 TL Zucker.

Dillsauce

Vorbereitung der Zutaten:
2 Schalotten, fein hacken
3 EL Butter
5 EL feingezupften Dill
200 g Crème fraîche
1 TL Stärkemehl in wenig Wasser glattrühren
3/4 Tasse Fleischbrühe (Instant)
Saft von 1/2 Zitrone
1 TL Zucker
Salz
weißer Pfeffer aus der Mühle

1. Butter in kleinem Topf erhitzen und Schalotten bei kleiner Hitze unter Rühren 3 Minuten anschwitzen.

2. 4 EL Dill, Crème fraîche, Zitronensaft und Fleischbrühe zugeben und 10 Minuten offen bei kleiner Hitze einkochen. Ab und zu rühren. Stärkemehl einrühren und mit Salz, Pfeffer und Zucker abschmecken. Noch 5 Minuten köcheln. Zum Schluß mit 1 EL Dill bestreuen. Nicht mehr kochen!

Zubereitungszeit: 20 Minuten
Tip: Bei Verwendung von getrocknetem Dill nur 3 EL nehmen.

Grüne Sauce

Vorbereitung der Zutaten:
5 hartgekochte Eier (10 Minuten), halbieren, das Weiße fein wiegen, das Gelbe mit Gabel zerdrücken
1/4 Tasse Olivenöl
1 TL Estragon-Senf
1/8 l Joghurt
1/8 l saure Sahne
Saft 1/2 Zitrone
1 Knoblauchzehe, zerdrücken
1 Gewürzgurke, schälen, fein hacken
1 Zwiebel, fein hacken
1 TL Zucker
Salz
weißer Pfeffer aus der Mühle
je 1 EL (frisch und fein gehackt), insgesamt etwa 10 EL:
Schnittlauch, glatte Petersilie, Kresse, Kerbel, Borretsch, Sauerampfer, Pimpinelle, Basilikum, Dill, Estragon, Zitronenmelisse, Liebstöckel. Mindestens 7 von diesen 12 Kräutern verwenden. Von Liebstöckel, Estragon, Sauerampfer, Basilikum und Zitronenmelisse nur 1/2 EL nehmen.

1. Zerdrücktes Eigelb mit Öl in einer Schüssel verrühren.

2. Zitronensaft, Joghurt und Senf unterrühren.

3. Gehacktes Eiweiß, Kräuter, Zwiebel, Knoblauch und Gewürzgurke unterrühren.

4. Mit Zucker, Salz und Pfeffer abschmecken und 1/8 l saure Sahne einrühren.

Zubereitungszeit: 35 Minuten
Tip: Paßt zu gekochtem Rindfleisch, Fisch, Pellkartoffeln, kaltem Geflügel, hartgekochten Eiern.

Hagebuttensauce

Vorbereitung der Zutaten:
125 g Hagebutten, aufschneiden, Kerne und innere Haare entfernen
Schale von 1 ungespritzten Zitrone
1 Stück Zimtstange (etwa 5 cm)
3 EL Zucker
3 Tassen herber Weißwein
2 EL Stärkemehl mit etwas Wasser glattrühren
1 TL Butter

1. Hagebutten mit 1/2 l Wasser zugedeckt zum Kochen bringen. Zitronenschale und Zimt mitkochen.

2. Sind die Hagebutten nach etwa 20 Minuten weich, Zitronenschale und Zimtstange herausnehmen. Wasser abgießen und Früchte durch ein Haarsieb drücken.

3. Das Hagebuttenmus mit Weißwein und Zucker 5 Minuten lang aufkochen. Stärkemehl einrühren und mit Butter abrunden. Mit einer Prise Salz abschmecken.

Zubereitungszeit: 40 Minuten
Tip: Die Sauce schmeckt zu Wildschwein und zu warmem Schinken (gekocht oder gebraten).

Haselnußsauce

Vorbereitung der Zutaten:
2 gehäufte EL Haselnüsse, gerieben
1/4 l Fleischbrühe (Instant)
1/4 l Milch
2 EL Zitronensaft
1 Eigelb mit 2 EL süßer Sahne verrühren
1 TL Zucker
4 EL Butter
2 EL Mehl
Salz
weißer Pfeffer aus der Mühle
1 Prise Muskatnuß

1. Butter in kleinem Topf bei kleiner Hitze zerlassen. Geriebene Haselnüsse 2 Minuten unter Rühren darin anrösten.
Mehl dazugeben und noch 1 Minute rühren. Mit Milch und Brühe löschen, mit Schneebesen rühren und 10 Minuten bei kleiner Hitze kochen.

2. Vom Feuer nehmen. Eigelb einrühren, Sauce mit Zitronensaft, Zucker, Salz, Pfeffer und Muskatnuß abschmecken.

Zubereitungszeit: 15 Minuten
Tip: Wenn die Sauce zu dick wird, beim Kochen noch etwas heißes Wasser zufügen (Stufe 1).
Paßt zu Spargel, Schwarzwurzeln und zu Kochfisch.

Holländische Sauce Grundrezept I

Viele Hausfrauen und Hobbyköche scheuen sich vor der Zubereitung der Hollandaise; aber gerade diese Sauce läßt sich sicher herstellen, wenn man diese 4 Punkte beachtet:

a) Die Butter nie zu stark erhitzen oder gar bräunen.
b) Die Eimasse richtig cremig schlagen. Sie darf im Wasserbad nie kochen.
c) Zum Schluß müssen Butter und Eicreme die gleiche Temperatur haben (Handwärme).
d) Immer sofort servieren. Buttersaucen sind ebenso fein wie empfindlich.

Geronnene Sauce läßt sich mit einigen Tropfen kaltem Wasser wieder aufschlagen.
Hollandaise paßt zu allen feinen Gemüsen wie Spargel, Blumenkohl, Schwarzwurzeln; aber auch zu Kochfisch.

Vorbereitung der Zutaten:
250 g Butter
3 Eigelb
1 EL Zitronensaft
Salz
weißer Pfeffer aus der Mühle
Cayennepfeffer

1. Butter zerlassen, ohne sie stark zu erhitzen.

2. 1/2 l Wasser in großer flacher Kasserolle zum Sieden bringen. Eine feuerfeste Schüssel (Keramik oder geeignete Auflaufform) in das Wasser stellen und die Eigelbe mit 3 EL Wasser und Zitronensaft mit Schneebesen sehr schaumig aufschlagen.

3. Die zerlassene Butter tropfenweise, am besten aus einem Milchkännchen, unterrühren.

4. Mit Salz, Cayennepfeffer und weißem Pfeffer aus der Mühle kräftig abschmecken. Nach Geschmack noch 3–4 Tropfen Essig hinzufügen. Sofort servieren.

Grundrezept II:

Vorbereitung der Zutaten:
2 Eigelb
3 EL Weißwein
150 g geklärte Butter oder zerlassenes Butterschmalz
Salz
weißer Pfeffer aus der Mühle
2 TL Zitronensaft
2 EL steifgeschlagene Sahne

1. Eigelb mit Weißwein und einer Prise Salz und Pfeffer verrühren, im Wasserbad bei milder Hitze schaumig cremig aufschlagen, die geklärte warme Butter tropfenweise unter ständigem Rühren dazugeben.

2. Wenn die Sauce cremig genug ist, steifgeschlagene Sahne unterheben, mit Zitronensaft, Salz und Pfeffer abschmecken.

Variation mit Kräutern

Vorbereitung der Zutaten:
5 EL gemischte Kräuter, fein hacken (Estragon, glatte Petersilie, Kerbel, Basilikum, Brunnenkresse, Schnittlauch)
3 EL trockener Weißwein

1. Weißwein in kleinem Topf zum Kochen bringen. Gehackte Kräuter einige Sekunden dazugeben.

2. Durch ein Haarsieb passieren und bei Mittelhitze ohne Deckel unter Rühren sämig einkochen. Warm halten.

3. Zubereitung der Holländischen Sauce nach Grundrezept I. Wenn die Eimasse cremig wird, Kräutersud dazugeben.

Tip: Besonders gut zu Fischgerichten. Kräutermischung nach Marktangebot. Drei verschiedene sollten es sein.

Variation mit Pilzen

Nach Grundrezept I Hollandaise herstellen.
Vorbereitung der Zutaten:
1 Handvoll gemischte Pilze, fein hacken
1 mittlere Zwiebel, fein hacken
3 EL Butter
6 EL Rotwein
1 TL Rotweinessig
1/2 Knoblauchzehe, zerdrücken
Salz
weißer Pfeffer aus der Mühle

1. Zwiebel und Pilze in Butter hellbraun rösten. Mit Rotwein ablöschen, Knoblauch dazugeben und kurz aufkochen.

2. Durchpassieren und in kleinem Topf bei schwacher Hitze 5 Minuten cremig einkochen. Rühren.

3. Locker unter die fertige Hollandaise, Grundrezept I, mischen und mit Rotweinessig abschmecken.
Auf das Würzen nach Stufe 4. des Grundrezeptes I verzichten.

Tip: Hervorragend zu Wild oder Rindfleisch.

Variation mit Tomaten

Nach Grundrezept I Hollandaise herstellen.
Vorbereitung der Zutaten:
2 EL Tomatenmark
1 Messerspitze Paprika, edelsüß
Saft 1 ausgepreßten Knoblauchzehe
Salz
schwarzer Pfeffer aus der Mühle
4 Tropfen Tabasco-Sauce

1. Wenn die Eimasse vom Grundrezept I cremig wird, Tomatenmark langsam einrühren.

2. Erst wenn die Hollandaise fertig ist, mit den Zutaten – wie oben genannt – würzen. Auf das Würzen nach Stufe 4. des Grundrezeptes I verzichten.

Tip: Sehr gut zu Kalbfleisch und Reis oder Nudelgerichten.

Käsesauce

Vorbereitung der Zutaten:
3 EL Butter
2 EL Mehl
1/4 l Fleischbrühe (Instant)
100 g geriebener Käse (Allgäuer Emmentaler oder Appenzeller)
1/8 l süße Sahne mit
1 Eigelb verquirlen
1 Bund Schnittlauch, fein geschnitten
etwas rote, frische Chilischote, ganz fein würfeln
Salz

1. Butter und Mehl bei Mittelhitze unter Rühren in der Pfanne anschwitzen. Bevor das Mehl braun wird, mit Brühe ablöschen, durchkochen und dann den geriebenen Käse unterrühren.

2. Mit Sahne-Eigelb-Mischung legieren. Dabei nicht mehr kochen lassen.

3. Zum Schluß den Schnittlauch und die sehr fein gewürfelten Chilis dazugeben. Die Sauce soll dickflüssig sein.

4. Heiß über Blumenkohl oder Lauchgemüse gießen.

Zubereitungszeit: 20 Minuten
Tip: Ohne Schnittlauch und Chili eignet sich diese Sauce zum Überbacken von Fleisch oder Aufläufen.

Madeirasauce

Vorbereitung der Zutaten:
1/4 l entfetteter Bratenfond oder Bratensaft
2 Tassen Kalbsbrühe oder Rinderbouillon (Rezept Seite 42)
1 TL gekörnte Brühe
1/2 TL Speisestärke mit etwas Wasser glattrühren
1/2 Tasse Madeira
Salz
weißer Pfeffer aus der Mühle

1. Bratenfond in Kasserolle stark erhitzen, mit der Bouillon ablöschen und bei Mittelhitze 10 Minuten unter Zugabe der gekörnten Brühe durchkochen.

2. Mit Stärkemehl binden, Madeira dazugeben, mit Salz und Pfeffer abschmecken.

Zubereitungszeit: 15 Minuten
Tip: Madeirasauce paßt zu vielen Fleisch- und Geflügelgerichten; besonders gut zu Zunge, aber auch zu Fasan, Rebhuhn und Geflügelleber.

Paprikasauce

Vorbereitung der Zutaten:
1 Bund Suppengrün, putzen, in feine Scheiben bzw. Streifen schneiden
100 g magerer Schinken, fein würfeln
1/2 Lorbeerblatt
1 Gewürznelke
3 EL Butter
4 EL Paprika, nach Geschmack edelsüß oder
2 EL Rosenpaprika
1/2 Tasse Rotwein
1/2 Tasse Fleischbrühe
1 EL gekörnte Brühe
1/8 l saure Sahne
1 EL Tomatenmark

1. Butter in schwerem Topf heiß werden lassen. Suppengrün, Lorbeer und Nelke mit dem Schinken darin anschwitzen. Paprika einstreuen und mitrösten (etwa 3 Minuten).

2. Mit Rotwein und Fleischbrühe ablöschen, Tomatenmark einrühren, etwas heißes Wasser dazugeben und 25 Minuten ohne Deckel bei Mittelhitze durchkochen.

3. Alles durch ein Sieb passieren. Flüssigkeit mit saurer Sahne durchrühren und mit der gekörnten Fleischbrühe (statt Salz) abschmecken. Noch einmal aufkochen und nach Geschmack mit wenig Paprika und einer Prise Zucker abrunden.

Zubereitungszeit: 45 Minuten
Tip: Paprikasauce zu Kalbs- oder Schweineschnitzel, Lamm-Nieren, Hühnerfrikassee oder gedünstetem Seefisch servieren.

Minzsauce

Vorbereitung der Zutaten:
3 EL Olivenöl
1 EL Zitronensaft
1/2 TL Salz
1/2 TL schwarzer Pfeffer aus der Mühle
1 EL frische, feingehackte Minze
2 TL Zucker

Alle Zutaten in ein leeres Schraubglas geben, verschließen und gut schütteln. 1 Stunde im Kühlschrank stehen lassen.

Zubereitungszeit: 5 Minuten
Tip: Minzsauce ist delikat zu jedem Fischsalat, aber geradezu sensationell zu gekochtem oder gebratenem Fisch. Paßt auch zu Lamm.

Kräftige Pilzsauce

Vorbereitung der Zutaten:
250 g Waldpilze, putzen, fein hacken
1 EL fein gehackte Zwiebeln
1 EL fein gehackte glatte Petersilie
1 EL Butter
1 TL Stärkemehl in etwas Brühe glattgerührt
1/2 l Fleischbrühe (Instant)
1 EL Sojasauce
Salz
Prise Muskatnuß

1. Butter in Kasserolle zerlassen. Pilze, Zwiebeln, Petersilie dazugeben und unter ständigem Rühren bei Mittelhitze schmoren, bis das ganze eindickt.

2. Mit Fleischbrühe ablöschen, Sojasauce dazugeben und 15 Minuten unter gelegentlichem Rühren offen einkochen. Stärkemehl einrühren, kurz aufkochen, und mit Salz und Muskatnuß abschmecken.

Zubereitungszeit: 30 Minuten
Tip: Sehr gut zu Rindfleisch und Kurzgebratenem.

Pilzsauce, säuerlich

Vorbereitung der Zutaten:
250 g Mischpilze, vorbereiten, fein hacken
1 EL Butter
1/2 l Fleischbrühe (Instant)
1 TL Stärkemehl mit etwas Brühe glattrühren
1 EL Estragon-Senf
Salz
weißer Pfeffer aus der Mühle
2 EL eingelegte Perlzwiebeln mit etwas Sud
Worcestershiresauce

1. Pilze in Butter 3 Minuten anbraten. Mit Fleischbrühe ablöschen und 10 Minuten bei Mittelhitze offen kochen.

2. Bei kleiner Hitze Senf einrühren und Perlzwiebeln mit etwas Sud dazugeben. Mit Stärkemehl binden, mit Salz und Pfeffer und nach Geschmack mit ein paar Tropfen Worcestershiresauce abschmecken.

Zubereitungszeit: 20 Minuten
Tip: Zu Seefisch und Rinderbraten servieren. Bei Verwendung von Dosenpilzen abgießen, kalt abspülen und abtropfen lassen.

Pilzsauce mit Sardellen

Vorbereitung der Zutaten:
250 g Mischpilze, vorbereiten, grob schneiden
1 EL Mehl
1 EL Butter
1/4 l Milch
1 TL abgeriebene Schale einer ungespritzten Zitrone
1 TL fein gewiegte Sardellen oder 1/2 TL Sardellenpaste
1 TL gekörnte Brühe
Prise Muskatnuß
Zitronensaft
Salz
weißer Pfeffer

1. Pilze mit Pfeffer im eigenen Saft bei kleiner Hitze mit Deckel 15 Minuten köcheln.

2. Aus 1 El Butter und 1 EL Mehl eine hellbraune Schwitze herstellen, unter Rühren mit Milch ablöschen und Pilze dazugeben. Gekörnte Brühe einrühren und noch 10 Minuten bei kleiner Hitze offen einkochen.

3. Abgeriebene Zitronenschale und Sardellen dazugeben. Alles gut durchrühren und mit Salz, Muskatnuß und Zitronensaft abschmecken.

Zubereitungszeit: 35 Minuten
Tip: Zu Kalbfleisch oder gekochtem Geflügel servieren.
Bei Verwendung von Dosenpilzen abgießen, kalt abspülen und abtropfen lassen.

Krebssauce

Vorbereitung der Zutaten:
1 Würfel Krebssuppe (oder 1/2 Dose Krebssuppe ohne Wasserzusatz)
200 g Crème fraîche
2 EL Weinbrand oder Cognac
Salz
weißer Pfeffer aus der Mühle
1 TL Zucker
Saft von 1/2 Zitrone
3/4 Tasse Fischfond (100 ccm) (Rezept Seite 161)

Alle Zutaten 15 Minuten ohne Deckel köcheln lassen. Weinbrand erst zum Schluß einrühren.

Zubereitungszeit: 20 Minuten

Sahnesauce

Vorbereitung der Zutaten:
1/4 l Bratenfond oder Bratensaft, entfettet
1/2 l saure Sahne
1 TL Paprika, edelsüß
2 TL Zitronensaft
1 TL Zucker
1 EL Soyasauce

Bratenfond mit saurer Sahne verrühren. 10 Minuten ohne Deckel köcheln lassen. Soyasauce, Zitronensaft und Zucker dazugeben. Mit Paprika und 1 Prise Salz abschmecken. Noch 5 Minuten unter Rühren köcheln lassen.

Zubereitungszeit: 15 Minuten

Tip: Wenn Soyasauce und Bratenfond die Sauce nicht genügend bräunen, Zucker-Couleur herstellen:
1/2 TL Butter mit 1 gehäuftem EL Zucker in kleiner Pfanne sehr heiß werden lassen. Immer wieder schütteln, während der Zucker karamelisiert. Wenn er dunkelbraun zerläuft mit 1/2 Tasse kaltem Wasser ablöschen und solange kochen lassen, bis sich aller Karamel vom Pfannenboden gelöst hat. Dunkle Flüssigkeit bis zur richtigen Färbung in die Sauce gießen.

Kalte Schnittlauchsauce

Vorbereitung der Zutaten:
3 hartgekochte (10 Minuten) Eier, zu Mus zerdrücken
1 großes Bund Schnittlauch, fein schneiden
1/4 l saure Sahne
3 EL Salatöl
2 EL milder Senf (Estragonsenf)
Salz
schwarzer Pfeffer aus der Mühle
Saft von 1/2 Zitrone
1 TL Zucker

1. Öl, Senf, Sahne, Zitronensaft und Zucker in einer Schüssel glattrühren.

2. Schnittlauch und Eimasse einrühren. Mit Salz und Pfeffer abschmecken.

Zubereitungszeit: 30 Minuten
Tip: Hervorragend zu Tafelspitz, kaltem Rindfleisch, Prager Schinken. Im Kühlschrank 1 Tag haltbar. Eignet sich auch als Sauce für einen pikanten Kartoffelsalat.

Meerrettich-Apfel-Sauce

Vorbereitung der Zutaten:
100 g Meerrettichwurzel, fein reiben
1 säuerlicher Apfel, schälen, entkernen, fein reiben und mit
1 TL Zitronensaft vermischen
1/2 TL Zucker
Salz

Geriebenen Meerrettich und Apfel mischen; dabei Zucker unterrühren. Mit Salz abschmecken.

Senfsauce

Vorbereitung der Zutaten:
2 Zwiebeln, fein hacken
2 EL Öl
1 Prise Salz, 1 Prise Pfeffer
1/2 Tasse Weißwein, 1 TL Zitronensaft
4–5 EL Senf, mittelscharf oder
4 TL Senfpulver mit wenig Wasser glattrühren
3 EL Butter, kalt in Flocken

1. Zwiebel in Öl mit Salz und Pfeffer in schwerem Topf anbraten, ohne daß sie Farbe annehmen. Mit Weißwein ablöschen.

2. Ohne Deckel bei Mittelhitze stark einkochen lassen, dann Zitronensaft und Senf unterrühren.

3. Vom Herd nehmen und mit dem Schneebesen die kalte Butter in die Sauce schlagen.

Zubereitungszeit: 20 Minuten
Tip: Eine edle Senfsauce entsteht auch, wenn man in eine fertige Holländische Sauce 3 EL Estragon-Senf einrührt.
Alle heißen Senfsaucen eignen sich zu gekochtem Fisch und Rindfleisch, besonders gut zu verlorenen Eiern.

Senfsauce, kalt

Vorbereitung der Zutaten:
1/8 l süße Sahne
2 TL scharfer Senf, 2 TL süßer Senf
2 TL grober, französischer Senf (Moutarde ancienne)
1/2 TL abgeriebene Zitronenschale (unbehandelt)
Salz, schwarzer Pfeffer aus der Mühle
1/2 TL Zucker

1. Sahne steif schlagen.

2. Senfsorten, geriebene Zitronenschale und Gewürze unterheben, abschmecken.

Zubereitungszeit: 10 Minuten
Tip: Sofort servieren zu gekochtem Fisch, kaltem Rindfleisch oder hartgekochten Eiern.

Tomatensauce

Vorbereitung der Zutaten:
500 g reife Tomaten, brühen, enthäuten, entkernen, vierteln
2 Zwiebeln, fein hacken
100 g durchwachsener Speck, fein würfeln
2 TL Oregano
1 Lorbeerblatt
2 EL Olivenöl
1/2 l Fleischbrühe (Instant)
1 Tasse italienischer Rotwein
3 EL Tomatenmark
1 Knoblauchzehe, zerdrücken
1 TL gekörnte Brühe
1 EL Zucker
Salz
weißer Pfeffer aus der Mühle

1. Öl in schwerem Topf sehr heiß werden lassen. Zwiebeln und Speck dazugeben und mit Holzlöffel rühren. Dabei den Oregano einstreuen.

2. Wenn Zwiebeln und Speck glasig sind, Tomaten einrühren und nach kurzem Andünsten mit Fleischbrühe und Rotwein ablöschen. 10 Minuten bei kleiner Hitze mit Deckel köcheln lassen.

3. Gekörnte Brühe, Tomatenmark, Lorbeer und Knoblauch dazugeben. Etwa 30 Minuten mit Deckel sanft köcheln lassen.

4. Sauce durch ein Sieb passieren. Dabei gut mit Holzlöffel rühren und alles ausdrücken. Wieder in den Topf geben, mit Zucker, Salz und Pfeffer abschmecken. Noch 5 Minuten ohne Deckel köcheln lassen.

Zubereitungszeit: 1 Stunde
Tip: Tomatensauce wird durch längeres Kochen bei Stufe 3. immer besser.
Für sanfteren Geschmack kann man noch 1/8 l süße Sahne bei Stufe 4. einrühren. Soll die Tomatensauce zu Fisch gereicht werden, dann die Fleischbrühe (1/4 l) durch Fischfond ersetzen. Die Sauce schmeckt zu allen Nudelgerichten, zu gebratenem Fleisch, zu Truthahnkeulen und zu Fisch und Muscheln.

Sauerampfersauce

Vorbereitung der Zutaten:
1 kleine Schalotte, fein würfeln
3 EL Butter
6 große Sauerampferblätter, in feine Streifen schneiden
100 g Créme fraîche mit 1 Eigelb verquirlen
1 Tasse Fleischbrühe oder durchgesiebten Fischfond
Saft von 1/2 Zitrone
Salz
weißer Pfeffer aus der Mühle
Zucker

1. Schalotte in Butter bei Mittelhitze in einer Kasserolle glasig dünsten. Ei-Crème fraîche-Mischung, Fleischbrühe (oder Fischfond) und Zitronensaft dazugeben.

2. Bis kurz vor dem Siedepunkt erhitzen, Sauerampfer dazugeben und durchrühren. Sauce mit Salz, Pfeffer und Zucker abschmecken.

Zubereitungszeit: 20 Minuten
Tip: Fischfond verwenden, wenn die Sauce zu Fisch oder Krustentieren gereicht wird. Mit Fleischbrühe paßt sie zu hellem Kalbfleisch, Hirn oder Bries.
Als Variation kann statt Sauerampfer auch eine Handvoll Blättchen der Zitronenmelisse (in feine Streifen geschnitten) verwendet werden.

Kalte Wacholdersauce

Vorbereitung der Zutaten:
20 Wacholderbeeren, im Mörser sehr fein zerstoßen
4 hartgekochte Eier (10 Minuten), das Weiße fein hacken, das Gelbe mit Gabel zerdrücken
1 EL mittelscharfer Senf
1/2 Tasse trockener Rotwein
2 EL Öl
1 TL Zucker
1 EL Zitronenessig
Salz
schwarzer Pfeffer aus der Mühle

1. Zerstoßene Wacholderbeeren und zerdrücktes Eigelb in eine Schüssel geben und vermischen.

2. Mit Schneebesen (oder im Mixer) nach und nach Senf, Öl und Rotwein einrühren. Gehacktes Eiweiß dazugeben. Mit Salz, Pfeffer, Zucker und Zitronenessig abschmecken.

Zubereitungszeit: 20 Minuten
Tip: Hält sich mehrere Tage im Kühlschrank. Paßt zu kaltem Wild, Wildgeflügel und zu Heidschnuckenbraten.

Weißweinsauce

Vorbereitung der Zutaten:
Fischreste und Gräten (nicht den Kopf) grob hacken
2 Schalotten, fein hacken
3 EL Butter
1/8 l trockener Weißwein
1 TL Thymian
1/8 l süße Sahne
2 TL Zitronensaft
Salz
weißer Pfeffer aus der Mühle

1. Fischreste mit Schalotten in Butter bei Mittelhitze in einer Kasserolle andämpfen.

2. Mit Weißwein ablöschen und mit 1/2 l kaltem Wasser auffüllen. Mit Salz und Thymian würzen. 20 Minuten bei schwacher Hitze kochen lassen.

3. Durch ein Sieb gießen und die Flüssigkeit ohne Deckel zur Hälfte einkochen lassen. Fischreste wegwerfen.

4. Sahne einrühren. Mit Salz, weißem Pfeffer und Zitronensaft abschmecken.

Zubereitungszeit: 40 Minuten
Tip: Köstlich zu allen Fischgerichten.

KRÄUTER-STAMPFKARTOFFELN
SEITE 335

GEFÜLLTE KARTOFFELN IM SALZRAND
SEITE 343

Kartoffeln

„Unter den nahrhafteren Gemüsen steht jenes Vortrefflichste – Kartoffel benannt, mit vollem Rechte voran."

KARL FRIEDRICH VON RUMOHR, „GEIST DER KOCHKUNST"

Unsere Speisekartoffel hat in Deutschland viele Namen: Erdapfel, Erdbirne und Grundbirne sind nur einige von ihnen.
Die Kartoffel stammt aus den südamerikanischen Anden, wo sie in Höhenlagen bis zu 4000 m wächst. Die Spanier brachten sie 1550 nach Europa. Gegen Ende des 16. Jahrhunderts zeigten die botanischen Gärten in Nürnberg, Frankfurt und Breslau Kartoffelpflanzen als botanische Kuriosität. Friedrich der Große befahl den Kartoffelanbau in Pommern und Schlesien.
In der internationalen Küche sind über 7000 verschiedene Zubereitungsarten für Kartoffeln bekannt.

Salzkartoffeln (Dampfkartoffeln)

Vorbereitung der Zutaten:
1 kg Kartoffeln, mehlige Sorte, geschält, gewaschen und in kaltes Wasser gelegt, größere Kartoffeln so zerschneiden, daß alle etwa gleichgroß sind
1 EL Salz (auf 1 l Wasser)

1. Kalt mit soviel Wasser aufsetzen, daß es 2 Finger breit über den Kartoffeln steht. Salz hinzufügen. Mit Deckel bei mittlerer Hitze 20 Minuten garkochen lassen.

2. Zur Garprobe mit Messerspitze in 2–3 Kartoffeln stechen. Gibt es keinen Widerstand, sind sie fertig.

3. Deckel schräg aufsetzen, mit Topflappen festhalten. Wasser abgießen. Hitze beim Elektroherd auf Null, beim Gasherd kleinste Flamme. Ohne Deckel im Topf 1–2 Minuten unter Schütteln abdampfen lassen.

Zubereitungszeit: 20 Minuten
Tip: Richtig gekochte Salzkartoffeln sind die Voraussetzung für ein gutes Kartoffelpüree und für Bouillonkartoffeln. Eine Messerspitze Butter im Kochwasser verhindert das Überkochen.

Pellkartoffeln

Vorbereitung der Zutaten:
1 kg festkochende Kartoffeln unter fließendem Wasser säubern
2 EL Salz
1 TL Kümmelsamen

1. Kartoffeln mit Salz, Kümmel und soviel Wasser, daß sie gut bedeckt sind kalt aufsetzen und – je nach Sorte – 20 bis 25 Minuten garkochen. Garprobe: Mit der Spitze des Küchenmessers einstechen.

2. Kochwasser abgießen und Kartoffeln kurz mit kaltem Wasser abspülen.

Zubereitungszeit: 20–25 Minuten
Tip: Pellkartoffeln – warm oder kalt – sind die Basis für viele Kartoffelgerichte.

Kartoffelpüree

Vorbereitung der Zutaten:
1 kg frisch gekochte Salzkartoffeln noch heiß und nicht abgedampft
1/4 l heiße Milch
3 EL Butter
1 Messerspitze Muskatblüte
weißer Pfeffer aus der Mühle
Salz

1. Die frisch gekochten Kartoffeln stampfen und dabei Milch und Butter nach und nach zufügen. Muskatblüte unterrühren, leicht pfeffern und nach Geschmack salzen.

Zubereitungszeit: 10 Minuten

Kräuter-Stampfkartoffeln

Vorbereitung der Zutaten:
1 kg fertig gekochte Pellkartoffeln, möglichst dünnschalig
200 g Butter
1 Tasse fein gehackte frische Kräuter, wie glatte Petersilie, Liebstöckel, Kerbel, Pimpinelle, Borretsch, Ysop, Basilikum, Dill, Schnittlauch, einige Blättchen Majoran oder Thymian
weißer Pfeffer aus der Mühle
Salz
Messerspitze Muskatblüte

1. Weichgekochte Pellkartoffeln mit Schale, noch heiß, unter allmählicher Beigabe der Butter und der Kräuter zu einem groben Brei verstampfen. Nicht so fein wie Püree!
Salzen, pfeffern, zum Schluß Muskatblüte unterrühren.

Zubereitungszeit: 10 Minuten
Tip: Dieses Kartoffelgericht eignet sich als Beilage zu gebratenen und geschmorten Innereien (Herz, Leber, Nieren), aber auch zu Brathuhn und Schweinebraten. Reste können aufgebraten werden.

Himmel und Erde

Vorbereitung der Zutaten:
1 kg Kartoffeln, mehlige Sorte, geschält, gewaschen und in kaltes Wasser gelegt, größere Kartoffeln zerschneiden, so daß alle etwa gleich groß sind
500 g Äpfel, säuerlich, geschält, entkernt, in Scheiben geschnitten
1 EL Zucker
Salz
150 g durchwachsener Speck, gewürfelt
2 EL Butter
2 mittlere Zwiebeln, fein gewürfelt
Beilage: Frische Blut- oder Leberwurst

1. Kartoffeln und Äpfel im Topf mit soviel Wasser aufsetzen, daß sie gerade bedeckt sind. Ein EL Salz und Zucker zufügen. Mit Deckel bei mittlerer Hitze 20–25 Minuten kochen lassen.

2. Speck mit Zwiebeln und Butter in einer Pfanne bei mittlerer Hitze bräunen lassen. Warmstellen.

3. Falls noch Flüssigkeit im Kartoffeltopf vorhanden ist, abgießen und dann die gekochten Kartoffeln mit den Äpfeln zu Püree zerstampfen.

4. Heiße Sauce aus der Pfanne über das Mus geben.

Zubereitungszeit: 30 Minuten

Weinkartoffeln

Vorbereitung der Zutaten:
1 kg Kartoffeln, gewaschen, geschält und roh in nicht zu dünne Scheiben geschnitten
50 g Schmalz
3 mittelgroße Zwiebeln, fein gewürfelt
1/4 l Weißwein
1/4 l Fleischbrühe (Instant)
1 Lorbeerblatt
3 Pfefferkörner
Salz
weißer Pfeffer aus der Mühle

1. Schmalz in großer Pfanne sehr heiß werden lassen und unter Rühren Kartoffeln und Zwiebeln 5 Minuten bei großer Hitze anbraten.

2. Wein, Brühe und Gewürze dazugeben und 10 Minuten mit Deckel bei kleiner Hitze schmoren.

3. Deckel abnehmen und Flüssigkeit bei kleiner Hitze 15–20 Minuten ganz einkochen. Erst dann mit Salz und Pfeffer abschmecken.

Zubereitungszeit: 40 Minuten
Tip: Paßt gut zu Bratwürsten oder gebratenem Schweinebauch.

Märkisches Kartoffelmus

Vorbereitung der Zutaten:
700 g Kartoffeln, geschält, zerschnitten
300 g saure Kochäpfel, geschält, entkernt
100 g Butter
1 Prise Zucker
1 Messerspitze Muskatblüte
Salz

Zum Begießen:
60 g Butter
3 Scheiben zerstoßener Zwieback oder Semmelbrösel

1. Die zerschnittenen Kartoffeln kalt aufsetzen und 15 Minuten in 1 1/2 l Wasser mit 2 TL Salz kochen, dann abgießen.

2. Geschälte Äpfel ohne Kernhaus in Stücke schneiden. Apfelstücke mit Butter zu den gekochten Kartoffeln geben und 1 Tasse Wasser und 1 TL Salz einrühren. Alles zusammen weich kochen lassen: 10 Minuten bei kleiner Hitze unter gelegentlichem Rühren im geschlossenen Topf.

3. Topf vom Herd nehmen und Mus fein stampfen. Falls es zu fest wird, etwas heiße Milch dazugießen. Mit Salz und Muskatblüte abschmecken. Bei sehr sauren Äpfeln etwas Zucker dazugeben.

4. 60 g Butter in die Pfanne geben, heiß werden lassen, zerstoßenen Zwieback (oder Semmelbrösel) einstreuen. Umrühren und gleich vom Herd nehmen. Kartoffelmus in eine Schüssel füllen und mit der Zwieback-Butter übergießen.

Zubereitungszeit: 40 Minuten
Tip: Beilage zu Braten, Wild und Geflügel

Bratkartoffeln

Vorbereitung der Zutaten:
500 g gepellte, kalte Kartoffeln (auch vom Vortag) in dünne Scheiben geschnitten
1 mittelgroße Zwiebel, fein gehackt
100 g durchwachsener Speck, fein gewürfelt
1 EL Butter
1/2 TL Majoran oder Thymian,
1 Prise Zucker
Salz
weißer Pfeffer aus der Mühle

1. Speckwürfel in der Pfanne unter Rühren bei Mittelhitze auslassen, bis er glasig ist.

2. Zwiebeln und Butter dazugeben und 2 Minuten braten.

3. Kartoffelscheiben einlegen und mit Salz, Majoran oder Thymian bestreuen. 1 Prise Zucker über die Kartoffeln geben. 5 Minuten in der zugedeckten Pfanne dünsten lassen. Dann offen braten und alle 5 Minuten von Mittel- auf kleine Hitze umschalten.

4. Sobald die Kartoffeln nach etwa 10–15 Minuten auf einer Seite goldbraun werden, vorsichtig mit dem Schaber wenden. Nicht rühren.

5. Nach Geschmack pfeffern. In der Pfanne servieren oder vorsichtig in eine vorgewärmte Schüssel legen.

Zubereitungszeit: 30 Minuten
Tip: Für Bratkartoffeln möglichst keine Salzkartoffeln verwenden; sie werden in der Pfanne zu weich und zerfallen.

Rösti

Vorbereitung der Zutaten:
7 große Kartoffeln, nur 10 Minuten halbgar gekocht, gepellt und geraspelt
70 g Butter
Salz

1. Butter in einer großen Pfanne erhitzen. Die auf einer großen Raspel in Streifen geriebenen Kartoffeln hineingeben, über den Pfannenboden verteilen, salzen und gut andrücken.

2. Bei Mittelhitze etwa 10 Minuten von jeder Seite goldgelb braten. Zum Wenden die Pfanne mit einem passenden Teller oder Deckel abdecken, umdrehen und die Rösti dann vom Teller wieder in die Pfanne gleiten lassen.

Zubereitungszeit: 20 Minuten

Saure Kartoffelscheiben

Vorbereitung der Zutaten:
800 g Kartoffeln, gekocht, gepellt, abgekühlt, in dünne Scheiben geschnitten
1/2 l Fleischbrühe (Instant)
8 EL fein gehackte Zwiebeln
8 EL durchwachsener Speck, fein gewürfelt
5 EL Apfelessig
2 EL Senf
Salz
weißer Pfeffer aus der Mühle
2 TL Speisestärke mit etwas Wasser glattgerührt
1 TL Zucker

1. Speck in mittelgroßem Topf unter Rühren bei Mittelhitze auslassen, bis er kross ist. Speckwürfel herausnehmen.

2. Zwiebeln und Butter in den Topf geben und bei kleiner Hitze unter Rühren 5 Minuten bräunen.

3. Mit Essig löschen und Senf einrühren.

4. Brühe und Speisestärke dazugeben. Einmal aufkochen lassen.

5. Kartoffeln unterheben, noch einmal aufkochen, die Speckwürfel dazugeben und mit Salz, Pfeffer und Zucker abschmecken.

Zubereitungszeit: 40 Minuten
Getränk: Obstmost oder Cidre

Kartoffelrädchen süß-sauer

Vorbereitung der Zutaten:
1 kg Kartoffeln, geschält, in Scheiben geschnitten
125 g durchwachsener Speck, gewürfelt
2 mittelgroße Zwiebeln, gewürfelt
3 EL Essig
1 EL Zucker
Salz
weißer Pfeffer aus der Mühle

Beilage: Gekochte Eier, frische Leber- und Blutwurst oder Würstchen

1. Kartoffelscheiben in 1 l Wasser mit 1 EL Salz garkochen und abgießen.

2. Zu den Kartoffeln 1 Tasse heißes Wasser, Essig, Zucker, Salz und Pfeffer geben. Süß-sauer abschmecken.

3. Den durchwachsenen Speck ohne zusätzliches Fett unter Rühren in einer Pfanne auslassen. Wenn das Fett austritt, die Zwiebeln dazugeben und so lange weiter rühren, bis die Zwiebeln braun werden. Dann das Gemisch zu den Kartoffeln geben.

4. Kartoffeln noch etwa 5 Minuten ohne Deckel köcheln lassen und bis zum Servieren heiß halten.

Zubereitungszeit: 30 Minuten
Getränk: Bier

Rohe Kartoffeln gebacken

Vorbereitung der Zutaten:
1 1/2 kg Kartoffeln, schälen, waschen, in Scheiben schneiden
5 EL Butter
1/8 l Fleischbrühe (Instant), heiß
1 Becher süße Sahne
weißer Pfeffer
Salz

1. Ofen auf 250 Grad vorheizen. Auflaufform gut mit Butter ausstreichen, Kartoffelscheiben einschichten, mit der heißen Fleischbrühe begießen und mit Salz und Pfeffer bestreuen. Zum Schluß restliche Butter auf der Oberfläche verteilen. Mit Alufolie abdecken.

2. 20 Minuten im Ofen auf mittlerer Schiene garen.

3. Folie abnehmen, Sahne vorsichtig über die Kartoffeln gießen und in weiteren 15 Minuten bei gleicher Hitze leicht überbräunen lassen.

Zubereitungszeit: 40 Minuten
Tip: Wenn man in die Sahne noch 100 g geriebenen Edamer oder anderen leicht schmelzenden Käse einrührt, ergibt sich eine interessante Geschmacksvariante.

Kartoffel-Auflauf I

Vorbereitung der Zutaten:
1 kg Kartoffeln, geschält, roh in dünne Scheiben geschnitten
2 große Zwiebeln, fein gehackt
125 g fetten Räucherspeck, fein gewürfelt
Salz
schwarzer Pfeffer
1 Prise Muskatnuß
1/2 TL getrockneter Majoran
50 g geriebenen Emmentaler
Beilage: Kurzgebratenes, Leber oder Salatplatte mit saurer Sahne

1. Ofen auf 175 Grad vorheizen.

2. Speck unter Rühren im Topf mit Metallhenkeln oder feuerfester Form bei kleiner Hitze 5 Minuten vorsichtig bräunen. Vom Herd nehmen.

3. Kartoffeln und Zwiebeln schichtweise zugeben. Jede Schicht vorsichtig mit Salz, Pfeffer, Muskat und Thymian würzen.

4. Auf der Mittelschiene des Backofens etwa 50 Minuten offen garen. Geriebenen Käse darüber streuen.
Zubereitungszeit: 60 Minuten
Getränk: Weiß- oder leichter Rotwein

Kartoffel-Auflauf II

Vorbereitung der Zutaten:
1 EL Butter für die Form
500 g gekochte Kartoffeln, in dünne Scheiben geschnitten
500 g Quark
3 Eier
1 Zwiebel, fein gehackt
1 EL glatte Petersilie, fein gehackt
2 EL Grieß
1/8 l Milch
Salz
Muskatblüte
Paprika, edelsüß
geriebener Emmentaler oder Gouda
2 EL Butter, kalt, in Flöckchen

1. Backofen auf 220 Grad vorheizen. Feuerfeste Form gut mit Butter ausfetten.

2. Zwiebeln mit 1 TL Butter in der Pfanne bei kleiner Hitze glasig werden lassen.

3. Eier trennen und Eiweiß steif schlagen.

4. Quark durch ein Sieb streichen und mit Eigelb, Zwiebeln, Petersilie, Grieß, Milch und Gewürzen vermischen.

5. Eischnee unter den Quark ziehen und die Kartoffelscheiben nun schichtweise – eine Schicht Kartoffeln, eine Schicht Quark – in die Form füllen. Mit Quark abschließen.

6. Mit Käse bestreuen, Butterflöckchen daraufsetzen. Auf der Mittelschiene des Backofens 30 Minuten offen backen.
Zubereitungszeit: 1 Stunde

Schwäbischer Kartoffelsalat

Vorbereitung der Zutaten:
1 1/2 kg Kartoffeln (festkochend, Salatkartoffeln)
1 TL Kümmel
1 EL Zucker
1/2 TL weißer Pfeffer
1/8 l Fleischbrühe (Instant)
5 EL Apfelessig
7 EL Öl
1 mittelgroße Zwiebel, fein gewürfelt
Salz

1. Kartoffeln waschen, in Salzwasser mit Kümmel in der Schale 15–20 Minuten nicht zu weich kochen. Abgießen, abschrecken, pellen, im Kühlschrank abkühlen lassen.

2. Kartoffeln, sobald sie lauwarm sind, in dünne Scheiben schneiden.

3. Kartoffelscheiben in einer großen Schüssel zuerst mit der heißen Brühe übergießen, dann mit den Zutaten, außer dem Öl, vorsichtig durch Schütteln vermengen und 20 Minuten ziehen lassen.

4. Zum Schluß Öl dazugeben.

Zubereitungszeit: 60 Minuten
Tip: Je nach Geschmack verschiedene Kräuter (Schnittlauch, Petersilie, Ysop, Liebstöckel), Speckwürfel (ausgelassen), Tomatenscheiben, dünne Salz- oder Senf- oder Salatgurkenscheiben oder einige Apfelscheiben dazugeben.

Warmer Kartoffelsalat

Vorbereitung der Zutaten:
1 kg festkochende Salatkartoffeln, gewaschen, in der Schale kochen
2 Zwiebeln, grob gewürfelt
1/8 l Fleischbrühe (Instant), heiß
100 g geräucherter Speck, fein gewürfelt
2 EL Essig
2 TL Zucker
weißer Pfeffer aus der Mühle
Salz

1. Kartoffeln möglichst heiß pellen, danach, wenn sie noch warm sind, in Scheiben schneiden. Mit der heißen Brühe übergießen.

2. Gehackte Zwiebeln untermischen und den Salat mit Salz, Zucker, Pfeffer, Essig süß-sauer abschmecken.

3. Speck bei kleiner Hitze in einer Eisenpfanne auslassen und die Speckwürfel mit dem Fett über den Salat gießen. Warm servieren.

Zubereitungszeit: 20 Minuten
Tip: Ob man kalten oder warmen Kartoffelsalat vorzieht, bleibt eine Geschmacksfrage. Besonders gut ist der warme zu frisch gebratenen Bouletten.

Berliner Keilchen

Vorbereitung der Zutaten:
750 g rohe Kartoffeln, geschält, gewaschen, gerieben und gut ausgedrückt
750 g Pellkartoffeln, gekocht, geschält
3 EL Milch
3 EL Mehl
1 Ei
schwarzer Pfeffer
Salz
125 g geräucherter Speck, gewürfelt
3 Zwiebeln, in Ringe geschnitten
2 EL Butter

1. Geriebene Kartoffeln und zerstampfte Pellkartoffeln miteinander vermischen und mit Milch, Ei, Pfeffer, Salz und Mehl zu einem Teig verkneten. 2 Liter Wasser in großem Topf mit 2 EL Salz zum Kochen bringen.

2. Aus dem Teig mit nassen Händen längliche Klöße formen – etwa daumendick. Zuerst einen Probekloß in dem gesalzenen Wasser 10–15 Minuten sanft köcheln lassen. Wenn er oben schwimmt, herausnehmen und probieren. Ist der Teig noch nicht fest genug, noch etwas Mehl dazugeben.

3. Alle anderen Keilchen in der gleichen Zeit wie den Probekloß sanft kochen.

4. Speck mit Zwiebelringen und Butter in einer Pfanne hellbraun braten und über die warmgestellten Keilchen geben.

Zubereitungszeit: 35 Minuten
Tip: Zu diesem typischen Berliner Essen gehört in dünne Scheiben geschnittener, kross gebratener Schweinebauch, eine Delikatessgurke und Rote Bete.
Getränk: Bier

Kartoffelpuffer (Reibekuchen)

Vorbereitung der Zutaten:
500 g Kartoffeln, geschält, gewaschen, mit dem Schnitzelstab zerkleinert oder geraspelt
2 Eier
1 1/2 TL Salz
4 EL Mehl
3 EL Schmalz oder Öl
Beilage: Apfelmus, Rübenkraut

1. Geschnitzelte Kartoffeln mit Salz, Eiern und Mehl verrühren.

2. Schmalz oder Öl in der Pfanne erhitzen. In mehreren Durchgängen je 3 runde Fladen backen. Jede Seite etwa 3 Minuten bei Mittelhitze goldbraun braten. Falls notwendig, Schmalz ergänzen. Heiß servieren.

Zubereitungszeit: 35 Minuten
Tip: Eine andere Zubereitungsart:
Zutaten wie oben, zusätzlich 2 EL saure Sahne und 1 feingehackte Zwiebel.
In Norddeutschland bestreut man Kartoffelpuffer mit Zucker.
Läßt man sie salzig und backt sie etwas kleiner, sind sie eine vorzügliche Beilage zu Reh- oder Hasenrücken. Mit 1 TL Kaviar belegt und dann mit 1 TL saurer Sahne übergossen sind kleine Kartoffelpuffer eine extravagante Vorspeise oder teure Begleitmusik zum Trinken.

Pommes frites vom Blech

Vorbereitung der Zutaten:
2 Pakete à 300 g tiefgefrorene Pommes frites
Salz

1. Backofen auf 225 Grad vorheizen. Pommes frites aus der Packung schütten und eventuelle Schneekristalle entfernen. 5 Minuten stehen lassen, mit Küchenpapier abtrocknen und auf dem Backblech verteilen.

2. In den vorgeheizten Backofen in die obere Leiste einschieben und 15–20 Minuten backen. Während der Backzeit häufig wenden oder rütteln, damit die Kartoffelstifte rundherum braun werden.

3. Erst nach dem Backen mit Salz bestreuen und durchschütteln, damit jedes Kartoffelstäbchen seine Würze bekommt.

Zubereitungszeit: 25 Minuten
Tip: Um verschiedene Geschmacksvarianten zu erreichen, können die Pommes frites außer mit Salz noch mit Paprikapulver oder Currypulver oder geriebener Muskatnuß oder getrockneten Kräutern wie Thymian oder Majoran gewürzt werden.

Gefüllte Kartoffeln im Salzrand

Vorbereitung der Zutaten: (für 6 Personen)
6 große Kartoffeln, zum Backen und Grillen geeignete Sorte – am besten Acker Gold – sorgfältig waschen, ohne sie abzutrocknen sofort in Salz wälzen
4 mittelgroße Zwiebeln, fein gehackt
4 EL Weinessig
2 Knoblauchzehen, zerdrückt
1/2 Tasse Olivenöl
1 TL scharfer Senf
1 EL Schnittlauch, fein geschnitten
100 g Frühstücksspeck, fein gewürfelt
weißer Pfeffer aus der Mühle
Beilage: Zucchini-Salat (Rezept Seite 80)

1. Die gesalzenen Kartoffeln in eine flache Backform legen und im Ofen bei 200 Grad etwa 50 Minuten gar backen.

2. Zwiebeln, Essig, Öl und Knoblauch in schwerer Kasserolle bei mittlerer Hitze 5 Minuten köcheln lassen. Sauce vom Herd nehmen, Senf einrühren und zur Seite stellen.

3. Gewürfelten Frühstücksspeck in einer kleinen Eisenpfanne bei mittlerer Hitze ausbraten, bis die Speckwürfel kross werden. Fett durchs Sieb abgießen, Speckwürfel mit Küchenpapier abtrocknen.

4. Von den fertigen Kartoffeln oben der Länge nach einen etwa fingerbreiten Deckel abschneiden, Kartoffeln mit einem Teelöffel so aushöhlen, daß ein Rand von 1/2 cm Dicke in der Schale stehen bleibt.

5. Kartoffelmasse mit Schnittlauch, Speckwürfeln und der lauwarmen Sauce vermischen, mit Pfeffer abschmecken und wieder in die Kartoffeln füllen.

6. Bei 200 Grad auf der Mittelschiene in der Backform noch 8–10 Minuten überbacken.

Zubereitungszeit: 1 Stunde
Getränk: Trockener Rotwein oder Cidre

Gefüllte Kartoffeln in der Folie

Vorbereitung der Zutaten:
8 große Kartoffeln, zum Backen und Grillen geeignete Sorte – am besten Acker Gold – sauber gewaschen
Für jede Kartoffel ein Stück Alufolie zum Einwickeln zurechtschneiden

1. Backofen oder Grill auf 200 Grad vorheizen. Kartoffeln rundum einschlagen, Folie fest andrücken.

2. In der Mittelschiene des Backofens auf Gitter oder Backblech legen und etwa 50 Minuten garen (wenn die Kartoffel sich bei Druck weich anfühlt, ist sie fertig).

3. Kartoffeln aus dem Ofen nehmen und durch die Folie kreuzweise von einer Seite einschneiden, auseinanderdrücken und mit den verschiedenen Zutaten füllen. Ofenhitze auf 170 Grad reduzieren und nach der Füllung noch 5 Minuten überbacken.

Füllung: Käse-Schinken

Vorbereitung der Zutaten:
125 g durchwachsener Schinkenspeck, fein gewürfelt
2 große Zwiebeln, fein gewürfelt
1 EL Schnittlauch fein geschnitten
4 EL süße Sahne
125 g Allgäuer Emmentaler, gerieben oder zerbröckelt
1 EL Butter

1. In der Pfanne Butter, Schinkenspeck und Zwiebeln bei mittlerer Hitze unter Rühren solange anbraten, bis die Zwiebeln blond werden.

2. Vom Feuer nehmen, mit Käse, Sahne und Schnittlauch vermischen.

3. Die Masse in die Mitte der Kartoffeln füllen – wenn nicht genügend Platz dafür vorhanden, noch 1–2 TL Kartoffel herausnehmen. 5 Minuten überbacken.

Füllung: Knoblauchbutter

Vorbereitung der Zutaten:
150 g Butter
2 Eigelb
1 EL Schnittlauch, fein geschnitten
2 mittelgroße Knoblauchzehen, zerdrückt
Salz

1. Alle Zutaten mit dem Handmixer gut vermengen, mit Salz abschmecken.

2. Buttermischung fest in die Kreuzschnitte einstreichen, noch 5 Minuten überbacken lassen.

Füllung: Quark I

Vorbereitung der Zutaten:
250 g Speisequark
1 Becher saure Sahne
4 EL frisch gehackte Kräuter – Petersilie, Dill, Schnittlauch, Kerbel, Brunnenkresse
1 TL Zucker
1 EL Zitronensaft
weißer Pfeffer aus der Mühle
Salz

1. Alle Zutaten gut verrühren, zum Schluß mit Salz und Pfeffer abschmecken.

2. Auf jede Kartoffel 2–3 EL Quarkmischung häufen. Nicht mehr überbacken!

Füllung: Quark II

Vorbereitung der Zutaten:
250 g Speisequark
1 Becher süße Sahne
4 Matjesfilets, fein gehackt
2 mittelgroße Zwiebeln, fein gehackt
1 säuerlicher Apfel, püriert
1 EL Zitronensaft
weißer Pfeffer aus der Mühle
Salz

1. Quark mit allen Zutaten gut vermischen. Mit Salz, Pfeffer und Zitronensaft abschmecken.

2. Auf jede Kartoffel 2–3 EL Quarkmischung häufen. Nicht mehr überbacken!

Tip: Wer mehr Füllung wünscht, höhlt die fertig gegrillte Kartoffel im Kreuzeinschnitt mit Teelöffel etwas aus.

Bouillonkartoffeln

Vorbereitung der Zutaten:
500 g frisch gekochte Salzkartoffeln, heiß, abgedampft
1/2 l einfache Rinderbouillon (Rezept Seite 42)
1 Bund Suppengrün, klein geschnitten
Salz

1. Vom Suppengrün die Möhren, Sellerie, Petersilienwurzel und etwas Sellerieblatt in der Bouillon 25 Minuten zugedeckt bei mittlerer Hitze köcheln. Erst in den letzten 5 Minuten Lauch zugeben.

2. Bouillon mit dem Gemüse kochend über die Salzkartoffeln gießen und 2 Minuten ziehen lassen. Nach Geschmack salzen.

Zubereitungszeit: 25 Minuten

Tip: Ideale Beilage zu Tafelspitz (Rezept Seite 194), gekochtem Rinderfilet (Rezept Seite 175).

Gefüllte Grillkartoffeln

Vorbereitung der Zutaten:
8 große Kartoffeln, zum Backen und Grillen geeignete Sorte – am besten Acker Gold – sauber waschen
Für jede Kartoffel ein Stück Alufolie zum Einwickeln zurechtschneiden

1. Backofen oder Grill auf 200 Grad vorheizen. Kartoffeln rundum einschlagen, Folie fest andrücken.

2. Auf die Mittelschiene des Backofens auf Gitter oder Backblech legen und etwa 50 Minuten garen (wenn die Kartoffel sich bei Druck weich anfühlt, ist sie fertig).

3. Kartoffeln aus dem Ofen nehmen, Folie aufschlagen und von jeder Kartoffel der Länge nach einen fingerdicken Deckel abschneiden. Deckel wegwerfen. Mit dem Teelöffel die Kartoffel so aushöhlen, daß nur noch eine dünne Schicht in der Schale stehenbleibt.

Leberwurst-Füllung

Vorbereitung der Zutaten:
200 g grobe Leberwurst
1 TL Rosmarinpulver
1/2 TL Majoranpulver
1 Becher saure Sahne
100 g Champignons, in feine Scheiben geschnitten
Kartoffelmasse vom Aushöhlen
schwarzer Pfeffer aus der Mühle
Salz

1. Leberwurst mit Kartoffelmasse und den anderen Zutaten gut vermischen. Mit Salz und Pfeffer abschmecken.

2. Masse in die Kartoffeln füllen und ohne die Folie wieder zu schließen bei 200 Grad auf Mittelschiene 10 Minuten überbacken.

Zubereitungszeit: 1 Stunde
Tip: Alle grünen Salate der Jahreszeit ergänzen die Leberwurst-Kartoffeln zu einer kompletten Mahlzeit.

Rührei-Pfifferlings-Füllung

Kartoffeln bis zum Aushöhlen genauso vorbereiten wie bei der Leberwurst-Füllung
Vorbereitung der Zutaten:
200 g Pfifferlinge, klein, (Dosenware abgießen, kalt abspülen)
5 Eier, verquirlt
3 EL Butter
2 EL Schnittlauch, fein geschnitten
weißer Pfeffer aus der Mühle
Salz
Beilage: Kopf- oder Gurkensalat mit saurer Sahne

1. Pfifferlinge mit 2 EL Butter in der Pfanne bei mittlerer Hitze 4 Minuten dünsten. Restliche Butter dazugeben und Eier und Schnittlauch zufügen.

2. Masse in der Pfanne stocken lassen und die zerdrückte Kartoffelmasse vom Aushöhlen daruntermischen. Mit Salz und Pfeffer abschmecken.

3. Masse in die Kartoffeln füllen und, ohne die Folie wieder zu schließen, bei 200 Grad auf Mittelschiene 5 Minuten überbacken.

Zubereitungszeit: 1 Stunde

Klöße, Reis, Teigwaren

Alle drei – Klöße, Reis und Teigwaren – lassen sich in so vielen Variationen zubereiten und weiterverarbeiten, daß sie ein eigenes Kochbuch wert wären. Alte, vergessene oder verpönte Grundzutaten wie Buchweizen, Hirse, Grünkernmehl oder Graupen sind wieder aktuell. Ernährungswissenschaft und Feinschmecker haben sie wiederentdeckt.

Der Phantasie des Kochenden wird kaum eine Grenze gesetzt: Süß oder würzig, kalt oder aufgebraten, als Einlage oder Auflauf – Getreideprodukte passen sich willig jedem Geschmack an.

Klöße

Bei allen Klößen, Knödeln und Nockerln handelt es sich um das gleiche Prinzip: der gewürzte Teig, ob er aus Fleisch, Mehl oder Brot besteht, wird mit der Hand rund oder länglich geformt und in Salzwasser gar gekocht. Der Teig muß gut zusammenhalten, und doch sollte der Knödel luftig und locker sein. Deswegen ist es das Wichtigste, daß alle Zutaten mit dem Holzlöffel oder mit nassen Händen locker gemischt werden. Auf keinen Fall kneten! Und – vorweg immer einen Probeknödel kochen. Hält er nicht zusammen, den Teig mit Semmelbrösel oder Mehl fester machen. Ist er zu hart, lockert man ihn mit etwas Milch oder Bouillon.
Beim Garen der Klöße den Topf niemals zudecken.

Grießklößchen

Zutaten:
1/8 l Wasser
40 g Butter
2–3 EL Grieß
1 Ei
Salz
Prise Muskatnuß

Butter und Wasser aufkochen, den Grieß schnell einrühren und zum Kloß abkochen. Ei, Salz und Muskatnuß unter die Masse heben. Klöße abstechen und 5 Minuten lang in siedendem Salzwasser oder in der Brühe ziehen lassen.

Markklößchen

Vorbereitung der Zutaten:
100 g Rindermark, roh, aus dem Knochen geschabt
40 g Butter
3 Eier
100 g Paniermehl
2 EL Schnittlauch, fein schneiden
1 Messerspitze Muskatnuß
1 TL Salz

1. Alle Zutaten vermengen und gut durcharbeiten.

2. Mit einem Teelöffel Teig abstechen und mit nassen Händen runde Klößchen formen. In die langsam siedende Kraftbrühe oder Salzwasser (1 l Wasser, 2 TL Salz) legen. Hände und Löffel zwischendurch mit kaltem Wasser befeuchten, damit die Masse nicht festklebt.

3. 20 Minuten bei kleiner Hitze garziehen lassen. Nicht rühren, da die Klößchen empfindlich sind.

4. Vorsichtig mit dem Schaumlöffel herausnehmen und als Einlage für Kraftbrühe verwenden.

Zubereitungszeit: 40 Minuten
Tip: Wenn man fertige Markklößchen aufheben will, am besten einzeln auf einem Tablett einfrieren. Erst dann in Beutel füllen. Haltbarkeit: 2 Monate.

Mehlklöße

Vorbereitung der Zutaten:
400 g Weizenmehl mit 1 gestrichenen TL Backpulver vermischen
40 g Butter
3 Eier
gut 1/8 l Milch
1 TL Salz

1. Milch, Butter und Salz erhitzen und mit dem Handmixer in die Mehl-Backpulver-Mischung einrühren. Eier dazugeben und alles zu einem glatten Teig durcharbeiten.

2. 2 Liter Wasser mit 2 EL Salz zum Kochen bringen. Mit nassem Eßlöffel (öfter in heißes Wasser tauchen) Klöße abstechen und in das kochende Salzwasser legen. 10 Minuten bei kleinster Hitze ohne Deckel garziehen lassen. Wenn die Klöße oben schwimmen, mit Schaumlöffel herausnehmen und sofort in die fertige heiße Suppe geben.

Zubereitungszeit: 30 Minuten
Tip: Mehl- oder Schwemmklöße sind die obligatorische Einlage zur Aalsuppe (Rezept Seite 147).
Man kann kurz in Butter geröstetes Semmelmehl über die Klöße geben, wenn man sie zu Backobst oder Fleisch serviert.

Schwemmklößchen

Vorbereitung der Zutaten:
60 g Weizenmehl
1/8 l Milch
1 Ei
1 EL Butter
1/2 TL Salz
1 Prise Muskatnuß

1. Milch, Butter und Gewürze zum Kochen bringen. Vom Feuer nehmen, Mehl dazugeben und daraus einen glatten Kloß rühren. Diesen unter Rühren noch 1 Minute bei kleiner Flamme erhitzen.

2. Den heißen Kloß in einer Schüssel mit dem Ei gut verrühren. 2 Liter Wasser mit 1 EL Salz zum Kochen bringen.

3. Auf feuchtwarmem Teelöffel mit nassem Zeigefinger kleine Klößchen formen, in das leise siedende Salzwasser geben und bei kleinster Hitze ohne Deckel 8 Minuten ziehen lassen. Wenn sie oben schwimmen, mit dem Schaumlöffel herausnehmen und sofort in die fertige heiße Suppe geben.

Zubereitungszeit: 30 Minuten
Tip: Schwemmklößchen oder Mehlklöße gehören als Einlage zur Aalsuppe (Rezept Seite 147). Schwemmklößchen eignen sich aber auch als Einlage in klare Fleisch- oder Hühnersuppe. Die hier angegebenen Zutaten reichen für 16 kleine Klößchen.

Buchweizenklöße

Vorbereitung der Zutaten:
500 g gekochte Kartoffeln, zerstampft
100 g Buchweizenmehl
75 g fetter Speck, fein gewürfelt
2 Eier
Salz
1/4 Tasse (1/10 l) warme Milch

1. Speckwürfel in der heißen Pfanne ausbraten, bis sie hellbraun werden. Fett abgießen. Speckwürfel auf Küchenkrepp abtrocknen.

2. Aus den Speckwürfeln, Kartoffeln, Buchweizenmehl, Eiern und Milch einen glatten Teig kneten. Nach Geschmack salzen.

3. Etwa 3 l Wasser mit 1 EL Salz zum Kochen bringen. Dabei mit nassen Händen aus dem Teig Klöße formen und auf bemehltem Brett bereitstellen. Klöße in das siedende Wasser geben und bei kleiner Hitze 15–20 Minuten offen sieden lassen. Mit Schaumlöffel herausnehmen und abtropfen lassen.

Zubereitungszeit: 50 Minuten
Tip: Beilage zu dunklen kräftigen Saucen.

Kartoffelklöße

Vorbereitung der Zutaten: (für 8–10 Klöße)
800 g Kartoffeln, weich kochen, stampfen
150 g gekochter Schinken, fein würfeln
3 EL fein gehackte glatte Petersilie
1 große Zwiebel, fein hacken
100 g Weißbrot ohne Rinde, fein würfeln
60 g Butter
3 Eier
4 EL Mehl
Salz
Prise Muskatnuß

1. Zwiebel, Petersilie, Weißbrot in der heißen Butter in der Pfanne 5 Minuten unter Rühren bei großer Hitze goldbraun braten. Beiseite stellen.

2. Die zerstampften Kartoffeln mit Schinken, Eiern und Mehl vermischen. Den Pfanneninhalt dazurühren. Die Masse mit Salz und Muskatnuß abschmecken und 30 Minuten kalt stellen.

3. 2–3 Liter Wasser mit 2 EL Salz in großem Topf zum Kochen bringen. Mit nassen Händen aus der kalten Masse Klöße formen und in leise siedendes Wasser legen. Bei kleinster Hitze 10–15 Minuten ziehen lassen, bis sie oben schwimmen. Mit Schaumlöffel herausheben und auf warmer Platte abtropfen lassen.

Zubereitungszeit: 40 Minuten
Tip: Kartoffelklöße passen zu vielen Gerichten. Zu Gans und Ente, Gulasch und Wild sind sie ideale Begleiter.
Kalte Klöße in Scheiben geschnitten, in der Pfanne 10 Minuten in Butter gebraten, zwei verquirlte Eier mit Salz und Pfeffer abgeschmeckt darübergeben, stocken lassen und dazu grüner Salat: ein schnelles, gutes Abendessen.

Leberknödel

Vorbereitung der Zutaten:
500 g Rinderleber, in große Würfel schneiden, 30 Minuten anfrieren lassen und durch die feine Scheibe des Fleischwolfes drehen
5 altbackene Semmeln, in dünne Scheiben schneiden und mit 1/4 l Milch (kochend) übergießen. Zugedeckt stehen lassen.
4 EL fein gehackte glatte Petersilie
2 mittelgroße Zwiebeln, fein hacken
1 Stange Lauch, das Helle fein hacken
1 TL Majoran
2 EL Paniermehl
Salz
weißer Pfeffer aus der Mühle

1. Leber mit Petersilie, Zwiebeln, Lauch, Majoran und Paniermehl vermischen. Mit Salz und Pfeffer abschmecken. Die Mischung darf nicht zu fest werden – kein Teig!

2. 2 Liter Wasser mit 1 EL Salz zum Kochen bringen und bei kleiner Hitze sieden lassen. Mit nassen Händen einen Knödel formen und probekochen. (Etwa 7–10 Minuten). Genau auf die Uhr sehen! Knödel probieren und danach die Masse entweder mit Milch flüssiger oder mit Paniermehl fester machen. Alle Knödel mit Schaumlöffel einlegen. Wasser durch Hitzeregulierung am Sieden halten. Genau so lange wie den Probeknödel garziehen lassen.

Zubereitungszeit: 45 Minuten
Tip: Leberknödel in Fleischbrühe ist in Bayern traditionell. Restliche Knödel am nächsten Tag in dicke Scheiben schneiden und aufbraten, mit 2 verquirlten Eiern übergießen, stocken lassen und mit grünem Salat servieren.

Thüringer Klöße

Vorbereitung der Zutaten:
500 g rohe Kartoffeln, geschält, in kaltes Wasser hineingerieben, im Tuch ausgedrückt
200 g frisch gekochte Salzkartoffeln, püriert mit
1/2 Tasse Milch vermischen
2 Eier
2 dicke Scheiben Weißbrot, gewürfelt
2 EL Butter
Salz
1 Prise Muskatnuß

1. Rohe Kartoffeln und Püree vermischen. Eier mit dem Schneebesen schlagen und mit den Kartoffeln zu einem festen Teig verkneten. Teig 10 Minuten stehen lassen.

2. Butter in der Pfanne erhitzen, Weißbrotwürfel darin hellbraun anrösten und im Küchensieb trocknen lassen.

3. 2 Liter Wasser mit 2 EL Salz aufsetzen. Aus dem Teig große Klöße formen. In jeden Kloß einige geröstete Weißbrotwürfel eindrücken.

4. Klöße in das siedende Salzwasser einlegen. Wenn sie oben schwimmen, noch 5 Minuten ziehen lassen. Auf warmer Platte abtropfen lassen.

Zubereitungszeit: 25 Minuten

Schinkenknödel mit Feldsalat und Specksauce

Vorbereitung der Zutaten:
Knödel:
6 nicht zu harte Semmeln, in feine Scheiben schneiden
1/4 l Milch, kochend
1 TL Butter
1/2 Zwiebel, sehr fein schneiden
1 Bund glatte Petersilie oder Schnittlauch oder Basilikum, oder von jedem etwas, fein hacken
1 Ei
2–3 EL Mehl
Salz
150 g gekochter Schinken mit Fettrand, klein würfeln
Feldsalat:
250 g Feldsalat, putzen, gründlich waschen (mit Küchenkrepp oder -handtuch trocknen)
50 g fetter Speck, fein würfeln
50 g durchwachsener Speck, fein würfeln
4 EL Kräuteressig
2 TL Zucker
weißer Pfeffer

1. Semmeln in eine große Schüssel geben und mit kochender Milch übergießen. 15 Minuten weichen lassen. Zwiebel und Kräuter in Butter in einer Pfanne andünsten.

2. Alle Zutaten zu den eingeweichten Semmeln geben. Eier dazugeben, mit Salz abschmecken und mit Mehl überstäuben.

3. Mit Holzlöffel oder nassen Händen locker vermischen.

4. 2–3 Liter Wasser leicht salzen und zum Sieden bringen. Nicht stark kochen lassen.

5. Mit nassen Händen Probeknödel formen – etwas kleiner als ein Tennisball – und etwa 8 Minuten langsam sieden lassen. Probieren und den Teig, falls notwendig, korrigieren. Jetzt die restlichen Knödel formen und mit dem Schaumlöffel ins siedende Wasser geben. Wenn sie gar sind, herausnehmen und auf einer Platte abtropfen lassen. Warmstellen.

6. Abgetrockneten Salat in Porzellan- oder Holzschüssel geben.

7. Gewürfelten Speck in kleiner Pfanne auslassen, bis er sich bräunt und knusprig wird. Essig, Zucker und Pfeffer dazugeben, 1 Minute aufkochen lassen und über den Salat gießen. Vorsichtig durchmischen und mit den Klößen sofort servieren.

Zubereitungszeit: 30 Minuten
Tip: Ohne Salat eignen sich die Knödel als Beilage zu Wild, Schweinebraten, Gulasch oder Schmorbraten. Auch jeder andere klassisch angemachte Salat kann statt Feldsalat als Beilage zu den Knödeln gegessen werden.
Restverwertung: Wenn Knödel übrig bleiben, gibt das ein weiteres schnelles Essen: Restliche Knödel in Scheiben schneiden, mit Butter in der Pfanne anbraten. 2 Eier mit Salz, weißem Pfeffer und einem Bund fein geschnittenem Schnittlauch verrühren, über die Knödelscheiben gießen und stocken lassen. Alle frischen Salate schmecken gut dazu.

Semmelknödel

Vorbereitung der Zutaten:
8 altbackene Semmeln, in dünne Scheiben schneiden, mit 1/4 l kochender Milch übergießen, zugedeckt ziehen lassen
1 Zwiebel, fein würfeln
1 EL Butterschmalz
1 Bund glatte Petersilie, fein hacken
4–5 Eier
Salz

1. Zwiebel in der Pfanne in Butterschmalz glasig werden lassen. Den Pfanneninhalt zu den geweichten Brötchen geben. Petersilie zufügen und mit den Händen oder einem Holzlöffel mit Eiern und Salz vermengen. Aus der Masse mit nassen Händen 15–18 Knödel formen.

2. 2 Liter Wasser mit 1 EL Salz kochen lassen. Knödel mit Schaumkelle einlegen und bei kleiner Hitze offen etwa 20 Minuten garziehen lassen. Das Wasser darf nicht kochen.

3. Knödel mit Schaumkelle herausnehmen und auf vorgewärmter Platte abtropfen lassen.

Zubereitungszeit: 30 Minuten

Graupen für Gourmets

Vorbereitung der Zutaten:
300 g Perlgerste (kleine Graupen)
1 l Wasser
40 g Butter
1 Zwiebel, fein schneiden
1 Zehe Knoblauch, fein hacken
90 g geriebenen Käse
1 TL gekörnte Brühe (Instant)
1 EL Tomatenpüree
1 TL feingewiegter Liebstöckel (Maggikraut)
1 Messerspitze Safran
1 TL Paprika, mild
Salz
schwarzer Pfeffer

1. Die trockenen Graupen in der zerlassenen Butter mit Zwiebeln und Knoblauch unter Rühren hellgelb dünsten.

2. Wasser mit sämtlichen Gewürzen zum Kochen bringen.

3. Die angedünsteten Graupen mit der heißen Flüssigkeit ablöschen, einmal aufkochen lassen und bei ganz schwacher Hitze langsam weiterköcheln lassen. Topfdeckel halb offen lassen. Wenig rühren – am besten gar nicht. Stattdessen ab und zu durchschütteln.

4. Nach etwa 45 Minuten Kochzeit ist das Gericht gar. Vom Feuer nehmen und sofort den Käse unterrühren.

Zubereitungszeit: 45 Minuten
Tip: Was Gewürze und Kräuter anbelangt, sind bei diesem Gericht der eigenen Phantasie und Vorliebe kaum Grenzen gesetzt. Die Graupen eignen sich nicht zum Einfrieren, können aber im Kühlschrank 3 Tage lang aufbewahrt und in der Pfanne mit etwas Butter aufgewärmt werden.
Getränk: Bier, Württemberger Trollinger, Badischer Weißherbst

Reis

Reis richtig gekocht

Um langkörnigen Reis als Beilage trocken auf den Teller zu bringen, sollten Sie alles vergessen, was Sie irgendwo an obligatorischen Mischungsverhältnissen zwischen Reis und Wasser gelesen haben. Das alles ist Unsinn. Nehmen Sie soviel Reis wie Sie brauchen und soviel Wasser wie Sie wollen, allerdings nicht weniger als daß der Reis mindestens 3 Finger hoch mit Wasser bedeckt ist. Erst das leicht gesalzene Wasser zum Kochen bringen, dann den Reis einstreuen, einmal umrühren, Deckel aufsetzen und bei kleinster Hitze 20 Minuten dämpfen lassen. Dann abgießen. Gründlich abtropfen lassen und – falls man ihn ganz besonders trocken haben will – in der Schüssel noch 5 Minuten bei 100 Grad im Backofen abdampfen lassen.

Risotto mit Safran

Vorbereitung der Zutaten:
2 Tassen Rundkornreis
1 l Hühnerbrühe, frisch oder Instant, heiß
3 Zwiebeln, fein gehackt
1 Tasse Weißwein, trocken
1 Messerspitze Safran
4 EL frisch geriebener Parmesankäse
8 EL Butter
Beilage: Schmorbraten, Kalbskeule

1. 4 EL Butter in großem, schwerem Topf bei mittlerer Hitze zergehen lassen. Zwiebeln einrühren, 5 Minuten schmoren lassen, ohne daß sie bräunen. Reis dazu und unter Rühren 2 Minuten mitkochen, bis die Körner fettig glänzen. Hitze erhöhen, Wein zugießen und solange weiterrühren, bis er aufgesogen ist. 2 Tassen heiße Bouillon dazugießen und sanft weiterkochen lassen.

2. Safran in eine Tasse Bouillon einrühren. 5 Minuten stehen lassen, dann über den Reis gießen. Wieder vorsichtig rühren, bis die Flüssigkeit aufgesogen ist.

3. Sollte der Reis jetzt noch nicht gar sein, die übrige Brühe eßlöffelweise einrühren und dabei weiterkochen, bis der Reis gar ist.

4. Erst jetzt die restliche Butter und den geriebenen Parmesankäse mit dem Holzlöffel einrühren und den Reis sofort danach noch naß und siedendheiß servieren.

Zubereitungszeit: 40 Minuten
Tip: Mit hauchdünn geschnittenen Steinpilzen oder weißen Trüffeln ist dieser Risotto eine komplette Mahlzeit.
Getränk: Kräftige Weißweine aus Baden oder dem Elsaß

Gemüsereis

Vorbereitung der Zutaten:
3 Tassen Langkornreis, nach Vorschrift gekocht und abgetropft
250 g Gemüse der Jahreszeit – außer Rotkohl, Rote Bete, Kohlrüben und weiße Rüben, Spargel läßt sich jedes schnittfeste Gemüse verwenden und kombinieren – in kleine Würfel geschnitten
2 Zwiebeln, fein gewürfelt
1 TL Curry mild
3 EL Pflanzenfett
1 Messerspitze Ingwerpulver
weißer Pfeffer
Salz
1/2 TL Glutamat

1. Gemüsemischung zusammen mit dem Pflanzenfett in einer teflonbeschichteten Pfanne unter Rühren braten, bis – je nach Gemüseart – Bräunung oder glasige Konsistenz erreicht ist. Zwiebeln und Curry einrühren und noch weitere 5 Minuten bei kleiner Hitze unter Rühren braten.

2. Reis in die Pfanne einrühren, mit Ingwerpulver überstäuben, Glutamat überstreuen, kräftig durchrühren und bei kleiner Hitze erst 5 Minuten zugedeckt, dann 5 Minuten offen braten lassen. Mit Pfeffer und Salz abschmecken.
Zubereitungszeit: 25 Minuten
Tip: Sehr gut als Beilage zu kurzgebratenem Fleisch oder gebratenem Fisch, Geflügel.

Teigwaren

So werden Teigwaren richtig gekocht:

Alle Teigwaren brauchen viel leicht gesalzenes Wasser (1 Liter Wasser – 1 EL Salz), das in einem großen Topf aus Edelstahl oder Aluminium sprudelnd kocht, bevor die Teigwaren hineingegeben werden.
Der Topf sollte ein Fassungsvermögen von etwa 5 Liter haben, da schon 125 g Nudeln 2 Liter Wasser brauchen. Für alle weiteren 100 g je 1 Liter Wasser mehr. Teigwaren dürfen nicht zu weich und nicht zu hart sein, sondern immer einen Biß behalten, „al dente", wie man in Italien sagt.
Auf die Packungsangaben (Zubereitungszeit) soll man sich besser nicht verlassen, sondern beim Kochen neben dem offenen Topf stehen bleiben. Das ist schon deswegen notwendig, weil man alle Teigwaren gleich nach dem Einschütten ins kochende Wasser mit einer Holzgabel durchrührt, damit sie nicht zusammenkleben und auch nicht am Topfboden hängen bleiben. Zwei Eßlöffel Öl ins kochende Wasser gegossen tragen dazu bei, daß Teigwaren auch nach dem Servieren nicht kleben.
Von der 6. Minute an sollte man jede weitere Minute eine Nudel herausnehmen und durch Biß den Garzustand prüfen. Ist er perfekt, sofort eine Tasse kaltes Wasser zu den Nudeln gießen, damit der Kochvorgang augenblicklich unterbrochen wird. Wenn man die Teigwaren abgießt, stellt man am besten eine Schüssel, in der sie serviert werden sollen, unter den Durchschlag, damit sie sich aufheizt. Dann das Wasser abgießen, Schüssel schnell trocknen und sofort die Teigwaren einfüllen. Sie schmecken alle nur, wenn sie richtig heiß sind.
Schon beim Einkauf darauf achten, daß alle weißen Teigwaren aus Hartweizen hergestellt sind. In Italien ist die Herstellung von Teigwaren aus Weichweizen seit 1967 durch Gesetz verboten. Teigwaren an einem sauberen, trockenen Ort aufbewahrt, sind unbegrenzt haltbar.

Maultaschen

Vorbereitung der Zutaten: (für 6 Personen)
Teig:
500 g Mehl
3 Eier
1 TL Salz
4 Eierschalen voll Wasser
Mehl zum Ausrollen
Füllung:
150 g Kalbsbratwurstmasse
100 g magerer Räucherspeck, fein würfeln
150 g Schweinehack
1 EL Butter
4 mittelgroße Zwiebeln, fein hacken
4 EL glatte Petersilie, hacken
300 g Blattspinat, halbgar kochen und abtropfen, grob hacken
Prise Muskatnuß
etwa 1 1/2 l einfache Rinder-Bouillon (Rezept Seite 42)
1 Bund Schnittlauch, fein schneiden

1. Aus Mehl, Eiern, Salz und Wasser einen festen, glatten Teig kneten. Zugedeckt 15–20 Minuten ruhen lassen. Teig in 6 Teile teilen und diese einzeln etwa 3 mm dünn auf bemehltem Brett ausrollen. Aus dem Teig runde Platten von mindestens 10 cm ø ausstechen.

2. Butter, Zwiebeln und Speck in der Pfanne etwa 5 Minuten offen bei Mittelhitze unter Rühren anschwitzen und mit gehacktem Spinat, Petersilie, Bratwurstmasse und Hack gut vermischen. Mit Salz und Muskatnuß abschmecken.

3. Masse gleichmäßig in die Mitte der 6 Teigplatten verteilen. (Pro Teigplatte etwa 1 EL Füllung). Den Rand der Teigplatte mit kaltem Wasser befeuchten (Finger nehmen). Zwei gegenüberliegende Kanten locker über die Füllung zusammenlegen und die beiden anderen Kanten darüber schlagen. Die in der Mitte überlappenden Kanten vorsichtig fest aneinander drücken.

4. Die gut gewürzte Brühe zum Kochen bringen. Maultaschen vorsichtig einlegen und ohne Deckel 10 Minuten bei kleiner bis Mittelhitze leise kochen lassen. Wenn die Maultaschen oben schwimmen, noch einige Minuten ziehen lassen. Brühe mit Schnittlauch bestreuen und servieren. Pro Teller 2 Maultaschen.

Zubereitungszeit: 1 Stunde
Tip: Die restlichen Maultaschen mit Schaumlöffel aus der Brühe nehmen und für „Geröstete Maultaschen" am nächsten Tag kalt stellen. Dazu schneidet man die kalten Maultaschen in fingerdicke Streifen, zerläßt Butter in einer Pfanne, legt die Maultaschenstreifen hinein und brät sie von beiden Seiten hellbraun. Man kann auch zum Schluß ein verquirltes Ei darübergießen und mitbraten. Auf jeden Fall sollte man gleichzeitig in einer kleinen Kasserolle 2 Zwiebeln, in dünne Scheiben geschnitten, 10 Minuten in 2 EL Butter oder Pflanzenfett hellgelb anbraten und auf dem Teller über die Maultaschen verteilen. Dazu gehört „Schwäbischer Kartoffelsalat" (Rezept Seite 341).
Getränk: Württemberger Trollinger

SCHINKENKNÖDEL MIT FELDSALAT UND SPECKSAUCE
SEITE 352

MAULTASCHEN
SEITE 356

SPAGHETTI
SEITE 355

MAKKARONISALAT
SEITE 361

Käsespätzle überbacken

Vorbereitung der Zutaten:
500 g Weizenmehl
3 Eier
1 Tasse Wasser
Salz
1 Prise Muskatnuß
200 g geriebener Allgäuer Emmentaler
1 EL Butter
1 Bund Schnittlauch, fein schneiden

1. Mehl, Wasser und Eier zu einem Teig verkneten, der nicht zu flüssig sein darf. Mit Salz und Muskatnuß abschmecken.

2. 2–3 l Wasser mit 2–3 EL Salz bei großer Hitze zum Kochen bringen und den Teig portionsweise durch eine Spätzlemaschine ins sprudelnd kochende Wasser drücken. Daneben eine Schüssel mit kaltem Wasser bereitstellen und eine leere Schüssel vorwärmen.

3. Sowie die erste Portion Spätzle an die Oberfläche steigt, mit dem Schaumlöffel herausnehmen, kurz im kalten Wasser abschrecken und in die vorgewärmte Schüssel legen.

4. Ofen auf 200 Grad vorheizen. Feuerfeste Form mit Butter ausfetten. Spätzle in der Schüssel gut mit fast der ganzen Käsemenge mischen, in die Form schichten und mit restlichem Käse überstreuen. Auf der Mittelschiene des Ofens offen 10–15 Minuten backen.

5. Mit Schnittlauch bestreuen und servieren.

Zubereitungszeit: 45 Minuten
Tip: Mit Feldsalat, Brunnenkresse oder anderem grünen Salat eine komplette fleischlose Mahlzeit. Aber auch als Beilage zu gebratenem Kalbfleisch gut geeignet.

Makkaronisalat

Vorbereitung der Zutaten:
250 g dünne Makkaroni oder Spaghetti, in mundgerechte Stücke brechen, etwa 10 Minuten in 3 l Wasser mit 2 EL Salz sprudelnd kochen, abschrecken, abtropfen
250 g grüne Bohnen, putzen, waschen, in mundgerechte Stücke schneiden, etwa 15 Minuten dämpfen (mit Deckel in 1/2 l Wasser mit 1 TL Salz)
150 g rohen oder gekochten Schinken, in dünne Streifen schneiden
1 Bund Radieschen, putzen, waschen, in Scheiben schneiden
Sauce:
6–7 EL Olivenöl
4 EL Zitronensaft
Salz
Zucker
schwarzer Pfeffer aus der Mühle
2 EL glatte Petersilie, hacken
1 EL Schnittlauch, fein schneiden
1 EL Basilikum, zupfen
1 Knoblauchzehe, zerdrücken
5 Tomaten, in Scheiben schneiden und bei kleiner Hitze 10 Minuten unter Rühren im eigenen Saft dünsten, durch ein feines Sieb passieren
2 Tomaten zum Garnieren, vierteln

1. Tomatenpüree mit Öl, Zitronensaft, Salz, Pfeffer, Zucker, Kräutern und Knoblauch verrühren.

2. Über die Nudeln, Bohnen und Schinkenstreifen gießen, wenden, und mindestens 1 Stunde ziehen lassen.

Zubereitungszeit: 50 Minuten
Tip: Hält sich im Kühlschrank bis zu 3 Tagen. Der Salat läßt sich auch mit kalten Nudeln vom Vortag herstellen.
Getränk: Bier oder trockener Cidre

Nudelauflauf

Vorbereitung der Zutaten:
250 g breite Bandnudeln, nach Vorschrift in Salzwasser gekocht, kalt werden lassen
125 g gekochter Schinken, in Streifen schneiden
125 g Mortadella, in Streifen schneiden
2 EL Butter
125 g geriebener Allgäuer Emmentaler
3 Eier
2 TL Tomatenmark
1 Becher süße Sahne
1/2 TL getrockneter Thymian
weißer Pfeffer
Salz
Beilage: Alle grünen Salate

1. Mit 1 EL Butter eine feuerfeste Auflaufform ausreiben. Zutaten wie folgt einschichten: Nudeln, Mortadella, Nudeln, gekochter Schinken, Nudeln.

2. Ofen auf 220 Grad vorheizen. Sahne mit Eiern, Käse, Tomatenmark, Thymian – 1 EL Reibekäse aufheben – verquirlen, pfeffern und salzen und gleichmäßig über den Auflauf gießen. Restlichen Käse überstreuen und kleine Butterflöckchen aufsetzen.

3. Auf der Mittelschiene des Ofens solange – etwa 30 Minuten – offen backen lassen, bis die Oberfläche eine bräunliche Kruste bildet.

Zubereitungszeit: 40 Minuten
Tip: Statt gekochtem Schinken und Mortadella können andere Fleisch- oder Wurstarten, auch Bratenreste in dünnen Scheiben, verwendet werden.
Getränk: Weißwein oder Rotwein, je nach Geschmack

Spaghetti mit Fleisch-Tomaten-Sauce

Vorbereitung der Zutaten:
250 g Spaghetti
2 EL Olivenöl
Salz
Fleisch-Tomaten-Sauce
750 g Tomaten, überbrüht und abgepellt, in Viertel geschnitten
3 Zwiebeln, fein gehackt
1 Dose Corned Beef, 340 g oder
1 Dose Rindfleisch in Gelee, 220 g, mit der Gabel zerkleinert
1 kleine Dose Tomatenmark
2 Knoblauchzehen, zerdrückt
5 EL Olivenöl
2 Tassen Rotwein
1 Tasse Wasser
2 TL Oregano, ersatzweise Thymian
1 EL Zucker
1/2 TL Paprika scharf oder
2 kleine getrocknete Peperoni
1 EL gekörnte Brühe (Instant)
schwarzer Pfeffer aus der Mühle
Salz
Beilage: Frisch geriebener Parmesankäse

1. Olivenöl in einem schweren eisernen oder emaillierten Topf heiß werden lassen. Zwiebeln und Knoblauch 2 Minuten unter Rühren darin andünsten. Fleisch einrühren, 1 Minute weiter braten lassen, Tomatenstücke dazugeben, Oregano und Wasser zufügen. Unter Rühren mit dem Holzlöffel kurz aufkochen lassen.

2. Nach 10 Minuten allmählich Rotwein dazugießen und Tomatenmark einrühren. Jetzt auch Zucker, Paprika sowie die gekörnte Brühe dazugeben. Bei kleinster Hitze unter gelegentlichem Rühren mindestens 30 Minuten ohne Deckel köcheln lassen. Im Bedarfsfall wenig heißes Wasser dazugießen.

3. Wenn die Zwiebelstücke so gut wie verkocht sind, die Sauce mit Salz und schwarzem Pfeffer abschmecken.

4. 20 Minuten bevor die Sauce fertig ist, 3 l Wasser mit 3 EL Salz und 2 EL Olivenöl zum Kochen bringen und erst wenn die Sauce fertig ist, Spaghetti kochen. Siehe „So werden Teigwaren richtig gekocht", Seite 355.

Zubereitungszeit: 45 Minuten

Tip: Statt der frischen Tomaten kann auch eine Kilodose gepellte Tomaten mit Saft verwendet werden. Anstelle von Tomaten-Fleisch-Sauce eignen sich zur Spaghetti-Beilage:

Mit Käse

klein gewürfelte, gebratene Zucchinis mit Petersilie, mit feinen Erbschen und dünn geschnittenem, gekochten Schinken mit 3 EL süßer Sahne verrührt, oder klein gewürfelte Auberginen, gebraten, oder Tomatensauce ohne Fleisch, die nach diesem Rezept hergestellt werden kann.

Ohne Käse

frisch gekochte Muscheln aller Größen, oder Thunfisch, oder mit kalter Butter und frischem Basilikum.

Für die verschiedenen Beilagen Rezepte auf der nächsten Seite.

Für das Grundrezept und die Variationen eignen sich auch andere Sorten von Teigwaren wie

Bandnudeln (Fettucine)
schräg geschnittene, kleine Makkaroni (Penne)
große Muschelnudeln (Pipe rigate)
dünne Makkaroni (Mezzani) oder
etwas dickere (Rigatoni).

Weitere Beilagen zu Spaghetti

Gebratene Zucchini

Vorbereitung der Zutaten:
4–5 Zucchinis, mittelgroß, längs halbiert, Kerne mit Teelöffel entfernen, fein würfeln
2 EL Olivenöl
1 Bund glatte Petersilie, fein gehackt
Salz
frisch geriebener Parmesankäse

Öl in der Pfanne sehr heiß werden lasssen, Zucchinis von allen Seiten unter Rühren braten, bis sie braun sind. Salzen. Mit Petersilie bestreuen und unter die Spaghetti mischen. Mit Parmesankäse überstreuen.

Zubereitungszeit: 15 Minuten

Auberginen gebraten

Vorbereitung der Zutaten:
3 Auberginen, mittelgroß, in fingerdicke Scheiben geschnitten, einsalzen, 15 Minuten stehen lassen. Dann ausdrücken, abwaschen, fein würfeln
2 EL Olivenöl
1 TL Oregano
Salz

Öl in der Pfanne sehr heiß werden lassen. Auberginen von allen Seiten unter Rühren braten, bis sie Farbe annehmen. Mit Oregano bestreuen und salzen. Unter die Spaghetti mischen, mit Parmesankäse bestreuen.

Zubereitungszeit: 10 Minuten

Gekochte Muscheln

Vorbereitung der Zutaten:
250 g Muscheln, Miesmuscheln oder Herzmuscheln, entweder im Salzwasser frisch gekocht oder Dosenware
1/2 Fenchelknolle, in feine Scheiben geschnitten
1 Tomate, gehäutet, entkernt, gewürfelt
1/2 Tasse Weißwein
1 EL Butter
weißer Pfeffer aus der Mühle
Salz

Butter in kleiner Kasserolle zerlassen, nach dem Aufschäumen Fenchel dazufügen und unter Rühren glasig werden lassen. Tomatenwürfel 2 Minuten mitschmoren lassen, mit Weißwein ablöschen und Muscheln bei kleiner Hitze 5 Minuten darin ziehen lassen.
Mit weißem Pfeffer und Salz abschmecken.
Unter die Spaghetti mischen.

Zubereitungszeit: 15 Minuten

Schinken-Erbschen

Vorbereitung der Zutaten:
250 g Erbsen, extra fein, abgegossen
100 g gekochter Schinken, in sehr feine Streifen geschnitten
2 EL Butter
1 TL gekörnte Brühe (Instant)
3 EL süße Sahne
1 EL glatte Petersilie, fein gehackt
weißer Pfeffer aus der Mühle
Salz

Butter in Kasserolle zerlassen, sofort Erbsen und Schinken einrühren und mit der süßen Sahne auch die gekörnte Brühe überstreuen. Einmal aufköcheln lassen. Vom Feuer nehmen, Petersilie einrühren, mit Pfeffer und Salz abschmecken, unter die Spaghetti mischen, mit Parmesankäse überstreuen.

Zubereitungszeit: 10 Minuten

Thunfisch

Vorbereitung der Zutaten:
1 Dose Thunfisch, 150 g, Öl abgießen, Fisch mit der Gabel zerkleinern
2 Stengel Basilikum, Blätter in kleine Stücke gezupft
Salz
weißer Pfeffer aus der Mühle

Thunfisch mit Basilikum vermischen, leicht pfeffern und unter die heißen Spaghetti mischen.

Zubereitungszeit: 5 Minuten

Süße Speisen

„An vieles erinnere ich mich, was mir Sorgen, Schmerzen und Ungemach bereitete. Nur Eines hat mich stets erfreut und erheitert: Die süße Speise am Ende einer Mahlzeit."

JOHANN GOTTLIEB, 1804

Asch Elisabeth (Kirschenmichel)

Vorbereitung der Zutaten:
3 Brötchen vom Vortag, klein würfeln, in 1/2 l Milch 20 Minuten einweichen
5 Eier mit 100 g Zucker und 2 gehäuften EL Vanillepuddingpulver verquirlen
2 große saure Äpfel, schälen, entkernen, fein hacken
2 EL Butter
1 EL Vanillezucker
1 TL Zimt, gemahlen

1. Ofen auf 160 bis 180 Grad vorheizen. Feuerfeste Form mit 1 EL Butter ausfetten.

2. Brötchenwürfel in der Milch mit Eier-Zucker-Vanillepudding und Apfelwürfeln vermischen und in die Form füllen.

3. Mit Vanillezucker, Zimt und Butterflocken bestreuen und auf der Mittelschiene des Ofens etwa 60 Minuten goldbraun überbacken. Mit Alufolie abdecken, falls die Oberfläche zu braun wird.

Zubereitungszeit: 1 1/2 Stunden
Tip: Schmeckt auch kalt. Statt Äpfeln können auch entsteinte Sauerkirschen oder geviertelte Zwetschgen verwendet werden.

Äpfel im Schlafrock

Vorbereitung der Zutaten:
4 Äpfel, schälen, Blüte und Kerngehäuse mit einem kraterförmigen Schnitt entfernen
2 EL Vanillezucker
1 Eigelb, verquirlen
4 Scheiben Blätterteig, auftauen
1 EL Mehl
3 EL Aprikosenmarmelade (oder andere) mit 2 EL Kirschwasser oder Himbeergeist o. ä. verrühren
1 TL Butter

1. Ofen auf 180 Grad vorheizen. Backblech mit 1 TL Butter fetten.

2. Ausgehöhlte Äpfel mit Marmelade-Kirschwasser füllen. Teig auf bemehltem Untergrund ausrollen.

3. Äpfel in Teig einschlagen und auf das Blech setzen. Teig mit Eigelb bestreichen, mit Vanillezucker bestreuen.

4. Auf der Mittelschiene des Ofens 35–40 Minuten goldbraun backen.

Zubereitungszeit: 1 Stunde

Apfelküchle mit Vanillesauce

Vorbereitung der Zutaten:
4 mürbe, säuerliche Äpfel, schälen, entkernen, in gleichdicke Scheiben schneiden
Teig:
125 g Mehl
1 Eigelb
1 EL Öl
2 EL Zucker
1/8 l Bier
2 Eiweiß, zu Schnee schlagen
Sauce:
2 TL Stärkemehl in etwas Milch lösen
1/4 l Milch
50 g Zucker
2 Eigelb
1 kleine Vanilleschote, aufschlitzen
2 EL Pflanzenfett pro Pfanne zum Ausbacken
4 EL Zucker mit 1/2 TL gemahlenem Zimt vermischen

1. Mehl und Eigelb in einer Schüssel verrühren, Öl, Zucker und Bier dazugeben und danach den Eischnee unterheben. Bierteig 30 Minuten kühl stellen.

2. Milch und Zucker bei kleiner Hitze aufsetzen, Stärkemehl einrühren, Vanilleschote dazugeben und langsam aufkochen lassen. Noch 10 Minuten unter Rühren bei kleiner Hitze köcheln lassen. Topf vom Feuer nehmen, Eigelb unter die Sauce rühren und durch ein feines Sieb passieren.

3. Fett in der Pfanne heiß werden lassen. Apfelscheiben im Bierteig wenden und in einer großen Pfanne portionsweise bei Mittelhitze beidseitig goldbraun backen. Die fertigen Apfelküchle mit Zucker-Zimt-Mischung bestreuen und mit Vanillesauce auf vorgewärmten Tellern servieren.

Zubereitungszeit: 50 Minuten
Tip: Beim Ausbacken darauf achten, daß sich die Apfelscheiben nicht berühren.

Äpfel mit Butter und Cognac

Vorbereitung der Zutaten:
4 große Äpfel, schälen, Kernhaus und Blüte mit kraterförmigem Schnitt ausstechen
2 EL Butter
2 EL Vanillezucker
2 EL Aprikosenmarmelade
4 EL Cognac

1. Feuerfeste Form mit Butter ausfetten. Ofen auf 200 Grad vorheizen.

2. Äpfel in die Form setzen und mit Marmelade, je 1 TL Butter, Vanillezucker und je 1 EL Cognac füllen. Bei der Füllung Reihenfolge einhalten.

3. Auf der Mittelschiene des Ofens bedeckt 15–20 Minuten garen. Vor dem Servieren mit dem eigenen Saft begießen.

Zubereitungszeit: 30 Minuten

Bratäpfel

Vorbereitung der Zutaten:
4 ungeschälte Äpfel, mit kraterförmigem Schnitt Blüte und Kerngehäuse entfernen
3 EL Sultaninen in 3 EL Rum einweichen (30 Min.)
4 TL Butter
4 TL Zucker

1. Ofen auf 180 Grad vorheizen. Kleines Blech mit Butter fetten.

2. Ausgehöhlte Äpfel mit Rum-Rosinen füllen. Auf jeden Apfel 1 TL Zucker und 1 Butterflöckchen geben.

3. Auf der Mittelschiene des Ofens etwa 20 bis 25 Minuten braten.

Zubereitungszeit: 35 Minuten
Tip: Nach Geschmack den Zucker mit etwas gemahlenem Zimt mischen und nach Stufe 2 verfahren.

Birnen in Rotwein

Vorbereitung der Zutaten:
4 reife Birnen, schälen, halbieren, entkernen
300 g Zucker
1/2 l trockener Rotwein
2 Zimtstangen
4 Nelkenköpfe

1. Zucker, Wein, Zimt und Nelken erhitzen und offen unter gelegentlichem Rühren 10 Minuten bei Mittelhitze köcheln, bis der Zucker sich gelöst hat.

2. Birnen bei kleiner Hitze 10 Minuten lang mit Deckel in dem Sud dünsten. Früchte herausnehmen und beiseite stellen.

3. Nelken und Zimtstangen entfernen. Flüssigkeit im offenen Topf unter gelegentlichem Rühren etwa 10–15 Minuten bei größerer Hitze zu einem dicken Sirup einkochen lassen.

4. Birnen nochmals mit der Schnittfläche nach unten in den Sud legen und weitere 5–10 Minuten (je nach Sorte) offen bei kleiner Hitze köcheln. Den Sirup immer wieder mit einem Löffel über die Birnen gießen.
Kalt oder heiß servieren.

Zubereitungszeit: 45 Minuten

BRATÄPFEL
SEITE 368

CAFFÈ PIPPO
SEITE 374

QUARKKÄULCHEN
SEITE 382

ROTE GRÜTZE MIT FRÜCHTEN
SEITE 383

Buttermilchspeise „Errötende Jungfrau"

Vorbereitung der Zutaten:
1/2 l Buttermilch
100 g Zucker
Saft 1/2 Orange
2 EL Rum
5 Blatt weiße Gelatine
1 Blatt rote Gelatine

1. Buttermilch und Zucker schaumig schlagen. Orangensaft und Rum unterrühren.

2. Gelatine nach Vorschrift auflösen und in die Masse einrühren.

3. Speise in eine große Schüssel füllen. Im Kühlschrank 3–4 Stunden fest werden lassen.

Zubereitungszeit: 20 Minuten

Buttermilchflinsen

Vorbereitung der Zutaten:
250 g Weizenmehl
3 Eier
1/2 l Buttermilch
1 Prise Salz
4 EL Butter
Zucker zum Bestreuen

1. Aus Weizenmehl, Eiern, Buttermilch und der Prise Salz einen glatten Teig rühren.

2. 1 EL Butter in großer Pfanne erhitzen, 1 große Kelle voll Teig hineingeben und in 3 Minuten bei großer Hitze einen Pfannkuchen backen. Bei Halbzeit wenden und warmstellen.

3. Den Vorgang (mit je 1 EL Butter) noch dreimal wiederholen. Mit Zucker bestreuen.

Zubereitungszeit: 30 Minuten
Tip: Konfitüre oder Blaubeeren schmecken als Beilage zu den Flinsen gut.

Crêpes (Französische Pfannkuchen)

Vorbereitung der Zutaten:
100 g Mehl
50 g Zucker
3 Eier
30–40 g zerlassene Butter
1/4 l Milch
2 EL Rum oder Cognac
1 Päckchen Vanillezucker (oder stattdessen abgeriebene Schale einer halben ungespritzten Zitrone)
1 Prise Salz
Butter zum Backen
Beilage: Konfitüre zum Bestreichen oder Fruchtlikör zum Beträufeln.

1. Mehl, Zucker, Salz vermengen und ein Ei nach dem anderen unterrühren.

2. Rum, Vanillezucker (oder abgeriebene Zitronenschale) und zerlassene Butter zufügen und Milch langsam unterrühren.

3. Den dünnflüssigen Teig vor dem Backen 1–2 Stunden bei Zimmertemperatur ruhen lassen.

4. In einer Pfanne mit dickem Boden bei großer Hitze 1 EL Butter bräunen und nur so viel Teig hineingeben, daß dieser dünn die Pfannenfläche bedeckt. Wenn der Pfannkuchen oben trocken ist, wenden, auf der zweiten Seite ebenfalls leicht bräunen.

5. Warmstellen. Wenn alle Crêpes gebacken sind, mit Puderzucker einstäuben.

Zubereitungszeit: 25 Minuten
Tip: Delikat ist auch eine leicht gesüßte Käse-Rahm-Mischung: 100 g trockenen Quark mit 4 EL süßer Sahne, 1 EL Honig, 1 TL Zucker, 2 EL Apfelmus und 1 Prise gemahlenem Zimt verrühren und als Paste zwischen 5 übereinander liegende Crêpes streichen. Wie Tortenstücke schneiden.

Caffè Pippo

Vorbereitung der Zutaten:
4 Eier, Eigelb und Eiweiß trennen
100 g Zucker
125 g Doppelrahm-Frischkäse
3 Blatt weiße Gelatine, nach Packungsvorschrift vorbereiten
15–20 Löffelbiskuits
1 Tasse extra starker Espresso
4 cl Marc oder Kirschwasser oder Grand Marnier
1 EL ungesüßtes Kakaopulver

1. Eigelb mit Zucker schaumig rühren. Wenn der Zucker sich gelöst hat, Gelatine einrühren und teelöffelweise den Käse dazugeben.

2. Eiweiß mit einer Prise Salz steif schlagen und vorsichtig unter die Masse ziehen.

3. Den Boden einer Glasschüssel fingerdick mit Eier-Käse-Creme bedecken.

4. Espresso mit Alkohol mischen und auf einen flachen Teller gießen. Darin die Löffelbiskuits kurz einweichen und 5 Stück auf die Creme im Schüsselboden legen. Schichtweise wieder Creme und getränkte Löffelbiskuits einfüllen. Mit Cremeschicht beenden.

5. Durch ein kleines Sieb mit Kakaopulver überstäuben und 3 Stunden in den Kühlschrank stellen.

Zubereitungszeit: 20 Minuten
Tip: Wenn man italienischen Mascarpone kaufen kann, entfällt der Gelatine-Zusatz.

Grießklöße süß

Vorbereitung der Zutaten:
150 g Grieß
2 EL Butter
2 Eier, verquirlen
3 EL Zucker
1 Messerspitze gemahlener Zimt

Beilage: Geschmortes Backobst, Fruchtsuppen, Kompott

1. Butter mit 1 Prise Salz in 1/4 l Wasser aufkochen. Bei kleiner Hitze mit Schneebesen Grieß einrühren, bis (nach etwa 5 Minuten) eine dicke, glatte Masse entsteht. Vom Feuer nehmen und etwas abkühlen lassen.

2. 2 Liter Wasser mit 1 EL Salz aufsetzen und zum Kochen bringen.

3. Eier in den Grieß einrühren.

4. Mit nassem Eßlöffel Klöße abstechen und in dem leise siedenden Salzwasser etwa 10 Minuten bei kleiner Hitze ziehen lassen. Mit Schaumkelle herausnehmen. Nach Geschmack mit Zimt-Zucker bestreuen.

Zubereitungszeit: 30 Minuten

Grießflammeri

Vorbereitung der Zutaten:
80 g Zucker
1/2 l Milch
75 g Grieß
1 Stück ungespritzte Zitronenschale
Salz
3 Eigelb
3 Eiweiß, mit der Hälfte des Zuckers (40 g) zu steifem Schnee schlagen.

1. Milch bei kleiner Hitze mit 1 Prise Salz und Zitronenschale zum Kochen bringen. Grieß in die Milch einlaufen und einige Minuten ausquellen lassen.

2. Zitronenschale herausnehmen, Eigelb und die Hälfte des Zuckers einrühren. Den festen Eischnee vorsichtig unterziehen.

3. Portionsformen mit kaltem Wasser ausspülen, Grießflammeri einfüllen und kalt werden lassen.

Zubereitungszeit: 20 Minuten

Tip: Zur Dekoration eignen sich frische, saftige Früchte. Als Sauce ist Himbeersirup klassisch. Als Beilage Kompott aus Sauerkirschen oder Aprikosen (Saft mit 1 TL Stärkemehl binden).

Himbeerschaum

Vorbereitung der Zutaten:
1 kg vollreife (oder tiefgefrorene) Himbeeren, im Mixer pürieren
8 Eier schaumig schlagen
100 g Zucker
1/4 l Weißwein (Spätlese)

1. Wein erhitzen, Zucker und Himbeermus dazugeben. Alles offen bei Mittelhitze aufkochen lassen. Vom Herd nehmen.

2. Schaumig geschlagene Eier dazugeben. Den Topf in ein Wasserbad (größerer Topf mit kochendem Wasser) stellen und
die Masse solange mit Schneebesen oder Handmixer schlagen, bis sie dick wird.

3. Topf aus dem Wasserbad herausnehmen und in Eiswasser stellen und die Masse mindestens weitere 10 Minuten aufschlagen.

4. Himbeer-Creme in eine Schüssel füllen und im Kühlschrank sehr kalt werden lassen.

Zubereitungszeit: 40 Minuten
Tip: Auf den Boden des Wasserbadtopfes einen umgekehrten Frühstücksteller legen. Verhindert das Wackeln und Ansetzen.

Milchreis

Vorbereitung der Zutaten:
125 g Milchreis (kein Langkornreis)
1 l Milch
1 kleines Stück Zimtrinde (2–3 cm)
1 kleines Stück Vanilleschote (2–3 cm), aufgeschnitten
1 EL Butter
Salz
3 EL Zucker mit 1 TL gemahlenem Zimt vermischen
65 g Butter
Beilage: Obstkompott, Konfitüren

1. Reis mit 1 l kaltem Wasser aufsetzen, aufkochen lassen, abgießen. Diesen Vorgang noch einmal wiederholen. Reis dann abtropfen lassen.

2. 1 EL Butter in einem Topf zerlassen, die Milch mit 1 TL Salz dazugießen und warten, bis sie zu kochen beginnt. Topf vom Feuer nehmen, Reis, Vanilleschote und Zimtrinde in die Milch einrühren und den Reis bei kleinster Hitze (evtl. Asbestplatte unterlegen) ausquellen lassen. Er darf nicht mehr kochen.

3. Den fertigen Reis in eine Schüssel geben, dabei 2 TL Zucker einstreuen.

4. Butter in kleiner Pfanne gelb braten. Zucker- und Zimtgemisch auf den Reis streuen und mit der Butter übergießen.

Zubereitungszeit: 35 Minuten
Tip: Will man den Milchreis kalt servieren oder weiter verwenden, muß man daran denken, daß er beim Kaltwerden erheblich dicker wird. Deswegen rührt man, wenn er noch warm ist, zwei Eigelb, die mit 1 EL Rum verrührt sind, unter den Reis.

Holunderblüten gebacken

Vorbereitung der Zutaten:
20 voll blühende Holunderdolden, kalt abspülen, auf einem Tuch trocknen lassen
125 g Mehl
2 Eier
1/2 Tasse Milch
1 Prise Salz
1 EL Öl
125 g Schmalz
1 TL gemahlenen Zimt mit
5 EL Zucker vermischen

1. Eier, Mehl, Öl und Salz vermischen. Soviel Milch dazugießen, daß der Teig beim Rühren sämig ist. 30 Minuten kaltstellen.

2. Schmalz bei Mittelhitze im Eisen- oder Kupfertopf heiß werden lassen. Jede Dolde am Stiel anfassen, kurz in den Teig tunken und sofort in das heiße Schmalz tauchen. In 2–3 Minuten werden die Blüten goldbraun.

3. Fertig gebackene Holunderblüten auf Küchenkrepp abtropfen lassen. Mit Zucker und Zimt bestreuen und heiß servieren.

Zubereitungszeit: 40 Minuten

Kirschauflauf

Vorbereitung der Zutaten:
1 1/2 kg schwarze Kirschen, waschen, abtropfen, entsteinen, Saft auffangen
125 g Mehl
125 g Zucker
1 Prise Salz
5 Eier
1 Tasse Sahne
1 1/2 Tassen Milch
1 große Vanilleschote, aufschlitzen und Mark gründlich herausschaben
2 EL Öl
3 EL Kirschwasser
2 EL Butter
1 gehäufter EL Puderzucker

1. Mehl, Salz und Zucker in eine Schüssel geben, die Eier einzeln mit dem Schneebesen einarbeiten. Erst Sahne, dann nach und nach Milch zugeben und solange weiter schlagen, bis ein dünnflüssiger Teig entsteht.

2. Vanillemark mit Öl und Kirschwasser in kleinem Gefäß gründlich durchmischen und in den Teig einrühren. Teig 1 Stunde im Kühlschrank ruhen lassen.

3. Ofen auf 180 Grad vorheizen. Eine große runde Backform (Tortenform) gut buttern, den Teig hineingießen und die Kirschen vorsichtig darauf verteilen. Etwa 45 Minuten auf der Mittelschiene des Ofens backen, bis die Oberseite goldbraun ist und sich fest anfühlt.

4. Puderzucker in ein Teesieb geben und durch Schütteln den Auflauf gleichmäßig bestäuben.

Zubereitungszeit: 1 3/4 Stunden

Kirschen in Himbeersauce

Vorbereitung der Zutaten:
500 g Himbeeren, frisch oder tiefgefroren
500 g schwarze Kirschen, waschen, entsteinen
300 g Puderzucker
5 EL Crème fraîche
2 EL Himbeergeist

1. Portionsgläser mit entsteinten Kirschen zur Hälfte füllen.

2. Himbeeren mit Puderzucker und Crème fraîche verrühren und durch ein Haarsieb drücken. Himbeergeist in das Püree einrühren.

3. Portionen mit Himbeermus auffüllen und 2 Stunden im Kühlschrank ziehen lassen.

Zubereitungszeit: 20 Minuten

Hirsecreme

Vorbereitung der Zutaten:
1 l Milch
200 g Hirse
3 EL Honig
8 EL Zitronensaft
3 EL Vanillezucker
100 g gehackte Haselnüsse
200 g steifgeschlagene süße Sahne

1. Milch zum Kochen bringen. Bei kleiner Hitze Hirse zugeben und bedeckt unter gelegentlichem Rühren 25 Minuten kochen. Vom Feuer nehmen und im Mixer pürieren.

2. Haselnüsse, Honig, Vanillezucker und Zitronensaft einrühren, abschmecken, 1 Stunde kaltstellen und die geschlagene Sahne vorsichtig unterziehen.

Zubereitungszeit: 40 Minuten

Nuß-Frucht-Salat

Vorbereitung der Zutaten:
150 g frische Walnüsse, Haut abziehen, halbieren
2 große saure Äpfel, entkernen, ungeschält fein würfeln, mit Zitronen- und Kirschsaft beträufeln, einzuckern und 10 Minuten stehen lassen
4 EL Zucker
1 EL Zitronensaft
5 EL flüssiger Honig
1/2 Dose Sauerkirschen, ohne Stein
1 EL Kirschwasser
1 Becher Sahne mit Vanillezucker steifschlagen

1. Die vorbereiteten Äpfel mit Kirschwasser befeuchten. Fast alle Nüsse und Kirschen untermischen. Mit Honig übergießen und 10 Minuten kalt stehen lassen.

2. Einmal durchrühren. Sahnehaube aufsetzen und diese mit restlichen Kirschen und Nußhälften garnieren.

Zubereitungszeit: 25 Minuten

Walnußsauce

Vorbereitung der Zutaten:
1 EL Butter
3 EL Zucker
2 EL klein gehackte Walnußkerne
3/4 Tasse Sahne

1. Butter und Zucker in einer Pfanne erhitzen und hellbraun karamelisieren lassen. Dabei mit Holzlöffel rühren.

2. Pfanne einen Augenblick vom Herd nehmen und 1/4 Tasse Wasser zugießen. Nüsse einrühren und 5 Minuten bei kleiner Hitze mitkochen lassen.

3. Sahne einrühren und köcheln lassen, bis die Sauce sämig wird.

Zubereitungszeit: 10 Minuten
Tip: Sauce heiß über Vanille- oder Fruchteis oder über gedünstete Birnenhälften gießen.

Nußmehlspeise

Vorbereitung der Zutaten:
125 g gemahlene Haselnüsse
125 g Zucker
1/2 Tasse Semmelmehl
6 Eier, trennen, Eigelb schaumig schlagen, Eiweiß zu Schnee schlagen
knapp 1/2 Tasse Rum
abgeriebene Schale einer ungespritzten Zitrone
2 EL Butter
Beilage: Kompott oder Konfitüre

1. Ofen auf 160 bis 180 Grad vorheizen. Feuerfeste Form mit 1 EL Butter ausfetten.

2. Schaumig geschlagene Eigelb mit Zucker, Nüssen, Rum, Semmelmehl und Zitronenschale verquirlen.

3. Eischnee unterziehen und die Masse in die Form füllen. Butterflocken draufsetzen.

4. Auf der Mittelschiene des Ofens etwa 45 Minuten goldbraun backen. Mit Alufolie abdecken, falls die Oberfläche zu braun wird. Warm servieren.

Zubereitungszeit: 1 Stunde

Orangen-Honig-Sauce

Vorbereitung der Zutaten:
Saft und Schale von 2 ungespritzten Orangen
Saft und Schale von 1 ungespritzten Zitrone
1 EL geriebene Haselnüsse
2 EL Cognac
1/8 l Rotwein
3 EL Honig
4 EL Preiselbeeren
2 Blatt rote Gelatine, nach Vorschrift einweichen, ausdrücken

1. Fruchtsaft und -Schale, Wein, 1/8 l Wasser, Honig und Preiselbeeren aufkochen und unter Rühren offen 10 Minuten bei kleiner Hitze kochen. Cognac dazugeben und noch 1 Minute weiterkochen.

2. Durchsieben, Haselnüsse und Gelatine einrühren. Im Kühlschrank etwa 2 Stunden abkühlen lassen. In der ersten halben Stunde dreimal rühren.

Zubereitungszeit: 30 Minuten
Tip: Als Beilage zu Pfannkuchen, Eis und vielen Süßspeisen.

Prinzregenten-pudding

Vorbereitung der Zutaten:
250 g altbackenes Weißbrot oder Hefezopf, in Scheiben schneiden
125 g Butter
1/4 l Milch
5 Eier
5 EL Zucker
abgeriebene Schale von je einer halben ungespritzten Zitrone und Apfelsine
100 g Rosinen, in 3 EL Rum einweichen
100 g Mandeln, hacken
60 g kandierte Früchte, hacken
(vermischen)
2 EL Butter
2 EL Zucker
für die Form: 1 EL Butter, 2 EL Paniermehl
Beilage: Kaltes Kompott oder Himbeersaft

1. Brotscheiben in der Pfanne in Butter von beiden Seiten goldgelb braten. Dann zerdrücken und in eine Schüssel geben.

2. Milch, Eier, Zucker und abgeriebene Schale gründlich mit dem Handmixer vermischen. Die Masse über das Brot geben und etwas einziehen lassen.

3. Ofen auf 180 Grad vorheizen. Auflaufform mit Butter ausfetten und mit Paniermehl bestreuen. Schichtweise Teig und Rosinen-Mandel-Früchte-Mischung hineingeben. Oberfläche leicht mit Zucker bestreuen und kleine Butterflocken (2 EL) aufsetzen.

4. Auf der Mittelschiene des Ofens 1 Stunde backen und heiß servieren.

Zubereitungszeit: 1 1/2 Stunden

Orangen-Reis-Kroketten

Vorbereitung der Zutaten:
2 Tassen Milchreis
4 Tassen Milch
Salz
5 EL bittere Orangenmarmelade
3 Eigelb
Paniermehl, 1 Suppenteller voll
1/2 Tasse Öl zum Ausbacken
Beilage: Konfitüre oder Fruchtsirup

1. Milch zum Kochen bringen, Reis einstreuen, Prise Salz dazugeben und mit Deckel bei kleiner Hitze 20 Minuten garen. Zum Schluß ohne Deckel die Feuchtigkeit verdampfen lassen. Sofort nach dem Kochen der Milch die Hitze zurückschalten.

2. Mit Eigelb und Orangenmarmelade verrühren und im Kühlschrank 30 Minuten abkühlen lassen.

3. Aus dem Reis Bällchen formen und in Paniermehl wenden. Öl in großer Pfanne (besser noch Friteuse) auf 180 Grad erhitzen (ist erreicht, wenn an einem Holzstäbchen Bläschen aufsteigen).

4. Bei großer Hitze in der Pfanne 7–10 Minuten goldbraun braten (in der Friteuse kürzere Garzeit). Die Bällchen sollen von allen Seiten kross sein.

Zubereitungszeit: 1 Stunde

Quarkkäulchen

Vorbereitung der Zutaten: (für 6 Personen)
750 g gekochte Kartoffeln (Pell- oder Salzkartoffeln) vom Vortag
150 g Weizenmehl (etwas mehr siehe Stufe 2.)
3 Eier
1/2 TL Salz
6 EL Korinthen
abgeriebene Schale einer ungespritzten Zitrone
500 g Magerquark
125 g Backfett (Öl, Pflanzenfett oder Schmalz)
125 g Zucker
1 TL gemahlener Zimt
Beilage: Obstkompott, gedünstetes Backobst, Apfelmus

1. Die kalten Kartoffeln reiben oder durch die grobe Scheibe des Fleischwolfes drehen.

2. Alle Zutaten dazugeben und zu einem festen Teig verkneten. Bei feuchten Kartoffeln mehr Mehl nehmen.

3. Das Backfett in der Pfanne heiß werden lassen.

4. Zwischen bemehlten Händen in Handtellergröße etwa fingerdicke Platten formen.

5. Ins heiße Fett legen und bei kleiner Hitze von jeder Seite 5 Minuten ausbacken. Auf Küchenkrepp das Fett abtropfen lassen.

6. Zum Bestreuen 125 g Raffinade mit 1 TL gemahlenem Zimt vermischen.

Zubereitungszeit: 30 Minuten
Tip: Quarkkäulchen lassen sich sehr gut einfrieren und sind so monatelang haltbar. Auftauen in der Pfanne mit etwas Fett bei kleiner Hitze (etwa 5 Minuten).
Getränk: Milchkaffee

Quarkpudding

Vorbereitung der Zutaten:
250 g Quark, gut abgetropft
125 g Zucker
4 EL süße Sahne
5 Eier, Eigelb und Eiweiß getrennt
2 EL kernlose Rosinen, in Rum einweichen
4 Scheiben Pumpernickel, sehr fein zerkrümelt
100 g Konfitüre (Himbeer oder Aprikose) oder Mischung aus rotem Johannisbeergelee und Erdbeer-Konfitüre

1. Quark, Zucker, Sahne in großer Schüssel mit einer Prise Salz gut mit dem Schneebesen schlagen. Nach und nach Eigelb dazugeben. So lange weiter schlagen, bis die Masse cremig wird. Rosinen dazugeben.

2. Eiweiß zu steifem Schnee schlagen und vorsichtig unter die Quarkmasse ziehen.

3. Backofen auf 170 Grad vorheizen. Eine feuerfeste Form (mindestens 1 l Fassungsvermögen) mit Butter ausstreichen und mit Mehl ausstreuen. Die Masse mit dem Löffel vorsichtig einfüllen. Nach jeder Lage Quark die Pumpernickelbrösel einstreuen.

4. Auf der unteren Schiene des Backofens 45 Minuten garen, bis der Pudding aufgeht und in der Mitte fest ist.

5. Entweder in der feuerfesten Form servieren oder auf eine vorgewärmte Platte stürzen. Konfitüre extra als Beilage reichen.

Zubereitungszeit: 1 Stunde

Rote Grütze mit Früchten

Vorbereitung der Zutaten:
200 g Erdbeeren, putzen, waschen, abtropfen
200 g Sauerkirschen, waschen, abtropfen, entsteinen
200 g Himbeeren, putzen, waschen, abtropfen
100 g rote Johannisbeeren, zupfen, waschen, abtropfen
100 g schwarze Johannisbeeren, zupfen, waschen, abtropfen
1 Tasse roter Johannisbeersaft
3 EL Speisestärke mit wenig Wasser glattrühren
1 Glas Rotwein
250 g Zucker
Sauce:
1/4 l süße Sahne
1 kleine Vanilleschote, aufschlitzen, Mark herausschaben
2 Eigelb
1 EL Zucker

1. Johannisbeersaft und Rotwein bei Mittelhitze aufkochen lassen. Speisestärke einrühren und nochmals kurz aufkochen.

2. Früchte dazugeben und höchstens noch 10 Minuten bei kleiner Hitze offen köcheln lassen. Danach Zucker einrühren, alles noch einmal durchrühren und im Eisschrank auskühlen lassen.

3. Für die Sauce 2 Eigelb mit 1 EL Zucker verquirlen. Vanillemark und Sahne mit der Eigelb-Zucker-Mischung gut verrühren und zur Roten Grütze reichen.

Zubereitungszeit: 25 Minuten
Tip: Statt Frischobst eignet sich auch tiefgefrorenes.

Rote Grütze aus Saft

Vorbereitung der Zutaten:
1/4 l roter Johannisbeersaft
1/4 l schwarzer Johannisbeersaft
1/4 l Kirschsaft
1 Zimtstange
Schale von einer ungespritzten Zitrone
1/4 Vanilleschote, in 4 Streifen schneiden
100 g Speisestärke mit etwas Wasser glattrühren
4 EL Zucker

1. Säfte mit 1/4 l Wasser, Zucker, Zimt, Zitronenschale und Vanilleschote offen bei Mittelhitze 5 Minuten kochen. Vom Feuer nehmen.

2. Speisestärke einrühren, noch 3 Minuten bei kleiner Hitze köcheln.

3. Im Kühlschrank kalt werden lassen.

Zubereitungszeit: 20 Minuten
Tip: Am besten mit kalter Milch im tiefen Teller servieren. Bei ungezuckerten Säften Zuckermenge auf 150 g erhöhen.

Sommerfrüchte

Vorbereitung der Zutaten:
250 g dunkle Kirschen, waschen, entsteinen
6 Aprikosen, waschen, in Spalten schneiden
1 großer Pfirsich, in kochendes Wasser tauchen, kalt abschrecken, schälen, in Spalten schneiden
250 g Himbeeren, waschen, abtropfen
Saft von 1 Zitrone
4 EL flüssiger Honig
4 EL Kirschwasser
1 TL Grand Marnier

Beilage: Ungesüßte flüssige Sahne oder Crème fraîche

1. Von allen Früchten beim Zerkleinern den Saft aufheben und damit den Honig, Zitronensaft, Kirschwasser und Likör verrühren.

2. Kirschen, Aprikosen, Pfirsich in die Sauce geben und 1 Stunde ziehen lassen. Erst kurz vor dem Servieren die Himbeeren untermischen.

Zubereitungszeit: 10 Minuten

Weinauflauf

Vorbereitung der Zutaten:
4 Eigelb
4 Eiweiß, steifschlagen
125 g Zucker
1/2 l Weißwein
3/4 Tasse Paniermehl
1/2 TL gemahlener Zimt
1/2 ungespritzte Zitrone, Schale abreiben
1 Tasse Sultaninen
2 TL Butter

1. Ofen auf 190 Grad vorheizen. Eigelb mit Zucker, Weißwein, Zimt und Zitronenschale schaumig rühren. Paniermehl und die Hälfte der Sultaninen einrühren. Langsam den festen Eischnee und die restlichen Sultaninen dazugeben und vermischen.

2. Auflaufform mit Butter ausstreichen und die Masse einfüllen. Auf Mittelschiene des Ofens etwa 45 Minuten backen.

Zubereitungszeit: 1 Stunde

Drei Sorbets:
Himbeer, Limone, Minze

Technik:
Für die Sorbet-Bereitung rechnet man etwa 3 dl (300 ccm) bis 1/2 Liter Zuckersirup auf einen halben Liter Fruchtsaft oder Fruchtpüree. Püree und Sirup werden miteinander verrührt und dann in einer Schüssel im Gefrierfach des Kühlschrankes etwa 45 Minuten gefroren. Dann im Mixer oder mit einem Rührstab geschmeidig geschlagen, wieder ins Gefrierfach gestellt und nach 15 Minuten wieder gerührt. Dieser Vorgang soll mehrmals wiederholt werden, so lange, bis die Masse eine eisige und dennoch geschmeidige Konsistenz hat.
Anstelle von Fruchtsäften kann man auch Wein oder Sekt verwenden oder das Fruchtsorbet später mit Alkohol parfümieren.
Sorbets werden in vorgekühlten, hohen Gläsern oder Sektkelchen serviert und müssen sofort genossen werden.

Herstellung von Zuckersirup (Läuterzucker):

100 g Zucker mit 7 EL Wasser bei mäßiger Hitze schmelzen lassen. Wenn der Zucker kocht und sich aufgelöst hat, falls notwendig abschäumen, den Topf vom Feuer nehmen.

Tip: Für den Sorbet-Liebhaber lohnt sich die Anschaffung einer Sorbetière.
Zuckersirup, der nicht für Sorbet benötigt wird, hält sich lange. Auf eine Flasche abgefüllt, erspart er in der Hausbar bei Long Drinks, Fizzes und anderen Bargetränken, die Zucker brauchen, langes Rühren.

Himbeer-Sorbet

Vorbereitung der Zutaten:
400 g Himbeeren, waschen, abtropfen
2 EL Orangensaft
2 EL Zitronensaft
3 dl (300 ccm) Zuckersirup
1 Eiweiß
1 kleines Gläschen (2 cl) Himbeerlikör

1. Die gewaschenen Beeren im Mixer pürieren, Zitronen- und Orangensaft sowie den Zuckersirup und den Likör zufügen, in eine Schüssel geben und im Gefrierfach etwa 45 Minuten frieren lassen.

2. Wieder geschmeidig schlagen, das steifgeschlagene Eiweiß unterheben und zum Sorbet frieren lassen (siehe Technik).

Limonen-Sorbet

Vorbereitung der Zutaten:
Saft von 5 grünen Limonen
dünne Schalenspiralen einer ungespritzten Zitrone, 300 g Zucker, 3 dl (300 ccm) Wasser

Den Zucker in Wasser kurz aufkochen, die Spirale dazugeben, abgekühlt mit Limonensaft verrühren, durch ein Sieb in eine Schüssel gießen und zum Sorbet frieren lassen (siehe Technik).

Sorbet von frischer Minze

Vorbereitung der Zutaten:
6 Stengel frische, grüne Minze, waschen, abtropfen
125 g Zucker, 1/2 l Wasser
1 Schnapsglas (2 cl) Weißwein
1 Eiweiß, Saft von 3 Zitronen
2 EL grüner Pfefferminzlikör

1. 100 g Zucker mit 1/4 l Wasser aufkochen und abkühlen lassen. Minze, Weißwein und Zitronensaft im restlichen Wasser aufkochen, durchsieben und abkühlen lassen. Dann mit der Zuckerlösung verrühren und 50 Minuten frieren lassen.

2. Wieder durchschlagen. Das mit dem restlichen Zucker steifgeschlagene Eiweiß unterheben und den Frier- und Rührvorgang (siehe Technik) wiederholen, bis eine geschmeidige Masse entstanden ist.

3. Vier hohe Kelche mit Pfefferminzlikör beträufeln, das Sorbet einfüllen und mit Minzeblättchen garniert sofort servieren.

Zitronencreme „Goldelse"

Vorbereitung der Zutaten:
Saft von 2 Apfelsinen
Saft von 2 1/2 Zitronen
etwas abgeriebene Schale einer ungespritzten Zitrone
350 g Zucker
8 Blatt weiße Gelatine
5 Eier, Eigelb und Eiweiß trennen
1 Becher Schlagsahne

1. Eigelb mit Zucker gut verrühren, bis der Zucker vergangen ist. Apfelsinen- und Zitronensaft (etwas zurückbehalten) und abgeriebene Zitronenschale dazugeben.

2. Gelatine in wenig warmem Wasser und dem restlichen Zitronensaft auflösen, abkühlen lassen und unter die Eigelb-Zucker-Masse rühren.

3. Eiweiß und Sahne getrennt steif schlagen und vorsichtig nacheinander (erst Eiweiß, dann Sahne) unterheben. Kaltstellen.

Zubereitungszeit: 30 Minuten

Zimtparfait

Vorbereitung der Zutaten:
4 Eier
175 g Zucker
1 EL gemahlener Zimt
2 Gläschen Mokkalikör
1/4 l süße Sahne, steif schlagen
4 Eiweiß zu Schnee schlagen

1. Eier, Zucker, Zimt bei kleiner Hitze 10 Minuten schaumig schlagen.

2. Vom Herd nehmen und abkühlen lassen. Sahne und 4 Eiweiß getrennt steif schlagen.

3. Mokkalikör in die abgekühlte Zucker-Eier-Zimt-Masse einrühren und noch 3 Minuten schlagen.

4. Sahne, Eischnee unterheben und etwa 3 Stunden im Tiefkühlfach gefrieren.

Zubereitungszeit: 30 Minuten

Deutsche Drei-Sterne Küche

Was neue alte Küche im Drei-Sterne-Format ist, zeigen Eckart Witzigmann und sechs seiner Kollegen – sie alle gehören zur Elite der deutschen Köche – mit ihren Lieblingsrezepten: Einfache deutsche Gerichte, raffiniert zubereitet. Wer diese Rezepte ausprobieren will, sollte allerdings kein Anfänger sein. Die Zubereitung erfordert Übung und Erfahrung.

Eckart Witzigmann Aubergine, München:

Steinpilzsalat mit gebackenem Kalbshirn

Gekochter Waller mit Senfbutter

Geschmorte Frischlingskeule mit Honig überglänzt

Topfennocken mit Butterbröseln und Zwetschgenröster

Otto Koch Le Gourmet, München:

Poularden-Kräutersülze

Saibling auf Rote-Bete-Butter

Schweinsfußragout mit Pilzknödeln

Peter Wehlauer Burg Windeck, Bühl/Baden:

Tomatensuppe mit Petersilienklößchen

Zanderfilet mit Leipziger Allerlei

Hasenrückenfilets im Wirsingmantel

Zwetschgenflan mit Zimteis und Weinschaum

Josef Viehhauser Le Canard, Hamburg:

Mousse von Räucherfischen mit Pilzen

Hamburger Aalsuppe

Karree vom Heidelamm mit Wirsing

Kastanienparfait mit Erdbeeren und Honigsauce

Hans-Peter Wodarz Die Ente vom Lehel, Wiesbaden:

Feines aus dem Garten mit Tomatenparfait

Kalbskopf und Karpfen Blau in Rieslingsauce

Meine Lieblingsgans

Mohngefrorenes mit Buchteln und Mandelsauce

Harald Wohlfahrt Kurhotel Traube-Tonbach, Baiersbronn/ Schwarzwald:

Rahmsuppe von Brunnenkresse und Forellenklößchen mit Büsumer Krabben

Kaninchensalat

Wildentenbrust in Preiselbeersauce

Grießauflauf mit Rumtopffrüchten

Franz Keller Schwarzer Adler, Oberbergen/ Kaiserstuhl:

Salat „Winzerin"

Seezungen in Schnittlauch

Ochsenkotelett „Weinhändler Art"

Birne in Holunder

Tacitus beschrieb 100 n. Chr. die Kost der Germanen als roh und gemein: „Mit Speisen ohne feine Zubereitung und Würze stillen sie den Hunger." Und noch heute tun die Amerikaner, nicht gerade eine Nation von Feinschmeckern, den deutschen Michel als Krautfresser ab, obwohl Sauerkraut eine Delikatesse sein kann und in Frankreich pro Kopf und Jahr doppelt soviel davon verzehrt wird wie bei uns.
Natürlich kann die deutsche Küche ihre Herkunft nicht verleugnen. Viele Gerichte erfüllen noch immer ihren ursprünglichen Zweck, vor allem billig und sättigend zu sein – eine Arme-Leute-Küche als Folge eines jahrhundertelang von Adel, Kirche und Soldaten ausgeplünderten Landes.
Fürsten und Geistlichkeit kannten keine deutsche Küche. Sie schlemmten französisch. Der als spartanisch einfach geltende Preußenkönig Friedrich der Große ließ sich am 5. August 1786, zwölf Tage vor seinem Tod, dieses Menü servieren:

Soupe aux choux à la Fouqué (Kohlsuppe nach Fouqué)
Du bœuf au panais et carottes (Rindfleisch mit Pastinake und Karotten)
De poulets en cannelons aux concombres farcis au blanc à L'Anglaise (Huhn im Rohr mit gefüllten Gurken, englische Art)
Petites pâtés à la Roumaine (Rumänische Pasteten)
Du Saumon à la Dessau (Salm nach Dessauer Art)
Des filets de Volaille à la Pompadour avec des langues de Bœuf et des croquettes (Hühnerbrüstchen mit Rinderzunge und Kartoffelkroketten)
Portugiesischer Kuchen
Grüne Erbsen
Frische Heringe
Saure Gurken

Die Speisekarte des Preußenkönigs illustriert, was über Generationen hinweg für jeden Koch von Rang als unabdingbar galt: Gute Küche bedeutete „Grande cuisine française". Nur wer sich die leisten konnte, war ein Feinschmecker.
Eine deutsche Küche hat sich erst 1871, nach der Gründung des Kaiserreiches, allmählich etablieren können, als das Bürgertum begann, protzige Eßgewohnheiten einzuführen. Die üppige, fette und schwere Kost hatte aber gegen die französische Konkurrenz weder im vorigen noch in der ersten Hälfte dieses Jahrhunderts eine Chance.
Der Umschwung kam Anfang der 60er Jahre, als die klassische französische Küche in eine Krise geriet. Die hohe Schule der Verfeinerung, sogar aus zweitklassigem Material noch erstklassige Gerichte zu zaubern, wiederholte sich an immer den gleichen Speisen.
Diese Erstarrung durchbrach der Franzose Michel Guérard mit einer Variante: der mageren Nouvelle cuisine. Sie basiert auf leichten Saucen und stets frischen, naturbelassenen Zutaten, die erst kurz vor dem Servieren zubereitet werden.
Das war auch der Anfang einer anspruchsvollen neuen deutschen Küche. Während die konventionelle deutsche Gastronomie noch immer mit zerkochten Zutaten hantierte, mit immer wieder den gleichen Gewürzen, lernten junge deutsche Köche wie Eckart Witzigmann, der heute in München das 3-Sterne-Restaurant „Aubergine" führt, ihre Lektion in Frankreich. Sie kaufen Fische, spezielle Fleischsorten, Pilze und Kräuter direkt vom Erzeuger. Und sie kochen Gerichte, die unseren Lebensbedingungen entsprechen, weil sie leicht, fettarm und bekömmlich sind. Das heißt: Verzicht auf Mayonnaisen und Remouladen als Hauptzutat zum Salat. Fett, zum Braten unerläßlich, wird entfernt und kommt nicht auf den Teller. Die Gemüse werden nicht mehr totgekocht, sondern schonend gegart.
Die neue französische Art zu kochen hat die deutsche Küche reformiert.
Als die „nouvelle cuisine" mit absurden Kreationen und überdrehten Menüs ins Abseits geriet, besannen sich die jungen deutschen Köche auf die Traditionen der Heimat: auf Eintopf und Sauerbraten, Leipziger Allerlei und Königsberger Klopse. Heute sind Wirsing und Ochsenschwanz, See-Aal, Karpfen und Lammbraten in der Drei-Sterne-Küche eine Selbstverständlichkeit. Die Vielfalt der deutschen regionalen Küche wird im Norden durch Hamburger Aalsuppe oder Heidschnucken-Braten repräsentiert, im Süden durch Donau-Waller oder Schweinsfuß-Ragout. Die Gäste der 3-Sterne-Küche lernen, wie leicht und fettarm diese Gerichte sein können.

ECKART WITZIGMANN
Aubergine, München

Steinpilzsalat mit gebackenem Kalbshirn

Vorbereitung der Zutaten: (für 4 Personen)
375 g Kalbshirn, 8 ganz frische Steinpilze, einige Blätter Eisbergsalat, Salz, Essig, 1 Ei, Semmelbrösel (frisch gerieben), 1 EL Öl, 50 g Butter, Pfeffer, Zitronensaft
Für die Sardellensauce:
1/2 Knoblauchzehe, 2 Eigelb, Zitronensaft, Pfeffer aus der Mühle, 1/8 l Öl (Olivenöl und geschmacksneutrales Öl zu gleichen Teilen), 1 Schalotte, 1 gehacktes Sardellenfilet, 1 TL Schnittlauchröllchen, Worcestersauce
Für die Vinaigrette, die Gewürzsauce:
2 EL Olivenöl, 2 EL geschmacksneutrales Öl, 1 EL Zitronenessig, Zitronensaft, 1 Prise Zucker, Salz, Pfeffer

Das Kalbshirn gut wässern, dann unter lauwarmem Wasser vorsichtig enthäuten und in kochendem Salz-Essig-Wasser bei mittlerer Hitze etwa 5 Minuten gar ziehen lassen.

Für die Sardellensauce eine kleine Schüssel mit einer halbierten Knoblauchzehe kräftig ausreiben, Eigelb, 2 EL Zitronensaft hineingeben, mit Salz, Pfeffer würzen, gut verrühren und dabei Öl langsam hinzugeben, zum Schluß etwas kochendheißes Wasser hineingießen. Fein geschnittene Schalotte, durchgepreßten Knoblauch, fein gehackte Sardelle, 1 TL Schnittlauchröllchen zugeben, mit Worcestersauce nachwürzen.

Steinpilze in messerdicke Scheiben schneiden, zusammen mit etwas Eisbergsalat auf einem Teller anordnen. Aus Olivenöl, dem geschmacksneutralen Öl, Essig, 2 EL Zitronensaft, Salz, Pfeffer und einer Prise Zucker eine Vinaigrette rühren. Das Hirn in Scheiben schneiden, mit Salz, Pfeffer, restlichem Zitronensaft würzen, durch das verquirlte Ei ziehen, in Bröseln wälzen und in 2/3 Öl und 1/3 Butter ausbacken. Abtropfen lassen. Die Steinpilze mit der Vinaigrette beträufeln, restliche Schnittlauchrollen darüberstreuen, Hirn darauf anrichten und mit der Sardellen-Sauce übergießen.

ECKART WITZIGMANN
Aubergine, München

Gekochter Waller mit Senfbutter

Vorbereitung der Zutaten: (für 4 Personen)
4 Scheiben Waller vom Mittelstück zu je 180 g, etwa 20 g Salz
Für die Senfbutter:
80 g Butter, 1/2 EL Senf oder mehr je nach Geschmack, 30 g kleine Kapern, 10 g junge Rote Bete, 2 EL gezupfte Petersilie (glatt), 1/2 bis 1 EL geriebener Meerrettich, 4 mittelgroße, mehlige Kartoffeln

Kartoffeln schälen und in Salzwasser garen. Rote Bete schälen und in kleine Würfel schneiden, die Petersilie zupfen, Senf, Butter und Kapern bereitstellen. 2 l Wasser mit 20 g Salz zum Kochen bringen, die Wallerscheiben hineinlegen und einmal aufkochen lassen. Dann bei milder Hitze etwa 10 Minuten gar ziehen lassen.

Kurz vor dem Servieren die Senfbutter zubereiten: In einer Pfanne die Butter hellbraun aufschäumen lassen, den Senf einrühren, die Kapern und Rote Bete dazugeben.

Den Waller zum Abtropfen legen, die Haut abziehen, auf einen vorgewärmten Teller geben, mit der Senfbutter vorsichtig beträufeln und mit etwas Petersilie und frischgeriebenem Meerrettich bestreuen. Mit Salzkartoffeln servieren.
Tip: Statt des Wallers kann man auch einen Wurzelkarpfen kochen.

ECKART WITZIGMANN
Aubergine, München

Geschmorte Frischlingskeule mit Honig überglänzt

Vorbereitung der Zutaten: (für 6–8 Personen) 2 cl Öl, 50 g Butter, 1 Frischlingskeule von etwa 1,5 kg, 100 g kleine Schalotten oder Perlzwiebeln (nicht aus dem Glas), 150 g junge Karotten, 150 g kleine Petersilienwurzeln, 1 Thymianzweig, 12 Wacholderbeeren (im Mörser klein gestoßen), 2 Nelken, 1 bis 2 Lorbeerblätter, Salz, Pfefferkörner, 1 EL Honig, schwarzer Pfeffer aus der Mühle, eventuell Sherry, Milch zum Einlegen

Von der Keule wird die Schwarte so dünn wie möglich abgelöst. Der Schlußknochen sollte vom Metzger ausgelöst, der Haxenknochen abgeschnitten oder verkürzt werden. 2–3 Tage mit Thymian, Nelken, Lorbeerblättern, einigen Pfefferkörnern in Milch einlegen, im Kühlschrank aufbewahren, dann mit einem Tuch trockenreiben. Mit Salz, Pfeffer und den Wacholderbeeren kräftig einreiben. Den Schlußknochen kleinhacken. Die Petersilienwurzeln und Karotten waschen, schälen, aber unzerteilt lassen, Zwiebeln schälen.

In einer Schmor- und Bratpfanne das Öl und die Butter zum Aufschäumen bringen, die Keule mit der Fettseite hineinlegen und im vorgeheizten Ofen bei 220 Grad langsam nach unten bräunen lassen (das Fett soll dabei nicht verbrennen). Die zerkleinerten Knochen werden ebenfalls zugegeben. Die Keule nach 20 Minuten umdrehen, die eingelegten Gewürze aus der Milch sowie die Karotten, Petersilienwurzeln und Zwiebeln dazugeben und bei 180 Grad unter ständigem Übergießen mit dem eigenen Saft noch etwa eine Stunde schmoren. Bei Bedarf etwas heißes Wasser in kleinen Mengen zugießen. Die Keule aus der Pfanne nehmen, auf ein Drahtgitter legen und etwa 10 Minuten im offenen Rohr ruhen lassen.

Das überflüssige Fett aus der Pfanne abschöpfen. Den Bratensaft einige Male einkochen, mit wenig Wasser ablöschen, damit sich eine kurzgehaltene, kräftige Natursauce bilden kann. Gemüse und Zwiebeln herausnehmen und beiseite stellen, die Sauce durch ein Sieb gießen, abschmecken. Je nach persönlichem Geschmack einige Tropfen Sherry dazugeben. Die Keule mit Honig einstreichen und bei starker Oberhitze glacieren. Unter das Drahtgitter eine feuerfeste Form stellen, um den austretenden Saft aufzufangen, diesen dann zur Sauce gießen. Die Keule mit schwarzem Pfeffer bestreuen und den Knochen entlang in Scheiben schneiden, mit den Gemüsen umlegen und mit etwas Sauce begießen.
Dazu kleine Maispfannkuchen: Maiskörner mit geschlagenem Eiweiß vermengen, bei milder Hitze in Butter und Öl backen.

Tip: Statt der Frischlings- kann man auch Rehkitzkeule nehmen.

ECKART WITZIGMANN
Aubergine, München

Topfennocken mit Butterbröseln und Zwetschgenröster

Vorbereitung der Zutaten: (für 6–8 Personen)
270 g Magerquark (Topfen), 80 g altes Weißbrot ohne Rinde, 30 g Butter, 1 TL Vanillezucker, 1 Prise Salz, 1/2 Zitrone, 1 Eigelb, 1 Ei, Butter und Semmelbrösel, 30 g Puderzucker.
Für den Zwetschgenröster:
1/2 kg Zwetschgen, 200 g Zucker, 1 Gewürznelke, 1 Zimtrinde

Den frischen Topfen durch ein Haarsieb streichen, das Weißbrot in kleine Würfel schneiden, die Butter mit Zucker, einer Prise Salz und abgeriebener Zitronenschale schaumig rühren, nach und nach Eigelb und das Ei dazugeben. Anschließend den Topfen sowie die Weißbrotwürfel untermengen, alles etwa eine Stunde ruhen lassen. Wasser in einem breiten Topf zum Kochen bringen und mit einem Eßlöffel Klößchen abstechen, zwölf Minuten gar ziehen lassen.
Für den Zwetschgenröster die Zwetschgen waschen und entkernen, zusammen mit dem Zucker, der Gewürznelke und der Zimtrinde einköcheln lassen, bis die Masse dickflüssig geworden ist.
Mein Kollege Johann Ratgeb aus Badgastein, von dem dieses Rezept stammt, gibt den Tip: Gekaufter Quark ist meist sehr feucht, deshalb auf ein Mulltuch geben und die Molke leicht ausdrücken.

OTTO KOCH
Le Gourmet, München

Poularden-Kräutersülze

Vorbereitung der Zutaten: (für 6–8 Personen)
1 Poularde (oder 1 Huhn, aber kein Suppenhuhn), 1 Kalbsfuß (beim Metzger vorbestellen), 1 Knolle Sellerie, 2 Möhren, 1 Stange Lauch, 1 Zwiebel, Petersilie, Schnittlauch, Basilikum, Estragon (gehackt und je nach Geschmack dazugeben), Salz, Pfeffer
Für die Vinaigrette:
6–8 EL Olivenöl, Sherryessig, Petersilie und Schnittlauch (fein gehackt), Salz, Pfeffer

Den ganzen Kalbsfuß in einem Topf mit kaltem Wasser aufsetzen und 4 Stunden leise kochen lassen, dann die Poularde zerteilen und ebenfalls in den Topf geben, Gemüse unzerteilt dazu. Nach etwa 25 Minuten leichtem Sieden sind Geflügelfleisch und Gemüse gar. Poularden-Fleisch von Haut und Knochen lösen und die Gemüse in kleine Stücke schneiden. Der Kalbsfuß wird nicht mehr benötigt. Den Fond durch ein Sieb gießen und mit den Kräutern abschmecken. Kalt werden lassen und eine Probe machen, ob der Fond genügend geliert, notfalls einige Blatt Gelatine dazugeben. Nun Fleisch, Gemüse und den Kräuterfond gut vermengen und in eine passende Terrinenform füllen. Erkalten lassen, stürzen und dann vorsichtig aufschneiden.
Für die Vinaigrette Olivenöl mit Sherryessig abschmecken; Salz, Pfeffer, Petersilie und Schnittlauch beigeben und verrühren. Zur Sülze geben.

OTTO KOCH
Le Gourmet, München

Saibling auf Rote-Bete-Butter

Vorbereitung der Zutaten:
2 Saiblinge zu je 350 g, 500 g Rote Bete, 100 g kalte Butter, 250 g Spinat, 500 g Kartoffeln, Pfeffer, Salz, Himbeeressig

Rote Bete schälen, in Salzwasser weich kochen und zusammen mit etwas von diesem Kochwasser im Mixer ganz fein pürieren. Unter dieses Püree nach und nach kalte Butter in kleinen Stückchen und unter ständigem Rühren geben. Mit Pfeffer, Salz und einem Spritzer Himbeeressig abschmecken.

Die Saiblinge filieren (Haut bleibt dran) und leicht salzen. Topf 2 cm hoch mit Wasser auffüllen, Fischeinsatz reinstellen, Filets einlegen. Beim Dämpfen beachten: Sobald die Filets anfangen, fest zu werden, sofort wenden und dann noch eine halbe Minute im Wasserdampf lassen. Vom Herd nehmen und eine Minute ruhen lassen, Haut abziehen und auf der Sauce anrichten.

Den feinen Blattspinat waschen und mit 50 g Butter in etwa 100 ccm Wasser zwei Minuten lang dünsten. Mit Salz und Pfeffer abschmecken. Kartoffeln in Form schneiden und in Salzwasser garen.

OTTO KOCH
Le Gourmet, München

Schweinsfußragout mit Pilzknödeln

Vorbereitung der Zutaten:
4 Schweinsfüße, Suppengrün mit je 200 g Lauch, Sellerie, Karotten, 200 g Zwiebeln, 1/2 l Creme double (flüssige Schlagsahne), Salz, Pfeffer
Für die Semmelknödel:
10 alte Semmeln, 2 Eier, 1/4 l Milch, 1 Strauß Petersilie, 1 Zwiebel, 50 g Butter, 100 g frische oder eingeweichte Trocken-Steinpilze (auch Pfifferlinge oder Morcheln)

Die Schweinsfüße mit dem Suppengrün in leichtem Salzwasser kochen, bis sie so weich geworden sind, daß sich die Haut ablösen läßt. Alle weichen Teile von den Knochen schälen und Fleisch wie Haut in etwa vier Zentimeter lange, nicht zu feine Streifen schneiden. Das Kochwasser durch ein Sieb gießen und unter gelegentlichem Umrühren mit der Creme double auf die Hälfte einkochen lassen. Das Fleisch dazugeben, mit Salz und Pfeffer abschmecken.

Für die Semmelknödel die alten Semmeln in Scheiben schneiden und in einer Schüssel mit Milch übergießen, eine halbe Stunde ziehen lassen. Petersilie und Zwiebel fein gehackt in Butter anschwitzen, bis die Zwiebelstücke glasig sind und zu den Semmeln geben. Die Eier untermischen und alles gut umrühren (nicht zu fest und zu lange kneten). Knödel formen, Pilze in die Mitte geben und 20 Minuten in leicht gesalzenem Wasser ziehen lassen.

PETER WEHLAUER
Burg Windeck, Bühl/Baden

Tomatensuppe mit Petersilienklößchen

Vorbereitung der Zutaten: (für 4 Personen)
600 g Geflügelknochen, 1 Karotte, 1 kleine Stange Lauch, 1 Stück Sellerie, Salz, 2 l Wasser, 200 g Geflügelfleisch, grob gehackt, 30 g Zwiebel in Würfeln, 500 g vollreife Tomaten (abgezogen, entkernt und grob gewürfelt), 3 bis 4 Eiweiß, Blätter von 1 Estragonstengel.
Für die Petersilienklößchen:
30 g Butter, 4 Eigelb, 50 g geriebenes Weißbrot, 100 g entstielte Petersilie, Salz, Pfeffer, Muskat

Die Geflügelknochen zerkleinern und ohne Fett anrösten, in einen Topf geben und mit Wasser auffüllen, etwa eine Stunde langsam kochen lassen (abschäumen), Gemüse und etwas Salz dazugeben und nochmals eine Stunde langsam kochen, dann passieren und erkalten lassen.

Geflügelfleisch, Zwiebeln, Tomaten, Eiweiß und Estragon mit der kalten Geflügelbrühe vermischen, langsam zum Kochen bringen, häufig umrühren, noch 20 Minuten ziehen lassen und abschmecken, durch ein Tuch gießen.

Für die Klößchen Petersilie eine Minute in kochendes Wasser geben und kalt abspülen, im Mixer zerkleinern, durch ein Haarsieb streichen, Salz, Pfeffer, Muskat beigeben. Butter und Eigelb schaumig rühren, Weißbrotbrösel und Petersilienpüree dazugeben, abschmecken und einige Stunden in den Kühlschrank stellen. Klößchen formen und in leicht gesalzenem, fast kochendem Wasser 5 Minuten ziehen lassen.

Tip: Tomatenwürfel (oder Tomatenperlen mit einem Erbsenausstecher ausstechen) und Petersilienklößchen in einen vorgewärmten Teller geben und mit der klaren Tomatensuppe aufgießen.

PETER WEHLAUER
Burg Windeck, Bühl/Baden

Zanderfilet mit Leipziger Allerlei

Vorbereitung der Zutaten: (für 4 Personen)
1 Zander (etwa 1 kg), Salz, Pfeffer, Zitronensaft, 100 ccm Weißwein, 200 ccm Fischfond, 1 Schalotte, 200 ccm Sahne, 50 g Butter zum Abschmecken und für das Gemüse, 1 Karotte, 1 dicke Scheibe Sellerie, 1 daumenlanges Stück Schmorgurke, 12 Krebse, 2 bis 4 Morcheln pro Person, 20 g Krebsbutter

Krebse zwei Minuten in einem Sud kochen, Salz, Kümmel und Dillgurken beigeben. Morcheln 3 bis 4 mal waschen, 5 Minuten in leichtem Salzwasser kochen. Zander ausnehmen, schuppen, filieren, entgräten. Filets halbieren, leicht salzen, pfeffern und mit Zitronensaft beträufeln, in eine feuerfeste, gebutterte Glasschüssel legen, mit etwas Weißwein und Fischsud umgießen, mit gebutterter Alufolie bedecken und im mittelheißen Ofen bei 180 bis 200 Grad gar ziehen lassen. Etwa 6 Minuten warm halten, den Fond abgießen, mit fein geschnittener Schalotte in einen Topf geben und bis auf 6 EL Flüssigkeit einkochen. Die Sahne zugeben und auf die Hälfte einkochen. Die Sauce zusammen mit der Butter etwa 20 Sekunden in den Mixer geben, durch ein feines Sieb gießen und unter Rühren heiß werden lassen. Die Gemüse in Stifte schneiden, jeweils kurz für sich kochen, in Butter schwenken, heiß werden lassen und würzen. 4 EL Sauce unterrühren. Die Krebse und Morcheln dazugeben und die Krebsbutter vorsichtig dazurühren.

Die Zanderfilets auf vorgewärmte Teller legen, mit Sauce umgießen, das Leipziger Allerlei auf die Filets verteilen.

PETER WEHLAUER
Burg Windeck, Bühl/Baden

Hasenrückenfilets im Wirsingmantel

Vorbereitung der Zutaten: (für 4 Personen)
4 größere, hellgrüne Wirsingblätter, Salz, 2 Hasenrücken zu etwa je 600 g, Öl zum Braten und Rösten, 1 Zwiebel, 1 kleine Sellerieknolle, 1 kleine Karotte, 12 Wacholderbeeren, 1 Zweig Thymian, 1 kleines Lorbeerblatt, 50 g Tomatenmark, 2 Schalotten, 100 ccm Spätburgunder, Butter zum Braten und 20 g kalte Butter zum Abrunden der Sauce, 1 gewässertes Schweinsnetz (Bauchteil, beim Metzger vorbestellen)

Wirsingblätter in 2 l Salzwasser blanchieren, kalt abspülen, abtropfen lassen, die Rispe (Blattstiel) etwas flach schneiden, ganz kurz aufkochen. Hasenrücken häuten, Filets von den Knochen lösen. Knochen zerkleinern, in etwas Öl kräftig anrösten, dann die gewürfelten Zwiebeln, Sellerie und Karotte und etwas Tomatenmark dazugeben, im Ofen etwa eine halbe Stunde durchrösten, bis alles gut gebräunt ist. In einen Topf umschütten, Gewürze und restliches Tomatenmark dazugeben. Den Bodensatz mit etwas Wasser ablösen, zu den Knochen geben, mit etwa 2 l Wasser bedeckt etwa 3 Stunden leise kochen lassen, dann durch ein Sieb gießen und zum Fond auf 1/2 l einkochen. Schalotten fein würfeln, mit dem Burgunder begießen und bis auf 4 EL einkochen lassen, mit Salz und Pfeffer würzen. Den Wildfond dazugießen, auf etwa 200 ccm einkochen lassen, durch ein Sieb gießen, mit der Butter abschmecken. Hasenfleisch mit Salz und Pfeffer würzen. Butter und Öl in einer Pfanne heiß werden lassen, die Filets darin ringsum kurz anbraten. Filets in die vorbereiteten Wirsingblätter einrollen. Dann in je 1 Stückchen Schweinsnetz einwickeln. Im heißen Backofen bei 225 bis 250 Grad etwa sechs Minuten braten, danach im warmen Ofen etwas ruhen lassen. Dann in schräge Scheiben schneiden, auf vorgewärmten Tellern anrichten, mit etwas Sauce umgießen, mit jungen Gemüsen garnieren, servieren.

PETER WEHLAUER
Burg Windeck, Bühl/Baden

Zwetschgenflan mit Zimteis und Weinschaum

Vorbereitung der Zutaten: (für 4 Personen)
Für den Zwetschgenflan:
200 g Blätterteig (tiefgekühlt), 12 Zwetschgen, Zucker und Zimt
Für das Zimteis: 4 Eigelb, 2 ganze Eier, 80 g Zucker, 1/2 l Milch, 4 Zimtstangen, 100 ccm Schlagsahne
Für den Weinschaum:
3 Eigelb, 20 g Zucker, 3 cl (1 1/2 Likörgläser) Weißwein, 1 TL Zwetschgenwasser, 1/2 EL Schlagsahne

Blätterteig ausrollen (etwa 1/2 cm dick). Vier Böden von 8–10 cm Durchmesser ausstechen, mit Eigelb bestreichen und ruhen lassen, die Zwetschgen halbieren und in Scheiben schneiden, Blätterteigböden mit den Zwetschgenscheiben fächerartig belegen, mit Zucker und Zimt bestreuen und bei 200 Grad etwa 10 Minuten backen.

Eigelb, Eier und Zucker sehr schaumig rühren. Milch mit den Zimtstangen langsam zum Kochen bringen und zur Eimasse rühren, wieder auf den Herd stellen, unter Rühren bei milder Hitze so lange aufschlagen, bis sie in der Mitte zu kochen anfängt, durch ein Sieb gießen, die Schlagsahne dazugeben und kaltrühren.

Eigelb, Zucker, Weißwein und Zwetschgenmasse im Wasserbad aufschlagen, bis eine cremige Masse entsteht. Schlagsahne unterziehen.

Zwetschgenflan auf heiße Teller setzen, mit Weinschaum umgießen, eine Kugel Zimteis in die Mitte setzen und sofort servieren.

JOSEF VIEHHAUSER
Le Canard, Hamburg

Mousse von Räucherfischen mit Pilzen

Vorbereitung der Zutaten: (für 4 Personen)

Für die Mousse (Terrine):
5 geräucherte Forellenfilets, 1/8 l Crème fraîche, 1 Bund Dill, Zitronensaft, 1/4 l Schlagsahne, rosa Pfeffer aus der Mühle, 6 Blatt Gelatine.

Für den Krebsfond:
Schalen von 10 Flußkrebsen, 2 EL geklärte Butter, 1/2 Stange Lauch, 1 Karotte, 3 Schalotten, 2 Zehen Knoblauch, Pfefferkörner, Lorbeerblatt, 1 EL Tomatenmark, 3 frische Tomaten, 2 Stengel Petersilie, 2 Stengel Kerbel, 1/2 l trockener Weißwein, 1 EL Sahne, 4 cl (2 Likörgläser) Weinbrand, Salz, rosa Pfeffer aus der Mühle, 2 Blatt Gelatine.

Für den Fischfond:
3 Karkassen (Gräten mit Kopf und Schwanz) von der Seezunge, 0,7 l trockener Weißwein, 10 Pfefferkörner, 1/4 Stange Porree, 1 Stück Sellerie, 5 Salbeiblätter, 1 bouquet garni, (2–3 Stengel Petersilie, 1 Thymianstengel, 1 Lorbeerblatt zusammengebunden)

Für die Pilze:
4 rosa Champignons, 10 Trompetenpilze (Herbsttrompeten, auch getrocknet), 2 EL Sherryessig, 1 EL Walnußöl, Pfeffer aus der Mühle, 1 Prise Salz

Für die geklärte Butter 4–5 EL Butter in einem Topf bei kleiner Hitze zergehen lassen, bis sie schaumig wird. Danach hat sich auf dem Topfboden Molke abgesetzt. Die klare Butter abschöpfen. Für den Krebsfond die Krebsschalen in der geklärten Butter anrösten, das Gemüse, Tomaten und Tomatenmark dazugeben. Weiterrösten, bis das Gemüse eine goldgelbe Färbung erreicht hat. Mit dem Weißwein ablöschen und mit 1 l Wasser auffüllen. Gewürze und Kräuter dazugeben. Auf 1/4 l einkochen und passieren. Krebsfond mit Sahne, Weinbrand, Salz, Pfeffer und 2 Blatt der aufgelösten Gelatine verrühren und damit eine Terrine fingerdick ausgießen.

Für den Fischfond die Fischabfälle mit etwas Wasser kurz aufkochen, auf ein Sieb schütten und kalt abspülen, dann mit dem Weißwein ansetzen, die angegebenen Zutaten hineingeben und 20 Minuten köcheln. Passieren und auf 1/8 l einkochen lassen.

Für die Mousse die Forellenfilets mit dem Fischfond und sechs Blatt der aufgelösten Gelatine im Mixer pürieren und durch ein Haarsieb streichen. Mit Salz, Pfeffer, Zitrone und gehacktem Dill abschmecken und mit Crème fraîche verrühren. Die geschlagene Sahne unterziehen. Die Masse in die mit dem Krebsgelee vorbereitete Terrine füllen und mit Klarsichtfolie abdecken. Etwa 6 Stunden kalt stellen.

Champignons ohne Lamellen und Stiele in Streifen schneiden, Trompetenpilze in Streifen schneiden, Sherryessig, Walnußöl, Pfeffer, Salz beigeben. Kurz marinieren, anrichten und sofort servieren.

JOSEF VIEHHAUSER
Le Canard, Hamburg

Hamburger Aalsuppe

Vorbereitung der Zutaten:
(für 4 Personen, 1 Liter)

Für die Brühe: 1 Schinkenknochen, Gräten und Abfälle von 2 frischen und 1 geräuchertem Aal, 5 halbierte und angeröstete Schalotten, 1 kleine Möhre, 1 kleine Stange Lauch, 1 Stück Sellerie, Pfefferkörner, 1 Lorbeerblatt, 7 verschiedene Kräuter (Estragon, Basilikum, Fenchelkraut, Kerbel, Thymian, Minze, Majoran).

Für die Einlage: 8 Mittelstücke vom frischen Aal (etwa 3 Zentimeter lang, 500 g), 8 Backpflaumen, je 100 g Karotten, Sellerie und 1 kleine Stange Lauch in Streifen geschnitten, 1 Birne, 1 Apfel (beides entkernt, geschält und in Achtel geschnitten), 250 g schieres Hechtfleisch (vom Händler), 1/8 l Crème fraîche, Salz, Pfeffer, Muskat (frisch gerieben)

Die Zutaten für die Brühe mit 3 l kaltem Wasser ansetzen und sechs Stunden knapp unter dem Siedepunkt ziehen lassen. Inzwischen das Hechtfleisch für die Klößchen im Mixer pürieren, durch ein Haarsieb streichen und in einer Aluminiumschüssel kalt stellen. Crème fraîche unterziehen. Die Masse so lange mit dem Schneebesen durchrühren, bis sie konsistent wird. Mit Salz, Pfeffer und Muskat abschmecken. Mit einem Teelöffel Klößchen formen, etwas von der Brühe abnehmen, die Klößchen darin gar ziehen lassen.

Brühe durch ein Mulltuch in einen anderen Topf umschütten. Vorbereitete Aalstücke etwa 15 Minuten, die Apfel- und Birnenstücke, Backpflaumen und Gemüse etwa fünf Minuten in der Brühe gar ziehen lassen (nicht kochen). Das Ganze mit den Klößchen und geröstetem Weißbrot servieren.

JOSEF VIEHHAUSER
Le Canard, Hamburg

Karree vom Heidelamm mit Wirsing

Vorbereitung der Zutaten: (für 4 Personen)
1 Lammrücken (3 kg), Butter (zum Braten), 1 Karotte, 1 Stange Lauch, 1 Zwiebel, 5 Knoblauchzehen, 1 EL Pfefferkörner, 1 Lorbeerblatt, 4–5 EL geklärte Butter (siehe Zubereitung), 200 g fein gewürfelter, durchwachsener Speck, 6 Schalotten fein gewürfelt, 3 kleine Köpfe Wirsing (davon nur das zarte, gelbgrüne Innere), 1/4 l Sahne, Salz, Muskat (frisch gerieben), 125 g feste Butter

Den Lammrücken in Form schneiden und der Länge nach zu zwei Karrees halbieren (macht der Metzger), die zurückgebliebenen Knochen und die Haut vom Lamm für den Fond in etwas Butter scharf anbraten, Röstgemüse dazugeben und weiter anrösten, mit etwa 3 Liter Wasser auffüllen und 6 Stunden leicht kochen. Diesen Lammfond durch ein Sieb gießen und beiseite stellen. 4–5 EL Butter in einem Topf bei kleiner Hitze zergehen lassen, bis sie schaumig wird. Die klare Butter abschöpfen.

Lammkarrees mit der geklärten Butter im Ofen rosa braten. Speck und Schalottenwürfel glasig andünsten, den in feine Streifen geschnittenen Wirsing dazugeben und mit Sahne auffüllen, fertig garen. Mit Salz und Muskat abschmecken. In den Lammfond die feste Butter stückchenweise schlagen, aufmontieren. Mit je 2 EL Wirsing, 2 Scheiben vom Lammkarree, 2 Löffel von der Sauce servieren.

STEINPILZSALAT MIT GEBACKENEM KALBSHIRN
SEITE 389

GEKOCHTER WALLER MIT SENFBUTTER
SEITE 389

TOPFENNOCKEN MIT BUTTERBRÖSELN UND ZWETSCHGENRÖSTER
SEITE 391

POULARDEN-KRÄUTERSÜLZE
SEITE 391

SCHWEINSFUSSRAGOUT MIT PILZKNÖDELN
SEITE 392

TOMATENSUPPE MIT PETERSILIENKLÖSSCHEN
SEITE 393

ZANDERFILET MIT LEIPZIGER ALLERLEI
SEITE 393

ZWETSCHGENFLAN MIT ZIMTEIS UND WEINSCHAUM
SEITE 394

MOUSSE VON RÄUCHERFISCHEN MIT PILZEN
SEITE 395

HAMBURGER AALSUPPE
SEITE 396

FEINES AUS DEM GARTEN MIT TOMATEN-PARFAIT
SEITE 413

KALBSKOPF UND KARPFEN BLAU IN RIESLINGSAUCE
SEITE 414

MEINE LIEBLINGSGANS
SEITE 414

MOHNGEFRORENES MIT BUCHTELN UND MANDELSAUCE
SEITE 415

RAHMSUPPE VON BRUNNENKRESSE UND FORELLENKLÖSSCHEN
MIT BÜSUMER KRABBEN
SEITE 416

GRIESSAUFLAUF MIT RUMTOPFFRÜCHTEN
SEITE 418

JOSEF VIEHHAUSER
Le Canard, Hamburg

Kastanienparfait mit Erdbeeren und Honigsauce

Vorbereitung der Zutaten: (für 4 Personen)
6 Eier, 200 g Zucker, 300 g Kastanienpüree, 6 cl Rum (3 Likörgläser) zum Einweichen von 150 g Rosinen, 1/4 l geschlagene Sahne, 1/2 l Rotwein, 2 EL Bienenhonig, 300 g Erdbeeren

Eier und Zucker mit dem Schneebesen im Wasserbad aufschlagen, vom Herd nehmen und kalt stellen. Das Kastanienpüree und die in Rum getränkten Rosinen in einem Kessel mit der Eier-Zucker-Masse verrühren. Die Sahne vorsichtig unterziehen. In einer Kastenform 24 Stunden frieren. Den Rotwein auf 1/8 Liter einkochen, den Honig dazugeben und die Erdbeeren kurz darin dünsten. Auf einem Teller 1 EL heiße Sauce mit Erdbeeren anrichten und eine Scheibe vom Parfait darauflegen.

HANS-PETER WODARZ
Die Ente vom Lehel, Wiesbaden

Feines aus dem Garten mit Tomatenparfait

Vorbereitung der Zutaten: (für 4 Personen)
Kopfsalatherzen von 2 bis 3 Köpfen Salat, 1/2 Kopf Friséesalat, Dill, Kerbel, Schnittlauch, Brunnenkresse, glattblättrige Petersilie, ein paar Estragonblätter, 2 Blatt frischen Sauerampfer, 1 Zweigchen Zitronenmelisse (alles gezupft, insgesamt 3 EL), 1 EL Traubenkernöl, 1 EL Walnußöl, 1 EL roter Weinessig, weißer Pfeffer aus der Mühle, Salz, 8 lebende Flußkrebse, 8 geschälte Walnußkerne (vor dem Schälen kurz überbrühen).
Für das Tomatenparfait:
8 mittelgroße Fleischtomaten, 2 EL Tomatenmark, 4 Blatt Basilikum, Salz, weißer Pfeffer aus der Mühle, 2 cl trockener Weißwein, 3 Blatt Gelatine, 3 EL gehäufte Schlagsahne

Aus dem Essig, Salz, Pfeffer, Öl eine Salatsauce zubereiten. Die acht Flußkrebse mit dem Kopf zuerst in kochendes und reichliches Salzwasser geben, leicht aufkochen und einige Minuten ziehen lassen. Krebse ausbrechen, Schwänze und Scheren über den Salat geben. Kopf und Nacken zur Garnierung verwenden. Salate und Kräuter auf flache Teller verteilen, mit der restlichen Salatsauce begießen, mit Champignonscheiben und Walnüssen garnieren.

Die Fleischtomaten kurz in kochendes Wasser geben, Haut abziehen, halbieren, die Kerne herausschaben. Im Mixer mit dem Tomatenmark pürieren. Durch ein feines Sieb streichen, mit Salz, Pfeffer und klein geschnittenem, frischem Basilikum würzen.

Gelatine einweichen, in lauwarmem Weißwein auflösen, unter das Tomatenpüree ziehen. Die geschlagene Sahne darunterheben, Oberfläche glattstreichen und kalt stellen. Tomatenparfait mit einem Löffel vorsichtig abstechen und im Salat anrichten.

HANS-PETER WODARZ
Die Ente vom Lehel, Wiesbaden

Kalbskopf und Karpfen Blau in Rieslingsauce

Vorbereitung der Zutaten: (für 4 Personen)
500 g Kalbskopfbacken (beim Metzger vorbestellen), ein Karpfen (ca. 1 kg)
Für den Kalbsfond:
50 g Weißes vom Lauch, 30 g Sellerie, 1 Schalotte, 1/2 Lorbeerblatt, 1 Nelke, 4 Petersilienstengel, 200 ccm trockener Riesling
Für die Sauce:
1/4 l konzentrierter Kalbsfond, 1/2 l Sahne, Salz, weißer Pfeffer, Saft einer 1/4 Zitrone, 40 g kalte Butter, 100 ccm trockener Riesling

Kalbskopfbacken sauber schaben, gut wässern, in kochendem Wasser kurz überbrühen und nochmals säubern. In den Kalbsfond geben und mit soviel Wasser auffüllen, daß die Kalbskopfbacken gerade bedeckt sind. Nicht zu weich kochen, je nach Größe der Stücke eine halbe bis eine Stunde, dann nochmals säubern. Backen in etwa zwei Zentimeter große Würfel schneiden. Für die Rieslingsauce die Kalbsbrühe auf die Hälfte reduzieren, mit der Sahne auffüllen und nochmals reduzieren. Mit Salz, Pfeffer und Zitrone abschmecken. Harte Butterflocken in die Sauce einrühren. Riesling an die Sauce geben.

Karpfen filieren und von den Gräten befreien. In fast wallendem Salzwasser mit etwas Sellerie, Lauch und Karotten knackig ziehen lassen. Die Rieslingsauce auf die Hälfte des Tellers geben und den Karpfen mit der Hautseite nach oben hineinlegen. Kalbskopf daneben anrichten und mit etwas Sauce überziehen. Mit jungen Gemüsen garnieren.

HANS-PETER WODARZ
Die Ente vom Lehel, Wiesbaden

Meine Lieblingsgans

Vorbereitung der Zutaten: (für 4 Personen)
1 junge, frische Gans
Für die Füllung:
150 g Weißbrot ohne Rinde, 1/8 l Sahne, 20 g getrocknete Steinpilze, 100 ccm trockener Rotwein, 50 g durchwachsener geräucherter Speck, 20 g Butter, 50 g frische Champignons, 1 säuerlicher Apfel, 40 g Schalotten, 1 Knoblauchzehe, 1/4 Lorbeerblatt, 1 Wacholderbeere, 1 cl Apfelschnaps, 1 cl Weinbrand, 300 g Kalbfleisch, 1 Bund glatte Petersilie, 50 g gekochte Rinderzunge, 150 g Gänselebermus, 3 Eier, schwarzer Pfeffer aus der Mühle, etwas Thymian, Rosmarin, Muskatnuß, geriebene Schale von 1/4 Zitrone, Salz

Gans gut auswaschen, trockentupfen, innen und außen salzen. Weißbrot in Sahne und Steinpilze in Rotwein einweichen. Speck in kleine Würfel schneiden und mit Butter in einer Pfanne auslassen, Champignons in Scheiben schneiden, Apfel schälen und in grobe Würfel schneiden. Schalotten fein würfeln, Knoblauch pellen, fein schneiden und mit Salz auf einem Brett zerdrücken, Lorbeer und Wacholder in einem Mörser stoßen, alles im Speckfett anschwitzen, mit dem Apfelschnaps und Weinbrand abkühlen lassen.

Kalbfleisch in grobe Würfel schneiden, Petersilie gut hacken, dazugeben, alles durch den Fleischwolf drehen. Zunge würfeln, eingeweichte Steinpilze ohne Flüssigkeit, ausgedrücktes Weißbrot, Gänselebermus, 2 Eier, Salz, Pfeffer, Thymian, Rosmarin, Muskatnuß, Zitronenschale daruntermischen. Gans damit füllen. Zunähen oder zustecken.
In dem vorgeheizten Ofen bei 250 Grad braten lassen, ab und zu mit etwas heißem Wasser begießen. Bratzeit je nach Größe der Gans 1 1/2 bis 2 Stunden.

HANS-PETER WODARZ
Die Ente vom Lehel, Wiesbaden

Mohngefrorenes mit Buchteln und Mandelsauce

Vorbereitung der Zutaten: (für 4 Personen)
Für das Mohngefrorene:
1/8 l Milch, 1/2 Vanilleschote, 80 g gemahlener Mohn, 1 Eigelb, 80 g Zucker, 40 g Honig, 300 g geschlagene Sahne, 20 g Butter
Für die Buchteln:
250 g Mehl, eine Prise Salz, 1 Prise gemahlener Zimt, 100 ccm Milch, 35 g Zucker, 35 g Butter, 1/2 abgeriebene Zitronenschale, 1 Ei, 14 g Hefe, 60 g geschmeidige Butter
Für die Mandelsauce:
3 Eigelb, 50 g Zucker, 100 g Marzipanrohmasse (vom Konditor), 1/4 l Milch, 60 g gemahlene Mandeln (geröstet), 1/2 Vanilleschote, 2 cl Mandellikör

Für das Mohngefrorene 7 EL Milch mit Vanilleschote aufkochen. Die Vanilleschote auskratzen und das Mark zur Milch geben. Mohn einrühren und etwa 1 Minute auf dem Herd unter Rühren aufkochen. Eigelb und Zucker cremig rühren. Restliche Milch mit Honig kurz aufkochen und langsam unter Rühren in die Eigelb-Zucker-Masse geben. Ins heiße Wasserbad stellen und so lange rühren, bis die Masse dickflüssig wird. Nicht kochen! Aus dem Wasser nehmen, die Mohnmasse zugeben und kurz durchrühren, ganz abkühlen lassen. Zum Schluß die geschlagene Sahne vorsichtig unterheben und in 4 ausgebutterte Portionsschalen füllen. Ins Gefrierfach stellen. 12 Stunden gefrieren lassen.

Für die Buchteln Mehl in eine Schüssel sieben, Prise Salz und den Zimt zugeben. Milch, Zucker, Butter und Zitronenschale sowie das ganze Ei in einem Topf verrühren und handwarm werden lassen, Hefe hineinbröckeln und glattrühren. Zum Mehl geben und einen glatten Teig herstellen. Teig mit einem Tuch abdecken und etwa 15 Minuten an einem warmen Platz gehenlassen. Danach noch einmal kräftig durchkneten und nochmals etwa 1 Stunde warm stellen. Teig 1 1/2 cm dick ausrollen und mit einem Ausstecher (2,5 cm Durchmesser) ausstechen.

Teig zu Kugeln formen und in der geschmolzenen Butter wälzen, auf ein gefettetes Blech nebeneinandersetzen und mit Butter bestreichen. Mit einem Tuch zudecken und so lange warm stellen, bis sich das Volumen des Teiges fast verdoppelt hat. Dann bei etwa 200 bis 220 Grad 25 Minuten backen, bis sie goldbraun sind. Heiß servieren.

Für die Mandelsauce Eigelb, Zucker und Marzipan cremig schlagen, Milch, Mandeln sowie Vanilleschote kurz aufkochen, Vanilleschote auskratzen, Mark wieder zur Milch-Mandel-Masse geben und sofort in die Marzipanmasse einrühren. Im heißen Wasserbad so lange aufschlagen, bis die Masse andickt. Nicht kochen! Die Sauce ganz abkühlen lassen und zuletzt den Mandellikör unterrühren. Mohngefrorenes auf gut gekühlte Teller stürzen, die heißen Buchteln dazugeben und mit der Mandelsauce servieren. Mit Pfefferminzstengeln, Mandeln und etwas Johannisbeerlikör garnieren.

HARALD WOHLFAHRT
Kurhotel Traube-Tonbach, Baiersbronn/Schwarzwald

Rahmsuppe von Brunnenkresse und Forellenklößchen mit Büsumer Krabben

Vorbereitung der Zutaten: (für 4 Personen)
Für die Suppe:
50 g Butter, 20 g Schalotten, 1 Kopfsalat, 400 g Brunnenkresse (ergeben etwa 150 g gezupfte Blätter), 1 Knoblauchzehe, 1/2 l Rinderbrühe, 1/2 l Sahne, 4 cl Weißwein, Salz, Pfeffer aus der Mühle, 160 g Büsumer Krabben, 160 g Forellenklößchen.
Für die Forellenklößchen:
1 Forelle von 300 g (ergibt etwa 150 g schieres Forellenfilet), 1 Eiweiß, 200 ccm Crème double (flüssige Schlagsahne), 1 EL geschlagene Sahne, Salz, Pfeffer aus der Mühle

Die Blätter der Brunnenkresse von den Stielen zupfen, beim Kopfsalat die grasgrünen äußeren Blätter nicht mitverwenden. Die Schalotten und die Knoblauchzehe in feine Scheiben schneiden. Die Butter in einem Topf zergehen lassen, Schalotten und Knoblauchzehe darin anschwitzen. Die vorbereitete Kresse und Kopfsalatblätter dazugeben und kurz andünsten. Weißwein und Rinderbrühe angießen, kurz aufkochen lassen und im Mixer alles pürieren. Die Suppe in einen Topf gießen, heiß werden lassen und kurz vor dem Servieren die Sahne einrühren. Mit Salz und Pfeffer abschmecken.

Für die Forellenklößchen sollte die Forelle 2 Tage zuvor geschlachtet werden, damit sich das Fleisch besser von den Gräten löst. Die ausgenommene Forelle filieren, entgräten und enthäuten. Das schiere Forellenfleisch mit Salz und Pfeffer würzen und durch die feinste Scheibe des Fleischwolfes drehen. In eine Schüssel auf Eiswürfel setzen, zuerst das Eiweiß einrühren (Holzlöffel), dann nach und nach die flüssige Schlagsahne daruntergeben. Die Masse durch ein feines Sieb streichen und abschmecken. Kurz vor dem Abstechen der Klößchen die geschlagene Sahne unterheben. Kleine Klößchen abstechen, in leicht siedendes Wasser geben, 2 Minuten darin ziehen- und dann abtropfen lassen. Gekochte und in Lake eingelegte Büsumer Krabben (aus dem Laden) in der fertigen Suppe mit erhitzen und im Suppenteller anrichten. Als Garnitur zurückbehaltene Kresseblätter auf die Suppe geben.

HARALD WOHLFAHRT
Kurhotel Traube-Tonbach, Baiersbronn/Schwarzwald

Kaninchensalat

Vorbereitung der Zutaten: (für 4 Personen)
2 Kaninchenrücken (zusammen 600 g mit Knochen), 2 EL Öl, 1 Karotte, 1 Stange Staudensellerie, 2 Schalotten, Thymian, 1 Lorbeerblatt, 8 EL Sherryessig, 1/2 l Kraftbrühe, 100 g Feldsalat, 50 g Champignons, 50 g Friséeblätter, 50 g durchwachsener Speck, 10 g Butter, 4 Kaninchennieren, 4 Kaninchenlebern, 1/8 l Sahne, Salz, Pfeffer aus der Mühle, 1/2 TL Dijonsenf, 2 EL Rinderfond, 4 EL Distelöl (oder geschmacksneutrales), 4 EL Nußöl

Rücken häuten, Filets vom Knochen lösen. Knochen zerkleinern, in Öl anbraten. Eine Schalotte zusammen mit dem Gemüse würfeln, mit Thymian und Lorbeerblatt zu den Knochen geben, kräftig anrösten. Mit 4 EL Sherryessig ablöschen, mit der Kraftbrühe auffüllen, 1 Stunde schwach kochen lassen, dann durch ein Mulltuch gießen. Einkochen, bis der Fond sämig ist.

Feldsalat putzen und gut abtropfen. Die zweite Schalotte pellen, mit dem Speck fein würfeln. Champignons in Scheiben schneiden. Speckwürfel in Butter ausbraten, Schalotte dazugeben und glasig dünsten.

Kaninchenfilets und -nieren im heißen Öl etwa 5 Minuten braten, dann in Alufolie einschlagen. Lebern in der gleichen Pfanne 2 Minuten braten. In Alufolie einschlagen und ruhen lassen. Den Bodensatz mit 2 EL Sherryessig ablöschen, Kaninchenfond dazugeben, fast ganz einkochen lassen, mit der Sahne aufkochen lassen. Mit Salz und Pfeffer abschmecken. Restlichen Sherryessig mit dem Senf und dem Rinderfond kräftig verrühren, mit dem Schneebesen das Öl nach und nach dazugeben. Mit Salz und Pfeffer abschmecken.

Feldsalat und Champignons mit den Speckzwiebeln anmachen. Kaninchenfilet in Scheiben schneiden, mit Nierchen und Lebern um den Salat legen, mit Sherryessigsauce begießen, sofort servieren.

HARALD WOHLFAHRT
Kurhotel Traube-Tonbach, Baiersbronn/Schwarzwald

Wildentenbrust in Preiselbeersauce

Vorbereitung der Zutaten: (für 4 Personen)
2 Wildenten von etwa je 1 kg, Pfeffer, 2 cl Cognac, 2 cl Portwein, 4 cl Madeira, 2 cl Sherryessig, 50 g Butter, 20 g feste Butter, 50 g Preiselbeeren, Salz, 1 Schalotte (fein geschnitten), 150 g Pfifferlinge, 10 g gehackte Petersilie, 200 g Rote Bete, 200 g Sellerieknollen, 20 g Staubzucker, Kümmel, Zitronensaft
Für den Wildfond:
1 kg Wildentenkarkassen (Knochen), Öl, 100 g Schalotten, 50 g Staudensellerie, 50 g Karotten, 1 Thymianstiel, 1 Lorbeerblatt, 2 Gewürznelken, 4 Wacholderbeeren (im Mörser zerdrückt), 20 g Tomatenmark, 200 ccm Rotwein

Für den Wildfond die Entenkarkassen fein hacken und in einer Pfanne in etwas Öl anrösten. Anschließend Bratfett abgießen, das kleingeschnittene Gemüse sowie die Gewürze dazugeben und in der vorgeheizten Bratröhre bei 220 Grad anschwitzen. Tomatenmark hinzufügen und nochmals gut durchrösten. Mit dem Rotwein ablöschen und fast ganz einkochen lassen. Dann mit etwas Wasser übergießen, etwa 2 Stunden bei kleiner Hitze ziehen lassen, durch ein feines Sieb schütten, Fond noch einmal um ein Drittel einkochen und durch ein Mulltuch gießen, damit die Sauce später einen schönen Glanz erhält.

Die ausgenommenen, gerupften Wildenten innen und außen mit Salz und Pfeffer würzen, in einer Kasserolle im vorgeheizten Backofen bei etwa 220 Grad auf beiden Brustseiten etwa 10 Minuten braten. Die Brüste

FORTSETZUNG SEITE 418

sollen innen noch rosa sein. Aus dem Ofen nehmen und etwa 10 Minuten abtropfen lassen. Das Bratfett abschütten, den Bratensatz mit Cognac, Madeira und Portwein ablöschen, einkochen lassen, mit dem Wildentenfond auffüllen und einkochen lassen auf etwa zwei Drittel. Die Sauce mit kalter Butter vollenden, passieren und mit Salz und Pfeffer abschmecken. Zum Schluß die in etwas Portwein und Madeira glasierten Preiselbeeren in die Sauce einschwenken.

Die Roten Bete (unzerteilt) in Salz-Kümmel-Wasser nicht zu weich kochen und schälen. In halbmondähnliche Form schneiden und in Butter, Staubzucker und Sherryessig glasieren. Die Sellerieknolle ebenfalls schälen, in kleinste Würfel schneiden und in Salz-Zitronenwasser knackigkochen. Kurz vor dem Servieren in Butter heißschwenken und mit Salz und Pfeffer abschmecken. Die fein geschnittenen Schalotten in Butter dünsten, Pfifferlinge dazugeben, zum Schluß die gehackte Petersilie unterschwenken und mit Salz und Pfeffer würzen.

Die Brüste der gebratenen Ente auslösen, Haut abziehen, kurz in Butter nachbraten, in Streifen schneiden und auf vorgewärmten Tellern anrichten, mit der Sauce überziehen und mit den Beilagen garnieren.

HARALD WOHLFAHRT
Kurhotel Traube-Tonbach, Baiersbronn/Schwarzwald

Grießauflauf mit Rumtopffrüchten

Vorbereitung der Zutaten: (für 6–8 Personen)
1/4 l Milch, 1/2 Vanillestange, 50 g Butter, 50 g Grieß, 4 Eigelb, 70 g Zucker, 5 Eiweiß, 500 g Rumtopffrüchte

Milch, Butter und Grieß mit der halbierten Vanillestange gut aufkochen. Ein ungeschlagenes Eiweiß und die vier Eigelb einrühren. Zucker und Eiweiß zu steifem Schnee schlagen, unter die erkaltete Grießmasse heben. Die Auflaufmasse in ausgebutterte und mit Zucker ausgestreute Form einfüllen (die Form darf nur drei Viertel gefüllt sein).

In ein zwischenzeitlich erwärmtes Wasserbad (90 Grad) stellen und anschließend in dem auf 200 Grad vorgeheizten Backofen 30 Minuten garen. Die Rumtopffrüchte in kleinen Anrichteschalen separat servieren. Das Soufflè kurz vor dem Servieren mit Staubzucker bestreuen.

FRANZ KELLER
Schwarzer Adler, Oberbergen/Kaiserstuhl

Salat »Winzerin«

Vorbereitung der Zutaten: (für 4 Personen)
500 g Frisée-, Eichenblatt-, Endivien- oder Löwenzahnsalat, je nach Jahreszeit, einzeln oder auch gemischt (je 125 g), 150 g ungeräucherter magerer Bauchspeck in Scheiben, 2 EL Traubenkernöl (oder geschmacksneutrales), 4 EL Essig, 1 TL Senf, Salz, Pfeffer, 4 frische Eier, 12 kleine Scheiben Weißbrot, Butter zum Rösten, 1 Knoblauchzehe

Speckscheiben in Öl kroß ausbraten, warm halten. Senf und Essig in einer Salatschüssel gut miteinander verrühren, mit Salz und Pfeffer abschmecken, ebenfalls warm stellen. Eier aufschlagen und in leicht siedendes Essigwasser gleiten lassen. 2 bis 3 Minuten ziehen lassen (nicht kochen!), bis das Eiweiß gestockt ist.

Salat im Senfessig wenden, mit dem Speckfett begießen, auf vorgewärmten Tellern anrichten, je ein Ei daraufgeben. Speck in Quadrate schneiden und zum Garnieren verwenden. Weißbrot in Butter rösten, abtrocknen, mit einer halbierten Knoblauchzehe bestreichen und sofort servieren.

FRANZ KELLER
Schwarzer Adler, Oberbergen/Kaiserstuhl

Seezungen in Schnittlauch

Vorbereitung der Zutaten: (für 4 Personen)
500 bis 600 g Seezungenfilet, 2 EL Traubenkernöl (oder geschmacksneutrales), 20 g Butter, 1/8 l trockener Weißwein, 1/4 l Schlagsahne, Salz, Pfeffer, Zitronensaft, Schnittlauch

Seezungenfilets in längliche Streifen schneiden, in Öl und Butter leicht anbraten, warm halten. Den Bratensatz mit Weißwein ablöschen, Sahne dazugeben und leicht einkochen lassen. Mit Salz und Pfeffer abschmecken, etwas Zitronensaft zugeben. Fein gehackten Schnittlauch dazugeben, einige Male gut umrühren. Seezungenfilets auf vier warme Teller verteilen und mit der Sauce übergießen.

FRANZ KELLER
Schwarzer Adler, Oberbergen/Kaiserstuhl

Ochsenkotelett »Weinhändler-Art«

Vorbereitung der Zutaten: (für 4 Personen)
2 Ochsenkoteletts zu 450 bis 500 g (2 bis 3 Wochen abgehangen, etwa 1 cm Fettdeckel), 4 EL Butter, 4 bis 5 EL Traubenkernöl (oder geschmacksneutrales), 2 cl kräftiger Rotwein, 8 EL fertiger Bratenfond, 3–4 Schalotten (oder 1 Zwiebel), Salz, Pfeffer aus der Mühle

Für den Bratenfond:
1–1,5 kg Kalbsknochen (in etwa 5 cm lange Stücke sägen lassen), 1 Stange Lauch (mit 5 cm Grün in Scheiben geschnitten), 2 Karotten in etwa 3 cm langen Stücken, 5 Stengel Petersilie, 1/2 Knolle Sellerie (grob gewürfelt), 3 entkernte Tomaten, 1 EL Tomatenmark, 1/4 l kräftiger Rotwein, etwas Mehl, 3/4 l Wasser

In eiserner Pfanne nacheinander Kalbsknochen mit 1 EL Butter und 1 EL Öl anbraten und mit einer Zange so oft drehen, bis alle Seiten braun sind. In 3 l fassende Kasserolle legen, nacheinander Lauch, Karotten, Sellerie, Zwiebeln anrösten, zu den Knochen geben. Pfanne mit Wasser mehrmals aufkochen, dabei Bratensatz abschaben und in die Kasserolle geben. Petersilie und 1 Lorbeerblatt hinzugeben. 30 Minuten zugedeckt dämpfen lassen, etwas Mehl drüberstäuben, restliches Wasser, Rotwein und Tomatenmark zufügen und mindestens 1 Stunde ohne Deckel leicht sieden lassen. Schaum abschöpfen. Durch Haarsieb gießen.

In der Pfanne ein Drittel Butter und zwei Drittel Öl heiß werden lassen. Das leicht gesalzene und gepfefferte Kotelett auf beiden Seiten gleichmäßig anbraten (je 6 bis 8 Minuten). Fleisch herausnehmen, warm stellen.

In vorbereiteten Bratenfond fein gewürfelte Schalotten oder Zwiebeln geben, andünsten, mit Rotwein ablöschen, mit Kalbsfond auffüllen und auf 1/4 l einkochen lassen. Dann mit der zubereiteten Bratensauce auffüllen. Abschmecken und unter ständigem Rühren kalte Butterflocken unterrühren und mit dem Fond binden.

FRANZ KELLER
Schwarzer Adler, Oberbergen/Kaiserstuhl

Birne in Holunder

Vorbereitung der Zutaten: (für 4 Personen)
4 frische Williams-Christ-Birnen, 500 g Zucker, 1 Vanilleschote.

Für den Holundersaft:
1 kg Holunderbeeren, 300 g Zucker, 1/3 l Wasser.

Für das Vanilleeis:
4 Eigelb, 125 g Zucker, 1 Vanillestange, 1/2 l Milch

Birnen schälen, mit Zucker und Vanilleschote in einem Liter Wasser je nach Reife und Größe 10 bis 20 Minuten köcheln, aus dem Sud nehmen, erkalten lassen.

Holunderbeeren und Zucker 10 Minuten kochen, durch ein feines Sieb passieren.

Für das Vanilleeis Eigelb, Zucker, Milch und Vanille in einen Topf geben und bei schwacher Hitze ziehen lassen, bis die Masse sämig ist. Abkühlen lassen und zum Gefrieren in ein Gefäß gießen. Während des Gefrierens gelegentlich mit einem Schneebesen durchrühren.
Den Holundersaft auf gekühlte Teller verteilen, die Birne und je eine Kugel Vanilleeis dazugeben.

Käse-Lexikon
Kräuter-ABC
Einkaufen
Warenkunde
Küchentechnik
Tips

Rezepte allein machen noch kein Kochbuch. Erst wer sich über moderne Warenkunde und Würzmöglichkeiten informiert, wer Profiköche beim Einkaufen begleitet und die richtigen Geräte in der Küche zur Hand hat, erst dem wird das Kochen zur Freude, das gute Gelingen zur Gewißheit.

Das Deutsche Käse-Lexikon

mit vielen Rezepten

„Ein Nachtisch ohne Käse gleicht einer einäugigen Schönen."

BRILLAT-SAVARIN, „PHYSIOLOGIE DES GESCHMACKS", 1826

In Deutschland werden über hundert Käsesorten hergestellt. Unser Käse-Lexikon stellt davon die wichtigsten vor.

Wie fett ist Käse?
„Prozent Fett i. Tr." auf verpacktem Käse bedeutet „Fett in der Trockenmasse". Da Käse aber zu einem großen Teil aus Flüssigkeit besteht, führen diese Prozentangaben zu Irrtümern: So enthält zum Beispiel Camembert, ein Weichkäse mit viel Flüssigkeit, bei „30 % Fett i. Tr." nur 11,4 g Milchfett. Edamer, ein Schnittkäse mit weniger Flüssigkeit als Camembert, enthält trotz der Angabe „30 % Fett i. Tr." nur 15 g Milchfett, und selbst Parmesan, ein Reibekäse mit viel Trockenmasse, nur 25 g Milchfett bei der Angabe „42 % Fett i. Tr.". Das im Käse verteilte Milchfett ist sehr leicht verdaulich.
Auch die Kalorienzahl ist vom Fett i. Tr. nicht abhängig. Beispielsweise hat 100 g Camembert bei 45 % Fett i. Tr. 417 Kcal (1.745 KJ); dagegen 100g Speisequark trotz 40 % Fett i. Tr. nur 179 Kcal (749 KJ).

Behandlung und Lagerung
Käse ist ein empfindliches Produkt. Er muß dementsprechend aufbewahrt werden, am besten in einem kühlen, zugfreien Keller. Dort sollte der Käse auf einem Lattenrost liegen und in ein mit Wein befeuchtetes Tuch eingeschlagen werden. Wichtig ist, daß der Käse atmen kann, auch beim Einschlagen in Haushaltsfolie. Wer keinen Keller und keine Speisekammer hat, der sollte:

1. Nicht mehr Käse kaufen, als man in drei Tagen essen kann.

2. Käse unter einer Käseglocke aufbewahren. Sie ist noch immer am besten. Oder man nimmt einen Steinguttopf und legt ein rundes Küchenbrett darauf. Der Käse darf nicht luftdicht abgedeckt sein.

3. Keinen Käse in den Kühlschrank stellen. Ausnahmen: Speisequark, Rahmfrischkäse und Harzer (alle in geschlossener Packung).

4. Jeden Käse vor dem Verzehr auf Zimmertemperatur bringen.

5. Zum Tieffrieren eignen sich nur frischgeriebener Parmesankäse, Emmentaler oder Edamer.
Lagerzeit: nicht über 3 Monate.

Bergkäse

Eine Art kleiner Emmentaler. Nur sind die Löcher kleiner, und der Teig ist fester und dunkler. Im Geschmack ist Bergkäse würziger, kräftiger. Er wird nur im Allgäu hergestellt. Man trinkt dazu einen halbtrockenen Weißwein.

Brie

Tortenförmiger, flacher Zylinder mit weißem Edelschimmelüberzug (auch in tortenförmigen Stücken), gelegentlich mit Gewürzen bestreut. Das Innere ist weiß bis rahmgelb. Geschmack: mild, aromatisch, säuerlich bis pikant.
Man trinkt dazu einen eher lieblichen Weißwein mit Restzuckergehalt.

Saarländer Käse-Äpfel
Zutaten (pro Person):
1 mittelgroßer grüner Apfel (leicht säuerlich)
Zitronensaft
50 g Brie, gewürfelt
1 kleines Ei
1 EL Rahm
1 EL Milch
Salz, Pfeffer, Muskat
Butter
Weißwein
1 EL Zucker in 1/4 Tasse Wasser warm aufgelöst

Vom Apfel am Stielende eine Kappe abschneiden, Kerngehäuse und etwas Fruchtfleisch herausschneiden. Apfelinneres mit Zitronensaft bestreichen. Fruchtfleisch würfeln, zusammen mit gewürfeltem Brie in das Apfelinnere füllen. Ei mit Rahm und Milch verschlagen, würzen. Dann langsam in den Apfel gießen, Kappe wieder aufsetzen, mit Zuckerwasser bestreichen. In feuerfeste Schüssel stellen, etwas Weißwein dazugießen. Im vorgeheizten Backofen bei 180 Grad fünfzehn Minuten ausbacken.

Butterkäse

Wird erst seit der ersten Hälfte dieses Jahrhunderts bei uns hergestellt. Zuerst in Bayern, jetzt auch in Schleswig-Holstein. Butterkäse gilt als halbfester Schnittkäse (und ist auch wie Schnittkäse gleichmäßig reif). Er kann eine dünne gelbliche Rinde haben, gewachst sein oder in Folie gereift. Die bayerischen Butterkäse haben einen glatten, elastischen Teig ohne Löcher mit sehr mildem Geschmack, die norddeutschen können kleine Schlitzlöcher – ähnlich wie Tilsiter – haben. Sie schmecken dann etwas pikanter. Butterkäse werden in runder Laib- oder in Brotform hergestellt.
Man trinkt dazu kalte Frischmilch.

Erlanger Wichtel

Zutaten (für 4 Personen):
1 Packung gekühlter Blätterteig
750 g Tomaten
etwa 230 g Champignons (aus der Dose)
250 g Butterkäse
200 g Bierschinken
Salz, Pfeffer, Oregano

Teig nach Anleitung ausrollen. Tomaten und Champignons in Scheiben schneiden. Butterkäse und Bierschinken würfeln. Alles auf der Teigplatte verteilen und mit Salz, Pfeffer und Oregano würzen. Dann bei 220 Grad im Backofen rund 20–30 Minuten backen.

Camembert

Ursprünglich aus der Normandie stammend, wird er heute auch in Deutschland hergestellt. Eine der beliebtesten Käsesorten. Verwendung von pasteurisierter Milch, gezielte Zugaben von besonders ausgewählten Milchsäurebakterien und Schimmelpilzkulturen und eine Klimatisierung der Reiferäume garantieren stets gleichbleibende Qualität. Camembert schmeckt mild-säuerlich nach „Champignons", seine weiße Rinde kann man mitessen. Das richtige Reifestadium ist beim Camembert entscheidend. Er sollte deshalb nicht zu warm aufbewahrt werden. Camembert aus deutscher Produktion gibt es unter verschiedenen Markennamen.

Eine bayerische köstliche Spezialität aus Camembert ist der **Obatzte**
Zutaten (pro Person):
1/2 Camembert, der nicht zu frisch sein darf (für einen etwas kräftigeren Geschmack gibt man etwas Limburger oder Romadour hinzu, für milderen Geschmack Doppelrahmfrischkäse oder Quark)
1 kleingehackte Zwiebel
1 EL Butter

Zutaten mit der Gabel gründlich vermischen.
Dazu je nach Geschmack:
geschroteter Pfeffer
Paprikapulver, edelsüß
Kümmel
1 Eigelb
kleingehackte grüne oder rote frische Paprikaschoten. Nach Geschmack mit der Käsemasse vermischen. Mit Brot servieren.
Man trinkt dazu Bier.

Chester

Würzig-aromatischer Hartkäse von meist gelblicher, gelegentlich auch rotgelber Farbe. Er ist mit einer Wachsschicht überzogen. Zur vollen Reife bedarf es einer Lagerung bis zu 2 Jahren. Erhältlich in den Fettstufen „Vollfett" und „Rahm". Ideal zu Austern.
Man trinkt dazu einen trockenen Weißwein.

Cottage-Cheese

Siehe Hüttenkäse

Doppelrahm-Frischkäse

Ein aus Speisequark mit Rahmzusatz hergestellter Frischkäse von feinsäuerlichem Geschmack. Der Teig ist milchweiß bis schwachgelb und gut streichfähig.
Man trinkt zu diesem Frühstückskäse Milchkaffee oder Tee.

Edamer

Wird in Brotform oder als Kugel hergestellt. Ursprünglich war Edamer ein magerer Käse, der aus süßer Milch gemacht wurde, nachdem man sie zur Buttergewinnung teilentrahmt hatte. Mit seinem geringen Fettgehalt ist er für kalorienbewußte Esser geeignet. Der rote Wachsüberzug verlängert die Haltbarkeit. Edamer schmilzt gut und eignet sich deshalb nicht nur als Brotbelag, sondern auch für Käsetoast und als Reibkäse.
Man trinkt dazu einen trockenen Frankenwein.

Fränkisches Allerlei

Zutaten (für 4 Personen):
250 g Edamer
100 g Äpfel
100 g Birnen
1 Bund Radieschen, geviertelt
1 Kopfsalat
1 Becher Joghurt
1 Becher saure Sahne
Zitronensaft
2 EL Walnüsse
1 EL grober Pfeffer
1 EL Salz

Käse, geschälte und entkernte Äpfel und Birnen würfeln, mit Radieschen und halbierten Walnüssen vermengen und in mit Salatblättern ausgelegte Glasschale füllen.
Joghurt und Sahne gut durchrühren, mit Zitronensaft, Pfeffer und Salz abschmecken, darübergießen und kurz durchziehen lassen.

Edelpilzkäse

Blauschimmelkäse, von dunkelgrünen oder blauen Schimmeladern durchzogen. Die Schnittfläche wirkt marmoriert. Teig: weiß, leicht krümelig, doch geschmeidig. Geschmack: pikant. Entspricht im Aroma dem französischen Roquefort und dem italienischen Gorgonzola.
Man trinkt dazu Wein-Spätlesen oder Bier.

Königs-Salat „Weiß-Blau"

Zutaten (für 4 Personen):
150 g Edelpilzkäse
1 Kopfsalat
1 Knoblauchzehe
1/2 Tasse Salatöl
2 EL Weinessig
1 Prise Salz
frisch gemahlener Pfeffer
4 Walnüsse, fein gehackt

Salatschüssel mit Knoblauchzehe ausreiben. Öl, Essig, Salz und Pfeffer zu einer Sauce verrühren. Edelpilzkäse und gewaschene Salatblätter grob zerteilen, in Schüssel füllen und mit Sauce gut vermischen. Einige Walnüsse darübergeben.
Beilage: Roggenbrötchen, gebuttert.
Man trinkt dazu Bier.

Allgäuer Emmentaler

Anfang des vorigen Jahrhunderts führten Schweizer Einwanderer die Käserei nach Emmentaler Art im Allgäu ein, weil sie dort die gleichen geologischen und klimatischen Bedingungen wie im Kanton Bern vorfanden. Alpen-Emmentaler darf nur aus Milch von Kühen hergestellt werden, die ausschließlich Weidegras oder Heu fressen. Die Löcher im Käse bilden sich im Gärkeller durch freiwerdendes Kohlendioxyd, das durch die allmählich fester werdende Rinde nicht nach außen entweichen kann.

Die Reifezeit beträgt zwischen drei und sechs Monaten.
Für einen Emmentaler Käse in der heute üblichen Größe von etwa 80 Kilogramm braucht man tausend Liter Milch (und gewinnt dabei außerdem noch etwa zehn Kilogramm Butter).
Geschmack: nußkernartig, mild, jung fast ein wenig süßlich, mit zunehmendem Alter kräftiger. Als geriebener Käse für viele Aufläufe gut geeignet.
Man trinkt dazu einen leichten Rotwein.

Allgäuer Senner-Salat

Zutaten (für 4 Personen):
400 g Emmentaler
300 g mageren Kasseler
30 g Kapern
Weinessig
Senf
Zucker

Emmentaler in Streifen schneiden, mit der Marinade aus Essig, Kapern (mit Saft), Senf und Zucker übergießen, kaltstellen. Vor dem Servieren das ebenfalls in Streifen geschnittene Kasseler hinzugeben.

Deutscher Esrom

In Laibform oder auch rechteckig, in Stanniol eingeschlagen. Teig: hellgelb, weich, schnittfähig. Viele unregelmäßig geformte Löcher in Reiskorngröße.
Geschmack: leicht säuerlich, pikant.
Man trinkt dazu Rotwein.

Frühstückskäse

Ein Weichkäse ohne Gewürzzusatz, manchmal mit Kümmel. Er wird nur als fettarmer Käse hergestellt und kommt in zwei runden Größen in den Handel: mit Durchmessern von 7 cm oder 9 cm und Gewichten von 100 g oder 160 g. Der Geschmack ist pikant. Gut auf frischen Brötchen.
Man trinkt dazu Milch, Kaffee, Tee.

Allgäuer Gaiskäsle

Wird in einer orangefarbenen und einer weißen Variante zubereitet: Gaiskäsle wird aus einer Mischung von 60 bis 80 % Ziegenmilch und 20 bis 40 % pasteurisierter Kuhmilch hergestellt.
Er hat eine dünne, gelb- bis rotbraune Rinde. Der Teig ist weich und lehmgelb oder weiß und hat ein ausgeprägtes Aroma.
Man trinkt dazu ein helles Bier.

Geheimratskäse

Auch ‚kleiner Bruder des Edamer' genannt.
Das Innere ist goldgelb, mattglänzend. Spärliche Lochung. Der Geschmack ist sehr mild und rein.
Man trinkt dazu trockenen Cidre oder deutschen Apfelmost (Apfelwein).

Gouda

In Laib- oder Blockform mit trockener, dunkelgelber Rinde. Käseteig: buttergelb, mattglänzend. Erbsengroße, spärlich verteilte Lochung. Geschmack: rein, mild und leicht pikant. Kräftiger als Edamer.
Man trinkt dazu einen badischen Wein.

Friesen-Toast

Zutaten (für 4 Personen):
4 Scheiben Toastbrot
4 Scheiben Gouda (200 g)
60 g Butter
250 g Nordsee-Krabben
Zitronensaft
1 Bund Dill
frisch gemahlener Pfeffer

Brotscheiben von beiden Seiten toasten. Mit Butter bestreichen. Die Krabben mit Zitronensaft, feingehacktem Dill und frisch gemahlenem Pfeffer vermischen und darauf verteilen. Dann die Goudascheiben darüberlegen. Im vorgeheizten Backofen (200 Grad) oder unter dem Grill solange überbacken, bis der Käse zerlaufen ist. Heiß servieren.

Handkäse, Mainzer

Siehe Sauermilchkäse

Harzer Käse

Siehe Sauermilchkäse

Hopfenkäse

Regionale Spezialität aus der Gegend um Paderborn und Nieheim. Wird aus geronnener Milch gepreßt, nach dem Reifen mit Salz und Kümmel verknetet und in mit Hopfenblättern ausgelegten Behältern gelagert. Hopfenkäse ist so trocken, daß er gehobelt werden muß. Er wird inzwischen auch fabrikmäßig aus Sauermilchkäse hergestellt.
Man trinkt dazu trockenen Cidre, Bier, Apfelkorn.

Hüttenkäse

Hütten- oder Hauskäse. Der Teig dieses Frischkäses ist weiß und besteht aus gleichmäßig geformten, weichen Bruchkörnern. Der Geschmack ist angenehm säuerlich.
Man trinkt dazu Rotwein oder Bier.

Kochkäse

Durch Erhitzen zum Schmelzen gebrachter, gereifter Sauermilchquark. Kochkäse kommt in Kunststoffbehältern und Metalldosen verschiedener Größen und Gewichte in den Handel. Er ist gelblich bis gelbbräunlich und gut streichfähig. Es gibt ihn in verschiedenen Fettstufen, von der Mager- bis zur Doppelrahmstufe.
Zur Geschmacksverbesserung werden während des Kochvorganges Butter, Butterschmalz oder Sahne zugesetzt bzw. Salz und Zucker. Kochkäse gibt es mit den unterschiedlichsten Kräutern und Gewürzen. Sie geben ihm seine unterschiedlichen Geschmacksnoten.

Limburger

Ursprünglich aus Belgien stammend, wird heute auch im Allgäu produziert. Es gibt laib- und blockförmigen Limburger in verschiedenen Gewichtskategorien. Er ist kompliziert herzustellen. Nach dem Einlegen in ein Salzbad beträgt die Reifezeit drei bis vier Wochen. Der Käse soll dann eine gelbbraune, rindenlose Oberfläche aufweisen, der Teig ist weiß bis gelblich und im Inneren sehr weich. Limburger mit niedrigem Fettgehalt sind fester und werden nach der vierwöchigen Reifeperiode sehr scharf im Geschmack.
Limburger Frühstückskäse ist klein und rund, reift in der Verpackung und kann fast frisch oder nach ganz kurzer Zeit gegessen werden. Limburger Käse wird meist in Stangenform im Gewicht von etwa 500 g hergestellt. Er schmeckt besonders gut mit Schweineschmalz auf Graubrot.
Man trinkt dazu Pfälzer Weine oder Bier.

Pfälzer Winzer-Vesper

Zutaten (für 4 Personen):
300 g Limburger
300 g Fleischwurst oder Lyoner
1/2 Salatgurke
1 Zwiebel
3 EL Öl
3 EL Weinessig
1 EL Senf
Kresse, Pfeffer, Salz

Zwiebel schälen, fein würfeln. Mit Öl, Senf, Weinessig und Gewürzen verquirlen. Käse, Wurst und Gurke in Scheiben schneiden (oder halbieren). Mit der Salatsauce mischen. Kurz durchziehen lassen, anrichten und mit Kresse garnieren.

Munster (Münster)

Eine der ältesten Rotschmiere-Käse. Aus dem 9. Jahrhundert existieren Aufzeichnungen über Weideauftrieb und Milchwirtschaft auf den Hochalmen der Vogesen im elsässischen Fechttal, nach einer Klostergründung auch Münstertal genannt.

Deutscher Münster-Käse, vorwiegend aus dem Allgäu, wird wie das Original aus pasteurisierter Milch gemacht. Münster-Käse wird in verschiedenen Größen, von 125 bis 500 g hergestellt. Er ist vollfett bis zur Rahmstufe. Je größer der Käse, umso länger die Reifezeit, umso voller das Aroma. Am würzigsten schmecken Rohmilchkäse, aber sie sind gegen falsche Aufbewahrung am empfindlichsten.
Man trinkt dazu einen trockenen Rotwein.

Olmützer Quargel

Siehe Sauermilchkäse.

Quark

Er hat einen niedrigen Fettgehalt, da er aus entrahmter Milch bereitet wird. Die gesäuerte Milch wird eingedickt und danach durch die jeweils exakt berechnete Menge an Rahm angereichert. Der fast fettfreie, aber eiweiß- und mineralstoffreiche Sauermilchkäse gilt als wertvolles, leicht verdauliches Nahrungsmittel. Speisequark wird in verschiedenen Fettstufen hergestellt. Je nach Fettgehalt ist die Farbe milchweiß bis rahmgelb.
Speisequark ist zart und weich und von reinem, leichtem Geschmack.

Kräuter Dip

3 EL Speisequark mit 1 Becher saurer Sahne verrühren und 1 hartgekochtes Ei, je 1 TL gehackte Petersilie, Dill, feingeschnittenen Schnittlauch, Salz, schwarzen Peffer und etwas Zitronensaft daruntermischen. Dazu goldgelbes Toastbrot.

Liptauer Käse

Zutaten:
500 g Quark (1/2 mager, 1/2 normal)
2 mittelgroße Zwiebeln, fein gehackt
150 g Butter
3 TL Paprika, edelsüß
1 Prise Paprika, scharf
Salz, weißer Pfeffer

Butter in einer kleinen Pfanne zerlaufen lassen (nicht bräunen!). Zwiebeln, Paprika unter den Quark rühren, Butter dazu mischen, salzen, pfeffern. Konsistenz muß leicht schaumig sein.
Zubereitungszeit: 15 Minuten.
Liptauer Käse hält sich im Kühlschrank drei Tage, ohne Zwiebeln eine Woche.

Räucherkäse

Verschiedene Sorten von Schnittkäse und halbfestem Schnittkäse, auch Schmelzkäse in unterschiedlichen Formen, die nach der Reifung geräuchert werden. Typischer Rauchgeschmack: von mild-aromatisch bis beißendscharf. Sehr gute Haltbarkeit.

Romadour

Ursprünglich aus Belgien stammend, gehört der kräftige Romadour inzwischen zu den beliebtesten deutschen Käsen. In der Herstellung und im Geschmack ist er dem Limburger ähnlich. Romadour wird ebenfalls in Stangenform hergestellt, aber in mehreren Fettstufen (30 %, 40 % bzw. 50 %).
Der glatte, elastische Teig unter der rötlichen Haut hat einen weißen, härteren Kern, wenn der Romadour noch nicht ganz durchgereift ist.
Paßt gut zu Vollkornbrot.
Man trinkt dazu Bier.

Pikanter Imbiß mit Romadour

Zutaten (für 2 Personen):
1 Romadour
200 g Salatgurke
1 Zwiebel
1 EL Weinessig
2 EL Öl
je 1/4 TL Salz und Pfeffer
1 EL gehackte Petersilie
2 Scheiben Bauernbrot
2 TL geriebener Meerrettich
Radieschen

Käse und Zwiebel sowie Salatgurke ohne Schale und Kerne fein würfeln. Mit Essig, Öl, Gewürzen und Petersilie mischen.
Brot mit Butter bestreichen. Meerrettich daraufstreuen. Dann das Käsegemisch darübergeben. Das Brot in Stücke schneiden und mit Radieschenscheiben verzieren.

Sauermilchkäse

Dazu gehören: Harzer, Mainzer Handkäse, Korbkäse, Bauernkäse, Olmützer Quargel, Stangen- oder Schimmelkäse

In Hessen, Niedersachsen und Mitteldeutschland gibt es heute noch viele Sauermilchkäsereien. Sie verarbeiten Sauermilchquark, zu dessen Herstellung man – anders als bei Speisequark – nur eine Bakterienkultur, aber kein Lab verwendet.
Die Käselaibchen, je nach Sorte klein oder größer, rund oder länglich, manchmal auch viereckig, reifen dann in wenigen Tagen, zuerst in einem Schwitzraum, dann in kühleren Kellern. Wenn sie halb durch sind, also noch einen ziemlich großen weißen Kern haben, werden sie in Zellglas verpackt und verschickt, damit die Verbraucher sie nach Belieben entweder mit Kern oder ganz bernsteinfarben durchgereift verzehren können. Überreifer Käse riecht penetrant. Deshalb muß Sauermilchkäse im Kühlschrank aufbewahrt werden.

Harzer Käse: Sauermilchkäse in kleinen Laibchen bis zu 40 g. Harzer gibt es nur in der Magerstufe, das heißt, mit weniger als 10 % Fett i. Tr. Varianten: Harzer mit Kümmel, Harzer mit Rotkultur (rötliche, leicht klebrige Oberfläche), Harzer mit Weißschimmel (leicht gelbliches, geschmeidig-festes Inneres). Schimmelkäse wird im Harz und anderen Berggebieten hergestellt.

Alle Harzer schmecken leicht pikant, bei fortgeschrittener Reife sehr pikant. Sie sind, wie jeder Magermilchkäse, reich an Protein, aber nur begrenzt haltbar und sollten bald verbraucht werden. Harzer muß, im Gegensatz zu anderem Käse, im Kühlschrank aufbewahrt werden.
Ideal mit Gänseschmalz auf Schwarzbrot oder Pumpernickel. Man trinkt dazu Bier.

Deftiges Abendbrot mit Harzer
Zutaten (pro Portion):
1 Scheibe kräftiges Bauernbrot
20 g Griebenschmalz (oder Gänseschmalz)
2 Harzer Käse
2 Radieschen
1 EL Schnittlauchröllchen

Bauernbrot mit Schmalz bestreichen, salzen. Harzer in Scheiben schneiden, halbieren und das Brot damit schuppenartig belegen. Mit Radieschenscheiben und Schnittlauchröllchen garnieren.

Oberharzer Bauerntatar
Zutaten (für 4 Portionen):
250 g reifer Harzer
75 g Butter
2 große Zwiebeln
2 Eigelb
1 TL Senf
1/2 TL Paprikapulver

Harzer mit einer Gabel zerdrücken und gründlich mit der Butter und dem Eigelb vermischen. Zwiebeln schälen, fein hacken und den Senf und das Paprikapulver dazugeben. Alles mit der Käsemasse gut verrühren. Ist der Geschmack zu kräftig, mit süßer oder saurer Sahne verfeinern.

Mainzer Handkäs: Sauermilchkäse, ähnlich dem Harzer, mit goldgelber bis rötlich-brauner, leicht klebriger Oberfläche. Geschmeidig-fester Teig. Geschmack: mild-aromatisch bis leicht pikant.
Man trinkt dazu Bier und Korn.

Olmützer Quargel: Sauermilchkäse. Wird nur als „Gelbkäse" und in der Magermilchstufe hergestellt. Eigenschaften und Geschmack sind dem Harzer ähnlich. Der Teig ist jedoch etwas fester.
Ideal mit Pumpernickel, gesalzener Butter oder Gänseschmalz.
Man trinkt dazu Bier.

Stäbchen-Bauernhandkäse: Wird als „Gelbkäse" ähnlich dem Harzer und als „Edelschimmelkäse" erzeugt. Als Schimmelkäse ist er gleichmäßig mit Camembert-Schimmel bedeckt. Geschmack: mild-aromatisch bis leicht pikant.

Schichtkäse

Er wird aus verschiedenen Schichten hergestellt, die übereinander in die Käseform gefüllt werden. So wird zum Beispiel eine Lage magerer Frischkäse mit einer Lage fettem Rahmkäse bedeckt. In den Handel kommt er meist in quadratischer Verpackung, mit drei erkennbaren Schichten in zwei verschiedenen Fettstufen.

Schmelzkäse

Herstellung durch Erhitzen mit und ohne Schmelzsalz aus verschiedenen Käsen. Sofern Schmelzkäse aus einer bestimmten Käsesorte besteht, kann er den entsprechenden Sortennamen tragen. Zum Beispiel Emmentaler Schmelzkäse.
Eine besonders beliebte Schmelzkäsezubereitung trägt den Namen Bierkäse.

Streichschmelzkäse in Ecken

Werden aus einer oder mehreren Sorten Weichkäse oder aus Mischungen von Weich- mit Schnitt- oder Hartkäse erzeugt. Je höher der Fettgehalt, desto besser die Streichfähigkeit.

Schmelzkäse in Scheiben

Hat in den letzten Jahren weite Verbreitung gefunden. Schmelzkäse in Scheiben gibt es sowohl in Sortenpackungen als auch in Sortimentspackungen mit verschiedenen Käsen.

Steinbuscher

Wurde zuerst im vorigen Jahrhundert auf dem Gut Steinbusch im Kreis Arnswalde (Neumark) hergestellt. Geschmacklich zwischen Romadour und Münsterkäse. Strohgelb, halbfest mit rötlicher Schmiere, pikant und haltbarer als Limburger oder Romadour.
Heute wird er im Allgäu und in Niedersachsen (Lehrte) erzeugt, meist dreiviertelfett (30 % Fett i. Tr.) oder vollfett (45 % Fett i. Tr.).
Ideal auf frischen Brötchen oder Roggensemmeln.
Man trinkt dazu Bier.

Steppenkäse

Hat über 45 % Fett i. Tr. und wenige erbsgroße Löcher im glatten Teig. Er schmeckt etwas pikanter als Trappistenkäse (siehe dort), allerdings gibt es je nach Herkunft große Geschmacksunterschiede.
Man trinkt dazu einen herben Rotwein.

Tilsiter

Wurde um 1840 über die Grenzen seines Herstellungsgebietes hinaus bekannt, und zwar durch Frau Westphal, die Besitzerin der Molkerei „Milchbude" in der Nähe von Tilsit. Sie stellte Tilsiter besonders fein und gleichmäßig her. Früher mußte Tilsiter mindestens 5 Monate reifen.
Heute hat Tilsiter mindestens 30 % Fett i. Tr. und oft nicht mehr die charakteristische, rotbraune, etwas feuchte, schmierig wirkende Rinde, sondern wird in kürzerer Zeit und in Folie gereift. Herstellung in Schleswig-Holstein und im Allgäu. Tilsiter ist auch mit Kümmelzusatz im Handel.
Zutaten: Kräftiges Brot und Rettich, Zwiebeln und Senf.
Man trinkt dazu Bier und klaren Schnaps.

Lübecker Ratsherren-Teller

Zutaten (für 4 Personen):
250 g Tilsiter
1/2 rote und 1/2 grüne Paprikaschote
1/2 kleine Salatgurke (mit Schale)
10 kleine Radieschen
1 kleine Zwiebel
150 g Mixed Pickles
1 EL Kapern
3–4 EL Sahne
Sojasauce, Knoblauchpulver, Salz, Pfeffer, Kresse

Tilsiter und Paprikaschote in Streifen schneiden. Salatgurke, Radieschen und Zwiebel in feine Scheiben oder Ringe schneiden. Mixed Pickles etwas zerkleinern. Kapern zugeben. Auf einem Teller anrichten.
Sahne mit etwas Sojasauce, Knoblauchpulver nach Geschmack, einer Prise Salz und Pfeffer verrühren, über den Salat geben und 1 Stunde durchziehen lassen. Mit feingeschnittener Kresse bestreut servieren.

Trappistenkäse

Wurde ursprünglich von Mönchen im Kloster Nôtre-Dame de Port-du-Salut in Frankreich hergestellt. Die Trappistenmönche verbreiteten das Käserezept zusammen mit ihrer Missionstätigkeit in ganz Europa. Heute wird er – außer in Deutschland – in vielen Ländern und in verschiedenen Formen hergestellt. Trappistenkäse ist ein mild-aromatisches Produkt mit einem Fettgehalt von über 45 % i. Tr., in runder Laib- oder länglicher Brotform, mit gelblicher Rinde oder rindenlos in Folie gereift.
Schnittfest mit reichlicher, runder bis schlitzförmiger Lochung. Geschmack: angenehm mild.
Man trinkt dazu, wenn er mild ist, deutsche Spätlesen (Rhein, Rheinhessen), bei schärferen Sorten einen trockenen Rotwein.

Weinkäse

Kleine, runde Portionskäse im Gewicht von etwa 75 Gramm, mit blaßgelber bis rötlicher Oberfläche und einem rahmigen, milden Teig, neuerdings auch mit Pfeffer und Kümmel.
Man trinkt dazu einen herben Weiß- oder Rotwein oder Bier.

Weißlacker

Vor hundert Jahren wurde er von den Brüdern Josef und Anton Kramer in Wertach im Allgäu erfunden. Sie hatten versucht, Allgäuer Limburger haltbarer zu machen. Das Ergebnis ihrer Bemühungen war der „Weißlacker", so genannt, weil den rindenlosen Käse eine glänzende, feuchte und farblose „Schmiere" umgibt.
Geschmack und Konsistenz: der würfelförmige Käse (15 cm oder abgepackt in 5 cm-Miniwürfeln) hat einen leicht bröckeligen weißen Teig mit wenigen, unregelmäßigen Löchern. Mit zunehmendem Alter (bis zu neun Monaten) wird er glatter, gelblicher und milder. Er hat 45 % Fett i. Tr.
Man trinkt dazu Bier.

Wilstermarsch-Käse

Stammt aus der Marsch hinter den Deichen Schleswig-Holsteins. Er ist rechteckig in der Form, halbhart in der Konsistenz.
Wilstermarsch-Käse hat Gerstenkorn-Löcher und schmeckt leicht säuerlich-pikant, aber er ist milder und weicher als Tilsiter (45 % Fett i. Tr., 50 % Trockenmasse).
Er hat eine glatte Haut, die im Gegensatz zum Tilsiter nicht braun ist, und wird heute auch oft mit Wachs- oder Folienüberzug gereift.
Man trinkt dazu Bier.

ABC der Kräuter und Gewürze

„Wer ohne Kräuter kocht, kann gleich bei Wasser und Brot bleiben."

O. E. Basil

In das Kräuter-ABC wurden vor allem Pflanzen aufgenommen, die im europäischen Raum wachsen und – wie die Gewürze – überall erhältlich sind. Die meisten kann man auch im eigenen Garten oder in Blumenkästen kultivieren und sie dann frisch, getrocknet oder gefroren verwenden.

Anis/Anise/Anis

Von der Pflanze werden nur die fünf Millimeter langen, stark aromatischen Samenkörner zum Würzen verwendet. Außer beim Backen gibt Anis sowohl Desserts als auch grünen Salaten einen typischen Beigeschmack. Überall zu haben. Haltbar.

Basilikum/Basil/Basilic commun

Den Indern galt das Kraut als heilig, den Kräutergelehrten des Mittelalters als Teufelszeug. Im 16. Jahrhundert wurde es als Mittel gegen Depressionen gerühmt: „Benimpt die Trauer, so da kompt von der Melancoly." Als frisches Würzkraut gehört es zu Salaten, Fisch und Gemüsen der südeuropäischen Küche. Basilikum harmoniert mit Pfeffer, Knoblauch, Zwiebeln, Rosmarin, Salbei, Estragon und Dill. Nicht mitkochen. Getrocknetes oder tiefgefrorenes Basilikum ist fader als frisches. Die an der Pflanze getrockneten und zerriebenen Blüten haben einen lavendelartigen Geschmack und passen besonders gut zu Fischsuppe.

Beifuß/Mugwort/Armoise

Gehört zur Familie der Wermutpflanzen und gehört durchaus nicht nur zum Gänsebraten. Beifuß schmeckt leicht bitter und ist daher ein nützliches Kontrastgewürz für alle fetten Fleischspeisen. Getrocknet sind die Blütenknospen – nur die werden zum Würzen verwendet – jahrelang haltbar.

Bohnenkraut/Savory/Sarriette

Je nach Sorte von mildem bis zu pfefferartigem, scharfem Geschmack. Am schärfsten ist weißblühendes Bohnenkraut. Alle Bohnengerichte, aber auch Erbsen und Pilze profitieren von einer sparsamen Verwendung. Getrocknet oder frisch verwendbar.

Borretsch/Borage/Bourrache

Das behaarte Blatt oder die blauen Blüten haben einen Geschmack zwischen Gurke und Zwiebel. Schmeckt zu grünem und Gurkensalat, Pilzgerichten, Tomaten- und Rahmsaucen. Nur frisch verwenden.

Cayennepfeffer/Chilli Powder/Cayenne

Am schärfsten ist der rote Cayennepfeffer, auch Teufelspfeffer genannt. Er wird aus getrockneten Chilischoten bereitet und ist zwanzigmal so scharf wie Paprika. Nur ihn allein darf man von allen Pfeffern gemahlen kaufen.

Chili/Chilli-Pepper/Piment fort

Chili gibt es in unendlich vielen Größen, Formen, Farben und Geschmacksrichtungen: kleine, große, längliche, orangefarbene, schwarze, rote, grüne, beißend scharfe, milde und süßliche.
Den Umgang mit Chili muß man lernen. Wenn man scharfe Chilis zubereitet, sollte man Gummihandschuhe tragen und keinesfalls Lippen oder Augen berühren.
Zuerst den Stengel herausziehen, dann die Kerne abstreifen und die fleischigen Rippen entfernen. Es empfiehlt sich, die Chilischoten nach dem Putzen etwa eine Stunde in kaltes Salzwasser zu legen. Sie sind dann etwas weniger – aber immer noch genügend – scharf.
Alle Chili-Arten enthalten reichlich Vitamine. Die schärfsten kleinen Roten werden, sobald sie, wie ein südamerikanischer Dichter schrieb, „in Farbe und Beschaffenheit dem Mund eines schönen Weibes gleichen", zu Cayennepfeffer zermahlen.

Cumin/Cumin/Cumin aux anis

Bei Cumin handelt es sich um den seit Jahrhunderten bekannten Kreuzkümmel-Samen. Er ist in Farbe und Form dem normalen Kümmel ähnlich, schmeckt aber strenger, herber. Wird hauptsächlich in der orientalischen, indischen und chinesischen Küche verwendet und ist eine wichtige Zutat bei vielen karibischen Fischgerichten. Im Curry ist Cumin enthalten.

Currypulver/Curry Powder/Poudre de cari

Unter den Scharfmachern nimmt Currypulver eine Sonderstellung ein. Es besteht aus zwölf bis zwanzig Einzelgewürzen. Immer dabei sind: Kurkuma (auch Gelbwurz genannt), Kardamom, Pfeffer, Nelken, Bockshornklee, Muskat, Ingwer, Koriander, Senfsamen, Kreuzkümmel. Alle Hersteller von Currypulver halten ihre Mischung geheim. US-Currypulver ist schlechter als Importware aus dem Ursprungsland Indien. In Europa gibt es den besten Curry – mild oder scharf – bei indischen Händlern in London (Soho) zu kaufen.

Dill/Dill/Aneth

Vom Dill lassen sich Stengel, Blatt, Blüte und Samen verwenden. Der Samen schmeckt allerdings eher nach Kümmel. Dill ist frisch, getrocknet oder tiefgefroren verwendbar. Paßt zu Aal, Krebsen und Krabben wie auch zu Salaten, Mayonnaisen, jungen Kartoffeln, Gurken (geschmort oder eingelegt) und vielen süß-sauren Fleisch- und Fischsalaten der skandinavischen Küche. Graved Lachs läßt sich ohne Dill nicht präparieren. Joghurt mit zerkleinertem Eis, Gurke und viel Dill ist eine bulgarische Sommer-Delikatesse.

Essig/Vinegar/Vinaigre

Essig entsteht durch Hefepilze, die sich stets in der Luft befinden, und zuckerhaltige Flüssigkeiten wie Wein, Fruchtsäfte oder Malzextrakt in Gärung versetzen. Werden solche Flüssigkeiten nicht luftdicht verschlossen, oxidiert der zunächst entstehende Alkohol zu Essigsäure. Enthält der Essig mehr als 11 % Säure, darf er nicht unverdünnt genossen werden.
Weinessig, der je nach Weinart rot oder weiß sein kann, ist der stärkste natürliche Essig (7–10 % Säure).
Malzessig hat gegen 7 % Säure. Herstellung aus vermälztem Getreide.
Obstessig enthält etwa 4,5 % Säure. Er wird aus Most hergestellt.
Branntweinessig (5 % Säure) wird aus Alkohol hergestellt, den die Bundesmonopolverwaltung liefert. Er enthält auch im Endprodukt kleine Mengen Alkohol, die den Geschmack beeinflussen.
Kräuter- und Gewürzessig: Durch Auszüge von Pflanzenteilen und Gewürzen in Branntwein- oder Weinessig hergestellt (5–10 % Säure).
Essig regt die Verdauungstätigkeit an. In Maßen genossen ist Essig gesund.

Fenchel/Fennel, Tarragon/Fenouil

Die Pflanze wird bis über zwei Meter hoch. Zum Würzen verwendet man das frische Grün oder den getrockneten Samen. Grün schmeckt Fenchel am besten zu Fleischgerichten, mit dem Samen wird Brot gewürzt. Fenchel ist aber auch als Sud für Hummer und Krebse geeignet. Eine besondere Delikatesse: Zu neuen Kartoffeln in der Schale eine Fenchelknolle und etwas Grün mitkochen.

Ingwer/Ginger/Gingembre

Die gemahlene Wurzel ist wichtiger Bestandteil des Curry, verliert aber schnell ihr Aroma. Frisch verwandt ist Ingwer besonders intensiv. Nur für chinesische, orientalische und südostasiatische Gerichte oder behutsam dosiert zur Hühnerbrühe verwenden. Mit heimischen Würzkräutern verträgt sich Ingwer nicht.

Kapern/Caper/Câpre

Was viele Touristen in Südfrankreich oder Italien für wilde Rosen halten, sind meist blühende Kapernsträucher. Ihre Knospen entfalten erst in Essig eingelegt den unverkennbaren Geschmack. Die kleinsten Kapern heißen „Nonpareille" und kommen aus der Umgebung von Nizza, wo ab April die helligkeitsempfindlichen Pflanzen vor Sonnenaufgang handgepflückt werden. Vom Sud bedeckt und vor Licht geschützt, halten sie sich unbegrenzt. Kapern passen zu Kochfisch, Klopsen und weißer Sauce, Fischsalaten, Hühner- und Kalbsfrikassee, Beef Tatar. Nur mit Zwiebeln, Schnittlauch, Meerrettich oder Dill kombinieren.

Kerbel/Chervil/Cerfeuil

Frisches Kerbelkraut gibt eine vorzügliche Suppe. Getrocknet schmeckt Kerbel fade. Das Kraut paßt am besten zu Kartoffel- und Tomatensuppe, gegrilltem Fisch oder jungem Spinat. Alle intensiv schmeckenden Kräuter dann aber nicht verwenden.

Knoblauch/Garlic/Ail

Je nach Sorte kann Knoblauch mild und süß oder scharf und brennend schmecken. Knoblauch ist sehr gesund, vor allem senkt er den Blutdruck und wird noch heute in vielen Ländern als Mittel gegen Bronchitis gegeben. Gekochter Knoblauch ist milder als roher. Wer den Geschmack liebt, kann dem bereits gekochten noch rohen Knoblauch zufügen.

Koriander/Coriander/Coriandre

Nur der kugelförmige, getrocknete und sehr haltbare Samen wird verwendet: ungemahlen beim Brotbacken, gemahlen zum Würzen von Schweinefleisch, Kalbsherz, Schinken, Wurst, gekochtem Sellerie, Kohlspeisen und – zusammen mit Majoran – in Erbsensuppen.

Kreuzkümmel

Siehe Cumin.

Kümmel/Caraway/Carvi oder Cumin des prés

Paßt zu Weißkohl, Sauerkraut, Schweinebraten, Gulaschsuppe und vielen anderen Gerichten. Gemahlen und mit Salz und Thymian vermischt zum Einreiben von Bratenten. Ein Kümmelbrötchen oder ein paar zerkaute Körner sind ein gutes Anti-Katermittel.

Kurkuma/Turmeric/Curcuma, Safran des Indes

Auch als Gelbwurz bekannt, weil man zum Würzen nur die getrockneten, gemahlenen Wurzeln verwendet. Der Geschmack ist leicht säuerlich, scharf und herb, dem Ingwer entfernt ähnlich. Kurkuma ist Bestandteil des Curry, dem es die gelbe Farbe gibt, und paßt überall, wo Curry zu scharf wäre: zu Wildgeflügel, Leber, Eierspeisen, aber auch zu Krabben und anderen Krustentieren. In dunklen Gläsern lange haltbar.

Lavendel/Lavender/Lavande

Dem Rosmarin im Geschmack ähnlich. Entweder junge Blatttriebe oder getrocknete Blätter zerrieben verwenden. Paßt zu Hammelbraten, Fischsuppe oder Kräutersaucen. Getrocknet lange haltbar.

Liebstöckel/Lovage/Livèche

Liebstöckel wird oft Maggikraut genannt, und so schmeckt er auch. Die frischen Blätter eignen sich überall dort, wo Suppenwürze verwendet wird, aber auch für grünen Salat. Die getrockneten Blätter verlieren nach sechs Monaten ihren Geschmack, aber Liebstöckel läßt sich in ganzen Stengeln gut einfrieren (ein Jahr haltbar).

Lorbeerblatt/Bay/Laurier

Die getrockneten Blätter sind milder als die sehr hart schmeckenden, frischen. Verwendung: fast alle Bouillons, Kalbsfrikassee, Kochfisch-Sud, Beize für Wild- und Sauerbraten, Ossobuco, Rinderschmorbraten.

Majoran/Sweet Majoram/Marjolaine

Verwandter des wilden Oregano und des Thymians. Dennoch sollte man ihn wegen seines kräftigen, derben Geschmacks getrocknet nicht anstelle der beiden anderen verwenden. Majoran ist unentbehrlich für Hülsenfrüchte, Hammeleintopf, Schweinegulasch, Leberwurst, Schmalz und viele Füllungen von Gänsen.

Meerrettich/Horseradish/Raifort

Der Wurzelstock enthält ätherische Öle die seine beliebte Schärfe bedingen. Kocht man Meerrettich, verliert er fast jeden Geschmack. Geriebenen Meerrettich möglichst rasch verbrauchen. Die Wurzel sollte man nur in den Monaten des Jahres mit R kaufen.

Minze/Mint/Menthe poivrée

Zum Würzen nur frische Blätter verwenden, zum Beispiel für die englische Mintsauce, aber auch für Tomatensauce zu Fleischgerichten. Ein ganzer Stengel zu gedünstetem Seefisch, zu Salatsaucen aus Joghurt und vor allem zu sommerlichen Longdrinks von Pimms No. 1 bis Planter's Punch.

Muskatblüte/Mace/Macis

Muskatblüte ist der getrocknete Samenmantel der Muskatnuß. Sie ist also botanisch keine Blüte. Ihr Geschmack ist feiner und intensiver als der der Nuß. Im Handel ist Muskatblüte teurer als die Nuß. Sie behält beim Kochen den Muskatgeschmack.

Muskatnuß/Nutmeg/Muscade

Die Muskatnuß kommt vor allem von der karibischen Insel Grenada zu uns. Als frisch geriebene Gewürzprise veredelt sie viele Speisen wie Kartoffelpüree, Bouillon, Blumenkohl, Grünkohl usw. Man sollte jedoch geriebene Muskatnuß nicht mitkochen. Sie verliert an Geschmack. Dafür eignet sich Muskatblüte (s. d.) sehr viel besser.

Oregano/Wild Marjoram/Marjolaine sauvage

Anders als bei seinem zivilisierten Nachbarn, dem Majoran, schmecken die getrockneten Blätter und Blüten des Oregano wilder, bitterer, vor allem zu italienischen Tomatensaucen, Pizzas, Auberginen,- und Paprikagemüse. Oregano behält sein Aroma im dunklen Glas etwa ein Jahr.

Paprika/Pod Pepper/Paprika, Poivre d'Espagne

Paprika kann man als Gewürz nur gemahlen verwenden. Die milden Sorten sind in lichtundurchlässigen Gefäßen sechs Monate, die scharfen höchstens acht Monate haltbar.
Man unterscheidet fünf Schärfen: Delikateß-, Edelsüß-, Halbsüß-, Rosen- und scharfen Paprika. Das Gewürz verträgt sich am besten mit Kümmel und Majoran. Paprika immer schon beim Anbraten beifügen. Das vitaminhaltige feurige Pulver, vor allem A-, C- und P-Vitamin, wird nicht aus der großen roten Gemüsepaprikaschote, sondern aus der kleineren Gewürzpaprika hergestellt.

Petersilie/Parsley/Persil

Glattblättrige Petersilie ist aromatischer als krause. Petersilie gehört an so viele Speisen, daß man sie nicht aufzählen kann. Auch die Wurzel ist als Schmorbeigabe, als Gemüse und zu Bouillon unentbehrlich. Die stets frisch gehackten Blätter sollten nicht lange gekocht werden. Getrocknet schmeckt Petersilie mittelmäßig, tiefgefroren etwas besser.

Pfeffer/Pepper/Poivre

Pfeffer hat viele Farben: vom hellen Grau bis zum tiefen Schwarz, vom zarten Grün bis zum grellen Rot, von Braun bis Gelb. Und er trägt viele exotische Namen: Cayenne, Peperoni, Chili, Habaneros, Pequin, Hontaka, Ancho, Mulato und Pepper.
Die schwarzen Pfefferkörner kommen aus Malabar, Lampong, Java, Alepy und Singapur. Die weißen aus Muntok, Sarabak und Siam. Unreif, also noch grün, müssen jene Beeren sein, die in eine Lake gelegt und als grüner Pfeffer in Dosen, Gläsern oder getrocknet verkauft werden.
Trocknet man die grünen Beeren in der Sonne, färbt sich die Haut dunkelbraun bis schwarz, das Fruchtfleisch verdorrt zu runzeliger Haut. Schwarzer Pfeffer ist schärfer. Weißer Pfeffer entsteht aus den vollreifen, leuchtend roten Beeren. Die werden übereinandergeschichtet und einem natürlichen Fermentationsprozeß überlassen. Das heißt: sie faulen einfach vor sich hin. Dabei wird das Fruchtfleisch zerstört, später abgerieben und abgespült. Je härter und schwerer, desto wertvoller ist das weiße Korn.
Übrigens: Alle scharfen Gewürze verursachen im Gegenteil zu Salz keinen Durst.

Piment/Allspice/Toute-épice

Die Pimentbeere, im Reifezustand purpurrot, kommt nur als dunkelbraune, getrocknete, runde Beere zu uns. Ihr Geruch ähnelt einer Gewürzmischung aus Zimt, Muskat und Nelke. Bei uns wird Piment deshalb auch Nelkenpfeffer genannt. Bei Bedarf in pulverisierter Form die notwendige Menge frisch im Mörser zerstoßen. Pimentpulver benutzt man für Lebkuchen, Pasteten, Suppen, Saucen und Fleischgerichte. Für die Wurstherstellung ist Pimentpulver unentbehrlich. Ganze Beeren verwendet man in der deutschen Küche zum Einlegen von Bratheringen.

Pimpinelle/Little Burnet/Pimprenelle

Das Kraut wird wildwachsend an Wegrändern und auf Geröllhalden gefunden. Der leicht nußartige Geschmack der grünen Blätter gehört zur „Frankfurter Grünen Sauce", an Gurkengemüse, Tomatensalat, Rührei und Kräuterbutter (wahlweise statt Petersilie). Wird im Handel selten angeboten. Konservierung ist nicht möglich. Bei Eigenanbau anspruchslos.

Portulak/Purslane/Pourpier

Für frische Salate, zu Kräuterquark, Frühlingssuppen und Tomatensuppe ist dieses leicht salzig schmeckende und erfrischende Zierkraut sehr nützlich. Man darf es aber nicht mitkochen. Portulak ist eine vitaminreiche Gewürzpflanze, die schon die Pharaonen kannten.
Sie ist im Handel kaum erhältlich, obgleich sie ein vielen Gärten wegen ihrer gelben und weißen Blüten als Zierpflanze gehalten wird. Man erkennt Portulak leicht an den fleischigen, abgerundeten Blättern, die die Blüten wie ein Kelch umschließen.

Rosmarin/Rosemary/Rosmarin

Die nadelartigen Blätter schmecken frisch pikanter als getrocknet. Beim Trocknen werden sie leicht harzig. Heute gibt es fast das ganze Jahr frischen Rosmarin (auch in Töpfen) zu kaufen, denn er ist unentbehrlich bei gebratenen Hähnchen, bei Tomatengerichten, im Ofen gebackenem Fisch, zu Lammbraten und zu Pilzen. Thymian, Oregano, Knoblauch und Petersilie vertragen sich gut mit diesem Gewürz. Wer Rosmarin mag, sollte Öl als Bratfett verwenden. Zur Konservierung die Nadeln zerkleinern und dunkel aufheben.

Safran/Saffron/Safran

Dies ist das teuerste Gewürz der Welt. Um ein Kilo Safran herzustellen, müssen die orangefarbenen Blütennarben von 80.000 Herbstkrokusblüten getrocknet und zermahlen werden (Kilopreis: etwa 12.000 Mark). Safran schmeckt streng-bitter-süß. Eine wichtige Zutat für Bouillabaisse, Paella und Risotto, aber auch zur Fleischbrühe (sparsam dosieren) oder zu Saucen für Krustentiere.

Salbei/Sage/Sauge

Die lanzettförmigen, behaarten Blätter passen zu Leber, Lamm- und Schweinebraten, Saltimbocca (Kalbsschnitzel mit Schinken und Salbei gefüllt). Möglichst frische Blätter verwenden. Die getrockneten schmecken strenger.

Sauerampfer/Sorrel/Oseille

Die moderne Küche hat den Sauerampfer neu entdeckt. Da sich seine Blätter nicht zum Trocknen eignen, verwendet man von März bis September die frischen Blätter. (Wild nur von März bis Juni). Aus Sauerampfer läßt sich eine schmackhafte Suppe machen. Aber auch Sauce Hollandaise, Fisch, kleine Salate und alle grünen Saucen werden mit Sauerampfer pikant. Nicht mit Essig zusammenbringen.

Sellerie/Celery/Céleri

Vom Sellerie sind Knolle und Blätter nicht nur als Gemüse oder Salat verwendbar, sie geben auch vielen Speisen ein abgerundetes Aroma. Alle starken Brühen, gekochtes Fleisch und weiße Bohnen können mit Sellerie verfeinert werden.

Thymian/Thyme/Thym

Mit den gehackten frischen oder getrockneten Blättern vom Gartenthymian oder seinem Artgenossen, dem wilden Quendel, der breitere Blätter hat, würzt man alle Fleischspeisen, die auf Rotweinbasis zubereitet werden. Wild, Leber, Tomaten, Auberginen, aber auch Pilze und Kaninchen vertragen Thymian gut. In dunklen Gläsern bleibt er gerebelt lange aromatisch.

Wacholder/Juniper/Genièvе

Mit den Beeren der Wacholderpflanze, die zur Reife zwei Jahre brauchen, würzt man Sauerkraut, Fischsud, Sauerbraten, Wildschwein, Rebhuhn und Hase. Wacholder verträgt sich mit Petersilie, Thymian, Fenchel, Majoran und Lorbeerblättern.

Ysop/Hyssop/Hysope

Die schmalen Blätter dieses immergrünen Halbstrauches haben einen minzeartigen, leicht bitteren Geschmack. Dieses alte Würzkraut eignet sich hervorragend als Abrundung zu Kartoffelsalat, zu Rinderbraten und Fleischsuppen; aber auch feingehackt und vorsichtig dosiert auf Pfirsich- und Aprikosenkuchen.

Zitronenmelisse/Balm/Citronelle

Die grünen Melisseblättchen, die intensiv nach Zitrone duften, sehen wie kleine Brennesseln aus. Frischen Salaten geben sie einen besonderen Geschmack. Auch gebratener oder gesottener Fisch läßt sich mit ihnen abrunden. Zitronenmelisse läßt sich weder trocknen noch einfrieren. Im Sommer gibt ein Aufguß von Zitronenmelisse und schwarzem Tee plus Orangensaft ein vorzügliches Kaltgetränk.

KRÄUTER
SEITE 431

KNOBLAUCH
SEITE 433

PFEFFER
SEITE 435

KÄSE
SEITE 422

Wie Köche einkaufen

Gutes Kochen fängt mit richtigem Einkaufen an. Köche achten auf die folgenden Kennzeichen.

Fleisch

Kalb

Kalbsfilets dürfen nicht zu groß sein.
Große Stücke sind ein Zeichen dafür, daß das Kalb hochgemästet ist, und Fleisch von großen Kälbern ist wässrig. Richtige Größe: etwa wie ein Schweinefilet. Kalbsfilets sind heute oft so groß wie Jungrinderfilets. Wenn keine kleinen Stücke erhältlich sind, sollten sie wenigstens kein sehr helles Fleisch haben (sonst sind sie gespritzt). Nur Milchkalb, das vier bis sechs Wochen alt ist, hat helles Fleisch. Hier kann man ruhig kleinere Stücke kaufen. Es ist nur selten im Handel. Deshalb auf dunkleres, gesünderes Fleich mit einem rosa Farbton achten.
Das gleiche gilt für Kalbskoteletts. Auch sie sollen nicht größer als Schweinekoteletts sein. Auf eine leicht rosa Farbe achten.
Kalbfleisch soll immer leicht durchwachsen sein, weil es sonst schnell trocken wird. Schnitzel darf dagegen mager sein, besonders, wenn das Fleisch geschnetzelt werden soll.
Kalbsgulasch: Fleisch in große Stücke schneiden lassen. Darf etwas durchwachsen sein.

Rind

Rindfleisch ist erst nach vierzehn Tagen gut abgehangen. Es soll am Anschnitt nicht zu dunkel sein. Nur an den Außenseiten zeigen dunkle Stellen, daß das Fleisch gut abgehangen ist.
Das Fleisch soll marmoriert und nicht grobfaserig sein. Grobfaseriges Fleisch stammt vom Bullen und ist nicht sehr zart. Große Filets stammen mit Sicherheit vom Bullen.
Rindfleisch nie zu mager kaufen.
Rinderbraten von der Schulter schneiden lassen. Das ist preisgünstiger, und die Stücke sind nicht so groß wie die vom Schlegel. Die Schulter ist das große Bratenfleischstück aus dem Vorderviertel. U. a. werden daraus Bugschaufel- und Mittelbugstück geschnitten, die sich vorzüglich zum Braten und Schmoren im Topf oder im Ofen eignen.
Roulade kauft man immer vom Schlegel. Tafelspitz schneidet der Metzger auch vom Schlegel, obwohl eine abgehangene Schulter beziehungsweise Steertstück oder Hüftdeckel vorzuziehen sind. Diese Stücke sind nicht so groß und saftiger.
Wenn Rindfleischstücke ringsum von Haut umzogen sind, kann das Fett nicht so schnell austreten wie bei einem angeschnittenen Stück.- Das Fleisch bleibt also saftiger.
Angeschnittene Stücke sind sinnvoll, wenn Aromen, beispielsweise Gewürze in das Fleisch eindringen sollen.
Rumpsteak muß mindestens fingerdick geschnitten sein, ein Filetsteak zwei Finger dick.
Mittelbrust und Brustspitze (durchweg wie gewachsen angeboten) sind kerniges festes Kochfleisch mit Fleischfett durch- und überzogen. Sie ergeben einen deftigen Eintopf und bestechen durch ihren geringen Preis.
Quer- oder Flachrippe heißt das Stück vom Rind, das den Brustkasten bildet. Zum Kochen ist es gut geeignet, weil es Fleisch, Fett und Knochen in günstiger Zusammenstellung enthält.
Das Zungenstück (Nacken) ist die Fortsetzung der hohen Rippe zum Hals. Es ist ein Gulaschfleischstück, ergibt aber auch einen preiswerten und saftigen Rinderbraten.
Hohe Rippe, ein Teil des Rückens, ist das beste Stück zum Kochen, weil die Marmorierung und die zarte Fleischfaser dieses Stück besonders wertvoll machen. Aber auch zum Braten und Grillen kann es sehr gut verwendet werden.

Lamm

Die besten Stücke zum Braten sind Koteletts, der ausgelöste Lammsattel, die nicht ganz zwei Finger dicken lamb chops zum Grillen, oder der ganze ausgelöste Sattel als Rolle, sowie Steaks und Medaillons aus der Nuß oder anderen Teilen der Keule.
Auch Lammfleisch-Stücke dürfen nicht zu groß sein. Sonst handelt es sich um Schaf oder Hammel. Nur bei kleineren Stücken kann man sicher sein, daß es wirklich Lamm ist.
Ein Fettrand zum Mitbraten muß vorhanden sein. Der läßt sich hinterher abschneiden.
Auf dunkles Fleisch achten.
Bei Schlegel wichtig: je größer die Keule, desto älter das Tier und zäher das Fleisch.
Lammragout am besten aus der Schulter oder aus dem Bauch schneiden lassen. Es darf etwas durchwachsen sein. Beim Braten oder Kochen tritt das Fett aus und läßt sich leicht abschöpfen.
Lammbraten läßt sich gut aus der Schulter machen. Sie sollte nicht zu fett sein.

Schwein

Gutes Schweinefleisch muß im Anschnitt marmoriert sein, daß heißt: von feinen Fettäderchen durchzogen. Schweinefleisch ist durch die Züchtung des europäischen Magerschweins heute oft wässrig. Weniger wässriges Fleisch ist dunkler, sieht kompakter und nicht wabbelig aus. Auslaufendes rötliches Wasser ist kein gutes Zeichen.
Durchwachsenes Schweinefleisch hat beim Grillen und Braten einen besseren Geschmack als mageres. Braten aus der Schulter oder Schaufel kaufen.
Schulter wird in zwei Arten angeboten:
1. mit eingewachsenem Knochen, natürlichem Fettbesatz und Schwarten, die man gleich vom Metzger kreuzweise einschneiden läßt. Preiswerter Braten.
2. Knochenlos und ausgelöst, entschwartet, mit wenig Fett. Das ist entsprechend teurer. Die Schulter ist ein Universalstück, das sich besonders gut als Schweinebraten eignet.
Saftig und unproblematisch ist Schweinehals (Nacken oder Kamm). Er ist stark durchwachsen und bleibt immer saftig, auch wenn er einmal zu lange gekocht wird.
Schweinehals wird in drei Formen angeboten:
1. wie gewachsen, als kräftiger Braten.
2. Ausgelöst, ebenfalls zum Braten,
3. in Scheiben als Nackenkotelett. In jedem Fall ein besonders saftiges Stück Fleisch.
Gulasch am besten von der Schulter, aus Beinfleisch (Haxe kaufen und selbst schneiden!) oder vom Rohrknochen statt von der Schaufel schneiden lassen, weil das Fleisch dort durchwachsener ist. Große Stücke nehmen: das Fleisch bleibt saftiger.
Beim Schweinebauch, wie gewachsen und ohne Knochen, ist am Anschnitt erkennbar, ob es sich um einen mageren oder fetteren Bauch handelt. Der magere Bauch läßt sich in dünne Scheiben von 1 bis 1 1/2 cm schneiden, die man wie Schnitzel oder Koteletts braten oder in Sauer einlegen kann.
Eisbein, auch Haxe genannt, sitzt am Schinken und an der Schulter. Der Knochenanteil ist unterschiedlich, wenn das Eisbein nicht als Ganzes verkauft, sondern in Scheiben geschnitten wird. Ganz gleich, ob es sich um Vorder- oder Hinter-Eisbein handelt. Sowohl zum Braten als auch zum Mitkochen geeignet.
Das Mittelstück vom Kotelettstrang liefert vor allem die Stielkoteletts und Kasseler. Ausgelöst vom Knochen auch ein gutes Schnitzel- Stück mit relativ kleiner Anschnittfläche.
Lummerkoteletts sind Koteletts vom Filetstück. Sie sind teuer aber wertvoll (ausgelöst und ohne Knochen ergeben sie auch den klassischen Schweinerollbraten).

Kaninchen

Jung: Die Löffel sind leicht einzureißen. Der Augendorn ist noch weich. Am Fußwurzelgelenk sitzt ein kleiner Knorpel.
Alt: Die Löffel sind nur noch schwer einzureißen. Der Dorn im Augenwinkel ist hart geworden. Am Fußwurzelgelenk ist kein Knorpel mehr tastbar.

Geflügel

Hähnchen, Huhn, Poularde

Als Suppenhuhn immer ein größeres und fettes Huhn nehmen: die Suppe schmeckt dann kräftiger. Für Gebratenes und Geflügelsalat empfiehlt sich eine Poularde. Die ist saftig und in zwanzig Minuten gar. Ein normales Huhn ist für Geflügelsalat zu faserig.
Beim Einkauf beachten: Das Huhn sollte keine braunen Flecken haben. Wenn die Haut nach dem Kochen am Fleisch klebt, kommt das Tier aus der Tiefkühltruhe.
Hühner, die schmierig sind und durch die Hände rutschen, waren in Plastik verpackt.
Ein frisches Huhn hat weißes Fleisch, das über den Keulen nicht zu fett ist (Fleisch sollte bläulich durchschimmern).
Weiße Frostflecken sind bei gefrorenem Huhn normal.
Ein gutes Huhn hat nur leichte Fettpolster auf Brust, Keule und am Darmausgang.

An diesem Garantiezeichen der Handelsklasse A erkennt man deutsche Markenhähnchen. Qualitätsbewußte Käufer achten auf dieses Zeichen, das – ständig neutral kontrolliert – für die Einhaltung aller gesetzlichen Bestimmungen des Futtermittel-, Lebensmittel- und Hygiene-Gesetzes bis hin zur Warenpflege bürgt. Bessere deutsche Hähnchen gibt es nicht.
Als Gewürze eigenen sich: Curry, Ingwer, Liebstöckel, Oregano, Paprika, Rosmarin.

Gans

Eine frische Gans erkennt man an der Gurgel und am Brustwirbel. Wenn die Gurgel wie leichtes Sperrholz knackt, ist das Tier jung. Bei einer alten Gans biegt sich die Gurgel wie Gummi. Leider ist sie bei bratfertigen Tieren meist schon entnommen. Dann Knorpel beim Bauch am unteren Ende des Brustwirbels befühlen: wenn er hart ist, dann ist das Tier alt. Das Tier darf am Darmausgang nicht zu viele gelbe Flomen (Fettpolster) haben, sonst ist es zu fett.
Gewürze: Basilikum, Beifuß, Estragon, Kümmelpulver, Majoran, Rosmarin, Salbei.

Ente

Wichtig ist schönes weißes Aussehen und saubere Haut. Die ideale Ente hat einen runden Körperbau und ist nicht breit; andernfalls ist sie zu fett.
Gewürze: Basilikum, Bohnenkraut, Estragon, Rosmarin, Salbei, Thymian.

Wild

Beim Kauf von Wild vor allem auf die richtige Jahreszeit achten. Sonst ist es tiefgefroren konserviert. Bei Wild auf den Anschnitt bei Beinen und Kopf achten: ist das Fleisch sehr dunkel, ist es aufgetaute Tiefkühlware.
Frisches Wild sieht nur in den ersten vier bis fünf Tagen gut aus. In den meisten Fachgeschäften liegt es zu lange herum. Bildet sich Wasser auf dem Teller, war das Tier tiefgefroren und wurde aufgetaut.
Gewürze: Beifuß, Ingwer, Nelken, Pfefferminze, Piment, Rosmarin, Thymian, Wacholderbeeren, Weinraute, Wermut.

Wildkalender

Fasan Jagdzeit: 1. Oktober bis 31. Dezember
Schmeckt am besten: November und Dezember

Hase Jagdzeit: 16. Oktober bis 15. Januar
Schmeckt am besten: Oktober bis Dezember

Hirsch Jagdzeit: 1. August bis 31. Januar
Schmeckt am besten: November bis Januar

Reh Jagdzeit: 16. Mai bis 31. Januar
Schmeckt am besten: Oktober bis Januar

Wildente Jagdzeit: 1. September bis 15. Januar
Schmeckt am besten: Oktober bis Dezember

Wildschwein Jagdzeit: ganzjährig
Schmeckt am besten: Januar bis November

Reh

Besonders schmackhaft: Rücken, Schulter, vor allem Keule und Gulasch. Rehblatt sollte, wie das Fleisch anderer Teile, ein freundliches Rot haben. Bei einem jungen Tier etwas heller, bei einem älteren Rehbock von 5–6 Jahren etwas dunkler.

Wildschwein
Kleine Wildschweine bis 30 Kilo gibt es das ganze Jahr über, große von 60–80 Kilo ab September bis Januar. Wildschweinkeule sollte immer frisch und hellrosa aussehen und nicht so dunkel, wie es von Wildfleisch immer behauptet wird. Dunkel bis schwarzes oder gar schmieriges Fleisch ist alt.

Hase
Jung: Die Löffel lassen sich leicht einreißen. Der Dorn im inneren Augenwinkel ist weich. Oberhalb des Fußwurzelgelenkes ist ein Knorpel zu fühlen.
Alt: Die Löffel lassen sich nur schwer einreißen. Der Augendorn an der Nasenseite ist hart. Der Knorpel am Fußwurzelgelenk hat sich zurückgebildet.
Gewürz für Hasenbraten: Lavendel.

Wildgeflügel
Fasane, Rebhühner, Wildenten (Stockenten) und anderes Wildgeflügel wird heute gezüchtet, aber nicht gekennzeichnet oder unter Decknamen (Volière-Fasan, deutsch: Käfig-Fasan) angeboten.
Wildgeflügel aus der Zucht schmeckt nicht intensiv nach Wild. Das läßt sich oft nur durch eine kräftige Sauce ausgleichen.
Rebhühner, Auerhähne und Schnepfen sind in der freien Wildbahn sehr selten geworden.
Wachteln gibt es das ganze Jahr über.
Wildgeflügel muß ganz trocken sein, sonst wurde es aufgetaut. Kleine Flecken und dunkle Farbe bedeuten: das Tier wurde aufgetaut und lag zu lange in der Kühlung.

Fasan
Jung: Der hornige Sporn am Bein des Männchens ist kaum oder gar nicht entwickelt.
Alt: Der Sporn oberhalb des Fußes, an der Rückseite des Beines, ist lang und hart.

Rebhuhn
Jung: Der Schnabel ist schwarz und scharf. Die Beine des Vogels haben einen leichten Gelbton. Die unteren Schwingfedern laufen spitz aus.
Alt: Der Schnabel ist grau und stumpf.
Die Beine sind grau.
Die unteren Schwingfedern sind abgerundet.

Wildente (Stockente)
Jung: Der Schnabel ist hell- oder leuchtendgelb und weich.
Die Latschen (Füße) haben bei Männchen und Weibchen einen grau-grünen Ton.
Alt: Die Latschen des Erpels haben sich rot, die der Ente graubraun gefärbt.
Beim Kauf von Wildenten sollten die Beine im Anschnitt am Gelenk frisch aussehen.

Krusten- und Schalentiere

Hummer
Kanadische und amerikanische Hummer sind im August und September oftmals weniger empfehlenswert, weil sie sich geschält haben und das Fleisch dadurch beim Kochen extrem zusammenschrumpft. Hummer verlieren dabei bis zu 40 Prozent an Gewicht und sind nach dem Kochen leicht wie ein Schwamm.
Frisch gehäutete Hummer haben ihre Kraft für den neuen Panzer verbraucht. Ihr Fleisch schmeckt dann oft fade. Man muß beim Kauf auf den Panzer drücken und feststellen, ob er fest ist.

Muscheln, Austern
Muscheln und Austern müssen beim Kauf geschlossen sein. Schon ein Spalt von mehr als zwei Millimetern kann ein Zeichen dafür sein, daß Auster oder Muschel verdorben sind.
Austern dürfen beim Klopfen nicht hohl klingen: Schwache und tote Austern haben das Wasser, das sie dann in der Schale nicht mehr halten können, schon weitgehend abgegeben.
Austern und Muscheln kann man übrigens das ganze Jahr essen und nicht nur in den Monaten mit „r". Diese Regel ist eher auf die früher nur unzureichenden Kühlmöglichkeiten zurückzuführen. In den Ländern, in denen Austern und Muscheln gefangen werden, sind sie das ganze Jahr erhältlich. Bei Austern tritt zur Laichzeit im Herbst eine braun-cremige Milch aus. Kenner essen Austern dann nicht, obwohl sie durchaus genießbar sind.
Gewürze: Knoblauch, Lorbeer, Piment, Rosmarin.

Flußkrebse
Die meisten in Deutschland erhältlichen Flußkrebse kommen aus der Türkei. Sie sind das ganze Jahr über gut.
Gewürz: Dill.

Garnelen
Garnelen werden häufig aus Malaysia importiert. Sie sind preisgünstig, kommen aber aus Warmwassergebieten und schmecken oft fade. Krusten- und Schalentiere gedeihen in warmem Wasser zwar schneller, haben dann aber weniger Geschmack als die norwegischen, isländischen oder grönländischen Garnelen aus Kaltwassergebieten.

Grönlandkrabben, Hummerkrabbenschwänze
Grönlandkrabben und Hummerkrabbenschwänze kommen nur tiefgekühlt in den Handel. Sie werden am Fangplatz eingefroren und sind in der Qualität meist nicht zu beanstanden.

Nordseekrabben
Nordseekrabben sind ausgepult meist mit Konservierungsstoffen versetzt. Nur in der Schale sind sie unbehandelt.

Fisch

Fisch ist leicht verderblich. Das erkennt man an den Kiemen.
Fisch ist frisch, wenn die Kiemen rötlich sind. Je älter der Fisch, desto farbloser die Kiemen. Sie werden gräulicher und dann ganz dunkel.
Schleim auf der Haut ist ein Zeichen für frischen Fisch: er bildet sich kurz nach dem Schlachten. Wenn sich das Fleisch bei rohem Fisch leicht von der Hauptgräte lösen läßt, ist er alt.
Gewürze zu Kochfisch: Borretsch, Curry, Dill, Lorbeer, Petersilie, Piment.
Gewürze zu Bratfisch: Basilikum, Estragon, Liebstöckel, Oregano, Rosmarin, Weinraute.

Gemüse

Auberginen (Eierfrüchte)
Auf glatte Oberfläche und Festigkeit achten.
Passende Gewürze: Basilikum, Safran, Rosmarin.

Blumenkohl
Muß schön weiß, ohne braune Blätter sein.
Das Blattwerk darf sich nicht leicht abziehen lassen. Braune Stellen können bedeuten, daß Faulstellen unter der Oberfläche sind.
Passendes Gewürz: Muskat.

Brechbohnen (Schneidebohnen)
Müssen ansprechende grüne Farbe haben.
Keine schwarzen Enden und braunen Flecken.
Die richtigen Schneidebohnen sind hellgrün und fest. Ältere sind von papiergelber Farbe.
Schoten dürfen nicht eingefallen sein.
Passende Gewürze: Basilikum, Bohnenkraut, Majoran, Piment, Salbei, Ysop.

Broccoli
Auf saftiges Grün, knackige Blätter und geschlossene Blütenknospen achten.

Champignons
Helle weiße oder rosa-bräunliche Farbe. Lamellen unter dem Hut sollen geschlossen sein.

Chicorée
Weiß mit gelblichen Spitzen, und fest gefüllt soll er sein. Chicorée ist lichtempfindlich. Wenn er grün wird, ist er bitter.

Chinakohl
Von innen fest gefüllt.
Passende Gewürze: Beifuß, Borretsch, Kümmel.

Endivien (Escarol)
Die beste Qualität zeigt grünes Außenblattwerk mit gelb-leuchtendem Herz.
Passende Gewürze: Kerbel, Petersilie.

Erbsen
Dürfen keine braunen Flecken haben. Ältere Erbsen sind schrumpelig wie Pergamentpapier.
Wenn die Schoten einen weißen Belag haben, taugen sie nichts.
Passende Gewürze: Basilikum, Majoran, Pfefferminze.

Grünkohl
Angeblich soll Grünkohl erst nach dem ersten Frost gegessen werden. Aber er ist auch vorher schmackhaft. Die Blätter müssen sich hart anfühlen.
Gewürz: Muskat

Gurken
Sollen sich fest anfühlen und nicht weich oder gummiartig.
Gewürze: Dill, Borretsch, Weinraute.

Kohl (köpfe) Weiß/Rot/Wirsing
Sollen fest geschlossen, ohne Wurmlöcher oder braune Blätter sein.

Kohlrabi
Beste Größe: etwas mehr als eine Kinderfaust. Die jungen Blätter sollen noch frisch aussehen. Gewürze: Basilikum, Muskat.

Kopfsalat
Der Kopf soll fest geschlossen sein, Blätter dürfen auch beim Umdrehen nicht auseinanderfallen.
Gewürze: Alle grünen Kräuter.

Mais
Ist schon küchenfertig vorbereitet. Er wird oft als Kolben im 3er-Pack in einer Schale angeboten. Die Maiskörner sollen prall und von goldgelber Farbe sein.

Möhren (Karotten)
Sollen hellorange in der Farbe sein. Sie werden in den drei Handelsklassen Extra, Eins und Zwei verkauft. Möhren der Extraklasse müssen makellos, einheitlich in Form und Farbe sein. Der Unterschied zwischen Möhren und Karotten ist eine reine Formsache: Karotten – so nennt man auch oft die frühen, kleinen Möhren – sind kurz und stumpf, Möhren dagegen länglich, schmal.
Passende Gewürze: Anis, Estragon, Petersilie.

Paprika rot/grün/gelb
Auf glatte Oberfläche und pralle Farbe achten. sie müssen sich knackig anfühlen.

Porree (Lauch)
Darf keine abgeknickten Blätter haben, sonst läuft der Porreesaft aus und das Gemüse fängt an zu faulen.

Radieschen
Rot-leuchtend, mit frischem, grünem Kraut.

Rettich
Auf frischweiße Farbe achten. Kann nach 2–3 Tagen schon zu weich sein.

Rosenkohl
Qualitätsmerkmal: Frische grüne Farbe, Rose fest gefüllt.
Gewürz: Muskat

Rote Bete
Feste Knollen, ohne Freßnarben.
Gewürze: Meerrettich, Liebstöckel, Weinraute.

Schalotten
Trockene, mit gelbroter Schale von Kastaniengröße sind die besten.

Sellerie
Beim Anschnitt beachten: hellweiße Farbe, leicht bräunlich durchzogen. Sellerieknollen müssen massiv gefüllt sein und dürfen keine mürben oder hohlen Stellen haben.

Sojasprossen
Nur ohne grünes Blättchen kaufen. Wenn die Keime schon grün aufgegangen sind, sind die Sprossen 2–3 Tage alt und von minderer Qualität. Soja kann leicht sauer werden.

Spargel
Die Schnittflächen müssen noch saftig, die Köpfe fest und geschlossen sein.

Spinat
Frische grüne Farbe, knackige Konsistenz. Keine braunen Blätter, wenig Unkraut dazwischen.
Passende Gewürze: Basilikum, Borretsch, Muskat, Piment.

Spitzkohl
Fest gefüllt, nicht aufblühend.

Steckrüben
Nur ohne grüne Auswüchse oder Schimmelstellen in Rissen und Ecken kaufen.
Passende Gewürze: Beifuß, Majoran.

Tomaten
Freilandware – auch bei Importen – ist den Treibhaustomaten geschmacklich vorzuziehen. Kleine Früchte schmecken intensiver als große.
Passende Gewürze: Basilikum, Liebstöckel, Majoran, Oregano, Paprika, Petersilie, Schnittlauch.

Zucchini
Müssen fest, grün und nicht gummiartig, nicht zu krumm oder birnenförmig sein. Die Größe ist dann sekundär.
Passende Gewürze: Basilikum, Petersilie, Rosmarin.

Zwiebeln
Sollen prall und trocken sein, sich nicht weich anfühlen und keine grünen Spitzen haben. Auf faule Weichstellen an den Zipfeln und unter der Schale achten.

Obst-Einkaufskalender

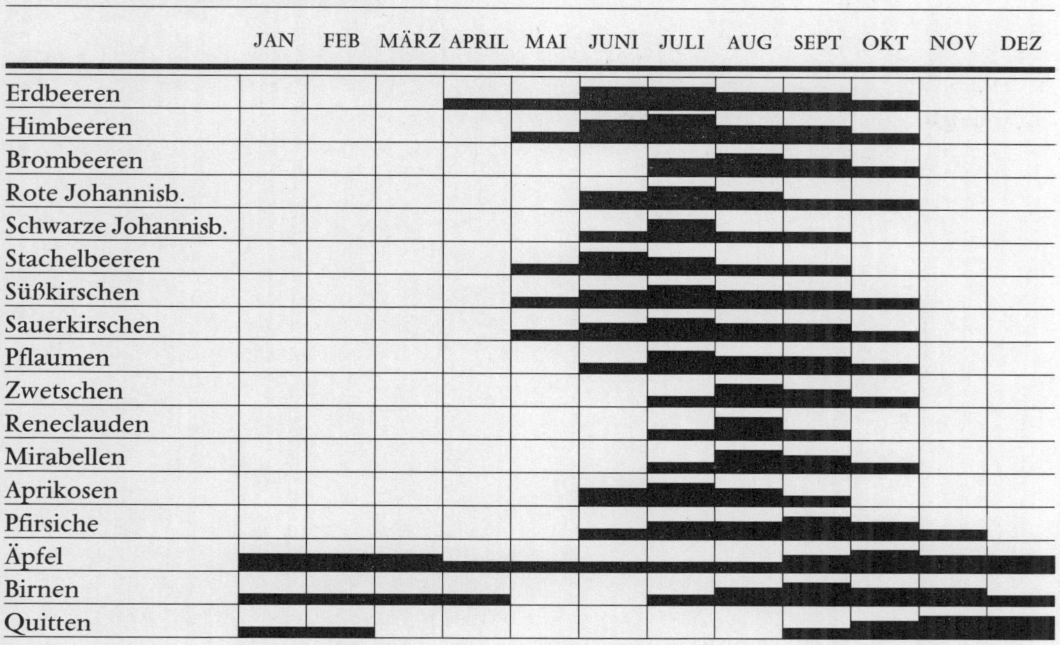

Gemüse-Einkaufskalender

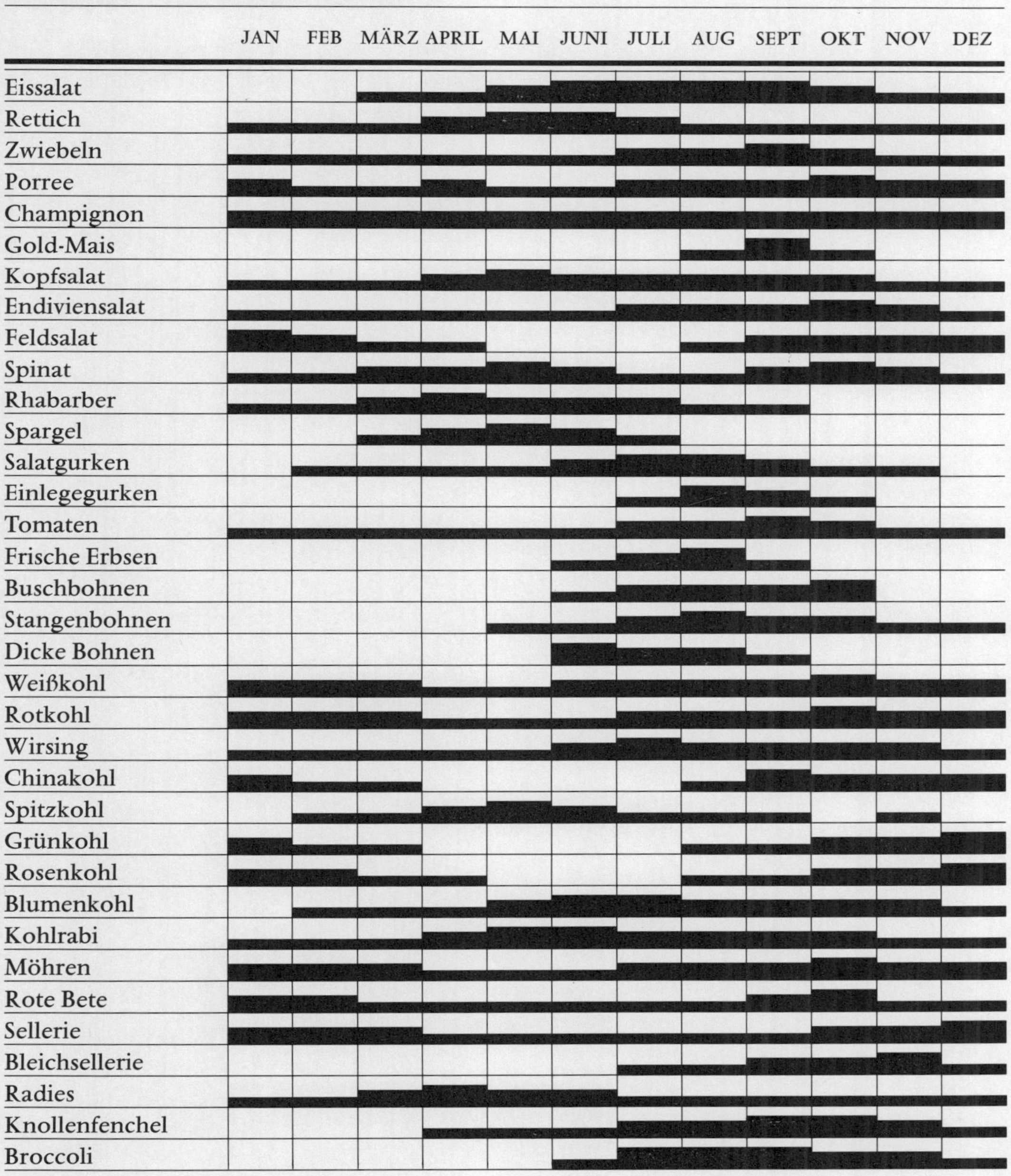

Warenkunde – Küchentechnik – Tips

Aal
(Flußaal). Man unterscheidet Spitz- und Breitkopfaale. Während sich die Spitzkopf-Aale von Würmern, Schnecken und Krustentieren ernähren, leben die Breitkopf-Aale vorwiegend von Fischen. Spitzkopf-Aale haben einen feineren Geschmack als die breitköpfigen.
Aal kann geräuchert, gebraten, gekocht und gebacken werden.

Abbacken = backen
Besonders: in viel heißem Fett (Fritüre) gar machen und bräunen. Notwendig ist dabei das Einlegen in sehr heißes Fett, damit schnell ein dichter Überzug entsteht, der das Ganze zusammenhält und den Saft nicht austreten läßt. Dann Regulierung der Hitze, damit das Backgut gleichzeitig gar und braun wird. Sorgfältiges Abtropfen oder Abtrocknen ist nötig, damit das Abgebackene möglichst wenig nach Fett schmeckt. (Siehe Fritieren.)

Abschmelzen
Eine fertige Speise, besonders Teigwaren wie Nudeln oder Spätzle mit heißer, leicht gebräunter Butter übergießen.

Abschrecken
Einer heißen (kochenden) Flüssigkeit kaltes Wasser zusetzen, um die Temperatur herabzumildern.
Heißes Kochgut sehr kalt abspülen.

Al dente
Mit Biß (italienisch).

Alufolie
Ist nicht für alle Lebensmittel das geeignete Verpackungsmaterial. Stark säure- und salzhaltige Nahrungsmittel greifen die Alufolie an.
Auf der Folie und auf den Lebensmitteln entstehen dabei graue oder weiße Flecken (Aluminiumsalze). Besondere Vorsicht geboten ist bei Salami, geräuchertem Schinken und Pökelfleisch wegen ihres Gehaltes an Nitritpökelsalz.

Anbraten
Nur solange braten, bis die Poren des Fleisches geschlossen sind und seine Außenseite sich mehr oder weniger gebräunt hat. Nach dem Bräunungsgrad unterscheidet man leichtes und starkes Anbraten.

Anchovis
Sardellen, insbesondere marinierte Sardellen.

Anlaufen lassen
In Butter schwitzen, ohne daß eine bräunliche Färbung eintritt.

Anschwitzen
Soviel wie anlaufen lassen.

Apfel
Fachleute wissen, daß deutsche Äpfel der Handelsklasse I die aromatischsten und die haltbarsten überhaupt sind. Dennoch müssen mehr als 50 Prozent der deutschen Ernte unter den Gestehungskosten verspritet werden, da der Verbraucher und der Handel die auf „Augenkäufer" hingezüchteten Sorten, obwohl sie bis zu 400 Prozent teurer sind, vorzieht. Außerdem kommt ausländische Ware häufig mit Pestiziden in Berührung, die in der Bundesrepublik Deutschland nicht verwandt werden dürfen (Benomyl).
<u>Die wichtigsten deutschen Apfelsorten:</u>
Goldparmäne, Ingrid Marie (ein idealer Eß- und Kochapfel), Jonathan (mit leicht säuerlichem, kräftigem Fruchtgeschmack), Cox Orange (mit feinem Aroma, wertvoller Tafelapfel), Boskop.

Apfelkren
Apfelmeerrettich: geriebener Meerrettich mit roh geriebenen Äpfeln oder mit Apfelmus versetzt und mit Essig und Zucker abgeschmeckt. (Siehe Meerrettich).

Aromaten
Gewürzkräuter.

Arrow-Root
Pfeilwurzelmehl, dem Kartoffelmehl ähnlich, aber fast säurefrei und daher für empfindliche Speisen vorzuziehen. Arrow-Root stammt aus Westindien und wird besonders in England hergestellt. In der feinen Küche dient es besonders zur leichten Bindung von klaren Suppen.

Aubergine
Siehe Eierfrucht.

Aufschlagen
Eine Sauce mit dem Schneebesen bearbeiten, um sie recht locker und luftig zu machen. Hierbei wird oft gleichzeitig frische kalte Butter in kleinen Stücken zugesetzt.

Aufziehen
Eine Flüssigkeit (Suppe, Sauce) mit der Schöpfkelle bearbeiten, indem man diese wiederholt füllt und den Inhalt in starkem Strahl in die Flüssigkeit zurückfallen läßt.

Ausbacken (Fritieren)
In soviel heißem Fett backen, daß der zu backende Gegenstand darin schwimmt.

Ausbeinen
Von allen Knochen befreien, wobei die äußere Haut des Tieres nicht beschädigt werden soll.

Ausstreichen
Eine Form o. ä. auf den Innenflächen mit Butter, Öl oder Fett bestreichen, um später die Trennung des Inhalts von der Form zu erleichtern.

Ausstreuen
Die inneren Wandungen einer Form mit Mehl, Zucker, Semmelmehl, gehackten Mandeln oder anderen Zutaten gleichmäßig und dicht bestreuen. Dem Ausstreuen muß fast ausnahmslos ein Ausstreichen der Form mit Fett vorangehen.

Bain-marie
Eine zum Teil mit heißem Wasser gefüllte Pfanne oder ein entsprechendes offenes Gefäß, in dem Speisen warm gehalten werden. Das Wasser im Bain-marie soll kochend heiß sein, aber nicht wallen. Empfindliche Suppen und Saucen setzt man im Bain-marie am besten auf einen Dreifuß, Stein oder Teller, damit sie nicht zuviel Unterhitze erhalten.

Bardieren
Vollkommen in dünne Scheiben von fettem Speck hüllen. Das Bardieren geschieht, um das Austrocknen des Fleisches beim Braten oder Dämpfen zu verhindern.

Béchamel
Gut eingekochte, weiße Sauce aus geschwitztem Mehl, Milch, kräftigem hellen Kalbsfond und Kräutern. Sie gehört zu den sogenannten Grundsaucen. Charakteristisch ist die Verwendung von viel frischer Milch bei der Herstellung. (Siehe Sachregister).

Beefsteak
1–2 Finger dicke Scheibe aus dem rohen Rinderfilet, die meist in der Pfanne oder auf dem Rost gebraten, seltener geschmort wird.

Beeftea
Eine sehr starke Rindfleischbrühe, die meist im Wasserbad hergestellt wird.

Beize
Marinade zur Aufbewahrung oder Würze von Fleischstücken.

Beizen
Fleisch in Essig- oder Gewürzbrühe legen, um es wohlschmeckender und mürber zu machen oder vor dem Verderben zu schützen. Zum Beizen eignen sich auch Zitronensaft und Wein sowie Öl mit den verschiedensten Kräutern oder Gewürzen vermischt.

Belugakaviar
Störkaviar erster Sorte.

Bier

Das bis heute gültige Reinheitsgebot wurde am 23. April 1516 in Bayern erlassen. Es ist die älteste lebensmittelrechtliche Bestimmung zum Schutz des Verbrauchers und verlangt, daß deutsches Bier als reines Naturprodukt in den Handel kommt: allein bestehend aus Gerste, Hopfen und Wasser.
Das Malz zum Bier wird aus der wertvollsten Gerste, der zweizeiligen Sommergerste, in besonderer Qualität in der Bundesrepublik Deutschland geerntet, hergestellt. Die gereinigten, in Wasser eingeweichten Gerstenkörner quellen, keimen danach etwa sieben Tage lang und heißen dann Grünmalz. Beim Trocknen und „Rösten" entsteht das Malzaroma. Nach dem Kochen des geschroteten Malzes unter Zugabe von Hopfen gärt die gewonnene Bierwürze mit der Bierhefe. Dabei wird der Malzzucker u. a. in Alkohol und Kohlensäure umgewandelt. Anschließend lagert oder „reift" das Bier.
Neben den Vitaminen, vor allem B2 und B6, enthält Bier Mineralstoffe und Spurenelemente. Kalium, Glutaminsäure, Phosphorsäure und Hopfen-Bitterstoffe heilen, wirken auf den Hirnstoffwechsel ein, beeinflussen den Gesamtstoffwechsel günstig und bauen Streßsymptome ab.
Obergäriges Bier: Dazu gehören z. B. Altbier, Kölsch, Weißbier. Wenn Hopfen und Malz sich zur Bierwürze vereinigt haben, wird die Bierhefe zugegeben. Damit setzt die Gärung ein. Dabei entstehen aus den gärungsfähigen Zuckern der Würze Alkohol und Kohlensäure. Obergärige Hefe vergärt die Würze im Verlauf einiger Tage bei etwa 15 bis 20 Grad Wärme. Sie steigt an die Oberfläche und wird dort abgehoben.
Altbier hat einen Alkoholgehalt von über 4 Prozent.
Kölsch, dessen Heimat der Raum Köln-Bonn ist, hat einen Alkoholgehalt von unter 4,5 Prozent.
Weizenbier ist zwar obergäriges Bier, wird aber ungefiltert, mit Hefebodensatz, in der Flasche geliefert. Export-Weizenbier ist dagegen filtriert. Diese bayerische Spezialität ist ein Vollbier, mit 4,0 Prozent Alkoholgehalt, im Gegensatz zur „Berliner Weiße" (2,6 % Alkohol), Weizen- und Gerstenmalz werden im Verhältnis 2 : 1 bis 1 : 2 zusammen verarbeitet. Wenig Hopfenbittergeschmack, hoher Kohlensäuregehalt.
Untergäriges Bier:
ist Pils und Export. Es gärt etwa acht Tage bei Temperaturen von 4 bis 10 Grad. Dann setzt sich die Hefe am Boden ab. Im Lagerkeller dauert bei ober- und untergärigem Bier die Nachgärung, Klärung und Reifung des Bieres acht bis zwölf Wochen bei Temperaturen von Null bis ein Grad. Auch Bockbier ist untergäriges Bier von meist dunkelbrauner Farbe (es gibt auch helle Sorten) mit einem Alkoholgehalt von mehr als 6 Prozent. Das noch stärkere „Doppelbock" weist sogar einen Alkoholgehalt zwischen 7,5 und 13 Prozent auf.

Blanchieren
1. Durch Behandlung mit Wasser weiß machen, besonders Fleisch. Es wird mit kaltem Wasser reichlich bedeckt und bei geschlossenem Deckel bis zum Kochen erhitzt und dann sofort mit Wasser abgekühlt.
2. Abbrühen, um den Geschmack zu verbessern oder die Farbe zu erhalten (mit Essigwasser), besonders bei Gemüse. Dieses wird dazu in kochendes Salzwasser geworfen, schnell überwellt, abgegossen und kalt abgespült.

Blanquette
Ragoutartig zubereitetes weißes Fleisch (Kalb, Lamm, Huhn, Kaninchen usw.) in weißer Sauce.

Blattsalat
(Siehe Grüne Blattsalate).

Blaubeeren (Heidelbeeren)
Norddeutsch auch Bickbeeren genannt. Siehe Heidelbeeren.

Blinis (Plinsen)
Russische Pfannkuchen, deren Teig aus Buchweizenmehl hergestellt wird. In der Originalversion werden Blinis mit den verschiedensten Zusätzen angereichert: mit Schnittlauch, mit hartgekochten Eiern, mit klein geschnittenem Salzhering oder fein gehackten Pilzen oder kleinsten Wurstwürfeln und gehacktem Schinken. Blinis mit Zusatz werden so gebraten: Die Zutaten in die heiße Pfanne mit der zerlassenen Butter streuen, den Blini-Teig darübergießen und wie gewöhnlich backen.
„Der erste Plinse wird ein Klumpen", heißt ein russisches Sprichwort und meist ist sie auch zu dick und zu blaß. Am ersten Blini muß man die Teigmenge, die in die Pfanne gegossen wird, ausprobieren, damit sie gleichmäßig dünn werden.
Wer knusprige und saftige Blinis haben will, muß eine schmiedeeiserne kleine Pfanne mit dickem Boden verwenden. Blinis heiß in vorgewärmter Schüssel stapeln und mit einer Serviette bedeckt servieren.

Blumenkohl
Im Gemüsefach des Kühlschranks oder im kühlen Keller kann Blumenkohl mehrere Tage frisch bleiben. Wichtig: Vor dem Lagern die grünen Blätter entfernen und den Strunk glatt abschneiden. Lichtgeschützt lagern. (Siehe „Wie Köche einkaufen" und Sachregister).

Bouillon
Mit der Bouillon aus Rindfleisch fing es an. Sie war die erste aller Suppen. Bouillon ist ein Extrakt aus Fleisch, Knochen, Gemüse und Kräutern. Sie wird immer kalt und immer mit Salz aufgesetzt und muß während des Kochens regelmäßig abgeschäumt werden. Alles, was zu Bouillon gekocht wurde, wird weggeworfen – es hat weder Nährwert noch Geschmack. Bei den Franzosen, die die besten Suppen machen, wird das Wasser, in dem Fische oder Gemüse gegart wurden, tiefgefroren und solange wieder und wieder verwandt, bis es zu einem Konzentrat wird.

Bouquet garni
Bündelchen zum Mitkochen, bestehend aus verschiedenen Kräutern und Gewürzen wie z. B. Petersilie, Kerbel, Schnittlauch, Estragon, Thymian, Majoran, Lorbeerblatt und Zwiebelscheiben.

Braisieren
In gut gewürzter, fetter Brühe schmoren oder dämpfen.

Braten
Mit Hilfe von Fett bei ziemlich starker Hitze im Ofen oder auf dem Herd gar machen, wobei das Zusetzen von Flüssigkeit vermieden werden soll. Fleisch, das während des Bratens zum Teil in Brühe liegt, wird dadurch mehr gedämpft und geschmort als gebraten und erreicht deshalb nicht den beabsichtigten Zustand und Geschmack. (Siehe Kochen).

Bratenfond (Bratensatz)
Die geringe Menge Flüssigkeit und Satz, die beim Braten (auch beim Spießbraten) entstehen und aus der der Beiguß (Jus) hergestellt wird.

Bries (Brieschen)
(Siehe Kalb/Kalbsmilch).

Broccoli
(Spargelkohl). Urform des Blumenkohls. Wird überwiegend in Südeuropa und in den USA angebaut und wie Blumenkohl zubereitet. Während bei uns häufig nur die Blüten und feinen Blätter verarbeitet werden, kennt die italienische Küche auch ein Gericht aus den Broccoli-Stengeln. Sie werden in Salzwasser vorgekocht, in Butter und etwas Fleischbrühe weichgedünstet, mit Pfeffer und Salz gewürzt und mit zerlassener Sardellenbutter (siehe Sachregister) begossen.

Brot

Wer sich die Mühe macht, durch die deutschen Lande zu reisen, kann rund 200 verschiedene Brotsorten genießen. Am häufigsten findet man Längsformen, seltener Rundformen. Von frei geschobenen Broten spricht man, wenn das Teigstück frei im Ofen liegt und ringsum Kruste bildet. Bei angeschobenen Broten berühren sich die Teigstücke, so daß an diesen Stellen keine Kruste gebildet wird. Einen geringen Krustenanteil haben auch Kasten-Brote, die in Blechkästen oder Korbbrote, die in Körben gebacken werden.
Immer wenn es Suppen gibt, gehören zwei bis drei Sorten Brot auf den Tisch.

Grundsorten:
Roggenbrot hat einen ausgeprägten, etwas säuerlichen Geschmack und hält sich lange frisch. Wegen des hohen Ausmahlungsgrades der verwendeten Roggenmehle hoher Vitamin- und Mineralstoffgehalt, der durch die feine Vermahlung des Korns häufig besser ausnutzbar ist als bei Schrotbrot (Vollkornbrot).
Roggenmischbrot: Muß mindestens 51% Roggenmehl enthalten. Der Rest ist Weizenmehl. Alle Mischbrote werden mit Sauerteig, Hefe oder beidem hergestellt. Je dunkler die Krume, desto höher der Ausmahlungsgrad und damit auch der Anteil an lebenswichtigen Nährstoffen.
Weizenbrot: (Meterbrot, Toastbrot, Weißbrot, Berches: mit Mohn). Brotsorten aus reinem Weizenmehl, teilweise mit Milch, Fett, Salz und Zucker hergestellt. Teiglockerung erfolgt mit Hefe.
Ganz frisch eignet es sich zum Einfrieren und wird im Backofen aufgetaut.
Weizenmischbrot: Im Gegensatz zu Roggenmischbroten überwiegt bei den Weizenmischbroten der Anteil des Weizenmehls. Die Kruste wird mit zunehmendem Weizenmehlanteil heller und lockerer. Je höher der Weizenmehlanteil, desto milder und neutraler schmeckt das Brot.
Vollkornbrot: Ein Produkt aus ungeschälten Getreidekörnern einschließlich der Keimlinge, die wertvolle Vitamine, Mineralstoffe, essentielle Fettsäuren und Eiweiß enthalten. Es kann sowohl aus Roggen als auch aus Weizen gebacken werden. Mit Roggen schmeckt es würzig bis kräftig säuerlich, mit Weizen mild bis nußartig würzig.
Spezialbrote:
Die bekanntesten Spezialbrote, die auf dem deutschen Markt sind:
Grahambrot: Wird nach einem Rezept des amerikanischen Arztes Dr. Graham aus Weizenschrot hergestellt. Geschmack: neutral bis nußartig.
Schlüterbrot: Roggenbrot mit Zusatz von aufgeschlossener Kleie. Geschmack: Süßlich, aromatisch.
Simonsbrot: Roggen- oder Weizenvollkornbrot, wobei die Getreidekörner nach Prüfung auf Keimfähigkeit einem intensiven Quellungsprozeß unterworfen werden. Simonsbrot wird als Kastenbrot mit Sauerteig in der Dampfkammer gebacken. Es ist dunkel und hat keine Kruste. Geschmack: süßlich, herb.
Steinmetzbrot: Aus Roggen- und Weizenkörnern, die im Naßschälverfahren enthülst werden. Der Teig wird in Formen in einem verlängerten Backprozeß gebacken. Geschmack: kräftig, würzig.
Pumpernickel: Wird aus Roggenschrot und dunklem Roggenmehl hergestellt. Es wird mit Sauerteig versetzt und zwischen 16 und 24 Stunden bei niedriger Temperatur in Dampfkammern gebacken. Dabei entwickeln sich Röststoffe und Dextrine, die dem Pumpernickel die typische tiefbraune Farbe geben. Geschmack: säuerlich-süß.
Knäckebrot: Ist hart und mürbe mit oder ohne Gewürz und wird aus Roggen-/Weizenmehl oder -schrot hergestellt. Bei speziellen Arten mit Milchzusatz. Dieses Flachbrot wird bei hoher Temperatur schnell gebacken und anschließend getrocknet. Es kann lange gelagert werden, da es nur wenig Wasser enthält. Geschmack: je nach Getreideart und Bräunungsgrad neutral bis würzig.
Toastbrot: Ist ein Weißbrot mit Zusatz von Fett zum Teig, durch den eine besonders lockere, feinporige Krume entsteht. Geschmack: milde, lieblich.
Zwiebel- und Schinkenbrot: Mischbrote, in die geröstete Zwiebeln oder feine Schinkenwürfel mit eingebacken werden.
Diätbrot: Ersetzt das übliche Brot im Krankheitsfall. Es gibt natrium-armes, mit Eiweiß angereichertes, eiweiß-armes und kalorienvermindertes Diätbrot.

Brühen
1. Einfach mit kochendem Wasser übergießen.
2. Mit Hilfe eines Siebes oder Schaumlöffels in kochendes Wasser eintauchen. Zweck: einen bestimmten Geschmack zu beseitigen oder das Abziehen von Haut zu erleichtern oder die Haut straff zu machen.

Buchweizen
(Heidekorn, Taterkorn), Knöterichgewächs. Wird vor allem in Nordeuropa, Rußland und Amerika angebaut. Die dunkelbraunen, dreieckigen, mehligen kleinen Früchte sind reich an Stärke und Eiweiß. Buchweizen wird zu Grütze oder Mehl gemahlen. Man stellt daraus Brot, Gebäck, Brei, Klöße und Pfannkuchen (Blinis) her. (Siehe Sachregister.)

Butter

Für die feine Küche unentbehrliche Zutat.
Es gibt Süßrahm- und Sauerrahm-Butter. Süßrahm-Butter schmeckt milder, ähnlich wie Schlagsahne. Sauerrahm-Butter hat durch die säuernden Bakterien einen frischen, nußartigen Geschmack. Butter ohne besondere Bezeichnung liegt im Geschmack zwischen den beiden Grundsorten. Nach den gesetzlichen Bestimmungen darf der Fettgehalt der Butter nicht unter 82% liegen.
Butter enthält neben Eiweiß, Fett und Wasser Lecithin, Vitamin A und Karotin, Vitamin B_1, B_2 und E.
Fett, das einen hohen Schmelzpunkt

hat, wird nur schwer verdaut.
Butter hat einen niedrigen Schmelzpunkt. Sie ist schon bei Körpertemperatur flüssig und dadurch besonders leicht verdaulich.

Handelsklassen/Butter
Butter wird in drei Handelsklassen eingestuft. Bewertet werden nach einem Punktsystem (bis zu 5 Punkten): Geruch, Geschmack, Aussehen, Gefüge und Konsistenz.
Markenbutter: muß mindestens 4 Punkte für jede Eigenschaft haben. Sie wird aus pasteurisierter und gekühlter Sahne hergestellt.
Molkerei-Butter: Mindestens 3 Punkte für jede Eigenschaft. Hergestellt aus Sahne oder Molkenrahm, die pasteurisiert und gekühlt wurden.
Kochbutter: Mindestens 1 Punkt für jede Eigenschaft.

Kennzeichnung/Butter
Auf der Packung müssen ungekürzt und gut sichtbar folgende Angaben enthalten sein:
1. Handelsklasse
2. Gewicht
3. Kontroll-Nr. oder Name der Molkerei
4. Gegebenenfalls der Zusatz 'gesalzen'
5. Sortenbeschreibung 'Süßrahm-Butter' oder 'Sauerrahm-Butter'
6. Unverschlüsselte Angabe nach Tag, Monat und Jahr:
a) des Zeitpunktes der Abpackung
b) Haltbarkeitsdatum durch die Angabe „bei plus 10 bis plus 12 Grad mindestens haltbar bis . . ."
7. Bei Markenbutter das Gütezeichen und den Vermerk: „Amtliche Kontrolle des Landes . . . Überwachungsstelle . . ."

Butter, geklärte
Man läßt die Butter in einer großen Kasserolle schmelzen und ganz langsam 30–60 Minuten kochen. Dann läßt man sie einige Zeit ruhig stehen, nimmt den Schaum ab und gießt sie vorsichtig vom Bodensatz ab.

Butterschmalz
Erkaltet und hart geworden entsteht aus dem Rest der geklärten Butter Butterschmalz. 250 g Butter ergeben 180 g Butterschmalz. Es hat den Geschmack der Butter, verbrennt beim Braten aber nicht so schnell. Gibt es als Fertigprodukt. Butterschmalz ist das von Wasser und Eiweiß befreite Fett der Butter, eignet sich sehr gut zum Backen und Braten. Bei Lagerung hält es wesentlich länger als Butter.

Champagnerkraut
(Siehe Sauerkraut).

Chinakohl
Erntefrische Köpfe wiegen normalerweise zwischen 800 und 1.200 g. Bis zu 10 Tagen bleibt Chinakohl im Gemüsefach des Kühlschrankes knackig und frisch. Man kann ihn ratenweise aufbrauchen. Den angeschnittenen Kohl locker in Folie verpacken.
Seine Garzeit ist kürzer als die der übrigen Kohlarten – in 20 Minuten ist er eßfertig. Als Salat bleibt er über Stunden noch knackig und in Form.
Chinakohl ist reich an Vitaminen. Sein Gehalt an Senfölen und Aminosäuren macht ihn besonders bekömmlich und verdauungsfördernd.

Cidre
Bezeichnung für perlenden französischen Apfelwein. Zwei Geschmacksrichtungen: herb und süß.

Civet
Braunes Wildragout, mit Rotwein und Champignons hergestellt. Das bekannteste Civet ist der 'Hasenpfeffer'. (Siehe Sachregister).

Consommé
Geklärte Kraftbrühe. Consommé double ist konzentrierte geklärte Kraftbrühe aus Rindfleisch.

Crème fraîche
(Siehe Sahne).

Crêpes
Hauchdünn gebackene Eierkuchen, die man je nach Füllung als Vorgericht oder als süße Speise serviert. (Siehe Sachregister).

Croûtons
Geröstete Weißbrotscheiben, meist Dreiecke, als Beilage zu warmen Zwischengerichten.

Dämpfen
(Siehe Kochen).

Dorade
Goldmakrele.

Dressing
(Siehe Salat-Dressing).

Dünsten
(Siehe Kochen).

Duxelles (d'Uxelles)
Geschwitzte Kräuter. Es werden dazu z. B. 50 g gehackte Schalotten und Zwiebeln mit 50–60 g Öl und/oder Butter angeschwitzt, 250 g frische, gehackte und gut ausgedrückte Champignonabfälle hinzugefügt, Salz, Pfeffer und reichlich gehackte Petersilie darangegeben und geschwitzt, bis alle Feuchtigkeit verdampft ist. Sollen diese Kräuter als Füllung benutzt werden, so fügt man einen Eßlöffel braune Sauce, einen Eßlöffel Tomatenpüree, einen Eßlöffel geriebenes Weißbrot und evtl. einige Tropfen Weißwein hinzu und kocht langsam bis zur richtigen Konsistenz ein.

Ei

Ein Ei besteht aus Dotter und Eiklar. Eiklar ist die korrekte Bezeichnung für das Weiße im Ei, hat sich aber als Küchenbegriff nicht durchgesetzt. Der Begriff Eiweiß bezeichnet ganz allgemein den Baustoff Protein.
Bei der Zubereitung vieler Rezepte bleiben Eigelb oder Eiklar als Reste zurück. Sie lassen sich später zum Legieren klarer Brühen für Cremesuppen, alle hellen Saucen, Flammeris und Cremes verwenden. Aus zwei Eidottern und tropfenweise eingerührtem Öl ist schnell eine Mayonnaise hergestellt.
Ernährungsphysiologische Analyse eines durchschnittlichen Hühnereis von 60 Gramm:

Protein	6,81 g
Fett	5,91 g
Kohlenhydrate	0,37 g
Energie	88 kcal/369 kJ
Vitamin A	0,12 mg
Vitamin B	0,05 mg
Vitamin B_2	0,16 mg
Calcium	29,57 mg
Phosphor	114,05 mg
Natrium	76,03 mg
Eisen	1,11 mg

Außerdem sind die Vitamine C, D, E und K enthalten.
Frische Eier sehen rauh und kalkig aus, in einer Schüssel mit Salzwasser liegen sie auf dem Grund, alte stehen aufrecht oder steigen nach oben.
Bei frischen Inlandeiern spielt auch der kurze Weg zwischen Erzeuger und Handel eine Rolle. Beim Einkauf auf Güteklasse, Gewichtsklasse, Wochen-Nummer (Abpackdatum) und Packstellen-Nummer achten. Beginnt diese mit einer 2, handelt es sich um deutsche Eier. Deutsche Ware wird auch garantiert durch das Gütezeichen der CMA „Markenqualität aus deutschen Landen".
Güteklasse A: frisch, weder gewaschen noch gereinigt.
Güteklasse B: haltbar gemacht
Güteklasse C: nur zur Weiterverarbeitung (dürfen nur an Industriebetriebe abgegeben werden)
Gewichtsklasse 1: 70 g und mehr
Gewichtsklasse 2: 65 bis 70 g
Gewichtsklasse 3 bis 7: je 5 g weniger

Nationalität der Packstelle:
Belgien 1, Deutschland 2, Frankreich 3, Italien 4, Luxemburg 5, Niederlande 6, Dänemark 7, Irland 8 Vereinigte Königreiche 9, Griechenland 10

Eierfrucht (Aubergine)
Die gurkenartig, länglich runden, meist dunkelvioletten, oft aber auch gelben oder weißen Früchte einer Nachtschattenart. Vielfältige Verwendungsmöglichkeiten in der italienischen und der Balkanküche.

Einbrenne
In Butter geschwitztes oder trocken geröstetes Mehl. Man unterscheidet helle (weiße) und braune Einbrenne.

Einfrieren
(Siehe Tiefgefrieren.)

Einlauf (Eiereinlauf)
Eine Suppeneinlage: 2 Eier werden mit 2 EL Mehl verquirlt, 1 Prise Salz und gehackte Petersilie zugefügt und mit 2–3 EL Milch verdünnt. Man läßt diese Masse in einem Faden in die ganz leicht kochende Suppe einlaufen und schiebt dabei die sich bildenden Flocken mit einem Löffel ständig leicht auseinander.

Eischnee
Geschlagenes Eiweiß. Dem möglichst gekühlten Eiweiß (das keinerlei Dotterbestandteile enthalten darf), wird eine kleine Prise Salz zugesetzt. In ganz sauberem Gefäß langsam und gleichmäßig schlagen. Erst während des Schlagens die Schnelligkeit etwas steigern, wenn das Eiweiß die flüssige Form bereits teilweise verloren hat. Das Schlagen darf nicht unterbrochen werden. Fest ausgeschlagen ist es, wenn beim Herausnehmen des Schlagbesens alle Schneespitzen steif stehen bleiben. Sofort weiterverwenden.

Ente
Entenfleisch enthält Protein, wenig Fett und Kohlenhydrate sowie zahlreiche Vitamine, Mineralstoffe und Spurenelemente.
Deutsche Markenenten werden als „Frühmastenten" – 8 bis 9 Wochen alt – angeboten. Sie haben besonders viel Brustfleisch. Ihr Gewicht liegt bei etwa vier Pfund.
Tiefgekühlte Enten nimmt man am Vorabend der Zubereitung aus der Verpackung und läßt sie bei Raumtemperatur auftauen. Wenn es schneller gehen muß, die Ente in lauwarmes Wasser legen. Das verkürzt die Auftauzeit erheblich.

Entfetten
Entfetten ist für Bekömmlichkeit der Speisen und Körpergewicht gleichermaßen wichtig. Am einfachsten ist es bei allen Gerichten, die im Kühlschrank kalt werden dürfen: Man hebt das hartgewordene Fett ab. (Bei Tiefgefrorenem das Fett vor dem Auftauen von der Oberfläche abkratzen.) Bei warmer Substanz: Flüssigkeit schräg halten und das Fett mit Fettspritze absaugen bzw. mit flachem Löffel abschöpfen.

Entrecôte
Rinderkotelett, dem Kalbskotelett entsprechend. Vielfach aber auch als Bezeichnung für ein großes (doppeltes) Rumpsteak gebraucht.

Farce
Füllsel, hauptsächlich aus ganz fein gehacktem Fleisch, aber auch aus Semmeln, Pilzen, Kräutern, Fisch usw.

Filet
1. Der lange, schmale Muskel, der unter dem Rückenmuskel (Roastbeef, Rinderrücken) und von diesem durch die Rippen getrennt zu beiden Seiten des Rückgrates liegt.
2. Geflügelbrüste ohne Knochen.
3. Die von den Gräten gelösten Fischseiten.
4. Lange Streifen und Streifchen verschiedenster Art. Daher: „In Filets schneiden".

Fisch

Frisch muß der Fisch sein, vor dem Kauf unbedingt den Anliefertag erfragen. Alte Fische sind trocken und stumpf, frische Fische haben festes, feuchtglänzendes Fleisch. Die Innenseiten der Kiemen sollen blutrot leuchten, die Augen von einer dünnen Gallertschicht überzogen sein. Und vor allem: Frischer Fisch riecht nicht.

Bläuen der Fische
Nicht schuppen, nur sauber – ohne Druck auf die äußere Haut – waschen und zum Garen in siedendes schwaches Essigwasser (1 EL Essig für 1 l Wasser) legen, wodurch sich ein blauer Überzug bildet, der sich an der Luft schnell schwarz färbt. Um das zu vermeiden, bestreicht man die Fische (wenn sie nicht in der Brühe serviert werden, was das Beste ist) beim Anrichten sofort mit zerlassener Butter. Vielfach brüht man die Fische auch mit wenig kochendem Essig ab, um sie zu bläuen. Dieses Verfahren sollte jedoch nur für große, ganze Fische angewendet werden.

Fischbrühe (Fischsud)
Gut gewürzte Brühe zum Kochen von Fischen, z. B. für Lachse und Lachsforellen, auch für Fischsuppe und anderen Kochfisch zu verwenden: 1 kg Fischabfälle, 5 l Wasser, 1/2 l Essig, 60 g Salz, 2 Lorbeerblätter, 1 EL getrockneter Thymian, 10 Pfefferkörner, je 500 g Zwiebeln und Möhren, 100 g Petersilienwurzeln. Alles 1 Stunde kochen und dann durchgießen.
Für Forellen, Schleie und Aale: nicht zu stark gesalzenes Wasser mit einem kräftigen Schuß Weinessig.
Für Steinbutt: stark gesalzenes Wasser (5 l Wasser und 60–70 g Salz) mit etwas Milch und geschälten, entkernten Zitronenscheiben.
Im Bedarfsfall am besten gleich einen Vorrat Fischsud herstellen und in 1/2 l-Gefäßen einfrieren. Haltbarkeit: 6 Monate.

Fliederbeeren
(Siehe Holunder).

Fond
Saft. Gleichzeitig im Sinne von „Extrakt", z. B. die wenige, beim Dünsten von Champignons entstandene Brühe = Champignonfond. Der durch intensives Kochen von Kalbfleischabfällen entstandene Kalbsfond; ebenso der Trüffelfond, Schnepfenfond usw. (Siehe Bratenfond.)

Fricandeau(x)
Die verschiedenen Muskeln der Kalbskeule, wobei man gewöhnlich das lange Fricandeau, die große und die kleine Nuß und das Schnitzelfricandeau (dickes Fricandeau) unterscheidet. Manchmal auch gebraucht zur Bezeichnung derselben Teile vom Schwein, Hirsch usw.

Fricassée (Frikassee)
Weißes Ragout von Kalb- oder Lammfleisch oder von weißem Geflügelfleisch.

Fritieren
Das Fritieren findet im schwimmenden Fett, in der Fritüre (siehe dort), statt. Alle fritierten Gerichte sind gut bekömmlich.
Es stimmt nicht, daß in Fett schwimmend gebackene Speisen zu fetthaltig sind. Die Poren des Backgutes schließen sich sofort, das Fett kann nicht eindringen, Fleischsaft nicht austreten.
Immer soviel Fett verwenden, daß das Fritiergut schwimmen kann. Immer die gleiche Sorte Fett verwenden, niemals Pflanzen- mit tierischem Fett vermischen.

Alle panierten Gerichte vor dem Fritieren, unpanierte erst nachher würzen.
Niemals während des Backens salzen.
Wenn süßer Teig verwandt wird, nicht zu stark zuckern, sonst bräunt das Gebäck außen zu rasch.
Fritierfett braucht nicht gewechselt zu werden, auch wenn man Fische gebacken hat. In diesem Fall rohe Kartoffelscheiben in das heiße Fett geben. Wenn sie braun sind, ist das Fett wieder geruch- und geschmackfrei.
Wird das Fett durch längeres Fritieren braun, eine Schwarzbrotscheibe hineingeben. Wenn das Brot kross ist, erscheint das Fett wieder hell und klar.
Erst nach längerem Gebrauch ist es erforderlich, das Fett zu erneuern.
Backrückstände am Boden der Fritüre werden entfernt, indem man das erkaltete Fett kurz erwärmt, aus der Fritüre stürzt und den schwärzlichen Rückstand an der Unterseite abschabt.
Die richtige Temperatur des Fettes (nahe an 180 Grad C) ist erreicht, wenn sich an einem Holzspießchen – ins heiße Fett gehalten – kleine Blasen bilden.

Fritüre
1. Das hochwandige Kochgeschirr, in dem Speisen ausgebacken werden. Zur Fritüre gehört mindestens ein großer, grobmaschiger Drahtlöffel, besser aber ein passender Drahteinsatz mit Henkeln, in den man die zu backenden Teile legen kann.
2. Das Backfett, das zum Ausbacken benutzt wird.
3. Das in der Fritüre Ausgebackene.

Fumet
Essenz. Besonders beim Wild gebräuchlich, z. B. Fumet de bécasses = der durch Anbraten und Auskochen aus den Schnepfengerippen gezogene Saft (Fond).

Gallert
Erstarrte Flüssigkeit mit oder ohne Einlage. Man unterscheidet saure Gallerte (Aspiks, Sülzen) und süße (Gelees, Blancmangers).

Garnele
Sehr kleine Seekrebse ohne Scheren, auch als Granate, Crevetten oder Shrimps bekannt.

Garziehen
(Siehe Kochen).

Geflügel
Geflügel wird vor der Zubereitung innen mit Küchenkrepp, außen mit einem Küchenhandtuch getrocknet. (Siehe Kapitel „Wie Köche einkaufen".)

Gekröse
Die genießbaren Eingeweide einschließlich des Magens des Kalbes oder Lamms.

Grammeln
Ausgebratene Speckwürfel, Grieben.

Gratinieren
Krustig überbacken und bräunen.

Grillen
(Siehe Kochen).

Grillieren.
Auf dem Rost braten.

Grouse
Waldhuhn, insbesondere Blackgrouse = Birkhuhn; Hazelgrouse = Haselhuhn; Red grouse = schottisches Moorhuhn; White grouse = nordisches Schneehuhn und Wood grouse = Auerhahn.

Grüne Blattsalate

Bindesalat
dessen steilaufragende Blätter an den Spitzen zusammengebunden werden müssen, um die zarten Herzblätter zu schonen.
Kopfsalat
Kohlförmiges Lattichgewächs mit lappigen Blättern. Stets verfügbar, weil meist gezüchtet.
Eisbergsalat
von glasiger Zerbrechlichkeit.
Batavia oder Eichenlaub
herb und rötlichbraun.
Endiviensalat
mit balsamischem Eigengeschmack und appetitanregenden Bitterstoffen.
Eskarol
glatt und breitblättriger, mit hohem Calcium- und Phosphorgehalt.
Rapunzel
auch Feld- oder Ackersalat genannt, in der Schweiz Nüßli- und in Österreich Vogerl-Salat.
Radicchio
rot und weiß aus Venetien. Eine Zuchtform der Zichorie.
Chicorée
das Bleichgesicht unter den Grünen, enthält Kalk und Karotin.

7 Tips für einen guten Salat:
Zuviele Kräuter zerstören das Eigenaroma des Salates.
Gemischter Salat sollte so angerichtet werden, daß alle Sorten einzeln und erkennbar nebeneinander auf einer Platte liegen.
Salatsauce nie in den Kühlschrank stellen, sondern bei Zimmertemperatur aufbewahren. Im Kühlschrank erstarrt das Öl in der Sauce und der Geschmack wird klamm.
Salatsauce nicht erst im letzten Moment anrühren. Eine halbe Stunde vorher vermischt, ziehen alle Zutaten gut durch und entfalten ihr volles Aroma.
Gegen wässrigen Salat kommt auch die beste Sauce nicht an. Salat also nach dem Waschen im Handtuch (oder Küchenkrepp) trocknen oder trockenschleudern.
Salat nicht in die Sauce tauchen, sondern die fertige Sauce über den Salat geben.
Blätter in mundgroße Bissen zerpflücken. Riesenlappen, auch wenn sie dekorativ aussehen, sind schwer zu essen.

Grünkern
(Grünkorn). Kleine Graupen, aus unreifem Dinkelweizen hergestellt.
Fein gemahlen ergeben sie das Grünkernmehl, das zur Herstellung der Grünkernsuppe dient (siehe Sachregister).

Grundsaucen
Saucen, die in der Restaurantküche die Grundlage für viele Saucenvariationen bilden.
Zu den Grundsaucen gehören die einfache braune (Espagnole), die mit Madeira fertiggemachte feine (Demiglace), die weiße Grundsauce ohne Ei (Velouté), die legierte weiße mit Champignongeschmack (Allemande), die mit Hühnerbrühe und Champignonfond verkochte weiße Sauce (Suprême), die mit Sahne und Butter, aber ohne Eigelb fertiggemacht wird. Ebenso die weiße Sauce, die halb aus Fleischbrühe, halb aus Milch besteht (Béchamel) und die Tomatensauce (Sauce tomate). (Siehe Sachregister.)

Gurken
Eingelegte Gurken immer mit einer Holzzange aus dem Gefäß herausnehmen (niemals mit der Hand), sonst Schimmelgefahr.

Gurkensalat
Wenn man Gurkensalat anmacht, 2 Eßlöffel feine Borretschstreifen nicht vergessen. Sie schmecken gut (Borretsch heißt auch „Gurkenkraut") und verhindern, daß sich die Gurke noch nach 3 Stunden im Magen meldet.

Hähnchen
(Siehe Kapitel „Wie Köche einkaufen" und Sachregister.)

Haselnuß
(Siehe Nüsse).

Hautgoût
Der sich zu einem bestimmten Zeitpunkt des Lagerns entwickelnde,

besonders feine Geschmack des Wildes, der aber sehr schnell wieder verfliegt und in einen unangenehmen Geschmack übergehen kann, der dann mit Hautgoût nichts mehr zu tun hat. Auf Hautgoût wird heute weitgehend verzichtet.

Hecht
Edelfisch. Größter Räuber der europäischen Süßwasser-Fische. Er wird bis zu 2 m lang und 35 kg schwer. Hechte von 2–3 kg sind besonders zart und zum Braten oder Dünsten ideal. Ältere Tiere verarbeitet man eher zu Klößen (siehe Sachregister), Pasteten und Farcen (Siehe Sachregister). Hecht schmeckt am besten zwischen September und Januar.

Heidekorn
(Siehe Buchweizen.)

Heidemehl
Buchweizenmehl.

Heidelbeeren
Auch Bickbeeren und Blaubeeren genannt. Kleine schwarzblaue, leicht bereifte Früchte eines Heidekrautgewächses, das über Europa, Nordasien und USA verbreitet ist. Heidelbeeren enthalten Vitamin A, B und C.

Heidschnucken
Kleine zartfleischige Schafrasse der Lüneburger Heide. Männliche und weibliche Tiere sind gehörnt. (Siehe Sachregister.)

Heilbutt
Langgestreckter Plattfisch der nördlichen Meere. Hauptsächliches Fanggebiet bei Grönland. Der seltene weiße Heilbutt erreicht bis zu 35 kg Gewicht. Er ist im Fleisch blättriger, fester und heller als der häufigere schwarze Heilbutt, dessen Fanggewicht selten über 18 kg hinausgeht. Er ist fettreicher, wird auch häufig gepökelt und anschließend geräuchert. Beide Sorten eignen sich zum Kochen und Braten (siehe Sachregister).

Hering
Wichtigster Seefisch mit hohem Nährwert. Vielseitig verwendbar. Der norwegische Hering eignet sich besonders zum Marinieren und Räuchern.
Der schottische Hering ergibt den besten Bückling. Die kleinen Heringe aus dem Skagerrak werden im Handel als Kronsardinen bezeichnet. Von den Hebriden kommt der zarteste Hering, der als Matjes (jungfräulicher Hering) bezeichnet wird.
Frische Heringe nennt man „grüne Heringe".
Die Heringe der Ostsee (Strömlinge) sind magerer als die der Nordsee. (Siehe Sachregister.)

Herz

Herz besteht aus magerem, zartfestem Muskelfleisch. Es ist reich an Eiweiß und Mineralstoffen und enthält alle wichtigen Vitamine. Kalbsherz ist hellbraun und wird wegen seines sehr zarten Geschmacks bevorzugt. Es wiegt etwa 400–600 g und wird im ganzen verkauft. Die Garzeit beträgt ungefähr eine Stunde. Kalbsherz enthält viel Magnesium und Vitamin E. (Siehe Sachregister.)
Rinderherz hat eine kräftige braune Farbe. Es wiegt bis zu 1 1/2 kg und wird im ganzen oder in Scheiben verkauft. Die Garzeit ist entsprechend hoch: bis zu zwei Stunden. Wer Rinderherz braten will, kocht es am besten etwa 45 Minuten vor. Rinderherz ist besonders reich an Eisen.
Schweineherz ist von rotbrauner Farbe und benötigt bei einem Gewicht von 300–400 g eine Garzeit von 60–75 Minuten. Schweineherz hat einen hohen Gehalt an Calcium und Vitamin A.

Hirn
Um Hirn küchenfertig zu machen, muß die Haut mit den darin befindlichen Blutgefäßen entfernt werden. Einfachste Methode: Salzwasser mit einem Schuß Essig zum Kochen bringen und das Hirn für etwa 2 Minuten hineinlegen. Mit dem Schaumlöffel herausnehmen. Mit kaltem Wasser abgespült, läßt es sich mühelos schälen. Hirn gleicht im Biß hartgekochtem Eiweiß. Es ist leicht verdaulich.

Holländische Sauce
(Sauce hollandaise). Wird als Grundsauce der Buttersaucen in vielen Variationen hergestellt. (Siehe Sachregister.)

Holunder
Im Norden: Fliederbeeren, im Süden Holler- oder Holderbeeren genannt. Zweimal im Jahr liefert der Holunder wertvolle Zutaten für Gerichte und Getränke, aber auch heilende Wirkstoffe für bewährte Hausmittel. Im Sommer werden die gelblichweißen Blütendolden des Holunders verarbeitet (siehe Sachregister).
Ab August werden dann die Dolden mit den 5–6 mm großen violetten Beeren geerntet (siehe Sachregister Fliederbeersuppe).
Wer Holunderbeeren sammelt, muß darauf achten, daß er nicht an Zwergholunder (Attich) gerät.
Er hat ebenfalls schwarze Früchte, sie sind jedoch etwas größer, schmecken nicht und sind nicht bekömmlich. Es gibt 2 Unterscheidungsmerkmale: Der ungenießbare Zwergholunder ist eine Staude, der schwarze Holunder ein Holzgewächs. Leichter erkennbar ist das zweite Merkmal: Die Fruchtstände des Zwergholunders bestehen aus 3 Hauptästen, die des schwarzen Holunders aus 5 Hauptästen.
Holunderbeeren sind leicht verderblich. Sie müssen am Tag der Ernte verarbeitet werden.

Huhn
Suppenhuhn, Brathuhn. (Siehe Kapitel „Wie Köche einkaufen" und Sachregister.)

Julienne
Bezeichnung für feine längliche Streifen. Julienne de légumes = Wurzelwerkstreifchen. Truffes en julienne = Trüffelstreifchen.

Jus
Eigentlich jeder reine Saft, insbesondere Fleischsaft. Hauptsächlich wird das Wort zur Bezeichnung des tafelfertigen Bratensaftes benutzt, der entweder klar (jus naturel) oder leicht gebunden (jus lié) serviert wird.

Käse

Käse gilt nach den Erkenntnissen der modernen Ernährungswissenschaft als eines der wertvollsten Nahrungsmittel.
Deutscher Käse hat Weltruf. Die Bundesrepublik Deutschland ist einer der größten Käse-Exporteure der Welt.
1981 wurden 247.000 Tonnen exportiert, davon allein 123.000 in das Käseland Italien. Der Rest verteilt sich auf 12 Länder. Nach Frankreich wird mehr Allgäuer Emmentaler geliefert als französischer Camembert in die Bundesrepublik eingeführt wird.
Käse, der schon fettig glänzt und mittlerweile hart geworden ist, wird durch ein ausgedehntes Buttermilchbad wieder ansehnlich und eßbar. Wenn man Käse in einem festverschlossenen Behälter kühl aufbewahrt, verhindert ein dazugelegtes Stückchen Würfelzucker das Schimmeln.
Käse schneidet man am besten mit einem stumpfen Messer oder raspelt ihn auf einer Reibe, die vorher leicht mit Öl eingepinselt wurde.

(Siehe Kapitel „Das Deutsche Käse-Lexikon".)

Wieviel Fett ist im Käse?

Mit der handelsüblichen Bezeichnung F. i. Tr. und einer Prozentangabe kann der Verbraucher nicht viel anfangen. F. i. Tr. heißt: Fett in der Trockenmasse. 50 % Fett in der Trockenmasse heißt aber nicht, daß der Käse zur Hälfte seines Gewichtes aus Fett besteht!

Bei den gängigen Käsesorten zeigt diese Tabelle die Fettanteile in Gramm, bezogen auf 100 g Käse.

Käsesorte	% F. i. Tr.	Fett in 100 g Käse
Frischkäse		
Speisequark, Doppelrahm	60	19
Speisequark, Vollfett	45	13
Speisequark, Mager	–	–
Schichtkäse	10	2
Rahmfrischkäse	50	21
Doppelrahm-Frischkäse	60	28
Sauermilchkäse		
Kochkäse, Doppelrahm	60	28
Kochkäse, Vollfett	45	16
Kochkäse, Mager	–	–
Mainzer Käse, Mager	–	–
Harzer Käse, Mager	–	–
Handkäse, Mager	–	–
Weichkäse		
Camembert, Doppelrahm	60	32
Camembert, Vollfett	45	21
Camembert, Dreiviertelfett	30	12
Romadur, Doppelrahm	60	32
Romadur, Vollfett	45	23
Romadur, Halbfett	20	8
Limburger, Vollfett	45	23
Limburger, Halbfett	20	8
Münster-Käse, Vollfett	45	22
Halbfester Schnittkäse		
Steinbuscher, Vollfett	45	23
Steinbuscher, Dreiviertelfett	30	14
Edelpilzkäse, Vollfett	45	26
Butterkäse, Doppelrahm	60	34
Butterkäse, Vollfett	45	23

Käsesorte	% F. i. Tr.	Fett in 100 g Käse
Schnittkäse		
Gouda, Vollfett	45	26
Gouda, Dreiviertelfett	30	15
Edamer, Vollfett	45	26
Tilsiter, Vollfett	45	26
Tilsiter, Fett	40	22
Schmelzkäse		
streichfähig, Doppelrahm	60	29
streichfähig, Vollfett	45	20
streichfähig, Halbfett	20	7
schnittfähig, Doppelrahm	60	32
schnittfähig, Vollfett	45	23
schnittfähig, Halbfett	20	8

Kalb

Brust von Mastkälbern ergibt einen guten Braten. Gefüllt und gebraten ist sie eine Delikatesse.
Aber auch für Ragout und Frikassee ist dieses Teilstück gut geeignet.
Die Oberschale stammt aus der Keule und ist ein fast fettfreies, zartfaseriges Stück. In Scheiben geschnitten ergibt sie wertvolle Schnitzel.
Der Rücken besteht aus dem Nacken und dem Kotelettstück. Aus dem ganzen Rücken können Koteletts geschnitten werden, ausgelöster Rücken ergibt Bratenstücke oder, in Scheiben geschnitten, Schnitzel.
Die Nuß stammt ebenfalls aus der Keule. Sie eignet sich im ganzen Stück zum Braten oder auch zu Schnitzeln. Schnitzel aus der Nuß sollten immer quer zur Faser geschnitten sein.
Gegrillte Kalbshaxe ist eine Delikatesse.
In Scheiben geschnitten, als Osso-bucco, ist sie eine bekannte Spezialität italienischer Herkunft.
(Siehe Kapitel „Wie Köche einkaufen" und Sachregister.)

Kalbsmilch

Kalbsbries, Kalbsbröschen, Schweser: Die stark entwickelte Thymusdrüse, die nur das Kalb hat. Sie sitzt im vorderen Teil der Brusthöhle, ist etwa 250–350 g schwer und regelt Wachstum und Knochenbildung.
Beim erwachsenen Tier bildet die Drüse sich zurück.

Kaldaunen

Eingeweide, Gekröse.

Kammstück

Nackenstück der Schlachttiere, zwischen dem Rücken und dem eigentlichen Halsstück, besonders als Schmor-und Ragoutfleisch geschätzt.

Kandiszucker

Kristallisierter Zucker. Man unterscheidet weißen, gelben und braunen Kandiszucker.

Kapuzinerkresse

Kapuzinerblüten sind eine herrliche Delikatesse, die leicht nach Rettich schmeckt und sehr vitaminreich ist. Streuen Sie sich ein paar Blüten auf den grünen Salat.
Die jungen Blätter geben ihm einen Hauch von Kaperngeschmack.
Aus den Fruchtständen werden sogenannte falsche Kapern eingemacht.

Karfiol

Blumenkohl.

Karkasse

Das Gerippe des rohen oder gegarten Geflügels, von dem das Fleisch weitgehend entfernt ist.

Karotten

(Siehe Möhren.)

Karree

Die vordere, gespaltene Hälfte des Rückens vom Kalb, Schwein und Hammel. Das Karree wird entweder im Ganzen zubereitet oder zu Koteletts geschnitten.

Kartoffeln

Nach botanischen Kriterien ist die Kartoffel keine Frucht, sondern eine unterirdische Sproßverdickung. Für unsere Küche ist sie unentbehrlich. Kartoffelwasser kocht bei geschlossenem Deckel nicht über, wenn man dem Wasser eine Messerspitze Butter beifügt. Beim Einkauf sollte man je nach Verwendungszweck unterscheiden:

Festkochend (Salatware).

Im Handel unter der Bezeichnung Acker Gold, an der grünen Banderole erkenntlich. Geeignet für Salate, Bratkartoffeln, Salz- und Pellkartoffeln.

Vorwiegend festkochend

Gekennzeichnet durch rote Banderole. Ideal für Salz- und Pellkartoffeln.

Mehlig bis festkochend

Gekennzeichnet mit blauer Banderole. Besonders geeignet für Kartoffelpüree, Kartoffelpuffer, Klöße, Suppen und Eintopfgerichte. (Siehe Sachregister).

Vorratshaltung:

Bei den städtischen Wohnverhältnissen (warme Keller) empfiehlt es sich, für 4 Personen einen Monatsvorrat von 12,5 kg zu halten. Alle eingelagerten Kartoffeln müssen schalenfest, gesund, sauber und

trocken sein. Ideal ist für größere Einlagerung ein kühl durchlüfteter, abgedunkelter Keller mit einer Durchschnittstemperatur von 4–6 Grad C. Den Monatsvorrat hebt man am besten in einem geflochtenen Korb auf.
Zum Einlagern nur mittelfrühe bis späte Sorten verwenden.

Kasseler
Gepökeltes und geräuchertes Schweinefleisch, meist vom Rippenstück (Kasseler Rippenspeer), aber auch vom Kamm (Kasseler Kamm), Schulter (Kasseler Blatt) oder Bauch (Kasseler Bauch).
Kasseler hat nichts mit der Stadt Kassel zu tun, sondern ist eine aus dem 19. Jahrhundert stammende Erfindung des Berliner Fleischermeisters Cassel.
Traditionell gibt es zu Kasseler Kartoffelpüree, Sauerkraut und Erbspüree mit gebratenen Zwiebeln. (Siehe Sachregister).

Klarkochen
Suppen und Saucen solange langsam kochen, bis alles herausgekocht ist. Schaum und Fett muß möglichst oft abgeschöpft werden, da sonst evtl. „Unreinheiten" und das Fett – besonders bei stärkerem Kochen – wieder in die Suppe oder Sauce hineinkocht und sie unklar macht.

Klops
Fleischklößchen, meist gekocht, aber auch als „Bratklops" bekannt.

Kluft
Der beste Teil der Rinderkeule, auch Blume, Schwanzstück und Tafelspitz genannt.

Knödel
(Klöße). Für Knödel und Klöße aus Kartoffeln bzw. Semmeln gibt es eine Reihe brauchbarer Fertigprodukte mit den Sorten Halb und Halb (halb gekocht, halb rohe Kartoffeln), Roh (Thüringer Klöße aus rohen Kartoffeln), Gekocht, und Semmelknödel. (Siehe Sachregister.)

Kochen
Kochen, 98–100 Grad C =
Garen in wallender Flüssigkeit (Flüssigkeit muß immer wallen und das Kochgut immer bedecken).
Garziehen, 70–98 Grad C =
Garen bei Temperatur unter dem Siedepunkt. Flüssigkeit darf nicht wallen!
Dämpfen um 100 Grad C =
Garen im Wasserdampf (Dampfdrucktopf).
Dünsten, um 100 Grad C =
Garen in wenig (hellem) eigenem Saft. Geschlossener Topf, etwas Fett.
Schmoren, 100–150 Grad C =
Garen in wenig (gebräuntem) eigenem Saft. Vorher anbraten mit Fett. Flüssigkeitszusatz.
Kurzbraten, 180–200 Grad C =
Garen in wenig heißem Fett.
Braten, 180–250 Grad C =
Garen in (wenig) heißem Fett und heißer Luft. Im Back- oder Bratofen.
Grillen, etwa 350 Grad C =
Garen durch intensive Wärmestrahlung, Oberfläche mit Öl bestreichen.

Kohlrabi
Knollengewächs. Beliebtes Gemüse, das in weiß oder in blau angeboten wird. Der Farbunterschied schlägt sich nicht im Geschmack nieder: beide Sorten schmecken gleich. Ob blau oder weiß, beide sind reich an Vitaminen und Mineralstoffen, die wichtig sind für den Knochenbau und das Wachstum.
Das Blattwerk ist ein wertvoller Vitaminspender. Die Blätter enthalten mehr Karotin als die meisten anderen Gemüse, der Calcium-Gehalt ist dreimal größer als der der Knolle, der Eisengehalt übertrifft selbst den Spinat um das doppelte.
Kohlrabi möglichst bald verwerten. Im Gemüsefach des Kühlschrankes kann er bis zu 2 Tagen lagern, vorher das Blattwerk abschneiden.
Kohlrabi eignen sich gut zum Einfrieren. Sie können zerkleinert und unblanchiert oder in Fertiggerichten eingefroren werden. Lagerzeit: 6 Monate. Unaufgetaut in wenig Wasser und Fett garen oder gleich in Suppe und Eintöpfe geben und erwärmen. (Siehe Sachregister.)

Konfitüre
(Obstkonfitüre). Zubereitung aus einer Obstart, hergestellt aus entkerntem bzw. entsteintem Obst, unzerteilt oder in Stücken, geliert aber streichfähig. Auf 55 Teile Zucker müssen mindestens 45 Teile Fruchtfleisch verwendet werden.
Konfitüre ist nicht nur ein vorzüglicher süßer Brotbelag, sie ist ebenso unentbehrlich für verschiedene Backwaren und Süßspeisen.
Im Sprachgebrauch wird bei Verwendung von püriertem Obst, wobei auch verschiedene Obstarten gemischt werden können, von Marmelade gesprochen.
Nach EG-Norm wird in Zukunft nur noch dann die Bezeichnung Marmelade verwendet, wenn sie aus Zitrusfrüchten hergestellt wird.

Konserven

Konserven als Vorrat bei einer Temperatur von 5 bis 12 Grad lagern (normaler Keller oder ungeheizter Raum einer Wohnung). Glaskonserven dunkel aufbewahren!
Ohne Geschmacks- und Qualitätsverlust sind Vollkonserven mindestens haltbar:
1 Jahr:
Erdbeeren, Stachelbeeren, Heidelbeeren, Preiselbeeren, Süßkirschen, Sauerkirschen, Pflaumen, Mirabellen, Reineclauden
2 Jahre:
Apfelmus, Birnen, Pfirsiche, gemischte Früchte, Schwarzwurzel, Sellerie
3 Jahre:
Karotten, Kohlrabi, Rotkohl, Mischgemüse, Gurken, Gemüse in Essig, Sauerkraut
4–5 Jahre:
Spargel, Erbsen, Grüne Bohnen, Dicke (Große) Bohnen, Grünkohl, Pilze
Angebrochen (zugedeckt im Kühlschrank oder gut verschlossen) sind haltbar:
2 bis 3 Tage: Obst , Gemüse, Pilze
1 Woche: Gurken, Gemüse in Essig, Sauerkraut
Deutsche Weißblechdosen sind innen mit einem Schutzfilm versehen. Er verhindert, daß „aggressives Füllgut" das Material angreift oder verfärbt.

Kopfsalat
(Siehe Grüne Blattsalate).

Korinthen
Kleine Rosinen aus Griechenland, die im Freien getrocknet werden.

Kräuterbündel
Petersilie, Kerbel, Estragon, Schnittlauch, Thymian bzw. Majoran werden fest zusammengebunden, so daß das Bündelchen beim Kochen nicht auseinanderfallen kann.

Kräuteressig
Wird hergestellt aus Estragon, Basilikum, Thymian, Pimpinelle, Schalotten, Pfefferkraut, Schnittlauch, Lorbeerblatt, Pfefferkörner, Gewürznelken und ganz wenig Muskatblüte. Man gibt alle Kräuter in eine weithalsige Flasche und füllt mit gutem Essig auf. Gut verschließen, 3 Wochen an einem warmen Ort (am besten in der Sonne) durchziehen lassen und anschließend in saubere Flaschen abfiltrieren. (Siehe

auch 'Essig' im Kapitel „ABC der Kräuter und Gewürze").

Krauskohl
Wirsingkohl.

Kren (Kreen)
Meerrettich (siehe dort).

Kronsbeeren
Preiselbeeren.

Küchenausstattung

Zur Ausstattung einer Küche für einen 3-Personenhaushalt gehören folgende Küchengeräte:

1. Geräte

Herd mit Backofen, evtl. Kombination von 2 Backöfen (traditionell und Heißluft).
Vom Autor getestet und empfohlen:
Elektro:
Siemens, Gaggenau, Neff
Gas:
Senking, Gaggenau
Elektrogrill (evtl. im Herd eingebaut)
Vom Autor getestet und empfohlen:
Bauknecht, Gaggenau
Küchenmaschinen zum Entsaften, Rühren, Schnitzeln, Durchdrehen und Dosen öffnen. Die meisten dieser Maschinen haben Kombinationen und sind sowohl in Handbetrieb als auch elektrifiziert erhältlich.
Vom Autor getestet und empfohlen:
Krups, Bosch, Braun, Moulinex
Kühlschrank – selbstabtauend. Idealgröße für Speisen und Getränke: ca. 500 l
Vom Autor getestet und empfohlen:
Liebherr
Tiefkühlgerät mit Schubladen
Vom Autor getestet und empfohlen:
Liebherr, Bauknecht
Geschirrspülmaschine
Vom Autor getestet und empfohlen:
Miele

2. Töpfe, Kasserollen, Pfannen (Material: Kupfer, Edelstahl, Eisen, Email, Keramik, Teflon)
Zu den Töpfen, Kasserollen und Pfannen gehören zur Küchenausstattung:
1 Kupfertopf mit Deckel, ø 24 cm
1 Kupfer-Sauteuse (Flambierpfanne) mit Deckel, ø 22 cm
1 Kupfer-Stielkasserolle mit Deckel, ø 18 cm
1 Keramik-Stielkasserolle
1 Edelstahl-Topf mit Deckel und Einsatz, ø 24 cm
1 schwerer emaillierter Kochtopf mit Deckel, ø 24 cm
3 kleine Stielkasserollen
1 Eisenpfanne, ø 26 cm
2 Teflon-beschichtete Pfannen (1 klein, 1 groß) mit Deckel
1 schwerer Bräter, Eisen oder Aluminium-Legierung ohne Deckel
1 Suppentopf (Inhalt 6 l)
1 Wasser-Kessel
1 Fischkocher mit Einsatz
1 Wok (chinesische Bratpfanne mit hohem, schrägem Rand und Deckel)
1 Pastetenform mit Deckel
1 Römertopf
1 Kokotte (Porzellan), 17 cm breit, 25 cm lang (für Kleingeflügel und Wild)
2 Pizza-Bleche

3. Messer

Gute Messer sind teuer. Nie in der Spülmaschine waschen.
Fünf Kriterien gelten beim Kauf von Messern:
Die Marke
Namen wie Dick und Wüsthof aus Deutschland und die Schweizer Firma Victoria garantieren höchsten Qualitätsstandard.
Die Proportion
Das ist das ausgewogene Gewichtsverhältnis zwischen Klinge und Griff.
Das Blatt
Der Stahl der Klinge muß bis zum Ende des Griffes durchgehen.
Die Elastizität
Die Klinge muß in sich selbst federn.
Der Bund
Der Übergang vom Stahl der Klinge zum Holz des Griffes muß wegen der Sauberhaltung sorgfältig abgeschlossen sein.
Verwendet werden diese Messer folgendermaßen:
Das Tranchelard ist ein Mehrzweckinstrument, das hauptsächlich zum Tranchieren von Geflügel und zum Durchtrennen von Gelenkteilen dient.
Die Palette ist ein Transportinstrument zum Ablösen und Wenden von gebratenem Fleisch oder Eiern aus der heißen Pfanne oder vom Backblech.
Das Kochmesser ist ein Universalgerät. Man kann es zwar überall einsetzen, Brot- und Sägemesser sollten dennoch vorhanden sein.
Das Ausbeinmesser, die Unfallquelle Nummer 1 in der Haushaltsküche. Wer das Ausbeinen einer Hammelkeule nicht gelernt hat, überlasse das dem Metzger. Zum Enthäuten von Bratenstücken oder zum Auslösen von Sehnen ist das Ausbeinmesser jedoch unentbehrlich.
Das Hackmesser, der kleine Bruder des Küchenbeils, wird von den Profis vor allem zum Hacken von Kräutern, Zwiebeln usw. verwendet. Die Linke hält die Messerspitze, die Rechte führt das Messer am Brett. Apropos Brett: am besten vom Tischler dick zurechtschneiden und mit einem kleinen Einschnitt am Rand versehen lassen, damit es sich nicht verzieht.
Der Stahl ist unentbehrlich für alle, die scharfe Messer brauchen. Köche lassen neue Messer recht bald einmal vom Fachmann schleifen, um den Bart der Klinge, die eigentliche Schneide, zu verbreitern. Ab dann vor Gebrauch einfach zehn Züge am Stahl auf- und abstreichen.
Dabei darf der Winkel nie mehr als 30 Grad betragen, sonst ist der Bart ab.
Das Lachsmesser. Der Name sagt, was es ist.
Das Officemesser ist das Mädchen für alles. Die Volksausgabe heißt schlicht Küchenmesser und ist meist stumpf.
Das Demidoffmesser. Seinetwegen haben, seit ein russischer Koch es erfand, Butter-, Sellerie- oder Möhrenscheiben immer so schöne, regelmäßige Rillen.
Das Filiermesser macht die Tranchen von Fisch und Fleisch hauchdünn oder daumendick, je nach Wunsch. Unentbehrliches Instrument in jeder guten Küche.
Das Wellenschliffmesser für Brot, weiche Früchte und Schinken.
Eine Grundausstattung, die Töpfe, Messer und Küchenzubehör umfaßt, bestehend aus 39 Teilen, liefert als Basis-Kollektion, die man allmählich erweitern kann, die Firma Bulthaup.

4. Küchenzubehör

2 schwere Holzbretter (Fisch und Fleisch/Gemüse)
1 dickes Kunststoffbrett (Kräuter und Gewürze)
1 Mörser mit Stößel
1 Satz Holzlöffel mit Quirl und Bratenwender aus Holz
2 Bratenwender, Leichtmetall
2 Schneebesen (groß und klein)
1 Küchenschere
1 Küchenzange, Metall
1 Küchenzange, Holz
1 Küchenbeil
1 Toaströster
1 Kaffeemühle
1 Fritüre mit Einsatz
1 Fritierthermometer
1 Kontroll-Uhr
1 Fett- oder Bratenspritze (zum Entfetten und Begießen, Kunststoffrohr mit Gummiball)
1 Küchenpinsel
1 Wiegemesser mit 2 Schneiden
1 Großlöffel
1 Großgabel
1 Fleischgabel, 2zinkig

Kellen und Saucenschöpfer verschiedener Größen
Schaumlöffel, 2 Größen
1 Durchschlag, Metall
1 Durchschlag, Kunststoff
1 Satz Haarsiebe (4 Größen)
1 Spitzsieb
2 Trichter (groß und klein)
1 Küchenwaage
1 Gummischaber
2 Reibeisen verschiedener Größe
1 Gurkenhobel
1 Sparschäler (Kunststoffbügel mit beweglicher Klinge)
1 Fleischklopfer
1 Geflügelschere
1 Kartoffelstampfer
1 Korkenzieher
1 Kronkorkenöffner
1 Dosenlocher
1 Muskatreibe
1 Seihlöffel
1 Spaghettilöffel (Buchenholz)
1 Rohkosthobel
1 Zitruspresse
2 kleine Pfeffermühlen, verstellbar für fein und grob (Holz oder Glas)
1 Teigroller
1 Crêpes-Pfanne
1 Nußknacker
1 Knoblauchpresse (Kunststoff)
2 Spicknadeln
2 Bridier (Dressier)-Nadeln
Küchengarn
Holzspeile, kurze und längere
Alu- und Klarsichtfolie
Küchenkrepp
Küchenhandtücher
Viereckige Gefrierdosen
Klarsichtbeutel
Selbstklebe-Etiketten
Paketgummis
Pergamentpapier (zum Auslegen von Formen und Blechen)
1 Paar Küchenhandschuhe (außen mit Asbest beschichtet)
1 Paar Topflappen, Frottier, mindestens 5 mm dick
1 feuerfester Untersatz
Hansaplast-Strips in verschiedenen Größen
Gel gegen Verbrennungen

5. Küchengeschirr
1 Puddingform (glasiertes Porzellan mit ebenem Boden, auch für das Aufwärmen im Wasserbad zu verwenden)
Feuerfeste Auflaufformen verschiedener Größe
2 Formen, feuerfestes Glas (1 rund, 1 viereckig)
2 Henkeltöpfe (1 l, 1 1/2 l)
1 Meßbecher für Flüssigkeiten und trockenes Material
1 Handmixbecher für Salatsaucen
1 Satz Stahlschüsseln (5 verschiedene Größen mit gebogenem Rand)
1 Satz Porzellanschüsseln (5 verschiedene Größen)
6 Tassen mit Untertassen
6 Teelöffel
6 Eßlöffel
2 Barlöffel
1 Salatschüssel, Holz
1 Salatbesteck, Holz
3 tiefe Teller
3 Gabeln

6. Trockenvorräte
Backobst
Backpulver
Buchweizenmehl und -Grütze
Butter
Butterschmalz
Eier
Fleischextrakt
Gelatine
Gries
Grünkern
Haferflocken
Hirse
Instantbrühe, Huhn und Rind
Kaffee
Kandis, weiß und braun
Kartoffeln
Knoblauch
Mandeln
Perlgraupen
Pflanzenfett
getrocknete Pilze
Reis
Rosinen
Rote Bete
Salz, grob und fein
Sauerkraut- und einfache Gemüsekonserven
Schweineschmalz
fetten und durchwachsenen Speck
Semmelmehl (Paniermehl)
Senf (3 Sorten), scharf, süß, normal
Stärkemehl (Speisestärke)
Tee
Teigwaren
Tomatenmark
Trockenhefe
Vanilleschote
Weizenmehl
Zucker, Puderzucker, Würfelzucker, brauner Zucker
Zwiebeln

7. Flüssige Vorräte
Bier
Cognac
Dosenmilch
Essig, Kräuter- und Weinessig
Fruchtsirup
Ketchup
Madeira
Öl (3 Sorten), Oliven, Sonnenblumen- u. neutrales Salatöl
Rotwein
Sherry
Sojasauce
Suppenwürze
Tabasco
Weißwein
Worcestershiresauce

8. Gewürzvorräte
Nur in undurchsichtigen oder dunklen Gefäßen aufheben.
Beifuß
Bohnenkraut
Curry
Dill
Estragon
Glutamat
Koriander
Kümmel (Samen und Pulver)
Lorbeerblatt
Majoran
Muskatnuß, Muskatblüte
Nelken
Oregano
Paprika, scharf und mild
Peperoni, getrocknet
Peffer: schwarz, weiß, grün, Cayenne
Piment
Rosmarin
Safran
Salbei
Senfpuler
Wacholderbeeren
Zimt, Stangen und Pulver

Kürbis
Die Beerenfrucht der Kürbispflanze wird bis zu 100 kg schwer. Das gelbe, weiße oder grüne Fleisch unter der dicken harten Schale enthält nur wenig Zucker und überhaupt keine Säure. Außer der Verwendung von Kürbis in verschiedenen Rezepten (siehe Sachregister) eignet er sich als Beilage zu Kurzgebratenem oder Schlachtplatten mit Kasseler, Blut- und Leberwurst in eingemachter Form.
Zu diesem Zweck nimmt man auf 1 kg Kürbiswürfel 1 l Essig, 1/4 l Wasser, 600 g Zucker, 2 feingeschnittene Ingwerwurzeln, 1 Stange Zimt.
Die Flüssigkeit kochend über den Kürbis gießen und ihn 35 Minuten darin ziehen lassen. Dann durchsieben, Kürbis über Nacht kühl stellen und die Flüssigkeit am folgenden und übernächsten Tag in gleicher Weise noch einmal kochendheiß über den Kürbis gießen.
Mit Flüssigkeit bedecken, in Gläser gefüllt, mit Cellophanpapier verschlossen, bleibt er so fast unbegrenzt haltbar.

Kurzbraten
Siehe Kochen.

Labskaus
Eintopfgericht aus gepökeltem schierem Rindfleisch, Kartoffeln, Rote Bete, Salzhering. Wird mit Spiegeleiern und Salzgurke angerichtet.
Für Labskaus gibt es so viele verschiedene Rezepte, wie es deutsche Länder gibt. Und doch ist nur eins das richtige. Es stammt aus Niedersachsen und basiert auf der Überlieferung aus der Zeit, als Seefahrer noch lebende Hühner mitnahmen, um wenigstens frische Eier zu haben. Alles andere an Bord war entweder gepökelt oder, wie Kartoffeln und eingelegte Gurken, von Natur aus lange lagerfähig. (Siehe Sachregister.)

Lachsforelle
Eine zur Familie der Lachse gehörende Fischgattung, die genau wie der Lachs im Frühjahr aus dem Meer in die Flüsse steigt, um dort zu laichen und während des Sommers dort zu bleiben.

Lamm
Bei der Zubereitung von Lammfleisch sind der Phantasie kaum Grenzen gesetzt. Lammfleisch läßt sich braten, grillen, schmoren, dünsten, backen oder auch in Zutaten wie Krautblätter und Blätterteig einwickeln. Es läßt sich in Buttermilch, Essig, Rotwein oder Weißwein beizen, mit Knoblauch oder Karotten spicken, mit Saucen aus Majoran oder Pfefferminze übergießen und als Eintopf mit Möhren, Kartoffeln und Zwiebeln zusammen kochen. Zum Braten oder Schmoren nicht das Fett entfernen! Man muß es ja nicht mitessen, aber es vermittelt das Backaroma und ist wichtig für den saftigen, guten Geschmack des Fleisches.
Zum Würzen eignen sich Zwiebeln, Senf, Knoblauch, Pilze, Wacholderbeeren, Thymian, Dill, Estragon, Paprika, Pfeffer, Curry, Lorbeerblätter, wilder Majoran (Oregano). (Siehe auch „Pré salé", Kapitel „Wie Köche einkaufen" und Sachregister.)

Languste
Großer Seekrebs ohne Scheren, mit weißem Schwanzfleisch. Die meisten Langusten kommen aus dem Mittelmeer.

Lardieren
Spicken.

Lauch
(Siehe Porree.)

Leber

Leber immer erst nach dem Braten salzen. Niemals vorher! Sonst wird sie hart. Leber ist reich an Vitaminen und Mineralstoffen. Sie hat einen außerordentlich hohen Gehalt an leicht resorbierbarem Eisen. Der Eisengehalt beträgt je 100 g:

Kalbsleber	10,2 mg
Rinderleber	6,6 mg
Schweineleber	20,6 mg

Kalbsleber hat eine helle, braunrote Färbung. Ihre Gewebestruktur ist fein und locker.
Rinderleber ist etwas größer und ist von braunroter Farbe. Ein Tip: Rinderleber vor der Zubereitung in Milch legen. Dadurch gewinnt sie noch an Geschmack. Für viele Gerichte ist Jungrindleber der teureren Kalbsleber vorzuziehen.
Schweineleber erkennt man an der fein porösen und leicht körnigen Schnittfläche. Die Farbe ist braunrot mit einem leichten Blauton. (Siehe Sachregister.)

Legieren
Binden.

Leipziger Allerlei
Mischgemüse, das in der klassischen Form aus Spargel, jungen Erbsen, Karotten und Lorcheln (Speiselorchel, Stockmorchel) besteht. Die braunrote Frühlorchel, die von März bis Mai in norddeutschen Kiefernwäldern wächst, enthält die giftige Helvellasäure, die vor weiterer Zubereitung des Pilzes durch wiederholtes Auskochen und Abgießen des Kochwassers entfernt werden muß.
Die fast weiße Herbstlorchel ist ungiftig und sehr selten geworden.

Limonen
Kleine, dünn- und glattschalige grüne Zitronen mit sehr viel Säure.

Linsen
In Schoten wachsende Frucht einer Schmetterlingsblütengattung. Anbaugebiete: Spanien, Rußland, Vorderasien.
Es gibt graue, braune, gelbliche, grüne, schwarze, rote und gefleckte Linsen. Sie haben, wie alle anderen Hülsenfrüchte, einen hohen Stärke-und Eiweißgehalt.
Der typische Linsengeschmack sitzt in der Schale – davon haben die kleinen bei gleicher Menge natürlich einen relativ größeren Anteil. Deshalb dürfen Linsen niemals geschält werden, und bei Linsenpüree müssen auch die Schalen durchs Sieb gedrückt werden.
Wichtig für die Vorratshaltung: Linsen müssen kühl, trocken und dunkel gelagert werden – bei Licht verfärben sie leicht.

Löffelente
Eine so weich geschmorte Ente, daß man sie mit dem Löffel zerlegen kann.

Löffelklöße
Farceklöße, die mit Hilfe von 2 Eß- oder Kaffeelöffeln geformt werden.

Löwenzahn
Wildwachsende, allgemein als Unkraut angesehene Pflanze, deren zarte Frühlingsblätter einen sehr guten Salat liefern. (Siehe Sachregister.)

Marmelade
(Siehe Konfitüre.)

Macis
Muskatblüte. (Siehe ABC der Kräuter und Gewürze.)

Mais
Mais-Kolben einfrieren: knapp 10 Minuten in kochendes Wasser legen. Abgetropft einfrieren. Lagerzeit: 8 Monate. Auftauen: tiefgekühlt etwa 10 Minuten in kochendes Salzwasser legen. (Siehe Kapitel „Wie Köche einkaufen" und Sachregister.)

Maizena/Mondamin/Gustin
Handelsmarken für Maismehl (Speisestärke).

Makrele
Seefisch, der ganz frisch zubereitet werden sollte. Wird auch geräuchert angeboten.

Malosol (Malossol)
Wörtlich: wenig Salz. Bezeichnung für schwach gesalzenen Kaviar.

Mandel
(Siehe Nüsse).

Mangold
Eine Runkelrübenart, deren grüne Blätter wie Spinat und deren fleischige Blattstiele wie Spargel zubereitet werden.

Margarine
Sie ist ein unvollkommener Ersatz für Butter. Ihre Zusammensetzung bleibt fraglich. Die Herstellung ist im Gegensatz zum Naturprodukt Butter ein rein technischer Prozeß.
Als Rohstoffe zur Margarineherstellung werden verwendet:
Kokosfett, Sonnenblumenöl, Erdnußöl, Sojaöl, Baumwollsaatöl, Palmöl, Rindertalg und andere tierische Fette. Der Rohstoff wird gefiltert, raffiniert und umge-estert. Das Produkt wird gehärtet, aromatisiert (sogenanntes Butter-Aroma) und vitaminisiert.

An Zusätzen sind enthalten:
Zitronensäure, Lecithin, Stärke und andere unbekannte Zusatzstoffe.
Zur Geschmacksverbesserung werden verwendet:
Joghurtkulturen, Milchsäurebakterien, angesäuerte Magermilch, Milcheiweiß und tierisches Fett.

Mark
1. Die Substanz, die die Röhrenknochen aller Warmblüter ausfüllt.
2. Die reine Fruchtmasse, die dadurch entsteht, daß man die Früchte zerkleinert und durchpassiert (und mit Zucker anrührt).

Marone
1. Eßbare Kastanie, Edelkastanie.
2. Speisepilz (auch Maronenröhrling oder Braunhäubchen), kommt vor allem in Nadelwäldern vor. Hut braun, die blaßgelbe Unterseite färbt sich bei Druck dunkelblau.

Mayonnaise
Kalte Tafelsauce (Feinkost-Erzeugnis) aus Speiseöl pflanzlicher Herkunft und Hühnereigelb, gewürzt mit Salz und Essig. Läßt sich vielfältig abwandeln. „Feinste Mayonnaise" im Handel hat einen Mindestfettgehalt von 80 % und einen Mindestanteil von Eigelb von 7,5 % vom Fettgehalt. Keine Verdickungsmittel.
Mayonnaise kann man leicht selbst herstellen:
3 zimmerwarme Eigelb mit 1 Prise Salz schaumig rühren. 1/2 l lauwarmes Speiseöl unter ständigem Rühren sehr langsam dazugießen, bis die Mayonnaise cremig ist. Dann mit Essig oder Zitronensaft würzen.
Kalorienarme Mayonnaise läßt sich mit Magermilch-Joghurt statt Öl zubereiten. Mayonnaise kann mit etwas heißem Wasser verdünnt werden, mit Gelatine verfestigt, mit Schlagsahne gelockert, mit Tomatenmark gefärbt werden.

Medium
Rosa, nicht mehr blutend, gebraten.

Meerrettich
Für jede Form der Verwendung immer frisch reiben. Meerrettich neigt dazu, an der Luft durch Oxidation braun zu werden. Ein paar Tropfen Zitronensaft über das Geriebene hält den Meerrettich weiß.

Mehlbutter
Eine Mischung aus frischer, weicher Butter und feinem Weizenmehl (1 EL Mehl wird mit 15 g weicher Butter verknetet) zum Binden von Gemüsen, Saucen, Suppen und Ragouts. Mehlbutter erst einrühren, wenn die Speise nicht mehr kocht.

Messer
(Siehe Küchenausstattung).

Mie de pain
Weißbrotkrume.

Milch

Vorzugsmilch ist nicht pasteurisierte, in ihrer natürlichen Beschaffenheit belassene Rohmilch. Der Fettgehalt ist nicht standardisiert, nach Landesrecht unterschiedlich und liegt meist bei 3 Prozent. Sie unterliegt strengen hygienischen Bestimmungen.
Vollmilch hat einen Fettgehalt von 3,5 Prozent. Fettarme (teilentrahmte) Milch hat einen Fettgehalt zwischen 1,5 und 1,8 Prozent und entrahmte Milch hat einen Fettgehalt von höchstens 0,3 Prozent.
Frische (pasteurisierte) Milch enthält auf der Verpackung die Angabe, bis zu welchem Tag sie gekühlt mindestens haltbar ist.
Pasteurisieren bedeutet, daß die Milch erhitzt, aber nicht gekocht wird. In der Regel wird sie für 15 bis 40 Sekunden auf 71–74 Grad C erhitzt.
H-Milch ist ultrahocherhitzte Milch. In ungeöffneter Packung ist sie bei Zimmertemperatur mindestens bis zu dem auf der Packung angegebenen Datum haltbar (meist 6 Wochen und länger).
Beim Ultrahocherhitzen gelangen Temperaturen von 135–150 Grad C für 3 bis 10 Sekunden zur Anwendung.
Sterilisierte Milch hält sich in ungeöffneter Flasche bei Zimmertemperatur bis zu einem Jahr. Das Haltbarkeitsdatum ist auf der Flasche nach Monat und Jahr angegeben.
Beim Sterilisieren wird die Milch in der Verpackung 10 bis 20 Minuten auf 110 bis 120 Grad C erhitzt, vergleichbar dem Einkochen im Haushalt.
1 Liter Milch enthält:
35 g Milch-Eiweiß – ist biologisch hochwertig und lebenswichtig für den Zellaufbau. Es sorgt für Wachstum und gute Kondition.
35 g Milchfett (bei Vollmilch) – besonders leicht verdaulich und dient als Batterie für den Energiehaushalt des Körpers.
50 g Milch-Zucker – (Glucose und Galaktose), verbessert die Aufnahme von Calcium und dient zur Anregung der Verdauung.
7 g Mineralsalze – darunter Mineralstoffe wie Calcium, Phosphor und Magnesium, die für gesunde Zähne, Knochenaufbau, Kreislauf und Organtätigkeit verantwortlich sind.
Spurenelemente – alle wichtigen Spurenelemente wie Kupfer, Eisen, Schwefel und Jod sind enthalten.
Vitamine – Milch enthält 4 fettlösliche und fast alle wasserlöslichen Vitamine. Darunter Vitamin A für die Sehkraft, Vitamin D für die Knochenbildung und die Vitamine B2, B6 und B12 für Nervensystem und Haut.
Milch am besten im Kühlschrank aufbewahren; auf jeden Fall aber, wenn die Packung angebrochen ist.

Milchprodukte
Im Handel sind erhältlich:
Sauermilch
Buttermilch
Schwedenmilch
Dickmilch
Kefir
Joghurt in vielen Variationen und in 4 Fettgehaltsstufen.

Joghurt:	mindestens 3,5 % Fett
fettarm:	1,5 bis 1,8 % Fett
Magermilch:	höchstens 0,3 % Fett
Sahnejoghurt:	mindestens 10 % Fett

Joghurt wird heute in allen Geschmacksrichtungen angeboten. Pur oder mit Früchten.
(Siehe auch Sahne-Produkte)

Milcher (Milchner)
Allgemein: der männliche Fisch im Gegensatz zum weiblichen (Rogener).

Mirepoix
Frisch zubereitete Suppenwürze. Herstellung: Wurzelwerk und magerer Speck werden in Würfel oder Scheiben geschnitten, etwas Thymian und Lorbeerblatt zugefügt, zusammen leicht geröstet, das Fett abgegossen und alles andere sofort in die kochende Sauce gegeben. Die Pfanne wird mit etwas Weißwein abgelöscht und dieser ebenfalls in die Sauce gegeben.

Mixed Pickles
In Essig eingelegte gemischte Gemüse wie Gurken, Zwiebeln, Blumenkohl, Bohnen, Meerrettich, Karotten.

Montieren
Mit kalter Butter aufschlagen (eine Suppe oder Sauce).

Möhren (Karotten)
Die Möhre (Mohrrübe) ist eine längliche Wurzel, die Karotte dagegen kurz und rundlich dick. Kein Geschmacksunterschied.
Trotz ihres Zuckergehaltes hat die Möhre nur 35 Kalorien oder rund 140 Joule pro 100 g. Sie ist der

beste Karotinspender. Karotin (Provitamin A) ist vor allem für Heranwachsende lebenswichtig.
Möhren nicht zu kühl lagern, sie können sonst leicht seifig schmecken.
In nur leicht temperierten Räumen oder in Sand im Keller möglichst vor Licht und Sauerstoff geschützt aufbewahren. Kraut abschneiden. (Siehe Kapitel „Wie Köche einkaufen" und Sachregister.)

Muscheln
Lebende schließen sich unter Wasser. Sobald sie wenige Minuten „im Trockenen" liegen, öffnen sie sich wieder. Solche Muscheln sind genießbar, denn am Auf- und Zugehen erkennt man die lebende Muschel. Nur Muscheln, die unter Wasser offen bleiben, sind tot. (Siehe Kapitel „Wie Köche einkaufen" und Sachregister.)

Muskatblüte (Macis)
Getrocknete Fruchthülle – nicht die Blüte – der Muskatnuß. Ein stark wirkendes feines Gewürz. (Siehe Kapitel „ABC der Kräuter und Gewürze".)

Mustkatnuß
Der Samen des Muskatnußbaumes. Wird als Gewürz frisch gerieben. (Siehe Kapitel „ABC der Kräuter und Gewürze".)

Nägelchen
Gewürznelke.

Nelkenpfeffer
Piment. Der Nelkenpfeffer ist die Frucht des tropischen Pimentbaumes. (Siehe Kapitel „ABC der Kräuter und Gewürze".)

Nieren

Alle Nierenarten sind reich an Eiweiß, Vitaminen und Mineralstoffen.
Ob gegrillt, geschmort oder gekocht, Kalbs- und Schweinenieren werden mit einem scharfen Messer halbiert – Rindernieren geviertelt. Danach sollten sie etwa eine Stunde gewässert oder in Milch eingelegt werden. So erhalten sie einen milden Geschmack. Nieren nicht zu lange braten oder schmoren. Sonst werden sie zäh.
Und stets erst nach dem Braten oder Schmoren salzen.
Kalbsnieren
sind besonders zart. Ihr Fleisch ist sehr hell. Die Kalbsniere wird immer mit der Fettschicht verkauft.
Rindernieren
– aus vielen Lappen bestehend – wiegen etwa 500 g, sind dunkelrot und werden ohne das anhaftende Fett verkauft.
Schweinenieren
haben die typische „Nierenform". Ihre Farbe: ein helles Rotbraun.
Sie wiegen etwa 125 g und werden ohne Fett angeboten. (Siehe Sachregister.)

Nüsse

Walnuß: Hauptlieferanten sind Kalifornien, Frankreich, Italien und die Türkei. Wichtige Anbaugebiete sind in Frankreich die Dordogne und die Charente. Qualitativ – allerdings auch im Preis – halten die Nüsse von Grenoble mit ihren blendendweißen aromatischen Kernen und dünnen Schalen die Spitze.
Die grünen Nüsse werden für Likör und Magenschnäpse verwendet. Die reifen Nüsse kann man roh essen zum Wein, oder sie für Gebäcke aller Art und für Müsli, Saucen, Crèmes verwenden, und die Blätter für Tee.
Walnußöl eignet sich für alle Wildkräutersalate. (Siehe Sachregister).
Haselnuß: Hauptlieferanten für Haselnüsse in der Schale sind Sizilien, Kampanien, Piemont sowie die Türkei und Spanien. 100 g Haselnüsse haben 2.905 Joule (694 Kalorien).
Verwertung: Zu Crèmes, Nußbutter, Eis, Gebäck. Haselnußöl (Noisette) für Brunnenkresse, alle grünen Salate, zu Hammel und Lamm vom Grill. (Siehe Sachregister.)
Mandel: Hauptproduzent ist Kalifornien. Die Süßmandel gilt als Königin aller Nußfrüchte in vielerlei Backwerk. Die Bittermandel mit geringem Blausäuregehalt wird nur als aromatisches Öl oder zum Würzen verwendet. Die Krachmandel ist nahrhafte, verdauungsfördernde Knabberei nach Tisch.

Nudeln
Zum Kochen gilt folgendes Grundrezept: für 100 g Nudeln 1 l Wasser, leicht gesalzen, zum Kochen bringen, dann Nudeln hineingeben. Mit Holzgabel auflockern. Garzeit für Hartweizen-Nudeln zwischen 7 und 15 Minuten, für chinesische Nudeln weniger als 3 Minuten.
Zur Probe eine Nudel mit der Gabel zerdrücken. Läßt sie sich zerteilen, bietet aber noch etwas Widerstand, ist sie gut. Fertige Nudeln auf ein Sieb schütten, abtropfen lassen, nicht abschrecken. Schüssel zum Servieren gut vorwärmen. (Siehe Sachregister).

Ochsenaugen
Setzeier, Spiegeleier. (Siehe Ei und Sachregister.)

Öl
Zu Salaten empfiehlt sich kaltgepreßtes reines Olivenöl (französisches: extra vierge oder das italienische extra vergine – je grüner, desto besser). Beim Erhitzen verliert es an Geschmack.
Neben dem üblichen, fast geschmacksneutralen Sonnenblumen-, Raps-, Mais- und Erdnuß-Öl auch einmal das seltenere Mohn-Öl, aromatisches Walnuß-Öl oder das grüne blutdrucksenkende Traubenkern-Öl in der Küche ausprobieren.

Panieren
1. In Mehl hüllen.
2. Mit einem Überzug von Ei und geriebener Semmel (Paniermehl) versehen, manchmal mit geriebenem Käse vermischt. In besonderen Fällen paniert man auch mit gehackten Trüffeln oder Mandeln.

Pastinake
Wurzelgemüse ähnlich der Petersilienwurzel. Geschmack zwischen Möhre, Schwarzwurzel und Petersilienwurzel. Zubereitung wie Schwarzwurzel. (Siehe Sachregister).

Perlhuhn
Französisch: Pintade. Westafrikanischer Fasanenvogel, in Europa und Amerika auch als Hausgeflügel gehalten. Das Fleisch trocknet beim Braten leicht aus, die Vögel sollten deshalb mit Speckscheiben umwickelt werden. (Siehe Sachregister).

Petersilie
Glatte Petersilie ist aromatischer als krause. Krause Petersilie eignet sich zum Garnieren oder als Beilage gebacken:
Nach dem Waschen gut abtrocknen, von den gröberen Stengeln befreien und auf den Einsatz der Fritüre legen. Nicht früher als unbedingt nötig macht man das Backfett rauchend heiß, gibt die Petersilie hinein, läßt sie nur einen Augenblick backen, hebt sie heraus und schüttet sie, sobald sie abgetropft ist, auf Küchenkrepp oder ein Tuch, um dadurch das Fett fast vollständig zu entfernen. Dann stäubt man etwas feines Salz darüber und verwendet sie sofort. Gebackene Petersilie muß knusprig sein. (Siehe Kapitel „ABC der Kräuter und Gewürze".)

Pfeffer
Wenn wir vom Pfeffer reden, ist immer der gemeint, der frisch aus der Mühle kommt oder bei Tisch gemahlen wird – und nicht das pulverisierte Streuprodukt, aus dem sich die wesentlichen Würzstoffe, das ätherische Öl und das Alkaloid Piperin viel zu schnell verflüchtigen. Deswegen sollte man auch für die Mühle immer einen Vorrat schwarzer und weißer Pfefferkörner in der Küche haben. Pfefferkörner sind fast unbegrenzt haltbar. Nur bei Zubereitungen in denen grober oder feiner Pfeffer mit gekocht wird, sollte man auf fertig gemahlene Sorten zurückgreifen. (Siehe Kapitel „ABC der Kräuter und Gewürze".)

Pilze

Zur Zubereitung von Pilzgerichten eignen sich kunststoffbeschichtete Pfannen und Töpfe, ebenso emaillierte Geschirre und solche aus feuerfestem Glas oder hitzebeständigem Porzellan. Zur Aufbewahrung von Resten im Kühlschrank keine Metallgefäße benutzen!
In der Regel werden Pilze immer fein aufgeschnitten, je festfleischiger, desto feiner, damit sie ihr Aroma besser entfalten können und leichter verdaulich werden. Längeres Kochen oder Braten nützt später nichts mehr, davon werden sie nur härter. Kein Streifen sollte länger als 3–4 cm sein. Der Stiel wird gegen die Faser in dünne Scheiben geschnitten. Ein Pilzgericht ist in 10–15 Minuten fertig.
Starkes Würzen übertönt das feine Pilzaroma. Zu Pilzen passen als Gewürze Knoblauch, Rosenpaprikapulver, Curry, Thymian, Rosmarin und gekörnte Brühe statt Salz.
Das Nonplusultra jedes Pilzgerichts ist die Zugabe einer kleinen Menge fein gehackter roher Pilze kurz vor dem Auftragen. Dazu eignen sich besonders Graublättriger Schwefelkopf, Stockschwämmchen und junge Pfifferlinge.
Als eiweißreiches Nahrungsmittel neigen Pilze schnell zu Zersetzung.
So können auch eßbare Pilze giftige Wirkung haben, besonders, wenn es sich um alte, schmierige Exemplare handelt, wenn sie bei nassem Wetter gepflückt und nicht sofort kühl gelagert und bald verbraucht werden.
Gegen die schädlichen Wirkungen giftiger Pilze gibt es kein anderes Vorbeugungsmittel als gründliche Kenntnis der Pilzarten und ihres Standorts.
In vielen Fällen von Erkrankungen sind aber nicht giftige Sorten, sondern verdorbene oder zersetzte Stücke eßbarer Art schuld.
Frischgepflückte Waldpilze mit geringem Schmutzanteil möglichst ohne Waschen putzen. Läßt sich das Waschen nicht vermeiden, die Pilze, bevor sie zerschnitten werden, nach kurzem, aber gründlichem Waschen im Sieb sanft trocken schütteln. Haben sie zuviel Wasser aufgesogen, kann man sie dann wie einen Schwamm ausdrücken. Das schadet nicht und verhindert, daß sich beim Schmoren zuviel Flüssigkeit bildet.
Madige Pilze lassen sich genießbar machen, wenn man sie anschneidet und eine Stunde in kaltes Salzwasser legt. Die Schädlinge treten aus und schwimmen im Wasser.
Dosenpilze vor der Verarbeitung unter fließendem, kaltem Wasser abspülen und abtropfen lassen. (Siehe Sachregister.)

Pinienkerne
Die Samen der südeuropäischen Pinie, die mandelartig schmecken, aber ihres hohen Ölgehaltes wegen leicht ranzig werden. Man verwendet sie wie Mandeln.

Pistazien
Die länglich-runden, grünen Kerne der echten Pistazie, die im Geschmack noch feiner sind als Mandeln, aber wie diese verwendet werden.

Plinsen
(Siehe Blinis).

Pökelfleisch
Heute eine Spezialität. Noch Mitte bis Ende des vorigen Jahrhunderts pökelte man ein geschlachtetes Rind fast vollständig ein. Es wurde in große Pökelfässer gelegt, vom Schlachter sachgerecht eingesalzen, und das Faß von ihm verschlossen. Wollte man Fleisch aus dem Faß kochen, so schlug der Schlachter das Faß auf, händigte das Fleischstück aus, schaute nach der Qualität des übrigen Fleisches und versiegelte das Faß erneut. Mit den neuen Konservierungstechniken verschwand diese Art, Fleisch haltbar zu machen, weitgehend.
Heute muß man Pökelfleisch beim Schlachter vorbestellen.

Porree (Lauch)
Gemüsepflanze, Lauchgewächs. Bildet über zwiebelähnlicher Verdickung aus den Blattscheiden einen Schaft, der durch Anhäufeln oder tiefes Pflanzen gebleicht ist. Enthält schwefelhaltiges Lauchöl, Vitamine und Mineralstoffe. Die weißen Blattscheiden ergeben ein sehr schmackhaftes Gemüse. Für Suppen und Saucen werden auch die Blätter verwendet. (Siehe Sachregister.)

Poularde
Gemästete Henne mit weißem, festem, zartem Fleisch. (Siehe „Wie Köche einkaufen" und Sachregister.)

Pürieren
Zu Mus verarbeiten. Alle Pürees von Gemüse lassen sich am besten mit einem Passierstab (Küchenmixgerät) herstellen.

Pré salé
1. Salzwiese, d. h. Wiese an der Meeresküste (des atlantischen Ozeans).
2. Auf solchen Wiesen geweidete Lämmer oder Hammel, deren Fleisch besonders würzig ist.

Puffbohne
Die Kerne einer Wickenart, die man hauptsächlich noch unreif (grün) zu Gemüse und ausgereift und getrocknet zu Suppen verwendet. Sie sind auch unter dem Namen dicke Bohnen bekannt. (Siehe Sachregister.)

Pute
Weibliches Tier des ursprünglich mexikanischen Wildgeflügels, das jedoch schon in vorspanischer Zeit domestiziert wurde. Puten wiegen zwischen 3 und 7 kg, werden ganz oder in Teilen gebraten oder geschmort. Sie haben, genau wie die männlichen Tiere, dreierlei Fleisch, das sich in Farbe, Zartheit und Geschmack unterscheidet. (Siehe Sachregister.)

Puter (Truthahn)
Truthähne werden bis zu 20 kg schwer. Am begehrtesten sind jüngere Tiere, die zwischen 6 und 10 kg wiegen. Junge Puter und Puten erkennt man daran, daß der Brustknorpel noch biegsam ist. (Siehe Sachregister.)

Quark
Siehe „Das Deutsche Käse-Lexikon" und Sachregister.

Rapieren
Schaben, Fleisch aus den Häuten und Sehnen schaben.

Rehziemer
Rehrücken. (Siehe Sachregister.)
Reibekuchen
Kartoffelpuffer. (Siehe Sachregister.)
Remoulade
Entsteht auf der Basis von Mayonnaise (s. d.). Sie läßt sich mit verschiedenen Zutaten zubereiten. Grundrezept: Sehr fein gehackte Sardellenfilets, Pfeffer, Gurken, zerdrückte Kapern unter Mayonnaise mischen. Mit Salz, Pfeffer, Senf und verschiedenen Kräutern (Petersilie, Schnittlauch, Dill, Estragon, Kerbel) würzen.
Beilage zu kaltem Roastbeef und kalten Fleischspeisen, zu Fisch und verschiedenen Gemüsen wie Spargel, Blumenkohl usw. (Siehe Sachregister.)
Rippenspeer
Schweinskarree, das Rippenstück des Schweines. Kasseler Rippenspeer (s. d.) = gepökelt und geräuchertes Schweinsrippenstück. (Siehe Sachregister.)
Ris de veau
(Siehe Kalbsmilch und Sachregister.)
Risi-pisi (Risibisi)
Gericht von Reis und grünen Erbsen.
Risotto
Auf italienische Art gekochter, d. h. erst angeschwitzter und dann ausgequollener Reis mit verschiedenen Zutaten.
Roastbeef
Der Teil des gespaltenen Rinderrückens zwischen der letzten Rippe und der Keule, ohne das Filet.
Rogen, Fischrogen
Die Eier des Fisches im unabgesetzten Zustand, also noch im Leib des Fisches. Die bereits abgesetzten Eier nennt man Laich.
Rollgerste
Gerstengraupen. (Siehe Sachregister.)
Rote Bete
Rote Rüben. (Siehe Sachregister.)

Saft
Saft von Zitrusfrüchten friert man am besten im Eiswürfelbehälter ein. Er steht dann in kleinen Portionen zur Verfügung.

Sahne

(Rahm, süße Sahne, Schmand)
Durch Zentrifugieren konzentrierte Milch mit mindestens 10 % Fettgehalt, Ausgangsprodukt der Butter- und Käseerzeugung.
Schlagsahne, auch Schlagrahm oder Schlagobers genannt, entsteht durch das regelmäßige Schlagen frischer, stark gekühlter Sahne mit mindestens 30 % Fettgehalt.
Crème fraîche ist eine saure, pasteurisierte Sahne, ähnlich dem abgeschöpften Rahm der Vorzugsmilch, also eine Doppelsahne. Sie hat einen leicht säuerlichen Geschmack und gibt allen Speisen, Suppen, Saucen, Gemüsen, Salaten und Nachspeisen die besondere Note. 100 g Crème fraîche enthält etwa zwischen 30 und 38 % Fett.
Saure Sahne ist in Milchsäuregärung übergegangene Sahne, die je nach Geschmack wie auch süße Sahne, zum Verfeinern oder Binden von Suppen, Saucen und dergleichen verwendet wird.

Saignant
Blutend, nur schwach (noch weniger als „englisch") gebraten, im Gegensatz zu „durchgebraten".

Salat-Dressing (Salat-Saucen)

Um nicht lange von Hand zu rühren, gibt man die Zutaten für flüssige Salat-Dressings in ein leeres Schraubglas: Deckel zu und wie im Shaker schütteln.
Italian-Dressing
Ist die einfachste aller Salatwürzen, nämlich 3 Teile Öl (feinstes, grünes von der Olive), 1 Teil Weinessig, Salz, schwarzer Pfeffer.
French-Dressing
Ist fast dasselbe – nur 1 Löffel französischer Senf wird noch eingerührt.
Roquefort-Dressing
Wird aus den gleichen Grundzutaten wie Italian mit durchgestrichenem Roquefort-Käse ergänzt. Diese Käse-Sauce gibts natürlich auch fertig zu kaufen, dann wird sie auf Mayonnaisebasis mit Zitrone hergestellt und ist manchmal mit Sahne gestreckt.
Russian-Dressing
Ist die Krönung für Blattsalate. In eine leichte Mayonnaise werden fein gehackte rote Rüben, grüne und rote Paprikaschoten gemischt, frisch gewiegte Petersilie und Schnittlauch dazu, wenige Tropfen Chilisauce, mit Rosenpaprika abschmecken und einen gehäuften Eßlöffel Kaviar einmischen.
Kräuter-Vinaigrette
In diese gehören außer 2 EL Weinessig, 1 TL Salz, 1 TL frisch gemahlener schwarzer Pfeffer, 6 EL Olivenöl (bis hierhin einfache Vinaigrette), entweder alle oder wenigstens einige der folgenden frischen Kräuter: Kerbel, Estragon, Schnittlauch, Sauerampfer, Kresse, Liebstöckel und glatte Petersilie. Eine Messerspitze zerdrückter Knoblauch empfiehlt sich.
Die meisten frei komponierten Salat-Dressings gewinnen an Raffinesse, wenn man 1 oder 2 Eigelb von hartgekochten Eiern durch ein Sieb drückt und unterrührt. Überhaupt sollte man, wenn man die drei Grundsaucen (Italian, French und Vinaigrette) kann, der eigenen Phantasie freien Lauf lassen. Stichworte für weitere Würzzutaten: Sojasauce, Worcestershire-Sauce, Sardellenpaste oder zerdrückte Anchovis, Oystersauce, Tomaten-, Nuß- oder Pilz-Ketchup, Chutneys aller Art, Estragonessig und Thymian. Nur bestes Öl verwenden. Kalt geschlagenes Olivenöl 'Extra Vierge' ist in jeder Apotheke erhältlich. Es ist besser und frischer als viele Handelsmarken.
Bei fast allen Salatsaucen (Ausnahme Kartoffelsalat) können Essig und Öl durch saure Sahne oder Joghurt ersetzt oder mit süßer Sahne kombiniert werden. Getränke nur zu solchen Salaten servieren, bei denen eine geschmackliche Ergänzung angebracht ist.

Sauerkraut
Entsteht aus feingeschnittenem Weißkohl, der lagenweise mit Salz in einem Steintopf geschichtet einige Wochen kühl aufbewahrt wird. Durch das Salz zieht der Saft aus dem Kohl, fermentiert und macht das Weißkraut zu Sauerkraut. Während der Fermentation muß der geschnittene Kohl mit einem Gewicht beschwert werden, damit er immer von Flüssigkeit bedeckt ist. Für 2,5 kg Kohl rechnet man 50 g Salz.
Das klassische Sauerkraut wird mit Schweineschmalz und zerstoßenen Wacholderbeeren, 1 Lorbeerblatt, Pfeffer und Salz und Zucker zubereitet und falls notwendig, mit wenig Essig nachgesäuert. Verfeinerungen und Geschmacksveränderungen erreicht man durch Hinzufügen von Scheiben säuerlicher Äpfel, Kümmel, Dill oder Kardamom und schwarzen Pfefferkörnern.
Weinkraut entsteht aus Sauerkraut, wenn man halbierte, entkernte Weintrauben mitschmort, den Zuckeranteil etwas erhöht, wodurch das Kraut dunkler wird und zum Ablöschen halb Apfelsaft oder Cidre, halb Weißwein verwendet.

Ananaskraut, auch die Basis zum Champagnerkraut – bereitet man, indem man statt Weintrauben kleine Stücke frischer Ananas mitschmort und das tischfertige Kraut beim Servieren mit einer Viertel Flasche Sekt oder Champagner übergießt.

Schalotte
Eine Lauchart in Form von kleinen, besonders würzigen Zwiebeln, die im Geschmack milder und feiner als gewöhnliche Küchenzwiebeln sind. (Siehe auch Zwiebel.)

Schmoren
(Siehe Kochen.)

Schwarzwurzeln
Ein besonders feines Wurzelgemüse mit spargelähnlichem Geschmack. Die Wurzeln sollen 2–3 cm dick und 20–30 cm lang sein.
Vorbereitung: Das Schwarze der Wurzeln abschaben (nicht schälen) und die mundgerecht geschnittenen Stücke sofort in kaltes Wasser legen, in das 1 EL Mehl und 1 EL Essig eingerührt ist. Nur so behalten sie ihre weiße Farbe. In diesem Wasser werden die Schwarzwurzeln auch, bevor sie – je nach Rezept weiter zubereitet werden – nicht zu weich gekocht. Garzeit: 20–25 Minuten.

Schwein
Die Teilstücke vom Schwein lassen sich so zubereiten:
Kopf –
  Kochen, Eintopf, Sülze
Nacken, Hals, Kamm –
  Braten, Kotelett, Rollbraten
Schaufel, Bug, Blatt, Schulter –
  Braten, Geschnetzeltes, Gulasch
Bruststpitze, Dicke Rippe –
  Braten, Kochen, Grillen, Spieß
Bauch, Bauchlappen, Magerer Speck –
  gebraten, Kochen, Eintopf
Keule, Nuß –
  Braten, Schnitzel
Eisbein, Haxe, Pickbein –
  Grillen, Kochen, Braten
Spitzbein –
  Kochen, Eintopf, Sülze
Innereien –
  gebraten, gekocht, geschmort
(Siehe Kapitel „Wie Köche einkaufen" und Sachregister.)

Semmelmehl (Paniermehl)
Man unterscheidet zwei Sorten:
1. Die nur aus weißer Brotkrume hergestellte (Mie de pain).
2. Die aus Brotkrumen und Brotrinde zubereitete.
Die erste ist weißer und im Geschmack feiner.
Beide Sorten kühl und trocken aufbewahren.

Senf
Senf kann manche Sauce im Geschmack betonen, in der Konsistenz sämiger machen. Einfachen Senf kann man verbessern, indem man ihn mit Wein anrührt oder Senfmehl mit Traubensaft und Wein vermischt.
Die größte Vielfalt erlesener Sorten wird in Dijon hergestellt.

Senfpulver
Wird mit Wasser in entsprechender Menge für Saucen und Dressings angerührt. Unterscheidet sich von fertigem Senf durch seine leicht bittere Schärfe. Als bestes Produkt hat sich international das englische 'Colman's mustard-Pulver' durchgesetzt.

Spargel
Spargelstangen immer von oben nach unten schälen. Dabei unterhalb des Kopfes ansetzen. Die holzigen Enden abschneiden (für Suppen auskochen oder mit der Schale als 'Bett' zum Spargelkochen verwenden).
Tiefgefrorene Spargelstangen gleich in siedendes Salzwasser (1/2 l auf 500 g Spargel) geben und 10 bis 20 Minuten garen.
Spargel gibt es von April bis zur zweiten Junihälfte. Letzter „Stichtag" ist St. Johannis, der 24. Juni.
Grüner Spargel hat mehr Vitamine als weißer. Im Gegensatz zum weißen Spargel wird der grüne, wenn überhaupt, nur im unteren Drittel der Stange von unten nach oben dünn geschält.

Speck
Das unter der Haut des Schweines liegende Fettgewebe einschließlich Schwarte.
Nach Herkunft werden unterschieden: Kamm-, Rücken-, Schinken- und Bauchspeck.
Im Angebot des Handels gibt es frischen – grünen – Speck, nur gekocht, nicht gesalzen oder geräuchert.
Luftspeck: trocken gesalzener, nicht geräucherter, nur an der Luft getrockneter Speck. Da ohne Rauchgeschmack, besonders zum Spicken feiner Braten geeignet.
Gepökelter und geräucherter fetter Speck.
Gepökelter und geräucherter Frühstücksspeck (Rückenspeck mit anhaftendem Fleisch).
Gepökelter und geräucherter Schinkenspeck (vom Hinterlauf).
Mit Fleisch durchwachsener gepökelter und geräucherter Bauchspeck.
Der englische Bacon stammt aus dem Kotelett-Stück und ist gepökelt und geräuchert.

Suppengrün
Wurzelwerk: Sellerie mit Kraut, Möhren, jungen Zwiebeln, Petersilienwurzeln, Porree.

Talg
Schwer verdauliches Fett von Rind oder Hammel, das in der modernen Ernährung nicht mehr verwendet wird.
Bei älteren Brat- und Backrezepten, in denen noch Talg als Zutat angegeben ist, verwendet man heute Nierenfett.
Der auf unseren Schlachthöfen anfallende Rindertalg wird zu einem kleinen Teil zur Herstellung von Margarine, zum größeren Teil in der Seifen- und Chemie-Industrie verarbeitet.

Teigwaren
(Siehe Nudeln und Sachregister.)

Tiefgefrieren

---

1. Eier, Molkereiprodukte, Eis
Lagerdauer: 2–3 Monate
Eier werden aufgeschlagen eingefroren, da die Schale sonst platzen würde.
Eiweiß und Eigelb lassen sich sowohl als verrührte Masse als auch getrennt einfrieren. Damit das Eigelb oder die Eimasse nicht zähflüssig wird, muß beides – entsprechend dem späteren Verwendungszweck – mit einer Prise Salz oder Zucker verrührt, jedoch nicht geschlagen werden. Verpackt wird in Kunststoff- oder Hartglasbehältern.
Eiweiß ohne Zusätze eingefroren läßt sich aufgetaut ohne weiteres zu Schnee schlagen.
Eimasse und Eigelb werden in angetautem Zustand zu Mixgetränken, Pfannkuchen- und anderen Rührteigen verwendet. Für Rühreier sowie Hefe- und Knetteige sind sie vorher aufzutauen.
Milch kann nach dem Auftauen leicht flockig sein. Das bedeutet jedoch keine Qualitätsminderung. Durch intensives Umrühren während des Erhitzens ist dies schnell behoben. Besser geeignet zum Einfrieren ist homogenisierte Milch.
Süße und saure Sahne können nach dem Auftauen leicht grießig sein. Durch Aufschlagen mit dem Handrührgerät vergeht dies schnell wieder.
Milch und Sahne werden in der Originalverpackung eingefroren oder in Kunststoff- sowie Hartglasbehältern.

Fette Käsesorten eignen sich gut zum Einfrieren. Dazu werden sie in Alu-oder Kunststoff-Folie verpackt. Magerer, krümeliger Käse ist zum Einfrieren nur bedingt geeignet.
Butter und andere Fette, die leicht ranzig werden, können ebenfalls eingefroren werden. Man verpackt sie in Alu- oder Kunststoff-Folie und verwendet sie nach dem Auftauen wie frische Fette.
Quark oder Quarkmischungen werden in den Originalverpackungen oder in Kunststoff- sowie Hartglasbehältern eingefroren.
Verwendung nach dem Auftauen wie frischer Quark.
Eis und Halbgefrorenes – als tiefgefrorene Produkte gekauft – wird in der Originalverpackung in das Gefriergerät gegeben. Selbst hergestelltes Eis wird in Aluformen oder Hartglasbehälter gefüllt und eingefroren. Vor dem Servieren 15 bis 30 Minuten in den Kühlschrank stellen.

2. Fertiggerichte

Lagerdauer: 2–3 Monate
Nach dem Motto „Einmal kochen – mehrere Tage frei" bietet das Einfrieren fertiger Gerichte eine besondere Zeitersparnis.
Fertiggerichte mit Hülsenfrüchten oder Kohl werden durch Einfrieren besser bekömmlich.
Das Einfrieren von Fertiggerichten ist denkbar einfach: Beim Bereiten einer Mahlzeit werden gleich mehr Portionen vorbereitet, als für den augenblicklichen Verzehr geplant sind. Es bleibt also beim einmaligen Aufwand an Arbeitszeit, Geschirr und Geräten. Dazu kommt noch der Vorteil der Geschmacksintensivierung durch das Zubereiten größerer Mengen.
Einige Grundregeln sind bei der Zubereitung zu beachten:
Als Fette eignen sich Butter, Pflanzenfett, Nierentalg, Olivenöl. Mit Schmalz, Speck oder Erdnußöl zubereitete Fertiggerichte sollen nicht länger als 2 Monate gelagert werden.
Besondere Sorgfalt ist beim Würzen zu empfehlen. Abgeschmeckt wird erst vor dem Verzehr der Gerichte, weil die Würzkraft sich im Gefriergut verändern kann.
Saucen können vor dem Einfrieren oder nach dem Auftauen gebunden werden. Nach dem Auftauen sind gebundene Saucen oft etwas flockig. Kräftiges Rühren mit dem Schneebesen hilft. Auch durch Zusetzen von etwas angerührter Speisestärke wird die Sauce wieder sämig.
Alle Gerichte werden etwas kürzer als gewohnt gekocht oder gebraten und sind vor dem Einfrieren rasch abzukühlen.
Auch Reste eines Gerichtes sollten gleich nach dem Abkühlen eingefroren werden, nicht erst, wenn sie schon einige Stunden gestanden haben, da hierdurch die Qualität leidet.
Zum Verpacken eignen sich Plastikbehälter sowie Kunststoffbeutel und -folien, auch vorgeprägte Aluformen und Gefrier-Kochbeutel.
Fertiggerichte können direkt im Kochbeutel in siedendem Wasser oder im Topf mit Deckel oder im Backofen aufgetaut und erhitzt werden. Grundsätzlich müssen große Mengen bei kleiner Hitze aufgetaut werden, kleinere Mengen bei mittlerer Hitze.
Ist ausreichend Zeit vorhanden, können Fertiggerichte auch im Kühlschrank an- oder aufgetaut werden.

3. Fische und Schalentiere

Süßwasser- und Flußfische, wie Schleie, Karpfen und Forellen, können eingefroren werden, wenn man sie fangfrisch bekommt.
Da Fisch besonders leicht verdirbt, ist vom Einfrieren von im Handel gekauftem Fisch abzuraten. Die Lagerdauer ist jeweils genau einzuhalten.
Magerer Fisch: 2–3 Monate
Fetter Fisch: 1–2 Monate
Räucherfisch nur in frisch geräuchertem Zustand einfrieren.
Lagerdauer nicht länger als 2 Monate.
Die Fische werden sorgfältig ausgenommen und gewaschen. Besondere Vorsicht ist bei Fischen geboten, die man später blau garen will. Die Haut darf nicht verletzt werden. Vor dem Verpacken die Fische innen leicht austrocknen.
Größere Fische wie Karpfen können auch zerteilt eingefroren werden.
Ganze Fische werden wie Fleisch verpackt oder unverhüllt – nur lose abgedeckt – vorgefroren. Nach dem Anfrieren je nach Größe in etwa 3–4 Stunden – taucht man die Fische kurz in kaltes Wasser. Die sich bildende dünne Eisschicht schützt den Fisch vor dem Austrocknen und vor Verletzungen der Schleimschicht. Verpackt wird danach in Alufolie.
Große Fische vor dem Zubereiten im allgemeinen an- oder auftauen, kleine können gefroren oder angetaut verwendet werden. Tiefgefrorene Fische nach dem Kauf möglichst rasch wieder in das Gefriergerät legen – unbedingt die Lagerdauer beachten.
Räucherfisch im Raum auftauen. Vor dem Verzehr kurz unter dem Grill, in der Pfanne auf der Kochstelle oder im Backofen leicht erwärmen.
Dann schmeckt der Fisch wie frisch geräuchert.

4. Fleisch

Gefriergut	Lagerdauer in Monaten
Kochfleisch 1–3 kg	
Rind	8–10
Schwein	3– 6
Kalb	6– 8
Lamm	6– 8
Bratenstück 1–3 kg	
Rind	8–10
Schwein	3– 6
Kalb	6– 8
Lamm	6– 8
Fleischstücke (Steaks, Rouladen, Gulasch, Koteletts)	3–10
Gehacktes, Bratwurst 0,5 bis 1 kg	3–10
Innereien	3– 6

Die Fleischstücke sollten, dem Bedarf eines Haushaltes entsprechend, höchstens 2,5 bis 3 kg wiegen, denn angetautes oder aufgetautes Fleisch darf ohne zwischengeschaltetes Garen nicht erneut eingefroren werden. Die Fleischstücke müssen möglichst glatt sein, um sie gut und raumsparend einlagern zu können. Vorstehende Knochen vorher abpolstern, sie verletzen sonst die Verpackung, dadurch trocknet das eingefrorene Fleisch leicht aus. Bei Brat- und Schmorstücken werden die Knochen ausgelöst.
Beim Verpacken lassen sich Spezialschläuche nicht immer in der ganzen Weite mit dem Fleischstück ausfüllen, in diesem Fall legt man eine Falte und drückt die Luft vorsichtig heraus. Bei Bogenware werden die Enden oben zusammengefaßt und mehrmals gefaltet, bis die Folie das Fleisch fest umschließt und die Luft völlig herausgepreßt ist. Dann wird das Paket mit einem frostbeständigen Klebestreifen dicht verschlossen, auf dem alle Angaben wie Art, Menge, Datum des Einlegens u. ä. vermerkt sind.

Zwischen Kotelett-Stücke, Steaks, Schnitzel, Bratwurst und Rouladen legt man am besten doppelte Folienseiten, damit sich die Fleischstücke noch gefroren gut voneinander trennen lassen.
Bei Leber, Nieren, Herz und Lunge die Röhren und Kanäle entfernen, damit die Innereien auch im gefrorenen Zustand zubereitet werden können, z. B. Nieren braten oder grillen. Es ist zu empfehlen, Innereien zubereitet in Sauce oder Brühe einzufrieren. Ausnahme Leberscheiben, da Leber leicht zerfällt.
Als Verpackungsmaterial eignen sich für rohe Innereien Beutel, für zubereitete Innereien Plastikdosen.
Gefrorenes oder tiefgefrorenes Fleisch kann gefroren, an- oder aufgetaut verwendet werden. Fleischstücke lassen sich im Kühlschrank, im Raum oder im Mikrowellen-Kochgerät an- oder auftauen.
An- oder aufgetaute Fleischstücke vor dem Anbraten abtrocknen. Alle zubereiteten Braten vor dem Aufschneiden 15 Minuten ruhen lassen, damit der Fleischsaft nicht ausläuft.
Flache Fleischstücke werden am besten im gefrorenen Zustand in der Pfanne oder unter dem Grill zubereitet. Dazu gehören: Steaks jeglicher Art, Schnitzel, Koteletts, Leber – alle unpaniert –, Bratwurst, auch Schweinefilet im ganzen oder in Stücken. Will man die Stücke panieren, nur soweit antauen lassen, daß Gewürze und Panade haften bleiben.
Zum Braten die Pfanne erhitzen, Fett hineingeben und das Bratstück in das heiße Fett legen, unter Wenden braten. Die Bratdauer ist etwa die gleiche wie bei frischem Fleisch. Es ist vorteilhaft, nach der Bräunung das Fleisch zu würzen, einen Deckel aufzulegen und das Fleisch bei abgeschalteter Kochstelle kurz ziehen zu lassen.
Zum Grillen das Grillgerät nach Gebrauchsanweisung vorheizen. Die Fleischstücke mit Öl oder einem Gemisch aus Öl, Zitronensaft und Paprika dünn bestreichen, auf das gefettete Rost legen und wie frische Fleischstücke beidseitig grillen. Nach dem Herausnehmen würzen.
Kleine Fleischstücke können auch in gefettete Alufolie verpackt unter dem Grill zubereitet werden.
Dies ist vor allem für die Diätküche zu empfehlen.

Kochfleisch kann man je nach Verwendung unaufgetaut in kaltem oder in kochendem Wasser aufsetzen. Das gilt auch für Innereien und selbsteingefrorenes Geflügel.
Wurst, Aufschnitt, Schinken im Raum oder im Kühlschrank auftauen.

5. Geflügel und Wildgeflügel

Gefriergut	Lagerdauer in Monaten
Suppenhuhn, 1 bis 1,5 kg	6– 8
Hähnchen, 0,8 bis 1 kg	6– 8
Poularde, 1 bis 1,5 kg	6– 8
Ente, 1,5 bis 2 kg	4– 6
Gans, 4 bis 6 kg	4– 6
Pute, 4 bis 6 kg	6– 8
Wildgeflügel	8–10

Geflügel zur Vorbereitung 24 Stunden in einem kühlen Raum aufhängen.
Das gewaschene Geflügelklein – Hals und Flügel – und die Innereien (Magen und Herz) in Folie verpackt, werden gesondert eingefroren, damit das Geflügel auch im gefrorenen Zustand zubereitet werden kann. Kräuter für die verschiedenen Geflügelarten werden in frischem Zustand mitverpackt.
Soll Geflügel garfertig eingefroren werden: z. B. Hähnchen, Pute oder Gans gefüllt, Fasane oder Rebhühner gefüllt und mit Speck umwickelt, darf die Lagerdauer 2 bis 3 Monate nicht überschreiten.
Damit das Geflügel eine günstige Lagerform bekommt, wird es dressiert, indem man die Flügel im Schultergelenk dreht und unter den Rücken legt, die Schenkel nach hinten und unter den Rücken drückt und beides am Rumpf festbindet. Wie bei Fleisch muß auch bei Geflügel die Folie dicht anliegen. Dann wird weiter verfahren wie bei Verpackung von Fleischstücken beschrieben.
Geflügel kann auch zerteilt eingefroren werden.

6. Gemüse

Lagerdauer: 8 Monate
Gemüse muß zum Einfrieren wie folgt vorbereitet werden:

Artischocken
mit scharfem Messer stutzen, so daß die harten Blattspitzen wegfallen.
Blanchierdauer: 2–4 Min.

Auberginen
in Scheiben schneiden oder füllen.
Nur vorgegart einfrieren

Blumenkohl/Broccoli
Blätter, Strunk und dunkle Stellen entfernen, in Röschen zerpflücken.
Blanchierdauer: 2–4 Min.

Bohnen, grüne, gelbe
Spitzen entfernen, abfädeln, gleichmäßig lang schneiden
Blanchierdauer: 3–4 Min.

Bohnen, dicke (Puffbohnen),
Auspalen, verlesen
Blanchierdauer: 3–4 Min.

Erbsen
Auspalen, verlesen
Blanchierdauer: 1–2 Min.

Fenchel
Halbieren oder vierteln
Blanchierdauer: 3–4 Min.

Grünkohl
Grobe Stiele entfernen
Blanchierdauer: 2–3 Min.
dann hacken

Karotten, Möhren
Putzen, in Scheiben oder Würfel schneiden
Blanchierdauer: 2–4 Min.

Kohlrabi, grüne, blaue
Blätter entfernen, schälen, in Scheiben oder Streifen schneiden
Blanchierdauer: 3–4 Min.

Kräuter, z. B. Petersilie, Schnittlauch, Dill, Kresse
Waschen, abtropfen lassen, schneiden bzw. hacken, nicht blanchieren.

Paprika, grüne, gelbe, rote
Stiel entfernen, entkernen, in Stücke oder Streifen schneiden
Blanchierdauer: 2–3 Min.

Pilze
Verlesen, mehrmals waschen, bei größeren Pilzen Stiele und Lamellen entfernen, in gleichmäßige Stücke teilen
Blanchierdauer: 3–4 Min.
Besser als Fertiggericht einfrieren

Porree (Lauch)
Wurzeln und hartes Grün entfernen, halbieren, in Stücke schneiden
Blanchierdauer: 3–6 Min.

Rosenkohl
Gelbe Blätter entfernen, Strunkansatz abschneiden
Blanchierdauer: 3–4 Min.

Rote Bete
Säubern, im ganzen kochen, schälen, in Scheiben schneiden oder raspeln, nicht blanchieren

Rotkohl, Weißkohl, Chinakohl
Schneiden
Blanchierdauer: 3–5 Min.
Besser als Fertiggericht einfrieren

Schwarzwurzeln
Putzen, in Stücke schneiden
Blanchierdauer: 3–4 Min.
Spargel
Schälen, evtl. in Stücke schneiden, nicht blanchieren.
Spinat
Verlesen, mehrmals waschen
Blanchierdauer: 1–2 Min.:
Über Wasserdampf, 2–3 mal hacken
Suppengrün
Sorten einzeln vorbereiten, getrennt blanchieren
Blanchierdauer: 2–4 Min.:
Zucchini
Kerne entfernen, in Stücke schneiden
Blanchierdauer: 2 Min.

Tomaten
Werden sie zum Kochen verwendet, vorher enthäuten, da die Schale sich beim Kochen löst und sich zu unverdaulich harten Röllchen formt.
Die Haut läßt sich ganz leicht abziehen, wenn man die Tomaten am oberen Ende kreuzweise einschneidet, sie dann eine halbe Minute in kochendes Wasser taucht und kalt abschreckt.
Unreife Tomaten, inmitten von Äpfeln gelagert, werden in wenigen Tagen rot und entwickeln einen aromatischen Geschmack.
In ausgehöhlte ungeschälte Tomaten, die gefüllt werden sollen, vorher 4–5 Reiskörner hineinstreuen. Sie nehmen die Flüssigkeit auf. Die Tomate bleibt dadurch fest. Die Reiskörner garen während des Kochvorganges.

Tomatenketchup
Populärste aller kalten Würzsaucen. Unterscheidet sich vom Tomatenmark durch seinen Gehalt an Gewürzen (Paprika, Muskatnuß, Zucker, Pfeffer, Ingwer, Nelken, Zwiebeln, Sellerie, Senf etc.), sowie durch seine dünnflüssigere Beschaffenheit. Ketchup wird ohne Konservierungsstoffe oder Färbemittel hergestellt.

Topfen
Quark. (Siehe „Das Deutsche Käse-Lexikon" und Sachregister.)

Tranchieren
Fleisch in Scheiben schneiden, Geflügel und Fisch portionieren. Als Werkzeug benötigt man ein Holzbrett, eine 2zinkige Gabel, ein langes, spitzes, sehr scharfes elastisches Messer und bei Geflügel eine Geflügelschere. Das Messer beim Schneiden nicht mit Gewalt eindrücken, sondern leicht durch das Fleischstück ziehen. Für alle Fleischsorten gilt: quer oder schräg zur Faser schneiden.

Truthahn
(Siehe Pute und Puter.)

Walnuß
(Siehe Nüsse.)

Wein

Deutschland
85 % der jährlichen Ernte ist Weißwein. Auf Rotwein entfallen 15 %, die aus den Weinbaugebieten Rheinpfalz, Württemberg und Ahr kommen.

Weißwein-Arten nach Anbaugebieten
Bergstraße
Leichter sympathischer Tafelwein.
Mittelrhein
Feine Blume, manche mit mandelartiger Würze.
Mosel-Saar-Ruwer
Frische Weine von Rasse und feiner Säure.
Die Weine der Mosel reichen von lieblich über kernig und spritzig bis zu stahlig. Viele Lagenbezeichnungen an der Mosel enden mit der Silbe -berg, -lay, -ley oder -lei.
Nahe
Im Nahe-Wein wird die Nähe von Mosel und Rhein deutlich. Er vereinigt Merkmale beider Nachbarn in sich. Nahe-Wein kann also sowohl fruchtig und elegant als auch kernig und frisch oder auch edel und reif schmecken.
Rheingau
Seine Auslesen gehören zu den besten Weißweinen der Welt. Weine aus diesem Gebiet sind vornehm und vollmundig, Säure und feine Süße in edler Weise ausgewogen.
Rheinhessen
Hier wachsen ebenso bekömmliche Tischweine wie Spitzengewächse deutschen Weißweines. Das Gebiet gehört zu den sonnenreichsten und wärmsten Deutschlands.
Rheinpfalz
Milde und doch frische Weine in großer Mannigfaltigkeit. Großes deutsches Konsumweingebiet.
Franken
So einheitlich der Franken-Wein durch die Flaschenform 'Bocksbeutel' auch auftritt, so differenziert ist der Flascheninhalt. Teilweise sind die Weine kraftvoll und erdig, zum Teil schwer und gehaltvoll, dann aber auch wieder duftig und edel.
Württemberg
Nirgendwo wird soviel offener Wein getrunken wie hier. Der Weinverbrauch pro Kopf der Bevölkerung ist größer als irgendwo sonst in Deutschland. Im Neckartal wachsen ebenso wie im Taubertal und am Albtrauf kräftige, mundige Weine von harmonischer Art, die sich je nach Kleinlage voneinander unterscheiden.
Baden
Dieses Weinbaugebiet gehört zu den vielseitigsten. Während alle anderen deutschen Weinbaugebiete zu der klimatisch weniger begünstigten Weinbauzone A gehören, ist Baden in die Weinbauzone B eingestuft, genau wie das Elsaß, Lothringen, die Champagne, das Loire-Tal und der französische Jura. Schwer und voller Glut sind die Ruländer Weine des Kaiserstuhls, kernig und frisch Weißherbste in der Nähe des Bodensees, elegant und würzig die der Bühler Gegend und eher lieblich die des Markgräfler Landes und des Breisgaues.
Nur in Neuweiler dürfen außerhalb Frankens noch Weine in Bocksbeutel-Flaschen abgefüllt werden.
Auch Gewürztraminer – sonst im Elsaß angebaut – gewinnt hier sein typisches Bukett.

Rotweine
Portugieser
Diese beliebteste Rebe bringt säurearme, leichte Rotweine.
Anbaugebiet: Rheinpfalz, Württemberg, Rheinhessen, Ahr.
Blauer Spätburgunder
Was der Riesling unter den Weißweinreben ist, ist dieser unter den Rotweinreben. Die spät reifenden Trauben ergeben einen dunkelroten edlen, feurigen Rotwein von feinem Aroma und samtiger Fülle.
Anbaugebiet: Ahr und Baden.
Trollinger
Die süßen Trauben werden zu einem angenehmen, süffigen, leichten Tischwein gekeltert. Mit weißen Trauben gemischt, ergeben sie den schwäbischen Schillerwein.
Anbaugebiet: Württemberg und Baden.

Frankreich
In Frankreich werden 70 % Rotwein und 30 % Weißwein erzeugt. Französische Weine unterscheiden sich nach drei Handelsklassen:

VCC = Vin de consommation courante: Einfache Tafelweine.
VDQS = Vin délimités de qualité supérieure: Anspruchsvolle Tischweine aus 60 festgelegten Gebieten Frankreichs, die aus amtlich anerkannten Rebsorten nach genauen Verfahren hergestellt sein müssen.
AOC = Apellation d'origine contrôlée, manchmal auch als AC-Wein bezeichnet: Spitzenweine mit kontrollierter Ursprungsbezeichnung aus bestimmten Erzeugungsgebieten mit besonders geeignetem Boden. Der natürliche Alkoholgehalt ist amtlich festgelegt; ebenso die zu erzeugende Höchstmenge.

Anbaugebiete:

Bordeaux
Das gesamte Gebiet der Gironde. Rotweine von zartem, lieblichem Bukett voller Harmonie, die fast immer mit den Jahren an Bedeutung gewinnen. Rote Bordeaux-Sorten links der Gironde sind Médoc, Margaux, Moulis, Listrac, St.-Julien, Pauillac, St-Estèphe.
Rechts der Gironde: St-Emilion, Pomerol, Blayais, Bourgeais.
Weiße, trockene Bordeaux-Sorten: Graves, Entre-Deux-Mers.
Auch die Weine von Sauternes, weltberühmt der edelsüße Château d'Yquem, der Barsac, Cérons und Loupiac wachsen im Bordeaux.

Bourgogne (Burgund)
Rot- und Weißweine mit Weltruf. Im Herzen von Burgund liegt die Côte d'Or. Sie gliedert sich in die Côte-de-Nuits und die Côte de Beaune.
Côte-de-Nuits-Weine sind u. a. Chambertin, Musigny, Clos de Vougeot, Nuits-Saint-Georges, Romanée und Richebourg.
Aus der Côte de Beaune kommen der Pommard, der Volnay, der Savigny und der Beaune; an Weißweinen der Meursault und der Montrachet, während der trockene, leichte Chablis im Norden zwischen Auxerre und Tonnere wächst.
Der weiße Mâcon, der Pouilly-Fuissé wächst in Mâconnais.
Im Süden des Weinbaugebietes Bourgogne kommt das große Gebiet Beaujolais. Weiter nördlich auf Granitboden wächst der Moulin à Vent, der Fleurie, der Chiroubles und der Brouilly.

Côtes du Rhône
Das Gebiet beiderseits der Rhône zwischen Lyon und Avignon. Weniger Weißwein, häufiger Rosé-Wein: Der Lirac und der Tavel. Die Rotweine aus diesem Gebiet haben viel Bukett und Saft: Hermitages, Cornas und Cairanne sowie der berühmte Chateauneuf-du-Pape wachsen hier.

Côtes de Provence
Die Gegend von Marseille bis Nizza, der Mittelmeerküste folgend. Zu den bekanntesten Weinen dieses Gebietes gehören Cassis, Bandol, Bellet de Nice und Palette d'Aix sowie zahlreiche Rosé-Weine.

Elsaß
Aus diesem Weinbaugebiet kommen viele gute Tischweine, die unter dem Namen der Rebsorte im Handel sind, wie Silvaner, Pinot und Clevner, Riesling, Traminer, Tokajer und Muskateller.

Val de Loire
Sancerre und Pouilly-Fumé sind die bekanntesten Weißweine neben dem trockenen, süffigen Muscadet.

Italien

Italiens Rebfläche ist die größte aller Weinbauländer der Welt. Mit 1,7 Millionen Hektar etwa 25 mal so groß wie die deutsche.
Erzeugung: 70 % Rotwein, 30 % Weißwein.
Auch in Italien gibt es eine Weinklassifizierung und eine kontrollierte Herkunftsbezeichnung.
10 % der italienischen Weinernte entsprechen diesen Kriterien. Zu den Weinen mit kontrollierter Herkunftsbezeichnung gehören Barbaresco und Bardolino, Barolo und Chianti, Frascati und Marsala, Prosecco und Valpolicella, Valtellina und Vernaccia.
Die Zusätze „classico", „classico superiore", „scelto" sind sichere Qualitätsmerkmale.
Der Zusatz „Riserva" oder „Superiore" bedeutet:
Über eine vorgeschriebene Zeit gelagerter Wein. Länger als das Wort „veccio" (alt) auf dem Etikett.
Die Abkürzung DOC steht für „Denominazione di origine controllata" (Kontrollierte Herkunftsbezeichnung).
Weißweine von überragender Qualität kommen aus den Anbaugebieten Trentini (Riesling), Friaul (Tocai, Picolit) und Venetien (Soave) sowie aus der Provinz Umbrien (Orvieto).

Weinkraut
(Siehe Sauerkraut.)

Weinkühlschrank
Wenn kein Keller im Haus ist, lohnt sich die Anschaffung eines Weinkühlschrankes (370 l).
Diese Kühlschränke lassen sich auf Temperaturen zwischen plus 3 bis 12 Grad C genau einstellen. Durch Tauwasser-Verdunstung (Automatische Abtauung) entsteht vorschriftsmäßiges Kellerklima. Sie bieten Raum für etwa 80 Flaschen. Aber auch andere Lebensmittel können kellerkühl aufbewahrt werden.
Vom Autor getestet und empfohlen: Linde Universal-Vorratskühlschrank.

Wurst

Deutschland ist das Paradies der Wurst. Über 1.500 Sorten gibt es bei uns. Man unterscheidet zwischen Roh-, Brüh- und Kochwürsten.
Rohwürste werden ausschließlich aus rohem Fleisch und Speck hergestellt und durch Säuern oder Salzen, durch Trocknen oder Räuchern konserviert.
Man unterscheidet schnittfeste Rohwürste wie Cervelatwurst, Salami, Plockwurst und streichfähige wie Teewurst oder Mettwurst.
Während der Reifezeit entfaltet sich das Aroma, der Fleischsaft verdunstet allmählich. Ergebnis: der typische Sortengeschmack und die besonders lange Haltbarkeit.
Die **Brühwürste** sind mit 780 Sorten die größte Gruppe. Auch sie werden aus rohem Fleisch und Speck hergestellt und mit Salz und Gewürzen zu Brät verarbeitet. Manche Brühwürste werden mit Speck- und Fleischstücken sowie mit zermahlenem Eis vermischt und erst dann in Wursthüllen gefüllt. Anschließend werden die Würste gebrüht und dadurch schnittfest. Bei manchen Würstchenarten wird das Brühen mit einer Heißräucherung verbunden.
365 Sorten gehören zu den **Kochwürsten,** die allesamt aus vorgekochtem Fleisch, Innereien und Gewürzen hergestellt und dann ein zweites Mal gekocht werden. Man unterteilt die Kochwürste in Leber-, Blut- und Sülzwürste. Bezeichnungen wie Delikatess, Feinkost, Gold, Prima, Extra, Spezial, 1a oder ff garantieren Spitzenqualität.
In allen Wurstarten sind Mehl, Stärke, Lebensmittelfarben und Konservierungsstoffe durch Gesetz strikt verboten.

Wurst ist nicht nur Brotbelag, sondern wesentlicher Bestandteil schmackhafter Salate (siehe Sachregister) oder Grundlage der neuartigen Wurst-Fondues. Dazu verwendet man Fleischwurst, Lyoner, Mortadella, Bierwurst, Jagdwurst, Weißwurst, Bierschinken, Leberkäse oder Würstchen aller Art.
Haut abziehen und grobe Würfel schneiden. Im Fondue-Topf mit der entsprechenden Gabel im heißen Fett knusprig braten. Als Beilage Mixed Pickles, Gurken, Zwiebeln, frischer Salat. Reichlich frisches Brot, einfacher Weißwein oder Bier und Korn ergänzen diese gesellige Mahlzeit.

Zitrone

Ungespritzte Zitronen für eine Viertelstunde in heißes Wasser gelegt, ergeben fast die doppelte Saftmenge. Wer sie anschließend noch ein paar Mal auf dem Küchentisch hin- und herrollt, kann der sauren Frucht noch einige Tröpfchen Saft mehr abpressen.
Wenn jedoch nur ein winziger Schuß Zitrone gebraucht wird, sollte man die Schale mit einer Gabel einstechen und wenige Tropfen herausdrücken. Danach hält sich die Zitrone noch tagelang im Kühlschrank.

Zucchini

Gurkenähnlich geformter Gemüsekürbis mit weiß- bis dunkelgrüner, oft gesprenkelter Schale. Etwas weniger saftig als Salatgurken. Wird zunehmend auch in Deutschland angebaut und hier oft – ohne Geschmackseinbuße – größer als am Mittelmeer.
Zucchini enthalten viel Vitamin A, außerdem Vitamin B_1, B_2 und Vitamin C, Calcium und Eisen. Sie sind vielseitig verwendbar, eignen sich als Salat ebenso wie als Gemüse zu Eintöpfen und zum Füllen.
Die Früchte immer entkernen, Kappe und Stielende abschneiden und ungeschält zubereiten (nur sehr große, ältere Früchte schälen).
Zucchini wird unreif (grün) geerntet, Gewicht zwischen 200 g und 4 kg. (Siehe Sachregister.)

Zucker

Saccharose ist die wissenschaftliche Bezeichnung für den aus Zuckerrüben oder Zuckerrohr gewonnenen Zucker (beide sind chemisch identisch).
Zucker ist ein fast reines Kohlenhydrat und enthält pro Teelöffel (5 g) nur 19,7 Kalorien = 82 Joule.
Abgesehen von seiner Eigenschaft als Energiespender, der schnell ins Blut geht, stabilisiert er Vitamine, ist bei vielen Konservierungsvorgängen nicht wegzudenken und bringt bei der Mehrzahl aller Gerichte als „Prise" die letzte Verfeinerung des Geschmacks.
Die häufigsten Zuckersorten unterscheiden sich nach Qualitätsmerkmalen in:

Raffinade	(EG-Kategorie I)
Weißzucker	(EG-Kategorie II)
Grundsorte	(EG-Kategorie III)
Halbweißzucker	(EG-Kategorie IV)

Der Unterschied nach der äußeren Form (Kristallgröße, Aggregatzustand):
Kristallzucker (Grieß-, Sand-, Castor-Zucker, Melis)
Gemahlener Zucker
Puderzucker
Würfelzucker
Besonders geformte Zucker (wie Zuckerhut)
Kandiszucker (weiß, gelb und braun)
Flüssige Zucker
Zuckerkulör wird durch Erhitzen in der Pfanne gewonnen. Wenn der Zucker braun und flüssig wird, mit Wasser ablöschen. Diese Substanz mit schwach-süßem, herbem Geschmack wird häufig zum Dunklerfärben von Saucen verwendet und läßt sich auf Vorrat herstellen. Aufbewahrung in Flaschen.
Spezialzuckersorten:
Hagelzucker
Sandzucker
Bastardzucker
Mischung aus Raffinade und Rohzukker.
Diese Sorten finden vor allem zum Backen Verwendung. Letztere Sorte speziell für Spekulatius und Lebkuchen.
Gelierzucker findet beim Einmachen Verwendung. Er besteht aus Raffinade mit Beimischung von reinem Pektin und Zitronen- oder Weinsäure und süßt und geliert zugleich, erhält Vitamine, Farbe und Aroma des Einmachgutes. Kurze Kochzeit.

Zunge

Zungen sind reich an Vitaminen der B-Gruppe, die für die Funktion des Nervensystems unentbehrlich sind, die Gewebsatmung kräftigen und die Haut straffen. Zunge zählt zu den Innereien. Man verwendet Zungen vom Rind, Kalb und Schwein. Am schmackhaftesten ist die Kalbszunge. Sie ist auch am teuersten. Zungen werden nur im ganzen angeboten: frisch, gepökelt oder geräuchert. Rinderzunge wiegt 1–2 kg, Schweinezunge wiegt ca. 400 g und Kalbszunge wiegt 600–800 g. (Rezepte siehe Sachregister.)

Zwiebel

Die Zwiebel wurde in den vergangenen Jahrhunderten immer weiter veredelt: als Schalotte, Haushalts-, Perl-, Frühlings- oder rote Zwiebel ist sie heute auf dem Markt. Wie kaum eine andere Frucht läßt sie sich mit den verschiedensten Gemüsen und Fleischarten kombinieren und entwickelt dabei in jeder Zusammenstellung einen anderen Geschmack.
Zwiebeln mit blauer Haut sind schärfer als die mit weißer. Zwiebeln mit gelber Haut milder als solche mit weißer Haut. Die oft mehr als faustgroße Gemüsezwiebel ist die mildeste, süßeste.
Zwiebeln enthalten eine Menge wertvoller Eiweißstoffe, Vitamine der Gruppen B und C – wichtiger noch – die Mineralstoffe Kalium, Calcium, Zink und Phosphor.
Zwiebeln müssen luftig in Netzen, nicht in Plastikbeuteln, kühl und trocken aufbewahrt werden. Nie ins Gefrierfach legen!

Literaturverzeichnis

ABC des Einfrierens, Energie-Verlag, Heidelberg, 1982

Alles in einem Topf, Waltraud Hopf, Franckh'sche Verlagshandlung, Stuttgart, 1933

Allgemeines Deutsches Kochbuch, Sophie Wilhelmine Scheibler, Verlag W. Herlet, Berlin, o. J.

Allgemeines Deutsches Kochbuch, Sophie Wilhelmine Scheibler, Carl Friedrich Amelang, Berlin, 1820

Allgemeines Deutsches Kochbuch für mittlere und kleinere Haushaltungen, L. F. Jungius, Verlag von F. H. Morin, Berlin, 1847

Allgemeines deutsches Kochbuch, Schulbuchhandlung d. Th. L. W., Langensalza, 1858

Am Herd des Hauses, Frieda Amerlan, Verlag Paul Niekammer, Stettin, 1898

Anleitung zur feinen Kochkunst, F. G. Zenker, Carl Haas'sche Buchhandlung, Wien, 1837

Aus den Mitteilungen eines Gourmands, George Hesekiel, Verlag v. J. Schlesier, Berlin, 1862

Ausführliches Kochbuch für die einfache und feine jüdische Küche, Marie Elsasser, J. Kauffmann, Frankfurt, 1921

Aus Hanseatischen Küchen, Bibulus, Kochbuchverlag Heimeran, München, 1973

Bauers Neues Kochbuch, Josefine Bauer, Fleischhauer & Spohn, Stuttgart, 1949

Berner Kochbuch, L. Rytz-Dick, neu bearb. von Julie Grüter, K. J. Wyss, Bern, 1911

Berufskatechismus für Gaststätten-angestellte – Servierkunde. Wil. Koch, Verlag Deutsche Arbeitsfront, Berlin, 1935

Braun Multimix, Rezeptbuch, Max Braun, Frankfurt, o. J.

Brevier der feinen Küche, Julie Elias, Dr. Eysler & Co., Berlin, 1922

Bürgerliches Wiener Kochbuch, Marie Dorninger, Selbstverlag, Wien, 1906

Burgenländisches Kochbuch, Marietheres Waldbott, Edition Rotzer, Eisenstadt, 1976

Cattelins Kochbuch, Kjell Blekenberg, Harry Uhr, Christian Verlag, München 1979

Constanzer Kochbuch, Caroline Kümicher, Verlag W. Wallis, Constanz, 1830

Cuisine et Vins de France, Curnousky, Librairie Larousse, Paris, 1974

Cuisine Rustique Suisse, Hallwag, Bern, 1980

Das Alphabet der Küche – Ein Lexikon für alle Fragen in Küche und Wirtschaft, Dr. Erich Urban, Verlag Ullstein, Berlin, 1929

Das Beste aus aller Welt, Stefanie Mathias, Fiba Verlag, Wien/Leipzig, 1931

Das beste bürgerliche Kochbuch, Emma Allestein, Hermann Kanitz Verlag, Gera, 1913

Das Buch der Kochkunst – Offizielles Kochbuch des Verbandes der Köche Österreichs, Zentraleurop. Verlags- und Werbegesellschaft, Wien, o. J.

Das Buch der Tafelfreude, Curt Sigmar Gutkind, Hyperion Verlag, Leipzig, 1929

Das bunte Kochbuch, Walburga Molls und Eva Stehr, Internationaler Universum-Verlag, Mainz, 1948

Das deutsche Kochbuch, Maria Jecker + Hildegard Margis, Frauendienst Verlag, Berlin, 1933

Das Diner, Robert Stutzenbacher, Rudolf Mosse, Berlin, 1895

Das elegante Garnieren, M. Nabel, Stahl's Verlagsbuchhandlung, Regensburg, o. J.

Das goldene Buch der Küche, Dr. Erich Urban, Verlag Ullstein, Berlin, 1929

Das große Lebensmittelbuch, Fritz Klein, Georg Westermann Verlag, Braunschweig, 1952

Das illustrierte Life-Kochbuch für den verwöhnten Geschmack, C. Bertelsmann Verlag, 1958/1961

Das ist Salat, H. Adair, Atrium Verlag, Basel, Wien, o. J.

Das Jahr des Metzgers, Der Wurstologia anderer Band, Ernst Johann, Frankfurt, 1940

Das Kasserol, Martha von Zobeltitz, Georg Müller, München, MCMXXIII

Das Klein-Kochbuch, für die große Küche, Antonie Katschak, Gräfe & Unzer, Königsberg, 1934

Das kleine Kräuterbuch, Willi Harwerth, Inselverlag, Leipzig, o. J., Insel-Bücherei Nr. 269

Das Kochbuch aus Berlin, Fritz Becker, Verlag Wolfgang Hölker, Münster, 1974

Das Kochbuch aus Bremen, Dorothee von Hellermann + M. Kloos, Verlag Wolfgang Hölker, Münster, 1975

Das Kochbuch aus Franken, Hans Karl Adam, Verlag Wolfgang Hölker, Münster, 1975

Das Kochbuch aus Hamburg, Dorothee von Hellermann, Verlag Wolfgang Hölker, Münster, 1975

Das Kochbuch aus Hessen, Ilse Unruh, Verlag Wolfgang Hölker, Münster, 1976

Das Kochbuch aus Mecklenburg, Pommern, Ostpreußen, Fritz Becker, Verlag Wolfgang Hölker, Münster, 1976

Das Kochbuch aus dem Münsterland, Gisela Allkemper + A. v. d. Haar, Verlag Wolfgang Hölker, Münster, 1976

Das Kochbuch aus Niedersachsen, Gisela Allkemper, Verlag Wolfgang Hölker, Münster, 1977

Das Kochbuch aus Ostfriesland, Annelene v. d. Haar, Verlag Wolfgang Hölker, Münster, 1975

Das Kochbuch aus der Pfalz, Marie-Louise Weiß, Verlag Wolfgang Hölker, Münster, 1979

Das Kochbuch aus dem Rheinland, Gustav Casparek, Verlag Wolfgang Hölker, Münster, 1976

Das Kochbuch aus dem Ruhrgebiet, Gisela + Hedi Allkemper, Verlag Wolfgang Hölker, Münster, 1976

Das Kochbuch aus dem Saarland, Gisela Allkemper + Gabriele Schütz, Verlag Wolfgang Hölker, Münster, 1977

Das Kochbuch aus Schleswig-Holstein, Jutta Kürtz, Verlag Wolfgang Hölker, Münster, 1976

Das Kochbuch aus Thüringen, Sachsen und Schlesien, Fritz Becker, Verlag Wolfgang Hölker, Münster, 1976

Das Kochbuch aus Westfalen, Gisela Allkemper, Verlag Wolfgang Hölker, Münster, 1978

Das Kochbuch vom Oberrhein, Hans Karl Adam, Verlag Wolfgang Hölker, Münster, 1975

Das Kosmos-Kräuterbuch, Franckh'sche Verlagshandlung, Stuttgart, 1981
Das Kosmosbuch der Wildpflanzen, Roger Phillips, Franckh'sche Verlagshandlung, Stuttgart, 1981
Das Landkochbuch, Helene Caspari – Elisabeth Kleemann, Verlag Paul Parey, Berlin, 1918
Das Lehrkochbuch, Gertrud Falk-Nehlis, Verlag Paul Parey, Berlin-Hamburg, 1950
Das Meisterwerk der Küche, Frau F. Nietlispach, Deutsches Verlagshaus Bong, Berlin, 1932
Das muß ich haben, Helene Creutznach, Anna Hetzer, Adolf Urban, Dresden, 1915
Das neuzeitliche deutsche Kochbuch, Gertrud Hanse, Hippokrates Verlag, Marquardt & Cie., Stgt.-Leipzig, 1937
Das praktische Jagdkochbuch, Ernst-Ulrich Schassberger, Verlag W. Holler, Münster, o. J.
Das Schlemmerbrevier aus Küche + Keller der südlichen Weinstr., 1982
Das Schlemmer-Paradies, Hans W. Fischer, Gebr. Paetel, Berlin-Leipzig, 1927
Das schmeckt in Österreich, H. Bedall, Franckh'sche Verlagshandlung, Stuttgart, 1936
Das schmeckt an Rhein und Neckar, Anna Reumann, Franckh'sche Verlagshandlung, Stuttgart, 1936
Das schmeckt an Saar, Rhein und Ruhr, J. Bedall, Franckh'sche Verlagshandlung, Stuttgart, 1937
Das schmeckt in Sachsen und Thüringen, Frau H. Bedall, Franckh'sche Verlagshandlung, Stuttgart, 1936
Das schmeckt in der Schweiz, J. Bedall, Franckh'sche Verlagshandlung, Stuttgart, 1936
Das schmeckt an der Waterkant, J. Bedall, Franckh'sche Verlagshandlung, Stuttgart, 1937
Das schmeckt in Bayern, H. Bedall, Franckh'sche Verlagshandlung, Stuttgart, 1936
Das schmeckt in Berlin und der Mark, J. Bedall, Franckh'sche Verlagshandlung, Stuttgart, 1937
Das Süddeutsche Koch- und Haushaltungsbuch, Emma Guenzer, Ernst Reinhardt, München, 1930
Das verläßliche und bewährte Grätzer-Kochbuch, Maria Anna Bußwald, Jacob Franz Dirnbök, Grätz, 1845
Das Warenlexikon 1, Teil A, J. Keune, Hamburg, 1963/64
Das Wendepunkt Kochbuch, Berta Brupbacher-Bircher, Wendepunkt-Verlag, 1931
Dekameron der Feinschmecker, Walter Bickel, Societätsverlag, Frankfurt, 1966
Der Gastronom – Speisen und Gerichte nebst Getränkekunde, H. Brendel, Brendels Verlag, Dresden, 1900
Der große Käseatlas, Nancy Eekhof-Stork, Hallwag, Bern, 1979
Der große Pellaprat, Deutsche Neufassung Walter Bickel, Verlag René Kramer, Lausanne, 1966
Der heruntergekommene Lukull, Karola Moll, J. P. Toth Verlag, Hamburg, 1947
Der neue Gourmet, Gastronomische Exkurse und 300 Rezepte, Paul Rebaux, Kurt Wolff Verlag, München, 1928
Der vollkommene Feinschmecker, Franz Herre, Claassen Verlag, Düsseldorf, 1977
Deutsche Heimatküche, Ernst Marquardt, Societäts-Verlag, Frankfurt/Main, 1935
Deutsche Kochschule in Prag, Verlag der deutschen Kochschule, Prag, 1903
Deutsches Kochbuch, Margarete von Bennigse, Deutsche Verlagsanstalt, Stuttgart, 1897
Deutsches Universal-Kochbuch, Charlotte Böttcher, Verlag + Druckerei AG, Hamburg, 1888
Die bewanderte Fischköchin, Sybille Schall, Ernst Heimeran Verlag, München, 1951
Die bürgerliche Köchin, Katharina Siegl, Carl Flemming, Glogau, o. J.
Die bürgerliche Küche, 1. Band: Fleischspeisen, 2. Band: Fastenspeisen, Druck + Verlag Ph. Kraußeich, Arfahr, o. J.
Die bürgerliche Küche für alle Tage des Jahres, Amalie Jessen, Heinrich Bandholdt, Hamburg, 1906
Die deutsche Küche, Illustr. Zeitschrift, Wien, 1865
Die einfache und feine französische Küche, Betty Harwien, Verlag von I. Singer, Berlin, 1906
Die feine Küche, Julius Gouffé, 3 Bände, Verlag Moritz Schäfer, Leipzig, 1890
Die Feldküchengerichte nach dem Original-Feldkochbuch des OKW 1941, Alfred H. Linde Verlag, Berlin, 1941
Die Gesundheit der Führungskräfte, Kenneth G. Hutchin, Econ Verlag, Düsseldorf, 1967
Die goldene Mitte in der Ernährung, Lucie Bürgel, H. Linde Verlag, Berlin, 1934
Die gute bürgerliche Küche, J. Rottenhöfer, Braun + Schneider, München, 1900
Die Hamburger Küche, Amalie Sxxxxg., Hamburg-Altonaer Buchhandlung, St. Pauli, 1843
Die Holsteinische Küche, Johanna Kuß, Haendcke & Lehmkuhl, Altona, 1871
Die israelitische Küche, Henny van Cleef, M. W. Kaufmann, Leipzig, o. J.
Die Jungborn Ernährung, Rudolf Just, Jungborn Verlag, Bad Harzburg, 1928
Die kalte Küche, Carl Friebel, H. Killinger, Nordhausen, o. J.
Die Kochkunst, Kochbuch der „Wiener Mode", Verlag der „Wiener Mode", Wien, o. J.
Die Kochkunst in der Stadt wie auf dem Lande, Wilhelmine v. Sydow, Sondershausen, Verlag Aug. Eupel, 1854
Die Krebsküche, A. Müller-Lubitz, Verlag W. Vobach, Berlin-Leipzig, o. J.
Die Küche in Deutschland, Nika Stauden-Hazelton, Time-Life International, 1970
Die Küche in Italien, Waverley Root, Time-Life International, 1969
Die Küche in Skandinavien, Dall Brown, Time-Life International, 1969
Die Küche in Spanien und Portugal, Peter S. Feibleman, Time-Life International, 1970
Die Küche im Wiener Kaiserreich, Joseph Wechsberg, Time-Life International, 1969
Die Küche von Heute, Grete Boruttau, J. F. Lehmanns Verlag, München/Berlin, 1938
Die kultivierte Küche, M.B.B., Julius Kittl, Mährisch-Ostrau, 1922
Die Kunst der heimatlichen Küche, Ernst Marquardt, Verlag Der Greif, Walter Gericke, Wiesbaden, o. J.
Die Meister der französischen Küche aus acht Jahrhunderten, Bertrand Guégan, Rhein Verlag, Basel, 1922

Die moderne Küche, Emma Meier, Verlag Otto Meißner, Hamburg, 1898
Die naturwissenschaftlichen Grundlagen des Kochens und der Ernährung, Dr. Wilhelm Ziegelmayer, Verlag Julius Beltz, Langensalza, 1940
Die Pilze, S. Viola, Hirmer Verlag, München, 1972
Die praktische Köchin, Wilhelmine Haertel, G. C. Hoffmann, Hainichen/Sachsen, o. J.
Die Reste-Küche, Marie Luise Teklenburg, Gustav Kühn, Neu-Ruppin, 1905
Die Sommerküche, Elisabet Neff, Franckh'sche Verlagshandlung, Stuttgart, 1929
Die sparsame Köchin von heute, Sybille Schall, Knorr & Hirth, München, 1940
Die Stern-Küche – Mit Klever macht das Kochen Spaß, Rowohlt, Hamburg, 1968
Die Süddeutsche Küche, Katharina Prato, Aug. Hesses Buchhandlung, Gratz, 1864
Die vorbildliche Großküche, Gertrud Finke, Alfred H. Linde Verlag, Berlin, 1940
Die Wiener exquisite Küche, Babette Frammer, Selbstverlag, Wien, 1893
Die Wiener Köchin – Ein vollständiges österreichisches Musterkochbuch, Josefa Kraft u. Thekla Nelken, Verlag Fr. Karafiat, Brünn, ca. 1880
Die Wildpretküche der deutschen Waidmannsgattin, Therese Wagner, Verlag J. Neumann, Neudamm, 1900
Donauland Kochbuch, Albert Kofranek, Verlag Kremayr & Scherian, Wien, 1961
Dr. Oetkers Warenkunde, Fritz Schischke – Dr. W. Mohr – Grete Fehlon, Verlag Dr. August Oetker, Bielefeld, 1934
Eierspeisen, M. Richter, Heinrich Killinger, Leipzig + Nordhausen, o. J.
Ein neues Kochbuch, Fa. Heinrich Mester, Elmshorn, 1926
Erprobt und bewährt – Bürgerliches Kochbuch, Herausgegeben von Porzellanfabriken Bauscher Weiden, Hutschenreuther, Selb, o. J.
Eßdolmetscher Frankreich, Essen & Trinken, Gruner + Jahr, Hamburg, 1977
Fische und Schaltiere, M. C. Banzer, Heinrich Killinger, Nordhausen, o. J.
Fische, Krusten- und Schalentiere, Vobachs Hauswirtschaftsheft, W. Vobach, Berlin-Leipzig, o. J.
Fische, Wild und Geflügel, Frau F. Nietlispach, Deutsches Verlagshaus Bong & Co., Berlin, 1930
Flambieren und mit Wein gekocht, Marcellus, W. Heyne Verlag, München, 1967
Fleischspeisen aus Schlachtvieh, Wild und Geflügel, Vobachs Hauswirtschaftsheft 10, W. Vobach, Berlin, o. J.
Frankreich tafelt, Raymond Oliver, Prestel Verlag, München, 1969
Französische Kochkunst, Dr. O. Boessem + W. Losse, H. Studer S. A., Genf, 1953
Französische Küche – aber gesund! Rudolf Müller + Irmtraud Müller, Verlag Sonnenseitig Leben, Vallamand, 1970
Frühlingsgemüse, Sommergemüse, Salate, Marie Arnold, Art Institut Orell Füssli, Zürich, 1924
Für Feinschmecker, Angela von Conring + Anita Elvers, Wilhelm Süsserott Verlagsbuchhandlung, Berlin, 1905
Für Haus und Küche, Verlag Wiener Hausfrauen-Zeitung, Wien, 1892
Gänseleberpasteten und andere Gänselebergerichte, Jean Heid jun., Heinrich Killinger, Nordhausen., o. J.
Garlic – Küche für Knoblauchfreunde, papyrus 1982
Garnituren, Hilfsmittel, Fachausdrücke und Fremdwörter, M. Richter, H. Killinger, Nordhausen, o. J.
Gastrosophie oder Lehre von den Freuden der Tafel, Baron Eugen von Vaerst, 2 Bände, Georg Müller, München, 1922
Gaumenfreuden mit Käse, Schweizerische Käse Union, Bern, o. J.
Geist der Kochkunst, Karl Friedrich von Rumohr, Georg Müller, München, 1922
Gemüsespeisen, Vobachs Hauswirtschaftsheft 5, W. Vobach, Berlin-Leipzig, o. J.
Gemüse- und Früchte-Speisen, F. Nietlispach, Deutsches Verlagshaus Bong & Co., Berlin, 1929
Gemüse- und Kartoffelspeisen, M. Richter, Heinrich Killinger, Nordhausen, o. J.
Gemüse aus eigenem Garten, Vobachs Hauswirtschaftsheft 7, W. Vobach, Berlin-Leipzig, o. J.
Geprüft und bewährt, Ein Buch der Hamburger Küche, Frau H. Behnke, Alster Verlag, Hamburg 1, 1928
Geschenk für junge Hausfrauen, Helene von Molochowetz, W. Erickson, St. Petersburg, o. J.
Gewürzkochbuch, McCormick, Albert Müller Verlag, 1971, Rüschlikon
Graspo de ua – 100 Venezianische Rezepte, Guido Mora
Großes illustriertes Kochbuch, Mathilde Ehrhardt, W. Hertel, Berlin, 1902
Großes Norddeutsches Kochbuch, Charlotte Hommer, Theod. Nielsen, Hamburg, 1899
Gründliches Kochbuch, Verlag von Georg Jaquet, München, 1835
Grundrezepte als Schlüssel zur Kochkunst, Cornelia Kopp, Verlag Otto Beyer, 1931
Gute Küche – Neuestes Kochbuch, Bibliothek der Illustrierten Kronenzeitung, Wien, o. J.
Hamburger Kochbuch, Meta Adam, Broschek Verlag, Hamburg, 1949
Hamburger Kochbuch, Ada Rée, Verlag Josef Habbel, Berlin, 1919
Hamburg wie es schreibt und ißt, u. a. Wolf Uecker, von Hatzfeld Verlag, München, 1967
Haus- und Küchenbrevier, Dr. Adolf Schwartz, Verlag Otto Spamer, Leipzig, 1875
Heinrichsbader Kochbuch, L. Büchi, Art Institut Orell Füssli, Zürich, 1920
Hundertmal Eintopf, Ibach Waldhecker, Verlag Ernst Reinhardt, München, 1934
Hvad skal vi ha' til Middag? Frk. Jensen, Nordisk Forlag, København, 1904
Ich kann kochen, Erich Urban, Ullstein Verlag, Berlin, 1920
Ich kann wirtschaften, Ullstein Verlag, Wien, 1914
Ich koche für Dich, Liselott Alverdes, F. W. Peters Verlag, Berlin, 1934

Illustriertes Kochbuch, Mary Hahn, Verlag M. Hahn, Wernigerode, 1912
Illustriertes Kochbuch, J. Rottenhöfer, Braun + Schneider, München, 1902
Illustrirtes Budapester Kochbuch, Josephine v. St. Hilaire, Verlag Buchdruckerei Athenaeum, Budapest, o. J.
Illustrirtes Kochbuch, L. Kurth, Literarisches Institut, Leipzig, 1890
Italien tafelt, Felice Cunsolo, Prestel Verlag, München, 1971
Jedermann seine eigene Köchin, Hofrat Ludwig Karpath, Knorr & Hirth, München, 1929
Kalte Fleischspeisen, M. Richter, H. Killinger, Nordhausen, o. J.
Kalte Gerichte – Kalte Getränke, Ein Kühlbuch der Elektrolux, Elektrolux AG., Berlin, o. J.
Kalte Küche – Der Stolz der Hausfrau, F. Nietlispach, Deutsches Verlagshaus Bong & Co., Berlin, o. J.
Kalte Küche – Kühle Speisen und Getränke, Arbeitsgemeinschaft zur Förderung der Elektrowirtschaft, Berlin, o. J.
Kalte Süßspeisen, Eisspeisen, Gefrorenes und Obstspeisen, Walter Bickel, Dr. Pfanneberg & Co., Gießen, o. J.
Kalte Süßspeisen, Gefrorenes und Eisspeisen, Johannes Berlin, Heinrich Killinger, Nordhausen, o. J.
Kiehnle Kochbuch, Hermine Kiehnle, Walter Hädecke Verlag, Stuttgart, 1949
Kleine Hexereien für ihn und alle, Eugenie v. Garrens, Liebig GmbH, Köln, o. J.
Kleine Küchen der alten Welt, Michael + Frances Field, Time-Life International, 1970
Knaurs Pilzbuch, Linus Zeitlmayr, Droemer Knaur, München, o. J.
Knorr Rezeptbuch, Knorr Heilbronn, o. J.
Kochbuch, M. und E. Deonnig, Selbstverlag, Königsberg, 1931
Kochbuch aus knappen Tagen, Magda Trott, Volksvereins-Verlag M.-Gladbach, 1921
Kochbuch für deutsche und italienische Küche, Hans Delbeljak, Selbstverlag, Meran, 1951
Kochbuch für die jüdische Küche, Jüdischer Frauenbund, Düsseldorf, 1926
Kochbuch für Haushaltungsschulen und sparsame Hausfrauen, Luise Ravit, Verlag von Lipsius + Fischer, Kiel/Leipzig, 1906
Kochbuch für Karpfen und andere Süßwasserfische, Propaganda-Ausschuß für Karpfen + Schleien, Breslau, 1940
Kochbuch für Norddeutschland, Luise Keck, Julius Bergas, Schleswig, 1916
Kochbuch für Zuckerkranke und Fettleibige, F. von Winckler, Verlag J. F. Bergmann, Wiesbaden, 1912
Koche chic mit Chicorée aus Belgien, Brüssel, o. J.
Koche mit mir, Eva Horn, Winkler Verlag, München, 1950
Kochen mit Geist, Redaktion Für Sie, Hoffmann und Campe Verlag, Hamburg, 1974
Kochen mit Thaddäus Troll, S. Fischer Verlag, Frankfurt, 1975
Kochen wie ein Koch, Küchenwerkzeuge, Franz Keller/Klaus Lüders, Bulthaup
Kochkalender 1912, Anna von Weblau, Verlag J. Diemer, Mainz, 1912
Kochkunst, Julie Elias, Ullstein Verlag, Berlin, 1925
Kochkunst-Führer, A. Escoffier, Heinrich Killinger, Nordhausen, 1923
Kochkunst in West und Ost, Elisabeth M. Dank, Franckh'sche Verlagshandlung, Stuttgart, o. J.
Kochrezeptbuch, Frau Dr. Riege Wwe., Verlag C. Carly, Hamburg, o. J.
Kochrezepte, Anneliese Kleinmann, handgeschrieben, ca. 1930/35
Kochrezepte, Franz Pfordte, Broschek & Co,, Hamburg, 1927
Kochrezepte für die Militärküche, Schweizerische Armee, gültig ab 1. 1. 1966
Königs Kochbuch für die bürgerliche Küche, Globus Verlag, Berlin, o. J.
Köstlichkeiten aus dem Wasser, Hans W. Blank, Verlag Michelpresse, Düsseldorf, o. J.
Kogebog, Frøken Jensen, Nordisk Forlag, København, 1964
Kopiaste, Amaranth Sitas, Limassol, Cyprus, 1968
Koschere Kostproben – Rezepte aus Alt-Österreich für Feinschmecker, Salcia Landmann, Albert Müller Verlag, 1964
Kräuterbuch, Werner Liebisch, Verlag der Grünen Post, Berlin, o. J.
Kriegskochbuch, Mary Hahn, M. Hahn, Wernigerode, 1916
Küchenalbum, Sophie Charlotte Hommer, Wilhelm Jowien, Hamburg, 1853
Küchen-Bayrisch – Rezepte und Geschichten, Herbert Schneider, Karl Wanninger, Ilmgau Verlag, Pfaffenhofen, 1975
Küchen-Lexikon, Erhard Gorys, dtv, München, 1977
Küchen-Wirtschaftskalender 1935, Max Groll, Pößneck/Thür., o J.
Kulinarische Streifzüge durch Hamburg, Theodor Böttiger, Rascher Verlag Zürich und Stuttgart, 1966
Kulinarische Streifzüge durch Schwaben, Sigloch Edition, Künzelsau, 1979
Kulinarsiche Weltreise, Grete Willinsky, Mary Hahns Kochbuchverlag, Berlin, 1961
Kulturgeschichte der Gaststätte, Prof. Dr. Friedrich Rauers, Teil 1 + Teil 2, Alfred Metzner Verlag, Berlin, 1941
L'Art du bien Manger, La cuisine Francaise du XIV. au XX. Siècle, Gustave Geffroy, Edmond Richardin, Paris, 1913
Le Coup de fourchette, 1978, Lausanne
Le grand dictionnaire de cuisine d'Alexandre Dumas, Tschou, Editeur, 1965
Leckere Nudelrezepte, Julius Busch, Hamburg, o. J.
Leichtes Kochen, Gertrud Altmann-Gädke, Verlag Handwerk + Technik, Hamburg, 1949
Lexikon der Gewürze, Tom Stobart, Hörnemann Verlag, Bonn, 1978
Lexikon der Küche, Richard Hering, Verlag Dr. Pfanneberg, Gießen, 1976
Liebherr Kühl- + Gefrierfibel, Liebherr, Ochsenhausen, 1981
Linzer Kochbuch, Maria Elisabetha Maxner, Verlag Friedrich Enrich, Linz, 1854
Maggi – ein Name, den jeder kennt, Maggi GmbH., Frankfurt, 1979
Mal was anderes, Mme A. de Villiers, C. F. Amelangs Verlag, Leipzig, 1901
Mehl- und Kartoffel-Speisen, Vobachs Hauswirtschaftsheft 12, W. Vobach, Berlin/Leipzig, o. J.
Mein Gemüsegarten, Otto Nebelthau, Insel Verlag, 1946

Mein neues Hausbuch, Verband Schweizerischer Konsum-Vereine, Basel, o. J.
Meine Kunst in Küche und Restaurant, Alfred Walterspiel, Südwest Verlag, München, 1978
Meine rumänischen Spezialitäten, Eliza Hansen, Christians Verlag, Hamburg, 1973
Meisterwerke der Speisen und Getränke, Teil 1 + 2, Dr. P. Blüher, Heinrich Killinger Verlags gmbH., Nordhausen, o. J.
Melior – Französische Kochkunst, Melior Verlag, Lausanne, F. Boudanini, o. J.
Merkur in der Küche, Marcel X. Boulestin, H. Goverts Verlag, Hamburg-Leipzig, 1937
Mikrowellen Kochbuch Philips, Philips, Nürnberg, 1979
Mit einem Schuß Alkohol, Rose-Madeleine Emmery, Heimeran Verlag, München, 1966
Mit klugen Händen das Beste verwenden, Isolde Bedall, Franckh'sche Verlagshandlung, Stuttgart, 1938
Mit Vollkorn kochen, Marlis Weber, W. Hädecker Verlag, Weil der Stadt, o. J.
Moderne Ernährung, Dr. M. Hindhebe, W. Vobach & Co., Berlin/Leipzig, 1925
Moderne Küche mit Öl, Soybean Council of America, Arne Krüger, o. J.
Modernes illustriertes Kochbuch, Helene Löffler, Verlag Wilhelm Köhler, Minden, 1927
Nationalgerichte, M. Richter, Heinrich Killinger, Nordhausen, o. J.
Neue Wiener Küche, Josefine Tobler, Rob. Bartenschleger, Reutlingen, o. J.
Neues allgemeines Kochbuch oder nützliches Handbuch für Frauenzimmer, Henriette verw. M. Kuntze, Verlag Joh. Ambrosius Barth, Leipzig, 1835
Neues bürgerliches Kochbuch, Hedwig Albrecht, Verlag Max Fischer, Dresden, 1898
Neues Dresdner Koch-Back und Wirtschaftsbuch 1805, Nachdruck 1978, Museum für Geschichte der Stadt Dresden
Neues Fasten-Kochbuch, Marie Buchmeier, J. Habbel, Regensburg, 1910
Neues Hamburger Kochbuch für alle Stände, Sophie Charlotte Hommer, Verlag von Wilh. Jowien, Hamburg, 1869
Neues Kochbuch, Lina Lindner, Franckh'sche Verlagshandlung, Stuttgart, o. J.
Neues Pilz- oder Schwammerl-Kochbuch, Marie Buchmeier, J. Habbel, Regensburg, 1910
Neues Stuttgarter Kochbuch, Fr. Luise Löffler, Verlag J. F. Steinkopf, Stuttgart, 1907
Neueste gute Schnellküche, Frau von Sz., Verlag Friedrich Schirmer, Berlin, 1895
Neuestes allgemein verständliches und brauchbares Kochbuch, Pauline Wohlgemuth, Carl Drobisch, Leipzig, 1835
Neuestes allgemeines Kochbuch, Rose Stolle-Unterweger, Verlag Wilhelm Möller, Oranienburg, 1924
Neuestes Kochbuch für die Bürgerliche Küche, Caroline Funck, A. Weichert, Berlin, o. J.
Neuestes Süddeutsches Kochbuch, Viktorine Schiller, Schweizerbart'sche Verlagshandlung, Stuttgart, 1843
Nicht nur Makkaroni, Dr. V. Agnetti, Art Institut Orell Füssli, Zürich, 1916
Nordisches Kochbuch, A. M. Mangor, Otto Tobies, Hannover, o. J.
Nos Champignons, E. Habersaat et M. M. Kraft, Payot Lausanne, o. J.
Östliche Speisen nach deutscher Art, Institut für Kochwissenschaft Frankfurt/Main, Alfred Linde Verlag, Berlin, o. J.
Pastorin Breithaupts Kochbuch, Frau Breithaupt, Trowitsch & Sohn, Frankfurt/Oder, 1911
Physiologie du Gout, Brillat-Savarin, Paris 1840
Pilz-Allerlei (früher Die Pilzküche von Anna Kübler), Irmgart Sixt-Heyn, Verlag Karl Gerber, München, 1941
Pilzkochbuch, Emil Herrmann, Verlag C. Heinrich, Dresden, 1918
Pilze, die nicht jeder kennt, Hans Haas/Heinz Schrempp, Kosmos, Stuttgart, 1972
Pilze in Wald und Flur, Hans Haas/Heinz Schrempp, Kosmos, Stuttgart, 1970
Pilzsammlers Kochbuch, Rose Marie Dähnke, Gräfe & Unzer, o. J.
Practisches Kochbuch, Charlotte Amalie Lönne, Gedruckt im königlichen Taubstummen-Institut, Schleswig, 1838
Praktisches Haushaltungs- und Kochbuch, Auguste Gerike, Im Verlag der Hahn'schen Hofbuchhandlung, Hannover, 1839
Praktisches Kochbuch, Frau Marie Bogs Wwe., Rudolf Mosse Buchverlag. Berlin, o. J.
Praktisches Kochbuch, Henriette Davidis, Velhagen & Klasing, Bielefeld, 1868
Praktisches Kochbuch, Marie Jäger, A. H. Payne, Leipzig, 1900
Praktisches Kochbuch für die Schleswig-Holsteinische Küche, Ella Orth, H. H. Clément, Neumünster, 1949
Praktisches Kochbuch, Clara Ruths, Verlag G. A. von Halem, Bremen, 1910
Praktisches Kochbuch für die bürgerliche Küche, Mary Hahn, M. Hahn Verlagsbuchhandlung, Neubabelsberg, 1913
Praktisches Kochbuch für die jüdische Küche, Wwe. Joseph Gumprich, Kaufmann & Cie., Trier, 1899
Pyrmonter Kochbuch, Marie Breithaupt, Beckers Buchdruckerei, Uelzen, 1916
Rathschläge und Recepte für Küche und Haus, Otto Fürst, Hamburg, 1899 (Goodhall Backhouse & Co., Leeds)
Regensburger Kochbuch, Marie Schandri, Verlag Alfred Coppenrath, Regensburg, 1885
Resteküche, Gustav Brunfaut, Heinrich Killinger, Nordhausen, o. J.
Rund um die Wurst, Kurt Nagel, Wolfgang Hölker Verlag, Münster, 1978
Savonrys Handrezeptbuch über warme, kalte und kombinierte Käsespeisen, Adolf Hildmann, Braun & Schneider, München, 1905
Saucen, Fonds, Butter, Farcen, M. Richter, F. J. Beutel, Rudolf Seher, M. C. Banzer, H. Killinger, Nordhausen, o. J.
Schiffskochbuch, Karl J. H. Brodmeyer, Eckard & Messtorff, Hamburg, 1913
Schlemmereien aus Wald und Wiese, Rose Marie Dähnke, Sabine M. Dähnke, AT Verlag, Aarau-Stuttgart, 1979
Schwäbische Kochrezepte, Lokalwohltätigkeitsverein Stuttgart, 1905
Schweizer Stuben, Jörg + Dieter Müller, Schweizer Stuben, Wertheim-Bettingen, 1980

Science et Cuisine, Docteur Jean Nussbaum, Editions „Vie et Sauté", 1946
Seefisch-Gerichte, Neues Seefischkochbuch, Fischdampfreederei Ocean, o. J.
Seefisch Lehr- und Kochbuch, Therese Nottebohm, NS Presse Württemberg, Stuttgart, 1937
So ist Kochen leicht, Else Reinhardt, Franckh'sche Verlagshandlung, Stuttgart, 1930
So kochen wir heute, Elisabeth Crone, Charlotte Stiefel, Walter Hädecke Verlag, Stuttgart, 1940
So kochen wir heute, Else Jaegers und Erna Zitzschmann, Verlag W. Giradet, Essen, 1940
So schmeckt's am besten, Friederike Keller, Theodor Ackermann, München, o. J.
Speisekarte und Weinkarte von A–Z, Arne Krüger, Arne Verlag, 1977
Speisen und Reisen in der Schweiz, Rolf Eichenberger, Verlagspresse Zürich, 1974
Spezialitäten aus deutschen Landen, Gastronomische Akademie Deutschland, Heimeran Kochbuch Verlag, München, 1972
Spezial-Register und Wörterbuch zu Escoffier's Kochkunst-Führer, M. C. Banzer, Fachschriften-Verlag des internationalen Verbandes der Köche, Frankfurt/Main, 1910
Supp', Gemüs' und Fleisch, Verlag von Gustav Lange, Darmstadt, 1847
Suppen, M. Richter, Heinrich Killinger, Nordhausen, o. J.
Suppen und Saucen, Vobachs Hauswirtschaftsheft 11, W. Vobach, Berlin-Leipzig, o. J.
Swedish Cooking, ICA Testkitchen, ICA Förlaget Västerås, Sweden, 1971
Syltebog, Frøken Jensen, Det Nordiske Forlag, Ernst Bojesen, København, 1903
Systematik der Kochkunst, Dr. L. Naumann, G. Schönfeld's Verlagsbuchhandlung, Dresden, 1900
The Playboy Gourmet, Thomas Mario, Crown Publisher, New York, 1961
The Saucier's Apprentice, Raymond Sokolov, Alfred A. Knopf, New York, 1976
Uckermärkisches Kochbuch, Hausfrauenverein Prenzlau, A. Mick, Prenzlau, o. J.
Ungarische Kochrezepte, Karl Gundel, Verlag Dr. Georg Vagna, Budapest, o. J.
Universal-Lexikon der Kochkunst, Band 1, 2, 3, Verlagsbuchhandlung von J. J. Weber, Leipzig, 1908
Unser täglich Brot, Das große 1 x 1 der Hausfrau, Vogel Verlag, Pößneck, 1936
Unsere Giftpilze und ihre eßbaren Doppelgänger, Prof. Dr. Hans Schneck, Verlag Natur und Kultur, München, 1918
Unterricht für ein junges Frauenzimmer, das Küche und Haushaltung selbst besorgen will, aus eigener Erfahrung erteilt von einer Hausmutter, Heinrich Carl Brückner, Danzig, 1787
Urgroßmutters Kochbuch, Auszüge aus dem Kochbuch der Frau Rat Schlosser, Eugen Salzer, Heilbronn, 1936
Vegetarisk Kokbok, Leontine Deutgen, Hugo Gebers Förlag, 1897
Verdeutschungs-Wörterbuch für Speisekarte und Küche, E. Lößnitzer, H. Killinger, Leipzig, 1903
Vielerlei Kartoffelspeisen, Irmgart Sixt-Heyn, Verlag Carl Gerber, München, 1941
Vollständiges deutsches Vereinigte Staaten Kochbuch, Schläger & Konrad, Philadelphia, 1888
Vom heiteren Kochen, Otto Nebelthau, Rowohlt, Berlin, 1936
Vom Kochen und Würzen, Julie Elias, Lea & Perrins, 1928
Von Aal bis Zwiebel, Lexikon Lebensmittel und Ernährung, Dr. Oetker, Ceres Verlag, Bielefeld, 1977
Vorgerichte und Käsespeisen, M. Richter, H. Killinger, Nordhausen, o. J.
Vorgerichte – warm und kalt für Alltag und Feste, Vobachs Hauswirtschaftsheft 8, W. Vobach, Berlin-Leipzig, o. J.
Warme Fleischspeisen, M. Richter, H. Killinger, Nordhausen, o. J.
Warme Süßspeisen und Süßspeissaucen, Johannes, Berlin, 2 Bd., Heinrich Killinger, Nordhausen, o. J.
Was gleich nach der Liebe kommt, Katinka und Hermann Mostar, Verlag der Sternbücher, Hamburg, 1956
Was koche ich heute? (Wiener Küche), Hans Ziegenbein, Julius Eckel, Wehle Höfels Verlag, Wien-Leipzig, 1932
Was passiert mit dem Fett in der Küche? Margarine-Institut Hamburg, 1979
Was soll ich morgen kochen?, Eugen Brunfaut, Verlag Allgemeine Fleischerzeitung, Berlin, o. J.
Weisheit des Essens – Ein gatronomisches Vademekum, Carl Georg von Maassen, Kurt Wolff Verlag, München, 1928
Wie mache ich meinen Mann glücklich?, Elsa Herzog, August Scherl, Berlin, 1930
Wiener Küche, Olga Hess, Adolf Fr. Hess, Franz Deuticke, Leipzig-Wien, 1931
Wiener Mehlspeisen, Vorspeisen, Getränke, Marianne Stern, Verlag Mayer & Comp., Wien, o. J.
Wild und Fisch für den täglichen und den festlichen Tisch, Verlag J. Neumann, Neudamm, 1938
Wir haben Gäste – Wir feiern Feste, Gästefibel der DLG, Liesel Friese-Fickenscher, DLG Verlag, Frankfurt/Main, o. J.
Wir kochen nach Grundrezepten, Notburga Gschwandtner, Verlag Carl Gerber, München, 1935
Wurstologia oder Es geht um die Wurst, Erich Lissner, Frankfurt, 1940
Zucker – ein Grundnahrungsmittel und seine Geschichte, Dr. Thomas Geerdes, Stuttgarter Verlagskontor, 1963
Zusammenstellung von 540 Kochrezepten, Institut Gießen, Otto Bachmann, Fürstl. Hohenzoll. Hofbuchdruckerei, Saulgau, 1913
50 Eintopfgerichte, Alice Roessingen, Müller & Kiepenheuer, Potsdam, 1933
100 Erfrischungsgerichte für den Sommer, Lisbeth Ankenbrand, Süddeutsches Verlagshaus, Stuttgart, 1929
240 Kochrezepte für einfache bürgerliche Haushaltungen, Verlag H. Feesche, Hannover, 1932
350 Gerichte mit Eiern, Mehl, Milch und Käse, Frau F. Nietlispach, Deutsches Verlagshaus Bong & Co., Berlin, 1930
476 Salatrezepte, M. Richter, Heinrich Killinger, Nordhausen, o. J.
1200 Hausfrauenkniffe, Frieda Baumgarten, Verlag W. Köhler, Minden, Berlin, Leipzig, 1936

Sachregister

(Gerade gesetzte Zahlen: Rezepte,
schräg gestellte Zahlen: Warenkunde, Küchentechnik, Einkaufstips usw.)